뿌리 깊은

한국사

샘이 깊은

이야기

1

고조선 · 삼국

일러두기

○ 본문은 큰 주제별로 모아 장으로 묶었으며 각 장은 꼭지마다 해설을 하고 이어서 원사료를 밝힌 '자료샘'과 '출전', '찾아읽기'를 배치했다.

○ 본문에 나오는 인명과 지명 등은 원칙적으로 한글 맞춤법 표기법에 따랐다. 필요한 경우, 독자의 이해를 돕기 위해 익숙하지 않은 인명, 지명, 단체명, 정기간행물 등은 원어를 병기했다. 주요 개념이나 한글만으로는 뜻을 짐작하기 힘든 용어의 경우에도 한자나 원어를 병기했다.

○ 단행본이나 전집은 『 』, 신문이나 잡지, 논문, 기관지, 문학작품명, 영화 제목 등은 「 」로 표기했고, 강의명이나 기사 제목 등은 〈 〉로 표기했다.

○ 한자와 외래어는 병기를 원칙으로 하되, 음과 뜻이 다를 경우에는 [ ]로 묶었다.

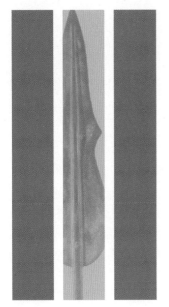

뿌리 깊은

한국사

샘이 깊은

이야기

쟁점과 사료로 풀어쓴
새로운 한국사

❶ 고조선 · 삼국

서의식 지음

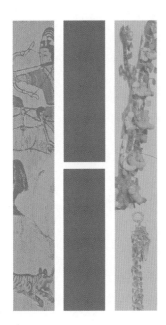

가람
기획

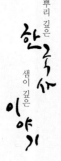

개정 신판 간행사

『뿌리 깊은 한국사 샘이 깊은 이야기』(이하 『뿌샘』) 초판이 나온 지 어느덧 11년이 흘렀다. 그동안 많은 독자들로부터 '뿌샘'이라는 애칭으로 많은 사랑을 받았으니 그저 고마울 따름이다. 그러나 저자들이 이 책들을 활용하고 검토하는 과정에서 더러는 서술상의 오류가 없지 않으며 보완할 여지가 적지 않음을 발견하였다. 특히 일부 항목에서는 새로운 연구 성과들이 나와 많은 이들의 관심을 끌었다. 이에 저자들 사이에서 개정·증보의 필요성이 제기되었으며 곧이어 작업 구상에 들어갔다.

한편, 2007 개정 교육과정 이래 전면적인 역사과 교육과정의 개편이 2009년, 2010년, 2011년 세 차례에 걸쳐 이루어진 사실도 『뿌샘』 개정·증보의 필요성을 더욱 느끼게 하였다. 올바로 된 국사의 이해 체계를 『뿌샘』이 견지해주어야 하지 않겠는가 하는 의무감에서다.

기실 빈번한 역사과 교육과정의 개정은 그만큼 우리의 국사 이해 체계가 흔들리고 있음을 말해주는 단면이었다. 개정은 몇몇 단원과 내용을 부분 조정하는 데 그치지 않고 역사 과목 수를 줄임은 물론 과목명을 바꾸고 그 내용의 체제를 전면 개정하는 형태로 진행되었다. 그리고 이는 교사와 학생은 말할 나위도 없고 학부형과 일반 국민들의 우려를 자아내면서 가뜩이나 위축된 역사 교육의 위상을 더욱 추락시켜 존립의 근거마저 상실케 하였다. 이러한 현실에서 『뿌샘』의 저자들은, 학생과 교사는 물론 일반인들에게도 체계적이고 과학적인 국사 이해 체계를 반듯하게 보여줄 필요가 있음을 절감하였던 것이다.

사람이 제 구실을 하며 올바로 살아가기 위해 꼭 필요한 요소를 하나만 지적해보라고 한다면 그것은 그가 지금까지 살아온 내력來歷을 거짓이나 꾸밈없이 제대로 기억하는 일이라 할 것이다. 기억상실증에 걸려 부모와 형제, 스승과 친구를 알지 못하고 자기가 누군지 어떤 일을 하던 사람인지도 알지 못한 채 살고 있다면 설령 그 삶이 유복하더라도 그것을 그의 정당한 삶이라고는 말할 수 없는 노릇이다.

지금까지 살아온 내력을 잘 기억하는 것은 곧 나를 나일 수 있게 하는 필수불가결한 요소다. 그리고 그 기억은 거짓 없는 사실에 기초한 것이어야만 한다. 지금까지 잘 살아왔다고 해도 진짜라고 믿었던 집안의 족보가 조작되었다면 자기의 뿌리를 의심하고 방황하게 될 것은 당연한 일일 터이다.

지금까지 살아온 내력을 우리는 '역사歷史'라고 부른다. 그러므로 우리는 우리 역사를 자신의 존망을 걸고 똑바로 알아야만 한다. 역사란 그저 단순한 호기심에서 알아도 그만, 몰라도 그만인 것이 아니다. 자기 역사를 모르고서는 사람이 제 구실을 할 수가 없고 자기 역사를 잘못 알아서는 남의 삶을 사는 것이 되기에, 정신을 차리고 온갖 힘을 다하여 이를 알아야 하는 것이다. 같은 이치로, 우리가 한국 사람으로서 이 시대를 올바로 살아가려면 우리 역사 곧 국사를 바르게 알지 않으면 안 된다. 국사는 우리 민족이 지금까지 살아온 내력에 대한 기억이기 때문이다.

따라서 이번 개정 신판에서는 원시에서 현대에 이르는 우리 역사의 전개를 일관하는 안목에서 체계적으로 알고 이해하는 데 무엇보다 주력하였다. 그러다 보니 그에 관한 연구 성과가 미약하여 이해 체계를 세우는 데 적잖이 애를 먹고, 결국 국사 전반에 대한 큰 이해 체계 위에서 맥락을 잡아 과감하게 서술한 부분도 없지 않다. 국사학계에 어떤 부분의 연구가 소략한지 제시함으로써 연구를 촉발하겠다는 뜻도 있었으니 널리 이해 바란다.

개정 신판에서는 초판의 문제점을 보완하는 한편 그동안에 축적된 연구 성과를 가능한 한 충실하게 반영하도록 애썼다. 10여 년 사이에 새로운 견해가 많이 제출되어 국사의 이해가 더욱 풍부해졌고, 그러다 보니 학계의 연구 경향에 큰 변화가 초래된 분야도 없지 않았다. 이를 가급적 고루고루 두루두루 소개하려 노력하였으니 역사 교육 현장에서 중등학생을 가르치는 교사는 물론 국사를 배우고 연구하는 학생들과 국사학의 동향에 관심을 가진 일반 시민에게도 도움이 되리라 생각한다.

또한 독자의 이해를 돕기 위해서 인용 자료의 원문을 첨부 소개하였다. 국사에 대한 독자의 지적 욕구와 이해력이 높아져 원문을 직접 해득하고 스스로 새로운 견해를 제시하는 수준에 이른 현실을 반영하기 위해서다. 다만 근·현대사의 경우, 한문 이외에 여러 외국어 원문이 소개되어야 하므로 여기서는 원문을 제시하지 않았다. 아울러 이번 시리즈에서는 일부 책의 저자가 바뀌고 체제가 개편되었음을 알려둔다. 모쪼록 『뿌샘』 시리즈를 통해 국사에 대한 관심과 연구의 열의가 더 높아지고 뜨거워지길 기대한다.

끝으로 『뿌샘』 시리즈에 변함 없는 관심을 가지고 개정 신판 편집 작업에 노고를 아끼지 않은 가람기획 편집진에 감사드린다.

2013년 10월
지은이 일동

초판 간행사

인간 만사에서 사물의 내면을 깊이 알고자 할 때, 자기 처지를 살필 때, 맞닥뜨린 문제나 난국을 풀려고 할 때 인간은 내력·계통·배경을 진지하게 되새긴다. 이것이 바로 역사를 알고자 하는 자세이고 정신이다.

역사는 과거의 실록으로, 현재의 본보기이자 미래의 지표이다. 역사는 인간을 주체로 많은 사건·제도·문물·산업·사상·연대들이 얽히고설키어 시간 전개와 공간 변화에 따라 단계성과 계기성, 필연성이 일관된 맥락에서 자리 잡고 거대한 체계를 갖춘다. 선행·인덕·의리·지조·풍류·호연·징악 등의 보편적 가치도 이 가운데서 구체적으로 나타난다. 그러므로 역사는 늘 새로운 생명력을 갖는다. 개인·가족·집단·국가나 민족·세계는 이를 통해 자기 주체를 발견하고 처지를 인식하고 존재가 나아갈 길을 가늠할 수 있다. 역사의 의미와 가치가 이러하여 인간 문명의 시원부터 역사를 늘 중시하고, 끊임없이 새롭게 서술하며 후세에 가르쳐왔다.

그러나 역사는 특정 공식이나 방법이 있어 손쉽게 설명하고 이해할 수 있는 분야가 아니다. 중등학생을 비롯하여 대학생과 일반인들이 역사를 공부하자면, 정신 능력이나 교육 정도에 따라 저마다 양의 많고 적음과 질의 높고 낮음은 있겠으나, 우선 역사를 구성하는 인물·정치·경제·제도·전쟁·문물·생산·사상·예술·연도 등 기초 사실을 익히 알지 않으면 안 된다. 그러려면 먼저, 이미 정리된 역사서에 나오는 사실들을 학습할 수밖에 없다. 이는 역사서를 거듭 반복해 읽으면서 사실들에 친숙해지고 마침내 역사 맥락에서 이해하는 숙지 훈련을 꾸준히 하는 일이다. 사실이 없으면 역사는 없다. 역사 학습에서 사실에 대한 기억과 숙지 과정이 없다면 소양 있는 역사 이해는 힘들다.

역사와 역사 학습의 속성이 이와 같아서 중등학생이나 일반인들은 역사에 커다란 의미를 부여하고 이야기는 즐겨 하지만, 정작 자신이 노력을 기울여야 할라치면 외면하거나 귀찮아하기 십상이다. 심한 경우 중등학교 역사 교사의 교육 방식에 흠이 있다고 탓하거나 역사 교육 자체가 필요 없다고 주장하기까지 한다. 이러한 경향은 우리나라 근·현대화가 우리 전통과 역사를 무시하거나 그 가치를 부인하는 방향으로 펼쳐진 추세와 맞물려, 갈수록 서양 역사만이 역사다운 듯한 인상을 갖도록 하고, 서양 제도나 문물을 배우는 것이 제 자신을 아는 것보다 급한 일인 양 착각하도록 만든다. 국민을 양성하기 위해 마련한 『국사』 교과가 정상적으로 교육되지 못하는 이유가 여기 있다.

이런 상황에서 우리 역사를 상식적이고 교육적으로 이해하려는 이들이 겪어야 하는, 어쩔 수 없이 반복하여 연습하고 기계적으로 암기하는 고단한 과정을 누그러뜨리면서 역사 감각과 판단을 훌륭하게 길러 나아가는 방안을 찾을 필요가 있다. 그것은 결국 우리 스스로 국사를 탐구하는 역사가가 되어, 각 사실에 관한 문헌 사료나 기타 관련 자료에서 내용을 익히고, 의미를 궁리하고, 안목과 감성을 계발하는 길일 터이다. 학습자가 직접 자료에 다가가 사실에 대해 한층 생생한 관심과 흥미를 가지며, 스스로 분석하고 해석하여 사유의 폭을 넓힘으로써만 역사 이해를 정당하게 할 수 있는 까닭이다.

『뿌리 깊은 한국사 샘이 깊은 이야기』는 이러한 목적과 필요에서 집필한 것이다. 우리나라 역사를 공부하고 이해하는 데 필요한 기초 사실들을 선택하여 사실에 관한 기본 사료를 열거하고, 관련 사실과 연계하여 해설하여 학습에 참고할 수 있는 공구로 만들었다.

『뿌리 깊은 한국사 샘이 깊은 이야기』의 큰 짜임새는 이렇다.

첫째, 시기 구분과 항목 선정 기준은 우리 사학계의 일반적인 통설을 바탕으로 하였다.

곧 우리나라 역사를 고조선 · 삼국 · 통일신라 · 발해 · 고려 · 조선 전기 · 조선 후기 · 근대(대원군 이후) · 현대(3 · 1운동부터 해방 후까지)로 나누었다. 이렇게 시대 구분을 한 뒤 사건 · 제도 · 생활 · 생산 · 사상 등 큰 주제로 관련 사실을 가려 뽑았다. 각 항목은 국사 이해를 위해 꼭 필요한 기초 사실과 관련 사실들로 엮어 국사 학습을 할 때 늘 새롭게 되뇌고 맛볼 수 있도록 하였다. 다만 우리 역사를 체계적으로 이해하는 데 꼭 필요한 부분은 새로운 견해도 과감하게 펼치고 소개하였다.

둘째, 각 항목 자료는 당대 사료史料를 위주로 하였다.

일반적으로 사료는 대부분 한자로 기록한 것이다. 하여 읽는 이의 편의를 고려하여 번역하였다. 사료 번역은 직역을 원칙으로 하였으나 어쩔 수 없는 곳은 의역했다. 해당 사료마다 출전을 달아 사료를 폭넓게 이해하고자 하는 이들이 확인하고 이용할 수 있도록 배려했다. 아울러 항목마다 도판 · 회화 · 지도 · 도표 등 보조 자료를 시각적으로 곁들인 뒤 간단한 설명을 붙여 항목에 대한 이해를 넓히려 했다. 보조 자료는 모두 저작권을 해결하여 싣는 것을 원칙으로 했다.

셋째, 각 항목 얼개는 해설 · 자료샘 · 찾아읽기로 이루어졌다.

각 항목 서술은 해당 항목에 대한 기본 지식을 얻기 위한 해설을 한 다음, 해설과 관련한 기본 사료를 번역하여 제시하고(자료샘), 사료 내용 가운데 설명이 필요한 부분은 자세하게 주를 붙였다. 그런 뒤 해설과 자료샘의 이해를 높이고자 각 항목 관련 연구 논문과 단행본을 발행 연도순으로 정리하였다(찾아읽기). 특히 현대 이후와 해방 후 당대사는 되도록 자료 제시를 넉넉히 하고 해설은 사실 진술에 충실하도록 하였다.

넷째, 부록으로 자료샘 출전, 역대 국왕 계보도, 찾아보기, 연표를 정리하였다. 자료샘에 나온 출전은 가나다순으로 정리하고, 간략한 해제를 덧붙였다(개정 신판에서는 출전 해제를 해당 꼭지에 배치했다ー지은이). 또 나라별로 국왕 계보도를 제시하여 한눈에 잘 알아볼 수 있도록 하였으며, 본문에 나오는 주요 역사 사건, 인물 등 사료를 중심으로 찾아보기를 달았다. 연표는 크게 한국사와 세계사로 나누어 정리하고 각 해마다 일어난 주요 역사를 비교하여 알아볼 수 있게 하였다. 부록은 스스로 공부할 수 있게 길잡이하는 몫을 할 것이다.

『뿌리 깊은 한국사 샘이 깊은 이야기』는 오랜 수고의 산물이다. 1993년부터 자료를 모으고 사료를 번역하는 등 바탕 작업을 하여 이제야 빛을 보았다. 이 원고의 각 항목 서술은 사실 자체는 물론 국사의 맥락과 체계에 대한 이해 능력을 차차 기를 수 있도록 모든 시기와 항목에 걸쳐 단계성과 계기성이라는 잣대로 진행하였다. 선정 항목의 적절성에 대한 논란이나 빠진 항목에 대해 이의를 제기하는 이도 있을 것이다. 또 연구가 미약한 항목은 해설도 미흡할 것이다. 이는 지은이의 몫이며 시간을 두고 차근차근 해결해갈 것이다.

『뿌리 깊은 한국사 샘이 깊은 이야기』 지은이

「고조선 · 삼국편」 전면 개정판 머리말

우리 민족의 내력이 워낙 오래다 보니 기억은 아득하고 관련 자료는 흩어져 사실을 잘 알 수 없게 된 경우가 허다하다. 특히 고대사에서는 학자에 따라 같은 사실을 서로 다르게 이해하는 경우가 드물지 않다. 심지어는 그것이 우리 일인지 아닌지조차 분명치 않은 사실도 있다. 그러나 고대사는 우리 자신의 연원 내지 근본과 관계된 역사라서 어떻게든 본래의 사실을, 하다못해 그 큰 줄거리의 대강만이라도 올바로 알지 않으면 안 된다. 적어도 우리의 조상이 누군지는 제대로 알아야 할 것이기 때문이다.

우리가 국사를 근대역사학의 방법론과 관점으로 연구하기 시작한 지 이미 한 세기가 넘어섰지만 고대사는 여전히 그 실체가 묘연杳然하다. 학계와 일반 대중의 이해가 서로 엇갈리고, 학계 내부에서도 모두가 수긍하는 견해는 좀체 찾기 어려운 형편이다. 그래서 더 많은 연구자들이 그렇다고 생각하는 방향으로 교과서를 서술하고 그 이해 체계를 통설로 받아들인다. 그렇지만 애초에 역사의 진실을 다수결로 정할 수는 없는 노릇이다. 게다가 최근 연이어 발견된 새 자료들이 증언하는 역사상은 기존의 통설로 잘 설명하기 어려운 경우가 많다.

그래서 오히려 학계보다 민간에서 새로운 이해의 가능성을 제시하는 경우가 늘고 있다. 비전공자가 나선다는 것은 그만큼 기존의 '통설'이 일반의 상식이나 논리로 납득하기 어려운 상황이 되었다는 뜻이다. 이제 우리 고대사의 이해체계를 전면 새로 모색할 필요가 있다는 민간의 불만과 요구에 전공자가 진지한 답을 내놓아야 할 때라고 생각된다. 이 책은 이런 현실을 염두에 두고, 올바른 한국고대사 이해체계의 수립樹立을 모색한 저술이다. 기존의 편견과 선입견으로부터 벗어나려 애썼다.

그래서 일부의 내용은 교과서의 이해와 다소간 다를 것이다. 교과서의 이해를 돕기 위해 쓴 책이 아니라 우리나라 고대사의 실상을 드러내는 데 중점을 둔 책이기 때문이다. 우리 조상들이 그때 누구와 손잡고 독자의 문명을 건설했으며, 언제 어떤 연유로 저들과 서로 헤어지고 흩어져 결국 남처럼 되기에 이르렀는지, 우리 조상들이 그동안 삶을 영위하던 땅에서 왜 떠나야 했고 또 떠나보내야 했는지, 그래서 지금 이 땅에 남은 우리는 누구인지, 이 책은 이런 문제의식에 더 관심이 있다.

그동안 신라 정치 · 사회사를 중심으로 우리나라 고대사를 연구해오면서, 필자는 새로운 사실 몇 가지를 깨달았다.

첫째, 신라 골품제에서 두품은 태어나면서 정해져 확정되는 신분이 아니라는 사실이다. '두품頭品'은, 말뜻 그대로, 개인의 능력과 공로로 취득되는 지위였다. 그렇다면 사로국이 주변 소국을 병합할 때 지배세력의 크기에 따라 등급별로 골품을 주었다는 설정은 오류일 수밖에 없다. 이에 고대 사회의 구성과 조직 원리를 처음부터 다시 검토하지 않으면 안 되었다. 고대국가 형성 과정에 대한 재검토였다.

둘째, 신라가 '사로6촌'에서 비롯했다는 설정은 근거가 박약하다는 점이다. '사로6촌'은 사료와 동떨어진 임의의 조어造語에 불과하다. 따라서 이를 전제로 출발한 사회 발전단계설의 기계적 적용과 확대는 타성적 관성에 의한 비논리적 오류였다. 삼국이 '국가state' 단계에 해당하므로 삼한 시기의 정치체는 응당 '추장사회chiefdom'여야 한다는 단정은 그저 신기루를 좇은 결과에 불과하다. 진국辰國을 허구로 보고, 각지의 혈연 집단이 저마다 촌락사회를 이루다가 그런 촌락사회 몇이 연맹하여 소국을 형성했으며, 그 소국이 주변 소국을 병합하여 고대국가로 발전했다고 생각한 것은 사실과 거리가 있는 가설이다.

셋째, 중국 역사서가 전하는 진한과 변진의 '잡거雜居'는 민족의 이동을 전제하지 않고서는 어떤 논리로도 설명이 불가능한 상황이라는 사실이다. 고조선의 붕괴와 그에 따른 민족의 대이동이 역사의 실상이었다. 쟁패爭霸에서 패하여 거의 빈손으로 그 지역을 떠나 다른 곳으로 이동한 경우였으므로 그 과정에서 남긴 흔적을 추적하기 어렵지만, 그렇다고 민족의 이동 자체를 부인하는 것은 과학적 태도라 할 수 없다.

넷째, 처음 조선을 건국한 시기가 요임금 때라는 전언傳言과 달리, 단군왕검이 환웅과 웅녀의 결합으로 태어났다는 이야기의 문화적 성격과 배경은 명백히 철기 시대의 그것이라는 사실이다. 애초에 '단군'과 '단군왕검'은 구별해서 파악해야 할 존재였던 것이다. '단군'은 요임금 때부터 있었지만, 그 가운데 '왕검'을 칭한 이는 철기 시대에 들어온 시기의, 거의 마지막 단군이었다. 『삼국유사』가 고조선을 '단군조선'이라 하지 않고 '왕검조선王儉朝鮮'이라 부기附記한 사실에 좀 더 유의해야 옳았다.

오랜 궁리 끝에 이런 사실들을 알고 보니 나름대로 우리나라 고대사의 흐름이 명확해졌다. 그래서 여기에 그 대강大綱을 드러내고자 한다. 이런 개정 작업을 기회 삼아 우리나라 고대사 이해체계의 윤곽을 먼저 제시해두는 것도 그런대로 의미 있는 일이라 생각해서다. 아직 풀어야 할 과제가 많고, 연구가 미진한 부분도 있으며, 이 책이 전문 연구서도 아니지만, 사실에서 크게 벗어나지 않으리라 생각하는 역사상을 곡진히 서술했다. 연구가 많이 되었어도 사실과 거리가 있다고 판단되는 내용은 자세히 다루지 않는다. 이 책의 제작을 위해 번다한 일을 마다하지 않은 역사교육과 석사과정의 김성현 군에게 마음으로 고마움을 표한다.

이 책을 통해 우리나라 고대사에 대한 일반의 관심이 더욱 확대되고, 학계에선 체계적이고 구성적인 연구가 활성화되길 바랄 뿐이다.

2015년 9월
서의식

초판 머리말

뿌리 깊은
한국사
샘이 깊은
이야기

역사 범주를 어떻게 보느냐에 따라 구분한다면, 한국사를 이해하는 태도에는 두 가지가 있을 수 있다. 하나는 속지적屬地的 이해로 지금 우리가 사는 한반도에서 펼쳐진 모든 역사 과정을 한국사라 여기는 것이고, 또 하나는 속인적屬人的 이해로 우리 조상들이 살아온 역사 총체를 한국사라 여기는 것이다.

속지적 이해는 일제日帝가 『조선사朝鮮史』를 펴내면서 처음 구체화되었다. 일제는 조선 국가를 '이조李朝'라 불러 자주 국가로 인정하지 않으려 했으며, 한반도를 가리키는 지역 개념으로만 '조선'이라는 말을 썼다. 『조선사』는 지역사 성격을 띤 자료집인 셈이었다. 근래 중·고등학교 『국사』교과서가 속지적 이해 경향을 띠고 우리나라 역사를 서술하면서 한반도에서 펼쳐진 구석기 문화부터 다룬다거나, 기원전 4세기 무렵에 철기 시대가 시작했다고 기술한 것 등을 예로 들 수 있다. 한반도에서 출토되는 유적·유물을 주된 연구 대상으로 삼은 고고학자들이 선사 시대 항목을 서술한 데서 빚어진 결과인 듯하다. 기원전 2세기 이전 우리 조상들의 주류가 요동 지방에 살았다고 보면 이 서술은 주변부 사정만을 말한 것이다. 또 서양사에서 영향을 크게 받은 역사가들도 흔히 속지적 이해를 보인다. 서양 각국 역사는 대개 민족국가로 성립한 근대 이후의 역사에 불과한데, 우리도 대한민국 성립 이후의 역사만을 한국사로 파악하고, 전근대 역사는 배경을 이해하는 각도에서 한 걸음 뒤로 물러나 살피는 것이 역사 인식의 객관성을 확보하는 길이리라고 여기는 듯하다.

한편 속인적 이해는 우리나라의 전통적인 역사 이해 방식으로, 우리 조상들의 활동과 관련된 사실 모두를 한국사로 서술한다. 지역으로는 중국인들이 정사正史에서 「동이열전」으로 편제하여 서술한 모든 나라가 한국사의 서술 대상이 되고, 시간상으로는 문헌으로 추적할 수 있는 우리의 먼 조상들과 연관된 고대 사실까지 한국사에 들어간다. 한국사는 단군이 세운 고조선에서 비롯한 오랜 역사라는 생각이 여기서 생겼고, 삼국만이 아니라 남북옥저南北沃沮 · 동북부여東北扶餘 · 예濊 · 맥貊 등이 모두 단군의 자손이었다는 『제왕운기帝王韻紀』 이래의 인식이 여기서 비롯했다. 이런 역사 이해의 밑바닥에는 한국사란 곧 한민족사韓民族史라는 생각이 흐른다.

『뿌리 깊은 한국사 샘이 깊은 이야기』는 기본적으로 속인적 이해를 바탕으로 우리 역사를 살폈다. 읽는 이들의 이해를 돕고자 꼭 필요한 부분에 한하여 속지적 이해 형태를 빌려 썼다. 따라서 이 책 내용과 관련해, 민족이라는 개념이나 용어가 없는 전근대 사실들을 민족사 시각에서 정리하려는 태도는 합당하지 않다고 비판할 수도 있다. 그러나 우리 역사에서 민족은 꼭 근대 인식의 산물로 생긴 이념이랄 수는 없다.

우리는 전통적으로 우리 역사를 국가 중심으로 파악해왔다. 『삼국사기』『삼국유사』가 그렇고, 『고려사』가 그러하다. 우리에게 '국사'의 전통과 뿌리는 매우 깊다. 이렇게 인식해온 우리가 역사의 단위이고 주체인 국가를 제국주의 일본한테 빼앗겼을 때, 이는 제 역사를 이해할 근거를 빼앗긴 것이나 마찬가지였다. 이에 우리는 역사 소멸이라는 위기에 맞닥뜨려 국가에 대신할 새로운 역사 주체를 설정해야 한다. 바로 민족이다. 우리에게 민족은 전통 국가 개념이 내면으로 부활한 형태인 셈이다. 그러므로 우리의 민족 중심 역사 인식은, 고대부터 중세를 거쳐 오늘날까지 한결같이 내려온 자기 전통의 확인이고 주장일 뿐이지 흔히 우려하는 것처럼 독선적 · 배타적 사고의 산물이 아니다.

이런 맥락에서 『뿌리 깊은 한국사 샘이 깊은 이야기』는 한국사에서 고대 기점을 고조선 건국에 두었다. 신라 · 고구려 · 백제 삼국의 성립 과정은 한국 고대 사회의 재편

과정이라는 것이 이 책의 관점이다. 이 관점은 이 책의 한계일 수도 있다. 우리가 고조선에서 삼국 성립에 이르는 긴 역사 과정에 대한 기억을 송두리째 잃은 데서 온 한계인데, 지금 남은 자료로는 이를 체계적으로 설명하기가 힘들기 때문이다. 그렇지만 잊었다고 해서 없는 사실로 마음에 새겨두어서는 곤란하다. 대부분 사실을 잊었더라도 단편으로나마 남은 기억(자료)들을 빈틈없이 검토하고 정리한다면 역사적 진실을 파악할 수 있을 것이다.

우리나라 후기 고대 사회의 기본 구조는 간干·가加·한韓이라 하는 우두머리들이 저마다 관료를 두고 백성을 노예처럼 다스린 소국小國들이 여럿 존재하는 가운데, 소국의 지배 세력들이 한데 모여 더 큰 단위인 나라, 곧 삼국을 이룬 이중 구조였다. 삼국은 지배 세력들만의 나라로 일어난 것이었다. 이를테면 신라는 진한 소국의 지배 세력들이 세운 나라였다. 그 지배 세력들은 몇 개 부部로 나뉘어 소속되었다. 고구려·백제에는 5부가, 신라에는 6부가 있었다. 신라 초기 자료에서 '진한'과 '신라'를 혼동하고, 신라를 '진한6부', '신라6부'라 부른 이유가 여기 있다. 그러므로 6부에 속한 사람들을 왕경인王京人이라 보아온 기존 견해는 문제가 있다. 소국의 백성들은 하호下戶나 노인奴人이라 불러, 국인國人이라 부른 6부 사람들과 엄격히 구분했다. 국인이 노인을 부린 가혹성은 노예제 지배와 거의 비슷했다. 순장殉葬에서 이를 짐작할 수 있다.

한국사에서 고대 사회는 늦어도 6세기쯤 해체되고 중세 사회로 넘어갔다. 삼국 가운데 중세로 전환이 가장 늦은 신라가 6세기로 접어들면서 중세 사회 구조로 재편되었다. 신라 지증왕은 순장을 금지하고 우경牛耕을 합법화했다. 노예제적 지배 관계에서 우경은 그동안 법으로 금해온 농법農法이었다. 간층干層을 위시한 지배 세력이 우경으로 말미암은 생산력 증대가 기존 사회 관계를 크게 바꿀까 봐 이를 금해온 것이다. 503년 국호를 다시 '신라'로 바꾸어 "덕업德業이 아주 새로워지고 사방을 아울렀다."는 뜻을 새로 부여하고, 왕호를 '마립간'에서 '신라국왕'으로 바꿨다. 소국 같은 고유 영역에 대한 간干의 독자적 지배 형태를 완전히 없애고, 간의 노예 소유자적 지위를 전면 부인한 것이다. 이에 신라왕은 더 이상 간으로 대표되는 지배 세력의 우두머리를 뜻하는 '마립간'일 수 없었다. 신라왕은 영토 내부의 모든 지역과 민에 대해 유일한 왕으로서 지휘를 발휘했다. 505년 지증왕이 직접 국내 주·군·현을 정하여 지방 지배 체제를 전면 개편한 사실이 이를 뒷받침한다. 법흥왕 때는 '노인법奴人法'을 반포하여 당시까지 노인을 따로 구분해 차별해온 백성들이 일반 백성으로서 권리와 의무가 있음을 선언했다. 신라는 완연히 중세 사회로 접어든 것이다.

『뿌리 깊은 한국사 샘이 깊은 이야기』「고조선·삼국편」은 우리나라 역사에 대한 이 같은 식견을 바탕으로 썼다. 그러나 읽는 이들은 이 변화를 일목요연하게 이해하기 어려울 것이다. 이 책이 시기별로 주요 항목을 설정하고 해설을 덧붙이는 형식을 취한 탓이다. 항목별 서술은 한국사를 올바르게 이해하려면 꼭 알아야 할 최소한의 사실들에 대해 정확한 정보를 제공하고자 마련한 장치다. 일상 생활에 바쁜 현대인들이 귀한 시간을 내 우리 역사를 탐구할 때 하나씩 정리해나가는 방편이 될 수도 있을 것이다. 그렇지만 또 한편으로는 우리 역사 전반의 흐름을 체계적으로 이해하는 데 걸림돌이 될 수도 있다. 지은이는 이 점에 유의하여 독자가 역사의 맥락을 파악하는 데 어려운 이 없도록 최대한 노력했다. 혹 부족한 면이 있다면 '찾아읽기'에 제시한 연구 업적들을 찾아 읽어주었으면 한다. 아울러 이 같은 이해를 가로막을 수 있는 요인은 이 책의 시대 구분이 엄격하지 않다는 것이다. 원시에서 현대까지 우리 역사의 모든 과정을 시대 구분에 따라 각각 나누지 않고, 편의상 왕조별·시기별로 나누었다. 이 점 독자 여러분이 너그럽게 이해해주기 바란다.

2002년 여름

서의식

차례

I.

원시

1 지금 우리가 사는 땅에 인류가 처음 등장하다

인류의 등장과 현생인류의 시작

DNA(디옥시리보오스를 가진 핵산)에 관한 연구가 진행되면서 인류가 처음 지구상에 등장한 것은 700만 년 전까지 소급되는 먼 옛날의 일이었음이 밝혀졌다. 현생인류는 20만 년 전 아프리카에서 기원했다. 그러나 현생인류가 본격적으로 문명을 개척한 것은 겨우 1만 년 전 신석기 시대에 들어와서의 일이다.

한반도가 지금의 모습을 갖추다

우리가 살고 있는 땅 한반도가 오늘날의 모습을 갖춘 것은 지금으로부터 겨우 1만 몇천 년 전의 일이었다. 7만 5,000년 전부터 1만 4,000년 전까지 매우 춥고 건조한 날씨가 길게 지속된 뷔름빙기가 끝나고 온화한 날씨로 바뀌면서, 빙하가 녹아 해면이 오르자 오늘날의 지형이 만들어진 것이다. 1만 8,000년 전 추위가 절정에 달했을 때는 해수면이 지금보다 120m가량 낮았으므로 황해는 물론 동해도 아직 온전히 생기지 않고 중국 · 한국 · 일본이 하나의 대륙으로 이어져 있었다.

기실 한반도는 처음부터 하나의 땅덩어리로 생성된 것이 아니다. 지금 한반도를 형성하고 있는 땅덩어리의 일부는 본디 적도 이남에 있다가 아주 오랜 세월에 걸쳐 천천히 북쪽으로 이동해온 것이었다. 이를테면 강원도 태백지역의 석회암 지대가 이런 경

우로서, '고지자기古地磁氣'를 분석해보면 그
것이 3억 6,000만 년 전에 남위 5도 부근에서
생성된 암석임을 알 수 있다고 한다. 지구가
자석의 기운을 가지고 있기 때문에 암석이
생성될 때 그 입자가 지구자기장地球磁氣場과
동일한 방향으로 자화磁化된 채 고정되는데
이를 '고지자기'라 한다. 그래서 이를 분석해
보면 그 암석이 처음 만들어질 때의 위도를
알 수 있다. 남반구에서 만들어진 석회암이
현재 위치인 북위 38도 부근에 도달한 것은 2
억~1억 5,000만 년 전의 일이었다.

한반도는 이처럼 수억 년에 걸쳐 서서히
만들어졌고, 1만 몇천 년 전까지만 해도 중
국·일본과 한 대륙을 이루고 있었다.

홍적세 후기의 한반도와 주변 지형
홍적세는 세계적으로 기후가 매우 추웠던 시기로 빙하
시대라고도 한다. 200만 년 전에 시작해 1만 2,000년
전쯤에 끝났다. 오늘날 한반도 지형은 마지막 빙하기인
뷔름빙기가 끝나고 충적세(마지막 홍적세 빙기인 뷔름
빙기가 끝나서 기후가 따뜻해진 뒤부터 현재까지로 후
빙기라고도 한다)로 접어든 1만 2,000년 전에 이루어
졌다. 이때 빙하가 녹아서 올라간 해수면 높이가 100m
이상이나 되었다고 한다.

언제부터 인류가 살았을까

이 지구상에 인류가 처음 등장한 것이 언제인지는 아직 분명하지 않다. 신생대 3기
의 마이오세世 중기에 살았던 라마피테쿠스가 인류의 조상으로 알려졌었으나 관련 자
료가 축적되면서 그렇게 확신하기에는 문제가 있음이 드러났다. 라마피테쿠스는 네
발로 걸었으며, 그 턱의 구조가 사람의 턱과는 거리가 있는 형태라는 것이다.

이런 논의 과정에서 '인간'의 정의에 관한 문제가 불거졌다. 도대체 인간은 오랑우
탄이나 침팬지와 다른 어떠한 신체적 속성을 가졌으며, 인간을 유인원과 구분하게 하
는 특성이 무엇인가가 분명해야 그 뼈의 주인이 인간의 조상인지 유인원의 조상인지
말할 수 있을 것 아니냐는 문제의식이었다. 그리하여 인간의 특성은 도구를 제작하여
사용하고 보관한다는 점에 있으며, 그러기 위한 필수불가결의 전제가 '직립 보행'이라

고 정리되었다.

　DNA의 구조만으로 보면 현생인류現生人類와 거리가 먼, 골격은 비록 인간과 많이 닮았지만 여전히 원숭이에 가까운 유골의 화석을 놓고서 이를 굳이 고인류古人類의 화석이라고 여기는 까닭은 그 유골 옆에 도구가 놓여 있었기 때문이다. 도구를 만들어 썼을 뿐만 아니라 죽을 때까지 보관한 그를 단순한 원숭이류로 분류할 수는 없는 일일 터이다. '직립 보행'이란 꼿꼿이 서서 걷는다는 뜻이지만, 이는 그냥 서서 걸을 수 있는 가의 여부를 따지는 말이 아니다. 오랑우탄이나 침팬지도 서서 걸을 수 있으나 이들이 '직립 보행'을 한다고 말하지는 않는다. 여기서 '직립 보행'이란 걷는 행위 그 자체보다는 오로지 그 걷는 행위에만 쓰는 '발'이 생기는 신체 구조상의 변화가 일어났음을 의미하는 용어이다. 이에 따라 걷는 행위로부터 자유로워져 따로 분리 진화한 '손'이 형성되었고, 이를 가지고 스스로 도구를 만들고 쓸 수 있게 되는 획기적 변화가 일어난 것이었다.

　인간의 손과 발은 엄지가 다른 가락과 서로 마주칠 수 있는가 없는가에 그 구조적 차이가 있다. 원래 나무 위에서 생활하던 유인원의 네 발은 발이라기보다는 손이라고 불러야 할 생김새를 가졌다. 그래서 네 개의 손으로 나뭇가지를 휘어잡고 뛰어다니기 때문에 나무에서 잘 떨어지지 않는다. 그런데 이런 유인원으로부터 인류가 분화하여 땅에 내려왔고, 그 결과 서서 걷는 용도로만 주로 쓰이게 된 뒤쪽 두 손이 퇴화함으로써 엄지가 여타의 손가락과 서로 마주칠 수 없는 형태의 '발'로 굳어져 진화한 것이었다. 유인원의 발은 인간의 손처럼 생겨 움켜쥘 수 있으므로 나무 위에서는 잘 떨어지지 않지만, 그만큼 상대적으로 손이 덜 진화하여 도구를 제작하고 사용하는 데 한계가 있다. 고릴라와 오랑우탄, 침팬지 등 유인원의 발은 아직 발이 아니라 덜 퇴화한 손일 뿐이며, 거꾸로 손은 덜 발달한 발일 뿐이다.

　이렇게 생각하고 있던 차에 1974년 에티오피아의 아파르 지구Afar Region에서 직립 보행을 한 작은 체구의 여성 유골 화석이 발견되었다. 3백 수십만 년 전에 살았던 25세의 여성으로 107cm의 키에 28kg의 몸무게였다고 밝혀진 오스트랄로피테쿠스 아파렌시스Australopithecus afarensis의 화석이 그것이다. 오스트랄로피테쿠스는 현생인류인 호모 사피엔스의 먼 조상으로, 주변의 식물을 채집하거나 육식 동물이 먹다 남긴 찌꺼

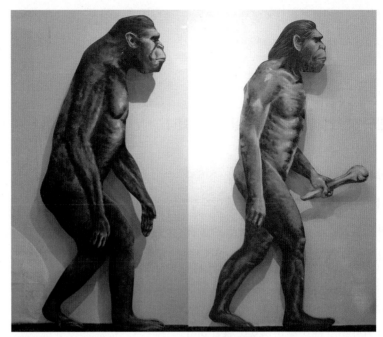

라마피테쿠스   오스트랄로피테쿠스

기를 먹으면서 작은 무리를 이루어 생활했던 것으로 추정된다. 이 화석을 발견할 당시에 비틀즈의 노래 「Lucy in the sky with diamonds」가 스피커에서 흘러나왔으므로 사람들은 이 화석의 주인을 '루시'라고 부르고, 드디어 최초의 인류를 확인할 수 있게 되었다고 기뻐했다.

그러나 유전학자들이 DNA의 변화 양상을 분석하여 측정해본 결과 인간이 침팬지로부터 분리된 시점은 700만 년 전부터 500만 년 전 사이로 나타났다고 한다. 그렇다면 루시가 최초의 인류일 수는 없는 노릇이겠다. 1978년에는 탄자니아 라이톨리Laetoli에서 나란히 서서 직립 보행한 두 개체의 발자국을 발견했는데 360만 년 전의 것으로 판명되었다. 이를 토대로 본다면 늦어도 500만 년 전에는 직립 보행한 존재가 있었음이 거의 틀림없다고 추정된다. 그리고 2001년에는 차드의 주랍Djurab 사막에서 두개골 화석이 발견되었는데, 이는 700만 년 전에 살다 11살의 나이에 죽었다고 추정되는 인류의 화석이었다. 이것이 현지어로 '희망'의 뜻인 '투마이Toumai'라는 별명으로 불리게 된, 학명 사헬란트로푸스 차덴시스Sahelanthropus Tchadensis 화석이다. 인류의 기원을 찾는 작업은 이렇듯 아직 진행 중이다.

한반도에는 언제부터 인류가 살기 시작했나

우리나라 땅에서는 인류의 기원을 추정하는 데 도움이 되는 고인류의 화석이 아직 발견되지 않았을 뿐더러 앞으로도 발견될 가능성은 없다. 우리나라 지층의 대부분은 묻힌 생물을 쉽게 분해하는 성질을 가진 흙으로 구성되어 있는 데다 그 중앙이 북위 38도선에 걸쳐 있어 매우 추운 겨울을 가진 위치에 있으므로, 한반도에서 인류가 살기 시작한 것은 마음대로 불을 지펴 이용할 수 있게 되는 훨씬 후대의 일이었겠기 때문이다. 남아프리카공화국의 스와르트크란스Swartkrans 동굴 유적으로 미루어 짐작할 때 인류가 불을 처음 발견한 것은 늦어도 100만 년 전이었다고 여겨지지만, 처음에는 자연 현상으로 일어난 불을 지키는 방법을 알았을 뿐이고 스스로 불을 피우기에 이른 것은 일러도 60만 년 전의 일이 아니었을까 생각되고 있다. 그러니 겨울이 와서 불 없이 지낼 수 없는 한반도에서는 60만 년 전 이후의 구석기 유적만 출토될 수밖에 없다.

한반도에서는 50군데가 넘는 지점에서 구

1. 동관진
2. 지경동
3. 굴포리
4. 장덕리
5. 승리산
6. 대현동
7. 룡곡
8. 화천동
9. 만달리
10. 검은모루
11. 청청암
12. 해상리
13. 전곡리
14. 상무룡리
15. 심곡리
16. 용굴
17. 구낭굴
18. 상시리
19. 금굴
20. 수양개
21. 창내
22. 큰길가
23. 두루봉
24. 샘골
25. 석장리
26. 마안리
27. 임불리
28. 금평
29. 덕산리
30. 곡천
31. 대전
32. 옥과
33. 해운대
34. 빌레못

● 한데 유적
○ 동굴 유적

우리나라 구석기 유적 분포도
우리나라 구석기 시대 유적은 1935년 함경북도 동관진(오늘날 온성군 강안리)에서 처음 발견한 이래 지금까지 50곳 정도 더 발견했다. 남한에서는 1964년에 공주 석장리에서 구석기 유적을 찾아낸 뒤로, 1978년에는 연천 전곡리, 1988년에는 파주 가월리와 주월리에서 국제 학계에 주목을 받은 대규모 구석기 유적을 찾아냈다. 하지만 유물 연대와 성격 등은 여러 설이 제기되어 아직 정확한 판단은 내리지 못하는 실정이다.

모비우스가 제시한 주먹도끼와 찍개 문화권

주먹도끼와 찍개는 전기 구석기 시대를 대표하는 석기이다. 주먹도끼는 주로 아프리카 · 유럽 · 중동 · 인도 · 자바 등 구대륙에서만 발견되었기 때문에 미국 고고학자 H. 모비우스는 전기 구석기 시대를 주먹도끼 문화권과 찍개 문화권으로 구분했다. 동남아시아와 동북아시아에서는 찍개로 대표되는 자갈돌 석기 문화가 있었다고 생각한 것이다. 그러나 1978년 5월 경기도 연천군 전곡리에서 아슐리안형 주먹도끼가 발견되어 모비우스의 학설이 무너졌다.

■ 주먹도끼 문화권
■ 찍개 문화권

석기 유적이 발견되었다. 평양 동남쪽 상원군祥原郡 흑우리黑偶里에 있는 검은모루동굴 유적과 경기도 연천군 전곡리 유적 등이 대표적인 전기 구석기 유적이다. 검은모루동굴 유적은 60만~40만 년 전의 것으로 밝혀졌다. 특히 1979년부터 1986년까지 6차에 걸쳐 발굴한 전곡리 유적에서는 양면핵석기兩面核石器인 주먹도끼Hand-axe를 찾아내 전기 구석기 시대의 새 자료를 추가했다.

종전까지는 인도 이동 지역에서 양면핵석기가 출토된 예가 없었기 때문에 인도의 서쪽 일대(인도 · 중동 · 아프리카 · 유럽)와 동북 일대(동남아시아 · 동북아시아)를 구분하여 전자를 양면핵석기 문화권, 후자를 찍개 문화권이라 부르고, 후자에서는 아슐리안Acheulian형의 양면핵석기보다 덜 발달된 석기(외날찍개 · 쌍날찍개 등)만 출토된다고 이해해왔다. 미국 하버드 대학의 모비우스Movius 교수가 주장한 이 이론은 그동안 반박이 없었던 것도 아니었으나 결정적인 자료가 없어 통설화돼 있

연천 전곡리 주먹도끼(양면핵석기)   외날찍개와 쌍날찍개

주먹도끼는 재료가 되는 돌에서 먼저 큰 파편을 떼어낸 다음, 떼어낸 돌의 양면을 돌아가며 엇갈리게 쳐서 만들었다. 손에 쥐고 사용했기 때문에 주먹도끼라고 부르며, 양면을 떼어내고 알맹이를 썼기 때문에 양면핵석기라고도 부른다. 프랑스 아슐에서 이 같은 주먹도끼가 처음 발견되었기 때문에 흔히 아슐리안형 석기라고 부른다. 구석기인들은 처음에 냇돌이나 돌덩이의 한쪽 면을 떼어서 날을 세운 찍개와 양쪽 면을 떼어서 날을 세운 찍개를 썼지만, 이어서 손에 쥐기 좋도록 형태를 다듬은 주먹도끼로 발전시켰다.

던 터였다. 그런데 전곡리에서 양면핵석기인 주먹도끼류와 자르개류가 출토됨에 따라 세계 구석기 문화의 전개 양상에 관한 종래의 이론이 수정되지 않으면 안 되게 되었다.

돌을 깨뜨려 도구를 만들다

구석기인들의 문화 진전 속도는 대단히 더뎠다. 그들이 사용한 도구는 수백만 년에 걸쳐 처음이나 별반 다름없었다. 현생인류의 뇌는 그 용적이 평균 1,350cm³에 이르지만 오스트랄로피테쿠스의 그것은 500cm³도 채 되지 않는 크기였다. 이런 크기의 뇌로는 도구를 발전시키기 어려웠을 것이다. 이들은 큰 돌에 부딪쳐 깨진 돌조각을 주워 도구로 쓰면서 거의 전적으로 채집에 의존하는 생활을 했다. 그리고 60만 년 전부터는 불을 사용하고 언어를 구사하기 시작했다. 불을 사용하게 되면서는 먹을 수 있는 음식의 종류가 많아지는 등 인류의 생활에 큰 변화가 생겼으며, 언어를 쓰면서는 멀리 떨어져 생활하는 종족들 사이에 문화 공유와 경험 전수가 초보적이나마 가능해졌다. 그러나 도구를 만드는 방법에서는 눈여겨볼 만한 이렇다 할 발전을 이루지 못했다. 약 10만 년 전 정도에 이르러서야 비로소 도구의 제작 방법과 그 형태에 변화가 생겼음이 드러난다.

10만 년 전 무렵부터는 돌을 모루에 대고 쳐서 깨뜨린 다음 다시 손질하여 만든 도구가 사용되기 시작했다. 쓰임새에 따라 달리 만든 작은 석기들이 비교적 다양하게 제작되고, 이것들이 수렵이나 채집활동 등 실생활에 사용되었다. 그리하여 앞 시기에 비해 생산이 증가했으며, 날카롭게 잘 다듬은 돌로 만든 무기에 의해 수렵의 비중이 커져 주로 동굴에서 생활하게 되었고, 시체를 매장하는 풍속도 생겨났다. 이 무렵부터를 중기 구석기 시대로 구분한다.

중기 구석기로 넘어가는 시점은 지역마다 차이가 있으나 구석기 연구의 전통이 깊은 프랑스에서 전기와 중기의 경계를 8만~7만 5,000년 전, 중기와 후기의 경계를 4만~3만 5,000년 전으로 설정하고 있어 우리나라는 대개 이를 따른다. 우리나라의 대표

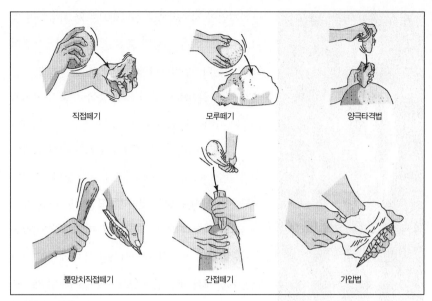

석기 만드는 방법

직접떼기   모루떼기   양극타격법

뿔망치직접떼기   간접떼기   가입법

적 중기 구석기 유적으로는 함경북도 웅기군 노서면의 굴포리 하층문화 유적, 평안남도 덕천의 승리산동굴 유적, 제주도의 빌레못동굴 유적 등이 있다.

후기 구석기 시대에 들어서면서 인류는 간접떼기(간접타격법)로 돌날 등 여러 석기를 만들어 썼다. 원석에 뾰족한 끝을 가진 강한 돌을 마치 정釘처럼 대고 이것을 망치로 두드려 떼어낸 격지(박편)나 돌날을 2차 가공해 만든 긁개 · 찌르개 · 조각칼 · 송곳 · 새기개 등이 우리나라의 전형적인 후기 구석기 유물들이다. 공주 석장리 및 웅기 굴포리의 상층문화 유적이 이에 속한다. 이 시기에 이르러 인류는 활을 발명하여, 날쌔거나 몸집이 커 그동안 잘 잡을 수 없던 동물도 사냥할 수 있게 되었으므로 좀 더 풍요로운 생활을 누렸다.

우리나라 슬기슬기사람과 그들의 생활

전기 구석기 시대에서 중기 구석기 시대로, 또 후기 구석기 시대로의 발전은 전기

복원된 흥수아이 1호
충북 청원군 문의면 노현리 두루봉 흥수굴
에서 나온 어린아이 뼈를 복원한 모습. 흥수
굴에서는 5~7세 정도인 두 어린아이 뼈가
거의 완전한 상태로 나왔다.

구석기인이 지속적으로 진화함으로써 이루어진 것이 아니라 새로운 인류가 출현함으로써 이루어졌다고 추정된다. 우리나라에서는 화석 인골을 발견한 예가 적어 일반화하기 힘드나, 중국은 중기 구석기 문화와 관련을 갖고 반출되는 화석 인류를 슬기사람 Homo sapiens으로, 후기 구석기 문화의 인류를 슬기슬기사람Homo sapiens sapiens으로 구분한다. 우리나라도 사정이 비슷했을 것이다. 평안남도 덕천 승리산 유적에서는 슬기사람 계통인 '덕천사람' 이빨과 슬기슬기사람 계통인 '승리산사람'의 아래턱이 각기 다른 지층에서 나왔다. 한반도에서 슬기사람 계통으로는 '덕천사람' 말고도 평양시 역포 구역 대현동 유적에서 발견된 '역포사람'이, 슬기슬기사람으로는 '승리산사람' 말고도 평양시 승호 구역 만달리 유적에서 발견된 '만달사람'과 충북 청원군 두루봉 흥수굴에서 나온 '흥수아이'가 복원, 보고되었다.

인류는 초기부터 집단을 형성하여 사회생활을 해왔다. 유아 양육을 책임지고 있었을 여성은 주거지 부근에서 채집에 주로 종사하고, 남성은 비교적 먼 거리를 움직이며 채집과 사냥에 종사했을 것이다. 아이들에게 안정적으로 음식을 공급해야 했을 테고 사회 집단 안에서 남성들끼리 성적性的 갈등이 일어나면 사회를 안정적으로 유지하는 데 문제가 생겼을 것이므로, 인류는 초기부터 일부일처제에 바탕을 두고 가족생활을 했을 가능성이 크다. 구석기 시대는커녕 신석기 시대에서조차도 가족이 존재하지 않았다고 보는 견해도 있으나 최근의 연구에서는 부인되는 추세이다. 또한 인류의 역사에서 지금까지 흔히 말하던 모계제 사회도 존재한 적이 없었다는 것이 많은 학자들의 생각이다.

현생인류의 등장

현생인류가 언제 처음 등장했는지에 관해서도 아직 정설이 없다. 진화론적인 관점에서는 구석기 시대의 고인류가 현생인류로 발전했다고 보고 있지만, 현생인류의 DNA가 고인류의 마지막 단계에서 등장한 네안데르탈인의 그것과 계통이 다른 구조를 지니고 있어, 이로부터 진화하여 현생인류가 되었다고 믿어지지 않는 측면이 많다. 미토콘드리아 DNA를 분석해보니 네안데르탈인은 전혀 다른 별개의 종이었던 것으로 나타난다는 것이다. 그래서 지금 지구 어떤 곳에서는 현생인류가 신이 창조한 피조물이라거나 외계로부터 흘러 들어온 존재라고 여기는 생각이 더 설득력 있는 것으로 받아들여지고 있을 정도다.

현생인류는 약 4만 5,000년 전부터 1만 2,000년 전까지 살았던 크로마뇽인에서 나왔다고 보는 것이 일반적인 견해였다. 이들이 빙하기 마지막의 긴 추위를 동굴 속에서 견디면서 그 형질이 변화하여 현생인류로 진화, 발전했으리라는 것이다. 그러나 1987년에 「네이처」지에 발표된 현생인류의 기원에 관한 논문에 의하면, 5대륙을 대표하는 여성 200여 명의 태반에서 얻은 미토콘드리아 DNA를 분석한 결과, 70억 현생인류가 20만 년 전에 동아프리카 지역에 살던 한 여성으로부터 기원했음을 알게 되었다고 한다. 현생인류 전체가 '미토콘드리아 이브'라고 부를 수 있는 어느 한 여성의 후손이라는 '아프리카 기원설'이다.

뷔름빙기의 긴 추위 속에서 개체 수가 크게 줄고 그저 살아남기에 급급했던 현생인류는 다시 날씨가 온화해지자 인구가 크게 늘어나 지구 전역에 퍼져 살면서 각기 적당한 곳에 정착하여 식량을 생산하고 이제까지와는 전혀 다른 혁신적 방식으로 도구를 제작하며 대규모의 공동체 생활을 영위하기 시작했다. 신석기 시대의 새로운 문화가 열린 것이다.

자료샘

찾아읽기

정영화, 『한국의 구석기문화』, 설당, 1982.

손보기, 『한국구석기연구의 길잡이』, 연세대학교출판부, 1988.

손보기, 『석장리선사유적』, 동아출판사, 1993.

최무장, 『한국의 구석기문화』, 집문당, 1994.

연세대박물관 편, 『한국의 구석기』, 연세대학교출판부, 2001.

김창성, 『사료와 그림으로 보는 세계사산책─서양 고대─』, 솔, 2003.

2 우리 조상들이 요서 지방에 터전을 마련하다

빗살무늬토기 문화와 동이

1만 년 전, 황하 하류의 남녘부터 난하, 대릉하, 요하 유역을 거쳐 한반도에 이르는 넓은 지역에 나타나 삶을 영위한 사람들을 '동이'라고 부른다. 우리 조상은 이 가운데 난하 유역에서 한반도에 걸쳐 살면서 빗살무늬토기를 만들어 사용한 사람들이다. 중국 기록에 보이는 치우는 맥족의 수장으로서 문헌으로 확인되는 가장 먼 조상이다.

빗살무늬토기 문화

　1만 년 전쯤 뷔름빙기의 긴 추위가 물러가자 한반도가 그 지형을 드러내고, 이곳에 새로운 인류가 이주해 와 그들의 삶을 개척해 나갔다. 이들 신석기인은 자연물을 가꾸고 길러서 식량으로 사용하기 시작한 인류라는 점에서 자연물을 채집하여 먹고산 구석기인과 구별된다. 신석기 문화는 식량생산인의 문화이며, 예리하게 가공하여 만든 석기를 사용한 간석기인의 문화이고, 불에 구운 단단한 토기를 제조하여 사용한 토기사용인土器使用人의 문화이다. 한반도의 신석기인들은 빗살무늬토기를 만들어 썼다.

　빗살무늬토기는 만리장성 어간으로부터 만주·한반도를 거쳐 일본의 규슈九州에 이르는 동북아시아의 신석기 시대를 상징하는 표징유물表徵遺物이다. 이와 거의 같거나 유사한 유형의 토기가 핀란드를 비롯한 북유럽으로부터 서북 러시아와 시베리아를 거쳐 극동의 연해주沿海州에 이르는 넓은 지역에서 출토되고 있는데, 토기 표면을 빗처럼 생긴 무늬새기개로 그어 줄무늬를 새겨 넣은 것이 특징이다. 유럽에서는 이를 캄케라믹Kammkeramik이라고 부른다. 토기 형태는 밑이 둥글면서 뾰족하거나 납작하게 만들어 포탄 혹은 화분처럼 생긴 것이 대부분이고, 밑이 뚫려 관管처럼 생긴 것도 적잖다.

한국 빗살무늬토기의 기원과 관련해서는 그동안 스칸디나비아 반도에서 시작하여 시베리아를 거쳐 들어온 문화의 영향을 받아 발생한 것으로 보는 견해가 널리 받아들여지기도 했다. 하지만 그 제작 방법이나 무늬의 조성 방법 등 세부적인 면으로 볼 때 서로 다른 요소가 많아 지금은 직접 관련이 없다고 보는 설이 유력하다. 특히 최근에 중국 요하遼河[랴오허] 서부 지역의 고고 발굴 성과가 알려지면서 이곳이 한국 빗살무늬토기가 기원한 곳이며, 이를 사용한 사람들도 한반도 빗살무늬토기의 사용자와 같은 계통의 종족이었을 개연성이 크다고 여겨지게 되었다. 요서 지역에서 발견된 빗살무늬토기의 방사성 탄소 연대 측정치가 다른 지역 것보다 더 오래된 연대를 나타낸다.

원시 사회에서 토기는 여자들이 만들던 물건이었다. 남자는 밖에 나가 좀 더 힘든 생산 활동에 종사했다. 여자는 어릴 적부터 그 씨족 전통의 토기 제작법이라든가 의복을 만들고 살림을 꾸려나가는 법 등을 어머니로부터 배웠고, 시집가서는 배운 대로 물건을 만들어 쓰고 살림살이를 했다. 따라서 일정 범위에서 같은 유형의 토기가 출토된다는 것은 곧 그 토기를 사용한 주인공이 서로 여자를 교환하고 있던 한 계통의, 혹은 혈연상 인차鱗次(바로 이웃)의 종족임을 의미한다고 보아도 좋다. 반드시 같은 종족에게만 딸을 시집보냈다고는 말할 수 없지만 말이 통하지 않고 삶의 방식과 추구하는 가치가 다른 종족에게 딸을 내주고 싶은 부모는 그리 많지 않았을 터이다. 동일한 토기 문화권은, 좀 거칠게 말하자면, 그 안에서 여자를 교환한 통혼권인 동시에 서로 같은 계통의 언어를 사용한 종족들의 생활 무대 범위이기도 하다.

그러고 보면, 빗살무늬토기를 사용했던 사람들은 집단별로 각기 다른 갈래의 종족을 이루면서도 서로 같거나 비슷한 토기와 언어를 쓰며 문화를 공유한 동일 어족 계통의 민족 구성원이었던 셈이다. 그 문화의 중심지는 대릉하大陵河[다링허]·요하 유역을 거쳐 요동반도遼東半島[랴오둥 반도]까지 지금 중국의 동부 지역 일대에 걸쳤고, 그 민족은 이 중심 지역은 물론이고 더 동쪽으로 만주 일대와 한반도 및 일본 열도 남부에 이르는 넓은 영역에 분포했다. 이 문화의 주인공 중에 우리의 선조도 있었다. 신석기 시대 초기부터 한반도에 들어와 살던 사람들만이 아니라 청동기, 철기 시대의 정세 변화에 따라 뒤늦게 만주를 경유하거나 발해만勃海灣[보하이 맨]을 지나고 황해를 건너 한반도로 들어온 사람들도 우리의 직계 조상이 되었다.

그런데 빗살무늬토기 사용자라고 해서 모두 우리 조상이라고는 말하기 어렵다. 그 중에는 처음부터 우리와 갈래가 다른 종족도 있었겠고, 처음엔 같은 종족에 속했다가 수천 년의 역사 과정에서 서로 다른 문화를 갖게 됨으로써 별개의 민족으로 갈라선 경우도 있을 것이다. 마찬가지로 빗살무늬토기 사용자 중에만 우리 조상이 있었던 것도 아니다. 신석기 시대의 동북아시아에는 빗살무늬토기 말고도 채도나 홍도·흑도 등을 사용한 이들이 황하 유역과 산동반도山東半島[산둥 반도] 일대에 널리 분포했는데, 이들 중에도 많든 적든 우리 조상이 있었으리라 여겨진다.

우리 민족의 형성과 관련하여 그동안은, 빗살무늬토기를 사용한 신석기 시대의 고 아시아족이 살던 땅에 비파형동검을 사용한 청동기 시대의 예맥족이 들어와 서로 어우러져 살면서 혼혈을 일으켜 한민족이 형성되었다고 생각해왔다. 그러나 점차 신석기인들이 스스로 청동기 제작법을 익혀 발전한 것으로 밝혀지면서 동북아시아의 빗살무늬토기 및 채도 사용자를 우리 조상과 연계하여 지목할 수 있게 되었다.

동이와 요하문명

지금 중국 섬서성陝西省[산시성]의 위하渭河[웨이허: '위수渭水(웨이수이)'라고도 함] 유역에 살던 화하족華夏族은 그들 동쪽에 거주하는 사람들을 '동쪽의 이족夷族'이란 뜻으로 '동이東夷'라고 불렀다. 저들은 이와 함께 서쪽에 사는 사람들은 융족[西戎], 남쪽에 사는 사람들은 만족[南蠻], 북쪽에 사는 사람들은 적족[北狄]이라 불러 얕잡아보았으니, 동이는 동쪽에 사는 여러 민족을 싸잡아 부른 범칭汎稱이라 하겠다.

그러나 본디 '동이'는 동쪽이라는 방위나 업신여기는 마음과 전혀 상관없는 호칭으로 출발한 용어이다. '동東'은 밭에서 일하는 사람 또는 곡식을 싸서 담은 포대나 보자기를 뜻하는 상형문자로서 밭을 잘 경작하여 많은 수확을 내는 종족을 가리킨 글자였고, '이夷'는 무릎을 꿇고 좌식坐式 생활을 하는 사람을 가리키는 '시尸'에서 기원한 글자이다. 즉 '동이'는 밭일을 잘하면서 좌식 생활을 하는 문화를 가진 특정한 종족을 가리킨 고유명사였던 것이다. 그러다가 '동'이란 단어가 해 뜨는 곳을 뜻하는 말로 주로 쓰이게 되자 이에 대응하여 서, 남, 북의 종족을 가리키는 융, 만, 적이라는 용어가 덩달아 생겨나고, 이에 따라 동이도 특정 종족을 뜻하는 말에서 여러 종족을 한꺼번에 일컫는 범칭으로 바뀌게 된 것이었다.

'동이'라고 부른 사람들이 거주한 지역에는 크게 두 개의 문화권이 발달했던 것으로 나타난다. 황하 중류의 앙소仰韶[양사오]를 중심으로 한 채도 문화권과 대릉하 중류의 흥륭와興隆窪[싱룽와]·우하량牛河梁[뉴허량] 등지를 중심으로 한 빗살무늬토기 문화권이 그것이다. 동이에는 여러 갈래의 다양한 종족들이 포함되어 있었던 셈이다. 하지만 어느 쪽의 동이든 그 문화의 수준이 매우 높았다.

『예기禮記』는 '동이'에 대해 "'이夷'란 사물의 근본을 뜻하는 말이다. 어질고 생명을 좋아하여 만물이 땅에 근본을 두고 나옴을 뜻한다."고 했으며, 『후한서』는 "동방의 '이夷'족은 그 천성이 유순하여 도리道理로써 다스리기 쉬우므로 심지어는 군자국君子國, 불사국不死國 같은 나라까지 있다."고 했다.[자료1] 이러한 언급들에서는 동이를 매우 좋게 생각하며 동경했던 화하족의 마음이 느껴진다. 공자가 춘추시대의 혼란한 중국 사회를 피해 "동이로 가고 싶다."고 했다는 것은 널리 알려진 사실이다.

중국의 선진시대先秦時代 문헌에는 동이가 크게 9개의 무리로 나뉘어 있었던 것처럼 기록되어 있다. 이른바 '구이九夷'가 그들이다. 그런데 이들 '동이'와는 달리, 3세기 이후의 중국 정사에는 「동이전東夷傳」으로 기록된 대상으로서의 '동이'가 있다. 그래서 우리는 중국 문헌에 보이는 '동이'를 크게 둘로 나누어 파악한다. 하나는 선진시대에 화하족이 그들 동쪽에 거주하던 종족을 지칭하던 '동이'이고, 또 하나는 한 대漢代 이후의 정사正史에 보이는 '동이'이다. 그리고 일반적으로 전자는 후자와 직접 관계가 없으며, 화하족과의 싸움에서 패배하여 그 대부분이 중국인으로 동화되었다고 알고 있다.

민족의 이동을 입증할 고고 자료가 잘 확인되지 않으므로 현재로서는 이런 이해가 대체로 옳다고 받아들여진다. 그러나 『후한서』「동이전」의 서문에는 양자 사이에 계기성繼起性이 있는 것으로 나타나고, 신석기 시대부터 청동기, 철기 시대에 걸친 각종 유물이나 설화가 양자의 깊은 상관성을 암시하고 있어 이렇게만 단정하고 확신하기엔 곤란한 측면이 적지 않다. 『삼국지』도 연燕·제齊의 주민, 곧 지금의 북경北京[베이징] 및 산동반도 일원에 살던 종족이 이동하여 진한을 형성한 것으로 인식한 서술을 했다. 양자의 관계는 여전히 더 두고 궁구해봐야 할 과제로 남아 있다.

기실, 중국의 역사가 삼황오제三皇五帝로부터 시작되었다는 인식은 전한前漢의 무제武帝(기원전 141·기원전 87) 때 사람인 사마천司馬遷에 의해 체계화된 것일 뿐이다. 실제의 역사는 그렇지 않았다. 삼황오제는 황하 중류 유역에 자리 잡고 발달한 동이 사회의 수장이었고, 이들이 이끌던 동이 사회가 황하 상류의 화하족에 의해 정복당하여 해체되고 만 것이 역사의 실상이다. 화하족은 동이보다 그 문화의 수준이 비록 낮았지만 발달한 철제 무기로 무장하여 동이를 격파한 후, 수준 높은 동이 문화를 확대된 새사회의 문화 기준으로 삼아 주周 왕조를 건설했다. 그리고 나중에 진秦이 중원을 통합하여 통일왕국을 구축하자 이를 계승한 한漢이 그 역사를 삼황오제 이래 줄곧 일사불란하게 이어져 온 형태로 재구성하여 통일 중국의 인식 기반으로 제시하기에 이른 것이었다.

한편 이와는 달리 만리장성 이북에서는, 중원에서의 이런 변화에 크게 영향을 받으면서도 나름대로 독자적인 문화를 유지하며 발전한 별도의 동이 사회가 있었다. 1980년대부터 요서 지방을 중심으로 한 넓은 지역에서 원시 문명의 여러 유적이 대거 출토되어 세인의 이목을 끌었는데, 이는 시기상으로 기원전 6000년 너머까지 거슬러 올라가는 문명으로서 황하문명黃河文明보다 앞선 시기의 신석기 문화 유적이었다. 중국인은 이를 '요하문명遼河文明'•이라고 부르며 황하문명의 한 갈래로 인식한다. 그러나 이 신석기 문화를 대표하는 유물은 빗살무늬토기로서, 청동기 시대로 접어들면서 비파형동검을 출토하고 있어, 크게 보아 한반도에서의 문화 흐름과 맥락이 같다.

• 요하문명: 중화인민공화국은 1980년대로 접어들어 지금까지 동이족의 거주지로 알려져 온 요하 및 대릉하 유역에 대해 대대적으로 고고 발굴을 실시한 결과 흥륭와 문화興隆窪文化, 홍산 문화紅山文化, 조보구 문화趙寶溝文化, 신락 문화新樂文化 등 여러 곳에서 새로운 신석기 문화 유적을 발굴하고 이들이 황하문명에 앞선 문화임을 알게

치우는 우리 조상

사마천의 『사기』 「황제본기」에는 황제가 상대하기 힘들었다는 치우에 관한 이야기가 전한다.[자료2] 이에 따르면 황제는 치우와 탁록涿鹿의 들에서 마지막 승부를 결판내는 싸움을 했다고 하는데, 탁록은 지금의 하북성河北省[허베이성] 장가구張家口에 있는 현 이름으로 남아 있다. 북경으로부터 서북쪽으로 약 120km 떨어진 곳이다. 황하 유역을 석권한 황제가 이곳에서 치우와 충돌했다면 치우는 그 건너편의 난하灤河[롼허], 대릉하 유역에 본거지를 두고 있던 세력이었다 하겠다. 이른바 '요하문명'이 발견된 바로 그 지역이다.

『사기』 「황제본기」 기사에는 치우와 관련하여 『용어하도』와 『산해경』의 기록을 인용한 주가 붙어 있다. 이를 종합해보면, 치우는 ① 몸은 짐승인데 말을 했다. ② 81인의 형제가 있었다. ③ 병장기를 무섭게 잘 쓰고 용감무쌍한 무신武神과 같은 존재였다. ④ 풍백과 우사를 부하로 거느렸다는 내용으로 요약된다. 여기서 ① 짐승이면서 말을 한다고 기록한 것은 황제족의 입장에서 볼 때 치우가 이민족으로 간주되었음을 나타낸 것이겠다. ② 형제가 81인이었다는 것은 치우의 세력이 형제적 질서로 조직되어 있던 것을 가리킨 대목이다. 한 부족장이 자기보다 더 큰 세력의 부족장을 만나면 '형'이라 부르고, 그보다 더 큰 세력의 부족장은 '큰형', '더 큰형' 하는 식으로 불렀기 때문에 다른 종족이 보기엔 이들이 모두 형제처럼 여겨졌던 모양이다. 그러니 치우는 81이라는 숫자로 헤아릴 정도로 매우 많은 크고 작은 부족을 형제적 질서로 통합하여 거느린 대수장이었다고 하겠다.

그런데 후대에 맥족貊族이 주축이 되어 세운 나라인 고구려에 '형兄'·'대형大兄'·'태대형太大兄'과 같은 관위官位가 있었던 것으로 전하여, 치우 집단과의 높은 상관성이 주목된다. 말하자면 고구려 지배층은 관등의 높낮이에 따라 '형', '큰형', '더 큰형' 등으로 불렸던 셈인데, 이는 고구려가 본디 형제적 질서에 바탕을 두고 형성된 사회에서 유래했음을 뜻한다. 치우 집단의 경우와 그 기본 성격이 완전히 일치하는 사회 조직 형태였다 하겠다. 이는 치우가 맥족의 조상이었을 개연성이 대단히 높음을 시사하는 사실이다.

③ 치우가 무신적武神的 존재로 묘사된 점도 맥족과의 연관성을 더욱 높여주는 측면이다. 고구려 사람들은 그 시조의 이름을 주몽朱蒙이라 불렀는데, '주몽'은 활을 잘 쏘는 사람을 가리키는 고구려 말이 있다고 한다. 고유명사가 아니라, 무석 능력이 탁월한 사람을 뜻하는 일반명사였던 것이다. 광개토대왕릉비에는 주몽을 '추모鄒牟'라고 써놓았다. 『설문해자주說文解字注』에 의하면, '추鄒'는 '주루邾婁'라고 쓰기도 하며 동이족의 말이라고 한다. 그런데 『삼국사기』에 고구려 3대 왕인 대무신왕大武神王을 대해주류왕大解朱留王이라고도 했다는 기록이 있다. 한자 말 '무신'에 대응하는 고구려 말이 '주류'였음을 전하는 내용이다. 주류는 '주루 → 추'로도 표기될 수 있는 말이었으니, 주류나 추는 맥족의 언어로 활을 잘 쏘거나 병장기를 잘 다루는 무적武的 영웅, 곧 '무신武神'을 가리킨 말이었던 것이다. '치우'는 '추'를 달리 표기한 것으로서 맥족이 그들의 대수장을 부르는 말을 한자로 적은 것임에 틀림없다. 치우는 맥족의 수장이었다.

④ 치우가 풍백과 우사를 거느렸다는 『산해경』의 기록도 치우가 이미 단군 이전에 동이를 이끌던 대수장이었음을 전하는 내용이다. 누구나 알고 있듯이, 풍백과 우사는 단군 이야기에 나타나는 인물들로서 단군 이전에 환웅과 함께 신시에 와서 인간의 여러 가지 일들을 나누어 돌보았다는 이들이다. 풍백은 수명과 질병, 우사는 곡식을 주관했다. 그런데 환웅에게는 이들 외에도 형벌과 선악을 주관하던 운사가 더 있었다. 운사는 구름신이지만 번개와 벼락의 상징으로서 선악과 형벌에 관여한 존재였다. 환웅 단계에서는 법에 따라 선악을 판별하고, 법을 어긴 자는 물리적 강제력을 가하여 벌을 줄 수 있는 사회로 발전한 것이었다. 이에 비해 치우 때는 형제적 질서의 평등 관계에 머물러 물리적 강제력까지는 아직 행사하지 못한 단계였던 셈이다. 따라서 치우 이야기는 환웅보다 앞선 시기의 맥족 사회의 모습을 담고 있다 하겠다.

황제와 다툰 치우 이야기를 단순한 전설로 여겨 이를 토대로 실제의 역사상을 재구성해보려는 시도를 무의미하다고 생각하는 이들도 있다. 그러나 오랜 기간을 말로 전해오는 과정에서 약간의 윤색과 일부의 착오가 생겼다고 하더라도, 황제 이야기의 기본 골자는 중국 민족의 형성과 관련된 역사적 기억으로서 대단히 중요하게 전승되었을 터이므로 어느 정도 신뢰성이 있다고 보는 쪽이 더 타당할 것이다.

선진시대의 동이는 3세기 동이의 조상

요하문명의 주인공은 동이 중에서도 특히 우리 민족의 형성과 직접 연관된 사람들이었다고 생각된다. 이들의 중심 종족은『시경』,『논어』,『중용』,『맹자』 등 많은 문헌에 나타나는 '예濊'족과 '맥貊'족이었다. 요컨대 요하문명은 우리 조상들이 남긴 유적인 것이다. 그러므로 이 '동이'와 관련하여, 기원전 3세기 이전 시대의 '동이'는 중국의 동부 외곽 일대에 흩어져 살던 여러 이민족을 싸잡아 부르던 보통명사로서 특정의 종족을 부르던 말이 아니며, 따라서 기원후 3세기 말에 편찬된『삼국지』「위서」「동이전」의 '동이'와는 구별해서 생각해야 한다는 기존의 견해를 무조건 받아들이기가 어렵다. 양자 사이의 관계를 다시 생각할 필요가 있다.

선진 문헌의 '동이'와 3세기 이후의 '동이'는 서로 직접적인 연관성이 없는데『후한서』를 쓴 범엽范曄이 이를 잘 알지 못하고 양자가 선후 관계에 있는 것처럼 잘못 서술하여 오해의 소지가 생기고 말았다고 생각하는 학자는 요하문명의 유적·유물을 우리 역사나 문화와 연관 지어 파악하려는 시도를 시대착오적 민족주의의 소산으로서 비과학적인 억지라고 폄하하기도 한다. 그런데 이렇듯 양자 사이의 관계를 부인하는 견해는『후한서』의「동이전」이『삼국지』의「동이전」을 베껴 재편집한 것이며, 그 과정에서 착오를 일으켜 잘못 옮긴 기록이 많아 사료적 가치가 없다는 판단과, 우리나라 최초의 국가는 삼국이므로 진화론적 인류학자들의 '국가발전단계설'에 입각할 때 삼한보다 앞선 시기에 삼한 전체를 통할統轄한 진국이 있었을 리 만무하다고 단정하는 생각이 맞물려 성립한 것이다.『후한서』는, 진한이 옛 진국이라고 한『삼국지』와 달리, 삼한 모두 진국에서 나왔다고 기록했기 때문이다. 그러나 이런 판단과 생각이 반드시 옳다고 말하기 어렵다.

『후한서』「동이전」은 물론 『삼국지』「동이전」도 동이가 사는 지역을 직접 답사하고 저술한 내용이 아니다. 앞서 편찬된 『위략』이나 다른 어떤 사서를 참조하여 내용을 가다듬거나 옮겨 써서 「동이전」을 구성했음이 분명하다. 그리고 『삼국지』의 찬자인 진수陳壽가 본 사서史書 바로 그것 또는 그 이본異本을 범엽도 보았으리라 짐작된다. 게다가 우리가 지금 마주하고 있는 현전現傳하는 『삼국지』와 『후한서』는 진수와 범엽이 직접 저술한 그 원본이 아니다. 오늘날 우리가 읽고 있는 사서의 내용은, 이것을 처음 목판으로 간행할 때 글자를 새긴 사람이 각 사서의 원본(혹은 이본)을 보고 자기가 읽은 대로, 또는 그 원문이 훼손되어 잘 보이지 않거나 읽기 어려운 부분은 그가 유추한 내용으로 적당히 다듬고 새겨서 간행함으로써 확정된 것이다.

따라서 범엽이 진수의 저작을 잘못 베꼈으리라고만 생각할 수는 없다. 원본 저자의 의도가 왜곡될 기회는 얼마든지 있었다. 일부의 내용은 진수 자신이 앞 시기의 사서를 잘못 보고 기록했을 수도 있고, 범엽이 그 원본과 대조하여 진수의 오류를 수정한 것일 가능성도 있으며, 원본을 육필로 전사轉寫하여 이본을 만드는 과정에서 전사자轉寫者가 잘못 베끼거나 잘못 읽고 개서改書했을 가능성이 없지 않고, 또 후대의 목판 제작자가 『후한서』보다 더 오래되어 훼손이 심한 『삼국지』의 내용을 자기가 이해한 대로 더 많이 가다듬어 판각했던 것일 가능성도 적지 않다. 『후한서』가 아니라 오히려 『삼국지』쪽이 더 많은 오류를 포함하고 있을 개연성이 얼마든지 있는 것이다. 단지 『삼국지』가 더 오래된 사서라는 이유만으로 『후한서』 기록을 없느니만 못한 것처럼 홀시하는 태도는 결코 온당하다고 할 수 없다.

그리고 삼국 단계에 이르러 비로소 국사상 최초로 국가 형태가 갖추어졌으며, 따라서 그 이전의 삼한 제국諸國을 국가로 인정할 수 없을 뿐 아니라 이에 선행했다는 진국이나 고조선도 국가로 보기 어렵다는 것은, 선호하는 이론에 입각하여 나름대로 추론해본 내용이지 역사적 사실이 아니다. 중원을 통일한 대제국 한漢과 1년을 싸워 버틴 위만조선을 국가로 인정하기 어렵다는 데도 수긍하기 어렵지만, 그런 역사 경험과 문화 능력을 지녔던 민족이 기원전 108년에 위만조선이 무너진 후 원시공동체 사회로 전락하여 수세기 동안 겨우 읍락사회 내지 추장사회 단계에 머물러 있다가 기원후 3~4

세기에 이르러 비로소 국가 형태를 갖추게 되었다는 것도 좀체 납득하기 어려운 설정이다.

막연한 단정과 추론 위에서는 우리나라 고대사를 체계적으로 이해할 수가 없다. 이미 기원전 3000년경에 국가 형태를 갖췄다고 보아도 무리가 아닐 정도의 고도 문화 유적이 대릉하 및 요하 유역에서 발견되었고, 그 유물의 기본 흐름이 빗살무늬토기에서 비파형동검으로 이어져 한반도의 그것과 같은 맥락에 있음이 분명해졌음에도 불구하고 이를 제대로 이해할 근거가 없다면 기존의 우리 고대사 인식을 스스로 전면 재검토해봄이 마땅할 것이다. 더욱이 이 요하문명의 출토지가 중국인이 스스로 높고 긴 성을 쌓아 자신과 구분하여 '동이'라고 부른 종족이 거주한 땅이었고 여러 기록에 그 실체가 맥족으로 전하는 형편이고 보면, 이들을 황하 중·하류 유역의 동이와 함께 싸잡아 '중국 동이'라 부르며 우리 역사와 무관하다고 굳이 부정하는 인식을 그대로 수용할 수는 없는 노릇이라 하겠다.

그리고 공자가 가서 살기를 원했다는 '구이九夷'에 대해서도 다시 생각해볼 점이 있다. '구'가 아홉을 뜻하는 숫자이기도 한 데다 『후한서』가 '이夷'에는 아홉 종족이 있다면서 견이畎夷·우이于夷·방이方夷를 비롯한 '9이'를 죽 열거했으므로 동이가 크게 아홉 개의 세력을 형성했다고 생각해왔지만 이는 후대의 부회附會일 개연성이 크다. 『위략』에 부여의 시조인 동명東明이 태어난 나라로 기록한 '고리高離·槀離', 이와 똑같은 설화를 가진 '고려高麗·句麗'와 마찬가지로 '구이' 역시 성城을 뜻하는 동이어 'kVrV'의 다른 표기일 뿐 아닌가 하는 것이다. 고구려 사람들이 성城을 구루溝漊라고 했다는데, 다 같은 대상을 가리키는 말로서 '구이' 역시 여러 세력을 묶어 중심을 이룬 도성을 뜻한 용어일 것이다. 가락국駕洛國의 '가락' 또는 '가야加耶'는 물론 삼한의 '한韓' 역시 kara의 표기로서, '구이'·'고리'·'구려'와 같은 'kVrV'계 용어이다. 이런 여러 가지 정황을 고려할 때 '구이'를 우리 역사의 기원과 분리해서 생각하기는 곤란한 게 분명하다.

다만 여기서 한 가지 유념에 둘 것은, 이와 같이 유사한 음운을 가진 용어들에 주목하고 그 어원을 따져 이를 근거로 사실을 유추해보는 방법을 전혀 근거 없는 구시대의 발상으로 단정하고, 나아가 국수주의의 소산쯤으로 간주하는 견해가 있다는 점이다. 그렇다고 볼 뚜렷한 근거가 없다는 것인데, 아니라고 단정할 근거 또한 없으니 논리성과 형병성을 두루 갖춘 견해라고 할 수는 없겠다. 그런데 이런 견해의 더 근본적인 문제는, 실증을 표방하면서 음운으로 남은 증거를 배척하고 구축한 우리 고대사 이해 체계에 많은 부정합과 모순이 발견된다는 사실이다. 고조선의 역사가 축소 또는 부정되었고, 우리 역사의 판도는 한반도로 위축되었다.

물론 이것이 실제로 사실이라면 그대로 받아들일 수밖에 없는 노릇이다. 그러나 지나치게 선택적으로 자료를 운용한 결과, 우리의 기원을 제대로 설명할 수 없게 된 것은 큰 문제이다. 예부터 우리와 연관된 것이라고 인식되어온 많은 기록과 자료들을 우리와 상관없는 것으로 치부하여 방기함으로써 아무런 단서도 갖지 못한 처지가 되고 말았다면, 이를 온당한 처사라고 말하기 어려울 것이다. 우리 문화와 강한 친연성을 지닌 '요하문명' 혹은 중국 동부 및 동북부 지역 동이문명의 실체와 내력, 진국 변천의 역사, 변진이 진한과 잡거하게 된 이유나 배경, 일본 열도로 도항한 삼한·삼국 민인의 실상 등을 제대로 설명할 수 없게 되고 만 데는 우리의 방어적 연구 태도와 좁은 시각이 적잖이 작용했다. 우리가 아는 가능한 한 많은 사료를 총체적으로 묶어 합리적·조직적으로 설명해낼 이해 체계를 마련하기 위해서 우리가 고려하지 못할 가능성은 없어야 할 것이다.

우리나라의 원시 시대

1) 원시 시대와 선사 시대

지구상에 인류가 처음 등장한 것은 대략 700만~500만 년 전쯤이었다. 그러나 현생 인류가 등장하여 문명을 연 것은 겨우 1만 년쯤 전의 일이다. 일정한 장소에 정착해 살면서 간석기를 사용해 농경을 시작함으로써 문명의 단초를 열었다. 그로부터 오늘날 최첨단의 전자 장비와 기계로 풍요로운 생활을 하기까지 현생인류는 끊임없이 발전해왔다. 그러므로 현생인류의 장구한 발전 과정을 하나의 단위로 뭉뚱그려 이해하면 그 변화와 발전 모습을 제대로 알 수가 없게 된다. 이런 까닭에 우리는 이를 몇 단계의 시대로 나누어 파악한다.

간석기

돌 전면을 갈아 만든 것이 많지만, 연대가 오래된 것 가운데는 필요한 부분만 갈아 만든 것도 적지 않다. 신석기 시대부터 간석기를 만들어 썼으나, 청동기 시대에 들어와 종류가 다양해지고 형태가 정형화되었다. 청동기 시대에도 농기구는 여전히 석기였다.

시대를 구분하는 것은 인류의 역사 발전 과정을 계기적繼起的 · 단계적段階的으로 파악하는 데 목적이 있으므로 여러 가지 형태가 있을 수 있다. 그러나 일반적으로는 원시原始, 고대古代, 중세中世, 근대近代의 네 단계로 시대를 나누는 방법이 널리 쓰인다. 이 중 근대는 산업혁명 이후의 시대를 말하는데, 제2차 세계대전이 끝난 뒤부터를 현대現代라고 따로 구분해 부르기도 한다. 원시는 고대 이전 단계의 시대로서, 현생인류가 공동체 생활을 영위하던 시대를 말한다. 그래서 이 시대 인류 사회를 원시공동체 사회라고 일컫는다. 이 시대에는 생산과 분배가 씨족이나 부족 같은 공동체를 단위로 하여 이루어졌으므로 사적私的인 소유는 아직 발생하지 않았다. 물론 계급도 분화되지 않았으며, 지배 권력이나 국가도 없었다.

그런데 여기서 한 가지 유의할 것은 원시 시대를 선사 시대先史時代와 혼동해서는 안 된다는 점이다. 선사 시대는 역사 시대歷史時代에 대응하는 개념으로서, 말 그대로 역사를 기록하기 이전 시대를 말한다. 이것은 역사 기록이 있던 때인지 아닌지만을 기준으로 시대를 나눌 때 쓰는 용어일 뿐이다. 그러므로 그 시대에 대해 아무런 기록도 남아 있지 않나면 무조건 선사 시대인 셈이다.

예를 들어 아메리카의 선사 시대는 콜럼버스가 아메리카 대륙에 도착하기 이전 시대를 가리키는 말이다. 아메리카 인디언은 문자를 갖고 있지 않았다. 이처럼 선사 시대와 역사 시대로 구분할 때에는 그 사회가 어떤 발전 단계에 도달해 있었건 전혀 고려하지 않는다. 따라서 선사 시대라는 용어는 사회 발전 단계에 따른 시대 구분 용어인 원시 시대와 반드시 구별해 써야 한다. 원시 시대는 현생인류의 역사를 단계적으로 파악하기 위한 개념이므로 통상 신석기 시대부터 이 시대로 넣는 반면, 선사 시대는 구석기 시대까지 포함한 개념으로 쓰는 것도 다른 점이다.

2) 우리 민족의 원시 시대

역사 시대는 기록이 있으므로 이를 통해 그 사회의 구조나 당시 인간의 생활 모습을 알 수 있지만, 기록이 없는 선사 시대는 그럴 수가 없다. 그래서 이 시대의 사정을 대략이나마 짐작해보고자 땅 속에 묻혀 있는 유물을 발굴하여 살피고, 지금까지도 여전히 원시 단계에 머물러 있는 여러 종족들의 생활 형태를 연구한다. 역사학이 원시 시대의 사회 상태를 밝히기 위해서 고고학과 인류학의 연구 성과를 참조하는 것은 이 때문이다.

우리 민족에 대한 공식적인 기록으로 가장 오래된 것은 기원전 1세기 초 중국의 사마천이 저술한 『사기』 「조선열전」이다. 그 전에도 우리 민족과 관련된 사실을 단편적으로나마 기록한 책이 없지 않았지만, 『사기』에 이르러야 비로소 구체적이고 믿을 만한 내용이 나온다. 그러므로 우리 민족의 선사 시대는 기원전 2세기까지를 가리키는 말인 셈이다. 그러나 기원전 2세기까지 우리 민족이 원시 시대에 살고 있었던 것은 아니다. 그보다 훨씬 전부터 우리 민족은 국가를 건설하고 중국의 한족과 대결하면서 독자성을 유지해왔기 때문이다. 곧 우리 민족의 원시 시대는 고조선이 성립하면서 끝났다고 해도 틀린 말이 아니다.

3) 원시 시대와 석기 시대

고고학의 편년에 따르면, 원시 시대는 대략 구석기 시대와 신석기 시대에 해당한다. 청동기 시대로 들어서면 생산력이 발달하여 공동체 사회에 잉여가 발생하고, 이를 자기들만 소유하려는 지배 계급이 생겨나 기존의 공동체 사회를 무너뜨리고 국가를 건설했기 때문이다. 그러나 꼭 청동기 시대가 되어야 원시공동체 사회가 해체되는 것은 아니다. 생산력이 높아 그 사회가 필요로 하는 것보다 더 많은 생산물, 곧 잉여를 만들어내면 신석기 단계에서도 고대 사회가 성립할 수 있다. 예컨대 마야 문명과 잉카 문명은 금속을 만들고 쓸 줄 모르는 신석기 단계 문명이었는데도 강력한 왕권이 구현되는 제국을 건설했다.

지금 우리 민족이 사는 한반도에서는 50만~60만 년 전의 구석기 시대 유물이 발견되는 등, 구석기 시대와 신석기 시대의 수많은 유적과 유물들이 발견되었다. 이는 우리 강토가 아주 까마득히 오랜 옛적부터 인류의 서식에 매우 적합한 땅이었음을 뜻한다. 그런데 가끔, 이런 사실을 우리 민족의 역사가 구석기 시대부터 시작했음을 가리키는 증거라고 여기는 사람들이 있다. 우리가 학교에서 배우는 『한국사』 교과서가 구석기 시대부터 서술하는 데 영향을 받았기 때문인 듯싶다. 그리고 북한에서는 우리가 구석기 시대부터 민족의 단일성을 유지하면서 꾸준히 발전해왔다고 내세운다. 그러나 이런 주장에는 근거가 부족하다. 구석기 시대를 살던 인류는 우리 민족은 물론이고 현생인류와도 혈연관계가 없는 인류라고 밝혀져 있다. 지금으로서는 한반도에서 발견한 구석기 시대 유물 · 유적을 『한국사』 교과서 처음에 소개하는 이유가 단지, 우리가 살고 있는 이 땅이 오래 전부터 살기 좋은 땅이었다고 말하려는 데 있을 뿐이라고 생각해두는 편이 좋을 듯하다. 그 구석기 도구를 사용한 인류가 우리 조상인 것은 아니다.

4) 한반도 신석기인들의 생활

한반도에 신석기 주민들이 들어와 살기 시작한 시기는 중국 황하 유역과 비슷한 기원전 5000~4000년 무렵이었다. 신석기인들은 처음에 강가나 해변에 취락을 이루고 수렵이나 어로에 종사하면서 살았다. 한반도에서 대표적인 빗살무늬토기 출토지가 두만강 · 압록강 · 대동강 · 한강 · 낙동강 하류 지역과 서해안의 도서 지역 및 동해안에 집중되어 있는 사실이 이를 말해준다.

빗살무늬토기
우리나라 신석기를 대표하는 토기로서, 600~700℃로 구워 만들어 담아두거나 요리하는 데 썼다. 땅에
구덩이를 파고 특별한 시설 없이 장작불을 피워 구운 듯하다. 무늬는 나무나 뼈로 만든 빗살모양 무늬
새기개로 그릇 바깥면에 짤막한 줄을 배게 누르거나 그어서 새겼다. 중서부 이남 지방 빗살무늬토기가
주류를 이루고, 북동 지방에서는 납작바닥에 깊은 바리 모양을 한 빗살무늬토기가 주류를 이룬다.

또 이 시기 빗살무늬토기의 바닥이 뾰족하거나 동그란 도토리 모양을 하고 있는 것
도 토기를 쓴 사람들이 강변이나 해변의 모래 같은 연약한 토질에서 살았음을 말해준
다. 땅에 쉽게 꽂아서 쓸 수 있었으므로 바닥을 굳이 평평하게 만들 필요가 없었다.

신석기인들의 사냥·어로 활동은 구석기인과 다른 여러 가지 도구를 이용하여 활
발하게 이루어졌다. 후기 구석기 시대부터 쓴 활과 화살이 신석기 시대에 들어서서는
형태가 정형화되고 종류는 다양해진다. 이 무렵에는 부분적이나마 사회 분화가 진행
되어 이러한 도구들을 전문적으로 만드는 사람들이 생겨난 결과일 것이다. 신석기인
들은 활을 이용하여 날쌘 길짐승과 날짐승까지 잡아 식량으로 쓰거나 털과 가죽을 얻
었다. 우리나라 신석기 시대 유적에서 발견되는 동물 뼈를 보면 포유류와 조류가 각각
20여 종에 이른다. 또 작살이나 찔개살·낚시·그물 등을 만들어 고기잡이에 이용했
다. 강원도 양양 오산리 유적에서는 70여 개가 넘는 결합식 낚시가 발견되었으며, 부
산 동삼동 유적에서는 그물이 찍힌 토기가 발견되었고, 그물에 매달아 사용한 그물추
는 유적마다 발견되다시피 한다.

여러 가지 고기잡이 도구

이 시기에 식량으로 이용된 식물로는 도토리가 주목된다. 타닌Tannin에서 나오는 떫은맛이 있으나 칼로리와 영양가가 곡물 못지않은 식품이다. 따라서 가루로 만들어 물에 우려내거나 했다면 훌륭한 양식이 되었을 터이다. 토기도 그 처리 과정에서 필요했으리라는 견해도 있다. 도토리나 과일류와 같은 나무 열매뿐 아니라 토란·마·칡 등 뿌리줄기류도 식량으로 썼다.

5) 농경의 시작

신석기인들은 기원전 3000~2000년 무렵에 야생 동식물 채집에 의존해온 생활 형태에서 벗어나 가축을 기르고 경작과 재배로 곡식을 생산하기 시작했다. 이에 따라 주거지도 구릉 지대로 옮겼는데, 후기 빗살무늬토기 바닥은 이러한 변화와 더불어 평평해진다. 피·조·기장·수수 등이 이때 주로 경작한 농작물이었다. 황해도 봉산군 지탑리 유적 II지구 2호 움집터에서는 조로 보이는 불에 탄 곡물 3홉 정도와 돌보습·돌낫 같은 농기구가 나왔다. 불에 탄 조는 같은 봉산군 마산리 7호 주거지에서도 출토되었는데 이들은 기원전 4000~3000년경 유적이다. 따라서 늦어도 이 무렵에는 조 중심의 밭농사가 시작되었다고 보아도 큰 무리가 없다. 북한에서는 신석기 시대 초기 단계부터 농경이 이루어진 것으로 본다.

벼농사와 관련해서는, 한강 하류의 김포와 일산 토탄층에서 기원전 2000년 무렵의 볍씨들을 잇달아 발견했다. 일찍이 경기도 우도 조개더미에서 나온 토기 밑바닥에 볍씨 자국이 있어 신석기 시대 후기에는 벼농사가 시작되었다는 설이 제기된 바 있었는데, 이 발견으로 한층 설득력을 얻었다. 그러나 한반도에서 벼농사가 시작된 시기를 둘러싸고는 여전히 청동기 시대로 보는 견해가 지배적이다. 신석기 시대 농경은 주로 괭이 농사로 이루어졌다. 일부 학자들은 괭이 농사에서 보습 농사로 진전되었으며 보습이 나중에 쟁기로 발전했다고 하나 아직은 가설 수준이다.

6) 마을의 형성

신석기인들은 여러 가족이 혈연을 매개로 모여 마을을 이루고 살았다. 마을의 성격은 같은 마을 남녀끼리 결혼할 수 없는 씨족 취락이었다. 족외혼 단위인 이들 씨족 공동체는 생산 수단을 공동으로 소유하고, 공동으로 노동하며, 그로써 얻은 생산물을 공

서울 암사동 움집 마을 복원
1925년 한강 대홍수 때 일부가 망가진 채로 발견된 이후 1967년부터 다시 몇 차례 발굴 조사한 결과, 수렵·채집으로 생활하며 마을을 이룬 듯한 집터 5기와 빗살무늬토기 몇 점, 그리고 돌도끼·돌화살 등 석기가 많이 나왔다. 집터는 둥근꼴과 사다리꼴로 된 길이 5.5m, 깊이 1m인 움집터로 화덕 자리도 있었다. 유물은 방사성 탄소 연대 측정을 해보니 기원전 3000년으로 나왔다.

동으로 분배하는 평등 사회였다. 물론 씨족장이 있어 여러 가지 결정권을 행사했지만 지배자나 권력자가 아니었다. 계급이나 착취가 존재하지 않는 평등 사회에서 씨족장은, 마치 우리 가정에서의 가장처럼, 사회 생활과 경제 생활의 지도자일 뿐이었다.

하나의 씨족이 존재했다는 것은 곧 그와 족외혼을 하던 다른 씨족들이 근처에 더 존재했음을 뜻한다. 이들 사이에는 혼인 관계에서뿐만 아니라 생산물 교환 등 사회 경제적으로도 일정한 교류 관계가 형성되어 있었다. 따라서 씨족사회의 존재는 적어도 외형상으로, 지연적인 성격을 띤 부족사회가 동시에 존재했음을 가리킨다고 봐도 좋다. 흔히 씨족사회에서 부족사회로 발전했다고 말하는데, 이는 처음에 씨족만 존재하다가 이것이 점차 부족으로 커졌다는 말이 아니라, 공동체 운영 단위가 씨족 중심에서 부족 중심으로 확대되었음을 말하는 것이다.

7) 신석기인들의 사상

신석기인들은 어떤 특정한 동물을 그들의 공동 조상으로 받들고 이로써 다른 집단과 스스로를 구분했다. 조상으로 숭배된 동물을 토템이라 하며 토템 숭배 사상을 토테미즘Totemism이라 한다. 우리나라 신석기인들이 널리 숭배하던 토템은 곰과 호랑이였다. 또한 신석기인들은 산·바다·나무와 같은 자연물을 포함한 우주 만물에 영혼이 있다는 정령신앙精靈信仰; Animism을 믿었다. 신석기인들은 자연 환경의 변화에 쉽게 좌우될 수밖에 없는 상황에 처해 있었기에 각 자연물에 의지를 부여하고 숭배하여 재난을 피하려 하거나 풍요를 기원했다.

그리고 영혼의 불멸을 믿었다. 신석기 시대의 무덤을 발굴해보면 시체 머리를 일부러 동쪽으로 향하게 한 것을 흔히 볼 수 있는데, 늘 새로운 해가 떠오르는 동쪽을 영혼의 소생처로 생각했기 때문일 것이다. 죽은 사람이 살았을 때 즐겨 쓰거나 아끼던 물건을 함께 묻는 풍습에서도 영혼 불멸 신앙이 있었음을 짐작할 수 있다.

신석기인들은 삶의 세계와 죽음의 세계를 구별하고, 광명의 세계(낮)와 어둠의 세계(밤)를 구별하며, 신을 선신善神과 악신惡神으로 나누는 등 만물의 질서를 이원론적으로 파악하고, 양자를 매개하는 존재로서 주술사나 무당을 설정하여 섬겼다. 무격신앙巫覡信仰이다. 부산 동삼동 유적에서 출토된 조가비 가면은 주술사가 악귀를 쫓는 데

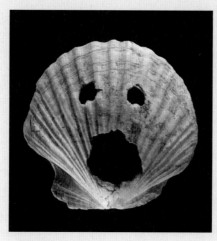

조가비 가면
부산 동삼동 신석기 유적에서 나왔으며, 주술사가 악귀나 재액을 물리치는 데 쓴 듯하다.

시용히던 물건인 듯싶다. 무격신앙은 세계 어디서나 흔히 발견되지만 특히 동북아시아에서 발달했고, 이 지역에서 주술사를 샤먼Shaman이라 했으므로 이를 믿는 사유 형태를 샤머니즘Shamanism이라 한다. 샤먼은 단순한 주술사가 아니라 중요한 일을 판단하고 실행하는 정치적 지도자이기도 했다.

이상 한반도의 원시 사회상을 개략적으로 살펴보았다. 그러나 여기서 주의할 것은 한반도에서 출토된 신석기 유적을 우리나라 신석기 문화와 시대상을 조망하는 자료의 전부로 생각해서는 곤란하다는 점이다. 고조선이 성립한 지역이 한반도에서 멀리 떨어진 난하와 대릉하 유역이었던 사실에서 명백하듯이 이 시기 우리 민족 형성 배경과 관련된 역사 무대의 중심지는 한반도만이 아니었기 때문이다.

자료1

「왕제王制」에 이르기를 '동방東方을 이夷라 한다'고 했다. 이夷란 근본[柢]이니, 어질고 생명을 좋아하여 만물萬物이 땅에 근본하여 나옴을 말한다. 고로 천성天性이 유순하여 도道로써 다스리기 쉬우니 군자국君子國과 불사국不死國까지 있다. 이夷에는 아홉 종류가 있으니, 견이畎夷·우이于夷·방이方夷·황이黃夷·백이白夷·적이赤夷·현이玄夷·풍이風夷·양이陽夷가 그것이다. 그러므로 공자孔子도 구이九夷에 살고 싶어 했다.

原文 王制云 東方曰夷 夷者 柢也 言仁而好生 萬物柢地而出 故天性柔順 易以道御 至有君子不死之國焉 夷有九種 曰畎夷 于夷 方夷 黃夷 白夷 赤夷 玄夷 風夷 陽夷 故孔子欲居九夷也

_「후한서」권85, 「동이열전」75, 서

자료2

헌원軒轅[주1]이 살던 때는, 신농씨神農氏[주2]가 다스리는 세상이 쇠퇴하여 제후諸侯들이 서로 침략하고 베어 죽이며 백성에게 포학질을 일삼았으나 신농씨가 능히 이를 정벌하지 못하고 있었다. 이에 헌원이 방패와 창 등 병장기 쓰는 법을 익혀서 조공朝貢하지 않는 제후를 정벌하니, 제후들이 모두 와서 복종했다. 그러나 치우蚩尤는 가장 난포하여 정벌할 수가 없었다. 염제炎帝[주3]가 제후들을 불의에 습격하여 능멸하고자 했으나 제후들은 모두 헌원에게 복속했다. 헌원은 이에 덕을 닦고 병력을 정돈하며, 오기五氣[주4]를 다스리고 오종五種[주5]을 심어 만민萬民을 어루만지며, 사방四方을 제도하고, 곰[熊]·말곰[羆]·비휴貔貅·추호貙虎[주6]를 길들여서는 염제와 판천阪泉[주7]이라는 들에서 결전決戰했는데 세 번을 싸운 뒤에야 그 소원을 이룰 수 있었다. 치우가 난을 일으켜 제명帝命을 듣지 않으니 이에 황제黃帝는 제후들의 군대를 징발하여 치우와 탁록涿鹿[주8]의 들에서 싸워 마침내 치우를 잡아 죽였다. 이리하여 제후들이 모두 헌원을 받들어 천자天子로 삼아 신농씨를 대신하게 하니 이가 곧 황제黃帝이다.

『용어하도龍魚河圖』에 이르기를 …… 황제가 섭정할 때에 치우蚩尤라는 사람이 있어 형제가 81인이었으며 짐승의 몸에 사람의 말을 했다. 구리로 된 얼굴에 쇠로 된 이마를 가졌고 모래와 자갈을 먹었으며, 전쟁에 쓰는 여러 기구와 칼, 창, 큰 활을 만들어 위세를 천하에 떨쳤으나 법도가 없이 마구 사람을 죽이니 어질지 못했다. 만민이 황제로 하여금 천하의 일을 다스려주길 원했으나 황제가 인의仁義로서 치우를 저지할 수

주1 헌원(軒轅) : 황제(黃帝)의 이름. 삼황오제 중 삼황의 마지막 왕.

주2 신농씨(神農氏) : 삼황오제 중 삼황의 두 번째 왕. 몸은 사람이되 머리는 소의 형상을 가졌다고 한다. 백성들에게 농사짓는 법과 의료를 처음으로 가르쳤다고 전한다.

주3 염제(炎帝) : 신농씨. 화덕(火德)을 지녔으므로 염제라 칭했다고 한다. 이에 반해 황제(黃帝)는 토덕(土德)을 지닌 왕인데 흙이 누런[黃] 색이므로 황제라 칭했다고 전한다.

주4 오기(五氣) : 오행지기(五行之氣). 금(金)·목(木)·수(水)·화(火)·토(土)의 기운.

주5 오종(五種) : 오곡(五穀). 그 명목에는 여러 설이 있으나 보통 벼, 보리, 콩, 조, 기장을 지칭한다. 메기장[黍], 차기장[稷], 콩[菽], 보리[麥], 벼[稻]를 꼽기도 한다.

주6 비휴(貔貅)·추호(貙虎) : 비휴는 범 비슷한 맹수. 수컷을 비, 암컷을 휴라 함. 추호는 모양이 범 비슷하나 크기가 개만한 맹수. 비휴와 추호는 길들여 전쟁에 썼다는 맹수들이다.

주7 판천(阪泉) : 『괄지지(括地志)』에 "판천은 지금 황제천(黃帝泉)이라고도 하는데, 규주(嬀州) 회융현(懷戎縣) 동쪽 56리에 있다."고 했다.

주8 탁록(涿鹿) : 상곡(上谷) 탁록현(涿鹿縣). 『괄지지』에는 "또 탁록 옛성이 있는데, 규주 동남쪽 50리에 있다. 본디 황제가 도읍한 곳이다."고 했다.

가 없자 이에 하늘을 우러러 탄식했다. 하늘이 현녀玄女를 내려보내 황제에게 군사를 움직이는 데 쓰는 신표와 신령스런 부절을 주고 치우를 제압하도록 했다. 이리하여 황제는 이것을 가지고 병력을 주관하여 팔방을 제어했다. 치우가 몰락한 후에 천하가 다시 소란해지자 황제는 드디어 치우의 형상을 그려 천하를 위협하자 천하가 함께 말하기를 치우는 죽지 않았다 하고 팔방의 모든 나라가 모두 복종했다.

『산해경山海經』에 이르기를 …… 황제가 응룡應龍을 시켜 치우를 공격하게 하자, 치우는 풍백風伯과 우사雨師에게 청하여 따르도록 하고 큰 바람과 비를 일으켰다. 황제黃帝는 이에 '가물귀신[魃]'이라는 천녀天女를 보내 비를 그치게 했다. 비가 그치자 마침내 치우를 죽였다.

原文 軒轅之時 神農氏世衰 諸侯相侵伐 暴虐百姓 而神農氏弗能征 於是軒轅乃習用干戈 以征不享 諸侯咸來賓從 而蚩尤最爲暴 莫能伐 炎帝欲侵陵諸侯 諸侯咸歸軒轅 軒轅乃修德振兵 治五氣 蓺五種 撫萬民 度四方 敎熊羆貔貅貙虎 以與炎帝戰於阪泉之野 三戰 然後得其志 蚩尤作亂 不用帝命 於是黃帝乃徵師諸侯 與蚩尤戰於涿鹿之野 遂禽殺蚩尤 而諸侯咸尊軒轅爲天子 代神農氏 是爲黃帝

龍魚河圖云 …… 黃帝攝政 有蚩尤兄弟八十一人 並獸身人語 銅頭鐵額 食沙石子 造立兵仗刀戟大弩 威振天下 誅殺無道 不慈仁 萬民欲令黃帝行天子事 黃帝以仁義不能禁止蚩尤 乃仰天而歎 天遣玄女下授黃帝兵信神符 制伏蚩尤 帝因使之主兵 以制八方 蚩尤沒後 天下復擾亂 黃帝遂畫蚩尤形像以威天下 天下咸謂 蚩尤不死 八方萬邦皆爲弭服

山海經云 …… 黃帝令應龍攻蚩尤 蚩尤請風伯 雨師以從 大風雨 黃帝乃下天女曰魃 以止雨 雨止 遂殺蚩尤

_『사기』권1, 「오제본기」1

출전

『사기』: 사마천(司馬遷)이 지은 최초의 기전체(紀傳體) 사서로 원명은 『태사공서(太史公書)』이다. 사마천은 조선이 멸망하던 기원전 108년에 태사공이 되면서 사료를 수집하기 시작하여 기원전 91년에 이 책의 대강을 완성했다. 따라서 이 사서의 「조선열전」은 조선의 멸망을 전후한 시기의 사정, 특히 한(漢)의 조선 침략 이후 전개된 전투 과정이 상세하며, 자료적 신빙도도 높다.

『후한서』: 남송(南宋)의 범엽(范曄)(398~445)이 지은 후한(後漢) 14세 195년간(25~219)의 정사(正史). 본기 10, 지 30, 열전 80으로 총 120권. 표(表)가 없다. 지 30권은 범엽이 완성하지 못하고 죽자 양인(梁人) 유소(劉昭)가 사마표(司馬彪)의 『속한서(續漢書)』 8편을 취하여서 보결한 것이다. 육이열전(六夷列傳)의 맨 앞에 나오는 「동이열전」에는 부여·읍루·고구려·동옥저·북옥저·예·한·왜의 각전(各傳)이 갖추어져 있다. 그러나 그 내용은 『삼국지』의 기사를 부분적으로 수정한 것에 불과하고 서술 내용보다는 체제의 형식에 치우쳐 사실을 오도한 부분이 많으며 특히 한전(韓傳)은 개악(改惡)이 심하다고 평가되어 있다. 그렇지만 동옥저전 · 예전 등에 다른 사서에는 보이

지 않는 사료가 기술되고 있는 점으로 미루어 생각건대, 치밀한 문헌적 분석 없이 무턱대고 두찬(杜撰)이라고 평

가절하하는 것은 올바른 태도가 아니라 할 것이다.

■ 찾아읽기

전해종, 『동이전의 문헌적 연구』, 일조각, 1980.

김건수, 『한국 원시 · 고대의 어로문화』, 학연문화사, 1999.

임효재, 『한국신석기문화』, 집문당, 2000.

김경일, 『갑골문 이야기』, 바다출판사, 2002.

이성규, 『동북아시아 선사 및 고대사 연구의 방향』, 학연문화사, 2004.

이형구, 『발해연안에서 찾은 한국고대문화의 비밀』, 김영사, 2004.

문안식, 『요하문명과 예맥』, 혜안, 2012.

김상기, 「동이와 회이 · 서융에 대하여」, 『동방학지』1 · 2, 1954 · 1955.

3 원시의 동이 사회에서 문화가 일어나다

동이 문화의 발흥

최근에 발견된 이른바 요하문명은 맥족과 예족이 개척한 문명이다. 구릉지에 살던 여러 부족들이 늦어도 5,000년 전부터 지역별로 결속해 단위 정치체를 형성하고 공동으로 수장을 세워 세력을 넓혀나갔다. 치우는 맥족을 이끈 수장이고 단군은 예족을 이끈 수장이다.

농경문화의 시작

1980년대에 들어서 중국 요녕성遼寧省[라오닝성] 부신阜新[푸신]의 사해査海[차하이]와 내몽고內蒙古[네이멍구] 자치구自治區 적봉시赤峰市[츠펑시] 오한기敖漢旗[아오한기]의 흥륭와興隆窪[싱룽와]에서 대규모의 거주지 유적이 발견되어 세인의 관심을 끌었다. 지금부터 약 8,000년 전에 살던 사람들이 남긴 것이었다. 특히 흥륭와 유적은 약 4만㎡의 넓은 대지 주위에 도랑을 파서 두르고 그 안에 170여 가구의 집을 마치 계획적으로 조성한 주택 단지처럼 배열한 집터유적이었다. 이런 도랑은 적이나 맹수를 막기 위해 깊게 판 것으로 흔히 환호環壕라고 한다. 이와 같은 환호집락은 대전 월평동, 대구 동천동, 산청 사월리, 울산 검단리 및 연암동, 양산 평산동, 진주 대평리, 창원 남산, 무안 양장리 등 우리나라 곳곳에서 많이 발견되었다. 일본에서는 규슈 후쿠오카 현福岡県의 히에比惠, 사가 현佐賀県의 요시노가리吉野ヶ里, 혼슈 오사카 부大阪府의 이케가미池上, 소네曾根 등에서 환호집락 유적이 확인되었고, 중국에서는 섬서성陝西省의 서안西安 반파촌半坡村, 임동현臨潼縣 강채姜寨 등에서 환호 유적이 발굴된 바 있다.

흥륭와 유적의 개별 가옥 규모는 대략 60m²로 균질적이어서 그 사회가 수평 상태에 기초하여 형성되었음을 알 수 있었고, 집락 가운데에는 140m² 규모로 자못 큰 집자리 두 곳이 조성되어 있어 이곳에서 씨족회의를 열고 제사를 지냈음을 짐작할 수 있었다. 또 묘지가 주거지 바로 옆에 함께 조성되어 있었는데, 이는 죽음을 삶의 연장 혹은 다른 형태로 여겼기 때문이겠다. 옥으로 만든 장신구, 토기·골기 등의 도구와 더불어 돼지를 순장한 무덤이 발견된 사실이 이런 추정을 뒷받침해준다. 죽은 뒤에도 영혼을 위한 양식이 따로 필요하다고 생각한 것이다.

그런데 여기서 흥미로운 사실은 흥륭와 유적의 주인공들이 돼지를 주된 양식으로 삼고 있었던 점이다. 가옥 옆에 묘지를 두고 거기에 돼지를 순장한 것으로 미루어, 이들은 아마 집 안에 돼지를 키우며 살던 사람이었을 것이다. 그러고 보니 집을 뜻하는 한자 '家'가 이런 문화 환경에서 만들어진 글자라는 사실이 새삼 주목된다. 집(宀) 안에 돼지(豕)가 있는 모습을 형상화한 갑골문자에서 '家'라는 한자가 기원했다. 그런데 황하 상류의 화하족이 돼지를 집 안에서 키운 사실은 아직 확인된 바가 없다. 그렇다면 흥륭와 유적의 주인공이야말로 이 문자를 만들어 쓰던 바로 그 사람들이 아닐까? 우리 문화에서는 제주도에 돼지를 집 안에서 키우던 풍속의 흔적이 아직도 남아 있어 이런 생각에 더욱 확신을 갖게 한다. 광복 이전에는 내륙 곳곳에도 이런 집이 많았다고 한다. 돼지를 집 안에 키우면 뱀을 막을 수 있기 때문이었다.

그런데 무엇보다 세인의 주목을 끈 것은 이미 기원전 6000년 내지 5500년 무렵에, 이처럼 대규모의 씨족집단이 한 곳에 정착하여 마을을 이루고 생활한 사실이었다. 많은 사람이 일정한 곳에 자리 잡고 살았다는 것은 곧 이들이 그곳에서 계절과 상관없이 먹고 살 수 있는 충분한 양식을 확보할 수 있었다는 뜻이다. 구석기 시대의 양식 채집 생활에서는 있을 수 없는 일이었다. 본격적으로 먹을거리를 생산하기 시작한 것이었다. 논밭을 일구고 곡식을 심어 가꾸는 농경 생활이 시작된 것이다. 사해 및 흥륭와의 거주지 유적에서는 거두어들인 곡식을 담아 저장하는 데 썼던 토기가 많이 발견되었는데, 이는 당시 여기에 살았던 사람들이 그만큼 풍요로운 생활을 했음을 단적으로 보여주는 유물이다. 지내기 힘든 겨울도 거뜬히 견딜 수 있었으리라 짐작된다.

사해와 흥륭와의 토기는 크고 길쭉한 모양에 바닥으로 내려갈수록 좁아지며 밑바닥은 평평한 빗살무늬토기였다. 한반도 신석기 문화를 대표하는 둥근 바닥의 빗살무늬토기와 모양이 조금 다른 듯 보이지만 그릇을 만든 기법과 무늬가 거의 같은 빗살무늬토기이다. 황하 유역에서 주로 출토되는 채도와는 구별되면서, 한반도의 빗살무늬토기, 일본의 조몬토기繩文土器와는 같은 계통이라고 볼 수 있는 유형이다. 중국 사람들은 빗살무늬토기의 무늬가 한자의 '之'자를 닮았다고 해서 '지자형토기之字形土器'라고 부르며, 일본 사람들은 그 무늬가 새끼줄을 묶어 만든 것처럼 보인다고 해서 새끼줄 승繩, 무늬 문文 자를 써 '조몬토기'라고 부른다.

우리 문화가 일어나다

인류는 신석기 시대에 들어와 큰 강 주변에 모여 정착생활을 시작하면서 논밭을 일구고 가꾸는 데 필요한 도구와 농사기술을 발전시키고, 사회 구성원이 함께 일해서 거둔 수확물을 공정하게 나누고 모두 평화롭게 살아가기 위한 규범을 만들며, 생각과 뜻을 다른 사람에게 알리고 경험을 후대에 전하기 위해 문자를 만들어 쓰기 시작했다. 사람의 지혜가 깨어 비로소 세상이 열리고 생활이 편리하게 되는 큰 변화가 농경으로 말미암아 가능하게 된 것이다. 이러한 변화, 곧 문명文明의 시작이 지구상 어디에서나 일어난 것은 아니다. 나일 강, 유프라테스·티그리스 강, 갠지스 강, 황하 유역에서 인류의 문명이 발상했다. 각각 이집트문명, 메소포타미아문명, 인더스문명, 황하문명 등 4대 문명이 그것이다.

그런데 요하 및 대릉하 중·상류 유역에서 새로운 문명이 발견되었다. 이 문명은 황하문명과 계통이 달랐고, 그 권역이 중국 동북지방으로부터 만주, 한반도, 일본 열도 남부 지방에 걸친 대문명大文明이었다. 이 문명의 기본 흐름은 신석기 시대의 빗살무늬토기 문화에서 청동기 시대의 비파형동검 문화로, 그리고 다시 초기 철기 시대의

여신의 얼굴
우하량 여신묘 유적에서 출토된 높이 22.5cm, 폭 23.5cm의 여성 두상이다. 앞면은 선홍색을 띠며, 입술 부분에는 홍색 칠을 했다. 머리 뒤쪽 부분은 없는데 형태로 보아 벽에 붙였던 것으로 추측된다.

세형동검 문화로 계기적 발전의 모습을 보였다. 우리 민족, 우리 문화의 기원과 깊은 연관성을 가진 문명이 그 실체를 드러낸 것이었다.

1935년에 적봉시의 홍산紅山에서 황하의 그것과 다른 문명의 흔적이 처음 발견되었지만 이때는 이 문화의 규모와 실체를 잘 알 수 없었던 데다가 동아시아 문화의 중심지는 황하라는 선입견이 있어 변방의 저급한 신석기 문화 정도로만 생각했다. 그러다가 1970년대부터 여기저기서 본격적인 발굴이 이루어지면서 홍산 문화가 새로 주목받기 시작했다. 이 문명의 존재가 새삼 세상 사람들의 이목을 끌게 된 것은 요녕성 능원시凌源市[링위안시]의 우하량牛河梁[뉴허량]에서 발견된 여신묘가 언론에 보도된 1984년의 일이었다. 여기서 사람 크기 3배의 여신상이 발견되었는데, 이는 기원전 3500~3000년경의 것으로 동아시아에서 지금까지 발견된 가장 오래된 신상神像이었으므로 세인의 이목을 끌기에 충분했다.

곰발소조
우하량 여신묘에서 발견된 곰발 모양의 소조. 이로써 제사의 주신이 웅녀였으리라는 추정이 가능해졌다.

우하량 2지점 발굴 당시   우하량 2지점 제단

    그런데 특이한 점은 신상 근처에서 진흙으로 구워 만든 곰의 턱뼈와 발톱 형상이 발견된 사실이다. 그래서 곰과 관련된 여신이라면 이는 혹시 단군 이야기에 나오는 웅녀熊女의 상이 아닐까 추측하는 사람도 있었다. 또 우하량에서는 여신묘만이 아니라 큰 원형 제단 유적이 발견되었으며, 한 변이 60m에 이르는 거대한 7층 금자탑(피라미드) 유구遺構와 다수의 적석총積石塚으로 이루어진 고분군古墳群도 발견되었다. 적석총은 황하 유역에서는 좀체 볼 수 없는 고분 형태로서 고구려의 주된 묘제이자 백제 및 신라의 묘제이기도 하다. 빗살무늬토기와 비파형동검 그리고 적석총 등 그 표지가 되는 유물들로 볼 때 이 새로운 문화는 '동이' 중에서도 동북쪽의 맥족이 영솔하던 세력이 이룬 문화임이 분명하다. 우리 옛 문화의 한 부분이 세상에 그 모습을 드러낸 것이었다.

    기원전 3500~3000년경에 한 변이 60m에 이르는 7층짜리 금자탑을 세웠다면, 이미 이 시점에 이르러서는 이 지역에 매우 강력한 정치권력이 성립했다는 뜻이다. 돌괭이, 돌호미, 돌보습, 돌낫 등의 석기와 사슴뿔로 만든 괭이나 뚜지개 등을 써서 수수·조·기장 정도를 생산하는 농사였으므로 우리는 그동안 그 생산성을 크게 보지 않았다. 그러나 이 농업생산에 기초하여 이렇게 강력한 정치권력이 성립해 있었다는 사실은 우리에게 원시 및 고대 사회에 대한 기존의 이해를 전면 재검토할 필요가 있음을 말하고 있다. 역사를 다시 쓰지 않으면 안 되게 된 것이다.

동이 사회의 구성과 구조

우하량에 이어, 그와 유사한 원형 제단 유적이 객좌현喀左縣[커쭈어현] 대성자진大城子鎮[따청즈진] 동산취東山嘴[둥산쭈이]에서도 발견되었다. 모두 기원전 3500~3000년쯤에 조성된 것으로 서로 엇비슷한 시대의 제단이다. 우하량과 동산취의 제단은 모두 야트막한 구릉지의 정상부에 자리 잡고 있다는 점에서 유사한 입지에 만들어진 같은 성격의 제단으로 보인다. 더 작은 동산취 유적의 규모가 남북 60m, 동서 40m 정도이다. 제단 유적에 서면 먼 곳까지 두루 바라볼 수가 있다. 하지만 제단 인근에서는 주거지가 발견되지 않았다. 제단을 성스럽게 생각하여 거리를 두었기 때문일 것이다.

아마도 이 제단이 있는 동산을 멀리서라도 바라볼 수 있는 모든 지역의 족장들이 이곳 산정山頂의 제단에 모여 하늘에 제사하고 그들의 수장을 뽑은 후, 그 수장을 중

동산취 원형 제단
동산취 유적의 한 가운데 자리 잡고 있는 원형 제단 터이다. 동산취 유적은 야트막한 구릉들이 널리 펼쳐친 지역에서 그중 가장 높은 구릉의 정상에 조성되어 다른 구릉들에서 우러러 바라볼 수 있는 위치에 있다.

심으로 서로 결속하여 평화롭게 지낼 것을 다짐하며 잔치를 벌였으리라 짐작된다. 그리고 이런 제단이 여기저기 여럿 있었던 것을 보면 같은 신을 제사하던 공동체가 꽤 많이 있었음을 넉넉히 유추할 수 있다. 치우의 형제가 81인이었다고 하니, 기원전 2700~2500년 무렵에는 그 정도로 많은 제사 공동체가 있었을 것이다. 그리고 이들이 치우 휘하에 통합되어 있었다고 한 것으로 보아, 각 공동체의 수장들이 함께 모이던 더 큰 제단이 설치된 장소도 있었음에 틀림없다. 제단과 더불어 여신묘가 발견된 우하량이 그 중심지 중 하나가 아니었을까 추측된다. 이런 중심지는, 우하량의 여신이 실제로 웅녀라면 적어도 호녀虎女를 모신 곳이 따로 또 있었을 것이므로 복수로 존재했을 터이다.

여기에 함께 모인 수장들은 서로 세력의 규모를 잘 알고 있었으므로, 앞 장에서도 살펴본 바와 같이, 작은 세력의 수장이 큰 세력의 수장을 '형'이라 부르고 그보다 더 큰 세력의 수장은 '큰형'이라 부르며 형제적 질서로 뭉쳐 큰 세력을 형성했다. 그리하여 가장 큰 세력의 수장이 응당 무적武的 능력도 탁월했을 터이므로 전체의 영도자로서 존경과 두려움의 대상이 되었다. 치우蚩尤가 바로 그이다.

치우에 관한 이야기를 좀 더 살펴보면, 치우는 풍백과 우사를 거느리고 비바람을 일으켰다고 한다. 환웅이 거느렸다는 운사가 아직은 성립하지 않은 단계였던 것이다. 앞 장에서도 살폈지만, 여기서 알 수 있는 것은 치우를 중심으로 결집하여 형제적 질서를 이룬 수장들이 그 세력의 크기와 무관하게 서로 대등한 위치에서 수평의 관계를 형성하고 있었다는 점이다. 운사는 죄와 형벌을 관장한 존재로서, 물리적인 힘으로 상대를 제압할 수 있는 정치권력이 성립한 단계에서나 존재 가능한 직장職掌이고 직위이다. 치우 단계의 형제적 질서에서는 설령 합의에 따르지 않는 수장이 생기더라도 그에게 물리적인 힘을 행사하지 못했던 셈이다.

각 제사 공동체의 수장들은 저마다 독자성을 띤 존재였다. 처음에는 가부장적 권위를 지닌 족장이었겠지만 점차 정치적 수장으로서의 면모를 갖춰갔을 것이다. 동이 문화 유적지에서 발견되는 숱한 옥 제품들이 그 수장의 권력이 상당한 수준에 이르렀음을 웅변해준다. 제사 공동체의 구성원들은 각기 수장의 명에 따라 농사에 참여하고, 노동하며, 전투에도 동원되었을 것이다. 수장들은 각기 독자성을 띤 세력의 영도자이긴 했지만, 전체 수장이 모인 회의에서 합의로 결정한 사항을 어기지는 못했을 것이다. 따라서 치우는 우리가 생각하는 것보다 훨씬 막강한 권위를 지닌 대수장大首長이었음이 분명하다. 우하량의 금자탑이 그 표징이다.

치우 관련 기록과 동이 문화 유적을 서로 연계시켜 종합해보면, 기원전 2600년경에 난하 유역으로부터 대릉하를 거쳐 요하 유역에 이르는 넓은 타원형 지역에 거주하면서 황하 유역의 동이족과 대립하던 요서 동이의 중심 세력 중 한 축은 맥족이었다. 황하 및 요서 동이의 혈연적 친소親疎 여부는 분명하지 않으나 서로 잘 아는 가운데 정치적으로도 얽혀 있어 경우에 따라서는 상호 협력하기도 하고 갈등, 대립하기도 하면서 지냈던 것 같다. 분명한 것은, 처음엔 어떠했든 이들이 각기 점차 독자적인 세력으로 변화해간 데다가, 황하 유역의 동이가 화하족에 의해 정복될 때 일부가 요서 지역으로 이동하고 또 요서에서 왕검조선이 무너질 때 그 지배 세력의 일부가 황하 유역으로 남하하기도 하는 등 서로 혈연적 교류가 없지 않았음에도 불구하고 대체로는 피차 완전히 갈라서는 역사 과정을 겪게 되었다는 점이다.

'맥'족은 후대의 사서에서 '예'족과 함께 '예맥濊貊'이라는 연칭連稱으로 빈번하게 나타난다. 예족과 맥족은 처음에 별개의 종족으로 따로 존재하다가 기자조선 성립기를 전후하여 혼합됨으로써 흔히 예맥으로 불리게 되었다. 기자조선의 예맥은 위만에게 밀려 동진東進하여 따로 진국辰國을 칭하다가 다시 남진南進, 삼한三韓으로 나뉘어졌으니 '한韓'은 통합된 예맥 사회를 지칭하는 용어였던 셈이다. 북방에서는 진국으로 따라가지 않고 위만조선에 머물러 있던 기자계箕子系 예맥과 부여·동예 등의 예濊, 대수맥大水貊·소수맥小水貊 등의 맥, 평양 부근의 잔류 마한 예맥 등이 통합되어 고구려를 형성하는 역사 과정이 전개되었다. 고구려 형성 과정에서 밀린 부여계 예족의 일부가 다시 남하하여 선주先住의 마한 예맥과 함께 건설한 것이 백제이고, 진국을 주도하던 진한 예맥이 삼한의 재통합을 기치로 내걸고 건설한 것이 신라이다.

그런데 여기서 우리의 눈길을 끄는 것이 동북아 지역에서 주거지를 조성한 방법과 주재료가 이원적으로 나타나는 점이다. 홍륭와와 요녕성 북표시北票市[베이파오시] 강가둔康家屯[강자툰], 능원시 우하량 등지에서는 돌을 쌓아 만든 주거지가 출토된 반면 적봉시 이도정자二道井子[얼다오징쯔] 하가점夏家店[샤자덴] 유적의 하층에서는 진흙으로 둥그렇

진흙집자리 모형

강가둔 유적 축소 모형

게 만든 주거지가 출토되어 서로 다른 두 개의 문화가 존재했음이 드러났다. 북표시의 풍하豊下[펑씨애] 유적에서는 두 문화가 서로 어울린 주거지 모습이 나타나기도 했다. 이는 예족과 맥족의 양대 혈족의 움직임과 관계된 문화 현상일 개연성이 크다. 맥족이 주축이 된 고구려는 환도산성과 국내성 등을 돌로 쌓았지만, 부여계가 주도한 백제는 풍납토성과 몽촌토성 등을 흙으로 쌓았던 것으로 미루어 석축은 맥족의, 토축은 예족의 전통적 축성법이었을 것이다.

물론 예족과 맥족만 있었다고는 생각되지 않는다. 지금으로서는 그 자세한 내용을 정확히 알기 어려우나 전면적인 조사가 실시되면 그 전모가 모습을 드러내리라 기대된다. 그렇지만 어느 종족이고 집단이든 일정한 제사공동체에 속하지 않고서 외톨이로 살아갈 수는 없었을 터이므로, 다른 계통의 소수 종족은 시간이 지날수록 혈통 면에서나 문화 면에서 점차 이 사회의 주종족인 예족과 맥족에 동화되어 나갔을 것이라는 점은 넉넉히 짐작할 수 있다.

그리고 여기서 또 한 가지 눈길을 끄는 것이, 동산취東山嘴와 우하량牛河梁이라는 지명이 언제부터 쓰인 것인지 모르겠으나, 그 '嘴'나 '梁'이라는 지명이 신라 6부명과 깊은 상관성을 가진 점이다. '嘴'는 우리말로 훈이 '부리', 음이 '취'인 글자로서 '喙'와 같은 훈을 가진 글자이다. '嘴'와 '喙'는 서로 바꿔 쓸 수 있는 글자인 셈이다. 그리고 6부 중 사훼부沙喙部, 훼부喙部는 사량부沙梁部, 양부梁部로도 쓰니 '嘴', '喙', '梁'은 서로 돌려 쓸 수 있는 같은 뜻의 단어라 할 것이다. '부리'는 끝이 뾰쪽한 새의 주둥이를 가리키는 말이지만 동시에 벌판을 뜻하는 '夫里'의 표기이기도 하다. '부리'는 또 '벌伐' · '불[火]'로 쓰기도 했는데, '소부리(부여)', '사벌(상주)', '서라벌(경주)', '음즙불[音汁火](안강)' 등과 같이 너른 벌판을 끼고 있는 나라의 이름으로 흔히 쓰였다. 즉 동산취와 우하량은 우리말의 흔적이 남아 있는 지명인 셈이다. 하긴 6부의 하나인 본피부本彼部가 원래 취산觜山 진지촌珍支村에서 기원했다고 하는데, 여기서 '觜'는 '嘴'의 오자誤字거나 이표기異表記일 개연성도 없지 않다.

자료샘

찾아읽기

조법종, 『고조선 고구려사 연구』 신서원, 2006.

우실하, 『동북공정 너머 요하문명론』 소나무, 2007.

김용섭, 『동아시아 역사 속의 한국문명의 전환 — 충격, 대응, 통합의 문명으로 —』 지식산업사, 2008.

이청규 외, 『요하문명의 확산과 중국 동북지역의 청동기문화』 동북아역사재단, 2010.

박선희, 『고조선 복식문화의 발견』 지식산업사, 2011.

임기환 외, 『중국의 동북공정과 한국고대사』 주류성, 2013.

김광수, 「치우와 맥족」 『손보기박사정년기념 한국사학논총』 지식산업사, 1988.

4 황하 유역의 세력과 다투며 요서의 예맥 사회가 요동치다

동이 사회의 변동

맥족의 차우가 황하 하류에서 또 다른 동이족을 이끌던 황제와 싸워 패배하자 예·맥 사회는 크게 동요했다. 이에 예·맥 문화는 황제 세력의 문화에 흡수되었고, 나중에 화하족이 황하 유역을 석권하기에 이르러 중국 문화의 기반으로 작용했다.

치우가 탁록의 전투에서 황제에게 패하다

우리가 예맥의 후예라고 할 때, 기록을 통해 확인할 수 있는 한 가장 먼 선조는 단군 이전에 이미 황하 유역의 황제 세력과 팽팽히 겨뤘다는 치우이다.[자료1] 황제가 중원의 여러 제후 세력을 끌어 모아 치우를 쳤으나 한동안 이기지 못했다고 한다. 치우에게는 풍백과 우사가 있어 이들이 비바람을 일으켰으므로 군사가 진흙에 빠져 앞으로 나아 갈 수 없었기 때문이라고 하나, 치우가 워낙 용맹하고 그 세력이 강력했던 것이 황제 가 치우를 어찌하지 못한 가장 큰 원인이었다. 나중에 치우가 죽은 후에도 그의 용모를 그림으로 그려 보여주었더니 제후들이 두려움에 떨었다고 할 정도다.

그러나 『사기』가 전하는 치우 이야기는 탁록에서 벌인 결전에서 황제가 마침내 치 우를 쳐서 깨뜨렸다는 것으로 끝난다. 요서 지역 동이 사회를 이끌던 맥족의 대수장인 치우가 황하 중류 지역의 황제에게 패배함으로써 그가 이끌던 세력이 구심점을 잃고 무너지고 만 것이었다고 하겠다. 치우의 패배와 관련하여 다른 이야기를 전하는 기록도 있으나 어떻든 지금 우리의 치지로 보아 우리 선조가 패퇴한 것은 부인하기 어려운 사실일 터이다. 치우나 황제는 실제로 존재하지 않은 신화상의 인물일 뿐이라고 여기는 견해도 있지만, 고고 자료나 역사적 정황으로 미루어 실존 인물로 인정해도 무리가 없다고 여겨진다.

황제는 원래 황하 중·하류 유역의 동이 사회를 이끌던 동이족 수장이지만 지금은 한족漢族을 넘어 중국인의 시조로 숭상되고 있는 인물이다. 그런데 황제가 중국인의 시조로 추앙받게 된 것은 그가 주나라 희성姬姓의 조상이라고 서술한 『사기』의 기록을 그대로 수용한 결과일 뿐이라는 점에 유의할 필요가 있다. 하지만 정작 주 대周代의 희성은 그들 스스로 황제의 후손이라는 인식을 전혀 갖지 않았던 것으로 밝혀졌다. 희성은 황제의 혈통과 무관한 것이다. 그럼에도 불구하고 『사기』가 중국사의 기원을 삼황오제에서 찾고, 이로부터 하 → 상 → 주로 이어지는 화하족 왕조가 서로 계승·발전했다고 본 것이었다. 이는 『사기』의 인식이 실제의 역사 사실을 반영한 것이라기보다 통일왕조의 안정을 바란 한 대漢代의 정치 상황에서 필요에 의해 만들어진 것임을 뜻한다.

기실 주周는 황하 상류의 서안西安에서 발원한 왕조로서, 이에 앞서 황하 중류의 낙양洛陽[뤄양]·정주鄭州[정저우] 등지를 중심으로 발달한 상商 왕조를 혈통 혹은 문화 면에서 계승한 왕조였다고 보기 어려운 게 사실이다. 상을 정복하고 그 문화를 자기 것으로 흡수해 들임으로써 한족의 발전에 새로운 전기轉機를 개척한 왕조였을 뿐이다. 따라서 탁록에서 치우와 패권을 다퉜다는 황제를 화하족의 선조로 추앙하는 현재의 중국 역사관은 사실에 입각한 것이 아니라 하겠다.

탁록의 패배 후 동이가 사방으로 흩어지다

치우의 본거지를 지금의 산동성山東省 일대로 보는 견해가 적잖다. 『사기집해史記集

解는 황제가 치우를 죽인 후 그의 신체를 훼손하여 각기 다른 곳에 묻었다면서 치우의 무덤이 동평군東平郡 수장현壽張縣과 산양군山陽郡 거야현鉅野縣에 있다고 했는데, 이 지역이 모두 산동성에 속하는 장소들이라는 점에 주목했기 때문이다.[자료2] 그러나 치우 세력의 중심은 지금의 적봉赤峰 일원에 있었다고 봄이 옳다고 생각된다. 황제는 지금의 산동성 곡부曲阜[취푸]에서 태어나 하남성河南省 정주鄭州 일대를 장악한 수장首長이었다고 하므로 그가 탁록으로 진격하여 치우와 맞붙었다면 치우의 본거지는 응당 그 반대편인 적봉 방면에 있었다고 보는 게 사리에 맞는다. 치우는 노합하老哈河[라오하허]와 대릉하 유역을 아우른 넓은 지역의 여러 세력 수장들을 형제적 질서로 편제하여 거느린 대수장이었던 것이다.

따라서 황제가 치우의 시신을 나눠 산동성 여기저기에 묻었다는 이야기는 치우를 격파한 후 그 세력을 각지로 흩어 분산시킨 사실을 반영한 내용으로 이해하는 것이 옳다. 주로 맥족의 유력 세력들이 세력 분산의 대상이 되었을 것이다. 실제로 치우의 어깨와 팔을 매장했다는 거야현은 지금의 거야현亘野縣[쥐예현]으로서 단군사화의 내용을 그린 것으로 짐작되는 무씨사武氏祠 화상석이 발견된 가상현嘉祥縣[자상현]과 바로 이웃한 현이다. 무씨사 화상석은 이 지역으로 이주당한 맥족의 후예가 그 역사를 돌에 새겨 남긴 것이겠다. 그리고 보면 치우의 무덤이 여러 곳에 있었다는 이야기도 각지에 분산된 맥족이 저마다 치우를 제사한 데서 유래한 설화일 개연성이 크다고 여겨진다.

맥족이 주로 거주하던 위치와 관련해서는, 당唐 배구전裵矩傳에 '고려는 원래 고죽국[高麗本孤竹國]'이라 한 사실이 참고된다.[자료3] 여기서 '高麗'는 고구려라는 국가를 염두에 두고 쓴 말이다. 명호名號가 같았기 때문이다. 그러나 정작 이 전승은 고구려국 자체에 관한 것이 아니다. 고죽국 시절의 '高麗'는 '貊'의 다른 표기였다. 지금도 일본에서는 '高麗'와 '貊'을 모두 '고마こま'로 읽어 동의어임을 나타내고 있다. '고마' 곧 '곰' 토템을 가진 맥족을 '高麗'라고 표기하던 관습이 그대로 유지된 형태이다. 고죽국이 지금의 어디인가를 둘러싸고는 여러 설이 있지만, 1970년대에 요녕성遼寧省 객좌현喀左縣 북동촌北洞村 고산孤山에서 '고죽孤竹'의 표기로 보이는 명문이 새겨진 상商 말기의 청동제기靑銅祭器가 발견되어 대략 이곳을 중심으로 해서 남으로 난하 하류의 창려昌黎 유역, 서로 승덕承德, 북으로 적봉赤峰, 동으로 조양朝陽, 금주錦州에 걸친 지역이 그 영향권에 있었다고 여겨진다. 기원전 11세기 무렵까지도 이곳에 맥족이 집중 분포해 있었던 셈이다.

맥족의 치우를 중심으로 결집했던 만리장성 이북의 요서 동이 세력은 탁록에서의 패배 후 그 구심점을 잃고 와해되고 말았다. 기원전 약 2600년경의 일이었다. 치우를 지지하여 연맹에 참여했던 예족 등 다른 종족들은 각자도생各自圖生의 길을 모색하고 나섰으며, 분산으로 세력이 약화된 맥족도 잔여 집단을 수습·재정비하여 재도약을 향한 장정長程에 올랐다. 멀리 떨어져 있게 되었어도 같은 맥족끼리의 협력과 연대는 매우 끈끈했으리라 짐작된다. 이로부터 200~300년이 지난 뒤 단군檀君이 등장한 것으로 나타나는 것은 예족이 독자적으로 나름의 정치 조직을 구축하게 되었음을 전하는 사실이다.

하지만 지금 우리는 이 격동의 구체적인 역사 과정을 잘 알지 못하고 있다. 관련 기록이 전연 전하지 않고, 기억의 잔재라고 여겨지는 설화는 그동안 변형되고 윤색되어 원형을 짐작하기조차 어렵게 되었기 때문이다. 게다가, 본거지에 머물러 살다가 화하족에 흡수된 종족의 역사와 문화는 마치 원래부터 화하족 역사이고 문화였던 것처럼 오인되기에 이른 경우가 허다하여 그 원형을 복원해내기가 쉽지 않다.

그러고 보면 지금 중국의 것으로 전하는 고대 설화의 상당수가 본디는 동이의 것일 개연성이 높다. 앞으로 이를 면밀히 고찰하여 그중 우리의 설화를 찾아오는 작업이 체계적으로 이루어지리라 기대하지만, 현재로서는 분명히 말할 수 있는 것이 거의 없다. 신석기 시대의 빗살무늬토기와 청동기 시대의 비파형동검이 출토되는 대릉하, 요하 유역의 광범위한 유적들만이 이곳에, 화하족이 '동이'라 하여 자신과 구분해 불렀던 종족들이 오랜 세월에 걸친 격변의 정치 변동에도 불구하고 서로 긴밀한 관계를 형성하며 독자적 문화를 발전시키고 살았던 역사를 간접적으로 증언하고 있을 뿐이다.

동이 문화의 전승과 변형

동이족은 그 역사의 벽두부터 화하족과 이웃해 살았다. 서로 문화가 다르고 언어의 차이로 의사소통에 장애가 있었으므로 힘으로 다투는 일이 잦았지만 문화 면에서는 피차 깊은 영향을 주고받으며 발전했다. 특히 동이 문화가 화하족의 발전에 큰 영향을 미쳤다고 여겨진다. 한자도 원래는 동이의 상형문자를 수용해 발전시킨 것이라고 한다. 최근에는, 황제가 치우의 동이 세력을 이긴 후 치우 집단의 토템이었던 용龍을 중국 전체를 상징하는 통합 토템으로 수용했다고 본 견해가 제출되어 주목을 받았다(이중톈). 다른 집단의 토템을 수용했다는 것은 곧 그 문화의 세계관과 가치체계를 고스란히 받아들였다는 의미이다. 지금 중국의 주족이 된 화하족은 저 황제의 계승자로 자처하고 나선 존재이니, 중국 문화가 동이 문화를 수용함으로써 그 발전의 결정적 전기를 마련했음을 인정한 견해인 셈이다.

집안의 고구려 장천1호분 천장 벽화에는 일월성신도가 그려져 있다. 고분에 묻힌 사람이 죽어서 갈 조상의 나라를 묘사한 그림이다. 조상의 나라는 선조로부터 전해들은 과거의 실제 역사와 그 역사를 들으며 그리던 상상이 어우러진 신화적 세계이다. 그런데 이 그림에서, 태양 속에는 삼족오三足烏가 있고, 달 속에는 토끼와 두꺼비(혹은 개구리일 가능성도 있다)가 있는 것이 눈에 띈다. 이 삼족오와 토끼, 두꺼비는 무엇인가를 상징한 것이거나 특정 부족의 토템일 것이다. 흔히 토끼와 개구리는 번식과 다산多産을 상징하는 대표적 동물로 꼽힌다. 따라서 고대의 다른 지역 사람이 이런 종류의 동물 그림을 비슷하게 그렸다고 해서 크게 이상할 것이 없는 일일 수도 있겠다. 실제로 중국 신화를 그린 그림에는 뱀의 몸을 가진 복희와 여와가 몸체를 서로 감싸고돌면서 각각 태양과 달을 든 모습을 그린 것이 있는데 그 달 속에도 두꺼비(혹은 개구리)가 있다.

하지만 그렇다고 해서 이런 일치를 인류 보편의 감성에 의한 우연한 일치라고 단정하기는 곤란하다. 이외의 다른 지역에서 이와 유사한 그림이나 설화가 발견된 바 없기 때문이다. 따라서 우리와 중국의 신화에 보이는 유사성은 상호간의 문화 교류 내지 영향, 또는 그 신화와 관련된 종족의 혈통을 각기 직접 계승한 결과라고 볼 수밖에 없다. 그렇다면 어느 쪽일까? 현재로서는 명확하게 답하기 어렵지만, 황하 유역 및 산동반도 일대의 동이가 중국 민족으로 변화함으로써 그 문화 또한 중국 문화의 저류를 형성한 사실과 깊이 연관된 현상이 아닐까 여겨진다.

이와 관련해서, 경주박물관에 소장된 국보 195호 토우장식장경호의 부조 두꺼비

사해 출토 토기(좌), 국보 195호 토우장식장경호(우)
요녕성(遼寧省) 부신(阜新) 사랍향(沙拉鄉) 사해(査海)에서 출토된 토기(좌). 두꺼비와 뱀(용)의 문양이 새겨져 있다. 국보 195호 신라 토우장식항아리 (우)에 같은 주제의 토우 장식이 보인다.

가 주목된다. 뱀이 두꺼비의 뒷다리를 금방이라도 물듯이 바짝 뒤쫓고 있는 모습이다. 그냥 무심코 만든 장식이 아니라 어떤 의미 있는 이야기나 역사의 전승을 표현한 것일 터이다. 그런데 우연찮게도 이와 똑같은 내용의 그림이 새겨진 토기가 대릉하 유역에서 출토되었다. 뱀이 두꺼비를 쫓는 모습이 뚜렷하다. 이 토기가 발견된 곳은 대릉하의 지류 세하細河[쉐허] 상류의 사해査海[차하이]이고, 이것이 만들어진 시기는 기원전 6000~5500년 무렵으로 편년되었다. 그리고 또 능원凌源[링위앤]에서는 두꺼비 뒷다리를 각각 하나씩 물고 있는 뱀(혹은 용) 두 마리가 서로 몸체를 휘감아 싸고도는 모습으로 조형된 춘추 시대의 청동제 장신구가 발견되기도 했다.

지금은 잊히고 말았지만 두꺼비와 뱀은 특정 집단의 상징일 개연성이 높고, 뱀이 두꺼비를 쫓거나 무는 모습은 어떤 사실이나 설화를 표현한 것이 틀림없어 보인다. 이를테면 두꺼비 토템을 가진 부족과 뱀 토템을 가진 부족 사이에 후대의 역사에 큰 영향을 미친 어떤 형태의 공방攻防이 있었거나 통혼通婚하는 일이 일어났을지 모른다. 그렇다면 이런 일련의 유물들은, 지금부터 8,000년 전쯤 되는 아주 오랜 옛적에 대릉하 유역에서 실제로 일어난 어떤 사실이, 2,500년 전 무렵에 이르러서 이를 소재로 만든 장신구가 제작될 정도로 인구人口에 널리 회자되었으며, 1,500년 전에는 신라 사람이 이 이야기를 기억하여 토우를 장식하는 소재로 삼았음을 말해주는 것이라 하겠다.

두꺼비와 뱀 장식

그것이 구체적으로 어떤 일이었고 이야기였는지는 언젠가부터 전승이 단절되고 말아 이제 알 수 없게 되었지만, 그 역사의 기억을 이와 같이 긴 세월 동안 잊지 않고 전승해왔다면 이들은 그 이야기에 등장하는 주인공들의 후손일 터이다. 우리가 신라인의 후손임이 분명한 것과 마찬가지로, 신라인들은 사해·능원 지역에 문화를 남긴 주인공들의 후손이었던 셈이다. 그렇다면 여와가 들고 있는 달 속의 두꺼비는 사해 문화의 후예 중 일부가 화하족에 의해 정복·흡수되면서 그 설화마저 마치 원래부터 중국 문화의 한 요소인 것처럼 되고 만 결과로 해석해도 무리가 아니지 않을까. 이를테면 열 개의 태양 가운데 아홉을 활로 쏘아 떨어뜨렸다는 예羿의 부인 항아姮娥가 불사약을 먹고 도망간 곳이 월궁月宮 곧 달이었고, 항아는 남편을 저버린 자기 죄가 부끄럽고 미안하여 밝은 달 속에서 두꺼비의 모습을 하고 있게 되었다는 설화가 전하는데, 예와 항아는 일찍부터 많은 이들로부터 동이족으로 지목되어온 주인공들이다.

그러나 이런 설화를 통한 추측은 다만 개연성일 뿐 그것이 곧 사실이라 말할 수는 없다. 그런데도 여기서 굳이 이런저런 이야기를 풀어놓는 이유는 이런 문제들을 석연하게 밝히는 것이 우리에게 주어진 숙제라는 점을 강조해서 말하기 위함이다. 우리가 꼭 해내야 할 일들이 많다.

자료1

헌원軒轅이 살던 때는, 신농씨神農氏가 다스리는 세상이 쇠퇴하여 제후諸侯들이 서로 침략하고 베어 죽이며 백성에게 포학질을 일삼았으나 신농씨가 능히 이를 정벌하지 못하고 있었다. 이에 헌원이 방패와 창 등 병장기 쓰는 법을 익혀서 조공朝貢하지 않는 제후를 정벌하니, 제후들이 모두 와서 복종했다. 그러나 치우蚩尤는 가장 난포하여 정벌할 수가 없었다. 염제炎帝가 제후들을 불의에 습격하여 능멸하고자 했으나 제후들은 모두 헌원에게 복속했다. 헌원은 이에 덕을 닦고 병력을 정돈하며, 오기五氣를 다스리고 오종五種을 심어 만민萬民을 어루만지며, 사방四方을 제도하고, 곰[熊] · 말곰 [羆] · 비휴貔貅 · 추호貙虎를 길들여서는 염제와 판천阪泉이라는 들에서 결전決戰했는데 세 번을 싸운 뒤에야 그 소원을 이룰 수 있었다. 치우가 난을 일으켜 제명帝命을 듣지 않으니 이에 황제黃帝는 제후들의 군대를 징발하여 치우와 탁록涿鹿의 들에서 싸워 마침내 치우를 잡아 죽였다. 이리하여 제후들이 모두 헌원을 받들어 천자天子로 삼아 신농씨를 대신하게 하니 이가 곧 황제黃帝이다.

『용어하도龍魚河圖』에 이르기를 …… 황제가 섭정할 때에 치우蚩尤라는 사람이 있어 형제가 81인이었으며 짐승의 몸에 사람의 말을 했다. 구리로 된 얼굴에 쇠로 된 이마를 가졌고 모래와 자갈을 먹었으며, 전쟁에 쓰는 여러 기구와 칼, 창, 큰 활을 만들어 위세를 천하에 떨쳤으나 법도가 없이 마구 사람을 죽이니 어질지 못했다. 만민이 황제로 하여금 천하의 일을 다스려주길 원했으나 황제가 인의仁義로서 치우를 저지할 수가 없자 이에 하늘을 우러러 탄식했다. 하늘이 현녀玄女를 내려보내 황제에게 군사를 움직이는 데 쓰는 신표와 신령스런 부절을 주고 치우를 제압하도록 했다. 이리하여 황제는 이것을 가지고 병력을 주관하여 팔방을 제어했다. 치우가 몰락한 후에 천하가 다시 소란해지자 황제는 드디어 치우의 형상을 그려 천하를 위협하자 천하가 함께 말하기를 치우는 죽지 않았다 하고 팔방의 모든 나라가 모두 복종했다.

『산해경山海經』에 이르기를 …… 황제가 응룡應龍을 시켜 치우를 공격하게 하자, 치우는 풍백風伯과 우사雨師에게 청하여 따르도록 하고 큰 바람과 비를 일으켰다. 황제黃帝는 이에 '가물귀신[魃]'이라는 천녀天女를 보내 비를 그치게 했다. 비가 그치자 마침내 치우를 죽였다.

原文 軒轅之時 神農氏世衰 諸侯相侵伐 暴虐百姓 而神農氏弗能征 於是軒轅乃習用干戈 以

征不享 諸侯咸來賓從 而蚩尤最爲暴 莫能伐 炎帝欲侵陵諸侯 諸侯咸歸軒轅 軒轅乃修德振兵
治五氣 蓺五種 撫萬民 度四方 敎熊羆貔貅貙虎 以與炎帝戰於阪泉之野 三戰 然後得其志 蚩尤
作亂 不用帝命 於是黃帝乃徵師諸侯 與蚩尤戰於涿鹿之野 遂禽殺蚩尤 而諸侯咸尊軒轅爲天子
代神農氏 是爲黃帝

龍魚河圖云 …… 黃帝攝政 有蚩尤兄弟八十一人 並獸身人語 銅頭鐵額 食沙石子 造立兵仗刀
戟大弩 威振天下 誅殺無道 不慈仁 萬民欲令黃帝行天子事 黃帝以仁義不能禁止蚩尤 乃仰天
而歎 天遣玄女下授黃帝兵信神符 制伏蚩尤 帝因使之主兵 以制八方 蚩尤沒後 天下復擾亂 黃
帝遂畫蚩尤形像以威天下 天下咸謂 蚩尤不死 八方萬邦皆爲弭服

山海經云 …… 黃帝令應龍攻蚩尤 蚩尤請風伯 雨師以從 大風雨 黃帝乃下天女曰魃 以止雨 雨
止 遂殺蚩尤

_『사기』권1,「오제본기」

자료 2

『집해集解』「황람皇覽」에 이르길, "치우의 무덤은 동평군東平郡 수장현壽張縣 감향성闞鄉
城에 있으며, 높이는 일곱 장丈이다. 백성들이 10월이면 항시 그곳에 제사를 지냈는
데, 붉은 기운이 나오는 것이 마치 비단과 같아 백성들이 치우기蚩尤旗라 이름했다. 견
비총肩髀冢은 산양군山陽郡 거야현鉅野縣에 있는데 …… 전하길 황제黃帝가 치우蚩尤와
탁록의 들판에서 싸울 때 황제가 그를 죽이고 신체身體를 각기 다른 곳에 두어 따로 묻
었다고 한다."

原文 集解皇覽曰 蚩尤冢在東平郡壽張縣闞鄉城中 高七丈 民常十月祀之 有赤氣出 如匹絳
帛 民名爲蚩尤旗 肩髀冢在山陽郡鉅野縣 …… 傳言黃帝與蚩尤戰於涿鹿之野 黃帝殺之 身體異
處 故別葬之

_『사기』권1,「오제본기」

자료 3

배구裵矩가 (황제에게) 아뢰길, "고려高麗의 땅은 본래 고죽국孤竹國인데, 주周 대에 그
곳에 기자를 봉封했고, 한 나라 때에는 나누어 삼군으로 삼았으며 ……"

原文 矩因奏曰 高麗之地 本孤竹國也 周代以之封箕子 漢時分爲三郡 ……

_『구당서』권63,「열전」13, 배구

■ 출전

『사기』

『구당서』: 후진(後晉) 유구(劉昫) 등이 편찬한 당(唐) 나라(618~907) 정사(正史). 본기(本紀) 20권, 지(志) 30권, 열전 (列傳) 150권 등 모두 200권으로 구성되어 있다.

■ 찾아읽기

김태승, 『동이고사연구의 초점』, 서울대학교출판부, 1974.

백산학회 편, 『한국의 민족문화 기원』, 백산자료원, 1995.

서병국, 『대동이탐구』, 한국학술정보, 2010.

이중톈(김택규 옮김), 『이중톈 중국사』 1, 글항아리, 2013.

이형구, 『발해연안 문명 — 한국 고대문화의 기원』, 상생출판, 2015.

5 인의를 중시한 예맥 문화가 사방으로 전파되다

예맥 사회와 문화

중국의 상·주 교체기에 예맥 사회에서는 왕검조선이 무너지고 기자조선이 들어서는 변화가 일어났다. 왕검조선을 주도하던 세력의 일부는 기자조선의 형성에 참여했고, 일부는 북동쪽으로 이주하여 부여를 건설했으며, 또 일부는 남쪽으로 이주하여 서국을 세웠다.

예맥 사회의 분열

중국 및 한국의 사서들이 전하는 바를 종합해보면, 상商·주周 교체기에 고조선에서는 그동안 단군계로 내려오던 정권이 기자箕子에게 넘어가는 큰 변화가 일어났던 것으로 드러난다. 그리고 이런 정치적·사회적 격변에 수반하여 동이 사회가 분열함으로써 기자 중심 세력의 영역은 옛 조선의 일부에 지나지 않는 형태로 축소된 한편, 그 북쪽 지역에서는 부여夫餘가, 남에서는 서국徐國이 따로 성립했다.

서국에 대해서는, 그에 관한 기록이 응당 있어야 하리라 여겨지는 『춘추좌씨전春秋左氏傳』이나 『초세가楚世家』 같은 사서에 그 이름이 보이지 않기 때문에 이를 이유로 애초부터 실재하지 않은 나라라고 생각하는 견해도 있다. 서국의 언왕偃王에 관한 사실이 기원전 10세기 주周 목왕穆王 때의 일로도 나타나고 기원전 7세기의 초楚 문왕文王 때 일로도 나타나 시대가 뒤섞여 있는 것도 기록의 신뢰성을 떨어뜨리는 원인이 되었다. 그러나 『사기』와 『후한서』 등 그 이름이 보이는 사서가 여럿인데다 관련된 서술 내용도 구체적이고, 또 기원전 4세기 사람인 시교尸佼와 기원전 3세기 사람인 한비자韓非子, 순자荀子 등이 서국의 언왕에 대해 언급한 사실로 미루어, 그 역사성 자체를 부인하기는 어렵다.

그런데 서 언왕徐偃王 이야기가 부여의 동명설화와 매우 흡사한 구성으로 이루어진 점이 주목된다. 궁녀가 임신하여 알을 낳았다든가, 상서롭지 못하다고 여겨 그 알을 버렸더니 짐승이 보호했다는 이야기의 기본 구성이 일치하며, 알을 깨고 나온 사내아이가 비범하므로 결국 왕위를 계승하게 했다는 이야기로 끝나는 점도 같다.[자료1] 설화의 기본 줄거리가 같다는 것은 이들이 같은 문화를 공유한 같은 계통의 종족임을 뜻한다. 부여에서 갈라져 나온 고구려 시조 주몽의 이야기도 같은 줄거리로 되어 있다. 그렇다면 서국은 부여와 같은 계통의 종족이 세운 나라가 아니었을까? 『삼국유사』에 인용된 「단군기」에는 북부여의 왕 해부루가 단군의 아들로 나오니, 부여가 단군계의 종족이 세운 나라였음이 분명하다 할 것이거니와 서국 또한 그러하다고 하겠다.

나중에 한 무제漢武帝(기원전 141~기원전 87)가 위씨조선을 침략했을 때 전황이 불리하자 조선의 왕실과 동족 계통이라 여겨지는 위산衛山이라는 사람을 시켜 우거왕右渠王을 달래 항복을 권유한 일이 있다. 이에 우거왕은 항복을 결심하고 태자를 보내 예를 표하게 했다. 태자는 만여 명의 군사를 거느리고 한군漢軍의 장수인 좌장군을 찾아갔다. 그러자 좌장군이 조선군의 무장해제를 요구했다고 한다. 태자는 무장해제에 응하지 않고 사람들을 이끌고 그냥 돌아왔다. 그런데 흥미로운 사실은, 서국이 멸망할 때 항복하러 간 서국 사람들의 무장해제를 초군이 요구했고, 이에 응하여 서국 사람들이 무기를 버리자 초군이 이들을 몰살시킨 일이 있었다는 것이다. 위씨조선의 태자는 이러한 서국의 고사를 잘 알고 있었던 것이고, 그래서 그때의 어리석음을 되풀이하지 않기 위해 그냥 돌아선 것이 아닌가 여겨진다. 서국과 조선이 같은 단군계여서 그 역사를 공유하고 있었기 때문에 이런 일이 생겼던 것일 가능성도 충분히 생각해볼 여지가 있다.

인의와 도덕을 중시한 예맥 문화

『후한서』는 「동이열전」 서문을 구이九夷에 대한 소개로부터 시작하여, 그 역사가 요임금 때로 소급될 만큼 유구함을 밝히고, 구이가 점차 위축된 경위며, 진秦이 동이 사회를 해체하여 그 민호民戶로 편제한 사실과 한 무제가 조선을 정벌한 사실 등을 계기적으로 서술했다. 범엽은 그가 살던 5세기 당대의 동이가 구이의 남은 후예라는 인식을 가지고 있었던 것이다. 그리고 구이가 위축된 결정적 계기로, 서 언왕이 초의 침입에 맞서 싸우지 않고 나라를 들어 내주고 만 사실을 지목했다. 언왕이 권도權道가 없이 어질기만 한 나머지 백성들을 차마 전장으로 몰아 싸우지 못하고 패배를 감수했다는 것이다.

『후한서』만이 아니라 동이나 서 언왕에 대해 언급한 모든 사서가 한결같이 강조하여 말하고 있는 것은 동이가 순종적이고 어질다는 점이다. 이는 실제로 동이 사회가 인간으로서의 도리를 중시하고 어짊이나 의로움과 같은 보편 가치를 중국인들이 보기에 지나치다 싶을 만큼 숭상하는 문화를 지녔기 때문일 것이다. 공자가 구이에 가서 살고 싶다고 하고,[자료2] 한비자가 서 언왕의 인의를 비판한[자료3] 사실로 미루어 보면, 이 시기 사람들이면 누구나 동이 문화의 이런 성격에 대해 익히 알고 있었음을 알 수 있다.

『삼국사기』에는 지금으로서는 좀체 이해하기 어려운 이야기가 적잖이 나오는데 그 중에는, 이를테면 낙랑 사람들이 신라를 침입하려다가 변방 사람들이 밤에도 문을 닫지 않고, 한데에 쌓아둔 곡식 더미가 들판을 덮은 것을 보고 군사를 이끌고 돌아갔다는 식의 이야기가 있다. 백성들이 도둑질을 하지 않는 것을 보고 도덕이 있는 나라임을 알고 이런 나라를 습격하는 것은 부끄러운 일이라 여겨 그랬다는 것이다.[자료4] 심지어는 왜인倭人도 신라의 변경을 침범하려다 혁거세왕에게 뛰어난 덕이 있음을 듣고 돌아갔다고 한다.[자료5] 이러한 이야기들은 신라 등 삼국은 물론 낙랑, 왜까지도 동이의 후예로서 인의와 도덕을 중시하는 문화에 기초해 있었음을 보여주는 한 단면이라 할 것이다. 혁거세왕의 신하인 호공은 왜인이었다고 하며,[자료6] 아달라왕 때 연오랑은 일본으로 건너가 왕이 되었다고 하니[자료7] 당시 신라와 일본의 관계가 실제로 매우 밀접했음을 알 수 있다. 그리고 보면 우리와 일본은 지금까지 그 명맥을 유지하며 살아남은 마지막 동이인 셈이다.

여러 기록을 종합해서 생각할 때, 치우와 함께 황제 세력에 맞섰던 모든 종족과 그후 단군에 의해 재통합된 종족들이 모두 우리의 조상이라고 말할 수는 없다. 그러나 그 중에 중국에 편입됨을 거부하고 동진東進한 사람들이 있었고, 이들이 곧 우리의 직계 조상임은 분명하다. 그러므로 이들을 '우리'라 부를 때, 한때 우리와 함께 했던 많은 종족이 그동안 사방으로 흩어져 그 흔적조차 찾기 어렵게 되었고, 그 땅에 그대로 남았던 종족들은 중국인으로 흡수되어 지금은 자신의 내력을 전혀 깨닫지 못하기에 이르렀지만, 이들의 역사를 우리가 정리해주어야 함은 당연한 이치이고 도리일 것이다.

자료1

『서언왕지徐偃王志』에 이르기를, 서국 임금의 궁인宮人이 임신을 했는데 알을 낳았으므로 상서롭지 못하다고 여겨 이를 물가에 버렸다. 혼자 살며 자식도 없는 어떤 아주머니에게 '곡창鵠蒼'이라는 개가 있었는데 물가에서 사냥을 하다가 버려진 알을 얻어 입에 물고 돌아왔다. 아주머니가 기이하게 여겨 이것을 덮어 따뜻하게 했더니 드디어 알을 깨고 아이가 나왔다. 태어날 때 똑바로 누워 있었으므로 누울 '언偃'자로 이름을 삼았다. 서국 임금이 궁중에서 이 이야기를 듣고 다시 거두어 길렀다. 자라서 어질고 슬기로웠으므로 뒤를 이어 서국의 임금이 되었다.

原文 徐偃王志云 君宮人娠而生卵 以爲不祥 棄之水濱 獨孤母有犬名鵠蒼 獵於水濱 得所棄卵 銜以來歸 獨孤母以爲異 覆煖之 遂烀成兒 生時正偃 故以爲名 徐君宮中聞之 乃更録取 長而仁智 襲君徐國

_『박물지』권7

자료2

공자가 구이九夷에 살고자 했더니, 혹자가 여쭈길 "누추할 터인데 어찌 사시겠나이까?" 하니 공자가 말하길, "군자君子가 사는데 어찌 누추할 수 있겠는가." 했다.

原文 子欲居九夷 或曰 陋如之何 子曰 君子居之 何陋之有

_『논어』자한

자료3

옛 문왕文王은 풍豐과 호鎬 사이에 살며 땅은 사방 백 리였는데, 인의仁義를 행하여 서융西戎을 길들여 마침내 천하에 왕이 되었다. 서 언왕徐偃王은 한수 동쪽[漢東]에 있으며 땅은 사방 5백 리였는데, 인의仁義를 행하여 땅을 바치고 조회하는 나라가 36국이었다. …… 고로 문왕은 인의를 행하여 천하에 왕 노릇을 했으나, 언왕은 인의를 행하고도 그 나라를 잃었으니, 이는 인의가 옛 적에는 쓰였으나 지금에는 쓰이지 않은 까닭이다. 고로 말하길, "세상이 다르면 일도 다르다."고 하는 것이다.

原文 古者文王處豐鎬之間 地方百里 行仁義而懷西戎 遂王天下 徐偃王處漢東 地方五百里 行仁義 割地而朝者 三十有六國 …… 故文王行仁義而王天下 偃王行仁義而喪其國 是仁義用於古不用於今也 故曰 世異則事異

_『한비자』49, 오두

(혁거세거서간 30년) 낙랑인樂浪人이 병사를 이끌고 쳐들어오다. 변경에 있는 사람들이 밤에 문을 잠그지 않고, 노적가리가 들에 쌓여 있는 것을 보고 서로 말하길, "이 지방 백성은 서로 도적질을 하지 않으니 가히 도道가 있는 나라이다. 우리들은 몰래 군사를 이끌고 그들을 습격하려 하니 도적과 다를 바 없다. 어찌 부끄럽지 아니한가." 하고 이내 병사를 이끌고 돌아갔다.

原文 樂浪人 將兵來侵 見邊人夜戶不扃 露積被野 相謂曰 此方民 不相盜 可謂有道之國 吾 儕潛師而襲之 無異於盜 得不愧乎 乃引還

_「삼국사기」권1, 「신라본기」1, 혁거세거서간30년

(혁거세거서간) 8년 왜인倭人이 병사를 이끌고 변경을 범하려다 시조에게 신덕神德이 있음을 듣고 이내 돌아갔다.

原文 八年 倭人行兵 欲犯邊 聞始祖有神德 乃還

_「삼국사기」권1, 「신라본기」1, 혁거세거서간8년

호공瓠公이라는 자는 그 족성族姓이 자세하지 못하나, 본시 왜인倭人으로 박을 허리에 차고 바다를 건너온 까닭에 호공이라고 일컬었다.

原文 瓠公者 未詳其族姓 本倭人 初以瓠繫腰 渡海而來 故稱瓠公.

_「삼국사기」권1, 「신라본기」1, 혁거세거서간38년

제8대 아달라왕阿達羅王 4년 정유에 동해 바닷가에 연오랑延烏郞과 세오녀細烏女가 부부로서 살고 있었다. 하루는 연오가 바다에 가서 해조류를 따고 있던 중, 갑자기 한 바위가 나타나 연오를 싣고 일본으로 가버렸다. 그 나라 사람들은 연오를 보고 비상한 사람으로 여겨 왕으로 삼았다. 세오는 그 남편이 돌아오지 않음을 이상히 여겨 가서 찾다가, 남편이 벗어 놓은 신발이 있음을 보고 그 바위에 올라가니, 바위는 또한 그 전처럼 세오를 싣고 갔다. 그 나라 사람들이 놀라 왕께 아뢰니, 부부가 서로 만나게 되어 귀비貴妃로 삼았다. 이때 신라에서는 해와 달이 빛을 잃으니, 일관日官이 말했다. "해와 달의 정기가 우리나라에 있던 것이 지금 일본으로 가버린 까닭에 이런 괴변이 일어났습니다." 왕은 사자를 일본에 보내어 두 사람을 찾았다. 연오는 말했다. "내가 이 나라에 온 것은 하늘이 시킨 일이니, 이제 어찌 돌아갈 수 있겠소. 그러나 나의 비妃가 짠 고운 명주 비단이 있으니, 이것으로 하늘에 제사를 지내면 될 것이오." 이에 그 비단을 주었다. 사자가 돌아와서 아뢰어, 그 말대로 제사를 지냈더니 해와 달이 그 전과 같아졌다. 그 비단을 창고에 간직하여 국보로 삼고 그 창고를 귀비고貴妃庫라 하며, 하늘에 제사지낸 곳을 영일현迎日縣 또는 도기야都祈野라 했다.

原文 第八阿達羅王即位四年丁酉 東海濱有延烏郎細烏女夫婦而居 一日延烏歸海採藻 忽有一巖負歸日本 國人見之曰 此非常人也 乃立爲王 細烏怪夫不來歸尋之 見夫脫鞋 亦上其巖 巖亦負歸如前 其國人驚訝奏献於王 夫婦相會立爲貴妃 是時新羅日月無光 日者奏云 日月之精 降在我國今去日本 故致斯怪 王遣使求二人 延烏曰 我到此國天使然也 今何歸乎 雖然朕之妃有所織細綃 以此祭天可矣 仍賜其綃 使人來奏 依其言而祭之 然後日月如舊 藏其綃於御庫爲國寶 名其庫爲貴妃庫 祭天所名迎日縣 又都祈野

_「삼국유사」권1, 「기이」1, 연오랑세오녀

출전

『삼국사기』 : 고려(高麗) 인종(仁宗) 23년(1145)에 김부식(金富軾) 등 11명이 왕명을 받아 기전체(紀傳體)로 편찬한 사서(史書). 현전하는 최고(最古)의 정사(正史)로서 모두 50권으로 되어 있다. 고려 시기의 간행본은 이미 없어지고 조선 태조 2~3년(1393~1394)에 진의귀(陳義貴)·김거두(金居斗)가 개간(改刊)한 뒤, 중종 7년(1512)에 이계복(李繼福)이 다시 개간했으며, 이후 수차에 걸쳐 목판과 활자로 간행되었다. 옥산서원(玉山書院) 소장본을 영인한 일본 도쿄대학 간본 및 광문회(光文會) 간본, 조선사학회 간본 등이 일제 강점기에 나왔다.

『삼국유사』 : 고려(高麗) 충렬왕(忠烈王) 때의 고승인 보각국사(普覺國師) 일연(一然)(1206~1289)이 그 만년에 찬술한 역사서. 현전하는 사서로서는 가장 처음으로 우리나라의 역사를 고조선부터 기록한 책이다. 주로 신라의 사적을 기록했으나, 서술의 범위는 부여·발해·가야·고구려·백제 등에 두루 미쳤다. 전체적인 체재는 왕력(王曆)·기이(紀異)·흥법(興法)·탑상(塔像)·의해(義解)·신주(神呪)·감통(感通)·피은(避隱)·효선(孝善) 등 9편 5권으로 되어 있다. 『삼국사기』에 빠진 기록들을 원형대로 적어 놓고 있어 고대의 신화·전설·민속·옛 어휘·지명·신앙 등을 연구함에 귀중한 자료로 이용된다.

『박물지』 : 서진(西晉) 장화(張華)(232~300)가 저술한 중국의 소설집 이때의 소설은 허구(fiction)의 뜻이 아닌 세간에 널리 이야기되는 내용을 담은 기록이라는 의미이다. 『박물지』에는 우리와 관련한 부분도 있어 한국 고대사를 연구하는 데 참고가 된다.

『논어』 : 공자와 그 제자들의 언행을 담은 유교 경전 모두 20편으로 구성되어 있으며, 각 편의 처음 두 자(字)를 따서 편명을 삼았다.

『한비자』: 전국시대 말기 한나라의 한비(기원전 280~기원전 233)가 법가 사상을 정리하여 저술한 책. 55편 20책에 이르며 전국시대 각 지역에서 독자적으로 발전한 법가 이론들을 집대성함으로써 법가 사상의 큰 체계를 수립했다.

■ 찾아읽기

권태원, 『고대한민족문화사연구』, 일조각, 2000.
박대재, 『고대 조선과 예맥』, 책세상, 2003.
문안식, 『요하문명과 예맥』, 혜안, 2012.
김상기, 「한ㆍ예ㆍ맥 이동고」, 『사해』창간호, 1948.

II.

고대 사회의 형성

1 청동기 시대가 열리다

청동기 문화의 성격과 전개

청동은 귀금속으로서 싸워서 승리한 자만이 이를 사용할 수 있었다. 청동기가 특정 지역에서 집중 출토되는 이유가 여기 있다. 우리의 청동기 문화는 기원전 24세기 무렵에 요서 지역에서 시작되었다. 예맥족은 비파형동검으로 대표되는 특유의 청동기 문화를 발전시켰다.

신석기에서 청동기로 문화 기반이 바뀌다

신석기 시대부터 중국 동북 지역에는 황하의 그것과 뚜렷이 구분되는 독자의 문화권이 형성되어 있었다. 빗살무늬토기가 이 문화권의 대표적 표징標徵 유물이다. 대략 만리장성을 경계로 그 동북 지역으로부터 만주, 한반도를 거쳐 일본 열도 남부에 이르는 넓은 지역이 이 문화권에 들어가는데, 기형器形과 빗살무늬의 모양이 지역별로 조금씩 차이가 난다. 지금까지 출토된 고고 유물이 실제 사용되던 연대를 보면, 요하遼河 서쪽 지역의 토기가 가장 이른 시기의 것으로 나타나 이곳이 빗살무늬토기 문화의 기원지요 중심지였다는 사실을 알 수 있다. 대릉하大陵河와 서요하西遼河 상류의 노합하老哈河가 이 문화의 젖줄이자 요람이었다.

그런데 기원전 24세기를 전후하여 이 지역에 새로운 문화의 흐름이 일어났다. 그때까지는 도구의 재료로 유일하게 돌을 써왔던 데 반해 이 무렵부터 청동을 사용하기 시작한 것이었다. 하지만 이 지역 신석기 문화의 주인공들이 청동의 존재를 이때 처음 알기 시작한 것은 아니다. 이보다 훨씬 이전 시기의 일이었다. 북한 고고학자의 보고이긴 하지만 평양 부근의 강동군 룡곡리 4호 고인돌 유적에서 기원전 25세기의 청동제 장식 단추가 출토되었다고 한다. 요동반도遼東半島 대련大連의 우가촌于家村 상층 유적에서는 기원전 35세기의 청동 단추가 나왔다.

청동은 돌이나 공기와 같은 천연의 보편재가 아니라, 광석에서 구리와 주석을 제련해내는 기술과 능력이 없으면 가질 수 없는 아주 귀하고 새로운 인공의 물질이다. 따라서 청동을 만들던 중심지에는 제련하고 남은 광석 찌꺼기가 다량 남아 있기 마련이다. 그런데 중국 동북 지역의 어느 곳에서도 그런 광석 찌꺼기는 아직 발견되지 않고 있다. 이는 초기의 이 청동 단추가 이곳의 신석기인이 스스로 청동의 제련법을 터득하여 독자적으로 만든 것이 아닐 가능성이 높음을 시사하는 사실이다. 이를테면 조동粗銅과 주석을 덩어리 형태로 수입해서 가공했거나 아예 단추 완제품을 수입했을 수 있는 것이다. 그렇다면 이는 다시, 기원전 35세기 무렵의 빗살무늬토기 문화가 그동안 상정되어온 바와 같이 부족 중심의, 좁은 지역을 단위로 한 저급한 수준의 문화가 아니라 이미 청동의 존재를 알고 있고, 매우 먼 지역으로까지 광범한 교역을 행한 고급한 수준의 문화 단계에 이르러 있었다는 뜻이다.

여기서 유의해둘 점은, 청동으로 만든 제품이 출토되었다고 해서 그 시대를 곧바로 청동기 시대라고 부르지는 않는다는 사실이다. 동검과 같은 청동제의 발달한 무기, 청동으로 만든 거울이나 방울 등 정교한 의기 및 장신구가 널리 쓰이기에 이른 시점이 되어야 비로소 청동기 시대에 들어섰다고 말한다. 그런데 문제는 청동이 매우 귀한 금속이라는 데 있다. 구리와 주석의 광석을 동시에 확보하기도 힘든 일이지만 이를 제련하여 도구로 성형해낼 수 있는 기술과 시설을 구비하기도 어려운 일이었다. 따라서 청동을 비교적 광범하게 사용하게 된 시기에 이르렀어도 죽은 이의 부장품으로까지 쓰기는 어려웠다.

또 청동기 문화는 본질적으로 지배자의 문화다. 지배자만 청동기 문화를 향유할 수 있었다. 은허殷墟에서처럼, 청동기가 특정 지역에서 쏟아져 나오듯 출토되는 이유가 여기에 있다. 분묘의 부장품으로 널리 써서 청동기가 광범한 지역 여기저기서 흔히 출토된다는 것은 곧 이 시점에 이르면 이미 그 시대가 거의 다 지나가 더 이상 특별한 가치를 지니지 않게 되는 단계에 이르렀음을 의미한다고 볼 수 있다. 우리나라 청동기 시대의 상한은 일러도 기원전 15세기 이전으로 소급할 수 없다고 여기는 이들이 있으나, 우리 민족이 청동기 문화를 열어간 지역을 다시 생각해볼 필요가 있고, 그 문화의 이런 속성에 대해서도 좀 더 깊은 이해가 요구되는 바이다.

청동은 귀금속이었다

신석기 시대의 인류가 금속의 존재를 알게 된 것은 우연한 기회의 일이었으리라 짐작된다. 아마 토기를 빚어 불에 구워내는 과정에서, 불에 달궈지면 그 속에서 매우 반짝이는 물체가 분리되어 나오는 돌이 있다는 사실을 알게 되었을 것이다. 인류가 처음 발견한 금속은 구리였다. 순수한 구리는 1084℃에서 녹지만 다른 물질과 혼합되면 용융점鎔融點이 낮아지므로 800~900℃의 장작불로도 제련해낼 수가 있다.

하지만 구리는 강도가 약해 쉽게 변형되는 금속이라서 그대로는 도구로 쓸 수가 없었다. 처음에는 장신구로만 사용했다. 터키 아나톨리아 고원 동남부의 차이외뉘Çayönü 유적에서 순동純銅으로 만든 송곳과 장신구가 출토되었는데 이는 기원전 7000년 무렵에 제작된 것이다. 터키 중부의 차탈회윅Çatalhöyük 유적(기원전 6500년경)과 시리아 북동부의 텔 할라프Tell Halaf 문화층(기원전 5500~기원전 4500년)에서도 순동이 출토되었다. 그러나 이들 순동은 어쩌다 우연히 얻게 된 것으로 보인다. 주동술鑄銅術 곧 구리를 주조하는 기술로 만든 순동은 남이라크 우바이드Ubaid(기원전 4500~기원전 4000년) 시기에 처음 쓰였던 것으로 밝혀졌다. 순동에 주석을 넣어 강도를 높인 합금을 만들고 이 청동을 재료로 삼아 도구를 제작하기 시작한 것은 더 후대의 일이었다. 가장 오래된 청동기는 기원전 3700년쯤에 조성된 이집트 피라미드에서 나온 것들이다. 그렇지만 이때 청동기 시대가 개막된 것은 아니다.

세계적으로는 기원전 3500년경에 이란 고원 근처에서 수메르Sumer인에 의해 인류

최초로 청동기 시대가 개막됐다고 알려져 있다. 한반도에서 청동기 시대가 열린 시점에 대하여는 남한과 북한의 견해가 다르다. 우리는 대체로 기원전 10세기 무렵에 청동기 시대가 시작된 것으로 판단하나, 북한에서는 기원전 20세기경으로 올려본다. 우리의 청동기 문화가 열린 지역과 청동기 시대의 개시를 인정할 유물이나 사회 상태를 서로 다르게 파악하는 데서 오는 견해 차이다. 하지만 우리 조상이 중국 동부 및 동북부 지역에 거주하던 때, 이들의 사회가 청동기 시대로 접어든 것은 이미 기원전 24세기 무렵의 일이었을 개연성이 크다.

청동은 노천에서 쉽게 구할 수 없는 광석으로 어렵게 만든 귀금속이므로 그 사회에서 가장 요긴한 용도로만 제한적으로 쓰였으며, 가장 강력한 힘을 가진 정복자 집단만 이를 사용할 수 있었다. 힘이 약한 부족은, 가졌던 청동기도 빼앗기고 신석기로만 생활할 수밖에 없었다. 청동기가 출토되는 지역이 국지성을 띠는 이유는 그 밖의 다른 지역이 신석기 문화 단계에 머물러 청동기 사회로 진입하지 못하고 있었기 때문이 아니라, 청동기 시대를 살면서 청동기를 알고 있었어도 힘이 약하고 능력이 못 미쳐 이를 가질 처지가 아니었기 때문이다. 정복자 집단은 청동으로 장신구裝身具와 제기祭器, 무기武器를 주로 만들었다. 청동으로는 농기구를 만들지 않았다.

농법이 발전하고 벼농사가 본격화하다

청동기는 땅을 파는 데 널리 쓸 수 있을 정도로 견고하지도 않았지만, 이런 용도로 쓰기에 그것은 지나치게 귀한 금속이었다. 청동기 시대에도 농기구는 의연히 석기였다. 반달모양돌칼(반월형석도)이나 홈자귀(유구석부)가 청동기 시대에 들어와 새로 만들어지기 시작했으나, 돌낫(석겸石鎌) · 돌쟁기(석려石犁) 같은 농기구들은 신석기 시대부터 쓰던 것 그대로였다. 농기구에 관한 한 청동기 시대는 신석기 시대와 기본적으로 크게 다를 게 없었다고 해도 과언이 아니다.

그러나 농법과 작물 면에서는 주목할 만한 진전이 있었다. 대형 도끼와 날이 좁고 긴 도끼, 턱자귀 등 다양한 도구를 제작하여 벌채에 사용하고, 따비와 쟁기를 만들어

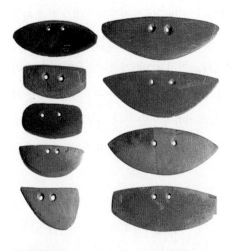

반달모양돌칼

곡식의 낟알을 거두는 데 쓰던 청동기 시대 도구. 한쪽이 곧고 다른 한쪽의 둥근 모양이 마치 반달처럼 생겼다고 해서 붙여진 이름이다. 돌칼의 한복판이나 등 쪽에 구멍이 한 개 내지 두 개 뚫려 있는데 이 구멍 사이에 끈을 꿰어 끈 사이로 손가락을 집어넣어 사용했다. 요하 유역에서부터 한반도 남단에 이르는 넓은 지역에서 출토된다. 이 지역에 반달모양돌칼이 많이 나오는 사실은 당시 생산 활동에서 농업이 차지한 비중이 그만큼 컸다는 것을 말해준다. 이 칼은 일본으로도 전파되었다.

개간·경작에 썼다. 동물을 사육하여 그 힘을 농경에 이용하기도 했으며, 이랑과 고랑을 만들어 교대로 지력을 이용하는 농법도 개발되었다. 쌀, 조·기장, 콩만이 아니라 밀·보리, 팥, 수수, 녹두 등 작물이 더욱 다양해지고 개량되었다. 이로써 농업 생산력이 급격히 발전했고, 생산력의 발전은 다시 청동기 사회의 분화를 더욱 촉진했다.

그렇지만 청동기 시대에 일어난 급격한 생산력의 발전은 무엇보다 청동제 무기로 인하여 이루어진 것이었다. 사냥을 통해서, 그리고 전쟁을 통해서 얻은 잉여 가치가 컸다. 신석기 단계에서도 부족 간의 전쟁은 있었고, 싸우면 반드시 승패가 판가름 나서 국지적으로 지배─복속 관계가 형성되는 경우가 있었지만, 청동기 시대에 들어서서는 사정이 크게 달라졌다. 전쟁에서 패배한 집단은 가지고 있던 청동기를 모두 약탈당하고 신석기 시대의 생활 단계로 전락하여, 승리한 집단에 영구적으로 복속할 수밖에 없는 처지가 된 반면, 승리자 집단은 끌어 모은 청동을 독점하고 청동제 무기를 만들어 더욱 강력한 정복력을 갖게 됨으로써 우리가 생각하는 이상으로 매우 먼 지역까지 진출하여 광역의 국가를 건설할 수 있었던 것이다.

넓은 지역을 지배하고 '홍익인간'을 내세우다

청동기는 승리한 지배집단에 결집되었으며, 패배하여 복속된 집단에서는 지배집

농경문 청동기
정확히 어디서 나왔는지는 알 수 없으나 대전광역시에서 나왔다고 전한다. 앞뒤 양면에 그림을 새겼는데, 앞면에는 새 두 마리가 나뭇가지에 앉아 서로 마주보는 모습을, 뒷면에는 밭을 가는 남자를 새겼다. 머리채가 긴 사람이 따비를 두 손으로 잡고 발로 힘차게 밟고 있으며, 그 밑에 보이는 가는 선은 밭고랑이다.

단의 사자使者로 위촉된 족장 층 정도만이 겨우 의례적인 동검銅劍 몇 자루와 동경銅鏡 혹은 장신구 약간을 지닐 수 있었을 뿐이었다. 청동기는 승리자의 것이었다. 승리자, 지배자만이 그 문화를 향유할 수 있었다는 점이 바로 청동기 문화의 가장 큰 특징이다.

그러므로 승자로서 청동기를 다량 소유한 집단은 광역에 걸쳐 수십을 헤아리는 많은 집단들을 지배할 수 있었다. 지배자들은 자신을 천신족天神族이라 칭하면서 그 지배

대곡리 출토 유물
여기서 나온 유물 가운데 잔무늬거울은 기하학 무늬가 아주 섬세하여 당시 주조 기술이 상당한 수준에 다다랐음을 보여준다. 제작 기술로 미루어, 기원전 3세기의 유물로 추정하고 있다.

가 모두에게 이익이 됨을 주장했다. 단군사화에 보이는 '홍익인간弘益人間'도 이런 종류의 이념이다. 이런 까닭에 청동기 시대라 하여 그 지배 영역의 규모와 지배 강도를 과소평가해서는 안 된다. 또 후대까지 신석기 단계의 유물이 광범하게 발견된다고 해서 청동기 시대로의 이행이 그만큼 늦었다고 이해하는 것도 곤란하다. 청동기 문화의 혜택을 제대로 누린 쪽은 지배자 집단뿐이었다. 청동기 시대에 살면서도 패배하여 복속당한 대부분 지역의 주민들은 신석기 시대나 별반 다름없이 살았다.

우리나라 청동기 문화의 기원

종래, 우리나라 청동기 문화는 두 차례에 걸쳐 성격이 다른 형태로 흘러들어 왔다고 보는 것이 일반적이었다. 시베리아 계통의 북방계 청동기 문화가 먼저 유입되고, 뒷날 중국계 청동기 문화가 철기와 함께 들어왔다는 것이다. 시베리아 계통 문화로는 타가르−오르도스 문화를 주목하기도 하고 카라수크 문화에서 기원을 구하기도 했다. 한편 이와는 달리 중국의 화중 지방이 우리나라 청동기 문화의 진원지였다는 견해도 있었고, 발해 연안이 기원지라는 견해도 있었다. 문화의 계통을 논하는 경우 대개 유물에 대한 형태·형식 분류가 기준이 되고 있으나 아직은 어떤 확실한 결론에 이를 만큼 충분한 유물을 확보하지 못하고 있는 데서 이러한 견해차가 생긴 것이다.

그런데 고고 발굴의 성과가 축적될수록 우리나라 청동기 문화의 기원은 요서 지방이라는 설이 설득력을 얻고 있다. 현재의 조양시朝陽市[차오양시]를 중심으로 북으로는 적봉시赤峰市[츠펑시], 서로는 승덕시承德市[청더시], 남으로는 금주시錦州市[진저우시], 동으로는 부신시阜新市[푸신시]를 잇는 타원형 지역이다. 이 지역의 문화는 발해만渤海灣[보하이만]을 통해 산동반도와 요동반도, 한반도 등지로 확산되기도 하고, 서로 영향을 미치기도 했다. 여기에 거주하면서 종래의 신석기 문화에서 청동기 문화로의 발전을 이룬 주인공이 바로 예족과 맥족을 중심으로 한 동이의 여러 종족이다.

우리는 흔히 우리의 모든 문화가 어디인가로부터 유입된 것이리라 생각하는 경향이 있다. 전파론적 사고의 영향이다. 이 때문에 우리의 사고가 자생적인 발전 가능성

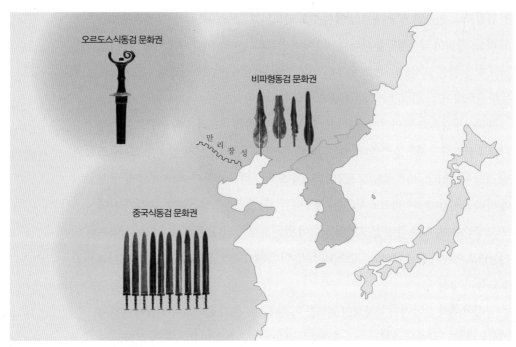

동검 문화권 지도

을 무시하거나 부정하며, 스스로를 종속적이고 부차적인 위치에 놓고 생각하는 쪽으로 흐르기 쉬웠다. 그러나 우리 청동기 문화가 다른 지역으로부터 전파되어 왔다고 단정하고 시작하는 인식 위에서는 신석기 시대의 우리 조상이 어떤 과정을 거쳐 청동기 문화를 개척해 나갔는지 주체적으로 생각할 여백이 없게 된다.

동아시아에서 출토되는 청동검은 크게 세 유형으로 나눌 수 있다. 북쪽으로부터 오르도스식동검, 비파형동검, 중국식동검이 그것이다. 오르도스식동검은 중국 북방의 초원 지대인 오르도스 지방에서 주로 발견되는 유형으로서, 칼몸(검신劍身)의 단면이 납작한 마름모꼴을 이루고 자루 끝에 동물 문양의 장식이 있는 길이 30cm 내외의 청동 단검이다. 칼몸과 자루 사이에 V자형의 칼코를 두고 칼 전체를 한 번에 주조한 것이 특징이다.

비파형동검은 칼몸, 자루, 칼자루끝장식(검파두식劍把頭飾: 동검의 자루 끝에 다른 장식을 붙이기 위해 청동이나 돌로 꾸민 장식)으로 나누어 조립식으로 만든 점이 특징인 단검으로, 처음엔 요녕遼寧 지방에서 주로 출토되었으므로 요녕식동검이라 부르기도 하고, 칼날이 곡선형임을 나타내 곡인청동단검曲刃靑銅短劍이라 부르기도 한다. 그러나 이 동검은 요서遼西 지방으로부터 만주 일원을 거쳐 한반도 전역에 이르기까지 두루 출토되어, 그 범위가 예맥 문화권과 대략 일치한다.

중국식동검은 그 단면이 납작한 마늘모 모양인 칼몸을 비교적 길게 만들고 거기에 가늘고 간소하게 자루를 붙였다. 칼몸과 자루를 하나의 거푸집에서 일체식으로 주조한 것이 특징이다. 『주례周禮』「고공기考工記」에 '도씨가 칼을 만든다桃氏爲劍'고 한 구절에 따라 도씨검桃氏劍이라고도 부른다. 자루에 두 개의 마디가 있는 유형, 자루가 파이프 모양인 유형, 자루 끝에 컵 모양의 장식이 있는 유형이 있다. 주로 출토되는 지역은 산동반도 이남의 하남河南[허난], 강소江蘇[장쑤], 안휘安徽[안후이], 호북湖北[후베이], 호남湖南[후난] 등지이다.

동검이 이와 같이 각기 독자적인 권역을 이룬다는 것은 그 문화의 주인공이 독자의 기술로서 자기 문화를 주체적으로 영위할 능력을 지녔음을 의미한다. 이들 문화권 사이에 상호 교류나 문화적 영향이 없지 않았을 터임에도 불구하고 각기 독자성을 유지한 것은 그만큼 강력한 주체성을 지녔다는 뜻이다. 이 중에서 비파형동검이 우리 조상과 밀접한 관계가 있는 유물이다. 그 출토 지역이 예맥 문화권과 거의 일치하고, 이것이 나중에 더 발전한 형태인 세형동검이 한반도에서 집중적으로 출토되기 때문이다.

비파형동검은 칼날의 중앙부에 돌기를 만들어 파괴력을 높이고, 칼몸 한가운데에 등뼈처럼 도드라진 마디를 두어 잘 부러지지 않도록 하는 동시에 피홈(혈구血溝)의 구실도 하도록 만들었다. 같은 양의 청동으로 더 많은 검을 만들 수 있도록 조립식으로 제작한 점, 구리와 주석에 아연을 첨가하여 청동의 끈기를 보강한 점 등 여러 면에서 당대 최고 수준의 동검이었다고 해도 과언이 아니다. 구리의 용융점이 1084℃인 데 반해 아연은 907℃에서 기화하므로 아연을 구리와 섞는다는 것은 매우 수준 높은 고난도의 기술이다.

비파형동검의 제작에 반영된 이러한 특성들은 우리 조상의 문화가 다른 문화권으로부터 흘러 들어온 것이 아니라 독자적으로 창조된 것이었음을 보여준다. 우리 청동기 문화가 어느 지역의 어떤 문화로부터 영향을 받아, 어디서 어떻게 확보한 재료를 기반으로 성립하고 발전했으며, 또 독자의 청동기 성형 기술은 어떻게 획득할 수 있었던 것인지 밝혀야 하지만, 지금 꼭 이를 따져 알아야만 우리 청동기 문화를 이해할 수 있는 것은 아니다.

고인돌과 동검문화

한반도의 청동기 시대는 민무늬토기 문화로 시작되었다고 보는 것이 통설이다. 민무늬토기 문화의 주인공들은 농경에 유리한 조건을 갖춘 한반도 전역을 무대로 하여 도작稻作을 비롯한 알곡 농사로 생계를 꾸려나갔고, 평야 지대나 구릉 지대, 강변 퇴적 지대에 정착 취락을 형성했으며, 고인돌(지석묘支石墓)을 주 묘제로 사용했던 것으로 나타난다. 이들은 평저의 민무늬토기를 다양하게 제작하여 사용하는 한편, 각종의 정교한 간석기를 만들어 여러 부문에 다양하게 썼다.

민무늬토기
청동기 시대를 대표하는 토기. 신석기 시대에 유행하던 빗살무늬토기가 청동기 시대에 들어오면서 점차 없어지고 대신에 민무늬토기가 사발·보시기·접시·잔·항아리 등으로 널리 쓰였다. 대개 적갈색을 띠고 있는데, 노천에서 낮은 온도로 구웠기 때문이다. 빗살무늬토기는 뾰족바닥과 둥근바닥이 많았지만 민무늬토기는 대부분 납작바닥이다. 철기 시대에도 민무늬토기가 쓰였지만 이는 청동기 시대 것과 질적으로 다른 경질 토기이다.

강화도 고인돌
인천광역시 강화군 하점면 부근리에 있는 청동기 시대 고인돌. 화강암으로 만든 덮개돌 크기가 길이 7.1m, 너비 5.5m에 이르는 대형 고인돌이며 지상에서의 높이는 2.6m이다. 대략 남북 방향으로 놓인 긴 굄돌 두 개로만 덮개돌을 떠받쳤다. 근처 삼거리·하도리 등에도 고인돌이 10여 기 남아 있어 당시 사회 규모가 대단했음을 짐작하게 한다.

　　고인돌은 흔히, 많은 사람을 부려 거대한 돌을 옮길 수 있는 권력이 출현했음을 알리는 징표로 지목되어왔다. 그러나 모든 고인돌이 지배계급의 무덤이었던 것은 아니다. 한반도에는 지금 6만 기 이상의 고인돌이 남아 있는데, 이렇게 많은 고인돌에 매장된 사람들 모두가 지배계급이었다고는 말하기 어려울 것이다. 전남 지방만 해도 1만 6,000기가 넘는 고인돌이 남아 있다.

　　그래서 이를 근거로 민무늬토기 문화인의 사회를 서로 평등한 공동체 사회로 보는 견해가 제시되기도 했다. 그렇지만 이 견해에는 동의하기 곤란하다. 고인돌에 쓴 덮개돌의 크기와 거의 무관하게 매장부埋葬部의 규모나 부장副葬 유물의 성격이 비슷하다는 점이 고인돌 사회를 평등 사회로 보는 근거인데, 아무리 지배계급일지라도 귀한 금속을 함부로 많이 부장함을 꺼리던 것이 이 시기의 장례 풍속이었을지도 모르는 일이므로 지배계급의 출현을 부인하는 것은 성급한 판단이 아닐까 여겨지기 때문이다. 청동기는 그 가치가 적어진 철기 시대에 들어와서야 주요 부장품으로 등장하지만 그나마 그리 흔하지 않다. 또한 철기 시대로 진입하여 철제 농기구가 널리 보급되었다고 해도 그 철을 민간의 장례에 임의로 써서 땅에 묻어버려도 좋았던 것은 아니다. 철제 농기구는 언제든 하룻밤 사이에 병기로 변할 수 있었으므로 늘 엄격한 통제와 감시의 대상이 되고 있었다.

민무늬토기 시대의 취락 주거지를 여럿 비교해보면 그 규모와 유물 양에 분명한 차이가 있어 사회 분화의 진전이 인정된다는 점도 계급 사회 성립설을 뒷받침하는 사실이다. 거듭 강조하거니와, 청동기 시대의 편년은 신중할 필요가 있으며, 그 사회에 대한 이해도 좀 더 확대할 여지가 있다. 지금까지 우리는 우리 청동기 문화를 꽃피운 청동을 만들어내던 제련로製鍊爐의 유구遺構는 물론 광석찌꺼기(광재鑛滓)조차 발견하지 못한 상황이다.

이런 처지에서, 지금까지 한반도에서 출토된 민무늬토기의 상한을 대략 기원전 10세기로 보고 이를 결정적인 근거로 삼아, 청동기 시대로의 사회 변동이 이 무렵부터 시작되었다고 확신하는 것은 아무래도 무리한 처사이다. 고인돌과 민무늬토기가 청동기 사회의 산물이 아닐 가능성까지 염두에 두고 생각하는 것이 더 논리적이고 과학적인 태도일 것이다. 중국에서는 이미 기원전 11세기에, 화하족이 세운 주周가 그간 청동기 문화에 기반을 두고 발전해온 상商을 축출하는 대격변이 일어났는데, 이때 이미 그 문화 기반이 철기로 전환되고 있었던 것으로 나타난다. 그리고 이에 따른 사회 변동의 여파가 여러 면에서 동이 사회에 미쳤다.

화하족의 동진東進에 밀린 황하 유역의 동이 사회는 크게 동요했고, 종족의 집단적 이동이 파상적으로 이어졌다. 대릉하, 요하 유역에서 상말주초商末周初의 청동제 예기禮器가 다량 출토되는 것은 상商에서 제사를 주관하던 중심 세력까지 이동에 가담하고 있었음을 보여준다. 혼강渾江[훈강] 강변의 무순시撫順市[푸순시] 망화望花[왕화] 유적에서 손잡이 머리부에 둥근 고리가 있는 청동손칼[環首銅刀]이 출토되었는데, 이는 상商 나라 사람들이 흔히 쓰던 물건이다. 이 지역에서 이런 물건이 나오는 것은 아마 종족의 이동이 여기까지 미친 결과일 것이다.

이러한 대규모의 사회 변동에 예족과 맥족 또한 휘말리지 않을 수 없었다. 단군사화에 전하는 단군檀君에서 기자箕子로의 정권 교체도 이 변동 속에서 진행된 일이었던 것으로 되어 있다. 기자가 주 무왕에게 신속臣屬하지 않고 동쪽의 조선으로 들어간 상의 현인이라는 얘기다. 물론 이는 단군 대신에 조선 사회를 이끈 통치자를 '기자'라 불렀던 데서 생긴 착각이지만, 이런 착각 혹은 의도적 조작이 가능했던 것도 따지고 보면 단군—기자의 정권 교체와 주에 의한 상의 멸망이 실제로 엇비슷한 시기에 일어난 사건이기 때문이었다고 할 것이다.

신석기 시대로부터 청동기 시대에 이르기까지 황하 유역과 대릉하 유역 간에 어떤 문화적 낙차는 전혀 확인할 수 없다. 오히려 동검의 경우는 대릉하 유역 쪽의 비파형 동검이 더 선진적 형태의 단검이었다. 철기 시대로의 전환도 큰 차이가 없었다고 보는 게 마땅하다. 곧 기원전 10세기는 우리 역사에서 신석기로부터 청동기로의 문화 변동기가 아니라 청동기에서 철기로의 문화 전환기였다. 출토된 몇몇 고고 자료에 얽매인 논의에서 벗어나, 문헌 자료 전반을 통관洞觀하는 안목 위에서 동아시아 전체의 문화적 흐름을 염두에 두고, 우리의 청동기 시대와 철기 시대의 개시 시점과 문화 전환 과정을 다시 논의할 필요가 있다.

자료샘

찾아읽기

한국국립중앙박물관, 『한국지석묘연구』, 민족문화, 1961.

이현혜, 『한국 고대의 생산과 교역』, 일조각, 1998.

이영문, 『한국 지석묘사회연구』, 학연문화사, 2002.

오강원, 『비파형동검문화와 요령 지역의 청동기문화』, 청계, 2006.

고조선사연구회 · 동북아역사재단 편, 『고조선의 역사를 찾아서』, 학연문화사, 2007.

이청규 외, 『요하유역의 초기 청동기 문화』, 동북아역사재단, 2009.

한병삼, 「선사시대 농경문청동기에 대하여」, 『고고미술』112, 1971.

2 '단군사화'가 담고 있는 우리나라 고대사상像

단군사화의 내용과 그 역사성

단군의 조선 건국 이야기를 흔히 '단군신화'라고 부른다. 그러나 단군과 왕검에 관한 이야기는 상상으로 꾸며 만든 것이 아니라 실제의 역사 기억이 설화 형태로 남은 것이다. '단군사화'에는 청동기에서 철기로 문화 기반이 바뀌던 시기의 사회 변동과 정치 세력 교체에 관한 역사 기억이 담겨 있다.

단군기원

고려 때 일연一然이 지은『삼국유사三國遺事』나 이승휴李承休가 지은『제왕운기帝王韻紀』 등에는 단군檀君이 조선을 건국한 사실이 실려 전한다. 중국 요임금 때의 일이었다고 한다.[자료1] 구체적인 이야기의 전개에서 조금씩 서로 다른 점이 있지만 거의 같은 이야기가 조선 초기의『세종대왕실록』지리지와 권람權擥의『응제시주應製詩註』, 서거정의『동국통감東國通鑑』등에도 보인다. 우리는 1948년에 대한민국 정부를 수립하면서 이들 문헌을 종합하여 고찰한 끝에 단군의 조선 건국은 요임금 때의 무진년(기원전 2333년)에 있었던 일이라고 확정하고, 이 단군기원을 대한민국의 공용 연호로 채택한 바 있다. 단군기원은 1962년 1월 1일부터 서력기원으로 대체되어 오늘에 이른다.

단군이 조선을 건국했다는 것이 실제의 역사 사실인지 아니면 후대에 꾸며진 이야기에 불과한 것인지, 고조선이 건국한 시기가 실제로 기원전 24세기 즈음의 일이었는지, 고조선의 첫 도읍이었다는 평양 혹은 아사달은 지금의 어디인지 등을 둘러싸고는 여러 견해가 서로 엇갈려 사실을 제대로 파악하기가 어려운 형편이다. 조선 건국의 이야기가 문자로 처음 기록될 때까지 입으로 전해 오는 과정에서 적잖은 혼동과 착오가 일어난 것으로 여겨진다.

'단군신화'

단군의 조선 건국 이야기를 우리는 흔히 '단군신화檀君神話'라고 부른다. 환인桓因의 아들 환웅桓雄이 하늘에서 내려와 곰에서 여인으로 변한 웅녀熊女와 결혼하여 단군을 낳았다는 이야기 줄거리가 신화로서의 면모를 뚜렷이 갖추었기 때문이다.

하지만 신화란 본디, 사람의 지혜가 아직 깨이지 못한 아주 오랜 옛날에 어떤 사실의 기원을 합리적·실증적으로 설명해내지 못하고, 그들이 믿은 신이나 초자연적 힘에 의탁하여 이야기의 형태로 꾸며 만든 것을 일컫는 용어이다. 신화는 실제 역사와 거리가 있으며, 아예 상상으로 꾸며진 경우도 많다. 그러므로 단군 이야기를 신화라고 부른다면 그것은 곧 이 이야기를 역사적 사실과 상관없이 꾸며낸 허구로 생각한다는 뜻이 된다.

일본이 우리나라를 침략하여 강점한 시기에 일본의 관학자官學者들은 한국사의 유구성을 부정하고 처음부터 외국 지배를 받았던 타율적 역사로 왜곡하기 위해 단군이 조선을 건국했다는 사실의 역사성을 부인했다. 곰이 여인으로 변했다는 것은 사실이 될 수 없으므로 단군 이야기는 상상으로 지어낸 허구, 즉 신화에 지나지 않는다는 것이었다. 그리하여 중국 문헌에 중국인으로 전하는 기자箕子와 위만衛滿부터 역사 사실로 인정한다면 한국사는 저절로 그 시작부터 외국인을 왕으로 삼고 출발한 식민지의 역사가 되리라는 속셈이었다. 단군 이야기를 '단군신화'라고 부르게 된 데에는 이러한 사정이 깔려 있다.

단군 이야기를 신화라고 불러 역사성을 부정하고 이것이 기정사실로 받아들여지게 되자, 어떤 일본 학자는 한 걸음 더 나아가, 단군신화는 그 상상력의 수준이나 규모가 천지창조의 내력을 설명하는 데 이르지 못하고 기껏 몇몇 영웅에 대한 수식 정도에 머물렀기 때문에 신화라고 할 것도 없는 조잡한 이야기일 뿐이라고 폄훼하기까지 했다. 물론 이는 단군의 고조선 건국이 역사 사실임을 철저히 부정하고 한국사를 깎아내려 왜곡하려는 악의에서 나온 말로 이제 와서는 거론할 가치도 없는 주장이다.

그런데 이러한 역사적 배경에도 불구하고 오늘날 우리는 이 단군 이야기를 스스럼없이 '단군신화'라고 부른다. 어떤 이들은 이처럼 신화라고 불러야, 그간 설화의 수준으로 '격하'되어온 건국 기원을 '격상'시키는 결과가 되지 않겠냐고 생각하기도 한다. 하지만 우리가 이를 단군신화라고 부르는 이유는, 그동안의 연구에 의해 신화에는 많든 적든 역사적 사실이 다른 모습으로 변형되어 녹아 있다는 사실이 밝혀지고, 신화학의 발달로 인하여 그 이야기에 반영된 역사 사실의 실체를 유추해내는 방법론이 자꾸 개발되고 있기 때문이다. 이제는 신화라고 부른다고 해서 그 역사성을 전면적으로 부정하는 것이 아니라는 사실을 잘 알게 된 셈이다.

단군이 고조선을 건국했다는 것은 우리 민족만 알고 있는 사실이 아니었다. 중국 사람도 이렇게 알고 있었다. 『삼국유사』에 의하면, 위魏 나라의 역사책인 『위서魏書』에 이 사실이 기록되어 있었다고 한다. 아쉽게도 이 책은 현재 남아 있지 않지만 그것이 역사적 배경을 지닌 사실임을 넉넉히 짐작할 수 있다. 단군 이야기는 단순히 상상으로 꾸며낸 신화가 아니다. 오래 전의 역사적 사실을 대대로 구전하며 기억해오는 과정에서 신화적인 이야기로 윤색되기는 했지만 과거의 엄연한 역사에 대한 설화적 형태의 기억임이 분명하다. 이런 뜻에서 이를 '단군사화檀君史話'라 부르는 것이 좋다고 생각된다. 문제는 여기서 신화적인 요소로 꾸며진 부분을 제거하고 역사 사실의 진상眞相을 찾아 복원해내는 안목이다.

단군사화의 역사성

우리는 흔히 우리 민족이 반만년의 역사를 지닌 민족이라고 말한다. 그러나 일반적으로는 고조선이 성립한 시기를 청동기를 사용하기 시작한 때와 결부시켜 생각하는 경향이 강하여, 내심으로는 우리 역사가 기껏해야 한반도에서 청동기 시대가 열린 기원전 10세기 무렵을 넘을 수는 없으리라 여긴다. 국가의 성립은 적어도 난숙한 청동기 문화를 구가하는 단계에서야 가능하다 할 것인데, 우리 민족과 관련된 청동기 문화의 편년은 아무리 올려 잡아도 기원전 15세기를 소급하기 어렵고, 삼국이 성립하는 지역의 유물·유적은 기원전 1세기 이전에 이 지역이 원시공동체 사회 단계에서 벗어나지 못했음을 보여준다고 판단하기 때문이다. 만주에서는 이보다 앞서서 청동기 시대가 시작되었다고 하지만, 그렇다고 해도 청동기 시대의 상한上限을 기원전 24세기 무렵까지 올려 보지는 않는다는 것이다. 기록으로 소급할 수 있는 고조선의 존재는 기껏 기원전 7세기를 넘지 못하므로 유감스럽더라도 단군의 역사성을 부정하는 것이 과학적 태도가 아니냐는 것이 적잖은 학자들의 견해이다. 그래서 객관적이고 보편타당한 사실과 근거에 입각한다면 우리 민족, 우리 역사의 기원을 이른바 '사로6촌'에서 찾는 게 옳을 것이라고도 한다.

그렇지만 여기서는 '사로6촌'이란 개념이 한 사학자가 자신의 견해를 설명하기 위해 편의적으로 만든 조어造語에 지나지 않는다는 사실에 유의할 필요가 있다. 『삼국사기』 등의 사서史書에는, 고조선의 유민들이 옮겨와 여러 산골짜기에 흩어져 살며 6촌을 이루다가 6촌장과 그 자제들이 모여 논의한 끝에 큰 나라를 세우기로 합의하고 신라를 건국했다고만 되어 있다. 그 6촌에서 '진한6부'가 나왔다는 것이다. 이에 입각한다면 6촌은 '사로6촌'이 아니라 '진한6촌'이라고 해야 옳았던 셈이다. 요컨대, 경주 일원의 6촌이 '사로'라는 소국을 형성했고, 이 사로국이 주변의 다른 여러 소국을 정복하여 훗날 신라로 발전했다는 고대사 인식은 『삼국사기』 등 우리 사서가 전하는 역사상과는 거리가 멀다.

단군조선의 역사성을 부정하는 시각을 가진 학자들은 거개가 신진화주의 인류학자의 사회발전단계설을 수용하여 우리 역사에 그대로 적용하고 삼국을 국사상 최초의 국가로 단정하는 고대사 인식 체계를 가졌다. 사회발전단계설은 우리 인류가 보편적으로 군집사회band → 부족사회tribe → 추장사회chiefdom 단계를 거쳐 국가state를 형성하게 되었다고 설명한 가설이다. 그런데 이를 받아들여 우리 고대사 이해에 원용하면서 삼국을 최초의 국가 단계로 설정했기 때문에 그 앞 시기에 존재한 삼한의 여러 소국을 추장사회로 정의하게 되었고, 더 앞 시기의 고조선은 부족사회 아니면 기껏 추장사회 초기 단계쯤으로밖에 달리 보기 어려웠던 것이다. 하지만 삼국이 국사상 최초의 국가라는 것은 제대로 검증된 명제命題가 아니다. 이를 전제前提로 역산逆算하여 우리 고대사의 이해 체계를 구성하는 것은 위험하고 또 부당한 일이다.

단군조선의 역사성을 의심하게 된 데에는 우리 청동기 문화의 기원을 시베리아 지역의 북방계 청동기 문화에서 구하고, 따라서 최근 발견되어 이목을 끈 적봉, 우하량 등지의 청동기 문화는 우리 민족의 주류를 형성한 예맥족의 문화로 보기 어렵다고 여기는 고고학계의 식견도 크게 작용한 듯하다. 우리 민족의 기원은 3세기의 중국 사서인 『삼국지』에 「동이전」으로 편제되어 나타나는 부여 · 고구려 · 삼한 등에서 구해야하며, 황하 및 대릉하 유역과 산동반도 등지에 산재한 선진先秦 시대의 동이는 우리와 무관하다는 게 이들의 생각이다.

따라서 우리나라 고대사의 무대를 만주 및 한반도로 한정하고 이 지역의 고고 발굴 성과에 입각한다면, 삼국이 정립鼎立할 무렵에 이르러야 비로소 중앙집권체제를 갖춘 고대 국가의 성립을 운위할 수 있다고 한다. 그 이전의 국가는 읍락국가邑落國家, 초기국가初期國家, 성읍국가城邑國家, 소국小國 등으로 그 성격을 제한하여 불러야 할 형태로 보는 게 옳다는 것이다. 단군에 대한 역사적 기억은 물론 『삼국사기』의 초기 기사까지 조작된 이야기로 확신한 결과였다.

물론 당대인當代人이 남긴 물질 자료는 후대인後代人의 문헌 기록보다 더 신뢰할 만한 사료史料임이 분명하다. 그러나 물질 자료는 그와 관련된 사실들의 구체적인 내막을 자세히 설명해주지 않는다. 우리는 추측을 통해 그것을 대략 짐작해볼 뿐이다. 더구나 그러한 물질 자료가 당대의 전반적 모습을 가늠할 수 있도록 다양하고 광범위하게 제시되는 경우는 거의 없다. 청동기 시대의 것이든 철기 시대의 것이든, 우리는 일부 지역, 특정 지점에서 발굴된 단편적인 유물만을 접하고 있을 뿐이다. 우리가 지금까지 발굴하여 알고 있는 유물 · 유적은 당대當代 문화의 극히 일부분만을 보여주는 것에 불과하며, 그마저도 해당 시기를 대표할 만한 유적이 아닌 경우가 태반이다.

예컨대 우리는 한반도에서 청동을 제련해내던 문화 중심지를 아직 찾아내지 못했거니와, 기원전 1세기에서 기원후 3세기 사이에 축조된 것으로 밝혀진 풍납토성의 경우만 하더라도 4m 지하에서 최근에야 우연히 그 유구遺構를 발견한 형편이다. 이러한 상황에서, 그 본체가 더 깊이 묻혀 있을지도 모를 청동기 문화에 대해 어떤 확신을 가진다는 것은 성급한 일이 아닐 수 없다. 우리나라의 고고 발굴 성과는 이제 겨우 참고할 만한 수준일 뿐, 그것을 역사 이해의 기준으로 삼기에는 아직 미치지 못하는 단계에 있다고 하여도 지나치지 않다.

우리나라 고대 사회의 발전 과정을 체계적으로 이해하기 위해서는, 그리고 발굴되는 유물·유적의 성격을 제대로 파악하기 위해서는, 우선 문헌으로 남은 과거의 기억을 정밀하게 살피고, 이를 토대로 당대當代의 문화와 그 변화의 역사상을 재구성하여 복원해볼 필요가 있다. 지금까지는 관련 기록에 대해 엄격한 사료비판을 행하여 그 중 확실하다고 판단된 자료만을 근거로 역사를 복원해왔다. 역사 연구의 온당한 자세다. 그러나 그 결과 우리의 고대사가 적지 않은 공백을 지니게 되었음 또한 부인하기 어려운 사실이다. 선진先秦 시대의 동이는 우리와 상관없다고 지레 단정하여 그동안 관련 기록과 유물에 대한 연구를 소홀히 해왔지만, 갈수록 우리와의 깊은 상관성이 구체적으로 드러나는 추세이다. 이제, 종래 당연시해온 단정과 이해를 전면 재검토해보아야 할 시점에 이르렀다. 우리가 그동안 엄연히 남아 있는 사료마저 부인하고 말살해온 것은 아닌지 되짚어볼 단계다.

단군 이야기를 전하는 여러 기록들

단군의 건국 사실을 적은 것으로 지금까지 전하는 가장 오래된 기록은 죄다 고려 시기의 것들이지만, 이때에야 비로소 우리 민족이 건국신화를 가지게 된 것은 아니다. 『삼국유사』와 『제왕운기』가 각각 '고기운古記云', '본기왈本紀曰'이라면서 단군 이야기를 인용하고 있는 사실에서 그 이전에 이미 단군사화의 내용을 기록한 사서가 있었음이 드러난다.

또한 단군의 조선 건국 사실은 중국인들도 기억하여 대대로 전승해오고 있었다.

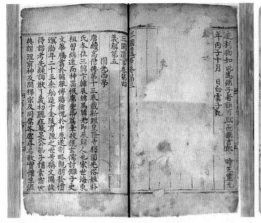
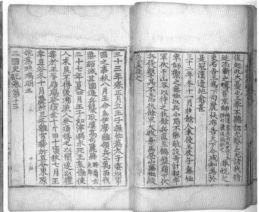

삼국유사   삼국사기

『삼국유사』의 찬자撰者인 일연은 위魏 나라의 역사를 기록한 『위서』에 이 사실이 기록되어 있다면서 그 내용을 인용했다. 중국인들이 그들의 역사가 시작될 무렵인 요임금 때부터 이웃에 단군이라고 부르는 수장이 있어 1,500년 동안 인간 세계를 다스렸으며, 단군왕검이 평양성에 도읍을 정하고 국가를 세워 조선이라 칭했음을 기억해오고 있었던 것이다. 따라서 이는 나름대로 상당한 근거를 지닌 기억일 가능성이 크다고 여겨진다.

　우선 『삼국사기』는 '단군'이라는 명호를 직접 쓰진 않았지만 '평양은 본디 선인仙人 왕검王儉이 살던 곳'이라고 적었다.[자료2] 단군왕검을 선인이라 표현했을 뿐, 그가 조선을 건국했다는 것이 당대인當代人에게 이미 널리 알려진 역사 사실임을 전한 기록으로 보아 무리가 없다. 그리고 『삼국유사』는 『고기古記』가 전하는 내용이라면서 단군 이야기를 소개했다.[자료3] 단군왕검에 관한 역사적 기억을 기록했다는 『고기』가 지금은 전하지 않으므로 어떠한 책이었는지 잘 알 수 없지만, 단군왕검의 건국에 관한 기록과 전승은 이 외에도 몇 종류가 더 있었던 것으로 생각된다. 우선 『제왕운기』에서는 「본기本紀」에 적혀 있는 것이라면서 『삼국유사』의 것과 약간 다른 구성을 보이는 단군사화를 소개했다.[자료4]

　여기서는 이야기의 전개에서 무엇보다 중요한 부분을 차지하는 단군왕검의 탄생

제왕운기

배경이『삼국유사』에 실린 것과 다른 내용을 보인다. 환웅과 웅녀 대신 단웅천왕의 손녀와 단수신을 결합시켰고, 환웅을 단군과 연계시켜 단웅이라 표기한 것 등이다. 이는 우리의 국조國祖가 곰의 몸에서 태어났다는 이야기를 받아들이기 어려웠던 후대 사람들이 좀 더 합리적이라고 생각한 방향으로 이야기 구성을 윤색한 결과로 여겨진다. 권근權近(1352~1409)이 지은 시에 손자인 권람權擥(1416~1465)이 주석을 붙인『응제시주應製詩註』와 단종 2년(1454)에 편찬된『세종실록』지리지의 평안도 평양편에도 내용이 조금씩 다른 단군 이야기가 실려 있다. 이처럼 이야기의 전개에 약간의 차이가 있는 기록이나 전승은 이 외에도 더 있었을 것이다.

단군사화의 내용과 실상

단군왕검의 건국 이야기는 우리 민족이 긴 세월 동안 나라를 이루어 나갔던 역사성을 훌륭하게 반영하고 있어 그 내용을 찬찬히 음미해볼 필요가 있다. 단군사화는 주제가 다른 세 가지의 이야기로 구성되어 있다. 첫째는 환웅이 인간 세상에 내려와 신시를 열게 된 연원을 밝힌 내용이고, 둘째는 환웅이 웅녀와 결혼함으로써 단군왕검을 낳게 되는 과정을 전하는 내용이며, 셋째는 단군왕검이 조선을 개국했고 그 조선이 중국의 주周 나라 무왕武王 때까지 유지되었다는 역사적 사실을 기술한 내용이다.

이 가운데 앞의 두 이야기는 원래, 각기 다른 시기에 성립된 별개의 이야기였다. 그것이 어느 때인가 일관된 하나의 이야기로 엮어진 것이다. 이를테면 환웅과 웅녀의 결혼 이야기가 담긴 두 번째의 이야기는 천제天帝의 아들과 지신녀地神女의 결합 구조라는 점에서 고구려 시조인 주몽이 해모수와 하백녀의 결합으로 탄생했다는 내용과 똑

같은 구성을 보이는데, 이는 이 두 이야기가 거의 같은 시기에 성립한 것이었음을 뜻한다. 철기 시대로 진입하여 각지에서 대두한 새로운 성격의 지배층이 난립하는 형세를 이루자 그 중 가장 강대한 세력이 버금가는 세력과 연합하여 사회 전반에 대한 지배력을 공동으로 구축해 나가던 사실을 반영한 이야기일 것이다.

반면에 첫째 이야기는 이보다 앞선 시기 곧 농업공동체 사회가 해체되어 새로운 정치 질서를 형성해 나가던 청동기 시대의 사회 변동과 이념을 담은 것이라고 생각된다. 예컨대 '홍익인간'은 청동기를 사용하는 세력이, 신석기에 기초하여 개별적으로 발전해온 종래의 공동체들을 여럿 포괄하는 넓은 지역을 지배하기 시작하면서 제시한 이념이다. 청동기를 사용함에서 오는 정복력은 가히 폭발적인 것으로 그것을 사용하는 세력은 그렇지 못한 집단들을 영속적으로 지배하게 되는데, 그 지배가 결국은 넓은 지역의 모든 사람들에게 공동의 이익과 안전을 가져다준다고 주장한 것이었다.

또한 하늘로부터 인간 세상에 내려왔다는 천강설화天降說話도 그 자체 원시 사회 해체기의 산물이다. 하늘[天]은, 그 사회가 필요로 하는 것보다 훨씬 더 많은 생산물을 만들어내는 단계가 되어야 비로소 제시되는 개념이라고 한다. 당장 먹고살기가 바쁜 때에는 하늘을 생각할 겨를도 없다는 것이다. 그러니 천강설화는, 남는 생산물을 독점하면서 대두한 청동기 시대의 정치적 지배자가 그 권위의 신성성神聖性을 수식하기 위해 내세운 것임을 알 수 있다. 둘째 이야기와 시대가 다르다.

한편 주 무왕 때에 기자가 동쪽으로 피신하여 조선에 들어오자 단군왕검이 그에게 왕위를 물려주었다는 셋째 이야기는, 우리 쪽의 전승이라기보다 중국 사서의 기록을 그대로 소개한 부분으로서 그대로 믿을 수 없는 내용이다. 상商의 현인賢人인 기자가 동쪽으로 왔다는 '기자동래箕子東來'의 사실성도 의심되고, 기자조선의 마지막 왕인 준왕準王이 한반도로 옮겨와 스스로 한왕韓王이라고 칭한 사실로 미루어 그가 기씨箕氏의 후예였다고 생각되지도 않는다는 견해가 이미 제시되어 널리 알려진 바 있다. '기'는 성씨가 아니었던 셈인데, 그렇다면 기자조선은 상의 현인이라는 '기'씨의 기자와는 무관한 나라였다고 하겠다.

기실, 기자는 단지 우리말로 군장(=왕)을 뜻하는 kVsV계 어형의 한자 차음표기에 불과할 개연성이 가장 크다. 고구려말로는 왕을 '개차皆次'라 표기했고, 백제는 '건길지

健吉支'라 했으며, 신라는 '거서居西'라 했던 것으로 전하는데 이는 모두 같은 어형의 표기이다. 『삼국지』는 삼한 각국의 왕을 '거수渠帥'라고 부르고 일본에서는 군왕君王을 '고니키시'라 한다고 했다. '고니+키시'는 백제어 '건+길지'에 대응하는 어형으로서, 키시는 길지, 거서, 거수 등과 마찬가지로 수장(=왕)을 뜻하는 동이어東夷語다. 부리아드 몽골 학자들은 '箕子'를 '게세르칸'이라 읽는다고 한다. 즉 '기자'는 신라의 '거서간'과 마찬가지로 '간'들의 군장 곧 '왕들의 왕'을 뜻하는 동이어 '기시 → 거수'의 한자 표기로서, 상의 현인으로 전하는 '기자'와는 전혀 무관한 존재이다.

따라서 기자를 상의 현인이라고 한 부분을 들어내면, 지배자가 단군왕검에서 기자로 바뀌었다는 부분은 조선의 정치 주도층이 교체되고 이에 따라 지배 권력의 성격에도 변화가 일어난 사정을 전한 내용으로 보아 무방하다. 천신의 아들로서 하늘로부터 신성한 지배 권력을 부여받아 조선을 신정정치神政政治 형태로 통치해오던 단군 세력이, 청동기로부터 철기로의 문화 이행에 따른 사회 변동의 난맥상을 수습하지 못하고 쇠퇴하자, 철기 문화에 기초하여 각지에서 새로 일어나 병립한 여러 세력의 수장들이 합의하여 그 중 가장 유력한 자를 기자 곧 '왕들의 왕'으로 추대하고 합의 정치 체제를 갖추어 국정을 운영하게 된 것이 이 변화의 대략적인 윤곽이었다.

여기서 『삼국유사』의 고조선 관련 기록을 면밀히 다시 살필 필요가 있다. 우선 주목할 사실은 이 기록에 '단군조선'이란 단어가 전혀 보이지 않는다는 점이다. '왕검조선'이라 적었을 뿐이다. 우리가 흔히 '단군조선'이라고 부르며 단군이 조선을 건국했다고 확신해왔으나, 기실 조선을 건국한 이는 단군왕검이었다. 단군과 단군왕검은 구별되어야 한다.

이를테면 예족 사회에서 모든 구성원을 영솔하는 수장이 대두하여 단군을 칭하기 시작한 때는 기원전 2333년이었으나, 그가 조선을 건국한 것은 아니었다. 그리고 환웅과 웅녀의 결합 구조가 철기 문화 단계에서 빈번히 일어난 주력 세력 간의 연합 사실을 반영하고 있음을 염두에 둘 때, 조선이란 국가가 성립한 것은 철기 시대에 들어와서의 일이었다고 보는 게 아무래도 순리다. 곧, 왕검을 칭하며 조선을 건국한 이는 예족의 단군 가운데 거의 마지막 단군에 해당하는 기원전 11세기의 단군이었던 것이다. 그런데 조선이란 나라를 세운 당사자 역시 단군이었으므로, 당요唐堯 때의 단군과 같은 이였던 것처럼 후대에 들어와 이야기가 섞이고 만 것이겠다. 그러나 단군왕검의 시도는 끝내 성공하지 못했다. 기자로의 정권 교체가 이루어졌다는 기록이 이를 말한다. 그리고 이때가 청동기에서 철기로 문화 기반이 바뀌던 상·주 전환기로 나타나니, 왕검조선은 결국 건국 후 얼마 지나지 않아 그 명운을 다하고 만 것이었다.

기록이 전하는 전후 사정과 고고 유물을 종합하여 다시 생각해보면, 노합하老哈河 유역부터 대릉하 상류 지역에 걸친 구릉지에 분포하던 치우―웅녀의 맥족貊族 사회와 대릉하 중·하류 유역에 거주하면서 환웅―단군을 구심점으로 통합되어 있던 예족濊族 사회는 일찍부터 상호 교류하면서도 사실상 별개의 정치체로 존재하고 있었다. 우하량의 여신묘에서 웅녀라고 여겨지는 여신상만 발견되고 환웅과의 연관성을 짐작할 어떤 유물도 나오지 않은 것은 이 때문이다. 맥족과 예족이 각각 치우와 단군을 정점으로 종족 전체를 통괄하는 정치 조직을 이룬 것이었다. 이 정치체가 사회발전단계의 어느 수준에 해당했느냐는 요서 지방에서 발견된 여러 유적과 유물을 참고하여 이제부터 따로 궁구해보아야 할 별도의 과제이다.

예·맥이 양립하는 가운데, 청동기에서 철기로의 문화 전환이 본격화된 기원전 11세기에 동진東進하는 화하족 주周 세력에 밀린 상商의 여러 정치집단이 대거 맥족 사회로 진입하는 변화가 일어났고, 이는 예·맥 사회에 매우 큰 사회 변동을 유발했다. 상세력에 밀린 맥족이 대릉하 중·하류 유역으로 옮겨와 예족과 서로 섞여 살게 된 것이었다. 맥족이 유입하여 예족과 혼거混居하게 된 상황은, 그동안 이 지역을 안정적으로 이끌어온 예족의 수장 단군으로서는 결코 좌시하며 방치할 수 없는 일대 사회 혼란이었다. 단군은 이 혼란을 수습하기 위한 방책의 일환으로 스스로 왕검을 칭하며 예·맥을 아우른 새 나라를 세우기에 이르렀다. '왕검조선'이 그것이다.

단군왕검으로서는 자신이 환웅계의 예족과 웅녀계의 맥족 사이에서 태어난 존재임을 내세우며 예·맥 통합 사회를 이끌 적임자임을 자처한다면 능히 대다수 세력의 지지를 얻을 것으로 예상했음직하다. 그러나 단군왕검은 새로 대두한 철기 시대의 지배 세력들을 널리 포섭할 수 있는 기준을 제시하는 데 실패하고 예족에 대한 종래의 지배권마저 상실하기에 이르렀다. 새로운 지도자로서 왕검을 칭하긴 했으나, 하늘의 아들임을 내세우면서 신정정치를 이끌어왔던 종래 단군으로서의 제사장적 성격을 완전히 떨쳐내지 못했기 때문이다. 철기 문화에 의한 농업 생산력의 발전에 힘입어 새로 일어난 신흥의 수장 세력은 가加 혹은 간干, 한韓이라 불렸는데, 이들이 중심이 된 기층 사회에서 종래의 단군계에 의한 영도를 거부하고 따로 기자를 추대하는 이반離叛의 움직임이 일어났다.

주도력을 잃고 밀려난 단군계 세력은 결국 분산되어, 일부는 동쪽으로 옮겨가 부여夫餘를 세워 독립하고, 또 다른 일부는 남진하여 황하 하류 유역으로 이동했다가 훗날 서국徐國을 세우게 된 것 같다. 서국의 언왕偃王 이야기와 부여 시조 동명東明의 탄생 설화가 깊은 유사성을 보이는 것은 이들이 같은 문화 기반을 공유한 예족계였기 때문이겠다. 맥족의 유입으로 인하여 예·맥 양대 종족이 뒤섞이게 된 대릉하 중류 유역에서는, 왕검조선의 실패로 인하여 처음엔 기존의 지배 세력과 새로 대두한 지배 세력이 병립하여 충돌하는 양상을 보였으나, 점차 안정과 평화를 추구하면서 타협이 일어나 그들의 대표 격인 기자箕子를 중심으로 결집, 새로운 형태의 조선 사회를 형성하는 쪽으로 사태가 수습되어갔다.

단군은 환웅과 웅녀가 혼인하여 낳은 선인仙人이므로 양 세력 화합에 적임자라고 표방한 데서는 비록 그 결실을 거두지 못했지만, 두 사회가 혼효되어 무질서한 때 어떻게든 사회 혼란을 수습해보려고 안간힘 쓰던 단군계의 노력과 고심을 읽을 수 있다. 그러나 이런 상징이나 표방으로는 예·맥족의 잡거雜居와 철기로의 문화 전환에 따른 사회의 대혼란을 수습하기 어려웠던 것이다. 이것이 왕검조선의 건국을 전후해서 전개된 사회 변동의 전반적 흐름이고 맥락이다.

그러므로 이런 역사 과정을 배경으로 한 단군사화는 새로 성립한 기자조선에서 큰 의미를 지닐 수 없었다. 부여를 통해 겨우 명맥을 이어갔을 뿐이다. 부여의 해부루가 단군의 아들이라는 등의 이야기가 곧 그 한 형태다.[자료5] 그러던 중 부여의 지배를 벗어난 맥족계의 주몽朱蒙이 고구려를 건설하고 다시 예·맥 사회의 재통합에 나서자 단군사화가 새삼 주목을 받게 되었다. 주몽이 부여의 시조인 동명東明과 같이 단군의 계승자로 자처하면서, 같은 구성을 가진 이야기를 건국 설화로 내세운 것은 이런 맥락에서 이루어진 일이었던 셈이다. 고구려 벽화 고분의 천장에 단군의 역사가 일월성신도로 표현되어 나타나는 데서도 이런 흐름을 읽을 수가 있다.

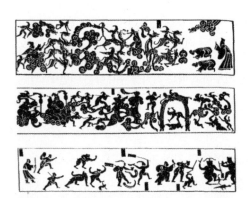

무씨 사당 화상석 벽화
산동성 가상현(嘉祥縣)에서 청나라 건륭 연간에 발굴된 무씨 사당 후석실 벽화. 서기 147년 중국 한나라 시대에 만들었으며 『삼국유사』가 전하는 단군 사적과 매우 비슷한 내용을 보여준다.

한편 진국辰國 단계를 거쳐 삼한 三韓을 형성하기에 이른 기자조선의 주력 세력이 단군사화를 중시한 흔적은 좀체 찾아지지 않는데, 이 역시 같은 맥락의 이면에서 진행된 사세의 필연이었다고 하겠다. 단군사화는 부여와 고구려를 통해 근근이 전승되어 오다가, 진국辰國 진한계辰韓系가 주도하여 건설한 신라가 마침내 삼국을 통일하기에 이르자 밑으로 잠복할 수밖에 없었다. 그것이 고려에 이르러 다시 수면 위로 부상하게 된 것은, 고구려의 계승자임을 자처하면서 후삼국 사회의 통합을 시도한 고려가 부여–고구려를 통해 명맥을 이어온 단군사화의 예맥 사회 통합 이념에 필연적으로 주목할 수밖에 없었던 결과이다.

주1 『위서(魏書)』: 중국의 역사책. 현존하는 『위서는 위수(魏收)가 지은 것뿐인데, 여기에는 단군에 대한 기록이 없다. 당시 위서로는 현존하는 위수의 찬(撰) 외에도 다른 위서가 있었는지, 위수의 위서가 후대인의 손을 거치면서 원래의 면목을 잃고 지금 우리가 아는 형태로 변했을 가능성이 생각되고 있다.

주2 단군왕검(檀君王儉): 『삼국유사』에는 '壇君'으로 표기되어 있으나, 다른 기록에는 모두 '檀君'으로 되어 있다. 단군은 개국 조선의 이름이라고도 하고, 무당을 뜻하는 몽고어 '당굴'의 사음(寫音) 표기라고도 하며, '수두하느님'의 의역(意譯)이라고도 한다. 왕검은 임금의 이두 표현으로 해석되기도 하고, 대인(大人) · 신성인(神聖人)의 뜻을 지닌 '엉큼 · 검'의 사음으로 해석되기도 한다.

주3 고(高): 요(堯)의 대자(代字). 여기서는 중국 고대의 요(堯) 임금. 고려 시기에는 정종(定宗)의 휘(諱)인 요(堯)를 피해 고(高)라고 썼다.

주4 고기(古記): 책 이름은 아니고 '옛 기록'이라는 뜻의 일반적인 용어로 생각되지만, 그것이 구체적으로 어떤 기록을 가리키는지 알 수 없다. 13세기 후반에 단군의 사적을 전하던 책으로 『제왕운기』에 「단군본기」라는 것이 소개되고 있으나, 그 내용이 다른 것으로 보아 이것을 지칭한 것 같지는 않다.

주5 환인(桓因): 현대말의 하늘, 혹은 하느님의 근원이 되는 무슨 어형인 듯하다. 불경에서 인도의 천주(天主), 또는 호법신(護法神)을 뜻하는 범어 Sakrodeveendra를 석제환인다라(釋提桓因陀羅)라고 한역(漢譯)한 것으로 보면, 일연이 불교적인 표현으로 윤색한 용어가 아니었나 생각된다.

자료1

『위서魏書』주1에 말하기를 지금부터 2천 년 전에 단군왕검壇君王儉주2이 계셔 아사달阿斯達에 도읍을 정하고 새로 나라를 세워 조선朝鮮이라 불렀는데 고高주3와 같은 때였다고 한다.

原文 魏書云 乃往二千載 有壇君王儉 立都阿斯達 開國號朝鮮 與高同時

_『삼국유사』권1, 「기이」1

자료2

(동천왕) 21년 봄 2월, 왕이 환도성丸都城이 난을 겪어 다시 도읍으로 삼을 수 없다 하여, 평양성平壤城을 쌓고 백성과 종묘 · 사직을 옮겼다. 평양은 본래 선인仙人 왕검王儉이 살던 곳이었는데, 어떤 기록에는 '왕이 왕검王儉에 도읍했다'고도 한다.

原文 二十一年 春二月 王以丸都城經亂 不可復都 築平壤城 移民及廟社 平壤者本仙人王儉之宅也 或云王之都王儉

_『삼국사기』권17, 「고구려본기」5, 동천왕 21년

자료3

고기古記주4에 이런 말이 있다. 옛날에 환인桓因주5의 서자庶子주6 환웅桓雄이 계셔, 천하에 자주 뜻을 두고 인간 세상을 매우 갈구했다. 아버지는 아들의 뜻을 알고 삼위태백三危太伯주7을 내려다보니 인간 세계를 널리 이롭게 할 만했다. 이에 천부인天符印주8 세 개를 주어 내려가서 다스리게 했다. 환웅은 그 무리 삼천 명을 거느리고 태백산太伯山주10의 신단수神壇樹주10 밑에 내려와서 여기를 신시神市라 불렀다. 이 분을 환웅천왕桓雄天王주11이라 한다. 그는 풍백風伯 · 우사雨師 · 운사雲師를 거느리고주12 곡식 · 수명 · 질병 · 형벌 · 선악 등을 주관하고 인간의 360가지나 되는 일을 주관하여 인간 세계를 다스리고 교화시켰다.

이때 곰 한 마리와 범 한 마리가 같은 굴에 살았는데주13 늘 환웅에게 사람 되기를 빌었다. 때마침 환웅이 신령한 쑥 한 심지와 마늘 스무 개주14를 주면서 말했다. "너희들이 이것을 먹고 백날 동안 햇빛을 보지 않는다면주15 곧 사람이 될 것이다." 곰과 범은 이것을 받아서 먹었다. 곰은 약속한 지 3 · 7일주16 만에 여자의 몸이 되었으나 범은 능히 지키지 못했으므로 사람이 되지 못했다. 여자가 된 곰주17은 그와 혼인할 상대가 없었으므로 항상 단수 밑에서 아이 배기를 축원했다. 환웅은 이에 임시로 변하여 그와 결혼해주었더니 그는 아들을 낳았다. 이름을 단군왕검이라 일컬었다.

왕검은 요堯 임금이 왕위에 오른 지 50년인 경인년에 평양성주18에 도읍을 정하고 비로소 조선이라 불렀다. 또 도읍을 백악산白岳山 아사달阿斯達주19에 옮겼는데, 궁홀산弓忽山 또는 방홀산方忽山이었다고 하기도 하고 금며달今旀達이었다고 하기도 한다. 그는 1,500년 동안 여기서 나라를 다스렸다. 주周나라 호왕虎王주20이 왕위에 오른 기묘己卯년에 기자箕子주21를 조선에 봉하니 단군은 이에 장당경藏唐京주22으로 옮아갔다가 후에 돌아와 아사달에 숨어서 산신이 되었는데 나이가 1,908세였다고 한다.

原文 古記云 昔有桓因庶子桓雄 數意天下 貪求人世 父知子意 下視三危太伯 可以弘益人間 乃授天符印三箇 遣往理之 雄率徒三千 降於太伯山頂 神壇樹下 謂之神市 是謂桓雄天王也 將風伯雨師雲師 而主穀主命主病主刑主善惡 凡主人間三百六十餘事 在世理化 時有一熊一虎 同穴而居 常祈于神雄 願化爲人 時神遺靈艾一炷 蒜二十枚曰 爾輩食之 不見日光百日 便得人形 熊虎得而食之 忌三七日 熊得女身 虎不能忌而不得人身 熊女者 無與爲婚 故每於壇樹下 呪願有孕 雄乃假化而婚之 孕生子 號曰 壇君王儉 以唐堯卽位五十年庚寅 都平壤城 始稱朝鮮 又移都於白岳山阿斯達 又名弓忽山 又今旀達 御國一千五百年 周武王卽位己卯 封箕子於朝鮮 壇君乃移於藏唐京 後還隱於阿斯達爲山神 壽一千九百八歲

_『삼국유사』권1, 「기이」1

자료4

본기本紀에 다음과 같이 적혀 있다.

상제上帝 환인桓因은 서자庶子가 있었으니 이름이 웅雄이었다고들 한다. 이 웅에게 일러 말하기를 "내려가 삼위태백三危太白에 이르러 크게 인간을 이롭게 할 수 있을까?"라고 했다. 이리하여 웅이 천부인天符印 세 개를 받고 귀신 3천을 거느려 태백산 마루에 있는 신단수神檀樹 아래에 내려왔다. 이 분을 단웅천왕檀雄天王이라 이른다고들 한다. 손녀孫女로 하여금 약을 먹여 사람이 되게 하여 단수신檀樹神과 결혼시켜 아들을 낳게 했다. 이름을 단군檀君이라 하니 조선의 땅을 차지하여 왕이 되었다. 이런 까닭에 시라(신라)·고례(고구려)·남북옥저·동북부여·예와 맥은 모두 단군의 자손인 것이다. 1038년을 다스리다가 아사달에 들어가니, 신이 되어 죽지 않은 연고이다.

주6 서자(庶子) : 맏아들을 적자(嫡子)라 하고 둘째 아들 이하 여러 아들을 서자(庶子)라고 한다. 국조(國祖)의 아버지인 환웅을 적자가 아닌 서자라 한 발상의 저변에는, 그 적자는 당연히 환인의 뒤를 이어 하늘을 다스릴 존재이어야 한다고 생각하는 왕위의 적자승계 개념이 깔려 있다.

주7 삼위태백(三危太伯) : 산 이름. 그 위치는 여러 설이 있어 명백하지 않다. 삼(三)은 탄생과 연관된 숫자이며, 위(危)는 북방을 뜻한다.

주8 천부인(天符印) : 신의 위력과 권위를 나타내는 표상이 되는 세 가지 물건.

주9 태백산(太伯山) : 산 이름. 백두산, 묘향산 등 여러 설이 있어 어느 산인가 분명치 않다.

주10 신단수(神檀樹) : 하느님을 모시는 제단이 있는 신성한 숲.

주11 환웅천왕(桓雄天王) : 천제의 아들로서 사람의 왕이라는 뜻으로 제왕을 높이기 위한 존칭.

주12 풍백·우사·운사 : 풍백은 바람(공기), 우사는 비(물), 운사는 구름(벼락 → 불)의 개념이니, 이들이 대지(땅)에 내려옴으로써 새로운 세상이 열렸다는 이야기에서 고대인들이 가졌던 4원소적 우주관을 엿볼 수 있다.

주13 곰·범 : 곰과 호랑이는 동북아시아의 가장 대표적인 맹수이며, 고대인이 숭배하는 동물들이다. 여기서는 곰 토템과 호랑이 토템을 가진 두 부족을 가리킨다.

주14 쑥·마늘 : 고대인들 사이에서 주술과 관계되는 식물들.

[原文] 本紀曰 上帝桓因有庶子 曰雄云云 謂曰 下至三危太白 弘益人間歟 故雄受天符印三箇 率鬼三千而降太白山頂神檀樹下 是謂檀雄天王也云云 令孫女飮藥 成人身 與檀樹神婚而生男 名檀君 據朝鮮之域爲王 故 尸羅高禮南北沃沮東北扶餘穢與貊 皆檀君之壽也 理一千三十八年 入阿斯達山爲神不死故也

_「제왕운기」권하, 전조선기

자료5

『단군기壇君記』에 이르길, "단군이 서하西河 하백의 딸과 친하여 아들을 낳고 '부루'라 했다."고 했다. 지금 이 기록을 살펴보면 해모수는 하백의 딸과 정을 통한 후 주몽을 낳았고, 『단군기』에서는 "아들을 낳아 이름을 '부루'라 했다."고 하니, 부루와 주몽은 배다른 형제이다.

[原文] 壇君記云 君與西河河伯之女要親 有産子 名曰夫婁 今按此記 則解慕漱 私河伯之女 而後産朱蒙 壇君記云 産子名曰夫婁 夫婁與朱蒙 異母兄弟也

_「삼국유사」권1, 「기이」1

[출전]

『삼국유사』

『삼국사기』

『제왕운기』: 『삼국유사』가 찬술된 것과 거의 같은 시기(1287)에 이승휴(李承休)가 저술한 역사 시집. 중국과 우리나라 의 역사를 서사시로 읊고 전적(典籍)의 기사(記事)를 세주(細註)로 소개하는 형식을 갖추고 있다. 민족서사시로서 문학사적 가치도 높을 뿐더러, 다른 사서에는 전하지 않는 고문헌—이를테면 「단군본기(檀君本紀)」와 같은 각 본 기와 수이전(殊異傳), 「구삼국사(舊三國史)」—의 기사를 싣고 있어 역사서로서도 사료적 가치가 높다.

[찾아읽기]

김재원, 『단군신화의 신연구』, 정음사, 1947(1976년 탐구신서로 복간).

신채호, 『조선사연구초』(을유문고151), 을유문화사, 1974.

서영대, 『북한학계의 단군신화연구』, 백산자료원, 1995.

윤내현, 『고조선연구』, 일지사, 1995.

송호정, 『단군, 만들어진 신화』, 산처럼, 2004.

김정배, 『고조선에 대한 새로운 해석』, 고려대학교민족문화연구원, 2010.

김광수, 「고조선 관명의 계통적 이해」, 『역사교육』56(역사교육연구회), 1994.

서의식, 「동이 연구의 맥락과 과제」, 노태돈교수정년기념논총1, 『한국 고대사 연구의 시각과 방법』, 사계절, 2014.

서의식, 「고조선사의 실증적 연구를 위한 각서」, 『요하문명과 고조선』, 지식산업사, 2015.

주19 아사달(阿斯達) : 아사달의 '아사'는 아침[朝]의 뜻이니 '아사달'은 아침 양지가 바른 밝은 곳[朝光의 땅]을 가리킨 말이다.

주20 호왕(虎王) : 무왕(武王).

주21 기자(箕子) : 기자는 상나라 주왕(紂王)의 태사(太師)였으며 중국사상 3인(仁)의 한 사람으로 추앙되는 인자(仁者)이다. 이 기자가 조선에 왔다는 기자동래설(箕子東來說)은 『한서(漢書)』지리지, 『사기』송미자세가(宋微子世家), 복생(伏生)의 『상서대전(尙書大傳)』 등에 기재되어 있는데, 이를 역사적인 사실로 그대로 인정하기에는 몇 가지 문제가 있으며, 기자는 단지 왕을 뜻하는 고유어일 가능성이 가장 크다.

주22 장당경(藏唐京) : 땅 이름이나 위치가 불분명하다.

3 단군왕검이 조선을 건국했으나 정권을 기자에게 넘기다

왕검조선의 건국과 사회 변동

상–주 교체와 때를 같이 하여 조선에서도 단군–기자의 정권 교체가 일어난다. 철기 문화의 유입으로 대릉하 유역 예맥 사회가 요동치면서 생긴 정치 변화였다. 단군왕검은 예맥 사회를 통합하여 새로운 질서를 수립하는 데 실패했고, 건국한 지 얼마 되지 않은 조선의 주도권은 기자로 넘어갔다. 기자가 이끈 새 조선은 각 집단의 독자적 지배 구조를 인정하면서 국가 중대사는 여러 수장들이 공론으로 결정하는 합의 정치 체제였다.

단군의 조선 건국, 왕검조선

일연의 『삼국유사』에 의하면, 환웅과 웅녀 사이에 낳은 단군왕검檀君王儉이 평양에 도읍을 정하고 나라를 세워 조선이라 부르니 중국 요임금 때의 일이었다고 한다. 그리고 도읍을 아사달로 옮겨 1,500년 동안 다스렸으며, 훗날 주周 무왕武王이 기자箕子를 조선에 봉하니 단군은 장당경藏唐京으로 옮아갔다가 나중에 돌아와 아사달에 숨어 산신이 되었는데 이때의 나이가 1,908세였다고 했다.

그런데 이 전승이 액면 그대로 사실이라고 여기는 사람은 없다. 곰이 사람이 되었다는 이야기도 그렇지만, 주 무왕이 봉한 사람에게 단군이 왕위를 물려주었다는 것도 가당치 않은 이야기이다. 『삼국유사』에 수록된 전승은 사실과 함께 사실이 아닌 이야기도 섞여 있는 내용인 것이다. 따라서 이 전승에서 사실만 추려내어 역사의 진상을 복원할 필요가 있다. 그리고 그것이 어떤 형태든, 사실은 사실일 뿐이므로 그에 대해 실망하거나 자만할 이유가 없다.

우선 이 전승 가운데 단군에서 기자로의 정권 교체가 주 무왕 때 이루어졌다는 이야기는 그 편년을 대략 믿을 수 있는 내용이라고 생각된다. 그렇다면 무왕에 의해 상商이 멸망한 것이 기원전 1046년의 일이었으니 단군이 아사달에서 조선을 다스렸다는 1,500년이란 기간은, 단군의 개국이 요임금 때인 기원전 2333년의 일이었다는 전승과 대비할 때, 액면 그대로의 1,500년은 아니었다 하겠다. 단군사화에서 단군왕검이 조선을 건국했다는 것과 왕위를 기자 곧 간干들이 공립共立한 왕에게 물려주었다는 것은 대체로 사실이리라 여겨지지만 그 밖에 세세한 햇수나 상황 설정은 곱씹어 다시 생각해 볼 여지가 있는 이야기들인 셈이다.

그리고 단군이 아사달에서 조선을 1,500년 동안 다스렸고 나중에 장당경으로 옮아 갔다가 되돌아와 산신이 되니 나이가 1,908세였다고 한 것을 보면, '단군'이 한 사람의 인명이 아님은 자명하다고 할 것이다. 널리 알려졌듯이, '단군'은 임금을 부른 일반 명사이다. 이는 조선을 세운 단군이 '1,500년' 동안의 여러 단군 중 어느 단군인지 다시 잘 따져봐야 함을 의미한다. 초대 단군이 조선을 건국했으리라는 것은 선입견에 의한 당위적 상정일 뿐 사실과 다를 가능성도 염두에 두어야 한다. 그런데 여기서 좀체 납득하기 어려운 사실은, 단군이 환웅과 웅녀 사이에서 태어났다는 이야기가 사실은 철기 단계에서나 가능한 플롯plot이라는 점이다.

승자가 청동기를 독점하여 지배층을 형성하고 광역을 지배한 시대에는 그에 버금 가는 다른 세력이 복수로 존재하지도 않았을 뿐더러, 두 세력이 서로 혼인을 통해 연맹할 필요가 있었던 사회 편제도 아니었다. 이런 연맹의 필요는 철기 시대에 이르러 비로소 제기되었다. 즉 웅녀의 아들이라는 단군왕검은 철기 시대로 접어들던 때의 단군이다. 그가 조선을 건국한 당사자로서, 기자에게 정권을 넘기기 천 수백 년 전에 처음 아사달에 자리 잡고 홍익인간이란 청동기 시대의 이념으로 그 지역을 다스리기 시작한 최초의 단군과는 전혀 다른 인물이었던 것이다. 같은 '단군'이기 때문에 후대의 합리적 사고로 단군사화에서와 같은 형태로 정리된 것이었을 뿐이었다 하겠다.

웅녀를 숭배하고 제사한 우하량의 여신묘에서 환웅의 흔적을 찾을 수 없는 것, 단군사화에 치우에 관한 이야기가 전혀 반영되지 않은 것은 두 집단이 본디 계통을 달리하는 별개의 집단이었음을 의미한다. 철기 시대로 접어들던 기원전 11세기 무렵에, 당시의 역사적 추이 속에서 두 집단이 결국은 서로 함께 살 수밖에 없는 형세가 연출되었고, 그때에 두 집단을 묶어 하나로 통합할 필요에서 그 상징의 한 형태로서 환웅 집단과 웅녀 집단의 혼인 연맹이 이루어졌으며, 또한 그 결과로서 조선이 성립하는 역사적 사건이 일어난 것이었다. 일연은 단군이 세운 조선을 '왕검조선王儉朝鮮'이라고 부르고 기자에게까지 그대로 적용하면서 이를 '위만조선衛滿朝鮮'과 구분하여 '고조선古朝鮮'이라 했다.

예족과 맥족

사료엔 '예맥'으로 연칭連稱되어 나타나기도 하지만 이는 나중에 두 종족이 잡거雜居하게 되었기 때문이며, 예족과 맥족은 원래 서로 계통이 다른 종족이었다. 두 종족의 대부분이 잡거의 형세를 이루게 됨으로써 서로 혼인도 빈번해짐에 따라 혈통이 섞이게 되었지만, 그렇게 된 후에도 한동안은 예족과 맥족의 구분이 엄존했다. 동예東濊라든가 대수맥大水貊 · 소수맥小水貊이 기원후 3세기 무렵까지 존속한 사실이 이를 말해준다.[자료1] 두 종족은 문화적으로도 차이가 있어, 예족은 토성土城을 쌓는 데 익숙했지만 맥족은 석성石城을 주로 쌓았다.

의무려산醫巫閭山의 옛 이름이 태백산太白山이라고 전하는데, 예족은 이 산을 중심으로 하여 그 서쪽의 대릉하 중 · 하류 및 소릉하小凌河 유역과 동쪽의 북진北鎭 일원에 주로 분포했고, 맥족은 노합하 유역으로부터 대릉하 상류 유역에 걸친 지역에 살았다. 본디 환웅과 단군은 예족의 대수장이었으며, 치우는 맥족의 대수장이었다. 치우가 황제와 대결할 때 치우 편에 81인의 형제가 있었다고 하니 맥족의 족단族團이 대단한 규모에 이르렀음을 능히 짐작할 수 있다. 단군이 이끈 예족의 규모도 이에 못지않았을 것이다.

예족과 맥족은, 나중에 이들이 함께 살게 되었을 때 언어가 크게 문제시되지 않은 점으로 미루어, 갈래는 서로 다른 종족이지만 언어가 거의 같아 소통하는 데 전혀 무리가 없었던 것 같다. 아마 이들은 독자의 정치적 권역을 형성하면서도 서로 긴밀하게 왕래하며 깊은 유대 관계를 형성하여, 때로는 갈등하기도 했겠지만 대체로 협조적인 관계를 이루는 가운데 한 쪽 사회의 변화가 다른 쪽에 크게 영향을 미치며 살았을 것이다. 황제와의 싸움에서 치우가 패배하여 연맹의 중심 세력이 강제로 이산離散 당했을 때 그 타격이 예족에게도 미쳤을 터임이 틀림없다. 맥족의 지배층 일부는 나중에 연燕·제齊로 편제되는 지역으로 흩어졌고, 예족 또한 적잖은 세력이 황하 유역으로 이동해 갔다. 이런 격변에도 굴하지 않고 대릉하 유역을 지키며 살다가 상商·주周 교체기 이후 긴 시간에 걸쳐 파상적波狀的으로, 의무려산을 넘거나 발해만 연안을 거쳐 요하 유역, 만주 일대 그리고 한반도로 옮겨 간 예·맥족이 우리의 직접 조상이 되었다.

그런데 이런 종족 이동의 대 혼란 속에서 사회의 동요를 수습하려고 나선 이가 있었다. 의무려산 곧 태백산을 거점으로 세력을 확장한 예족의 환웅—단군계 집단이 잡거의 형세를 이룬 예·맥 사회의 통합을 꾀하며 나라를 세워 그 수장을 '단군왕검'이라 부르고 나선 것이었다. 단군은 『삼국유사』에 '제단 단'자를 쓴 壇君, 『제왕운기』에 '박달나무 단'자를 쓴 檀君으로 표기되어 달리 전하고 그 뜻에 대해서도 여러 견해가 있지만 요임금과 같은 시기의 군장이었다는 단군 자체는, 설령 그의 정치적 영향력이 미치는 영역이 생각보다 넓었다고 하더라도, 아직 국가 체계를 제대로 갖춘 단계의 왕은 아니었다. 자기가 속한 혈연 공동체의 범주를 벗어나 다른 공동체 여럿을 통할한 정치적 수장이었지만, 그 권위가 하늘을 전제로 성립한 불완전한 형태인 데다 통치를 위한 지배 체제도 온전하지 못했다. 그러나 철기 시대로 진입한 단계에서 예족과 맥족을 통합하고 두 종족의 결합으로 태어난 존재임을 표방하며 대두한 '단군왕검'은 종래의 '단군'과는 달랐다. 이미 국가 체계를 갖춘 단계의 군왕君王이었던 것이다.

철기 문명의 도래와 사회 변동

인류가 만든 최초의 철제 가공품은 기원전 3200년경의 이집트 고분에서 나온 구슬

형 철관鐵管이다. 철을 얇게 펴서 판을 만들고 이를 둥글게 말아 줄에 꿸 수 있도록 한 약 2cm 길이의 원통형 철관인데, 1911년에 기자Giza 평원 남쪽으로 60여km 떨어진 엘 게르제el-Gerzeh 마을에서 발견되었다. 성분을 조사해보니 고함량의 코발트와 인, 게르마늄 등을 함유하고 있어, 철 성분의 운석隕石을 이용해 만든 것이더라고 한다. 운철隕鐵에 고열을 가한 후 망치로 두드려 얇게 펴고 둥글게 말아 가공한 것은 이 시기 사람들이 철을 제대로 다룰 줄 알았음을 보여주는 사실이다. 철을 제련할 만큼 높은 열을 내는 연료를 아직 찾지 못해서 그렇지, 철을 얻기만 하면 어떻게 가공할지 진작부터 터득하고 있었던 셈이다.

인류가 본격적으로 철을 사용한 것은 기원전 1500년 무렵부터였다. 나중에 터키·시리아·이라크가 들어선 서아시아 지역에서 철광석으로부터 철을 뽑아내 정제하는 정련精鍊 기술이 발달하여 철기 시대가 개막되었다. 이런 변화를 이끈 민족이 터키 아나톨리아 고원을 장악한 히타이트Hittite 족이다. 이들이 건설한 신왕국(기원전 1430~기원전 1178)은 철제 무기를 기반으로 세력을 확장하여 이집트에 맞서는 제국으로 발전했다. 제철 기술은 히타이트 왕국이 무너진 뒤 전 세계로 확산되어, 기원전 11세기내지 10세기경에는 유럽 전역은 물론 동아시아에도 널리 알려졌다.

고고학계에서는 중국이 철기 시대로 진입한 것은 주周 왕조가 도읍을 낙양洛陽으로 옮긴 기원전 771년 이후의 일이었다고 보는 게 일반이다. 하지만 그 도읍을 서안西安 서쪽의 보계시寶鷄市 주원周原이나 풍경豐京에 두고 있던 서주西周 시기에도 문화의 기반은 철기에 있었다고 봐야 옳을 것이다. 다음과 같은 이유에서다.

첫째, 지금까지 발견된 서주 시기의 청동기 중 다수가 상商의 유민이 쓰던 것들이라는 사실이 청동기에 대한 주의 무관심을 보여준다는 점이다. 주는 상의 청동기를 빼앗아 독차지하지 않았다. 예컨대 은허가 있던 안양安陽에서보다 낙양에서 서주 대의 청동기가 많이 출토되었는데, 이는 상의 지배층을 낙양으로 옮기면서 청동기를 빼앗지 않고 그대로 두었음을 의미한다. 문화 기반을 청동기에 둔 시대였다면 도무지 일어날 수 없는 상황이다. 이미 청동기 시대가 지난 것이었다. 서주 시기로 접어들면 민간의 무덤에서 청동 그릇이 발견되는 것도 이런 사정에서 기인한 일이다.

둘째, 서주 시기의 청동기에는 많은 명문이 새겨져 있어 상 대의 그것과 성격이 달라졌음을 보여준다는 점이다. 전쟁에서의 승리, 정치적 주종 관계의 선포, 친·인척 관계, 송사訟事와 판결, 토지의 소유 관계나 사賜·증여贈與 사실, 상속, 분봉分封, 포상 襃賞과 이에 대한 기념 등 후세에 길이 전할 내용을 청동기에 문자로 새겼던 것인데, 이 처럼 청동기의 용도가 달라진 사실은 서주의 문화가 상의 그것과는 다른 성격의 것이 었음을 뜻한다. 이와 관련해서는, 철기 문화가 극성에 달한 춘추 시대의 공자가 서주西 周 문왕文王 때의 정치를 이상理想으로 생각한 사실을 참고할 필요가 있다. 문화 기반이 질적으로 전혀 다른 시기의 일을 이상으로 생각했을 리가 없는 노릇이기 때문이다.

셋째, 철은 검고 윤기가 없어 의기儀器나 예기禮器로 쓰기에 적당한 금속이 아니라 는 점이다. 서주의 청동기는 흔히 구덩이(교장窖藏)에서 다수가 한꺼번에 발견되는데, 그 원인에 대해서는 여러 설이 있지만 어떻든, 이렇게 오로지 청동 예기류만 모아 둔 곳에 용도가 전혀 다른 시꺼먼 철을 함께 두었을 까닭이 없다. 즉 이런 청동기만 발견 된다고 해서, 이 사실이 곧 아직 철기 시대가 아니었다고 볼 근거가 되지는 않는 것이 다. 철은 농기구 등 다른 형태로 만들어 놓더라도 언제든 손쉽게 무기로 변할 수 있는 위험한 금속이다. 따라서 철기 시대 초기에는 철제 도구에 대한 엄중한 파악이 이루어 져 그 용도와 수효가 철저히 통제되었을 것으로 짐작된다. 철기를 흔히 땅에 묻을 상 황이 아니었던 셈이다.

넷째, 서주는 농토를 개간하여 밭두둑(묘畝)으로 구분했으며 심지어는 정전井田을 시행했다고 전하는데, 이는 농업 생산력이 비약적으로 상승한 철기 시대에나 가능한 일이라는 점이다. 석기를 농구로 쓴 청동기 시대의 생산력 단계에서는 농지를 밭두둑 으로 엄밀히 구분하고 반듯한 구획을 두어 관리할 필요나 이유가 없다. 서주가 봉건제 에 입각하여 전 국토를 장악하고 통치할 수 있었던 것도 철제 농기구를 사용하여 달성 한 높은 토지 생산성 덕이었다.

서주의 무왕武王은 봉건제를 실시했는데 초기의 것으로서 한계가 있었다고는 하지 만 본질적으로 봉건제란 왕의 종친이나 공신을 제후諸侯로 봉하고 그에게 일정한 지역 과 그곳의 민을 통치하도록 일임한 정치 제도로서, 제후에게 경제적 공납과 번병으로 서의 역할을 요구하는 대신 독자적 군사 지휘권을 부여하여 그 주변 지역까지 제어하 도록 한 것이다. 농업 생산을 크게 높여 생산량의 일정 부분을 중앙에 납부하고서도 많은 잉여를 남김으로써 독자적으로 군사를 기를 수 있게 된 단계에서나 가능한 정치 제도이다. 철제 농기구의 사용을 전제하지 않고서는 봉건제를 운위할 수 없는 것이다. 흔히, 주가 그 도읍을 낙양의 낙읍洛邑으로 옮긴 후를 춘추 시대라고 부르며 이때부터 비로소 철제 농기구를 쓰기 시작했다고 보나 그렇지 않다.

철로 만든 농기구로서 농업 생산력의 발전에 가장 기여한 것은 쟁기였다. 황하나 대릉하 유역의 흙은 주로 황토이다. 이들 강에서 쏟아져 나오는 황토물이 바다 전체를 누렇게 만들어 그 바다를 황해黃海라고 부를 정도니 가히 이 황토 지대의 크기를 알 만하다. 그런데 황토는 수직으로 형성된 모세관 구조로 돼 있는 땅이다. 그래서 비가 오면 모세관을 따라 땅속 깊이 물이 스며들어 매우 질퍽해져 사람이 다니기 힘들 정도가 되지만, 비가 그치고 해가 나는 즉시 다시 모세관을 따라 빠르게 증발이 일어나 짧은 시일 안에 땅이 돌처럼 딱딱하게 굳어진다. 황토의 성질이 이러하므로 이 흙을 경작지로 활용하기 위해서는 물이 잘 마르지 않도록 하는 것이 무엇보다 중요했다.

방법은 두 가지였다. 하나는 황토 위에 물을 대 논으로 만들어 경작하는 수전水田 농법이고, 또 하나는 비가 그치자마자 재빨리 황토를 갈아엎어 모세관 구조를 뒤섞이게 만듦으로써 물을 오랫동안 머금게 하는 밭농사 기법이다. 그러나 석기에 의존하던 청동기 시대의 농기구로는 논을 조성하여 물을 대는 시설을 갖추기도 힘들고, 또 돌로 만든 쟁기 날은 쉽게 깨지거나 부러지므로 아무리 비에 젖어 물러진 황토라도 이를 갈아엎는 것은 여간 어려운 일이 아니었다. 그러던 중에 철로 쟁기나 따비를 만들어, 적은 인력으로, 단시간 안에, 넓은 농토를, 깊이 파서 갈아엎을 수 있게 되었으니, 이로 인한 생산력의 발전은 가히 혁명적이었다고 해도 결코 과언이 아닐 정도였다. 그러므로 철은 청동과 달리 중앙의 지배층이 독차지해서는 안 될 금속이었다. 파악과 관리만 철저히 하고, 피지배층 민民들이 농사에 쓸 수 있도록 널리 보급할 수밖에 없었다.

철제 농기구로 인한 생산성의 향상에 힘입어 지방 각지에서 새로운 성격의 정치 세력이 대두했고, 이에 따라 이들을 군사적으로 제어하기 위해 불가불 봉건제를 시행하지 않으면 안 되었으며, 지방으로 나간 봉건 제후는 군사력을 더욱 확장하여 독자성을 키워 나가게 되는 일련의 변화가 일어났다. 그리하여 결국, 서로 이해관계가 얽히게 될 경우 중앙 정부의 조정과 통제를 무시하고 무력으로 충돌하는 일이 잦게 되었으니,

전국 시대戰國時代의 사회 혼란은 물론 봉건제의 시행 자체가 이미 그 문화 기반이 철기로 변화한 데 따른 사세事勢의 필연적 추이推移의 결과였다고 하겠다.

따라서 철기의 도입에 따른 이와 같은 추세가 단지 황하 유역에서만 일어났다고 보아서는 곤란하다. 상商·주周의 교체와 때를 같이 하여 조선에서도 단군·기자의 정권 교체가 일어난 것은 대릉하 유역 예·맥 사회의 문화 기반 역시 청동기에서 철기로 전환되었기 때문에 생긴 변동이었던 것이다. 서주만이 아니라 예·맥 사회 또한 늦어도 기원전 11세기 내지 기원전 10세기부터는 철기 시대로 접어들고 있었다.

이와 관련해서 1973년에 시라무렌 강西剌木倫河 유역의 동광을 조사하던 중에 임서현林西縣 대정촌大井村에서 발견된 대규모의 고대 동광이 주목된다. 정식으로 발굴 조사를 해보니 기원전 11세기부터 기원전 7세기에 걸친 유적으로 밝혀졌는데, 문제는 여기서 수습된 1,500여 건의 채광 도구 가운데 철제 도구가 전혀 없었다는

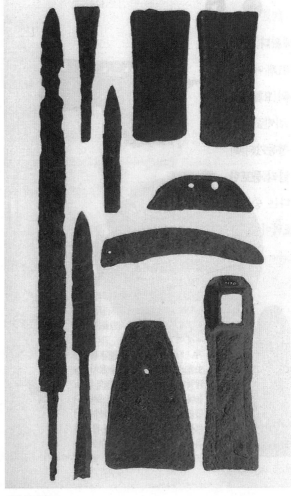

여러 가지 철기
철로 만든 농기구는 대규모 농경을 할 수 있게 해주었다. 이는 곧 계급 사회를 불러왔다. 전쟁 형태도 보병전에서 철로 만든 긴 칼과 말을 이용한 기마전으로 바뀌었다. 진나라, 한나라가 강대국이 된 까닭은 바로 이 철기를 발판으로 한 강력한 군사력이 있었기 때문이다.

점이다. 만일 이때 철기 시대로 접어들었다면 이 단단한 금속을 동광 개발에 쓰지 않았을 이유가 없다고 여겨지는데 한 건도 없었던 것이다. 그렇다면 기원전 7세기까지는 아직 철기를 모르고 있었다고 보는 게 합리가 아닌가 생각할 수 있겠다. 하지만 그럼에도 불구하고, 바로 이웃한 황하 유역에서의 문화 전환과 철기 시대 초기의 철제

도구에 대한 엄격한 통제라는 변수를 염두에 둘 때, 역사 전개의 전반적인 맥락은 기원전 11세기 무렵부터 이미 철기 시대로 접어들고 있었다고 보는 것이 역시 옳은 판단이리라 생각한다.

단군에서 기자로의 정권 교체

황하 유역에서 하夏 왕조가 들어서고 다시 상商으로 바뀌는 지배 세력의 교체, 그리고 그에 따른 중심지의 변화가 일어났지만, 예·맥족 중심의 대릉하 유역 동이 사회에서는 주목할 만한 큰 변화 없이 비교적 안정된 평온이 장기간 계속되었다. 그러한 동이 사회가 크게 요동치기 시작한 것은 화하족이 세운 주周가 동진하여 상을 멸망시키고 동북 지역의 동이 사회를 압박하면서부터의 일이었다.

동이 사회가 서주의 철기 문화를 받아들인 것인지 아니면 다른 경로로 서주와 거의 같은 시기에 철기 문화에 대해 알게 되었는지 여부를 판단할 수 있는 자료는 아직 우리에게 없다. 다만, 상·주의 교체와 때를 같이 하여 조선에서도 단군·기자의 정권 교체가 이루어졌다는 것은 곧 양측의 철기 문화 수용 시기가 거의 같았음을 의미한다고 보아 좋을 것이다. 이와 관련해서, 북경北京 시내로부터 동쪽으로 70여km 떨어진 평곡平谷과 하북성河北省 석가장시石家庄市 태서촌台西村 등지에서 기원전 13세기의 상 대商代 철인동월鐵刃銅鉞(날이 철로 된 청동도끼)이 출토된 사실이 주목된다. 동이의 집중 거주지로 지목되어온 지역들이다.

이 철인동월을 만드는 데 쓴 철은 운철隕鐵로서 자연 상태의 철이다. 하지만 여기서 분명한 사실은 이를 만든 사람들이 이미 이 시기에 철을 정교하게 가공하여 청동기에 붙일 줄 아는 고도의 기술을 터득하고 있었다는 점이다. 이런 기술을 가진 이들이 철을 제련해내는 법까지 알게 되었을 때 그 지식을 얼마나 빨리 그리고 넓게 활용했을지 넉넉히 짐작할 수 있다. 제철 기술이 동이 사회에 알려지자마자 철기 문화로 인한 사회 변화가 급격히 진전된 것으로 나타나는 이유가 여기에 있었던 셈이다.

기실 히타이트의 제철 기술은, 위하渭河 유역의 주周만이 아니라 황하 유역의 상商

과 대릉하 유역의 동이 사회에도 거의 동시에 전파되었다. 그리고 지배층이 독점할 수 없는 보편 문화라는 철기 문화 고유의 특성은 이 지역 사회 전반을 커다란 변혁에 휩싸이게 했다. 생산력의 발전에 따른 잉여의 증대로 말미암아 새로운 성격을 지닌 지배 세력이 대두한 것이 이 변혁의 요체였다. 문제는 이러한 사회 변동을 수습할 새로운 정치 조직의 형태와 운영 원리를 제시할 능력을 가진 자가 누구인가 하는 것이었는데, 주周는 이 과제에 답하고 나섰던 반면 상商은 그러지 못했던 데서 성패成敗가 갈린 것이었다. 상은 청동기에서 철기로 문화의 기반이 바뀌면서 일어난 변화에 제대로 대응하지 못하고 종래의 청동기 시대 이념과 질서를 고집하다가 멸망하고 말았다.

한편 동북 지역의 동이 사회는 그 내부에서 대두하는 새로운 성격의 지배 세력을 여하히 편제해낼 것인가 하는 과제와 동시에, 동진하는 화하족에 떠밀려 들어오는 상의 유민과 이에 자극받은 내부 사회의 동요를 어떻게 수용하고 진정시킬 것인가 하는 과제를 이중으로 떠안게 되었다. 특히 맥족이 상과 인접해 있다가 그 유민의 집단적이고 파상적인 유입에 큰 타격을 입었다. 맥족의 지배층은 신문화의 파괴력에 놀라고 당황했던지 사회 변화의 방향을 제시하지 못한 채 그만 정치적 구심력을 잃고 무너지고 말았던 것 같다. 맥족의 많은 종족들이 대릉하 중·하류의 예족 거주지로 흘러들었고, 그 일부는 더 동진하여 요하를 건넜다. 예족 사회는 맥족과 뒤얽혀 일대 혼란에 빠졌다.

그때까지 예족을 이끌어온 수장은 단군이었다. 단군사화에 의하면 요임금 때 단군 왕검이 아사달에 도읍하고 조선을 건국했다고 하지만, 요임금 때는 청동기 시대로 진입한 예족 사회에 신정적神政的 성격을 띤 단군이 처음 등장하여 예족계의 여러 종족을 막 이끌기 시작했던 때일 뿐이다. 단군이 조선을 건국한 것은 기원전 11세기 무렵, 맥족과의 잡거雜居로 예족 사회가 혼란에 빠지자 예·맥 사회를 통합하기 위한 목적에서 취한 여러 조처의 궁극적 귀결이었다. 환웅과 웅녀의 결합을 기본 골격으로 하는 단군사화가 철기 문화로 진입한 단계의 이야기 구성을 가진 점에서 이는 거의 움직일 수 없는 사실로 보아 무방하다. 전통적으로 예족을 이끌어 오던 '단군'과 예·맥 사회를 통합하고 조선을 건국하여 왕검으로 대두한 '단군'이 서로 다른 시기의 단군임에도 불구하고 그 명호가 똑같이 단군임에서 생긴 착종錯綜이 단군사화의 이야기 형태로 굳어진 것이었다고 보면 된다.

그러나 단군왕검은 예·맥 사회를 완전히 통합하여 새로운 질서를 수립하는 데 실패했다. 하늘의 아들임을 칭하고 환웅과 웅녀의 결합으로 태어난 존재임을 표방하는 것만으로는 신흥 세력을 포섭할 새로운 지배 질서를 제시하는 데 한계가 있었기 때문이다. 초기 단군 이래의 전통적인 신정神政 정치를 계속 고집하는 한 그 어떤 표방도 새로운 사회를 열어갈 이념일 수 없었다. 신흥의 지배 세력은 그들을 대표할 새로운 수장을 추대했다. 곧 기자箕子였다. 그리고 마침내, 건국한 지 얼마 되지 않은 조선의 주도권은 단군에서 기자로 넘어갔다.

기자가 이끈 새 조선의 정치 형태는 각 집단의 독자적 지배 구조를 그대로 인정하면서 국가 중대사는 여러 수장들이 함께 모여 공론共論으로 결정하는 합의 정치 체제였다. 주의 봉건제도에 필적할 예·맥 사회 특유의 정치 질서가 확립된 것이었다. 이때 수립된 합의 정치의 이념은 고대만이 아니라 중세에도 그 기본이 계속 유지되어 각 시대 특유의 합좌 기구를 만들어내었다.

자료1

동이東夷의 옛 말에 의하면 (고구려는) 부여의 별종別種이라 하는데, 말이나 풍속 따위는 부여와 같은 점이 많으나, 그들의 기질이나 의복은 다름이 있다. …… 또 소수맥小水貊[주1]이 있다. 고구려는 대수 유역에 나라를 세워 거주했는데, 서안평현西安平縣[주2]의 북쪽에 남쪽으로 흘러 바다로 들어가는 작은 강이 있어서 고구려의 별종이 이 소수小水 유역에 나라를 세웠으므로 그 이름을 따서 소수맥이라 했다. 그곳에서는 좋은 활이 생산되니 이른바 맥궁貊弓이 그것이다.

原文 東夷舊語以爲夫餘別種 言語諸事 多與夫餘同 其性氣衣服有異 …… 又有小水貊 句麗作國 依大水而居 西安平縣北有小水 南流入海 句麗別種依小水作國 因名之爲小水貊 出好弓所謂貊弓是也

_『삼국지』권30, 「위서」30, 동이전 고구려

주1 소수맥(小水貊) : 소수(小水)를 혼강(渾江, =동가강)으로, 대수(大水)를 압록강으로 흔히 비정하기도 하지만, 혼강의 흐름은 남쪽으로 흘러 바다로 들어간다는 소수의 그것과 맞지 않으므로 남류(南流)하여 압록강과 합류한 다음 바다로 들어가는 장전하(長旬河)로 보는 것이 유력하다. 『삼국사기』에 전하는 양맥(梁貊)과 같은 실체로 여겨진다. 장전하 유역에서 그에 인접한 태자하(太子河) 상류 유역에 걸쳐 거주했다고 사료된다.

주2 서안평현(西安平縣) : 의주에서 압록강 건너 맞은편 지역으로 비정된다.

출전

『삼국지』 : 진(晉) 나라의 진수(陳壽, 233~297)가 그 말년에 사찬한 삼국시대 66년간(220~265)의 정사. 위지(魏志) 30, 촉지(蜀志) 15, 오지(吳志) 20으로 총 65권 삼국 중 위나라를 정통으로 삼아 그 제(帝)를 본기에 서술하고 촉·오의 제는 열전에 서술하여 후일 정통(正統)에 대한 시비와 논쟁을 야기했다. 5세기 중엽 남송(南宋)의 배송지(裴松之)가 어환(魚豢)의 『위략(魏略)』·왕은(王隱)의 『촉기(蜀記)』·장발(張勃)의 『오록(吳錄)』 등 여러 가지 기록을 추가 보충한 것이 오늘에 전한다. 「동이전」은 권30 「오환선비동이전(烏丸鮮卑東夷傳)」에 수록되어 있는데, 중국과 직접 관계되는 대외적 사건의 기술에만 그치지 아니하고 동이(東夷) 제족(諸族)의 지리·정치·사회·문화의 실상을 서술하고 있으므로 우리나라 고대사 연구에 매우 중요한 사서로 이용되고 있다. 그러나 진수가 동이 지역을 실제로 답사하여 그 견문을 기록한 것이 아니라 전문(傳聞)에 의존하여 안일하게 서술한 것이어서 어느 시기의 전문을 채록한 것인지 기사(記事) 내용의 시점이 불분명한 경우도 있고 지나치게 치우친 중국 중심의 시각(視角)을 보이는 경우도 있는 만큼 다른 사서와의 정밀한 문헌적 비교 검토를 거친 뒤에 사료로 이용할 필요가 있다.

찾아읽기

이종욱, 『고조선사연구』, 일조각, 1993.
송호정, 『한국 고대사 속의 고조선사』, 푸른역사, 2003.
고조선사연구회·동북아역사재단, 『고조선사 연구 100년』, 학연문화사, 2009.
신용하, 『고조선 국가형성의 사회사』, 지식산업사, 2010.
단국대학교 동양학연구원, 『동아시아의 철기문화와 고조선』, 학연문화사, 2013.
노태돈, 『단군과 고조선사』, 사계절, 2014.
박준형, 『고조선사의 전개』, 서경문화사, 2014.

4 기자조선(진국)에서 삼한이 나오다

기자조선과 진국

'기자'는 조선을 형성한 여러 칸들이 공동으로 추대하여 세운 왕을 부르는 말이었다. 기자조선의 정치는 칸들의 공론과 합의를 토대로 운영되었으며, 칸의 독자성을 그대로 인정하는 선상에서 봉건적 질서를 이뤘다. 기자조선은 마한, 진한, 변한 등 삼한으로 구성된 국가였으며, '진국'이라고도 불렸다. 한이 중원을 통일하고 세력을 확장해오자 진국의 주도 세력은 급격히 약화되어 한반도로 이주하여 서로 '잡거'하는 형세를 보였다.

기자조선의 정치 운영

고종 32년(1895), 외세의 압박에 위기의식을 느낀 조선은 예조禮曹의 소관 업무를 계승한 학무아문學務衙門을 다시 학부學部로 개편하고 민족의 정체성 확립을 위해 국사 교과서를 편찬해 배포했다. 『조선역사朝鮮歷史』, 『조선역대사략朝鮮歷代史略』 등이 그것이다. 이들 책에서는 주체적인 역사인식을 내세워 이성계가 조선을 건국한 1392년을 기원으로 삼아 햇수를 표시했는데, 단군에서 기자로 정권 교체가 이루어진 해를 기원전 2513년이라 명시했다.[자료1] 서력西曆으로 말하면 기원전 1122년으로, 상商이 멸망하기 76년 전에 해당하는 시점이다.

고조선의 정권이 단군에서 기자로 넘어가는 변화가 일어났던 것은 분명한 사실이라 여겨지지만 실제로 그 해가 이 해였는지를 확신할 근거 자료는 딱히 없다. 기자동래설을 그대로 수용한 학부의 국사 교과서 편찬자가 나름대로 합리적이라고 생각한 기년을 제시한 듯하다. 우리로서는 대략, 황하 유역에서의 상·주 교체기에 대릉하 유역에서도 단군에서 기자로의 정권 교체가 이루어졌다고 보면 사실과 크게 다르지 않을 것이다.

철기 문화에 기반을 두고 성장하여 독자성을 띠게 된 신흥의 정치적 수장을 당시 사람들은 '칸'이라고 불렀다. 후대의 기록에 보이는 '干' 또는 '加', '韓' 등이 '칸'을 표기할 때 쓴 한자로서 중국의 왕王과 동의어이다. 기자 곧 '게세르칸'은 그런 '칸'들이 합의로 추대하여 세운 '게세르' 곧 군장君長이란 뜻이다. 고구려의 '개차皆次', 백제의 '건길지健吉支', 신라의 '거서간居西干', 일본의 '고니키시君長', 그리고 중국 사서에 보이는 '거수渠帥'가 모두 '箕子'의 다른 표기이다. [자료2·3·4·5·6] 임진왜란 이전에 발간된 천자문에는 왕이 '긔즈 왕' 또는 '기추 왕'으로 되어 있다. 요컨대 기자는 '칸들이 추대한 대왕大王'이란 뜻을 가진 예맥족의 언어로 조선 왕을 부르는 위호位號였는데, 공교롭게도 상商의 현인이라는 기자와 표기가 같아 이른바 '기자동래설'과 같은 혼선이 생긴 것이었다.

그러므로 이런 성격을 가진 기자가 영솔하는 조선의 정치 운영은 기본적으로 합의 정치의 원칙 위에서 이루어졌을 것이다. 국가의 중대사는 기자를 추대할 때 참여했던 모든 '칸'들이 모여 함께 논의해서 결정했고, 국지적인 이해 다툼에는 이해가 얽힌 당사자인 몇몇 '칸'들과 국정의 운영 실무를 담당한 '칸'들이 얼굴을 맞대고 합의하여 결정했다. 삼국의 화백회의·제가평의·정사암회의, 고려의 도병마사사(도평의사사)·식목도감, 조선의 비변사 등 귀족들의 회의 기구가 우리 역사 속에서 아주 끈질기게 유지된 것은 그 연원이 기자조선에까지 소급할 정도로 뿌리 깊은 전통이었기 때문일 것이다. 이해관계의 조정과 합의를 어긴 세력에 대한 징계는 기자가 주도하는 국정 운영의 핵심 요소였다.

'칸'들은 제각기 자신의 지배 영역과 민인民人을 가진 소국의 왕으로서 독자성을 띠었고, 기자는 그러한 '칸'들의 독자적 지배를 인정하면서 모든 '칸'을 대표하는 대군왕大君王으로서 각국의 '칸'들로부터 조세를 거둬 조선의 국정을 운영하는 한편 이들로부터 징발한 군대에 대한 통수권을 가지고 외세의 침입과 내란內亂에 대응했다. 그러므로 기자조선의 정치 체제는 주周의 봉건제도와 거의 같은 원리와 맥락에서 운영되었다.

주 관제官制의 경卿·대부大夫가 기자조선에도 있었던 것은 이 때문이다. 이왕易王(기원전 332~기원전 321) 때에 연燕이 한韓·조趙·위魏·중산국中山國 등과 오국상왕五國相王 동맹을 맺고 서로 왕이라 부르면서 동쪽의 조선을 넘보자 단단히 화가 난 조선이 오히려 연을 칠 계획을 세운 적이 있었는데, 이때 조선의 대부大夫인 예禮가 극력 간하여 중지시켰다고 한다. 기록에는 남아 있지 않지만 조선에는 대부만이 아니라 경卿도 있었음이 틀림없다.

기자조선의 범금팔조

반고班固(기원후 32~92)의 『한서漢書』 지리지에는, 은殷의 도덕이 쇠퇴하자 기자가 조선에 가서 그 백성에게 예절과 의리, 밭농사, 누에치기, 길쌈, 옷 짓기 등을 가르쳤다고 되어 있다. [자료7] 물론 여기서 기자를 은나라 사람이라 한 것은 『사기史記』의 '기자동래설'을 무비판적으로 따른 서술로서 사실이 아니다. 기자조선이 각종 산업이 발달한 대단한 문명 국가였음을 이렇게 전한 데 불과하다고 생각하면 되겠다.

그런데 이에 이어 낙랑樂浪 조선朝鮮 사람들에게는 범해서는 안 될 8조의 법이 있었다면서, 사람을 죽인 자는 그 즉시 죽여서 목숨으로 갚게 한다, 사람을 다치게 한 자는 곡식으로 보상케 한다, 도둑질한 자는 남녀를 불문하고 그 재산을 모두 몰수하여 그 집의 노비로 삼되 스스로 재물을 바치고 죄를 면제받고자 할 경우엔 1인당 50만을 내게 한다는 등의 3조를 소개한 것이 주목된다. 이 50만의 단위가 표기되어 있지는 않으나 아마 돈을 세는 단위로 쓴 것이겠다. 한漢에서는 사형수에 대한 속전贖錢을 50만 전으로 규정하고 있었는데, 사형수가 이 정도였음을 감안하면 절도 행위에 대한 속전으로는 좀 지나치다는 느낌이 드는 게 사실이다. 하지만 조선 사람들은 도둑질을 그만큼 중죄로 생각했을 뿐 아니라 평생 노비로 삼는 것과 사형에 처하는 것을 거의 동일한 수준의 형벌로 생각했던 셈이다. 그래서 죄인이 재물을 바치고 속죄하여 일반 민民으로 다시 편제되더라도 사람들이 그를 수치스럽게 여겨 배필이 되려 하지 않았다고 한다.

한漢에 의해 멸망하여 낙랑군으로 편제되기 전의 위만조선 법규는 대략 이상과 같았다. 그런데 이런 내용이 기자에 관한 서술에 곧바로 이어진 것을 보면, 반고는 이 8조의 범금犯禁을 기자조선 때부터 내려온 조선 사회 전통의 법규로 인식했던 것 같다. 『삼국지』와 『후한서』는 기자가 조선에 와서 8조의 교법教法을 만들어 백성을 교화시켰다고 명시적으로 기술했다. 근거 없는 '기자동래설'이 점차 확대되고 있었던 셈이다.

여하튼 이에 이어진 반고의 설명에 따르면, 이런 금제禁制 때문에 조선의 백성들은 도둑질을 하지 않으므로 굳이 문을 닫을 필요가 없었고 부인들은 정조가 곧고 신실信實하여 음란한 성향이 없었다고 한다. 하지만 한漢의 군현으로 편제된 후에는 사정이 바뀌어, 요동遼東으로부터 벼슬아치와 장사꾼들이 와서 드나들기 시작하면서 도둑질이 성행하는 등 풍속이 각박해졌고, 이에 지금은 범금犯禁이 60여 조로 늘어나게 되었다고 한다. [자료8]

그런데 이 기록에 근거하여 '기자조선'의 실체는 결국, 겨우 8조의 규범만으로도 능히 그 사회의 질서를 유지할 수 있던 저급한 단계의 정치집단이었다고 여기는 이들이 있다. 범금의 구체적인 내용을 볼 때, 인명 존중의 가치관과 곡식을 화폐처럼 쓰는 관행, 사유재산 제도 및 노비 제도의 존재 등을 알 수 있어 기자조선이 사회적·경제적으로 계층 분화가 상당히 진행되고 제법 정비된 법령 체제를 갖춘 사회였다는 사실이 인정되지만, 그럼에도 불구하고 국가state 단계에 이르러 있었다고까지는 보기 어렵다는 것이다. 우리 역사에서 국가가 성립한 것은 훨씬 후대로 내려온 이후의 일이라는 인식이다.

8조의 범금 중 기록으로 전하지 않는 5조의 내용은 정확히 알 수 없으나 부인들이 매우 정숙했다는 서술로 미루어 간음을 엄금하는 내용의 조항이 있었음이 분명하다. 나머지도 신성 모독을 금지하는 등 인류 사회 보편의 기본법 조항이었을 것이라는 게 많은 이들의 견해다. 따라서 이런 기본적인 법규 8조만으로 유지된 사회였으니 기자조선의 사회 발전 단계를 높게 보기가 매우 곤란하다고 생각하는 것도 어찌 보면 일면 가능할 법하다.

하지만 기자조선은 왕검의 조선을 계승하여 성립한 나라라는 사실을 잊으면 곤란하다. 단군왕검이 건국한 조선은 서로 섞여 살게 된 예·맥 사회의 각 단위 정치체 곧 '칸'이 통치하는 소국들을 통합하여 건설한 국가였다. 기자 자체가 이들 칸이 공립한

'칸들의 왕'이다. 따라서 기자조선의 법규는 인류 보편의 기본법일 수밖에 없었다. 구체적인 법은 각 소국이 저마다의 사정을 감안해 각기 정하여 운영했고, 조선 전체의 일은 '칸'들이 공론으로 결정했기 때문이다.

법규의 수가 적다는 이유로 그 사회의 발전 단계를 저급하게 보면 안 된다. 예컨대 신라의 경우도 6부를 중심으로 나라를 운영하던 시기에는 세세한 법 조항을 둘 필요가 없었다. 자기 문화와 달라 잘 이해되지 않았으므로 중국인이 남긴 기록에는 소개되지 않았지만, 조선 범금팔조에는 공론에 임하는 '칸'들의 의무와 그 합의를 어긴 경우에 대한 제재 등 공공성公共性의 유지에 관한 내용도 포함되었을 것으로 짐작된다.

그리고 『한서』 지리지의 내용을 다시 살펴보면, 8조의 범금에 관한 진술이 낙랑군樂浪郡 조선현朝鮮縣이란 특정 지역을 전제로 이루어진 점, 그 뒤에 이어진 살인·상해·절도 세 가지 행위에 관한 기사가 범금의 구체적 내용을 소개한 것이라기보다 문단속을 하지 않고 부인들이 정숙한 이 지역 고유의 미풍양속美風良俗을 소개하는 데 중점을 둔 기사일 개연성도 없지 않다는 점이 주목된다. 여기 소개된 세 가지 범죄 행위에 대한 처벌 내용이 기자조선 전체에 해당하는 것이 아닐 수도 있고, 기자조선 전체에 적용된 8조의 범금과 무관하게 조선현 지역만 특정해 그 풍속을 말한 내용일 수도 있는 셈이다. 그렇다면 기자조선을 이룬 소국의 '칸'들이 준수해야 할 법규에 관한 기록은 일체 전하지 않는 것이 된다. 지금으로서는 더 궁구해보아야 할 과제라 하겠다.

기자조선이 곧 진국이다

기자조선은 기본적으로 봉건적 정치 체제와 질서 위에서 운영되었다. 망명해온 위만衛滿을 박사로 삼은 후 홀을 주고 100리의 땅을 봉하여 중국 쪽 변경을 지키게 한 것은 이런 봉건 체제에서 매우 자연스러운 통상의 조처였다. 뜻하지 않게 위만이 배신했던 것뿐이다. [자료9]

위만은 반기를 들어 준왕準王을 치고 그가 거처하던 왕검성을 빼앗았다. 준왕은 겨우 측근의 세력만 거느리고 바닷길을 통해 마한으로 들어가 한왕韓王을 칭했다고 한다. 급속한 정국의 변화에 대응하지 못한 왕검성 인근의 일부 칸은 어쩔 수 없이 위만에게 복속했겠지만, 대다수의 칸들은 각기 독자성을 띤 왕들이었으므로 그 독자성을 유지하는 쪽으로 움직였을 것으로 보인다. 위만이 점령한 지역은 왕검성과 그 서방 지역에 한정되었다. 기자조선의 나머지 지역은 왕을 잃은 채 거의 그대로 남았다.

왕검성이 지금의 어디인지를 확실히 알 수 있는 자료는 아직 없으나 여러 정황으로 보아 요녕성遼寧省 조양朝陽 근처였을 개연성이 크다. 이와 관련해서는 후한後漢 말기에 왕부王符가 지은 『잠부론潛夫論』에, "주周 선왕宣王(기원전 827~기원전 782) 때 한후韓侯가 있었는데, 연燕 지역 인근에 있었다. 그 후 한韓의 서쪽에서도 성姓을 한韓이라고 일컫더니 위만에게 정벌 당하여 바다 가운데로 옮겨가 살았다."고 한 기사를 주목해야 할 것으로 생각된다.[자료10]

조양에서 동쪽으로는 의무려산醫巫閭山이 있고, 이를 넘으면 심양瀋陽에 이르기까지 딱히 기댈 곳이 없는 메마른 평지라서 정주定住하기가 좀체 힘들다. 조양에서 동진할 때는 발해만渤海灣 연안을 따라 금주錦州, 반금盤錦을 경유해 요양遼陽에 이르는 길이 주로 이용되었다. 위만은 이 동부 지역의 칸들까지 장악하지는 못했던 것으로 보인다. 위씨 정권에 복속했던 칸 중에도, 우거왕 때의 역계경歷谿卿처럼, 뒤늦게 무리를 이끌고 조선을 이탈하는 이들이 있었는데, 이들이 "동쪽 진국辰國으로 갔다."고 한 것을 보아 거의 확실하다.[자료11] 준왕이 바다를 통해 마한으로 들어가자 기자조선의 잔여 세력이 동쪽의 요양을 중심으로 재결집하여 진국을 칭하고 있었던 모양이다.

요양에서 더 동쪽으로 무순撫順을 거쳐 장춘長春·길림吉林으로 연결되는 지역은 부여夫餘의 장악하에 있었으므로, 남쪽의 요동반도와 한반도의 칸들이 진국에 참여했다고 여겨진다. 그러나 각지의 칸이 진국에 참여하는 형태는 천편일률적이지 않다. 고구려 벽화고분의 천장에 그려진 일월성신도에서 별과 별 사이를 잇는 선이 실선과 점선, 그리고 이를 섞은 선 등 세 종류로 표기된 사실이 그 복잡한 관계를 나타내주고 있다. 진국은 이런 별들 곧 독립적 소국의 칸들이 연대하여 이중용립二重聳立의 구조를 이루며 형성한 '별들의 나라'였다.

되짚어 보면, 기자 곧 게세르칸인 준왕이 마한으로 들어가 한왕을 칭했다는 것은 그가 더 이상 공동으로 추대된 '칸들의 왕'으로 인정받지 못하게 되었음을 뜻한다. 어

이렇게 도성을 잃고 겨우 측근 세력 몇몇과 함께 도피한 준왕은 더 이상 삼한 전체의 왕일 수 없었을 것이다. 그리고 그가 마한으로 들어가 자리를 잡았다는 것은 마한도 본디 그의 관할하에 있던 곳임을 암시한다. 기자조선은 마한만이 아니라 진한, 변한 등 삼한으로 구성된 국가였던 것이다. 여러 소국들이 각기 삼한을 구성하고, 그 삼한의 대표 중에서 가장 큰 세력의 왕이 기자가 되는 이중용립의 구조였다.

진국이 삼한으로 갈라지다

원래는 삼한 중 진한이 가장 컸다. 준왕은 삼한 중 진한의 왕으로서 기자 위에 오른 이였을 것이다. 『후한서』는, 삼한이 모두 진국에서 나왔으며 삼한 전체의 왕을 진왕辰王이라 했다면서, 마한이 삼한 중에서 가장 강대해졌으므로 마한의 월지국月支國(목지국目支國으로 표기한 사서도 있다) 왕이 진왕이 되었다고 서술했다. [자료12·13] 진왕이란 용어로 보아, 원래는 마한이 아니라 진한이 가장 강대했고 진한에서 가장 큰 세력의 왕이 진왕이 되어 진국을 이끌었음을 능히 짐작할 수 있는 기록이다. '진'이란 말의 의미 자체가 가장 크다는 뜻이라고 한다. 그러고 보면, 『후한서』의 진국이 곧 기자조선의 후신이며, 진왕은 곧 기자의 다른 표기임을 알 수 있다.

삼한 중 가장 강대했던 진한이 급격히 약해지게 된 데에는 준왕이 위만에게 속아 속수무책으로 도성을 넘기고 만 사건도 하나의 계기로 작용했지만, 무엇보다 한 무제의 침략이 위만조선을 무너뜨린 데 그치지 않고 계속 동쪽으로 확산되고 있었던 정세 변화가 결정적 원인이었다. 위만에게 밀려 세력이 약해졌어도 전통에 따라 그런대로 삼한의 구심점이 되어 요양을 중심으로 진국을 이끌던 진한 세력은 한의 침략을 견디지 못하고 무너졌다. 이로써 진한의 많은 세력이 한 군현의 통치하에 놓였고, 그 통치로부터 벗어난 지역의 칸들 중 일부는 그 자리에서 겨우 세력을 보전했지만 삼한 사회에서의 정치적 영향력을 급격히 상실했으며, 나머지는 세력을 이끌고 남하하여 마한 땅으로 들어가 한반도 남부로 이동했다. 마한은 이렇게 이동해 온 다수의 유민들이 마한 중심부로 유입하여 마한 사회의 기존 질서를 교란시키지 못하도록 아예 동쪽 지역

을 내줬다고 한다.[자료14]

『삼국지』는 변진이 진한과 '잡거雜居'한다고 서술했다. 아마 이 기사만큼 당시의 사회 상태를 잘 설명해주는 기록은 없을 것이다. 변진과 진한에는 각각 12국이 속해 있었는데 이들 24국이 서로 섞여 존재한다는 얘기다. 한 세력에 속한 여러 소국이 다른 세력에 속한 소국들과 서로 섞여 있는 '잡거'의 형세는 기실 정상적으로는 이루어지기 힘든 모습이다. 이런 형세가 생길 개연성은, 이주해 온 대규모의 세력을 한 곳에 수용할 수 없을 경우에나 부득이 상정될 수 있을 뿐이다. 즉 변진과 진한의 '잡거'는, 이들이 우여곡절 끝에 마한의 동남부 지역으로 들어오고 보니 각기 자기 세력끼리 모여 함께 거주할 넓은 공지空地를 구할 수 없었고, 이에 하는 수 없이 기존 세력이 차지한 땅 여기저기에 빈틈을 찾아 형편대로 나누어 살게 되면서 조성된 형세였던 것이다.

이런 잡거의 사정을 『삼국사기』는 조선의 유민들이 산골짜기에 '분거分居' 곧 흩어져 살면서 6촌을 형성했다고 적었다.[자료15] 이것이 나중에 '진한6부'가 되었다는 것이다. 그런데 이때에는 아직 '촌村'이란 단어가 생기기 이전이니 여기서 '촌'이라 한 것은 나중에 신라가 군현제를 시행하면서 기존의 소국小國을 촌으로 편제했기 때문에 이렇게 표현한 것으로서 기실은 '소국'을 지칭한 말이라고 보면 된다. 변진, 진한, 그리고 마한의 진왕, 이처럼 삼한이 모두 '진辰'을 내세우거나 연관된 사실에서 이들이 본디 함께 진국辰國을 형성하며 진왕辰王을 받들던 세력이었음을 넉넉히 유추해낼 수 있다. 그러던 세력이 남하하여 잡거의 형세를 이루게 된 것이었다. 삼한은 모두 진국에서 나왔으며 진왕이 삼한 전체의 왕이라는 『후한서』의 기사는 신빙성이 대단히 높은 기록이다.

자료1

(기원전 2513년) 기묘, 원년이다(주 무왕 원년이기도 하다). 민에게 예악을 가르치고 8조의 약속을 베풀었다.

原文 (紀元前二千五百十三年) 己卯 元年이라(주무왕의 원년이라) 民를 禮樂을 敎ㅎ고八條의約을施ㅎ다

_「조선역사」, 기자기

자료2

우수주 …… 왕기현은 혹은 개차정이라고도 한다.

原文 牛首州 …… 王岐縣 一云 皆次丁

_「삼국사기」권37, 「잡지」6, 지리4, 고구려

자료3

왕의 성은 부여씨이며 '어라하'라고 하고 백성은 '건길지'라 부르니 화하족 말로 모두 왕이라는 뜻이고, (왕의) 부인은 '어륙於陸'이라 하니, 화하족 말로 왕비라는 뜻이다.

原文 王姓夫餘氏 號於羅瑕 民呼爲鞬吉支 夏言竝王也 妻號於陸 夏言妃也

_「주서」권49, 「열전」41, 이역 상, 백제

자료4

시조의 성은 박씨朴氏이고 이름은 혁거세赫居世이다. 전한前漢의 효선제孝宣帝 오봉五鳳 원년인 갑자년甲子年 4월 병진丙辰(일설에는 정월 15일이라고도 한다) 날에 즉위하여 거서간居西干이라고 일컬었다. …… 거서간은 진辰 말로 왕을 뜻한다.

原文 始祖 姓朴氏 諱赫居世 前漢孝宣帝 五鳳元年 甲子 四月丙辰(一曰正月十五日) 即位 號居西干 …… 居西干 辰言王

_「삼국사기」권1, 「신라본기」1, 혁거세거서간

자료5

4년 봄 정월 병오 초하루 대학료大學寮의 여러 학생學生, 음양료陰陽寮, 외약료外藥寮 및 사위衛의 딸, 타라墮羅의 딸, 백제왕百濟王(구다라노고키시) 선광善光, 신라新羅의 사정

仕丁 등이 약藥과 진귀한 물건 등을 바쳤다.

原文 四年春正月丙午朔 大學寮諸學生 陰陽寮 外藥寮 及舍衛女 墮羅女 百濟王善光 新羅
仕丁等 捧藥及珍異等物進

_『일본서기』권29, 덴무 천황 4년

자료 6

화제和帝 원흥元興 원년元年(105) 봄, (고구려가) 다시 요동遼東을 침입하여 여섯 현縣을
노략질하니 태수太守 경기耿夔가 격파하고 그 거수渠帥의 목을 베었다.

原文 和帝 元興元年春 復入遼東 寇略六縣 太守耿夔擊破之 斬其渠帥

_『후한서』권85, 「동이열전」75, 고구려

자료 7

은殷의 도道가 쇠퇴하자 기자箕子가 조선으로 가서 그 백성들에게 예의와 농사, 누에
치기, 길쌈, 옷 짓기를 가르치고 낙랑조선민樂浪朝鮮民의 범금犯禁 8조를 만들었다.주1
사람을 죽인 자는 즉시 죽이고, 남에게 상처를 입힌 자는 곡식으로 배상시키며, 도둑
질을 한 자는 남자일 경우에는 몰입沒入하여 그 집 남자종[奴]을 만들고 여자일 경우에
는 여자종[婢]을 만든다. 스스로 용서받고자 하는 자는 한 사람 앞에 50만을 내게 한다.
그러나 비록 (노비를) 면하여 평민平民이 되더라도 사람들은 이를 수치스럽게 여겨 혼
인하고자 하여도 배필이 없었다. 이 때문에 그 백성들이 도둑질을 하지 아니하므로
문단속을 하지 않으며 부인들은 정숙하고 음란하지 않았다.

原文 殷道衰 箕子去之朝鮮 敎其民以禮義 田蠶織作 樂浪朝鮮民犯禁八條 相殺以當時償殺
相傷以穀償 相盜者男沒入爲其家奴 女子爲婢 欲自贖者 人五十萬 雖免爲民 俗猶羞之 嫁取無
所讎 是以其民終不相盜 無門戶之閉 婦人貞信不淫辟

_『한서』권28하, 「지리지」8하

자료 8

군을 설치하고 초기에는 관리를 요동에서 뽑아왔는데 이 관리가 (조선의) 백성들이 문
단속을 하지 않는 것을 보았다. 장사하러 온 자들이 밤에 도둑질을 하게 되니 풍속이
점차 야박해졌다. 지금은 범금犯禁도 많아져서 60여 조목이나 된다.주2

주1 범금 8조를 만들었다 : 기자동
래설을 믿고 기자의 교화를 미화해
서 나온 기록이므로 그대로 믿기 어
렵다. 8조의 법이 있었다면 이는 고
조선의 전통적인 법이었을 것이다.

주2 범금 60여 조 : 한군현이 설치
된 후 풍속이 야박해져서 범금이
60여 조목으로 늘어났다는 것은 이
시기의 고조선 사회에 격심한 사회
변동이 진행되었음을 말한다. 그러
나 이 변동은, 본문에서 그 진원을
'장사하러 온 자'라고 한 데서 알 수
있듯이, 고조선 사회의 발전의 결과
로서 얻어진 것이 아니라 한의 군
현 지배에 따른 수탈과, 약탈이나
다름없는 상거래 등에 의해 기존의
사회질서가 파괴된 결과로서 초래
된 것이었음에 유의해야 한다.

주3 대부(大夫) : 관명(官名). 중국에서 천자와 제후가 이를 두었는데, 상대부·중대부·하대부로 구분했다. 위(位)는 경(卿)의 아래, 사(士)의 위에 놓였다. 경과 달리 독자적인 지배 기반이 없이 그 지식과 재능으로 주군(主君)을 보좌하던 사람들이 주로 오르던 관직명이다.

주4 진개(秦開) : 연(燕)의 소왕(昭王, 기원전 311~기원전 279) 때의 현장(賢將)으로 동호(東胡)에 인질로 가서 있다가 돌아와 동호를 정벌하여 천여 리를 개척한 것으로 알려진 인물.

주5 만반한(滿潘汗) : 판본에 따라서는 만번한(滿番汗)이라고 쓰기도 했다. 『한서』 지리지 요동군 속현(屬縣)조에 문현(文縣)과 번한현(番汗縣)이 보이므로 이를 합칭(合稱)한 말이 아닌가 생각되고 있다. 그 위치에 대해서는, 한반도 밖에서 구하는 설도 있고 안에서 구하는 설도 있어 정설이 없다. 이병도는 박천군(博川郡) 일대라고 했다.

주6 진항(陳項) : 진승(陳勝)과 항우(項羽). 진승은 진 말기에 일어난 농민 반란의 지도자이다. '제비와 참새가 어찌 기러기와 고니의 뜻을 알리오(燕雀安知鴻鵠之志哉)' '왕과 제후, 장군과 재상의 씨앗이 어찌 따로 있겠는가(王侯將相寧有種乎)'라는 유명한 말을 남긴 장본인이다. 항우는 유방과 함께 진을 멸망시키고 천하를 차지하기 위해 다툰 무장이다.

주7 노관(盧綰) : 한(漢) 고조(高祖)와 같은 고장[豊] 출신으로 한 나라의 건국에 참여하여 이성제후(異姓諸侯) 7인 중의 한 사람으로 연왕(燕王)에 봉해졌으나, 한 고조의 이성제후 제거 정책이 진행되자 흉노로 망명했다. 흉노는 그를 동호로 왕(東胡盧王)으로 봉했다.

原文 郡初取吏於遼東 吏見民無閉臧 及賈人往者 夜則爲盜 俗稍益薄 今於犯禁寖多 至六十餘條

_『한서』「지리지」8하2

자료 9

옛날 기자의 후예인 조선후朝鮮侯는 주周 나라가 쇠퇴하자 연燕이 스스로를 높여 왕이 되어 동쪽으로 땅을 침략하려 함을 보고 역시 스스로 왕을 칭하면서 병사를 일으켜 연을 치고 주 나라의 왕실을 받들려고 했다. (그러나 이러한 계획은) 그 대부大夫주3인 예禮가 간하여 중지되었다. 이에 예를 사신으로 보내어 연을 설득하니 연이 계획을 중지하고 공격하지 않았다. 그 뒤 자손들이 교만하고 사나와졌으므로 연은 장군 진개秦開주4를 보내 조선의 서방西方을 공격하여 2,000여 리의 땅을 빼앗고 만반한滿潘汗주5에 이르러 경계로 삼으니 조선이 드디어 약해지고 말았다. 진秦이 천하를 아우름에 미쳐서는 몽염蒙恬을 시켜 장성을 쌓아 요동에 이르렀다. 이때 조선왕 비否가 섰는데 진이 자기 나라를 습격할까 두려워하여 책략으로 진에 복속했으나 조회朝會는 하지 않으려 했다. 비가 돌아가고 그의 아들 준準이 왕이 된 지 20여 년에 진항陳項주6이 일어나 천하가 어지러워지자 연燕·제齊·조趙의 백성들이 고통을 괴로워 하다가 차츰 도망하여 준에게로 갔다. 준은 이들을 서쪽 지방에 와서 살게 했다. 한漢이 노관盧綰주7으로 연왕燕王을 삼게 되자 조선과 연은 추수浿水주8로 경계를 이루었다. 관綰이 반란을 일으키고 흉노匈奴로 들어가자 연 나라 사람인 위만衛滿도 망명하여 호복胡服 차림주9으로 동쪽으로 추수를 건너 준왕에게 가서 항복하고 서쪽 국경 지방에서 살게 해줄 것을 청하면서 중국에서 망명하는 사람들을 거두어 조선의 번병藩屛으로 삼는 것이 어떻겠느냐고 설득했다. 준왕은 위만을 믿고 사랑하여 박사博士로 삼고 홀[圭]을 주며 100리의 땅을 봉하여 서쪽 변방을 지키도록 했다. 위만이 망명의 무리를 꾀어 내어 그 수가 점차 많아지자 거짓을 꾸며 준왕에게 사람을 보내어 한나라 병사가 열 길로 쳐들어오고 있으니 들어가 숙위宿衛하겠다고 말했다. 그리고는 결국 돌아와 준왕을 공격했다. 준왕은 위만과 싸웠으나 이기지 못하고 그 좌우의 궁인宮人을 거느리고 달아나 바다를 건너 한韓 땅에 살면서 스스로 한왕韓王이라 했다.

原文 昔箕子之後朝鮮侯 見周衰 燕自尊爲王 欲東略地 朝鮮侯亦自稱爲王 欲興兵逆擊燕 以尊周室 其大夫禮諫之 乃止 使禮西說燕 燕止之 後子孫稍驕虐 燕乃遣將秦開 攻其西方 取地

二千餘里 至滿潘汗爲界 朝鮮遂弱 及秦幷天下 使蒙恬築長城 到遼東 時朝鮮王否立 畏秦襲之 略服屬秦 不肯朝會 否死 其子準立二十餘年而陳項起 天下亂 燕齊趙民愁苦 稍稍亡往準 準乃 置之於西方 及漢以盧綰爲燕王 朝鮮與燕界於浿水 及綰反入匈奴 燕人衛滿亡命 爲胡服 東度 浿水 詣準降 說準求居西界 收中國亡命 爲朝鮮藩屏 準信寵之 拜爲博士 賜以圭 封之百里 令守 西邊 滿誘亡黨 衆稍多 乃詐遣人告準 言漢兵十道至 求入宿衛 遂還攻準 準與滿戰 不敵也 將其 左右宮人走入海 居韓地 自號韓王

_『삼국지』권30, 「위서」30, 동이전 한에 인용된 『위략』

자료 10

옛 주周 선왕 때 또 한후韓侯가 있었는데, 그 나라는 연과 가까웠다. 그 뒤 한韓의 서쪽 에서도 역시 성姓을 한韓이라 일컫더니 위만에게 정벌되어 해중海中으로 옮겨 살았다.

原文 昔周宣王亦有韓侯 其國也 近燕 其後韓西亦姓韓 爲魏滿所伐 遷居海中

_『잠부론』권9, 「지씨성」35

자료 11

처음에 우거가 아직 항복하지 아니 했을 때에 조선상朝鮮相 역계경歷谿卿이 우거에게 간諫했으나 쓰이지 않자 동쪽 진국辰國으로 갔는데, 이때 따라 나가 산 자가 2,000여 호 였으며 (이들은) 조선朝鮮 공번貢蕃주10과 서로 왕래하지 않았다.

原文 初 右渠未破時 朝鮮相歷谿卿以諫右渠不用 東之辰國 時民隨出居者二千餘戶 亦與朝 鮮貢蕃不相往來

_『삼국지』권30, 「위서」30, 동이전 한에 인용된 『위략』

자료 12

한韓은 대방帶方의 남쪽에 있는데, 동쪽과 서쪽은 바다로 한계를 삼고 남쪽은 왜倭와 접하니, 사방 한 변이 가히 4천 리쯤 된다. (한에는) 세 종족이 있으니 하나는 마한馬韓, 둘째는 진한辰韓, 셋째는 변한弁韓인데, 진한은 옛 진국辰國이다. …… 진왕辰王이 월지 국月支國주11을 다스린다. 신지臣智에게는 간혹 우대하는 호칭인 신운견지보안사축지 분신雲遣支報安邪踧支濆, 신리아불례구사진지렴臣離兒不例拘邪秦支廉주12의 칭호를 더하기 도 한다. 그들의 관직에는 위솔선魏率善 · 읍군邑君 · 귀의후歸義侯 · 중랑장中郞將 · 도 위都尉 · 백장伯長이 있다.

주8 추수(浿水) : 『사기』 등에는 패 수(浿水)로 되어 있어서 추(浿)를 패(浿)의 오(誤)로 보는 사람도 있 고, 격(浿)의 오(誤)로 보는 사람도 있다. 격수라면 중국 하남성을 흐 르는 황하의 지류이고, 패수라면 하북성 동북부에 있는 난하를 지 칭하는 것으로 생각된다. 신채호에 의하면, '패수'는 강을 뜻하는 우리 말 '펴라 · 피라 · 빌라'의 가음(假 音)이며, 도성(都城)을 끼고 흐르는 강을 늘 '펴라' 즉 '패수'라 했던 까 닭에 조선이 동방으로 이동하면서 정착했던 평야 지대를 흐르는 강은 모두 '패수'이므로 이는 특정한 강 이름이 아니라고 한다. 만주어 · 쏜론[索倫]어 · 오로촌[鄂倫春]어 등 퉁구스 계통의 언어에서는 강을 '삘라 · 삐알라'로 발음한다. 따라서 사료에 보이는 패수가 어느 강을 지칭하는가는 기록의 문맥과 대상 시기에 유의하면서 생각해야 한다.

주9 호복(胡服) 차림 : 『사기』 조선 전에는 위만이 '망명하여 천여 인 의 무리를 모아 상투를 틀고, 만이 (蠻夷)의 복장을 하고는 동쪽으로 달아나 요새를 나왔다."고 적혀 있 다. 이 기사와 위만이 왕이 되고서 도 국호를 그대로 조선이라 했던 점 등을 들어 위만을 조선인 계통 의 연인(燕人)으로 보는 견해가 우 세하다.

주10 공번(貢蕃) : 공(貢)은 진(眞) 의 오자(誤字)로 추정됨. '조선공번 (朝鮮貢蕃)'을 붙여 읽고 '조선에 조 공(朝貢)하는 번국(藩國)'의 뜻으로 새기는 이도 있다.

주11 월지국(月支國) : 『후한서』에 는 목지국(目支國)으로 되어 있다. 어느 쪽이 옳은가는 분명치 않으 나, 『한원(翰苑)』에 인용된 『위략』에 '목지국'으로 되어 있으므로 '월(月)' 은 '목(目)'의 오자(誤字)라고 생각 하는 견해가 우세하다.

주12 신운견지보안사축지분신리아
불례구사진지렴 : 구독(句讀)과 관
련해서는 여러 견해가 있으나, 이
것이 신지(臣智)에 가우호(加優呼)
한 것이라면 이 안에 필시 신지에
해당하는 부분이 있을 터이므로 신
자(臣字)를 앞세워 분절하는 것이
옳으리라 생각된다. 그러면 전문
(全文)이 정확히 반으로 나뉘며, 국
명으로 나타나는 '안사(安邪)'와 '구
사(拘邪)'가 서로 대응하게 된다.

주13 진한육부(辰韓六部) : 육촌이
진한육부가 되었다는 이 기록은 오
류라는 견해가 있다(이병도). 그러
나 이 견해는 육촌의 위치를 경주
로 보고 진한은 한반도 중부에 있
었다고 생각한 데서 비롯된 것이므
로 취할 바가 못 된다. 그럼에도 불
구하고 이 견해의 연장에서 도출된
'사로육촌(斯盧六村)'이라는 개념만
은 흔히 쓰이고 있는데, 사료에 입
각한 용어가 아니므로 이제 이 용
어는 사용하지 않는 게 옳다.

原文 韓在帶方之南 東西以海爲限 南與倭接 方可四千里 有三種 一曰馬韓 二曰辰韓 三曰
弁韓 辰韓者 古之辰國也 …… 辰王治月支國 臣智或加優呼臣雲遣支報安邪踧支濆臣離兒不例
拘邪秦支廉之號 其官有魏率善 邑君 歸義侯 中郞將 都尉 伯長

_「삼국지」권30, 「위서」30, 동이전 한

자료 13

한韓에는 세 종족이 있으니, 첫째는 마한, 둘째는 진한, 셋째는 변진弁辰이다. …… (삼
한의) 땅을 합하면 사방 4천여 리로, 동쪽과 서쪽은 바다로 한계를 삼으니, 모두 옛 진
국辰國이다. 마한이 가장 강대하므로 함께 그 종족을 추대하여 진왕辰王으로 삼는데,
목지국目支國에 도읍하여 전체 삼한 지역의 왕으로 군림한다. (삼한) 여러 나라 왕의
선조는 모두 이 마한 사람이다.

原文 韓有三種 一曰馬韓 二曰辰韓 三曰弁辰 …… 地合方四千餘里 東西以海爲限 皆古之
辰國也 馬韓最大 共立其種爲辰王 都目支國 盡王三韓之地 其諸國王先皆是馬韓種人焉

_「후한서」권85, 「동이열전」75, 한

자료 14

진한辰韓은 마한馬韓의 동쪽에 있다. 노인들은 대대로 전하여 스스로 말하기를, "(우리
는) 옛날 망명 온 사람들로 진秦 나라의 고된 부역賦役을 피하여 한韓 나라로 왔는데 마
한이 그들의 동쪽 땅을 떼어 우리에게 주었다."고 했다.

原文 辰韓在馬韓之東 其耆老傳世 自言古之亡人避秦役 來適韓國 馬韓割其東界地與之

_「삼국지」권30, 「위서」30, 동이전 진한

자료 15

이에 앞서 조선 유민朝鮮遺民들이 산골짜기에 나누어 살며 육촌六村을 이루고 있었다.
첫째가 알천양산촌閼川楊山村, 둘째는 돌산고허촌突山高墟村, 셋째는 자산진지촌觜山珍
支村(혹은 간진촌干珍村이라고도 한다), 넷째는 무산대수촌茂山大樹村, 다섯째는 금산가
리촌金山加利村, 여섯째는 명활산고야촌明活山高耶村이니, 주13 이들이 진한육부辰韓六部가
된 것이다.

原文 先是 朝鮮遺民 分居山谷之間 爲六村 一曰閼川楊山村 二曰突山高墟村 三曰觜山珍支

村(或云干珍村) 四日茂山大樹村 五日金山加利村 六日明活山高耶村 是爲辰韓六部

_『삼국사기』권1, 『신라본기』1, 혁거세거서간

출전

『삼국사기』

『삼국지』

『후한서』

『조선역사』 : 1895년에 학부가 펴낸 국한문 혼용체의 국사 교과서로 고활자체 3책 3권이다. 1권은 단군기(檀君紀)·
기자기(箕子紀)·신라기(新羅紀), 2권은 고려기(高麗紀), 3권은 본조기(本朝紀)로 나누어 묶고, 간행일을 '대조선
개국 504년 중추(大朝鮮開國五百四年仲秋)'라고 표기했다. 우리나라 근대 최초의 국사 교과서이자 통사라는 데
가치가 있다.

『한서』 : 후한(後漢) 명제(明帝) 때에 반고(班固)(32~92)가 한(漢) 고조(高祖)로부터 왕망(王莽)의 멸망 때까지 230년
간(기원전 206~기원후 24)의 사실을 기록한 전한(前漢)의 정사(正史). 본기 12, 연표 8, 지 10, 열전 70권으로 총 100
편 120권. 반고의 아버지 반표(班彪)가 65편을 찬하고, 반고가 이를 이어받아 100편으로 완성하려 했으나 8표와
천문지(天文志)를 완성하지 못하고 죽으매, 반고의 누이 반소(班昭)가 마저 완성시켰다. 이 사서가 처음 편찬되었
을 때에는 문의(文意)가 통하지 않는 부분이 많았는데 당시 뛰어난 문장가였던 마속(馬續)이 이를 보완하여 지금
전하는 바와 같이 되었다고 한다. 체제는 『사기(史記)』를 답습했으나, 세가(世家)를 두지 않고, 서(書)는 지(志)로,
본기(本紀)는 제기(帝紀)로 고쳤다. 『조선전』은 권95 「서남이양월조선전(西南夷兩粤朝鮮傳)」에 있으며, 『사기』의
기록을 거의 그대로 옮겨 실었다.

『잠부론』 : 후한(後漢) 왕부(王符)의 저서. 10권 35편으로 되어 있다. 학문·도덕을 존중하고, 덕에 의한 교화정치(敎
化政治)를 주장한 내용으로서, 난세에 처해 세속에 영합하지 않고 당시의 문란한 정치를 비판하는 뜻을 담았다.

『주서』 : 당 고조(高祖) 무덕(武德) 연간에서 당 태종(太宗) 정관(貞觀) 2년 사이(618~628)에 영호덕분(令狐德棻) 등이
칙령을 받들어 찬술한 북주(北周) 5대 25년간(557~581)의 정사.

『일본서기』 : 일본의 고대(古代)부터 지토 천황(持統天皇)까지의 전설·사실을 편년체로 기록한 일본의 정사(正史).
720년(신라 성덕왕 19년. 일본 겐쇼 천황 요로 4년)에 도네리 친왕(舍人親王) 및 오노야스마로(太安麻侶) 등이 편
찬했다. 『삼국사기』보다 먼저 찬술된 것이기 때문에 우리나라 고대사 연구에 많은 참고가 되고 있다. 그러나 이 사
서는 고대 천황제 국가 건설을 기념하여 일본의 지배층이 천황가의 유구성과 존엄성을, 나아가서는 일본열도 지
배의 정당성을 천명한다는 정치적 목적에서 편찬한 것이므로 그 내용에 개작과 왜곡이 많은 만큼 철저한 사료비
판 위에 이용되어야 한다.

찾아읽기

리지린, 『고조선연구』, 사회과학원 출판사, 1964.

김정배, 『한국민족문화의 기원』, 고려대학교출판부, 1973.

신채호, 『조선사연구초』(을유문고151), 을유문화사, 1974.

이현혜, 『삼한사회형성과정연구』, 일조각, 1984.

천관우, 『고조선사 · 삼한사연구』, 일조각, 1989.

윤내현, 『고조선연구』, 일지사, 1994.

한국고대사연구회 편, 『삼한의 사회와 문화』, 신서원, 1995.

노태돈, 『한국사를 통해 본 우리와 세계에 대한 인식』, 풀빛, 1998.

김광수, 「고조선 · 진국연구의 동향과 '국사'교과서의 서술」, 『역사교육』45(역사교육연구회), 1989.

서의식, 「진국의 변전과 '진왕'위의 추이」, 『신라의 정치구조와 신분편제』, 혜안, 2010.

5 위만조선과 진국의 지배층이 따로 살길을 찾다

위만조선의 흥망과 예맥 사회의 변동

위만은 국권을 거머쥐자 칸 중심의 기존 정치 질서를 부인하고 중앙집권적 지배 체제의 구축에 힘썼다. 그리고 지정학적인 위치를 이용하여 중계무역으로 막대한 이익을 취했다. 한 무제는 흉노를 제압한 경험을 토대로, 위만조선을 제압함으로써 동북아시아의 거래 이익을 독점하고자 했다. 위만조선을 무너뜨린 무제는 요서 및 요동 지역에 군현을 설치하여 직접 지배에 나섰다.

위만이 기자조선의 옛 질서를 부정하다

기자조선의 정치 체제는 예·맥족이 따로 혹은 서로 섞여서 각기 형성한 소국의 지배층이 지역별로 연대하여 세 개의 한韓을 이루고, 그 삼한三韓을 대표하는 유력 칸들이 모여 그 위에 다시 기자箕子를 공립共立한 이중용립二重聳立의 구조로 짜여, 외견상으로는 중앙집권적 정치 체제에서 흔히 볼 수 있는 피라미드형 조직과 유사한 형태를 띠고 있었다. 그러나 그 운영은 기본적으로 각국의 독자성과 칸의 평등성에 기초한 공론共論과 합의合意라는 봉건적 질서와 가치관 위에서 이루어져 왔다. 준왕準王 때까지 이 체제는 변함없이 유지되었다. 하지만 연燕의 장수로 지내면서 한漢의 군현 지배 체제에 익숙해온 위만에게는 이 체제가 매우 불합리하고 비능률적인 형태로 인식되었다. 위만은 준왕을 내몰고 왕검성을 차지한 후, 무엇보다 중앙집권적 지배 체제의 구축에 힘썼다.

『삼국지』「동이전」의 한전韓傳에는, 우거왕右渠王 때 조선상 역계경朝鮮相歷谿卿이 왕에게 어떤 일이 잘못되었다며 고치라고 말했으나 받아들여지지 않자 동쪽 진국辰國으로 갔는데 이때 그를 따라 나간 민民들이 2,000여 호나 되었다는 『위략魏略』의 기사가 인용되어 전한다.[자료1] 조선상은 관직 이름이고 역계경은 사람 이름일 것이다.

그런데 경卿은 밥상을 가운데 두고 마주 앉은 모습을 표현한 글자로서 왕과 같은 수준의 신분에 속한 동배집단同輩集團의 인물임을 나타내는 뜻을 지녔다. 주周의 봉건제에서는 대부大夫와 함께 독자적으로 지배하는 영역과 민인民人을 가지고 국정에 주체적으로 참여하는 사람에게 주던 관직 이름이었다. 따라서 이런 의미와 역사성을 지닌 글자를 사람 이름에 함부로 붙여 쓸 수는 없는 일이었을 것이다. 그가 실제로 '경' 신분에 해당하는 인물이었기 때문에 높여 부른 말임이 분명하다. 그렇잖아도 그가 왕에게 간언할 수 있는 위치에 있던 사실에서나, 2,000여 호의 민이 그를 따라 나섰다는 데서 이미 역계경은 이들 민을 독자적으로 지배하던 칸이었음을 간파할 수 있다.

이에 반해 상相은 원래 종속적인 직사자층職事者層에게 주던 관직 이름이다. 독자성은 없지만 그의 재능이나 공로가 국정에 참여하는 위치에 올라도 손색없는 사람에게 '상'이란 관직을 주었다. '상'은 국왕의 신임을 전제로 존재하는 종속적 위치에 있었던 점에서 스스로 독자성을 띤 경대부와는 계통이나 성격이 다른 직명이었다.

그러므로 칸 출신의 역계경에게 조선상이라는 관직을 부여했다는 것은 왕이 그를 동배집단으로 인정하지 않고서 자신의 휘하에서 명을 받아 일을 수행하는 종속적 위치의 직사자로 여기고 그렇게 편제했음을 의미한다. 바꾸어 말하면, 위만조선은 기자조선 이래의 전통적 질서에서 봉건 세력으로서 독자성을 인정받아 오던 이들의 정치적 · 사회적 위치를 부인한 것이었다. 어떻게든 중앙집권적 정치 체제를 구축하여 왕권을 강화하려는 속셈에서, 현실을 돌보지 않고 추진한 패권적 조치였다.

역계경이 조선을 떠나 진국으로 들어간 것은, 칸들의 합의를 중시해온 기자조선 이래의 전통적 정치 질서와 관행이 위만이 집권한 이후에 무시 또는 부정되어온 경향에 대해 그동안 누적된 불만을 그 손자인 우거왕에게 표출했다가 그마저 묵살되자 더 이상 참지 못하고 취한 행동이었다. 아마 동조 세력이 적잖았을 것이다.

위만조선이 강력하게 추진한 중앙집권화 정책은 이처럼 내부로 적잖은 저항과 이탈을 불러일으키고 있었지만, 대외적으로는 주변의 여러 세력에게 큰 압력으로 작용했다. 동아시아 전반에서 진행된 문화 변동의 대세적 흐름을 반영한 것이었기 때문이다. 중앙집권적 군현 지배 체제는 진秦·한漢으로 이어지면서 더욱 체계화되어 이젠 누구나 따라가지 않으면 안 될 새 문화의 조류로 자리 잡아 가고 있었다. 따라서 옛 질서를 고수하는 진국은 결코 대안일 수 없으며 차라리 한漢에 복속하는 것이 생존을 위한 길이라고 여기는 세력도 생겨났다. 기원전 128년에 28만에 이르는 대규모 민인民人의 호적을 들고 가서 한에 투항했다는 예군濊君 남려南閭가 그 대표적인 경우이다.[자료2] 남려는 동가강佟佳江 유역에 나라를 세워 예족의 한 부류를 이끌던 왕이었다.

위만조선이 중계무역으로 국력을 기르다

『사기』「조선열전」에 의하면, 위만이 집권한 후 아들을 거쳐 손자인 우거왕에 이르기까지 조선은 중국 쪽에서 건너오는 유민을 받아들여 세력을 키우는 한편, 진번이 주도하는 진국[眞番旁辰國]이 글을 올려 한漢의 천자와 통하려고 해도 위만조선이 길을 막아 통하지 못하게 했다고 한다.[자료3] 원문에서 '眞番旁辰國'을 '眞番旁衆國'으로 새긴 판본이 있음을 근거로 진국의 존재 자체를 부인하는 견해도 제출된 바 있으나 무리한 주장이다. '旁'은 곁이란 뜻도 있지만, 본디 그것만이 아니라 그 옆에까지 널리 '두루 미침'을 의미하는 글자로서, 여기서는 '국정을 주선周旋 혹은 두루 주도하다'라는 뜻으로 쓰였다.

위만조선은 진국만이 아니라 부여 등 동북방의 여러 나라가 한과 통하는 길을 막고 있었던 것인데, 길을 막아 통하지 못하게 한다는 것은 곧 서로 왕래하며 직접 교역하지 못하도록 차단하고 있었음을 서술한 내용으로 이해된다. 말하자면 위만조선은 그 지정학적인 위치를 이용하여 주변 여러 나라가 한과 직접 통교하는 것을 막고 중간에서 문물을 중계함으로써 막대한 이익을 취하고 있었던 것이다. 그리고 이런 정책은 적잖은 결실을 거두어 위만조선의 동쪽에 위치한 여러 세력에 큰 압력으로 작용했다. 그

중 몇몇은 결국 위만조선에 편입되었고, 몇몇은 예군 남려처럼 아예 한에 복속하기도 했으며, 또 몇몇은 관망의 태도를 접고 뒤늦게 진국으로 들어가 자리를 잡았다.

한은 남려가 다스리던 땅에 창해군蒼海郡을 설치하는 등 그 세력을 확장하고 나섰다. 이에 진국의 중심 세력은 결국 요양遼陽을 포기하고 남쪽으로 이동해 평양까지 더 내려간 듯하다. 진한이 진국의 국정에 대한 주도력을 완전히 잃은 것은 이때의 일이었으리라 짐작된다.

여기서 한 가지, 평양은 선인仙人 왕검王儉이 도읍했던 곳이라는 기억이 고려 시기까지 남아 있었음을 『삼국사기』를 통해 알 수 있는데, 이는 사람들이 이곳을 왕검성王儉城이라 불렀던 데서 생긴 유추일 뿐이다. 원래의 왕검성을 위만에게 내주고 동진한 기자조선의 중심 세력이 그들이 옮겨가 새 도읍으로 삼은 곳을 여전히 왕검성이라 불렀기 때문에 이런 유추와 그에 의한 역사 왜곡이 생긴 것이었다. 『사기』와 『한서』에는 왕검성이 왕험성王險城으로 적혀 있다.

진국의 중심이 요양에서 평양으로 다시 옮겨갈 수밖에 없었던 배경에는 위만조선이 가해오는 압박이 어느 정도 놓여 있었지만, 그보다는 창해군의 설치를 계기로 야금야금 세력을 확장해오는 한漢의 물리력을 더 이상 견디기 어려웠던 사실이 크게 자리 잡고 있었을 것이다. 기원전 109년에는 한의 무제가 위만조선을 쳐서 이 지역 전체를 직접 통치하기로 작정하기에 이르렀으니 점증하던 그 힘의 강도를 가히 짐작할 수 있다. 한은 위만조선이 중계무역으로 취해온 이득을 탐낸 것이었다.

한 무제의 침입에 맞서 싸우다

중국은 전국시대의 분열을 수습하고 통일왕조가 들어선 후에도 북방의 흉노匈奴로부터 빈번한 침입과 약탈에 시달리고 있었다. 진秦의 시황제始皇帝가 국력을 기울여 만리장성을 완성한 사실에서 흉노의 침입을 저지하기 위해 중국이 얼마나 심혈을 기울이고 있었는지 넉넉히 가늠할 수 있다. 흉노는 기원전 3세기부터 기원후 1세기까지 몽골고원과 만리장성 일대에서 큰 세력을 이루고 활약한 유목 기마 민족이다. 이들은 생계를 유목에 의존하고 있었으므로 건기乾期인 가을이 되면 심각한 식량 부족에 당면하기 마련이었고, 이를 농경민족에 대한 약탈로 해결하려 했다. 흉노의 중국 침입이 연례행사처럼 되고 있었던 이유가 여기에 있었다. 따라서 만리장성의 성벽이 아무리 길고 높아도 굶주림 속에서 중원의 풍요로운 물산을 찾아 달려드는 흉노의 기마 군단을 막기는 어려웠다.

한이 들어선 후 중국은 흉노를 군사력으로 굴복시켜 다시는 공격해오지 못하도록 하려 했다. 이에 한 고조 유방은 기원전 200년에 32만 대군을 이끌고 흉노 정벌에 나섰다. 그러나 묵특[冒頓] 선우가 거느린 30만 명의 기마병에게 참패를 당하고 말았는데, 그 이후 한은 오히려 매년 흉노에게 막대한 조공을 바치게 되었다. 흉노가 필요로 하는 물자를 미리 갖다 바침으로써 침입을 억제하고자 한 것이었다.

한의 이와 같은 대對흉노 관계에 변화가 모색된 것은 무제武帝 때의 일이었다. 기원전 141년에 즉위한 무제는 60년간 지속된 굴욕적인 유화 정책을 버리고 강경 대응으로 나섰다. 그러나 흉노의 우수한 철제 무기를 당해내기는 결코 쉬운 일이 아니었다. 그러던 중 무제는 흉노의 경제력을 약화시킬 방안을 우연찮게 발견하게 되었다.

무제는 흉노와 인접하여 고통을 당하고 있던 서역의 월지국月氏國과 공동 전선을 구축하여 흉노를 협공할 목적으로 기원전 139년에 장건張騫을 사신으로 파견했다. 그러나 장건이 흉노에 붙잡혀 10여 년간 억류되는 등 천신만고 끝에 월지국 땅에 도착했을 때에는 일리 강 유역에 있던 월지국이 흉노에 견디다 못해 서역의 아무다리야 강 북안北岸으로 옮긴 후였다. 따라서 월지국은 흉노를 칠 의사가 전혀 없었고, 장건은 목적을 이루지 못한 채 돌아올 수밖에 없었다.

장건이 가까스로 돌아와 서역에서의 견문을 전하는 가운데, 무제는 중국의 비단이 서역에서 매우 비싼 값에 유통되고 있다는 사실에 주목했다. 이 비단은 한나라가 그동안 흉노에 공물로 바치거나 흉노가 직접 만리장성을 넘어 약탈해간 물건들로, 흉노는 이를 비싼 값에 서역의 상인들에게 팔아 필요한 물자를 구입해 쓰고 있던 것이었다. 따라서 무제는 서역과 직접 교역하는 길을 열어 서역의 비단 값을 떨어뜨린다면 흉노는 저절로 심각한 경제난에 봉착하리라고 생각했다. 비단길이 열린 것은 이런 배경에서 이루어진 일이다.

무제는 기원전 119년까지 수차례에 걸쳐 기병대를 보내 흉노를 침공했다. 흉노는 이 전쟁에서 인적·물적인 피해를 크게 입었다. 전쟁 동안 전체 인구의 15~20%에 이르는 20만 명 이상이 전사하거나 포로로 잡혔다고 추산된다. 또 흉노의 목축경제를 떠받쳐온 양과 소·말 등 수많은 가축들이 전투의 와중에 달아나거나 노획되었다. 그러나 무엇보다 흉노의 경제력을 파탄으로 몰고 간 것은 그 경제력을 지탱하는 데 큰 몫을 해온 비단 값의 하락이었다.

한 무제는 비단길을 개척함으로써 흉노를 제압한 경험을 통해, 국가 간의 유통 구조를 조정함으로써 주변 세력을 제어하고 경제적인 이익까지 추구할 수 있다는 사실을 알게 되었다. 그는 동북쪽의 위만조선이 중국과 토착 사회를 중개하는 중간 무역의 이득을 독점하여 동방 사회의 강자로 부상하는 것을 더 이상 방치할 수 없다고 판단했다. 위만조선이 한나라에 위협적인 존재로 성장하는 것도 문제였지만, 동방의 토착사회와 직거래할 경우 얻어질 경제적 이득이 무제의 관심을 끌었다. 무제는 위만조선을 친 후 그 지역에 군현을 설치하여 종래 위만조선이 얻고 있던 경제적 부를 직접 누리고자 했다.

무제는 좌장군左將軍 순체荀彘와 누선장군樓船將軍 양복楊僕을 시켜 대군을 이끌고 육로와 해로를 통해 위만조선을 공격하도록 했다. 순체는 시중侍中으로서 무제의 총애를 한몸에 받던 인물이었다고 하니 무제가 조선 공략에 얼마나 공을 들였는지 알 수 있다. 무제는 위만조선을 쉽게 공략할 수 있으리라 생각했지만 전쟁은 1년여간 지속되었다. 위만조선의 강성함과 그 국가적인 성장도가 대단했던 것이다. 위만조선은 막강한 한의 대군에 맞서 완강하게 저항했다.

위만조선이 무너지고 삼한의 칸들이 각자도생을 꾀하다

전쟁이 장기화되면서 곤궁해진 삶에 지치고 또 한 무제의 집요한 공격을 결국은 막아내기 어렵다고 생각한 위만조선의 지배 세력은 분열의 기미를 보이기 시작했다. 조선상朝鮮相 노인路人, 상相 한음韓陰, 장군 왕겹王唊 등이 서로 모의하여 한나라에 항복했다. 그리고 이어서 이계상尼谿相 참參이 지속적인 항전을 촉구하는 우거왕右渠王을 죽이고 항복했다. 그러나 왕의 죽음에도 불구하고 왕검성은 함락되지 않았다. 우거왕의 대신이었던 성이成已가 잔여 세력을 수습하여 항전을 계속했기 때문이다. 이에 중국은 위만조선의 지배 세력들을 이간하기 위해 노력했으며, 마침내 성이를 죽이도록 만드는 데 성공했다. 이로써 위만으로 시작된 위씨 조선은 그 손자인 우거왕 대에 이르러 86년 만에 멸망하고 말았다.

이와 같은 위만조선 멸망의 경과가 사마천의 『사기』에 자세히 기록되어 있다.[자료4] 사마천은 위만조선이 멸망하던 기원전 108년에 태사공太史公이 되었으니, 바로 이 시대를 산 인물이다. 그러한 사마천의 기록에 의하면, 무제는 전쟁이 끝난 후 순체를 사람들이 많이 오가는 시정에서 사형시켰으며, 양복은 속전을 받고 사형을 면해주었으나 서인庶人으로 만들었다고 한다. 조선 공략은 사실상 실패로 인식된 것이었다.

위만조선의 멸망은 단지 기자조선의 왕권을 속임수로 찬탈하여 성립한 패권覇權 왕조의 붕괴만을 의미하는 일이 아니었다. 그것은 한의 직접적인 영향으로부터 진국과 부여 등 예맥 사회를 보호해오던 울타리가 일시에 사라졌음을 뜻하는 일대 사건이었다. 한이 위만조선 땅을 군현으로 편제하여 직접 통치에 나서자, 예맥 사회는 한의 영향을 아무런 여과 장치도 없이 그대로 받을 수밖에 없었다.[자료5]

준왕이 겨우 측근만 거느리고 마한으로 패주敗走하여 따로 한왕韓王을 칭하자 왕을 잃은 진국의 중심 세력은 새로 진왕을 추대하고 사태의 수습에 나섰지만 이미 구심력을 상실한 상태였다. 진국을 형성하고 있던 삼한의 여러 칸들은 제각기 흩어져 나름대로 삶을 도모하지 않으면 안 되었다. 이들 중 적잖은 세력이 본거지를 떠나 각자 민인을 이끌고 남하했다.

기자조선 시기에 그 대부분이 마한에 속해 있던 한반도 지역은 한에 의한 타격을 상대적으로 적게 받았으나, 북방의 변한과 진한에 속한 소국들이 대거 이동해 들어오자 그 영향을 받지 않을 수 없었다. 본디 평양 일대에 있던 마한의 중심 세력도 서해안을 따라 남하의 흐름에 동참했다. 나중에 최치원이 마한에서 고구려가 나왔다고 말한 것은 이런 내력을 잘 알고 있었기 때문이다. 마한의 칸들은 한반도의 서부 지역에 포진하고, 유입하는 진·변한 세력을 가급적 동쪽 변경으로 내몰아 그 중심부로는 들어

오지 못하게 막았다. 기존의 사회 질서를 가능한 한 보호하기 위한 조처였다.

　위만조선의 영토만이 아니라 요동 지방을 거쳐 한반도의 서북부까지 한의 수중에 떨어졌으며, 한은 이 지역에 군현을 설치하여 직접 관할하는 한편 주변의 예맥 사회에 대한 견제에 나섰다. 한에 의한 군현 통치의 기본 방향은, 주변 세력에서 강력한 영향력을 가진 영도 세력이 등장하지 못하도록 어떤 세력의 성장도 적극적으로 방해하여 소규모로 개별화시키는 것이었다. 그리하여 그 통치의 영향권에서 벗어나지 못하게 직·간접으로 주변 세력을 조정하는 것이 군현의 임무고 역할이었다. 이로 말미암아 일단 그 직접 통치에서 벗어나 있던 지역까지도 점차 경제적·문화적으로 한 군현의 영향권 속에 흡수되어갔다.

　이제 새로운 정치 체제의 성립은 안팎으로 두 가지 문제를 해결해내지 않으면 이룩되기 어렵게 되었다. 즉 안으로는 각처에서 새로 흥기興起하는 수장 세력을 통합할 수 있는 문화 기준을 발견하여 이들을 자기 지배 체제 속에 편입하는 문제였고, 밖으로는 중국 문화의 영향으로부터 독자성을 유지하는 한편 다투어 일어나고 있던 다른 새외민족塞外民族과의 충돌에서도 패하지 말아야 한다는 문제였다. 중국 군현의 기미 정책羈縻政策에 대항하는 예맥 사회의 투쟁은 이 같은 상황에서 힘겹게 전개되고 있었다. [자료6]

자료샘

자료1

처음에 우거가 아직 항복하지 아니 했을 때에 조선상朝鮮相 역계경歷谿卿이 우거에게 간諫했으나 쓰이지 않자 동쪽 진국辰國으로 갔는데 이때 따라 나가 산 자가 2,000여 호였으며 (이들은) 조선朝鮮 공번貢蕃과 서로 왕래하지 않았다.

> **原文** 初 右渠未破時 朝鮮相歷谿卿以諫右渠不用 東之辰國 時民隨出居者二千餘戶 亦與朝鮮貢蕃不相往來

_「삼국지」권30, 「위서」30, 동이전 한에 인용된 인용 「위략」

자료2

원삭元朔 원년[주1]에 예군 남려濊君南閭[주2] 등이 우거왕右渠王을 배반하고서는 28만 명을 이끌고 요동遼東에 와서 소속되자, 무제武帝는 그 땅으로 창해군蒼海郡[주3]을 삼았으나 몇 년 만에 없앴다.

> **原文** 元朔元年 濊君南閭等 畔右渠 率二十八萬口詣遼東內屬 武帝以其地爲蒼海郡 數年乃罷

_「후한서」권85, 「동이열전」75, 예

자료3

위만이 왕위를 아들에게 전하고 다시 손자 우거右渠[주4]에게 이르자 한나라에서 도망해 온 사람들을 유인한 것이 자못 많았다. 또 일찍이 들어와 천자를 뵙지도 않으면서 진번 곁의 진국辰國[주5]이 글을 올려 천자를 보고자 해도 가로막아 통하지 못하게 했다.

> **原文** 傳子至孫右渠 所誘漢亡人滋多 又未嘗入見 眞番旁辰國欲上書見天子 又擁閼不通

_「사기」권115, 「조선열전」

자료4

좌장군左將軍이 양군兩軍을 합하고는 급히 조선을 공격했다. 조선상朝鮮相 노인路人, 상相 한음韓陰, 이계상尼谿相[주6] 참參, 장군 왕겹王唊 등이 서로 모의하기를 "처음에는 누선樓船에게 항복하려 했으나 지금은 누선이 체포되고 좌장군 혼자 장수들을 합쳐 전투가 더욱 급하니 더불어 싸울 수가 없을 것 같은데 왕은 항복하려 들지 않고 있다." 하고는 음, 겹, 노인 모두 도망하여 한漢에 항복했는데 노인은 도중에 죽었다.

원봉元封 3년[주7] 여름, 이계상 참이 사람을 시켜 조선왕 우거右渠를 죽이고 항복해왔다.

주1 원삭元朔 원년 : 원삭은 한 무제武帝의 연호. 그 원년은 기원전 128년이다.

주2 예군 남려濊君南閭 : 예군 남려의 정체에 대하여는 ① 압록강 일대에 흩어져 있던 예맥 사회의 군장 가운데 하나라는 설. ② 압록강 본류 유역 일대의 대수맥과 동가강 유역의 소수맥을 포함한 대부족연맹사회의 연맹장이라는 설. ③ 동해안 일대의 예맥 사회 군장의 하나라는 설 등 견해가 엇갈리고 있다.

주3 창해군蒼海郡 : 창해군滄海郡이라고도 한다. 창해군의 위치에 대하여는 ① 압록강 및 동가강 유역설(李丙燾·白鳥庫吉), ② 동해안설(韓鎭書·安鼎福), ③ 압록강 및 동해안설(今西龍·三上次男) 등이 있다. 한漢은 수만 명을 동원하여 한반도로 통하는 교통로를 개설하고 창해군을 설치했으나 그 유지를 위한 막대한 경제적 부담과 인적인 손실을 이기기 어려웠던 데다가 고조선의 저항과 압력이 가중되었기 때문에 결국 창해군을 철폐하기에 이른 것이었다.

주4 우거右渠 : 종래에는 우거를 단순히 위만의 손자의 이름으로 보아왔는데, 조승복의 언어학적 연구에 의하면 이는 고조선 사회에서 '씨족의 생활 공동체 혹은 생활 공동체의 연합체의 우두머리 또는 사람'의 뜻을 지닌 보통명사로 쓰인 말이며, 그 형태는 '우ㅅ그(/UTKʌ/)'라는 세 개의 구성형태소로 이루어져 있다고 한다.

주5 진국(辰國) : 백납본(百衲本)에
는 '진번방진국(眞番旁辰國)'으로
되어 있으나, 교감본(校勘本)에는
'진번방중국(眞番旁衆國)'으로 나
타나므로 이와 관련하여 일찍이 많
은 논쟁이 있었다. '辰'이냐 '衆'이냐
하는 자구(字句)의 시비 혹은 그 해
석에 논쟁의 초점이 있었으나, '진
국'을 '중국' 중의 하나로 보자는 절
충안도 제출된 바 있다. '자치통감
(資治通鑑)」 한기(漢紀)에는 '진국'
으로만 되어 있다. 여기서는 진국
의 존재를 부인하는 견해를 올바른
인식으로 보지 않는다.

주6 이계상(尼谿相) : '이계(尼谿)'
를 '예(濊)'의 반절음(反切音)으로
보아, 이계상(尼谿相)은 예(濊) 지역
수장(首長)의 지칭이라고 생각하
는 견해도 있다. 「한서」 조선전 응
소 주에는 "융적(戎狄)이 관제의 기
강을 알지 못하므로 모두 상(相)이
라고 불렀다(戎狄不知官紀故皆稱
相)."고 했는데, 이는 '상'이 노인·
한음·참과 같은 한 지역의 왕자적
(王者的) 존재에게 합당한 관명이
아니라는 점을 지적한 언급으로 해
석된다. 중국에서 상(相)은 군주의
사인(私人) 또는 가신(家臣)의 위치
에서 출발한 직(職)으로서 경대부
(卿大夫)도 상을 거느렸다. 이계상
과 같은 왕자적 존재에게 상이라는
관직을 부여한 것은 위만조선이 이
로써 중앙집권적인 왕권의 구현을
도모했음을 보여주는 사실이다(金
光洙, 「古朝鮮 官名의 系統的 理
解」 「歷史教育」56, 1994).

주7 원봉(元封) 3년 : 기원전 108년.
원봉은 한 무제(武帝)의 연호이다.

주8 군(郡) : 원문에는 부(部)라고
되어 있으나 군의 오자(誤字)임이
분명하다.

주9 시원(始元) 5년 : 기원전 82년.
시원은 무제의 뒤를 이은 소제(昭
帝)의 연호.

그러나 왕검성은 함락되지 않았고, 우거왕의 대신이었던 성이成已가 거듭 항전해왔다. 좌장군左將軍은 우거의 아들 장강長降과 조선상朝鮮相 노인의 아들 최最로 하여금 그 백성들을 달래어 성이를 죽이게 했다. 이로써 드디어 조선을 평정하고 사군四郡을 삼았다. …… 좌장군 순체를 불러들여 그가 공을 다투고 서로 시기하여 계획을 어긋나게 한 죄를 물어 저자에서 목 베어 버리는 기시에 처했다. 누선장군 양복도 군사를 거느리고 열구에 이르러 좌장군을 기다리지 않고 함부로 먼저 군사를 풀어 많은 군사를 잃어버렸으므로 죽여야 마땅하나 속전贖錢을 받고 목숨을 살려 서인庶人으로 만들었다.

原文 左將軍已幷兩軍 即急擊朝鮮 朝鮮相路人 相韓陰 尼谿相參 將軍王唊 相與謀曰 始欲降樓船 樓船今執 獨左將軍幷將 戰益急 恐不能與戰 王又不肯降 陰 唊 路人皆亡降漢 路人道死 元封三年夏 尼谿相參 乃使人殺朝鮮王右渠 來降 王險城未下 故右渠之大臣成已又反 復攻吏 左將軍使右渠子長降 相路人之子最 告諭其民 誅成已 以故遂定朝鮮爲四郡 …… 左將軍徵至 坐爭功相嫉 乖計 弃市 樓船將軍亦坐失兵至冽口 當待左將軍 擅先縱 失亡多 當誅 贖爲庶人

_「사기」권115, 「조선열전」

자료 5

원봉元封 3년이 되어 조선을 멸망시키고 낙랑樂浪·임둔臨屯·현도玄菟·진번眞番의 4군郡주8을 나누어 두었다. 소제昭帝 시원始元 5년주9에 이르러 임둔·진번을 없애고 낙랑·현도에 합쳤는데주10 현도는 다시 (고)구려로 옮겨 갔다.주11 탄탄대령單大領주12으로부터 동쪽에 있는 옥저와 예맥은 모두 낙랑에 소속시켰다가, 뒤에 땅이 너무 넓고 멀다고 해서 다시 영동칠현주13을 떼어 낙랑동부도위를 두었다.

原文 至元封三年 滅朝鮮 分置樂浪臨屯玄菟眞番四郡 以幷樂浪玄菟 至昭帝始元五年 罷臨屯眞番 以幷樂浪玄菟 玄菟復徙居句驪 自單單大領已東 沃沮濊貊悉屬樂浪 後以境土廣遠 復分領東七縣 置樂浪東部都尉

_「후한서」권85, 「동이열전」75, 예

자료 6

경초景初 중에 명제明帝가 비밀히 대방태수帶方太守 유흔劉昕·낙랑태수樂浪太守 선우사鮮于嗣를 보내어 바다를 넘어 2군郡을 평정하고 여러 한국韓國 신지臣智들에게 읍군邑君의 인수印綬를 더 주고 그 다음 축들에게는 읍장邑長의 인수를 더 주었다. 그 풍속에 의책衣幘 입기를 좋아하여 하호下戶들도 군郡에 알현하러 갈 때에는 모두 의책을 빌려 입으며, 자신의 인수印綬를 차고 의책을 착용하는 사람이 천여 명이나 된다. 부部 종사從事 오림이 본래 낙랑이 한국을 거느려왔다고 생각해서 진한의 8국을 떼어 낙랑에게 주려고 했다. 그 때 통역하는 관리가 말을 옮기면서 잘못 설명한 부분이 있어 신지와 한인들이 모두 격분하여 대방군의 기리영을 공격했다. 이때 (대방)태수 궁준과 낙랑태수 유무가 군사를 일으켜 이를 정벌했는데 준은 전사했으나 두 군은 마침내 한을 멸했다.

原文　景初中 明帝密遣帶方太守劉昕 樂浪太守鮮于嗣 越海定二郡 諸韓國臣智 加賜邑君印綬 其次與邑長 其俗好衣幘 下戶詣郡朝謁 皆假衣幘 自服印綬衣幘千有餘人 部從事吳林 以樂浪本統韓國 分割辰韓八國 以與樂浪 吏譯轉有異同 臣智激韓忿 攻帶方郡崎離營 時太守弓遵樂浪太守劉茂 興兵伐之 遵戰死 二郡遂滅韓

_『삼국지』권30, 「위서」30, 동이전 한

출전

『사기』

『삼국지』

『후한서』

찾아읽기

김정배, 『한국고대의 국가기원과 형성』, 고려대학교출판부, 1987.
권오중, 『낙랑군연구』, 일조각, 1992.
조법종, 『한국사의 전개과정과 영토』, 국사편찬위원회, 2002.
서영수 외, 『요동군과 현도군 연구』, 동북아역사재단, 2008.
박선미, 『고조선과 동북아의 고대 화폐』, 학연문화사, 2009.
단국대학교 동양학연구원 · 고조선사연구회, 『고조선과 위만조선의 연구쟁점과 대외교류』, 학연문화사, 2015.

주10 임둔 · 진번을 없애고 낙랑 · 현도에 합치다 : 정약용은 이 문장에서 기술된 군(郡)의 순차에 주목하여 임둔을 낙랑에, 진번을 현도에 각각 합했다고 보았다. 반면 4군 중 가장 남쪽에 진번이 있었다고 본 이병도는 임둔이 현도에, 진번이 낙랑에 합해진 것으로 생각했다.

주11 현도는 다시 고구려로 옮겨갔다 : 이병도는 현도라는 명칭이 고구려의 수도인 환도(丸都)에서 유래했다고 보아, 본디 현도군은 압록강 중류 일대에 설치되었고 치소(治所)가 고구려였다고 주장했다. 현도군의 위치에 대하여는 이 밖에도 ① 현재의 함흥을 중심으로 한 함경도 지역이 그 영역이었다는 설(韓鎭書 · 安鼎福 · 丁若鏞 · 金正浩), ② 압록강 중류에서 함흥에 이르는 교통로를 따라 동서로 길게 설치된 것이 현도군이라는 설(和田淸), ③ 옥저에서 요산(遼山, 興京 · 老城 일대)에 이르는 지역이 그 영역이고 군치(郡治)는 요산 고구려현(高句麗縣)이었다는 설 등이 있다.

주12 탄탄대령(單單大領) : 『삼국지』 예전(濊傳)에는 탄탄대산령(單單大山領)으로 나온다. 領은 嶺과 같다. 평양과 함흥 사이에 가로놓인 준령을 지칭하는 듯하니, 철령(鐵嶺)이 유력시되지만 확실치 않다.

주13 영동칠현(領東七縣) : 오늘날의 함경도에서 강원도 북부에 이르는 지역에 설치되었던 7현. 『한서』 지리지 낙랑군조에, 동시현(東施縣) · 불내현(不耐縣) · 화려현(華麗縣) · 부조현(夫租縣) · 사두매현(邪頭昧縣) · 전막현(前莫縣) · 잠태현(蠶台縣) 등으로 그 이름이 전한다.

6 예족의 일부가 동진하여 따로 나라를 세우다

부여 · 예 · 옥저

부여는 기자에게 국권을 빼앗긴 왕검계의 조선 지배 세력이 동쪽으로 이동해 세운 나라이다. 부여의 건설에 맥족의 일부도 참여했다. 그러나 예족 중에는 맥족과의 연합 혹은 제휴를 거부하고 그들만의 사회 건설을 추구한 세력도 있었다. '예', '옥저' 등이 그들이다.

단군계의 예족이 부여를 세우다

부여는 기자조선이 성립하면서 밀려난 왕검조선의 단군계 예족이 동쪽으로 이동해 세운 나라이다. 우리 측 기록에서 부여가 늘 단군과 연결되어 나타나는 이유가 여기 있다. 예컨대 『삼국유사』는 『단군기壇君記』를 인용하여, "단군이 서하西河 하백의 딸과 관계하여 아들을 낳고 이름을 부루夫婁라 했다."고 썼다.[자료1] 부루는 원래 북부여의 왕이었는데 상제上帝의 명령으로 도읍을 동부여로 옮겼다는 왕이다.

그런데 지금 우리는 부여의 역사를 잘 알 수가 없다. 이를 자세히 기록한 사서가 전혀 전하지 않는 데다가, 부여 출신인 주몽朱蒙이 고구려를 건국하는 과정에서 천제의 아들이라며 부여의 시조인 동명왕東明王을 자칭하는 바람에 그 역사가 고구려의 역사와 서로 섞이고 만 까닭이다. 주몽을 동명성왕이라 부르지만 기실 동명은 부여의 시조였다.[자료2] 주몽이 부여의 시조 설화를 차용하여 자신의 권력을 수식한 셈이다.

먼저 부여가 성립한 시기부터가 오리무중이다. 『삼국유사』는 『고기古記』를 인용하여, 기원전 59년에 천제天帝가 오룡거五龍車를 타고 흘승골성訖升骨城에 내려와 나라를 세우고 국호를 북부여北扶餘라 했으며 자신은 해모수解慕漱라 칭했다고 기록했다.[자료3] 그러나 기원전 59년을 부여가 처음 건국한 해로 볼 수는 없다. 이보다 30여 년이나 앞선 시기에 편찬된 사마천의 『사기』에 이미 부여가 보이기 때문이다. 그 화식전貨殖傳에 연燕이 북쪽으로는 오환烏桓·부여와 국경을 맞대고 있다는 기사가 있다.[자료4]

연이 부여와 국경을 맞대고 있었다면, 연이 멸망한 해가 기원전 222년이니 늦어도 이때에는 부여가 존재한 것이 된다. 그러나 이 무렵에 부여가 처음 성립했다고 볼 수는 없다. 믿을 만한 자료가 거의 없는 형편에서, 부여의 기원과 관련해서는 역시 그 시조가 단군의 아들로 기록된 사실에 주목하는 것이 온당한 태도일 것이다. 단군의 후예가 부여를 건국했다는 이 전승의 골자는 입으로 후세에 전해진 우리 역사의 원형을 보여주는 내용이 아닐까 여겨지기 때문이다.

이와 관련해서, "부여의 옛 풍속에, 비오고 가무는 날씨의 구성이 조화롭지 못해 곡식이 잘 익지 않으면 그 허물이 문득 왕에게 돌아가 어떤 사람은 왕을 죽여야 한다고 했고 어떤 사람은 바꿔야 한다고 했다."는 기록을 참고할 필요가 있다.[자료5] 옛 풍속이라고만 써서 정확히 어느 시기의 일인지 알 수 없지만 부여가 성립한 초기의 정치 상황을 전하는 내용임이 틀림없다. 이에 따르면 부여의 왕은 날씨에 책임이 있었다는 것인데, 이는 그가 하늘의 아들 곧 '천제지자天帝之子'로 여겨졌음을 의미한다. 정확히 단군의 성격과 일치하는 셈이다. 그리고 또 부여 사람은 자신이 어디에선가로부터 이주해온 사람들이라 했다는 것도 그 기원과 관련해 주목할 사실이다.[자료5]

이러한 기록들과 동북아 역사의 전반적인 맥락을 종합하여 유추해볼 때, 부여는 왕검조선에서 정변이 일어나 기자조선으로 전환할 때 밀려난 단군계의 예족 세력이 동쪽으로 이동해 세운 나라로 보는 것이 가장 타당한 이해라고 생각된다. 그리고 부여의 건설에는 단군의 모계로 전하는 웅녀계 맥족 세력도 일부 참여했으리라 짐작된다.

해모수가 북부여를 세웠다는 『고기』의 설화는 『동명왕편東明王篇』이 전한 『구삼국사舊三國史』 「동명왕본기東明王本紀」의 내용과 그 기본 구성이 같은데 여기서 기원전 59년이라는 햇수는, 주몽을 해모수의 아들로 설정하게 된 부분과 관련하여, 기원전 37년에 주몽이 고구려를 세우기에 앞서 그 아버지인 해모수가 북부여 땅을 차지한 것으로 만드는 게 합리적이라 생각한 결과가 이렇게 나타난 것이 아닌가 여겨진다. 부루왕이 동부여로 도읍을 옮겨가고 그 자리에 해모수를 자칭하는 세력이 자리를 잡았다는 내용이 실제 사실이라면, 동부여가 생긴 해를 부여의 건국 기원으로 잘못 기록한 것일 수도 있다.

부여라는 나라 이름의 어원에 관해서는, '본디 부여는 녹산鹿山에 살았다[初, 夫餘居於鹿山]'는 『자치통감』의 기록을 근거로 순록馴鹿을 뜻하는 만주어 'puhu'에서 왔다는 설, 예濊의 중국어 발음이 'hui'인 데서 연원했다는 설 등이 있지만, 넓은 벌판을 뜻하는 우리말 벌[伐·火·弗] 혹은 부리[夫里·喙·嘴]를 표기한 것이라는 설이 더 설득력 있게 받아들여지고 있다. 벌판을 무대로 자립한 여러 세력이 모여 부여를 형성한 데서 생긴 국호가 아닌가 하는 것이다.

부여의 위치에 관해서는 『삼국지』에 "장성 북쪽에 있으며 현도군으로부터 1천 리가 떨어져 있다. 남쪽으로는 고구려와, 동쪽으로는 읍루와, 서쪽으로는 선비와 국경을 접하며 그 북쪽에 약수가 흐른다. 국토는 네모나게 생겨 사방 2천 리이고, 민호民戶의 수는 8만이다. 산언덕과 넓은 호수가 많지만 동이 지역에서는 가장 평평하고 탁 트인 땅이다."라고 한 기록을 참고할 수 있다.

이에 따르면 3세기 무렵의 부여 영역은 대략, 서쪽으로 서요하西遼河 일대에서 오환烏桓(기원전 3세기 말~기원전 1세기)·선비鮮卑(기원전 1세기~기원후 5세기)와 접하고, 동쪽으로는 읍루挹婁를 장악하여 연해주 일대에 이르렀으며, 북쪽으로는 흑룡강 유역에 달하고, 남쪽으로는 고구려와 경계를 두고 있었던 것이 된다. 지금의 장춘長春, 길림吉林, 농안農安을 잇는 삼각 지대가 후기 부여 곧 동부여의 중심을 이뤘다고 보는 게 일반이다.

부여는, 북부여에 있다가 동부여로 옮겼다든가 옛 부여의 풍속에 왕이 날씨에 대한 책임을 졌다든가 하는 기록에서 짐작할 수 있듯이, 긴 역사 과정에서 영역과 중심지도 옮겨지고 정치 체제도 크게 변화했다. 그러나 지금으로서는 그 구체적인 내력을 잘 알수가 없는 형편이다. 아직은 무엇 하나 확실하다고 말할 수 있는 게 없다고 해도 과언이 아니다. 그러기엔 근거가 불충분한 것이다. 부여의 역사는 앞으로 집중적인 조사와 연구가 무엇보다 절실한 분야이다.

부여의 정치

부여 초기에는 왕검조선을 계승한 신정정치가 이루어져 왕권은 경우에 따라 매우 강할 수도, 또 약할 수도 있었다. 다행히 일기日氣가 조화롭고 농사가 잘 되어 생활이 풍족해지면 그 모든 공이 왕에게 돌아가고, 그렇지 않으면 그 허물이 죄다 왕에게 돌려졌기 때문이다. 그러나 후기로 갈수록 제도가 정비되고 체제가 갖추어져 왕권이 점차 안정되었다. 기원후 3세기 무렵, 부여의 정치는 국왕이 있고, 그 밑에 소국의 왕으로서 독자적인 지배 기반을 가진 '가加' 계급과 저마다 독특한 재능을 가지고 국사에 참여하는 '사자使者' 층에 의해 운영되었다.

'가'들은 주요한 여섯 가축의 이름을 관명으로 써서 마가馬加 · 우가牛加 · 저가豬加 · 구가狗加 등으로 불렀는데, 저마다 다스리는 읍락을 여럿 거느리고 있었으며, 국정에 참여하면서 관료로서 관할하는 별도의 읍락도 가지고 있었다. 이런 별도의 읍락은 사출도四出道라고 불렀다. 영토 내의 각 지방으로 가는 사방의 길을 따라 관할 지역을 나누었기 때문에 붙여진 이름일 것이다. 부여뿐 아니라 고구려에도 '가加'가 있었는데, '가'는 신라의 '간干'과 마찬가지로 왕王에 대응하는 우리말이다.

그리고 '사자'에는 대사大使, 대사자大使者, 사자使者 등이 있었다. '사자' 층이 분화되어 대소로 나뉜 형태다. 그런데 여기서 '가'와 '사자' 사이에 '대사'라는 관명이 있는 것이 주목된다. 대사는 그 직능이 '사자'와 같은 성격을 지녔으나 '가' 계급 출신이 이 관직을 맡았기 때문에, 앞에 '대'자를 붙여 높은 관직임을 나타내고 '사자'에서 얕잡아 부르는 말뜻을 가진 '자' 자를 빼서 이렇게 일컫은 것이라 짐작된다. 즉 왕권이 강화되면서 '사자'의 정치적 위치가 높아지고 전문직자로서의 기능이 중시되자 '가' 계급 출신의 자제들이 '사자'의 직능을 수행하기 시작했고, 그 결과 새로운 관명이 성립한 것이었다. '대사' 직은 왕권 강화의 산물이었던 셈이다.

전쟁이 나면 '가'들이 몸소 군사를 거느리고 나가 전투에 임했다. 이는 '가'가 부여를 형성하는 주체이기 때문이기도 하지만, 전투 행위 자체가 매우 중요한 생산 활동이기도 한 까닭이었다. 따라서 논공행상이 매우 엄하고 철저했다. 공을 많이 세운 '가'는 노획한 적의 군사를 상으로 많이 받아 노비로 거느렸으며, 값비싼 전리품도 많이 배정받았다. '가'가 죽으면 사람을 죽여 순장을 하는데 많을 때는 백 명 가량 되었다고 한다. 가는 이처럼 노예 소유자적 성격을 띤 고대 사회의 지배자였던 것이다.

부여의 사회

부여의 읍락邑落에 사는 민인民人들은 부강한 호민豪民과 하호下戶라고 부르는 하층의 영세 빈민들로 분화되어 있었는데, 하호는 마치 노복奴僕과도 같은 처지에 놓여 있었다. 신분은 노복이 아니지만 사회경제적 처지가 노복이나 다름없었던 것이다. 왕족과 제가諸加가 주인의 위치에서 하호를 노복처럼 혹독하게 부렸고, 일부의 호민도 이에 가담했을 것이다. 기록에는 제가가 읍락을 통주統主한다고 했는데, 이는 중앙의 귀족 지배층이 노예 주인이나 마찬가지의 위치에서 읍락의 토지를 소유하고 하호를 지배함을 전하는 내용이다.

하호의 다수는 농지를 조금 가지고 있거나 없어 이것만으로는 생계를 꾸리기 힘든 소농 또는 빈농이었다. 하호 밑에는 따로 노비가 있었다. 살인자의 가족을 노비로 삼았다고 하는데, 전쟁에서 잡힌 포로도 노비가 되었을 것이다. 힘 있는 지배자가 죽으면 사람을 죽여 순장했는데 많은 경우엔 백여 명이나 되었다. 노비에 대한 제가의 지배 강도가 이만큼 강했던 셈이다. 적이 침입하면 제가가 몸소 전투를 하고 하호는 양식을 져다가 음식을 만들어주었다.

부여 사람들은 흰 옷을 좋아하여, 큰 소매가 달린 도포와 바지를 흰 베로 지어 입고 가죽신을 신었다. 그렇지만 외국에 나갈 때는 비단에 수놓은 옷이나 장식된 모직 옷을 즐겨 입었으며, 지배층은 이 위에 가죽으로 된 갓옷을 입고 금은으로 장식한 모자를 썼다. 부여에서는 대추만 한 크기의 옥이 생산되었고, 가축을 잘 길러 다양하고 좋은 가죽을 많이 만들어냈다.

부여는 형벌을 매우 엄하게 과하여 살인자는 물론이고 음란하거나 투기한 부인을 사형에 처했다. 특히 투기한 부인에 대한 처벌이 무거워 죽은 시신을 산 위에 버려 썩게 만들었으며 가족들이 이를 수습하려면 소나 말을 바쳐야 했다. 그리고 부여에는 정월마다 하늘에 제사를 지내는 풍습이 있어, 이를 모든 사람들이 먹고 마시며 춤추고 노래하는 거국적인 축제로 삼았다. 이 기간에는 죄수에 대한 형벌의 집행을 중지하고 중죄가 아니면 풀어주기도 했다.[자료5]

예족 사회의 여러 면모 – 예와 옥저

지금의 조양을 중심으로 독자의 사회를 이루던 예족 중 얼마나 많은 이들이 본거지를 떠나 동쪽으로 이동했는지 지금으로서는 알 길이 없다. 그들 중 많은 수가 단군계를 중심으로 결집하여 부여를 건설했고, 여기에는 단군의 외가 쪽 맥족계도 일부 참여했다. 그러나 떠나온 예족 중에는 맥족과의 연합을 거부하고 예족만의 사회 건설을 추구한 세력도 있었다. 이들은 부여의 건국에 참여하지 않고 방향을 더 남쪽으로 향했다. 동예와 동옥저가 그들이다. 기록에는 '예'와 '옥저'로도 나타나지만, 이들이 동쪽으로 유이해 와서 따로 독자의 사회를 건설한 이들임을 특히 강조할 때는 '동예', '동옥저'라고 했다.

본거지를 떠난 예족은 서요하를 거쳐 북으로는 흑룡강 유역에, 남으로는 압록강을 건너 동해안에 이르렀으며, 이들이 지나온 곳 여기저기 매우 광범한 지역에 두루 퍼져 각기 독자적인 정치집단을 형성했다. 동해안 지역에 이른 예족은 임둔臨屯이라는 정치집단을 형성했고, 압록강 · 혼강 지역의 예족은 맥족과 섞여 고구려의 기반세력으로 성장했으며, 길림 · 장춘 지역의 예는 부여의 형성에 참여했다. 부여국의 창고에는 '예왕지인濊王之印'이라 새겨진 도장이 있었다고 한다.[자료6]

예족이 처음 문헌에 보이는 것은 기원전 128년에 예군 남려濊君南閭가 한의 요동군에 투항했다는 기사를 통해서이다.[자료7] 한漢은 예 땅에 창해군을 설치했다가 3년 만에 폐지했다. 창해군의 위치에 대하여는 ① 압록강 및 동가강 유역설, ② 동해안설, ③ 압록강 및 동해안설 등이 있으나, 남려의 예는 동예가 아닌 별개의 정치집단으로 여겨지므로 동해안설에는 동의하기 곤란하다.

기원전 2세기 초 위만조선에 복속되었던 임둔은 기원전 108년 위만조선이 멸망하자 한의 임둔군으로 편제되었다. 그러나 군현의 경영이 어려워지자 한은 기원전 82년에 임둔군의 15개 현 가운데 일부를 현도군에 이속시키고 나머지는 폐지했다. 또 고구려 지역 예맥족의 저항으로 현도군마저 위협을 받게 되자 기원전 75년에는 현도군을 흥경 노성방면으로 옮기고(제2현도군) 현도군에 이속되었던 현들 중에서 탄탄대령單單大領의 동쪽 7현은 낙랑군에 동부도위를 두어 관할토록 했다. 이 동부도위는 105년 동안 유지되다가 30년에 폐지되었는데, 이때 영동7현은 한의 후국侯國으로 봉해져 각각 독립된 정치집단으로 존속했다. 그 가운데 부조현夫租縣을 제외한 6현이 동예를 형성한 중심세력이다. 동예는 결국 고구려에 복속되었으나 그 시점은 분명치 않다. 대략 고구려의 태조왕 대가 아닌가 여겨진다.

옥저는 영동7현 가운데 부조현의 예족 세력이 형성한 정치집단이었다. 옥저라는 이름도 부조현에서 비롯된 것이다. 동옥저東沃沮라고도 불린 이 세력은 그 영역이 남북으로 길게 뻗어 있어서 흔히 북옥저와 남옥저로 나누어 일컬었는데, 남옥저의 중심지는 지금의 함흥지역에 있었으며 정평 일대에서 동예와 접경한 것으로 여겨진다. 북옥저의 중심지는 치구루置溝婁라 했다고 하는데, 그 위치에 대해서는 두만강 하류 훈춘설琿春說 · 함북 경성설鏡城說 · 간도 국자가설局子街說 등 여러 설이 있다. 길림 지역에 있던 부여국이 185년에 모용慕容 선비鮮卑의 공격을 받아 국왕 의려依慮가 자살하자, 왕의 자제와 귀족들이 북옥저로 이주하여 다음해 진晉의 도움으로 나라를 회복할 때까지 머물렀다. 이때 북옥저에 잔류한 부여의 정치세력이 치구루에 왕성인 여성餘城을 두고 세운 나라가 바로 동부여였던 것이 아닌가 여겨진다. [자료8]

예족 사회의 문화와 풍속

예족 사회는 천신天神의 아들인 단군을 중심으로 결집하여 이룬 사회였으므로 무엇보다 하늘에 대한 제사 곧 제천 행사가 중시되었다. 부여의 영고迎鼓, 동예의 무천舞天 등은 날씨를 관장하는 천신에 대해 그 해의 수확을 감사하는 제사 의식이었는데, 그 행사 중에 제가회의諸加會議를 열어 국가 중대사를 결정하고 형옥刑獄을 중단하여 죄수를 풀어주었다. 풍속은, 형벌을 매우 엄격하게 적용했으며 영혼불멸을 믿어 금기禁忌가 많았다. 특히 동예는 금기 사항이 많아 사람이 병들거나 죽으면 옛집을 버리고 곧 새집을 지었다고 한다. 또 산천山川 곳곳에 신성지역神聖地域을 설정해놓고 함부로 들어가지 않았다. 읍락 상호간에는 서로의 생활영역을 중시하여 다른 읍락의 영역을 함부로 침범하지 않았으며, 만약 이를 어길 경우에는 그 벌로 노비나 우마牛馬로써 물어주었는데 이러한 풍습을 책화責禍라고 했다. [자료9]

이와 같이 읍락의 공동체적 성격이 강했을 뿐만 아니라 친족 집단의 공동체적 성격도 매우 강했다. 이런 면모가 그 혼인제도에 잘 반영되어 나타나는데, 부여의 형사취수혼兄死娶嫂婚의 풍습이 대표적이다. 이 제도는 죽은 형의 재산과 어린 자식의 분리를 방지하여 가족 공동체를 보호하려는 목적에서 선호된 것이었다. 옥저의 예부제預婦制는 혼인으로 인하여 노동력에 손실이 발생하는 가족집단에 대해 일정한 대가를 치르도록 한 제도였다.

동예와 동옥저는 예족만의 사회를 유지하려는 힘겨운 노력의 산물이었으나 현실은 가혹했다. 예족의 다수가 이룬 부여에도 맥족의 일부가 참여했거니와, 대세는 역시 예·맥이 함께 공존하며 상호 연대와 협력을 통해 공영의 길을 모색하는 방향이었다. 준왕이 마한으로 피신한 후에도, 그동안 기자조선을 이뤘던 예·맥의 지배 세력은 진왕을 따로 뽑아 진국의 연맹 체제를 유지했다. 위만조선도, 고구려도, 삼한도 모두 예·맥이 공동으로 이룬 나라였다. 예족만의 사회를 추구하는 것이 시대의 변화에 제대로 대응하는 방향일 수 없었다.

예·맥이 공동으로 형성한 대세력의 틈바귀에서 동예와 동옥저는 독자성을 그대로 유지하며 살아남기 어려웠다. 결국 이들은 자신의 독자성을 가능한 한 보장함을 조건으로 고구려에 신속했다. 고구려는 융화融和를 단호하게 거부하는 동예와 동옥저의 지배층에서 고구려에 우호적인 이를 선발하여 사자使者로 삼고 이들에게 자치를 맡기는 한편, 고구려의 상相으로 하여금 이들을 통솔하도록 했다. 간접 지배의 방식을 택한 것이었다. 그리고 동예와 동옥저의 각 읍락들이 부담해야 할 조부의 수취와 관련한 일체의 사무를 고구려의 제가들에게 나누어 맡겼다. 시간이 지날수록 예족만의 사회는 그 빛을 바래갔다.

자료1

『단군기壇君記』에 이르길, "단군이 서하西河 하백의 딸과 친하여 아들을 낳으니 이름을 부루라 했다."고 했다. 지금 이 기록을 살펴보면 해모수는 하백의 딸과 정을 통한 후 주몽을 낳았다. 『단군기』에서는 "아들을 낳아 이름을 부루라 했다."고 했으니, 부루와 주몽은 배다른 형제이다.

原文 壇君記云 君與西河河伯之女要親 有産子 名曰夫婁 今按此記 則解慕漱 私河伯之女 而後産朱蒙 壇君記云 産子名曰夫婁 夫婁與朱蒙 異母兄弟也

_『삼국유사』권1, 「기이」1, 고구려

자료2

처음에 북이北夷의 색리국왕索離國王이 출타 중 그의 시녀侍女가 후궁에서 임신을 했다. 왕王이 돌아와서 그녀를 죽이려 하자 시녀가 말하기를, "지난번 하늘에 크기가 달걀만 한 기운[氣]이 있어 저에게로 떨어져 내려오는 것을 보았는데, 이로 인하여 임신이 되었습니다."고 했다. 왕이 그녀를 가두었는데, 후에 마침내 아들을 낳았다. 왕이 아이를 돼지우리에 두게 했으나, 돼지가 입김을 불어주어 죽지 않았다. 다시 마구간에 옮겼으나 말도 역시 그와 같이 해주었다. 왕이 그 아이를 신이하게 생각하여 그 어머니가 거두어 기르도록 하고, 이름을 동명東明이라 했다. 동명이 장성하여 활을 잘 쏘니 왕이 그의 용맹함을 꺼리어 다시 죽이려고 했다. 동명이 도망하여 남쪽으로 엄시수掩㴦水에 이르러, 활로 물을 치니 고기와 자라들이 모두 모여 물 위에 떠올랐다. 동명은 밟고 물을 건너 부여夫餘에 이르러 왕이 되었다.

原文 初 北夷索離國王出行 其侍兒於後姙身 王還 欲殺之 侍兒曰 前見天上有氣 大如雞子 來降我 因以有身 王囚之 後遂生男 王令置於豕牢 豕以口氣噓之 不死 復徙於馬蘭 馬亦如之 王 以爲神 乃聽母收養 名曰東明 東明長而善射 王忌其猛 復欲殺之 東明奔走 南至掩㴦水 以弓擊 水 魚鼈皆聚浮水上 東明乘之得度 因至夫餘而王之焉

_『후한서』권85, 「동이열전」75, 부여

자료3

고기古記에 이르길, 전한前漢 선제宣帝 신작神爵 3년 임술 4월 8일에 천제가 흘승골성訖 升骨城(대요大遼의 의주醫州 경계에 있다)에 내려왔는데, 오룡거五龍車를 타고 와 도읍을 세우고 왕이라 칭하고는 나라를 북부여라 하며 스스로 해모수解慕漱라 칭했다. 아들을 낳아 이름을 부루扶婁라 하고 해解를 성씨로 삼았다. 왕은 후에 상제上帝의 명으로 도읍을 동부여로 옮겼다. 동명제는 북부여를 계승하여 일어나 졸본주卒本州에 도읍을 세우고 졸본부여卒本扶餘라 하니, 즉 고구려의 시조이다.

> **原文** 古記云 前漢宣帝神爵三年壬戌四月八日 天帝降于訖升骨城(在大遼醫州界) 乘五龍車 立都稱王 國號北扶餘 自稱名解慕漱 生子名扶婁 以解爲氏焉 王後因上帝之命 移都于東扶餘 東明帝繼北扶餘而興 立都于卒本州 爲卒本扶餘 卽高句麗之始祖
>
> _「삼국유사」권1, 「기이」1, 북부여

자료4

연 또한 발해渤海와 갈석산碣石山 사이에 있는 큰 도회지이다. 남으로는 제齊·조趙와 통하고, 동북으로는 오랑캐와 접한다. 상곡上谷에서 요동遼東에 이르기까지 땅이 멀어, 백성이 적고 자주 노략질을 당했다. 조趙·대代의 풍속과 대체로 비슷하며, 백성은 독수리처럼 항거하나 생각이 없다. 생선, 소금, 대추, 밤 등이 많이 난다. 북으로 오환烏桓, 부여夫餘와 접하고, 동으로 예맥穢貉, 조선朝鮮, 진번眞番의 이익과 얽혀 있다.

> **原文** 夫燕亦勃碣之閒一都會也 南通齊趙 東北邊胡 上谷至遼東 地踔遠 人民希 數被寇 大與趙代俗相類 而民雕捍少慮 有魚鹽棗栗之饒 北鄰烏桓夫餘東綰穢貉朝鮮眞番之利
>
> _「사기」권129, 「화식열전」69

자료5

부여夫餘[주1]는 장성長城[주2]의 북쪽에 있는데, 현도玄菟에서 천 리쯤 떨어져 있다. 남쪽은 고구려와, 동쪽은 읍루와, 서쪽은 선비와 접해 있고, 북쪽에는 약수弱水[주3]가 있다. (국토의 면적은) 사방 2천 리가 되며, 호수戶數는 8만이다. 그 나라 사람들은 정주생활을 하며, 궁실宮室과 창고 및 감옥[牢獄]을 가지고 있다. 산릉山陵과 넓은 연못이 많아서 동이東夷 지역에서는 가장 넓고 평탄한 곳이다. 토질은 5곡穀[주4]이 자라기에는 적당하지만 5과果[주5]는 생산되지 않는다. 그 나라 사람들은 체격이 크고 성질은 굳세고 용감하며, 근엄·후덕하여 다른 나라를 쳐들어가거나 노략질하지 않는다.

나라에는 군왕君王이 있고, 모두 여섯 가축[六畜]의 이름으로 관명官名을 지은 마가馬加·우가牛加·저가豬加·구가狗加·견사犬使·견사자犬使者·사자使者[주6]가 있다. 읍

주1 부여(夫餘) : 국내 문헌에는 '扶餘'로 표기되어 있다. 부여라는 명칭의 유래에 대해서는, ① 신명(神明)을 뜻하는 '붉'에서 기원하여 평야를 뜻하는 '벌(伐 → 夫里 → 夫餘)'로 변했으리라는 설(崔南善), ② 만주어로 사슴을 Puhu, 몽고어로 Pobgo라 하는 것으로 보아, 부여 사람들이 그 울음소리가 하늘에 닿는다고 생각하여 흔히 제천의식(祭天儀式)에서 사용하던 사슴을 부르는 말에서 기원했으리라는 설(白鳥庫吉), ③ 예(濊)의 한음(漢音)인 '후이'가 부여로 표기된 것이라는 설(李趾麟) 등이 있다.

주2 장성(長城) : 여기서의 장성은 현재의 만리장성이 아닌 연(燕)·진(秦) 시대의 장성을 가리킨다. 1975년 이후 중국에서 발굴한 바에 따르면, 당시 장성의 동쪽 끝이 3차 현도군의 군치(郡治)인 무순(撫順) 지역과 거의 일치하는 요하(遼可) 본류에 이른다고 한다.

주3 약수(弱水) : 약수라는 명칭은 『상서(尙書)』 우공편(禹貢篇)에 처음 보인다. 그 위치에 대하여는, ① 현재의 흑룡강이라는 설(井上秀雄), ② 송화강의 지류인 눈강(嫩江)이라는 설(白鳥庫吉)이 있다. 그런데 『진서(晉書)』에, '숙신(肅愼)은 북쪽 끝으로 약수에 닿아 있다(肅愼北極弱水)'고 한 것을 보면, 이는 부여뿐 아니라 숙신=읍루의 북쪽까지 경유하여 흐르는 강을 지칭한다 할 것이므로 흑룡강설이 더 설득력이 있다고 여겨진다.

주4 5곡 : 지역과 시대에 따라 약간의 이동(異同)이 있으나, 대략 참깨·조·참피·보리·콩을 일컫는다(千寬宇, 「『三國志』韓傳의 再檢討」, 『震檀學報』, 41, p.36).

주5 5과 : 복숭아·오얏·살구·밤·대추.

락邑落에는 호민豪民이 있으며, 하호下戶라고 부르는 이들은 모두 노복奴僕처럼 지낸다. 모든 가加들은 별도로 사출도四出道를 주관하는데, 큰 경우는 수천 가家를 주관하고 작은 경우는 수백 가家이다. …… 나라의 노인들은 스스로를 옛 망명인이라 말한다. 은력殷曆 정월에 지내는 제천행사祭天行事는 국중대회國中大會로 날마다 마시고 먹고 노래하고 춤추는데, 그 이름은 영고迎鼓[주8]라 했다. 이때에는 형옥刑獄을 중단하고 죄수를 풀어주었다. 국내에 있을 때의 의복은 흰색을 숭상하며, 흰 베로 만든 큰 소매 달린 도포와 바지를 입고 가죽신을 신는다. 외국에 나갈 때는 비단옷·수놓은 옷·모직옷을 즐겨 입고, 대인大人은 그 위에다 여우·살쾡이·원숭이·희거나 검은 담비 가죽으로 만든 갖옷을 입었으며, 또 금·은으로 모자를 장식했다. 통역인이 이야기를 전할 때에는 모두 꿇어앉아서 손으로 땅을 짚고 가만가만 이야기한다. 형벌은 엄하고 각박하여 사람을 죽인 사람은 사형에 처하고 그 집안사람은 적몰籍沒하여 노비로 삼는다. 도둑질을 하면 (도둑질한 물건의) 12배를 변상하게 했다. 남녀 간에 음란한 짓을 하거나 질투하는 부인은 모두 죽였다. 투기하는 것을 더욱 미워하여 죽이고 나서 그 시체를 나라의 남산 위에 버려서 썩게 한다. 친정집에서 (그 부인의 시체를) 가져가려면 소와 말을 바쳐야 내어 준다. 형이 죽으면 형수를 아내로 삼는 것은 흉노匈奴의 풍습과 같다. …… 나라의 노인들은 자신들이 옛날 (다른 데에서) 망명한 사람들이라고 말한다. …… 옛 부여의 풍속에는 가뭄이나 장마가 계속되어 5곡이 영글지 않으면 그 허물을 문득 왕에게 돌려 '왕을 마땅히 바꾸어야 한다'고 하거나 '죽여야 한다'고 했다.

原文 夫餘在長城之北 去玄菟千里 南與高句麗 東與挹婁 西與鮮卑接 北有弱水 方可二千里 戶八萬 其民土著 有宮室倉庫牢獄 多山陵廣澤 於東夷之域最平敞 土地宜五穀 不生五果 其人 麤大 性彊勇謹厚 不寇鈔 國有君王 皆以六畜名官 有馬加牛加豬加狗加犬使犬使者使者 邑落有 豪民 名下戶皆爲奴僕 諸加別主四出道 大者主數千家 小者數百家 …… 國之耆老自說古之亡人 …… 以殷正月祭天 國中大會 連日飲食歌舞 名曰迎鼓 於是時斷刑獄 解囚徒 在國衣尙白 白布 大袂袍袴履革鞜 出國則尙繒繡錦罽 大人加狐狸狖白黑貂之裘 以金銀飾帽 譯人傳辭 皆跪 手 據地竊語 用刑嚴急 殺人者死 沒其家人爲奴婢 竊盜一責十二 男女淫 婦人妒 皆殺之 尤憎妒 已 殺 尸之國南山上 至腐爛 女家欲得 輸牛馬乃與之 兄死妻嫂 與匈奴同俗 …… 舊夫餘俗 水旱不 調 五穀不熟 輒歸咎於王 或言當易 或言當殺

_ 『삼국지』권30, 「위서」30, 동이전 부여

주6 4가(加)와 3사자(使者) : 신채호는 4가를 윷 말판의 도·개·걸·윷에 대응하는 명칭으로 보았으며, 전봉덕은 마가의 마는 '마리·므르'의 표음으로 보아 신라의 마립간(麻立干)과 같은 계통의 관명으로, 우가의 우는 '우·위'의 음역으로 보아 고구려의 우태(優台)와 같은 관명으로 보았다. 가는 간(干)·한(韓)과 마찬가지로 본디 추장(酋長)·수장(首長)을 지칭하던 말로서 독자적인 왕자(王者)에 대한 호칭으로만 쓰이다가 점차 고위 관료층을 부르는 말로도 쓰였고 뒤에는 지배신분층에 대한 범칭으로 쓰임이 확대되었다. 사자는 가 층에 종사하며 행정적 업무를 담당하는 관인으로서 중국화한 관명이다. 판본에 따라 견(犬)이 대(大)로 되어 있기도 하다.

주7 가(加) : '가(加)'라고 불린 부여의 최고 지배 세력은 본래부터 지배하여 오던 읍락과는 별도로 사방으로 뻗은 교통로를 각기 장악하고 그 주변 읍락의 수백에서 수천에 이르는 민호(民戶)를 지배하고 있었다. 여기서 제가가 따로 사출도를 주관한다 함은 이러한 사정을 말한 것이다.

주8 영고(迎鼓) : 부여어(夫餘語)의 단순한 한자 표기인지, 아니면 한자로서 의미를 갖는 단어인지 분명치 않지만, 북을 신성한 물건으로 생각한 예맥 사회의 풍속으로 보아 영고(迎鼓)는 곧 영신(迎神)의 뜻이리라고 이해되고 있다. 은력(殷曆) 정월은 12월에 해당하는데, 이처럼 12월에 추수감사제를 행한 것은 아마도 부여가 수렵사회의 전통을 이어온 때문일 것이다.

자료6

지금 부여의 창고에는 옥으로 된 벽璧 · 규珪 · 찬瓚 등 여러 대에 걸쳐 내려온 물건이 있어 대대로 보물로 여기는데 노인들이 말하길 선대先代 왕이 하사하신 것이라 한다. 그 인문印文이 '예왕지인濊王之印'이라 찍혀 있다.

> **原文** 今夫餘庫有玉璧珪瓚數代之物 傳世以爲寶 耆老言先代之所賜也 其印文言 濊王之印
>
> _「삼국지」권30, 「위서」30, 동이전 부여

자료7

원삭元朔 원년에 예군濊君 남려南閭 등이 우거右渠를 배반하여 28만구萬口를 이끌고 요동遼東에 귀속했으므로, 무제武帝는 그 지역으로 창해군蒼海郡을 만들었으나 수년 후에 곧 폐지했다.

> **原文** 元朔元年 濊君南閭等 畔右渠 率二十八萬口詣遼東內屬 武帝以其地爲蒼海郡 數年乃罷
>
> _「후한서」권85, 「동이열전」,75, 예

자료8

주9 개마대산(蓋馬大山) : 유형원(柳馨遠)은 『반계수록』에서 오늘날의 평안남도와 함경남도를 가로지르는 병풍산 일대로 비정했으나, 정약용은 『강역고』에서 개마(蓋馬)를 해마니(奚摩尼)로 풀이하여 백두산으로 비정했다.

주10 삼로(三老) : 전국시대 이래 현(縣) 아래의 조직인 향(鄕)의 우두머리에게 붙이던 명칭.

동옥저東沃沮는 고구려 개마대산蓋馬大山[주9]의 동쪽에 있는데, 큰 바닷가에 접해 산다. 그 지형은 동북간은 좁고 서남간은 길어서 천 리 정도나 된다. 북쪽은 읍루 · 부여와, 남쪽은 예맥과 접하여 있다. 호수戶數는 5천 호인데, 대군왕大君王은 없으며 읍락에는 각각 대를 잇는 우두머리[長帥]가 있다. 그들의 말은 고구려와 대체로 같지만 경우에 따라 좀 다른 부분도 있다. …… 옥저의 여러 읍락의 거수渠帥들은 스스로를 삼로三老[주10]라 일컬으니 그것은 예전에 (한나라) 현縣이었을 때의 제도이다. 나라가 작아서 큰 나라 사이에서 핍박을 받다가 결국 고구려에 신속하게 되었다. 고구려는 그 중에서 대인大人을 두고 사자使者로 삼아 함께 통치하게 했다. 또 대가大加로 하여금 조세를 통괄 수납케 하여 맥貊 · 포布 · 어魚 · 염鹽 · 해초류海草類 등을 천 리나 되는 거리에서 져 나르게 하고 또 동옥저의 미인을 보내게 하여 종이나 첩으로 삼았으니 그들을 노복처럼 대우했다. 동옥저의 토질은 비옥하며 산을 등지고 바다를 향해 있어 5곡穀이 잘 자라며 농사짓기에 적합하다. 사람들의 성질은 질박하고 정직하며 굳세고 용감하다. 소나 말이 적고 창을 잘 다루며 보전步戰을 잘한다. 음식 · 주거 · 의복 · 예절은 고구려와 흡사하다.

『위략魏略』에 따르면, 그 나라의 혼인하는 풍속은 여자의 나이가 10살이 되기 전에 혼인을 약속한다. 신랑집에서는 그 여자를 맞이하여 장성하도록 길러 아내로 삼는다. 여자가 성인이 되면 다시 친정으로 돌아가게 한다. 여자의 친정에서는 돈을 요구하는데 신랑집에서 돈을 지불한 후 다시 신랑집으로 돌아온다.

…… 북옥저北沃沮는 일명 치구루置溝婁[주11]라고도 하는데 남옥저南沃沮[주12]와는 800여 리 떨어져 있다. 그들의 풍속은 남·북이 서로 같으며, 읍루와 접해 있다. 읍루는 배를 타고 다니며 노략질하기를 좋아하므로 북옥저는 그들을 두려워하여 여름철에는 언제나 깊은 산골짜기의 바위굴에서 살면서 수비하고 겨울철에 얼음이 얼어 뱃길이 통하지 않아야 산에서 내려와 촌락에서 산다.

原文 東沃沮在高句麗蓋馬大山之東 濱大海而居 其地形東北狹 西南長 可千里 北與挹婁夫餘 南與濊貊接 戶五千 無大君王 世世邑落各有長帥 其言語與句麗大同 時時小異 …… 沃沮諸邑落渠帥 皆自稱三老 則故縣國之制也 國小 迫于大國之間 遂臣屬句麗 句麗復置其中大人爲使者 使相主領 又使大加統責其租稅 貊布魚鹽海中食物 千里擔負致之 又送其美女 以爲婢妾 遇之如奴僕 其土地肥美 背山向海 宜五穀 善田種 人性質直彊勇 少牛馬 便持矛步戰 食飮居處 衣服禮節 有似句麗

魏略曰 其嫁娶之法 女年十歲 已相設許 壻家迎之 長養以爲婦 至成人 更還女家 女家責錢 錢畢 乃復還壻

…… 北沃沮一名置溝婁 去南沃沮 八百餘里 其俗南北皆同 與挹婁接 挹婁喜乘船寇鈔 北沃沮畏之 夏月恆在山巖深穴中爲守備 冬月冰凍 船道不通 乃下居村落

_『삼국지』권30, 「위서」30, 동이전 동옥저

주11 치구루(置溝婁) : 구루는 예맥어로 성(城)을 뜻하는 말이다. 차구루라고도 불린 북옥저는 현재 간도 지방의 혼춘(琿春)에 있었던 것으로 비정된다.

주12 남옥저(南沃沮) : 남북으로 길게 뻗은 옥저의 영역 중 함흥을 중심으로 한 본래의 옥저를 북옥저에 대비하여 일컫은 말로 풀이된다.

자료9

예濊는 남쪽으로는 진한과 북쪽으로는 고구려·옥저와 접했고, 동쪽으로는 큰 바다에 닿았으니 오늘날 조선의 동쪽이 모두 그 지역이다. 호수戶數는 2만이다. …… 대군장大君長이 없고 한漢 시대 이래로 후侯·읍군邑君·삼로三老의 관직이 있어 하호下戶를 통주統主했다. 그 나라의 노인들은 예로부터 스스로 일컫기를 고구려와 같은 종족이라고 했다. …… 언어와 예절 및 풍속은 대체로 고구려와 같지만 의복은 다르다. …… 그 풍속은 산천山川을 중요시하여, 산과 내에 각기 부분部分을 만들어놓고[주13] 함부로 들어가지 않는다. 동성끼리는 결혼하지 않는다. …… 해마다 10월이면 하늘에 제사를

주13 산천에 각기 부분을 만들어놓고[山川各有部分] : 산천을 나누어 각 읍락이 각기 배타적으로 영유했다는 뜻으로 풀이하는 것이 보통이나, 이는 산이나 강물의 일정 부분을 신성지역으로 설정해놓고 함부로 들어가지 않았음을 설명한 것이라고 보는 것이 옳다. 삼한 사회에서의 소도(蘇塗)와 연관시켜 파악해야 할 자료이다.

지내는데 밤낮으로 술 마시며 노래 부르고 춤추니 이를 무천舞天이라고 한다. 또 호랑이를 신神으로 여겨 제사 지낸다. 읍락을 함부로 침범하면 벌로 노비와 소·말을 부과하는데, 이를 책화責禍라 한다. 사람을 죽인 사람은 죽음으로 그 죄를 갚게 한다. 도둑질하는 사람이 적다. 길이가 3장丈이나 되는 창을 만들어 때로는 여러 사람이 함께 잡고서 사용하기도 하며, 보전步戰에 능숙하다.

原文 濊南與辰韓 北與高句麗沃沮接 東窮大海 今朝鮮之東皆其地也 戶二萬 …… 無大君長 自漢已來 其官有侯邑君三老 統主下戶 其耆老舊自謂與句麗同種 …… 言語法俗 大抵與句麗同 衣服有異 …… 其俗重山川 山川各有部分 不得妄相涉入 同姓不婚 …… 常用十月節 祭天 晝夜 飮酒歌舞 名之爲舞天 又祭虎以爲神 其邑落相侵犯 輒相罰責生口牛馬 名之爲責禍 殺人者償死 少寇盜 作矛長三丈 或數人共持之 能步戰

_「삼국지」권30, 「위서」30, 동이전, 예

출전

「삼국유사」

「사기」

「후한서」

「삼국지」

찾아읽기

리지린, 「고조선연구」, 1964.

이옥, 「고구려민족 형성과 사회」, 교보문고, 1984.

국사편찬위원회 편, 「중국정사조선전」역주1, 국사편찬위원회, 1987.

한국고대사연구회, 「고조선과 부여의 제문제」, 신서원, 1996.

서병국, 「동이족과 부여의 역사」, 혜안, 2001.

김기섭 외, 「부여사와 그 주변」, 동북아역사재단, 2008.

이종수, 「송화강유역 초기철기문화와 부여의 문화기원」, 주류성, 2009.

김창석, 「한국 고대 대외교역의 형성과 전개」, 서울대학교출판문화원, 2013.

윤무병, 「예맥고」, 「백산학보」1, 1966.

III.

고대 사회의 재편

1 진국체제의 부활을 꿈꾸며 진한이 신라로 일어서다

진한과 신라

진한 6국의 간들은 마한에 복속해왔던 처지로부터 벗어나 따로 거서간(=진왕)을 공립함으로써 신라를 건국했다. 옛 진국체제의 부활을 삼한 전체에 선포한 것이었다. 간이 다스리는 국이 각기 존재하는 가운데 국의 지배층이 모여 다시 나라를 형성한 이중의 용립 구조가 초기 신라의 본질이다. 이러한 사실은 신라의 개국 전설에도 그대로 반영되어 있다.

변한과 진한의 '잡거'

예족과 맥족이 서로 섞여 살게 된 데다, 따로 고립되어서는 체제의 안정을 기약할 수 없게 된 철기 시대의 사회 변동 속에서 지배 세력 상호간의 협력과 연대가 불가피하게 되었을 때, 그때까지 예족을 이끌어온 수장인 단군이 그 상호 연대의 구심점을 자처하며 나섰다. 왕검조선이 건국한 것이다. 그러나 단군왕검이 구래舊來의 신정 정치를 의연히 고수하자, 새로운 성격의 지배 세력으로 대두한 신흥의 간干들은 이를 거부하고 그들의 대표 격인 기자箕子를 공립共立하여 새 나라를 건설했다. 기자의 조선, 곧 진국이 성립한 것이었다.

정인보는 '조선'이 국호國號였다기보다 '관속管屬된 토경土境', 풀어 말하면 왕의 지배력이 미치는 강역 전체를 지칭하는 보통명사라는 견해를 제시한 바 있다. 기자의 '조선'은 그 범위가 매우 넓어 대릉하 유역으로부터 요하, 압록강을 지나 한반도에 이르렀다. 단군계 예족이 기자조선을 이탈하여 세운 부여가 흑룡강 유역에 있었던 사실로 보아, 이 정도로 멀리 와야 비로소 그 강역을 벗어날 수 있을 정도로 기자조선의 강역이 넓었음을 알 수 있다.

진국은 기자의 조선에 드는 모든 예·맥족 간들의 공론共論과 합의合意에 입각하여 국정을 운영했다. 그러나 기자조선이 매우 넓었으므로, 그 안의 모든 간들이 기자가 주재하는 중앙 회의에 참가하여 개별적으로 일일이 의견을 개진한다는 것은 비현실적인 일이었다. 간들은 권역별로 따로 모임을 갖고 거기서 의견을 모은 후 대표단을 통해 중앙 회의에 참여하고 의사 표시를 하는 간접 방식의 정치 체제를 구축했다. 세 개의 권역이 설정되었으며, 각각에는 해당 권역에 속한 여러 나라의 간들이 그중 가장 세력이 강한 나라의 도읍에 모여 함께 진국辰國의 중대사와 공동의 관심사를 논의했다. 진한辰韓, 마한馬韓, 변한弁韓의 삼한三韓이 이것이었다. '한'은 각국의 간 또는 그를 대리할 자격이 있는 간의 자제子弟들이 권역별로 모여 구성한 회의체이자 단위 정치체였다.

진국이라는 국명이나 그 왕을 진왕이라 부른 사실로 미루어, 삼한 중 진한이 가장 중심이 되는, 진왕을 내는 한이었을 것이다. 대릉하 유역으로부터 요하에 이르는 요서 지역의 간들이 진한에 속했겠고, 나중에 진한 사람들이 남하하자 마한이 동쪽 땅을 내주었다고 한 것으로 보아 마한은 한반도 지역의 간들이 구성한 '한'이었을 것이다. 변한은 요하로부터 압록강 유역에 이르는 요동 지역 간들이 구성했으리라.

초기엔 진한이 중심이 되고, 변한이 진한 가까이에 있으면서 진한을 보위保衛하는 형세를 이뤄 나중까지도 변진弁辰이란 별칭으로 불렸으며, 한반도의 마한이 가장 주변부의 약체로 진국에 참여했다.[자료1] 그러나 마지막 기자였던 준왕이 위만에게 나라를 빼앗기고 마한으로 피신하며, 위만조선마저 한漢의 군사력에 밀려 무너지고 마는 일련의 역사 과정 속에서 진한과 변한의 많은 국들이 한에 복속하기에 이르자, 상대적으로 피해를 덜 입은 마한이 가장 강대해지기에 이르는 형세의 변화가 일어났다. 진한과 변한에 속한 국 가운데 한에 대한 복속과 굴종을 거부하고 기약 없는 이주移住와 새로운 삶의 개척이라는, 험하지만 당당한 활로를 택한 나라는 각각 12국 정도에 불과했다.

　진한과 변한에서 대대적인 유이민이 발생하여 경내로 들어오자 마한은 그 동쪽 땅으로 이들을 유도했다. 외부 세력의 대량 유입으로 말미암아 기존 질서가 크게 동요할 것을 우려한 마한 사회 중심부가 그 충격을 최소화하기 위해 내린 응급의 대응이었다. 그러나 마한의 동부라고 해서 빈 땅으로 남아 있던 것은 아니었다. 변한 및 진한 각국의 유이민이 전처럼 함께 거주할 수 있는 광활한 공지空地를 찾기는 어려웠다. 이들은 선주민이 차지한 지역을 피해 이곳저곳으로 나뉘어 주로 산골짜기를 찾아 자리를 잡았다. 『삼국지』가 전하는 변한과 진한의 '잡거雜居'는 이들이 유이민인 까닭에 어쩔 수 없이 이뤘던 곤궁의 형세였다. [자료2]

진한 6국의 신라 건국

　진·변한의 여러 나라 사람들은 마한의 동쪽 지역에 뿔뿔이 흩어지고 섞여 궁색하나마 새로운 삶의 근거를 마련했다. 이들은 단군의 왕검조선과 기자조선, 그리고 또 일부는 위만조선에 참여한 선조의 역사 경험과 문화 능력을 고스란히 물려받아 가진 사람들이었다. 먼 길을 이주해 오는 과정에서 살림살이는 거덜 나고 세력도 적잖이 허물어졌지만, 광역의 국가를 건설하고 경영했던 풍부한 경험을 이어받았고 중원의 패자와도 대등하게 겨룬 문화 능력을 학습해 지니고 있었다. 기원전 1세기의 궁핍한 살림 유적만 보고 이들의 경험과 능력을 무시하면 안 된다.

　진한은 본디 삼한 곧 진국의 으뜸으로서 진왕을 내는 위치에 있었지만 이주해 온 이후로는 세력이 크게 위축되어 마한의 공론에 따르지 않으면 안 되는 처지가 되었다. 마한 동쪽에 겨우 자립의 근거를 마련하게 된 것만도 다행이라 생각될 정도였다. 진한이란 이름은 여전히 남았지만 진한 각국의 간은 마한 제국諸國의 공론에 참여하기 위해 마한에도 속한 존재가 되어 해마다 조공을 바치는 등 복속에 상응하는 의무를 짊어졌다. 진국辰國의 주인은 바뀌었지만 그 운영 원리와 체제는 그런대로 유지되고 있었던 셈이다. 마한에서 가장 세력이 강한 나라가 목지국目支國(月支國으로 표기한 판본도

있다)이었으므로 목지국왕이 삼한 전체를 다스리는 진왕이 되었다.[자료3·4]

그렇지만 진한은 옛 진국의 주인이라는 역사의식이 강했다. 언젠가는 다시 진한이 중심이 되어 삼한 전체를 통합하는 날이 꼭 오리라 여겼고, 이런 인식은 자자손손 계승되었다. 신라가 나중에 삼국을 통일하고서 이를 '일통삼한一統三韓' 곧 삼한을 통일했다고 말하며 드디어 숙원을 푼 듯이 여긴 것은 이런 역사의 맥락에서 이해해야 할 일이다. 진한 제국의 간들은 진한의 재건을 위해 부심했다.[자료5]

『삼국유사』에 따르면, 전한 지절 원년 임자(기원전 69) 3월 초하루에 '6부의 조상'들이 각기 자제를 거느리고 알천의 언덕 위에 함께 모여, 덕 있는 사람을 찾아 임금을 삼고 도읍을 정해 나라를 세우자고 의논했다고 한다. 그리하여 기원전 57년에 혁거세赫居世를 거서간居西干으로 세우고 신라를 건국하게 되었다는 것이다. 『삼국지』「위서」「동이전」에 의하면, 진한에 속한 나라는 3세기에 12국이었지만 처음엔 6국이었다고 한다.[자료6] 우리 측의 『삼국사기』와 『삼국유사』에는 6국이 6촌村으로 표기되어 나타난다. 훗날 신라 왕권이 안정되면서 중앙집권적 지배 체제를 구축하는 과정에서 많은 '국'들이 실제로 '촌'으로 편제되었기 때문에 이렇게 기록한 것이다. 하지만 기원전 1세기는 '촌'이란 용어가 아직 생기지 않은 때였다. 사마천의 『사기』에 '촌'이란 단어가 전혀 보이지 않는다. 그러니 우리 사서가 말한 6촌의 촌장이란 곧 6국의 간(=왕)을 지칭한 말이었음을 쉽게 알 수 있다 – '6촌'을 실제로 지금의 경주 일원에 있던 6개의 조그만 촌락이었다고 여기는 이들도 있다. 신라가 경주 지역의 '사로6촌'으로부터 발원했다고 여기는 이들이 그들이다. 그러나 '사로6촌'은 기록에 나타나지 않는 허구에 불과하다. 기록에는 '진한6촌' 또는 '진한6부'라는 표현만 보인다 –.

진한 6국의 간들은 어쩔 수 없이 마한에 복속해왔던 처지로부터 벗어나 따로 거서간 곧 진왕을 공립함으로써 옛 진국의 부활을 삼한 전체에 선포하고자 했다. 이들은 간지가 새로 시작되는 갑자년甲子年을 택해 이 꿈을 실현했다. 기원전 57년이었다. 신라가 건국한 것이었다.

진한의 지배 세력이 신라의 국인이다

진한 6국의 간들은 그 자제들을 거느리고 함께 모여 모두의 뜻으로 혁거세를 거서 간에 추대했다. 거서간은 '거서'와 '간'의 합성어로서 '간'들의 '거서居西(=渠帥=王)'라는 뜻으로 진왕辰王과 같은 뜻을 가진 용어이다. 혁거세는 6국의 간 중 한 사람이 아니라, 6국의 간과 자제들이 그들의 거서간으로 삼기 위해 공론을 모아 간택하고 양육한 '신성한 아이'였다고 한다. 혁거세가 박처럼 생긴 큰 알에서 태어났다는 이야기를 그대로 사실이라 믿을 수는 없지만, 진한의 간들이 신라를 세우기 위해 적잖은 준비 과정을 거쳤다는 점만은 사실로 인정해도 좋을 것이다.

'거서간'이란 왕의 위호에서 짐작할 수 있듯이 신라는 처음에 간들의 나라였다. 간은 각국의 왕으로서 민인을 하호로서 노복처럼 부리는 고대의 노예 소유자적 성격을 띤 지배자였다. 그러한 각국의 간과 간의 친족들이 공립한 '간들의 왕'이 곧 거서간이었고, 이로써 세운 나라가 신라였던 것이다. 그러므로 일반의 각국 민인들은 거서간의 지배가 미치는 대상이 아니었고, 신라국 사람도 아니었다.

간이 다스리는 국들이 각기 존재하는 가운데 그 국의 지배층이 모여 다시 신라라는 나라를 형성한 구조, 말하자면 간을 용립聳立시킨 구조에 덧씌워 간들이 자기들의 간을 다시 용립시킨 이중의 용립 구조가 초기 신라의 본질이다. 신라의 구성에 참여한 각국의 지배층을 따로 '부部'라는 단위로 불렀으므로 진한 6국에서 나온 6부가 신라를 형성한 주체인 셈이었다. 『삼국사기』에는 '진한육부'라는 용어가 보이고 '울진봉평리신라비'에는 '신라육부'라는 용어가 보이지만, 모두 같은 대상 곧 신라 그 자체를 지칭한 말이다. 뒤늦게 신라의 구성에 참여한 국의 지배층은, 이

울진봉평리신라비

이 비의 비문은 기존 문헌 사료에 나타나지 않은 내용을 적잖이 담고 있어서 신라사 연구에 커다란 활력을 불어넣었다. 먼저 신라 정치사에서 핵심 주제인 6부 문제와 관련해 '신라육부'라는 구절이 주목된다. 『삼국사기』에는 '진한육부'로 기록되어 있다. 이는 진한이 곧 신라임을 일러주는 표기 변화이다. 또 '노인(奴人)'과 '노인법(奴人法)'이란 용어가 보이는데 여기서 노인은 간(干)에 예속된 존재로서, 법흥왕 때의 노인법은 그동안 노인이 받아오던 차별을 없애 일반민으로 편제하는 내용을 담은 법이었다.

미 6부가 곧 신라인 구조였으므로, 따로 별도의 부를 구성하지 못하고 기존의 6부로 편제, 해소되었다.

신라가 성립했으나 그 구조가 이러했으므로 신라는 외형상 종래의 진한과 거의 다를 바가 없는 존재처럼 보였다. 진한 전체의 왕이 공립되었을 뿐인 형태였다. 그래서 3세기 후반까지도 중국인들에게는 진한에 12국이 있는 것만 보였다. 『삼국지』와 『삼국사기』가 전하는 역사상이 마치 전혀 다른 것처럼 보이기도 하는 것은 이 때문이다.

신라의 개국 전설과 시조 설화

신라는 예·맥족이 서로 섞여 형성한 진한의 여러 나라 지배층이 모여 합의로 세운 나라였으므로 그 개국 전설은, 고구려·백제와는 달리, 시조의 능동적이고 영웅적인 활약상을 담고 있지 않다. 먼저 와서 자리를 잡은 세력들이, 혈통조차 제대로 알 수 없는 혁거세를 거두고 키워서 왕으로 추대함으로써 나라를 세웠다는 내용이다. 이는 여러 국의 지배층이 서로 대등한 위치에서 건국을 주도한 데서 온 특징이다. 신라는 어느 한 세력이 다른 세력들을 정복함으로써 성립한 국가가 아니었다는 사실이 개국 전설에 그대로 반영되어 나타난 셈이다.

신라의 개국 전설은 『삼국사기』의 것과 『삼국유사』의 것, 두 가지가 있다. 두 전설은 대동소이한 내용이나, 다만 시조 혁거세거서간이 왕비 알영閼英을 맞아들인 시기에 대해서 서로 다른 사실을 전한다. 시조 왕의 왕비에 관해서도 그 탄생에 얽힌 설화가 전하는 점은 신라 개국 전설만의 또 다른 특징이기도 하다. 먼저 『삼국사기』에서는 알영의 탄생 설화를 개국 전설 자체에서 빼버리고, 혁거세거서간이 즉위 5년에 알영을 왕비로 맞았다면서 이와 관련해 그 탄생 설화를 간략히 소개했다. [자료7·8] 그러나 『삼국유사』는 혁거세와 알영이 같은 날 탄생하여 함께 자랐으며 13세가 되던 해에 왕과 왕비로 추대되어 신라를 건국했다고 적었다. [자료9]

알영은 혁거세와 함께 성인聖人으로 모셔졌다. 신라 초기에는 신성한 사람이 왕이 된다는 관념이 있었으므로 왕과 왕비는 물론 다음 왕위를 이을 사자嗣子도 신성하게 그려져야 했다. 성골聖骨 신분은 이런 관념을 토대로 성립한 신분이다. 이는 그 후대의 왕들이, 왕이기 때문에 성스럽다고 여겨진 것과 대비된다. 후대에는 국왕만 성상聖上이라 불렀을 뿐 그 가족을 성스럽게 여기지 않았다.

　　신라가 건국한 뒤에도 유이민의 유입은 계속되었다. 나중에 신라로 들어온 집단 중 큰 세력을 형성하여 결국 신라의 왕위를 차지한 집단이 둘 있었다. 탈해가 이끈 석씨계 집단과 알지가 이끈 김씨계 집단이 그것이다. 그러므로 신라에는 개국 전설 말고도 이들 집단의 유입과 관련된 시조 설화가 함께 전한다. 이들도 신라의 국가 형성과 직접 관련된 설화인 셈이니, 신라의 개국 전설은 여러 세력의 시조 설화가 복합된 형태라 할 것이다.

자료1

변진弁辰 역시 12국이다. 또 여러 작은 별읍別邑이 있어서 제각기 거수渠帥가 있다. 그 중 큰 세력을 지닌 이를 신지臣智라고 한다. 그다음에는 험측險側이 있고, 다음에는 번예樊濊가 있으며, 다음에는 살해殺奚가 있고, 다음에 읍차邑借가 있다. …… 변한과 진한을 합하면 24국이다. 대국大國은 4천~5천 가家이고 소국小國은 6백~7백 가家로서 모두 4만~5만 호戶이다. 그 가운데 12국은 진왕辰王에게 복속하는데, 진왕은 항상 마한 사람을 세워 대대로 이어 가며 진왕 스스로 서서 왕이 되지는 못했다.

原文 弁辰亦十二國 又有諸小別邑 各有渠帥 大者名臣智 其次有險側 次有樊濊 次有殺奚 次有邑借 …… 弁辰韓合二十四國 大國四五千家 小國六七百家 總四五萬戶 其十二國屬辰王 辰王常用馬韓人作之 世世相繼 辰王不得自立爲王

_「삼국지」권30, 「위서」30, 동이전 변진

자료2

변진은 진한과 서로 섞여 있으며 역시 성곽이 있다. 입는 옷과 사는 곳은 진한과 같다. 언어와 법속은 서로 비슷하지만 제사하는 귀신에는 다른 점이 있다.

原文 弁辰與辰韓雜居 亦有城郭 衣服居處與辰韓同 言語法俗相似 祠祭鬼神有異

_「삼국지」권30, 「위서」30, 동이전 변진

자료3

(삼한 78국 중) 큰 나라는 만여 호戶이고 작은 나라는 수천 가家이다. 각기 산과 바다 사이에 자리 잡고 있는데, 땅을 합하면 사방 4천여 리이며, 동쪽과 서쪽이 바다와 접하니, 모두 옛 진국辰國이다. 마한이 가장 크므로 여러 나라가 함께 마한 사람을 진왕辰王으로 삼으니, 목지국目支國에 도읍하여 전체 삼한 땅의 왕으로 군림한다. 그 여러 나라 왕의 선대先代는 모두 마한 사람이다.

原文 大者萬餘戶 小者數千家 各在山海間 地合方四千餘里 東西以海爲限 皆古之辰國也 馬韓最大 共立其種爲辰王 都目支國 盡王三韓之地 其諸國王先皆是馬韓種人焉

_「후한서」권85, 「동이열전」75, 한

진왕辰王은 월지국月支國을 다스린다. 신지臣智에게는 간혹 우대하는 호칭인 '신운견지 보안사축지분臣雲遣支報安邪踧支濆 신리아불례구사진지렴臣離兒不例狗邪秦支廉'의 칭호를 더하기도 한다. 그 관직에는 위솔선魏率善 · 읍군邑君 · 귀의후歸義侯 · 중랑장中郎將 · 도위都尉 · 백장伯長이 있다.

原文 辰王治月支國 臣智或加優呼臣雲遣支報安邪踧支濆臣離兒不例拘邪秦支廉之號 其官 有魏率善邑君歸義侯中郎將都尉伯長

_『삼국지』권30, 「위서」30, 동이전 한

주1 혁거세(赫居世) : 이병도에 의 하면, '혁'은 광명 · 명철 · 현명의 뜻하는 말인 '붉'의 차훈(借訓)이며, '거세'는 거서간의 거서와 같은 말 로 왕을 뜻한다고 한다. 즉 혁거세 는 명왕(明王) · 철왕(哲王) · 성왕 (聖王)의 뜻이라는 것이다. 왕검조 선을 건국한 단군왕검(檀君王儉) 의 '단'이 박달나무를 가리키는 말 로 '붉다'의 뜻이라는 견해가 있음 을 참고할 때, 혁거세와 단군왕검 은 같은 광명왕(光明王)을 뜻하는 말이라고 볼 수 있다. 신라가 고조 선의 유민들에 의해 건국되었다는 기록과도 부합하는 일면이다.

생각컨대 선왕先王 춘추春秋는 자못 어진 덕이 있었고, 더욱이 생전에 어진 신하 김유 신을 얻어 한마음으로 정치를 하여 삼한을 통일했으니[一統三韓], 그 공적을 이룩한 것 이 많지 않다고 할 수 없다.

原文 然念先王春秋 頗有賢德 況生前得良臣金庾信 同心爲政 一統三韓 其爲功業 不爲不多

_『삼국사기』권8, 「신라본기」8, 신문왕 12년

주2 오봉(五鳳) : 전한(前漢) 선제 (宣帝) 때의 연호. 오봉 원년은 기 원전 57년이다.

주3 거서간(居西干) : 혁거세와 남 해(南解)가 칭했다고 하는 왕호(王 號). 거서는 주(主) · 상(上)을 뜻하 는 kəsi의 표기로 여겨진다. 제간 (諸干)에 의해 공립된 간 중의 간 (干)임을 뜻하는 위호이다.

낙랑樂浪 사람을 아잔阿殘이라고 부르는데, 동방 사람들은 '나[我]'를 '아阿'라고 하니 낙 랑인들은 본디 그 처져 있는 나머지 사람들이라는 뜻이다. 지금도 진한辰韓을 진한秦 韓이라고 부르는 사람이 있다. 처음에는 여섯 나라가 있었는데 차츰 나뉘어 12국國이 되었다.

原文 名樂浪人爲阿殘 東方人名我爲阿 謂樂浪人本其殘餘人 今有名之爲秦韓者 始有六國 稍分爲十二國

_『삼국지』권30, 「위서」30, 동이전 진한

주4 서나벌(徐那伐) : 『삼국유사』에 는 서라벌(徐羅伐)로 되어 있다. 사 로(斯盧) · 신라(新羅) 등과 동음이 사(同音異寫)로 여겨진다. 서는 소 벌(蘇伐)의 소와 같이 고(高) · 상 (上)을 뜻하는 '솟'의 사음(寫音)이 고, 나 · 라는 국(國, 나라)의 뜻이 며, 벌은 부리(夫里) · 불[火] 등과 마찬가지로 성읍(城邑)을 가리키는 말인 것 같다.

시조의 성은 박씨朴氏이고 이름은 혁거세赫居世주1이다. 전한前漢 효선제孝宣帝 오봉五鳳 주2 원년인 갑자년甲子年 4월 병진丙辰 날에 즉위하여 거서간居西干주3이라고 일컬었다. 그때 나이 13세였으며, 나라 이름을 서나벌徐那伐주4이라고 했다. 이에 앞서 조선유민

주5 육촌(六村) : 6촌의 현 위치에 대하여는, 경상북도 일원에서 찾는 설(김철준), 경주 시내에서 찾는 설(김원룡), 경주 일원에서 찾는 설(이종욱) 등 여러 견해가 있다.

주6 소벌공(蘇伐公) : 『삼국유사』에는 소벌도리(蘇伐都利)로 되어 있다. 여기서 '공(公)'이 '도리(都利)'와 통할 수 있는 말임을 알 수 있다. 도리는 '달·들'로 읽히던 말로써 '등(等)'이라고 표기하기도 했는데, 일종의 공적(公的) 역할을 담당하는 공무자(公務者)를 지칭한 말이라고 여겨진다. 도리는 등(等) → 대등(大等)으로 발전했다(金光洙, 「新羅 官名 '大等'의 屬性과 그 史的 展開」, 『歷史敎育』59, 1996).

朝鮮遺民들이 산골짜기에 나누어 살며 육촌六村주5을 이루고 있었다. 첫째가 알천양산촌閼川楊山村, 둘째는 돌산고허촌突山高墟村, 셋째는 자산진지촌觜山珍支村(혹은 간진촌干珍村이라고도 한다), 넷째는 무산대수촌茂山大樹村, 다섯째는 금산가리촌金山加利村, 여섯째는 명활산고야촌明活山高耶村이니, 이들이 진한육부辰韓六部가 된 것이다. 고허촌장 소벌공蘇伐公주6이 양산楊山 기슭을 바라다보니 나정蘿井 곁 숲 사이에 말이 꿇어 앉아 울고 있었다. 곧 그곳에 달려가 보니 홀연 말은 보이지 않고 다만 큰 알이 있을 뿐이었다. 이 알을 깨자 어린아이가 나왔다. 그리하여 이 아이를 거두어 길렀는데, 10여 세가 되자 의풍이 당당하고 퍽 숙성했다. 육부六部 사람들은 태어남이 신이神異하다고 여겨 그를 받들어 오던 중 이때에 이르러 임금으로 모신 것이었다. 진인辰人들이 박[瓠]을 '朴'이라 하는데 처음 이 알이 박과 같았기에 朴을 성씨로 삼았다. 거서간은 진辰 말로 왕을 뜻한다.

原文 始祖 姓朴氏 諱赫居世 前漢孝宣帝 五鳳元年 甲子 四月丙辰 即位 號居西干 時年十三 國號徐那伐 先是 朝鮮遺民 分居山谷之間 爲六村 一曰閼川楊山村 二曰突山高墟村 三曰觜山珍支村(或云干珍村) 四曰茂山大樹村 五曰金山加利村 六曰明活山高耶村 是爲辰韓六部 高墟村長蘇伐公望楊山麓 蘿井傍林間 有馬跪而嘶 則往觀之 忽不見馬 只有大卵 剖之 有嬰兒出焉 則收而養之 及年十餘歲 岐嶷然夙成 六部人以其生神異 推尊之 至是立爲君焉 辰人謂瓠爲朴 以初大卵如瓠 故以朴爲姓 居西干 辰言王

_『삼국사기』권1,「신라본기」1, 혁거세거서간

자료8

(혁거세거서간) 5년 봄 정월에 용龍이 알영정閼英井에 나타나 오른쪽 옆구리에서 여자아이를 낳았는데, 한 노구老嫗가 보고서 이상히 여겨 거두어 길렀는데, 우물의 이름을 따서 이름을 지었다. 자라면서 덕행과 용모가 뛰어났다. 시조가 이를 듣고서 맞아들여 왕비로 삼으니, 행실이 어질고 보필을 잘 했다. 이때 사람들이 그들을 두 성인[二聖]이라 했다.

原文 五年 春正月 龍見於閼英井 右脇誕生女兒 老嫗見而異之 收養之 以井名 名之 及長有德容 始祖聞之 納以爲妃 有賢行 能內輔 時人謂之二聖

_『삼국사기』권1,「신라본기」1, 혁거세거서간 5년

주7 지절(地節) : 전한 선제 때의 연호. 지절 원년은 기원전 69년이다.

진한 땅에 옛날에 육촌六村이 있었다. …… 전한前漢 지절地節^{주7} 원년인 임자년 3월 초하루에 육부六部의 시조들이 각기 자제子弟를 이끌고 알천閼川 기슭 위에 모두 모여서 의논하여 말하기를 "우리들이 위에 군주君主가 없이 민인民人을 다스리려 하니 민들이 죄다 거리낌 없이 제멋대로 굴고 있소. 어찌 덕 있는 사람을 찾아 군주로 삼고 나라를 세워 도읍을 정하지 않을 수 있겠소?" 했다. 이에 높은 곳에 올라 남쪽을 바라보니, 양산楊山 아래의 나정蘿井 곁에 이상한 기운이 번개처럼 땅에 내려오더니 거기에 백마 한 마리가 꿇어앉아 절하는 모양을 하고 있었다. 그곳을 찾아가 보니 자줏빛 알이 하나 있고, 말은 사람을 보고 길게 울다가 하늘로 올라가 버렸다. 그 알을 깨어보니 모습이 단정하고 아름다운 동자가 나왔다. 이 아이를 경이롭게 여겨 동천東泉에서 목욕시키니 몸에서 광채가 나고 새와 짐승들이 따라 춤추며 천지가 진동하고 일월日月이 청명했으므로 인하여 그를 혁거세왕赫居世王이라고 이름하고 위호位號를 거슬감居瑟邯이라 했다. 그때 사람들이 서로 다투어 치하하며 "이제 천자天子가 내려왔으니 마땅히 덕 있는 여군女君을 찾아서 짝을 지어야 할 것이다."라고 말했다. 이 날에 사량리沙梁里 알영정閼英井 가에 계룡雞龍이 나타나 왼편 갈비에서 어린 여자아이 하나를 탄생하니 자태와 얼굴은 유달리 고왔으나 입술이 닭의 부리와 같았다. 월성月城 북천北川에 데리고 가서 목욕시켰더니 그 부리가 빠져 떨어졌으므로 인하여 그 내를 발천撥川이라 했다. 궁실을 남산 서쪽 기슭에 짓고 성스러운 두 아이를 받들어 길렀다. 남자는 알에서 태어났고 또 알은 박처럼 생겼는데 이곳 사람들이 박을 朴이라고 했으므로 그 성을 朴이라 했고, 여자는 그녀가 나온 우물 이름으로 이름을 지었다. 두 성인聖人의 나이가 열세 살이 되던 오봉五鳳 원년 갑자甲子에 남자가 왕이 되매, 여자로 왕후를 삼고 국호를 서라벌徐羅伐 또는 서벌徐伐이라 했다. 혹은 사라斯羅 또는 사로斯盧라 했다고 하기도 한다. 처음에 왕이 계정雞井에서 출생한 까닭에 혹은 계림국雞林國이라 했다고도 하니 계룡雞龍이 상서로움을 나타냈기 때문이다. 일설에는 탈해왕脫解王 때에 김알지金閼智를 얻을 때 닭이 숲 속에서 울었으므로 이에 국호를 계림雞林으로 고치게 된 것이었다고도 한다.

原文 辰韓之地 古有六村 …… 前漢地節元年壬子 三月朔 六部祖各率子弟 俱會於閼川岸上 議曰 我輩上無君主臨理蒸民 民皆放逸 自從所欲 盍覓有德人 爲之君主 立邦設都乎 於是乘高

南望 楊山下蘿井傍 異氣如電光垂地 有一白馬跪拜之狀 尋撿之 有一紫卵 馬見人長嘶上天 剖
其卵得童男 形儀端美 驚異之 浴於東泉 身生光彩 鳥獸率舞 天地振動 日月清明 因名赫居世王
位號曰居瑟邯 時人爭賀曰 今天子已降 宜覓有德女君配之 是日 沙梁里閼英井邊有雞龍現 而左
脇誕生童女 姿容殊麗 然而唇似雞觜 將浴於月城北川 其觜撥落 因名其川曰撥川 營宮室於南山
西麓 奉養二聖兒 男以卵生 卵如瓠 鄉人以瓠爲朴 故因姓朴 女以所出井名名之 二聖年至十三
歲 以五鳳元年甲子 男立爲王 仍以女爲后 國號徐羅伐 又徐伐 或云斯羅 又斯盧 初王生於雞井
故或云雞林國 以其雞龍現瑞也 一說 脫解王時 得金閼智 而雞鳴於林中 乃改國號爲雞林

_『삼국유사』권1, 「기이1」, 신라 시조 혁거세왕

■ 출전

『삼국사기』

『삼국유사』

『후한서』

『삼국지』

■ 찾아읽기

이종욱, 『신라국가형성사연구』, 일조각, 1982.

이현혜, 『삼한사회형성과정연구』, 일조각, 1984.

전덕재, 『신라육부체제연구』, 일조각, 1996.

선석열, 『신라국가 성립과정연구』, 혜안, 2001.

박대재, 『고대한국 초기국가의 왕과 전쟁』, 경인문화사, 2006.

서의식, 『신라의 정치구조와 신분편제』, 혜안, 2010.

신라사학회, 『신라의 건국과 사로 6촌』, 경인문화사, 2012.

2 고구려가 건국하여 북방의 여러 나라를 통합하다

고구려의 건국

기자조선의 중심이 위만에게 넘어가자 많은 세력이 위만에게 복속하지 않고 동쪽으로 옮겨가 진국체제를 유지했는데, 그중 맥족 세력이 중심이 되어 따로 독자적 정치체를 이루다가 부여를 탈출한 주몽을 중심으로 재결집하여 건국한 나라가 고구려였다. 주몽은 다섯 부의 가를 비롯한 맥족 지배층을 포섭하여 고구려를 건국하고 왕위에 올랐다. 고구려는 압록강 중류 유역에서 일어서 진국의 잔여 세력들을 통합하는 중심축이 되었다.

고구려가 서다

기원전 37년, 고구려高句麗가 섰다. 동부여의 수도를 탈출한 주몽에 의해서였다. 그러나 주몽이 고구려를 건국한 곳 역시 부여에 속한 지역이었다. 주몽의 고구려 건국에 관해서는 여러 계통의 이야기가 전하는데 이를 종합해보면, 동부여의 왕도王都를 가까스로 벗어난 주몽이 졸본부여卒本扶餘로 가서, 마침 미망인이 된 졸본의 왕비 소서노召西奴의 도움으로 고구려를 건국했다는 내용으로 요약할 수 있다.[자료1]

이에 앞서 기원전 59년에 동부여가 성립하여 북부여와 대립의 형세를 이루는 등 부여는 분열의 조짐이 뚜렷했다. 예족이 중심을 이루고 맥족의 일부가 가세한 형태로 부여가 성립하여 한동안 안정세를 보였지만, 기원전 2세기 초에 위만이 집권하면서부터 진국 예·맥 세력의 동진東進이 본격화하자 부여 사회는 크게 변동하기 시작했다.

순수한 예족 중심 사회의 건설을 표방하며 예濊와 옥저沃沮가 떨어져 나간 것도 이 변동의 여파였으리라 짐작된다. 그리고 이 사실은 상대적으로 맥족에게 족적族的 정체성에 대한 새삼스런 자각을 강요했을 것이다. 하지만 역시 예·맥의 연합만이 난국을 타개할 방책이자 활로였다. 해모수解慕漱와 하백녀河伯女의 결합으로 상징되는 북부여의 예·맥 연합 정권이 성립한 것은 사세의 필연이었다. 동부여는 수세에 몰렸고, 그 변경에서는 부여의 통제를 벗어나 새로운 형태의 판도를 모색하는 신흥 세력들이 일어나고 있었다.

주몽의 고구려도 처음엔 이런 신흥 세력의 하나에 불과했다. 이웃에서는 오랜 전통을 지닌 비류국沸流國의 송양왕松讓王이 집권하여 부흥을 모색하고 있었고, 졸본부여의 우태왕優台王은 동부여 해부루왕解夫婁王의 서손庶孫임을 자칭하며 중앙과의 연대 강화를 통해 중흥을 도모하고 있었다. 그러나 무너져가는 동부여의 집권 세력이 졸본의 발전에 큰 도움이 될 리 없었고, 그나마 우태가 사망하자 졸본의 미래는 매우 불투명해졌다. 미망인이 된 우태왕의 왕비 소서노가 주몽과 손을 잡은 것은 졸본의 활로를 열기 위한 불가피한 선택이었을 것이다. 송양왕도 주몽에게 귀부歸附해왔다.[자료2]

고구려가 5부로 이루어진 사실로 보아 처음에 고구려의 형성에 참여한 국은 모두 다섯이었다고 여겨진다. 그런데 고구려는 기원전 37년에 처음 성립한 것이 아니었다. 기원전 108년에 한이 위만조선을 무너뜨리고 그 지역에 낙랑군樂浪郡, 진번군眞番郡, 임둔군臨屯郡을 설치한 후 이듬해에 현도군玄菟郡을 추가했는데, 이때 현도군의 속현으로 고구려현高句麗縣이 보인다. 고구려는 이미 위만조선 시기부터 존재해왔던 것이다.

3세기 말엽에 찬술된 『삼국지』 「위서」 「동이전」 고구려조에 의하면, 지금은 계루부桂婁部가 고구려왕을 내고 있으나 예전에는 소노부消奴部에서 왕이 나왔다고 한다. 그래서 소노부의 적통대인嫡統大人이 고추가古鄒加라는 칭호를 얻었다는 것이다.[자료3·4] 왕의 출신 부가 소노부에서 계루부로 바뀐 시기에 대해서는 별다른 언급이 없어 정확한 사정을 알 수 없다. 5대 모본왕이 죽고 6대 태조왕이 즉위하는 과정에서 이런 변화가 일어났다고 보는 견해도 있으나, 주몽이 고구려를 새로 세우는 과정에서 이미 계루부의 우세가 확정된 것으로 보는 게 사리에 맞지 않나 생각된다.

'태조'라는 왕호에 주목하여 이때 해씨解氏로부터 고씨高氏로의 왕성王姓 교체가 있었다고 보고 이에 입각하여 왕부王部의 교체를 상정하는 것이지만, 고구려의 왕성이 바뀌었다고 볼 근거는 기실 분명하지 않다. '해'는 혈연을 나타내는 성姓으로서가 아니라, 천신天神의 상징으로서 하늘의 뜻으로 왕위에 오른 자임을 드러내기 위해 쓰인 수식어였을 개연성이 더 크다(김광수). 왕위에 올랐거나 왕위를 계승할 예정자만 해씨를 칭할 자격이 있었다. 왕의 자제라도 왕위 계승에서 완전히 배제된 자는 고씨를 칭한 것이 이 시대의 실상이었다. 태조왕부터 국왕도 그냥 고씨를 칭할 뿐 더 이상 해씨를 칭하지 않게 된 것은 왕의 혈통이 바뀌어서가 아니라, 왕권이 안정되어 굳이 '하늘의 뜻'임을 내세워 꾸미지 않더라도 그 왕으로서의 권위가 조금도 손상되지 않는 단계에 진입했음을 반영한 변화일 뿐이다.

따라서 예전에 소노부가 왕을 냈다면 주몽이 고구려를 건국하기 이전의 일을 말한 것일 개연성이 크다. 하긴 '구려句麗'라는 명칭의 기원은 아주 이른 시기로 소급한다. 고리국의 '고리'도 '구려'의 표기일 개연성이 크다. 고구려를 '고려高麗'로도 표기했는데 결국 이는 '구려'의 이표기에 지나지 않는다. 말하자면 '고구려'는 같은 뜻을 가진 '고려'와 '구려'의 합성어로서 여러 구려를 싸잡아 지칭한 국호라고 할 수 있다. 일본어에서는 '高麗'와 '貊'을 모두 '고마ㄷㅎ'라고 읽는다. 즉 일본으로 도항渡航한 고구려계의 유민들에게 있어서 '고려'는 '맥'과 동의어였던 것이다. 곰熊을 이르는 '구마〈ㅎ' 또한 맥족의 웅녀신앙과 무관하지 않은 읽기일 터이다. 따라서 이런 역사성에 주목한다면 '구려'는 맥족이 중심이 되어 형성한 나라를 일컫던 일반명사였다고 보아도 무리가 없다.

그러한 맥족의 나라 여럿이 모여 처음 고구려

오르혼 강변에 있는 옛 돌궐비
몽골고원 오르혼 강기슭에 서 있는 옛 돌궐비에는 고구려가 'Bokli'로 표기되어 나타난다. 돌궐어에서는 B가 M의 음가를 갖기도 하므로 고구려를 '무크리'에 가까운 소리로 불렀음을 알 수 있다. 돈황문서에는 고구려가 '무구리(畝久理)'로 되어 있다. 모두 맥구려(貊句麗)의 표기라 할 것이다. '맥'과 '구려'는 같은 뜻이므로, '고구려'와 마찬가지로 동의어 중첩의 용어로서, 여러 맥족이 모여 건설한 나라임을 나타낸 이름이라고 하겠다.

형성한 것이 어느 때였고 그 정확한 위치가 어디였지는 더 궁리해보아야 할 과제로 남아 있다. 다만 그 위치와 관련해서는, 위만조선이 멸망한 이듬해에 현도군이 뒤늦게 설치된 사실로 미루어, 그 속현으로 편제된 고구려는 원래의 위만조선 영역에서 일단 벗어난 지역에 있었을 개연성이 크다는 점에 유의할 필요가 있다. 아마 요동의 어느 지역이었을 것이다. 그런데 기원전 75년에 현도군의 군치郡治가 옮겨졌다. 이맥夷貊이 침범했기 때문이라고 한다. 그 구체적인 사정은 잘 알 수 없으나, 이때 고구려현 또한 큰 사회 변동을 강요받았을 터이다.

위만조선이 붕괴된 후 전개된 기원전 1세기라는 시기는, 한漢 세력의 팽창과 예· 맥 사회의 대항, 여러 종족 및 정치 세력의 이동 내지 부침浮沈과 그에 따른 대립·갈등, 급변하는 사회에 내재된 새롭고 무한한 가능성과 이를 추구하는 군웅의 끊임없는 도전과 모험, 그리고 엇갈리는 성패成敗가 점철되던 시기였다. 그 속에서 한漢에 의해 군현으로 편제된 구래舊來의 맥족 중심 고구려 사회는 점점 구심점을 잃고 해체되어가고 있었다.

그러한 고구려 사회의 재건을 표방하고 나선 이가 주몽이었다. 주몽은 해모수의 아들로서 태생 자체가 하늘로부터 왕으로 점지된 존재이자 웅녀와 같은 계열의 성격을 가진 하백녀의 아들로서 맥족의 혈통을 이은 존재였으며, 예족에 의해 거두어지고 길러진 예·맥 연대와 화합의 상징인 동시에, 부여의 핍박으로부터 탈출함으로써 구습과 낡은 질서에 대해 정면으로 대립 구도에 설 수밖에 없는 운명을 가진 존재로 인식되었다. 이러한 그가 맥족 사회 통합의 새로운 구심점으로 부각되고 지지를 받기에 이른 것이다. 주몽은 맥족 다섯 나라의 가加와 지배층을 포섭하여 고구려를 건국하고 왕위에 올랐다. 그리고 얼마 지나지 않아, 위만조선 및 진국계의 많은 잔류 세력이 고구려의 깃발 아래 모여들었다. 맥족이 중심을 이루고 예·맥 연합 세력이 가세한 형세였다.

지금까지 고구려의 건국은, 압록강 혹은 동가강 유역의 토착적 혈연사회가 지역 중심의 촌락사회로 발전하고, 그런 촌락사회 몇몇이 연맹하여 소국을 형성하며, 그 소국이 주변의 소국들을 차례로 정복해가는 일련의 단계적 발전 과정을 통해 이루어졌다고 설명해왔다. 종족이 이동했다는 증거는 발견되지 않으며, 따라서 고구려의 성립은 산동반도 및 대릉하 유역의 동이 사회나 문화와 전혀 무관하게 이루어진 일로 보는 게 옳다는 것이다. 그러나 이와 같은 설명은 요하 유역을 중심으로 전개된 일련의 역사 과정을 외면한 것이라는 점에서 선뜻 동의하기 곤란하다.

고구려의 개국 전설

고구려의 개국 전설은 현재 네 가지가 전한다. 첫째는 「동명왕편」의 주註로 전하는 『구삼국사』와 『삼국사기』 고구려본기, 『삼국유사』 고구려조의 이야기이고, 둘째는 「광개토대왕릉비문」 및 『위서魏書』 고구려전의 이야기이며, 셋째 『삼국사기』 백제본기의 이야기와 넷째 『삼국유사』 북부여조의 이야기가 그것이다. 이들 이야기는 골격에선 크게 다르지 않으나 구체적인 내용 전개에서 약간의 차이가 보인다.[자료5·6·7·8·9·10]

이 가운데 둘째 이야기에서는 해모수와 관련된 내용이 전혀 보이지 않고 다만 햇빛을 받아 임신하여 알 하나를 낳은 것으로만 되어 있는 점이 특징이다. 북부여와 동부여가 별개의 존재라는 인식도 보이지 않는다. 또 셋째 이야기에는 주몽이 북부여에서 도망해 졸본부여卒本夫餘로 온 뒤 졸본 왕의 둘째 딸과 결혼하고, 얼마 후 왕이 죽자 그 왕위를 물려받은 것으로 나타난다. 한편 넷째 이야기에서는 북부여의 왕을 천제天帝인 해모수라 하고 그 아들을 부루夫婁라고 한 뒤, 해부루가 상제上帝의 명을 받아 도읍을 동부여로 옮겨가고 동명제東明帝가 북부여를 이어 일어나 졸본주卒本州에 도읍을 정하고 졸본부여를 건설하니 그가 곧 고구려의 시조라고 했다.

고구려의 개국 전설인 주몽 설화에서 도입부를 이루는 해모수와 하백녀의 결합은 단군사화의 뼈대를 이루는 환웅과 웅녀의 결합과 매우 비슷한데, 이러한 결합 양식은 백제나 신라의 개국 전설에서는 발견할 수 없는 요소이다. 해모수계가 부여의 건설에 참여했던 맥족이고, 고구려의 건설이 이들에 의해 주도된 데서 온 이야기 구성의 일치가 아닌가 여겨진다. 부여 시조인 동명왕의 설화가 그대로 고구려의 건국 설화로 차용될 수 있었던 것도 이런 맥락에서 가능한 일이었을 것이다.

주몽 설화는 갈등, 고난과 극복, 주술성呪術性, 문화성文化性 등 개국 전설이 갖는 극적 요소들을 고루 갖추었다. 먼저 갈등은 백제의 건국 설화에도 보이는 형제간의 갈등 형태이다. 주몽의 어머니인 유화를 금와왕이 거둠으로써 주몽과 금와왕의 태자들은 서로 형제가 되었기 때문이다. 주몽은 이 갈등을 피해 남쪽으로 내려간 것으로 되어 있는데, 이는 백제의 건국 설화에 그대로 반복되어 나타난다. 적자嫡子에 의한 왕위 계승의 원칙과 왕위 계승 후에는 형제가 군신, 나아가서는 주종 관계에 서게 되는 예·맥 사회 공통의 정치적 규율의 엄격성을 반영한 내용일 것이다.

고구려 초기의 왕위 계승 관계에서는 태양으로 상징되는 하늘의 권위가 현신現身한 사람이라고 인식되었던 왕만이 '해'씨를 칭할 수 있었다. '해'는 하늘에 떠 있는 해(=태양) 바로 그것으로서 광명한 하늘의 유일한 주인(=천제天帝)이었다. 따라서 오직 왕만이 천제의 아들임을 칭할 수 있었다. 왕의 형제라 할지라도 왕과 동렬同列에 서서 천제를 운위하는 것은 결코 용납되지 않았다. 마한 지역에서도 국읍國邑의 왕은 천군天君을 따로 두어 하늘에 제사 지냈다고 하는데, 역시 왕만이 갖는 특권이자 그 초월적인 위엄을 장식하는 의례儀禮의 한 형태였다. 이는 유이민과 토착족이 결합한 사회에서 유이민 전체가 토착족에 대해 지배자적 위치에 서는 상황을 무의식적으로 상정하는 것이 매우 무리한 일임을 의미한다. 천강설화天降說話가 유이민과 관련하여 성립한 것이 분명하다고 할지라도 유이민 모두가 그 설화의 수혜자일 수는 없는 구조였기 때문이다.

당시 사람들은 왕의 직자直子들 중에서도 대를 이어 왕위에 오를 자에 한하여 하늘의 권위가 발현된다고 인식했다. 유리명왕琉璃明王이 동명성왕의 뒤를 잇게 된 것은 단지 아버지가 숨겨 놓은 단검 한 쪽을 찾아 그 적장자임을 증명한 데 따른 당연한 결과가 아니었던 사실이 이를 말해준다.[자료11] 동명성왕은 유리가 그의 친자식임을 인정하고 나서도 다시 어떠한 신성神聖이 있는지 물었다고 한다. 이에 유리는 공중을 날아 해를 맞추는 신성의 이적을 보였으며 그러자 비로소 그를 태자로 삼았다는 것이다. 해와 연계된 신성은 오로지 현재의 왕과 장차 왕이 될 사람만 가질 수 있던 상징이었다.

주술의 요소는 해모수가 하백과 겨루는 대목,[자료12] 주몽이 동부여에서 탈출하는 과정,[자료13] 송양국을 복속시키는 과정[자료14] 등에서 나타난다. 특히 위기에 처한 주몽 일행이 물고기와 자라 떼가 물위로 떠올라 만든 다리로 엄체수淹滯水를 건너는 장면은 마치 『구약성서』의 「출애굽기」와 다름없는 '주술적 탈주'와 '주술적 승리'의 형태다.

　또한 여기서는 변신 혹은 변형의 주제도 나타난다. 하백이 잉어로 변하면 해모수가 수달이 되어 뒤를 쫓고, 하백이 사슴으로 변하면 해모수는 다시 늑대로 변신했으며, 하백이 꿩으로 변하니 해모수는 또 매가 되어 추격했다는 대목이 그것이다. 이는 『삼국유사』의 「가락국기駕洛國記」에서 수로왕이 탈해와 대결하는 장면에서도 원용되고 있다. 탈해가 변하여 매가 되니 수로왕은 독수리로 변했고, 탈해가 다시 참새로 변화하자 수로왕은 즉시 새매가 되었다고 한다.

　문화 면에서는 주몽의 어머니가 농업신의 성격을 띠고 있는 사실이 주목된다.[자료15] 주몽이 남하할 적에 어머니[神母]가 오곡 종자를 가지고 가라고 싸주었으나 이별하는 슬픔에 보리 종자[麥子]를 잊고 떠나자 신모가 사자使者인 비둘기로 하여금 주몽에게 가져다주도록 했다는 내용에서다. 여신女神과 비둘기가 등장하는 신화는 세계적으로 소맥小麥 · 대맥大麥을 경작하는 문화가 전파되는 것과 깊은 관계를 맺고 있다. 이는 인도 서북 지역 원산의 맥류麥類가 쟁기농업[犁耕農業] 문화의 전파와 함께 확산된 것을 반영하는 사실이라고 한다. 비둘기는 동방 사회 모든 지역에서 신모의 사자로 등장한다. 또 이와 비교할 수 있는 이야기로는 『삼국유사』권5, 「선도성모수희불사仙桃聖母隨喜佛事」에 기록된 설화가 있다.[자료16] 이들은 대개 우리나라 선진 지역의 농업 기술이 후진 지역에 소개되던 때에 성립한 설화들이다.

　김부식은 『삼국사기』에서, 천제의 태자 해모수가 용 다섯 마리가 끄는 오룡거를 타고 내려와 하백의 딸인 유화柳花를 만나는 대목을 '괴력난신怪力亂神'의 일로 여겨 싣지 않았는데, 이규보는 이를 '환幻이 아닌 성聖이요, 귀鬼가 아닌 신神의 일'이라고 인식하여,[자료17] 「동명왕편」이라는 대서사시大敍事詩로 읊고 『구삼국사』의 내용을 분주分註로 달아 전했다. 이는 삼국의 개국 설화를 신성한 이적異蹟의 사실을 전하는 내용으로 인식한 『삼국유사』와 마찬가지로, 전통적인 문화 능력에 대한 믿음과 긍지뿐만 아니라 몽골의 침략으로 인한 국난國難을 주체적으로 극복할 수 있다는 자신감을 보인 것이다.

자료1

시조 동명성왕東明聖王은 성姓이 고高씨고 이름은 주몽朱蒙이다(추모鄒牟 또는 중해衆解
라고도 한다). …… 금와金蛙에게는 일곱의 아들이 있어 항상 주몽과 함께 놀았는데, 그
재주는 모두 주몽을 미치지 못했다. 그 맏아들 대소帶素가 임금에게 말하길, "주몽은
사람의 소생이 아니며 그 사람됨이 용맹하니 만일 일찍 일을 도모하지 않으면 후환이
있을까 두렵습니다. 청컨대 그를 없애버리십시오." …… 주몽이 오이烏伊, 마리摩離,
협보陜父 등 세 사람과 벗이 되어 엄호수淹㴲水(개사수盖斯水라고도 하니 지금 압록 동북에
있다)에 이르렀는데, 강을 건너려 하여도 다리가 없으니 따라오는 병사에게 붙잡힐까
두려워했다. 주몽이 강을 향해 말하길, "나는 천제天帝의 아들이요, 하백河伯의 외손이
라. 오늘 도망가는데 뒤쫓는 자들이 다가오니 어찌하면 좋겠는가." 이에 물고기와 자
라가 떠올라 다리를 만들어주어 주몽이 건널 수 있었으나, 물고기와 자라가 곧 흩어
져 뒤쫓던 기병들은 건널 수 없었다. 주몽은 모둔곡毛屯谷에 이르렀다(『위서魏書』에는
보술수普述水에 이르렀다고 한다). …… 나라 이름을 고구려高句麗라 하고 고高를 성씨로
삼았다(또는 이르길, 주몽이 졸본부여卒本扶餘에 이르렀는데, 왕이 아들이 없어 주몽을 보고
는 비상非常한 사람인 것을 알고 그의 딸을 아내로 삼게 했다. 왕이 죽자 주몽이 왕위를 이었
다고 한다). 이때 주몽의 나이가 22세이니, 한漢 효원제孝元帝 건소建昭 2년이다.

> **原文** 始祖東明聖王 姓高氏 諱朱蒙(一云鄒牟 一云衆解) …… 金蛙有七子 常與朱蒙遊戯 其
> 伎能皆不及朱蒙 其長子帶素言於王曰 朱蒙非人所生 其爲人也勇 若不早圖 恐有後患 請除之
> …… 朱蒙乃與烏伊 摩離 陜父等三人爲友 行至淹㴲水(一名盖斯水 在今鴨綠東北) 欲渡無梁 恐爲
> 追兵所迫 告水曰 我是天帝子 河伯外孫 今日逃走 追者垂及如何 於是 魚鼈浮出成橋 朱蒙得渡
> 魚鼈乃解 追騎不得渡 朱蒙行至毛屯谷(魏書云 至普述水) …… 國號高句麗 因以高爲氏(一云 朱蒙
> 至卒本扶餘 王無子 見朱蒙知非常人 以其女妻之 王薨 朱蒙嗣位) 時 朱蒙年二十二歲 是漢孝元帝建昭
> 二年

_「삼국사기」권13, 「고구려본기」1, 동명성왕

자료2

왕이 비류수沸流水에 채소 잎이 떠내려 오는 것을 보고 상류에 사람이 있는 것을 알고,
사냥하며 찾아가서 비류국沸流國에 이르렀다. 그 나라 왕 송양松讓이 나와서 보고 말하
길, "과인이 바다의 한 구석에 치우쳐 있어 일찍이 군자를 본 적이 없었는데, 오늘 서

로 만나게 되었으니 또한 다행이 아닌가? 그러나 나는 그대가 어디서 왔는지 알지 못하겠다." 하니, 답하길, "나는 천제의 아들로서 어느 곳[某所]에서 와 도읍했다." 송양이 말하길, "나는 여러 대에 걸쳐 왕 노릇을 했는데, 땅이 작아서 두 왕을 용납하기에는 부족하다. 그대는 도읍을 정한 지 얼마 되지 않았으니 나에게 부용附庸하는 것이 어떠한가?" 왕이 그 말에 분노하여 그와 말다툼하고 또한 서로 활을 쏘아 재주를 겨루었는데, 송양이 대항할 수 없었다.

> **原文** 王見沸流水中有菜葉逐流下 知有人在上流者 因以獵往尋 至沸流國 其國王松讓出見曰 寡人僻在海隅 未嘗得見君子 今日邂逅相遇 不亦幸乎 然不識吾子自何而來 答曰 我是天帝子 來都於某所 松讓曰 我累世爲王 地小不足容兩主 君立都日淺 爲我附庸 可乎 王忿其言 因與之鬪辯 亦相射以校藝 松讓不能抗
>
> _『삼국사기』권13, 「고구려본기」1, 동명성왕

자료3

본디 오족五族이 있으니 연노부涓奴部, 절노부絕奴部, 순노부順奴部, 관노부灌奴部, 계루부桂婁部이다. 본래는 연노부에서 왕王이 나왔으나 점차 미약해져 지금은 계루부에서 왕위王位를 차지하고 있다. …… 왕의 종족宗族으로 그 대가는 고추가라 하는데, 연노부는 본디 국주國主였으므로 지금은 비록 왕이 아니나, 적통대인은 고추가라 칭할 수 있으며 또한 종묘를 세우고 영성과 사직에 제사를 지낼 수 있다.

> **原文** 本有五族 有涓奴部 絕奴部 順奴部 灌奴部 桂婁部 本涓奴部爲王 稍微弱 今桂婁部代之 …… 王之宗族 其大加皆稱古雛加 涓奴部本國主 今雖不爲王 適統大人 得稱古雛加 亦得立宗廟 祠靈星社稷
>
> _『삼국지』권30, 「위서」30, 동이전, 고구려

자료4

무릇 오족五族이 있으니 소노부消奴部, 절노부絕奴部, 순노부順奴部, 관노부灌奴部, 계루부桂婁部이다. 본래는 소노부에서 왕王이 나왔으나, 점점 미약해져서 뒤에는 계루부에서 왕위王位를 차지하고 있다.

> **原文** 凡有五族 有消奴部 絕奴部 順奴部 灌奴部 桂婁部 本消奴部爲王 稍微弱 後桂婁部代之
>
> _『후한서』권85, 「동이열전」75, 고구려

고구려는 곧 졸본부여卒本扶餘인데, 혹은 지금의 화주和州라 하고 성주成州라고도 하나 모두 잘못된 것이다. 졸본주卒本州는 요동 경계에 있었다. …… 주몽은 졸본주(현도군 玄菟郡의 경계)에 이르러 드디어 도읍을 정했으나, 미처 궁실宮室을 지을 겨를이 없어 비류수沸流水 가에 초막을 짓고 살며 국호를 고구려高句麗라 하고, 고高를 성씨로 삼았 다(본래의 성은 해解인데, 지금 스스로 천제의 아들로 햇빛을 받고 태어났다 하여 고高를 성 씨로 삼은 것이다). 이때 나이가 12세로 한漢 효원제孝元帝 건소建昭 2년 갑신에 즉위하여 왕이라 했다.

原文 高句麗 即卒本扶餘也 或云今和州 又成州等 皆誤矣 卒本州在遼東界 …… 至卒本州 (玄菟郡之界) 遂都焉 未遑作宮室 但結廬於沸流水上居之 國號高句麗 因以高爲氏(本姓解也 今自 言是天帝子 承日光而生 故自以高爲氏) 時年十二歲 漢孝元帝建昭二年甲申歲 即位稱王

_「삼국유사」권1, 「기이1」, 고구려

옛 시조始祖 추모왕鄒牟王이 나라를 세웠다. 북부여北夫餘에서 태어났으며, 천제天帝의 아들이며 어머니는 하백河伯의 따님이었다. 알을 깨고 세상에 나왔는데, 태어나면 서부터 성스러운 …… 이 있었다. 길을 떠나 남쪽으로 내려가는데, 부여의 엄리대수奄利 大水를 거쳐갔다. 왕이 나루에 임하여 말하길, "나는 천제天帝의 아들이며 어머니는 하 백河伯의 따님인 추모왕鄒牟王이다. 나를 위하여 갈대를 연결하고 거북이 무리를 짓게 하여라."라 했다. 말에 응하여 곧 갈대가 연결되고 거북 떼가 물위로 떠올랐다. 그런 후 강물을 건너 비류곡沸流谷 홀본忽本 서쪽 산 위에 성城을 쌓고 도읍을 세웠다.

原文 惟昔始祖鄒牟王之創基也 出自北夫餘 天帝之子 母河伯女郎 剖卵降世 生□有聖□□ □□□ □命駕 巡幸南下 路由夫餘奄利大水 王臨津言曰 我是皇天之子 母河伯女郎 鄒牟王 爲 我連葭浮龜 應聲即爲連葭浮龜 然後造渡 於沸流谷 忽本西 城山上而建都焉

_「광개토대왕릉비문」(역주 한국고대금석문 참조)

고구려는 부여夫餘에서 나왔는데, 스스로 선조는 주몽朱蒙이라 말한다. 주몽의 어머 니는 하백河伯의 딸로 부여왕夫餘王이 방에 가두어두었을 때, 햇빛이 비추어 몸을 돌려

피했으나 햇빛이 다시 따라와 비추더니 얼마 후 잉태하여 알 하나를 낳았는데, 크기가 닷 되[升]쯤 되었다. …… 부여 사람들이 주몽은 사람의 소생所生이 아니므로 장차 다른 뜻을 품을 것이라 하여 그를 없애버리자고 청했다. …… 주몽은 이에 오인烏引·오위烏違 등 두 사람과 함께 부여를 버리고 동남으로 도망했다. 중도에서 큰 강을 하나 만났는데, 건너려 하여도 다리가 없고 부여 사람들의 추격은 심히 급박했다. 주몽이 강에 고하길, "나는 해[日]의 아들이요, 하백河伯의 외손外孫이라. 오늘 도망 길에 추격하는 병사가 쫓아오니, 어찌하면 건널 수 있겠는가." 이에 물고기와 자라가 함께 떠올라 그를 위해 다리를 만들어주었다. 주몽이 건너고 물고기와 자라는 곧 흩어져 추격하던 기병들은 건너지 못했다. 주몽은 마침내 보술수普述水에 이르러 우연히 세 사람을 만났는데, …… 주몽과 함께 흘승골성紇升骨城에 이르러 마침내 정착하고 살면서 나라 이름을 고구려高句麗라 하고 고高를 성씨로 삼았다.

原文 高句麗者 出於夫餘 自言先祖朱蒙 朱蒙母河伯女 爲夫餘王閉於室中 爲日所照 引身避之 日影又逐 旣而有孕 生一卵 大如五升 …… 夫餘人以朱蒙非人所生 將有異志 請除之 …… 朱蒙乃與烏引 烏違等二人 棄夫餘 東南走 中道遇一大水 欲濟無梁 夫餘人追之甚急 朱蒙告水曰 我是日子 河伯外孫 今日逃走 追兵垂及 如何得濟 於是 魚鼈並浮 爲之成橋 朱蒙得渡 魚鼈乃解 追騎不得渡 朱蒙遂至普述水 遇見三人 …… 與朱蒙至紇升骨城 遂居焉 號曰高句麗 因以高爲氏焉

_『위서』권100, 「열전」88, 고구려

자료8

백제百濟의 시조 온조왕溫祚王은 그 아버지가 추모鄒牟 혹은 주몽朱蒙이라고 하는데, 북부여北扶餘에서 재난을 피해 도망하여 졸본부여卒本扶餘로 왔다. 부여의 왕은 아들이 없고 단지 세 딸만 있었는데, 주몽을 보자 보통 인물이 아님을 알고 그의 둘째 딸로 아내를 삼게 했다. 얼마 지나지 않아 부여 왕이 돌아가매 주몽이 왕위를 계승했다. 두 아들을 낳아 장자長子를 비류沸流라 하고 둘째 아들을 온조溫祚라 했다(혹은 주몽이 졸본에 이르러 월군越郡의 딸에게 장가를 들어 두 아들을 낳았다고 한다).

原文 百濟始祖溫祚王 其父 鄒牟 或云朱蒙 自北扶餘逃難 至卒本扶餘 扶餘王無子 只有三女子 見朱蒙 知非常人 以第二女妻之 未幾 扶餘王薨 朱蒙嗣位 生二子 長曰沸流 次曰溫祚(或云朱蒙 到卒本 娶越郡女 生二子)

_『삼국사기』권23, 「백제본기」1, 온조왕

자료 9

혹은 이르기를, "시조始祖는 비류왕沸流王으로서 아버지는 우태優台니 북부여왕 해부루解扶婁의 서손庶孫이며, 어머니는 소서노召西奴이니 졸본卒本 사람 연타발延陀勃의 딸이다. 처음 우태에게 시집가서 두 아들을 낳아 장자長子를 비류沸流라 하고 차자次子를 온조溫祚라 했는데, 우태가 죽자 졸본에서 과부로 살았다. 뒷날 주몽朱蒙이 부여에서 용납되지 못하고 전한前漢 건소建昭 2년 봄 2월에 남쪽으로 달아나 졸본에 이르러 나라를 세워 이름을 고구려라 했다. (이때 주몽은) 소서노를 취하여 왕비로 삼았는데 기초를 닦아 나라를 개창함에 있어 자못 내조內助의 공이 있었으므로 주몽의 총애가 특히 두터웠으며 비류 등을 마치 자기 친아들같이 대우했다.

原文 一云 始祖沸流王 其父優台 北扶餘王解扶婁庶孫 母召西奴 卒本人延陀勃之女 始歸于 優台 生子二人 長曰沸流 次曰溫祚 優台死 寡居於卒本 後朱蒙不容於扶餘 以前漢建昭二年 春 二月 南奔至卒本 立都號高句麗 娶召西奴爲妃 其於開基創業 頗有內助 故朱蒙寵接之特厚 待 沸流等如己子

_『삼국사기』 권23, 「백제본기」1, 온조왕

자료 10

고기古記에 이르길, 전한前漢 선제宣帝 신작神爵 3년 임술 4월 8일 천제天帝가 흘승골성訖 升骨城(대요大遼 의주醫州 경계에 있다)에 내려왔는데, 다섯 마리 용이 끄는 수레를 타고 왔다. 도읍을 세우고 왕이라 칭하고는 국호를 북부여北扶餘라 하고 스스로 해모수解慕漱라 칭했다. 아들을 낳아 이름을 부루扶婁라 하고 해解를 성씨로 삼았다. 왕은 훗날 상제上帝의 명으로 도읍을 동부여東扶餘로 옮겼다. 동명제東明帝는 북부여를 계승하여 일어나 졸본주卒本州에 도읍하여 졸본부여卒本扶餘라 하니, 곧 고구려의 시조이다.

原文 古記云 前漢宣帝神爵三年壬戌四月八日 天帝降于訖升骨城(在大遼醫州界) 乘五龍車 立都稱王 國號北扶餘 自稱名解慕漱 生子名扶婁 以解爲氏焉 王後因上帝之命 移都于東扶餘 東明帝繼北扶餘而興 立都于卒本州 爲卒本扶餘 卽高句麗之始祖

_『삼국유사』 권1, 「기이」1, 북부여

자료 11

유리가 스스로 깨달아 말하기를 "칠령칠곡은 일곱 모이고, 돌 위의 소나무는 기둥이다.”라 하고는 일어서서 가보니 기둥 위에 구멍이 있었다. 부러진 칼 한 조각을 얻고 크게 기뻐했다. 전한前漢 홍가鴻嘉[주1] 4년 여름 4월에 고구려로 달려와서 칼 한 조각을 왕에게 바쳤다. 왕은 가지고 있던 부러진 칼 한 조각을 꺼내 그것과 맞추자 피가 흘러나와 한 자루의 칼이 되었다. 왕이 유리에게 일러 말하기를, “너는 진실로 내 아들이다. 어떠한 신성神聖이 있느냐?” 하니, 유리는 즉시 몸을 일으켜 공중을 날아서 들창을 타고 넘어 해를 꿰뚫어 그의 신성한 이적異蹟을 보여주었다. 왕은 크게 기뻐하고 태자로 삼았다.

주1 홍가(鴻嘉) : 한나라 성제(成帝, 기원전 33~기원후 7) 때 연호로서 홍가 4년은 기원전 17년.

原文 類利自解之曰 七嶺七谷者 七稜也 石上松者 柱也 起而就視之 柱上有孔 得毀劒一片 大喜 前漢鴻嘉四年夏四月 奔高句麗 以劒一片 奉之於王 王出所有毀劒一片合之 血出連爲一劒 王謂類利曰 汝實我子 有何神聖乎 類利應聲 擧身聳空 乘牖中日 示其神聖之異 王大悅 立爲太子

_「동국이상국집』3, 「고율시」, 동명왕편

자료 12

하백이 말하기를 “왕이 진실로 천제의 아들이라면 무슨 신이神異한 것을 가졌는가?” 하니 왕이 대답하기를 “한번 시험해보십시오.”라 했다. 이에 하백이 뜰 앞 물에서 몸을 변하여 잉어가 되어 물결 타고 노니는데, 왕은 수달이 되어 그를 잡았다. 하백이 또 사슴이 되어 뛰어가니, 왕은 승냥이가 되어 그를 쫓았다. 하백이 꿩이 되면 왕은 매가 되어 그를 치매, 하백은 그가 진실로 천제의 아들임을 알고는 예로써 혼례를 치렀다. 왕이 앞으로 딸을 데려갈 마음이 없을까 두려워서, 풍악을 잡히고 술자리를 차려 그에게 권하여 만취케 하여 놓고는, 딸과 함께 작은 가죽가마에 넣어 용거龍車에 실었는데, 같이 하늘에 오르게 하자는 생각에서였다. 그 수레가 물에서 뜨기도 전에, 왕은 곧 술이 깨어서는 그녀의 황금 비녀를 빼서 가죽가마를 뚫고, 그 구멍으로 빠져나와서 혼자 하늘로 올라가 버렸다.

原文 河伯曰 王是天帝之子 有何神異 王曰 唯在所試 於是 河伯於庭前水 化爲鯉 隨浪而遊 王化爲獺而捕之 河伯又化爲鹿而走 王化爲豺逐之 河伯化爲雉 王化爲鷹擊之 河伯以爲誠是天帝之子 以禮成婚 恐王無將女之心 張樂置酒 勸王大醉 與女入於小革輿中 載以龍車 欲令升天 其車未出水 王卽酒醒 取女黃金釵刺革輿 從孔獨出升天

_「동국이상국집』3, 「고율시」, 동명왕편

건너자니 배가 없고 따라오는 군사들이 닥쳐올까 두려워서 채찍으로 하늘을 가리키며, 한숨짓고 탄식하여 말하기를 "나는 천제의 손자요 하백의 외손자인데 지금 난을 피하여 여기까지 왔습니다. 황천皇天주2과 후토后土주3는 이 외로운 사람을 살피시어 속히 배와 다리를 마련하소서."라고 했다. 말을 마치고 활로 물을 치니, 물고기와 자라들이 떠올라 나와 다리를 이루었다. 주몽은 이리하여 건널 수가 있었는데, 얼마 안 되어 추격병들이 이르렀다. 추격병이 이르자 물고기와 자라들이 놓은 다리가 즉시 없어졌으므로 다리 위에 있던 군사들은 모두 빠져 죽었다.

原文 欲渡無舟 恐追兵奄及 迺以策指天 慨然嘆曰 我天帝之孫 河伯之甥 今避難至此 皇天后土 憐我孤子 速致舟橋 言訖 以弓打水 魚鼈浮出成橋 朱蒙乃得渡 良久追兵至 追兵至河 魚鼈橋卽滅 已上橋者 皆沒死

_『동국이상국집3』「고율시」동명왕편

주2 황천(皇天) : 하늘의 경칭이나 하늘 신 하느님. 상제

주3 후토(后土) : 땅의 신. 지기(地祇).

자료 14

비류왕 송양松讓이 사냥을 나왔다가 왕의 용모가 비상함을 보고 데리고 가서 더불어 앉아 말하기를, "바닷가에 떨어져 살아 아직 군자君子를 만나보지 못하다가 오늘 우연히 만났으니 다행한 일이요. 그대는 어떤 사람이며 어디서 오셨소?"라고 했다. 왕이 대답하기를 "과인은 천제天帝의 손자이며 서국西國의 왕입니다. 감히 묻습니다마는 군왕님은 누구의 후손인지요?"라고 했다. 송양이 "나는 선인仙人의 후예인데, 여러 대에 걸쳐 왕을 하고 있소. 지금 이 지방은 지극히 좁아 두 임금이 갈라서 차지할 수가 없는데, 그대는 건국한 지 얼마 안 되었으니 우리의 부용국이 되는 것이 좋지 않겠소?"라 했다. 왕은 "과인은 하늘을 이은 자손이고 지금 왕은 신神의 자손이 아닌데도 억지로 왕이라 일컬으니 만약 나에게 복종치 않으면 하늘이 반드시 그대를 벌할 것이오."라고 말했다. 송양은 왕이 몇 번이나 천손이라고 말하는 데 대해 속으로 의심을 품고 그의 재주를 시험하여 보고자 했다. 그래서 말하기를 "왕과 더불어 활을 쏘아 보고 싶소이다." 하고는 사슴을 그린 과녁을 백 보도 못 미치는 거리에 두고 쏘는데, 살이 사슴의 배꼽을 맞히지 못했으면서도 실지로 맞힌 것으로 여겼다. 왕은 사람을 시켜 옥지환玉指環을 백 보 밖에 걸게 하고 쏘자 마치 기와장이 부서지듯이 깨지므로 송

양은 크게 놀랐다고 한다.

原文 沸流王松讓出獵 見王容貌非常 引而與坐日 僻在海隅 未曾得見君子 今日邂逅 何其幸乎 君是何人 從何而至 王曰 寡人 天帝之孫 西國之王也 敢問君王繼誰之後 讓曰 予是仙人之後 累世爲王 今地方至小 不可分爲兩王 君造國日淺 爲我附庸可乎 王曰 寡人 繼天之後 今王非神之冑 强號爲王 若不歸我 天必殛之 松讓以王累稱天孫 內自懷疑 欲試其才 乃曰願與王射矣 以畫鹿置百步內射之 其矢不入鹿臍 猶如倒手 王使人以玉指環 於百步之外射之 破如瓦解 松讓大驚云云

_『동국이상국집』3, 「고율시」, 동명왕편

자료 15

주몽이 작별할 때 차마 떠나지 못하니, 그 어머니가 말하기를 "어미 걱정은 말아다오." 하고는 오곡五穀의 종자를 싸주었다. 주몽은 생이별하는 아픔으로 애끓다가 그만 그 보리씨를 잊어버렸다. 주몽이 큰 나무 밑에서 쉬고 있었는데, 한 쌍의 비둘기가 날아 왔다. 주몽이 말하기를 "이는 틀림없이 어머니가 사자를 시켜 보리씨를 부쳐 온 것이다." 하고는 활을 당겨 쏘니 한 살에 다 떨어졌다. 목구멍을 열어 보리씨를 꺼내고는 물을 비둘기에게 뿜자 다시 살아서 날아갔다고 한다.

原文 朱蒙臨別 不忍睽違 其母曰 汝勿以一母爲念 乃裹五穀種以送之 朱蒙自切生別之心 忘其麥子 朱蒙息大樹之下 有雙鳩來集 朱蒙曰 應是神母使送麥子 乃引弓射之 一矢俱擧 開喉得麥子 以水噴鳩 更蘇而飛去云云

_『동국이상국집』3, 「고율시」, 동명왕편

자료 16

신모는 본래 중국 황실의 딸이다. 이름은 사소娑蘇이고 일찍이 신선의 술법을 얻어 해동에 와서 오래 머물고 돌아가지 않았다. 아버지 황제가 솔개의 발에 묶어 서신을 보냈다. "솔개를 따라서 멈춘 곳을 집으로 삼아라." 사소가 서신을 받고 솔개를 놓아주니 날아서 이 산에 이르러 멈췄다. 드디어 와서 살고 지선地仙이 되었다. 따라서 산 이름을 서연산西鳶山이라 이름했다. 신모는 오래 이 산에 살면서 나라를 지켰는데 신령한 이적이 매우 많아서 국가가 생긴 이래로 항상 삼사三祀의 하나가 되었고 서열도 여러 망望제사의 위에 있었다.

제54대 경명왕景明王이 매사냥을 좋아하여 일찍이 이 산에 올라 매를 놓았으나 잃어

버렸다. 신모에게 기도하여 말하기를 "만약 매를 찾으면 마땅히 작호를 봉하겠습니다."라고 하니 잠시 뒤 매가 날아와서 책상 위에 멈추었다. 이로 인하여 대왕으로 책봉했다.

原文 神母本中國帝室之女 名娑蘇 早得神仙之術 歸止海東 久而不還 父皇寄書繫鳶足云 隨鳶所止爲家 蘇得書放鳶 飛到此山而止 遂來宅爲地仙 故名西鳶山 神母久據玆山 鎭祐邦國 靈異甚多 有國已來 常爲三祀之一 秩在群望之上
第五十四景明王好使鷹 嘗登此放鷹而失之 禱於神母曰 若得鷹 當封爵 俄而鷹飛 來止机上 因封爵大王焉

_『삼국유사』권5, 「감통」7, 선도성모수희불사

자료 17

세상에서 동명왕東明王의 신통하고 이상한 일을 많이 말한다. 비록 어리석은 남녀들까지도 흔히 그 일을 말한다. 내가 일찍이 그 이야기를 듣고 웃으며 말하기를, "선사先師 중니仲尼께서는 괴력난신怪力亂神을 말씀하시지 않았다. 동명왕의 일은 실로 황당하고 기괴하여 우리들이 얘기할 것이 못 된다."고 했다. 뒤에 『위서魏書』와 『통전通典』을 읽어보니 역시 그 일을 실었으나 간략하고 자세하지 못했으니, 자기네 일은 자세히 기록하고 외국의 일은 골자만 기록하려고 한 때문일 것이다. 지난 계축년[주4] 4월에 『구삼국사舊三國史』를 얻어 동명왕본기東明王本紀를 보니 그 신이한 사적이 세상에서 얘기하는 것보다 더했다. 그래서 처음에는 믿지 못하고 귀鬼나 환幻으로나 생각했는데, 세 번 반복하여 읽어서 점점 그 근원에 들어가니 이것은 환幻이 아니고 성聖이며 귀鬼가 아니고 신神이었다.

原文 世多說東明王神異之事 雖愚夫騃婦 亦頗能說其事 僕嘗聞之 笑曰 先師仲尼 不語怪力亂神 此實荒唐奇詭之事 非吾曹所說 及讀魏書通典 亦載其事 然略而未詳 豈詳內略外之意耶 越癸丑四月 得舊三國史 見東明王本紀 其神異之迹 踰世之所說者 然亦初不能信之 意以爲鬼幻及三復耽味 漸涉其源 非幻也 乃聖也 非鬼也 乃神也

_『동국이상국집』권3, 고율시, 동명왕편 병서

주4 계축년(癸丑年) : 고려 명종(明宗) 23년으로서 1193년.

출전

『삼국유사』

『삼국사기』

『후한서』

『삼국지』

광개토대왕릉비 : 중국 길림성(吉林省) 집안현(集安縣) 통구(通溝)에 있는 광개토대왕의 능비(陵碑). 414년 장수왕이
　　광개토대왕의 업적을 기념하기 위해 세웠으며, 총 4면에 1,802자가 새겨져 있다.

『동명왕편』 : 고려 후기 문인 이규보(李奎報, 1168~1241)가 지은 서사시. 그의 문집인 『동국이상국집(東國李相國集)』
　　제3권에 수록되어 있다. 282구의 오언 장편 한시로 동명왕의 계보에서부터 출생, 고구려 건국, 그리고 유리왕의
　　왕위 계승까지 서장, 본장, 종장 삼단으로 구성했다.

『위서』 : 북제(北齊) 위수(魏收, 506~572)가 559년에 편찬 완성한 북위(北魏)의 정사. 「고구려전」과 「백제전」이 있으
　　며 『삼국사기』에도 인용되었다.

찾아읽기

김기흥, 『고구려 건국사』, 창작과비평사, 2002.

노태돈, 『고구려사 연구』, 사계절, 2004.

이남규 외, 『고구려의 국가 형성』, 고구려연구재단, 2004.

임기환, 『고구려 정치사 연구』, 한나래, 2004.

동북아역사재단 · 중국사회과학원, 『초기 고구려역사 연구』, 동북아역사재단, 2008.

동북아역사재단, 『고구려의 등장과 그 주변』, 동북아역사재단, 2009.

이인철, 『동북공정과 고구려사』, 백산자료원, 2010.

여호규, 『고구려 초기 정치사 연구』, 신서원, 2014.

김철준, 「동명왕편에 보이는 신모의 성격」, 『유홍렬박사회갑기념논총』, 1971(『한국고대사회연구』, 지식산업사, 1975
　　재수록).

김철준, 「고구려 · 신라의 관계조직의 성립과정」, 『한국고대사회연구』, 지식산업사, 1975.

김광수, 「고구려 전반기의 '가'계급」, 『건대사학』 6, 1982.

3 백제가 건국하여 마한을 재편하다

백제의 건국

백제는 부여계 세력이 남하하여 기원전 18년 한강 하류의 위례 성에 도읍을 두고 세운 국가이다. 백제 초기의 역사는 건국 시조 가 온조, 비류, 구태 등 여러 계통으로 전하고, 첫 도읍이 미추홀 이라고도 하고 위례성이었다고도 하는 등 전승이 엇갈려 그 역 사의 실상을 알기 어려운 실정이다. 대체로 한강 유역을 무대로 세력을 확장해나간 끝에 마침내 마한 전역을 장악하기에 이른 것이 백제사의 큰 흐름이라 하겠다. 이 과정은 군사력을 동반한 정복에 의해서만이 아니라 진국 이래 마한의 역사와 문화가 가 진 동질성과 유대를 토대로 전개되었다.

백제의 건국

기원전 18년, 한강 하류의 위례성에 도읍을 두고 백제百濟가 건국했다. 한강 이북에 있던 마한의 소국 대부분이 이남으로 이동했으므로 한강 유역은 마한의 변방이 되어 있었다. 백제의 건국을 주도한 세력은, 고구려의 건국에 참여했지만 얼마 지나지 않아 갈라져 나온 졸본부여의 구왕실 세력이었다고 전한다. 기록에 따르면 백제는 부여계 세력이 남하하여 세운 국가였고, 국호를 처음엔 십제十濟라 했다가 세력이 커진 후 백제로 고쳤다고 한다.

『삼국사기』에는 백제의 건국 과정과 관련해 서로 다른 두 가지의 설화가 소개되어 있다. 하나는 본문에 기록된 것이고 또 하나는 세주細註로 소개된 것인데, 전자는 백제의 시조를 온조溫祚로 기록한 반면 후자는 비류沸流가 시조라 했다. 비류와 온조를 형제로 기록한 것은 양자가 같다.

온조 중심의 개국 전설에서는 비류와 온조가 고구려 건국자인 아버지 주몽과 어머니 졸본 왕녀 사이에서 태어난 왕자로 되어 있다. 그런데 주몽이 북부여에서 낳은 아들이 아버지를 찾아와 태자가 되자, 태자에게 용납되지 못할 것을 우려한 두 사람이 함께 남하하여 형 비류는 미추홀彌鄒忽에, 동생 온조는 하남 위례성慰禮城에 각각 도읍하여 나라를 세웠다고 한다. 하지만 비류가 자리 잡은 미추홀은 습하고 짜서 편안히 살 수가 없었으므로 참회慙悔하고 죽자 온조가 그 세력을 통합하여 국호를 십제에서 백제로 고쳤다는 것이다. [자료1]

한편 비류 중심 설화에서는, 비류와 온조가 북부여왕 해부루解夫婁의 서손庶孫인 아버지 우태優台와 졸본 사람 연타발延陀勃의 딸인 어머니 소서노召西奴 사이에서 태어난 것으로 되어 있다. 그런데 우태가 죽고 주몽이 졸본으로 망명해 오자 소서노는 주몽에게 개가改嫁하여 고구려의 건국을 도왔으며, 주몽이 부여에서 예씨禮氏와의 사이에서 낳은 아들인 유류孺留가 내려와 왕위를 계승하자 비류는 동생을 이끌고 남하하여 미추홀에 정착했다고 한다. [자료2]

백제의 시조에 대해서는 이 외에 또 구태설仇台說이 있다. 『북사北史』와 『수서隋書』에 전하는 내용인데, 동명東明의 후예인 구태가 대방帶方의 고지故地에 나라를 세우니 요동태수 공손탁公孫度이 딸을 보내 배필로 삼게 했다고 한다. [자료3] 『주서周書』에도 백제는 부여의 별종別種으로서 구태가 세운 나라로 기록되어 있다. 그런데 이 설에 따르면 백제는 2세기로부터 3세기로의 전환기에 성립한 것이 된다. 공손탁이 후한 말의 세력가이기 때문이다. 그는 동탁의 후원을 받아 요동태수가 된 인물로 204년에 사망했다. 이 시기에 해당하는 백제왕은 제5대 초고왕肖古王(166~214)이며, 구태와 비슷한 이름을 가진 왕은 제8대 고이왕古爾王(234~286)이다. 구태설이 성립한 배경에 대해서는 따로 검토가 필요하다고 할 것이다.

초기 백제사를 둘러싼 여러 견해

그 개국 시조가 온조, 비류, 구태 등 여러 인물로 다르게 전하고, 첫 도읍이 미추홀과 위례성 등 두 계통으로 나뉘는 것은 백제사百濟史만의 특징이다. 도대체 그 실상이 어떠한 데서 이런 혼선이 초래되었는지를 둘러싸고, 중간에 왕통이 바뀐 데 그 원인이 있다거나 백제가 국가로서의 면모를 크게 혁신한 데서 온 특징이라는 등 여러 가지 추측이 제기되었다. 특히 한강 유역의 고고 발굴 결과, 기원 전후부터 3세기 무렵까지는 이 지역의 주 묘제가 토광목관묘土壙木棺墓로 나타나는 데 반해 3세기 중반부터는 고구려의 영향을 받은 기단식 적석묘基壇式積石墓로 바뀐다는 사실이 드러나면서, 3세기 무렵에 왕실의 교체가 있었을 개연성이 커지게 되자 견해가 더욱 착종하는 경향을 띠었다. 무령왕릉의 발굴도 백제사 연구의 큰 전환점이었다. 이를 계기로, 『일본서기』 기사에 대한 전면 재검토의 필요성이 제기되고 백제와 일본의 관계가 『삼국사기』 기록에 나타나는 것보다 더 밀접하고 복잡한 형태로 전개되었을 가능성이 부각되었다.

큰 맥락에서 보면 백제 초기의 역사를 이해하는 지금까지의 견해는 크게 두 가지로 나뉜다. 연속설連續說과 단절설斷絶說이 그것이다. 연속설은 북방에서 남하한 부여족이 삼한三韓 제국諸國의 한 나라로 건국한 백제가 순조로운 성장 발전을 지속했다고 파악하는 것이고, 단절설은 처음에 백제는 한인韓人 토착 세력에 의해서 건국되었으나 4세기 초에 이르러 남쪽으로 이동해 온 부여족에 의해 왕권을 탈취당함으로써 새로운 백제로 탈바꿈하게 되었다고 보는 이해 형태이다. 어느 쪽 견해가 옳은지는 더 연구해 보아야 판가름날 문제인 듯하다.

주 묘제가 적석총으로 바뀌는 사실과 관련해서는, 제7대 사반왕沙伴王(234)에서 제8대 고이왕으로의 왕위 계승이 석연치 않게 이루어진 점이 주목되고 있다. 시조부터 사반왕까지는 전왕前王의 왕자가 계속 왕위를 이은 것으로 되어 있는 반면, 나이가 어려 정사를 잘 돌보지 못한다는 이유로 사반왕을 폐위시키고 즉위한 고이왕은 사반왕의 종조부從祖父였던 것으로 나타나 계보상의 단층이 발견되기 때문이다. 이때 온조왕계 내부에서 왕계王系의 변화가 일어나 직계로부터 방계로 왕통王統이 바뀌었던 것인지, 온조계에서 비류계로 아예 왕실의 교체가 이루어졌던 것인지, 아니면 이때에야 온조계가 남하하여 기존의 토착 세력이 건국한 백제의 정권을 탈취한 것인지 분명치 않으나, 백제에 무언가 중대한 변화가 일어났던 것만은 분명한 듯 보인다. 구태 시조설이 성립한 배경도 이와 무관하지 않을 것으로 짐작된다. 한편, 백제 왕실의 교체는 4세기 중반에도 일어나 제13대 근초고왕近肖古王(346~375)이 즉위하면서 왕통이 다시 고이왕 계로부터 온조왕계로 환원했다고 보기도 한다.

초기 백제사 전개의 기본 방향

현재 우리 학계는 예·맥족이 산동이나 요서 지역으로부터 이동해 한반도로 들어왔다는 설정은 논리적으로 설득력이 없다고 간주하는 경향이 매우 강하다. 하지만 이런 태도를 무조건 고집하는 데도 문제점이 없는 게 아니므로 편견이나 선입견 없이 관련 자료를 전면 재검토해볼 필요가 있다고 생각된다.

석촌동 백제 고분
서울시 송파구 석촌동에 있는 백제 무덤으로서 가장 규모가 큰 3호분은 순수 돌무지무덤이다. 기단은 3단까지로 제3단 바닥에서 돌넛널인 딸린 덧널을 확인했다.

서울 몽촌토성 전경
서울 송파구 방이동에 있는 백제 읍성으로서 매우 중요한 유적이다. 평지 위에 자연 구릉을 방벽 삼고 구릉이 낮거나 끊어진 부분과 출입문 좌우벽은 다져쌓기를 한 토성이다. 전체적으로 마름모꼴이며 성 동서남북에는 출입구가 트여있는데, 동쪽에 조그만 외성이 있다. 시루·세발토기·낫·손칼·화살촉 같은 갖가지 철기와 중국 서진 시대 회유전문토기, 고구려 유물도 함께 출토되었다.

우선 기록에 나타나는 대로 백제의 건국이 부여계의 종족에 의해 주도되었음은 사실이라 판단된다.[자료4·5·6·7] 토광목관묘가 부여의 묘제이기도 하고, 백제 초기의 풍납토성이나 몽촌토성과 같이 흙으로 성을 쌓는 기술은 예족에 의해 발전된 축성술로 보이기 때문이다. 맥족은 주로 돌을 쌓아 묘를 만들고 성곽을 축조했다. 비류와 온조가 자신의 본거지인 졸본을 떠난 것은, 예족이 그 건국을 도운 고구려의 권력이 유리왕의 집권을 계기로 맥족에게 완전히 넘어갔기 때문이었을 것이다. 따라서 처음 백제의 건국은 예족이 중심이 되어 이루어진 일이라 짐작된다.

비류와 온조가 미추홀과 위례성으로 세력을 나눌 수밖에 없었던 것은 이들이 뒤늦게 남하한 유이민임을 단적으로 보여주는 사실이다. 웬만한 지역은 이미 선주 세력이 점거했으므로 뒤늦게 내려온 세력은 함께 거주할 넓은 공지를 구하기 어려웠을 터이다. 비류가 사람이 살기 어려운 땅에 들어간 것도 이 때문이다. 비류와 온조가 주도권 경쟁을 벌였던 것으로 보이나 국명은 둘 다 백제였다. 같은 나라 사람들이 서로 떨어져 다른 나라 사람들과 잡거하는 형세를 보인 셈이다.

비류가 자살로 생을 마감한 게 사실이라 하더라도 비류 세력이 소멸한 것은 아니었다. 온조가 주도하는 백제의 중앙 권력에 국인國人으로서 당당히 참여했겠고, 목지국의 마한왕을 둘러싼 정책 결정 구조에도 적극 참여했을 개연성이 크다. 그리고 또 유의할 점은 백제가 예족 중심으로 출발했다고 하더라도 그 주변의 세력은 모두 마한의 예·맥 연합 세력이었다는 사실이다. 한족韓族이 따로 존재한 게 아니라, 잡거하며 연합하여 진국을 이룬 예·맥을 다른 말로 한韓이라 부른 것이었을 뿐이다. 따라서 백제가 발전하여 주변의 다른 여러 나라를 포용하게 되었을 때 이미 예족의 독주가 불가능해지는 구도로 치달을 수밖에 없었다. 3~4세기에 백제 사회에서 일어난 문화 변동은 굳이 왕실의 교체를 상정하지 않더라도, 국왕의 모계母系 혹은 비계妃系의 성격 변화만으로도 충분히 가능한 정황이었다고 하겠다. 백제의 왕성王姓이 마지막까지 '부여扶餘' 씨로 그대로 유지된 사실도 간과해서는 안 될 일이다. 다만 백제가 일본과 매우 친밀한 관계를 유지한 점에 유의할 때, 그 성씨가 반드시 혈연관계에 의해서만 계승된 것은 아닐 가능성도 검토해볼 여지는 있다.

백제는 한강 유역을 무대로 그 세력을 확장해 나간 끝에 궁극적으로 마한 전역을 장악하기에 이르렀다는 것이 역사의 큰 흐름이다. 그리고 이 과정은 꼭 군사력을 동반한 정복을 통해서만 이루어진 일이 아니었다. 이는 많은 세력들이 그 본거지에 대한 지배력을 대체로 유지한 채 백제의 중앙 권력에 참여했음을 의미한다. 삼국 중 백제의 지배층이 가장 봉건적 성격을 띠는 이유가 여기 있다.

초기 백제사와 관련된 자료만 특히 적은 것은 아니지만 그 진위를 가리기 어려워 적극 활용하기 곤란한 경우나 여러 갈래의 기록이 착종하는 경우가 많아 그 실상이 잘 드러나지 않고 있다. 확실한 근거 없이 진위를 가리는 데 주력하기보다 그런 자료가 생성된 과정을 이해하고, 인접 학문의 과학적 방법론을 원용하거나 역사의 흐름과 맥락에 대한 세계사적 전망을 통해 그와 관련된 방증 자료를 더 모으고 분석하는 데 힘쓸 필요가 있다.

자료 1

백제百濟의 시조 온조왕溫祚王은 그 아버지가 추모鄒牟 혹은 주몽朱蒙이라고 하는데, 북부여北扶餘에서 재난을 피해 도망하여 졸본부여卒本扶餘로 왔다. 부여의 왕은 아들이 없고 단지 세 딸만 있었는데, 주몽을 보자 보통 인물이 아님을 알고 그의 둘째 딸로 아내를 삼게 했다. 얼마 지나지 않아 부여 왕이 돌아가매 주몽이 왕위를 계승했다. 두 아들을 낳아 장자長子를 비류沸流라 하고 둘째 아들을 온조溫祚라 했는데, 주몽이 북부여에 있을 때 낳은 아들이 와서 태자가 되자 비류와 온조는 태자에게 용납되지 않을까 두려워하여 마침내 오간烏干 · 마려馬黎[주1] 등 열 명의 신하와 함께 남쪽으로 떠나매 이들을 따라오는 백성이 많았다. 드디어 한산漢山에 이르러 부아악負兒嶽[주2]에 올라 가히 살 만한 땅을 바라보았는데 비류는 해변에 살기를 원했다. 더불어 내려 온 열 신하가 "생각건대 이 하남河南의 땅은 북은 한수漢水를 띠고 동은 높은 산악을 의지했으며 남은 기름지고 풍부한 소택沼澤을 바라보고 서로는 큰 바다에 막혔으니, 그 천험지리天險地利가 얻기 어려운 지세입니다. 여기에 도읍을 이루는 것이 좋겠습니다."라고 간했으나 비류는 듣지 않고 그 백성을 나누어 미추홀彌鄒忽[주3]로 가서 살았다. 온조는 하남 위례성慰禮城[주4]에 도읍을 정하고 십신十臣으로 보익輔翼을 삼아 국호를 '십제十濟'라 하니, 이때가 전한前漢 성제成帝의 홍가鴻嘉 3년[주5]이었다. 비류는 미추의 땅이 습하고 물이 짜서 편안히 살 수 없으므로 돌아와 위례를 보매 도읍이 안정되고 백성이 편안한지라 참회하여 죽으니 그 신민臣民이 모두 위례에 귀부歸附했다. 올 때에 백성이 즐겨 좇았으므로 후에 국호를 백제百濟라고 고쳤다. 그 세계世系가 고구려와 한가지로 부여扶餘에서 나왔기 때문에 '부여'로써 성씨姓氏를 삼았다.

原文 百濟始祖溫祚王 其父 鄒牟 或云朱蒙 自北扶餘逃難 至卒本扶餘 扶餘王無子 只有三女子 見朱蒙 知非常人 以第二女妻之 未幾 扶餘王薨 朱蒙嗣位 生二子 長曰沸流 次曰溫祚 及朱蒙在北扶餘所生子 來爲太子 沸流溫祚恐爲太子所不容 遂與烏干馬黎等十臣南行 百姓從之者多 遂至漢山 登負兒嶽 望可居之地 沸流欲居於海濱 十臣諫曰 惟此河南之地 北帶漢水 東據高岳 南望沃澤 西阻大海 其天險地利 難得之勢 作都於斯 不亦宜乎 沸流不聽 分其民 歸彌鄒忽以居之 溫祚都河南慰禮城 以十臣爲輔翼 國號十濟 是前漢成帝鴻嘉三年也 沸流以彌鄒土濕水鹹 不得安居 歸見慰禮 都邑鼎定 人民安泰 遂慙悔而死 其臣民皆歸於慰禮 後以來時百姓樂從 改號百濟 其世系與高句麗同出扶餘 故以扶餘爲氏

_「삼국사기」권23, 「백제본기」1, 온조왕

주1 오간(烏干) · 마려(馬黎) : 주몽이 동부여를 탈출할 때에 따라 나왔다는 오이(烏伊) · 마리(摩離)와 매우 비슷한 음운을 가진 이름이어서 개별적인 인명이라기보다는 어떤 지위에 있는 이를 지칭하던 일반명사로 생각된다. 흔히 '검을 오(烏)'는 신성성을 지닌 수장(首長)을 뜻하던 말인 '검'과 통하고, '마려'와 '마리' 역시 한 정치세력의 우두머리를 가리키던 용어라고 여겨지므로 대략 국왕을 보좌하던 간(干)에 대한 지칭이라고 보아 크게 틀리지 않을 것이다. 신채호는 이를 '부리 · 마리'로 읽고 좌우보(左右輔)를 가리킨다고 보았다.

주2 부아악(負兒嶽) : 삼각산의 백운대. 「고려사」56, 지리지, 남경유수관, 양주조에 "양주는 본래 고구려의 북한산군으로 남평양(南平壤)이라고도 부른다. 삼각산이 있는데 이 산이 신라 때의 부아악이다."라 했다. 이 부아악의 현 위치에 대해서는 용인의 부아악을 가리킨다고 본 설도 있다(金聖昊, 「沸流百濟와 日本의 國家起源」, 知文社, 1982, p.8).

주3 미추홀(彌鄒忽) : 오늘날의 인천 땅. 인천의 문학산성에는 비류정이라는 백제 우물이 남아 있다.

주4 하남위례성(河南慰禮城) : 한강 남쪽의 위례성으로, 광주(廣州) 옛고을의 춘궁리(春宮里) 일대에 있었던 것으로 생각하는 것이 보통이다(정약용, 이병도, 천관우, 윤무병). 그 외에 풍납토성(김정학), 혹은 몽촌토성(이기백, 김원룡, 최몽룡)으로 고정(考定)하는 견해도 있다.

주5 홍가(鴻嘉) 3년 : 기원전 18년.

혹은 이르기를, "시조始祖는 비류왕沸流王으로서 아버지는 우태優台니 북부여 왕 해부루解扶婁의 서손庶孫이며, 어머니는 소서노召西奴이니 졸본卒本 사람 연타발延陀勃의 딸이다. 처음 우태에게 시집가서 두 아들을 낳아 장자長子를 비류沸流라 하고 차자次子를 온조溫祚라 했는데, 우태가 죽자 졸본에서 과부로 살았다. 뒷날 주몽朱蒙이 부여에서 용납되지 못하고 전한前漢 건소建昭^{주6} 2년 봄 2월에 남쪽으로 달아나 졸본에 이르러 나라를 세워 이름을 고구려라 했다. (이때 주몽은) 소서노를 취하여 왕비로 삼았는데 기초를 닦아 나라를 개창함에 있어 자못 내조內助의 공이 있었으므로 주몽의 총애가 특히 두터웠으며 비류 등을 마치 자기 친아들같이 대우했다. 주몽이 부여에 있을 때 예씨禮氏에게서 낳은 아들인 유류孺留가 오자 그를 태자로 세우고 왕위를 잇게 했다. 이에 비류가 온조에게 말하기를 '처음 대왕이 부여에서 재난을 피하여 여기로 도망하여 오자 우리 어머니께서 집안의 재물을 기울여서 도와 나라 세우는 일을 이룸에 그 근로勤勞가 많았다. 그런데 대왕이 세상을 떠나자 나라는 유류의 것이 되었으니 우리는 한갓 여기에 있어 쓸데없는 군 물건과 같아 답답할 뿐이다. 차라리 어머니를 모시고 남쪽으로 가서 땅을 택하여 따로 나라를 세움만 같지 못하리라'하고는 드디어 아우와 함께 무리를 거느리고 패수浿水^{주7}와 대수帶水^{주8}의 두 강을 건너 미추홀彌鄒忽에 이르러 자리를 잡았다."고 한다. 그런데 『북사北史』 및 『수서隋書』에는 모두 이르기를, "동명東明의 후예에 구태仇台^{주9}라는 사람이 있어 어질고 신망이 두터웠는데, 처음 대방帶方의 옛 땅에 나라를 세우니 한漢 나라의 요동태수遼東太守 공손탁公孫度^{주10}이 그 딸로써 아내를 삼게 했다. 드디어 동이東夷의 강국强國이 되었다."고 하니 어느 편이 옳은지 알지 못하겠다.

原文 一云 始祖沸流王 其父優台 北扶餘王解扶婁庶孫 母召西奴 卒本人延陁勃之女 始歸于優台 生子二人 長曰沸流 次曰溫祚 優台死 寡居于卒本 後朱蒙不容於扶餘 以前漢建昭二年 春二月 南奔至卒本 立都號高句麗 娶召西奴爲妃 其於開基創業 頗有內助 故朱蒙寵接之特厚 待沸流等如己子 及朱蒙在扶餘所生禮氏子孺留來 立之爲太子 以至嗣位焉 於是 沸流謂弟溫祚曰 始大王避扶餘之難 逃歸至此 我母氏傾家財 助成邦業 其勤勞多矣 及大王厭世 國家屬於孺留 吾等徒在此 鬱鬱如疣贅 不如奉母氏 南遊卜地 別立國都 遂與弟率黨類 渡浿帶二水 至彌鄒忽以居之 北史及隋書 皆云 東明之後有仇台 篤於仁信 初立國于帶方故地 漢遼東太守公孫度以女妻之 遂爲東夷强國 未知孰是

_『삼국사기』권23, 「백제본기」1, 온조왕

주6 건소(建昭) : 전한 원제(元帝) 때의 연호. 건소 2년은 기원전 37년이다.

주7 패수(浿水) : 대동강. 예성강으로 본 견해도 있다(이병도).

주8 대수(帶水) : 예성강. 임진강으로 본 견해도 있다(이병도).

주9 구태(仇台) : '台'의 원음은 '이'이므로 '구이'라고 읽어야 한다고 보고, 곧 고이왕을 가리키는 말이니 고이왕을 백제의 실질적인 시조로 보아야 한다는 견해도 있다(이병도).

주10 요동태수(遼東太守) 공손탁(公孫度)이 그 딸로써 아내를 삼게 했다. : 『삼국지』에 의하면, 공손탁은 고구려와 선비(鮮卑)의 세력이 강해지자 부여와 동맹을 맺으려고 일족(一族)의 딸을 부여왕 위구태(尉仇台)에게 시집보냈다고 한다(扶餘傳). 여기서 구태가 공손탁의 딸을 아내로 삼았다는 것은 백제의 구태를 부여의 위구태로 잘못 안 데서 나온 기술로 생각된다.

자료 3

백제라는 나라는 대개 마한의 속국으로, 색리국索離國에서 나왔다. 색리국 왕이 행차를 나갔을 때 그를 시중들던 아이가 후궁에서 임신했는데, 왕이 돌아와 그녀를 죽이려고 했다. 시녀가 "앞서 하늘 위에서 큰 달걀같이 생긴 기운이 내려오는 것을 보았는데 거기에 감응하여 임신했습니다."고 아뢰자 왕은 그 시녀를 살려주었다. 뒷날 아들을 낳으매 …… 이름을 동명東明이라 했다. 동명이 성장하여 활을 잘 쏘자 왕은 그의 용맹스러움을 꺼려 또다시 죽이려고 했다. 동명이 마침내 남쪽으로 도망하여 …… 부여에 이르러 왕이 되었다. 동명의 후손에 구태仇台라는 사람이 있어 매우 어질고 신의가 두터웠다. 그는 대방의 옛 땅에 처음 나라를 세웠다. 한나라 요동태수 공손탁公孫度이 딸을 구태에게 시집보냈는데 마침내 동이의 강국이 되었다. 당초에 백가百家가 건너왔다[濟]고 해서 나라 이름을 백제라고 불렀다.

原文 百濟之國 蓋馬韓之屬也 出自索離國 出自索離國 其王出行 其侍兒於後姙娠 王還欲殺之 侍兒曰前見天上有氣如大鷄子來降 感故有娠 王捨之 後生男 …… 名曰東明 及長善射 王忌其猛 復欲殺之 東明乃奔走 …… 至夫餘而王焉 東明之後有仇台 篤於仁信 始立國于帶方故地 漢遼東太守公孫度以女妻之 遂爲東夷强國 初以百家濟 因號百濟

_「북사」권94, 「열전」, 백제

자료 4

백제는 그 선대가 대개 마한의 속국屬國이며 부여의 별종別種이다. 구태仇台라는 사람이 대방帶方에 나라를 세웠다.

原文 百濟者 其先蓋馬韓之屬國 夫餘之別種 有仇台者 始國於帶方

_「주서」권49, 「열전」41, 이역 상, 백제

자료 5

백제국은 그 선조가 부여夫餘에서 나왔다.

原文 百濟國 其先出自夫餘

_「위서」100, 「열전」, 백제

자료6

백제국은 본래 부여의 별종이다.

原文 百濟國 本亦扶餘之別種

_「구당서」권199, 「열전」149상, 동이, 백제

자료7

백제는 부여의 별종이다.

原文 百濟 扶餘別種也

_「신당서」권220, 「열전」145, 동이, 백제

출전

『삼국사기』

『주서』

『위서』

『구당서』

『북사』 : 중국 당(唐) 이연수(李延壽)가 북위(北魏), 서위(西魏), 동위(東魏), 북주(北周), 북제(北齊), 수(隋) 등 북위가 건국한 386년부터 수가 멸망한 618년까지 233년간 북조(北朝) 여섯 왕조의 역사를 서술한 정사. 본기(本紀) 12권, 열전(列傳) 88권 등 100권으로 되어 있다.

『신당서』 : 송(宋)나라 인종(仁宗) 때 구양수(歐陽修)·송기(宋祁) 등이 왕명을 받아 찬(撰)하고 회공량(會公亮)이 감수한 당대(唐代) 290년간(618~907)의 정사. 『唐書』(구당서)의 표현이 지나치게 간단하고 의미가 부족하다고 판단한 송 인종이 1044년에 구양수 등에게 수정을 명하여 17년 만에 완성했다. 본기 10, 지 50, 표 15, 열전 150 등 총 225권. 그러나 사료적 가치는 구당서에 미치지 못하는 것으로 평가되고 있다.

찾아읽기

노중국, 『백제정치사연구』, 일조각, 1988.

노중국 외, 『한성백제의 역사와 문화』, 서경문화사, 2007.

오순제, 『한성 백제사』, 집문당, 1995.

이도학, 『백제 고대국가 연구』, 일지사, 1995.

이기동, 『백제사연구』, 일조각, 1996.

최광식, 『백제의 신화와 제의』, 주류성, 2006.

4 변한 제국이
가야 연맹을 결성하다

가야와 변한

백제가 일어나 마한 사회가 분열의 기미를 보이자 진국체제는 붕괴 위기에 봉착하였다. 기원후 42년, 변한이 따로 독립하여 가야로 거듭난 것은 이러한 사회 변동에 수반하여 일어난 일이었다. 마한에서 멀리 떨어진 낙동강 하류의 가락국이 변한 제국의 맹주로 나섰다.

가야의 기원

가야의 대체적인 역사가『삼국유사』「가락국기」로 전하지만 워낙 간략하게 추려져 있어서 소략하기 짝이 없는 내용인 데다 설화적인 윤색이 심하여 그 역사의 진상을 복원하는 데는 큰 도움이 되지 않는다. 그래도 어떻든 이에 의하면, 가락국은 기원후 42년에 수로首露에 의해 개창되었다. 9간干과 마을 사람들이 구지봉龜旨峰에 모여 노래를 부르니 하늘로부터 자주색 줄이 내려와 땅에 닿았는데 그 줄 끝을 찾아보니 붉은 단이 붙은 보자기에 금합이 싸여 있었고, 그 속에서 황금색 알이 여섯 개가 나왔다고 한다. 이것이 각각 어린이로 변했고, 이들은 십 수일 만에 키가 9척으로 자라 여섯 가야국의 왕이 되었다는 것이다. 그중 가장 먼저 태어난 이가 수로로서 그가 곧 대가야의 임금이라는 게「가락국기」의 설명이다. [자료1] 「가락국기」에는 수로가 등장하는 과정과 아유

타국 공주를 배필로 맞는 과정, 수로왕이 도읍을 정하고 국가 체제를 정비하는 과정이 비교적 자세히 서술되어 있다.

「가락국기」의 기사를 보면, 천지가 개벽한 후로 이 지방에는 아직 나라 이름도, 왕과 신하의 칭호도 없이 9간이 백성을 통솔하다가 하늘로부터 내려온 수로왕을 맞아 나라를 세웠다고 하여, 가락국은 이 지역에서 촌락을 이루고 살던 토착 세력이 천강天降으로 상징된 유이민의 수장을 맞아 그를 왕으로 받들고 연합하여 세운 나라로 되어 있다. 이와 같은 토착족과 유이민의 결합 형태는 예ㆍ맥족 연합 정권의 수립 과정에서 보편적으로 나타나는 이야기 구조이다.

이는 『신증동국여지승람』 경상도 고령현高靈縣 조에 인용된 최치원崔致遠의 『석리정전釋利貞傳』에도 그대로 나타난다. 여기서는 가야산신伽倻山神인 정견모주正見母主가 천신天神인 이비가지夷毗訶之에게 감응되어 대가야의 왕 뇌질주일惱窒朱日과 금관가야의 왕 뇌질청예惱窒靑裔를 낳은 것으로 되어 있는데, 가야산신은 토착 세력, 천신은 이주해 온 유이민 세력의 은유임이 분명하다. 뇌질주일은 이진아시왕伊珍阿豉王의 별칭이고, 뇌질청예는 수로왕의 별칭이라고 한다.[자료2] 『삼국사기』에는 이진아시왕이 고령高靈 대가야국의 시조로, 수로왕이 김해金海 금관국의 시조로 되어 있다. 이때 실제로 적잖은 유이민이 한반도 남부로 유입되고 있었던 사정은 고고 발굴을 통해서도 입증된다. 낙동강 유역을 비롯한 경남 해안 지대에서는 기원전 1세기 초부터 한반도 서북부의 세형동검 문화 및 철기 문화가 그와 관련된 토기를 동반하여 나타나기 시작하는 것이다.

가락駕洛ㆍ伽落, 가라加羅, 가야伽倻ㆍ加耶ㆍ伽耶는 동어同語 이표기異表記로서 모두 같은 말이다. 그 어원과 관련해서는, ① 변한의 '변弁'이 고깔을 뜻하는 데 주목하여 관리가 쓰는 고깔 모양의 모자를 뜻하는 '가나駕那'에서 왔다는 설, ② 일본어에서 '한韓'과 '신神'이 모두 '간かん'이란 음가音價를 지녔고, 또 고대 일본인들이 가야를 '신의 나라神國'로 여긴 사실에 주목하여 '간나라'에서 왔으리라는 설, ③ 가야가 한반도 남단의 해변에 있었기 때문에 '갓나라邊國'로 불린 데서 유래했으리라는 설, ④ 가야에 속한 여러 나라가 낙동강 지류의 여러 갈래에 각기 자리 잡은 데서, 강을 뜻하는 'ㄱ룸' 내지 갈래[分岐]를 뜻하는 '가르'로부터 유래한 이름일 것이라는 설, ⑤ '성城'을 뜻하는 맥족의 용어인 '구루溝婁'로부터 유래했다는 설, ⑥ 우리말 '겨레[姓, 一族]'의 기원으로서, 같은 뜻을 가진 알타이어 '사라Xala'에서 온 말로, '사라'가 '가라Kala'→'가야Kaya'→'캬레Kya+re'→'겨레Kyeore'로 변화하는 과정에서 생긴 이름이라는 설 등이 있다.

가야의 위치

가야는 중국 사서의 동이전에 보이는 변진弁辰 또는 변한弁韓의 다른 이름으로 여겨지지만 양자 사이의 관계를 확정적으로 보여주는 자료는 없다. 삼한이 삼국으로 발전했다는 인식 속에서, 최치원 같은 이는 진한에서 신라가, 마한에서 고구려가, 변한에서 백제가 나왔다고 말할 정도였다. 이런 인식 속에서 가야가 주목될 리 없었다. 그러다가 한백겸韓百謙(1552~1615)이 『동국지리지東國地理志』에서 마한·진한·변한은 백제·신라·가야로 각각 발전했다고 지적함으로써 변한과 가야의 연관성이 주목되기 시작했다. 겨우 400여 년 전의 일이다.

3세기 말의 사서인 『삼국지』는 「위서」 「동이전」의 한전韓傳에서 진한 12국과 변진 12국이 '잡거雜居'한다 하고, '변진'에 속한 나라와 그렇지 않은 나라를 따로 구분하지 않고 뒤섞어 소개했다.[자료3] 지금의 영남 지역에 이들 24국이 서로 섞여 살고 있었으므로, 위아래 혹은 좌우로 일정한 원칙에 따라 이들 나라를 차례로 열거하다 보니 생긴 결과일 것이다. 변진과 진한의 '잡거'는 분명한 역사적 사실이었다. 그러고 보면, 가야 왕과 왕비의 능묘라고 전하는 대형 고분이 문경시에 인접한 상주시 함창읍에 지금까지 남아 전하는 것도 그리 이상한 일은 아니다. 그러나 현재로서는 이들 24국 대부분의 위치를 정확히 알 수 없는 형편이다.[자료4]

그런데도 불구하고 지금까지 우리는 가야의

수로왕릉

위치를 낙동강 서쪽 지역으로 한정해서 이해하는 게 보통이었다. 3색으로 삼한을 구분하여, 충청·전라 지역을 마한으로, 경상도 일원을 진한으로, 섬진강 하류로부터 낙동강 하류에 걸친 남해안 지역을 변한으로 설정한 지도가 널리 교재로 사용되었다. 그리하여 은연중에 삼한을 무의적으로 지역 이름이라 인식하고, 삼한 제국諸國은 세 지역의 토착민들이 형성한 조금 큰 규모의 촌락쯤으로 여기는 경향이 생겼다. '잡거'를 사실로 보지 않은 결과이다. 이런 가운데 주민의 이동은 비과학적 설정이라는 견해가 널리 자리 잡았고, 고조선의 역사와 삼국의 역사는 저절로 단절되어 서로 무관한 일이 되어갔다.

가야 제국諸國의 위치와 관련해서는 안정복·정약용 이래 그동안 많은 학자들이 여러 견해를 내놓았지만, 사실과 견해를 구분해서 엄밀히 생각해볼 필요가 있다. 본디 삼한은 서로 섞여 살게 된 예·맥족의 여러 정치체들이 연맹하여 기자箕子를 공립共立하면서 형성된 사회이므로 그 문화 요소 또한 매우 복합적이었을 터이다. 유물·유적의 단순한 형식 분류에 입각하여 진·변한을 나누고 위치를 추정하는 시도는 바람직하지 않다.

가야 사회의 변동

기원전 57년, 진한의 여섯 나라가 혁거세를 거서간으로 공립하여 신라를 세운 일은 변한 제국에게 매우 큰 자극으로 작용했다. 그러나 변한은 변진이라고도 불릴 정도로 진왕에 협조하는 노선 위에서 지내왔으므로, 진왕이 마한에서 나오게 된 후기 진국체제에서도 이에 순응하는 태도를 유지했다. 기원전 20년, 마한 왕이 혁거세의 사신으로 온 호공에게 진한과 변한은 마한의 속국으로서 해마다 공물을 바쳐왔다면서 진한의 태도 변화를 질책한 것으로 보아 변한은 그 관계를 계속 견지하고 있었음을 알 수 있다.

그러나 한강 유역에서 백제가 일어나 세력을 급속히 확장하면서 마한 사회가 동요하고 분열의 기미를 보이자, 간신히 유지되던 진국체제는 붕괴의 위기에 봉착했다. 기원후 42년에 이르러 변한이 따로 독립하여 가야로 거듭난 것은 이런 사회 변동에 변한이 매우 수세적으로 대응하고 있었음을 보여주는 사실이다. 변한 제국의 맹주로 나선 나라는 마한에서 멀리 떨어진 낙동강 하류의 가락국이었다.[자료5]

「가락국기」에는 수로가 대가야의 왕으로 되어 있다. 5~6세기 무렵, 이진아시를 시조로 하는 고령의 가야가 대가야를 칭한 것이 분명하고 수로는 김해의 금관국 시조라는 사실 또한 명백한데 그 수로를 대가야의 왕이라 지칭한 것이다. 이는 '대가야'가 고유명사가 아니라, 가야 여러 나라의 수장국首長國을 지칭하는 일반명사였음을 뜻한다. 김해의 가야로부터 고령의 가야로 가야의 맹주가 바뀐 것이다. 가야 사회에 이런 변동이 일어난 때는 대략 4세기 말엽으로 짐작된다.

고구려에 광개토대왕이 등장하여 영토 확장에 힘쓰고, 대규모 병력을 파견하여 왜의 침략을 받은 신라를 구원한 것이 변한 사회의 변화를 야기한 계기로 작용했다. 왜군을 축출한 고구려군은 신라의 요청으로 임나가라任那加羅•를 급습했고, 이는 김해 지역을 중심으로 한 가야 제국의 결속 관계에 큰 타격을 주었다. 이 사건의 여파로, 그동안 친신라 외교 정책의 기반 위에서 유지되던 김해 금관국 중심의 가야 연맹이 무너지고, 백제와 친밀 관계에 있던 고령의 가야를 중심으로 한 새로운 연맹이 성립한 듯하다.[자료6] 5세기 초를 정점으로 하여 그 이후로 김해 대성동의 대형 고분이 급격히 축소되는 양상을 보이는 사실이 이런 변화를 반영한다.

• 임나가라任那加羅 : 여기서 '임나가라'는 「광개토대왕릉비문」의 표현으로서, 김해의 금관국 자체를 뜻한다고 보는 것이 학계의 일반적 견해다. 『일본서기』권19, 긴메이 천황欽明天皇 23년 춘정월 조의 주注에는, "어떤 책에는 21년(560)에 임나가 멸망했다. 통틀어서 '임나'라고 부르지만 개별로는 가라국加羅國, 안라국安羅國, 사이기국斯二岐國, 다라국多羅國, 졸마국卒麻國, 고차국古嵯國, 자타국子他國, 산반하국散半下國, 걸손국乞飡國, 임례국稔禮國 등 모두 10국이 있다."고 했지만, 많은 경우 금관국만 특칭特稱하는 용어로 쓰였다.

자료1

천지가 개벽한 후로 이 지방에는 아직 나라 이름도 없고, 또한 왕과 신하의 이름도 없었다. 이때 아도간我刀干 · 여도간汝刀干 · 피도간彼刀干 · 오도간五刀干 · 유수간留水干 · 유천간留天干 · 신천간神天干 · 오천간五天干 · 신귀간神鬼干 등의 9간干이 있었다. 이들 수장들은 백성을 통솔했는데 대개 1백호 7만 5,000명이었다. 그때 사람들은 거의 스스로 산과 들에 모여 살면서 우물을 파서 마시고 밭을 갈아서 먹었다.

후한의 세조 광무제 건무建武 18년 임인壬寅 3월 상사일上巳日주에 그들이 사는 북쪽 구지龜旨에서 수상한 소리가 불렀다. 마을 사람들 200~300명이 거기에 모이니, 사람 소리 같기는 한데 모습은 숨기고 소리만 내었다. …… 9간들은 그 말을 따라 마을 사람들과 함께 모두 기뻐하면서 노래하고 춤추었다. 얼마 후 하늘을 우러러 보니, 자주색 줄이 하늘에서 드려져서 땅에 닿았다. 줄끝을 찾아보니 붉은 단이 붙은 보자기에 금합金盒이 싸여 있었다. 열어보니 황금색 알이 여섯 개가 있었는데 해처럼 둥글었다. …… 12일을 지난 그 이튿날 아침에 마을 사람들이 다시 모여서 합을 열어보니 알 여섯이 모두 화하여 어린애가 되어 있었다. …… 그 달 보름날에 왕위에 올랐는데, 세상에 처음 나타났다고 하여 이름을 수로首露라 하고 혹 수릉首陵이라 했다. 나라 이름은 대가락大駕洛이라 하고 또 가야국伽耶國이라고도 했으니 곧 여섯 가야국 중의 하나다. 나머지 다섯 사람도 각각 가서 다섯 가야국의 임금이 되었다.

주1 3월 상사일(上巳日) : 음력 3월의 첫 번째 뱀날.

原文 開闢之後 此地未有邦國之號 亦無君臣之稱 越有我刀干汝刀干彼刀干五刀干留水干留天干神天干五天干神鬼干等九干者 是酋長 領總百姓 凡一百戶 七萬五千人 多以自都山野 鑿井而飲 耕田而食 屬後漢世祖光武帝建武十八年壬寅三月禊浴之日 所居北龜旨 有殊常聲氣呼喚 衆庶二三百人 集會於此 有如人音 隱其形 而發其音 …… 九干等如其言 咸忻而歌舞 未幾 仰而觀之 唯紫繩自天垂而着地 尋繩之下 乃見紅幅裹金合子 開而視之 有黃金卵六圓如日者 …… 過浹辰 翌日平明 衆庶復相聚集開合 而六卵化爲童子 …… 其於月望日卽位也 始現故諱首路 或云首陵 國稱大駕洛 又稱伽耶國 卽六伽耶之一也 餘五人 各歸爲五伽耶主

_『삼국유사』권2, 「기이」2, 가락국기

자료2

가야산신 정견모주正見母主가 천신 이비가지夷毗訶之에게 감응되어 대가야大伽倻 왕 뇌질주일惱窒朱日과 금관국金官國 왕 뇌질청예惱窒靑裔 두 사람을 낳았다. 뇌질주일은 이

진아시왕伊珍阿豉王의 별칭이고, 청예는 수로왕의 별칭이다.

> 原文 伽倻山神 正見母主 乃爲天神夷毗訶之所感 生大伽倻王惱窒朱日 金官國王惱窒靑裔 二人 則惱窒朱日爲伊珍阿豉王之別稱 靑裔爲首露王之別稱

_「신증동국여지승람」권29, 고령현조

주2 변진(弁辰) : 변한을 말함.

자료3

변진弁辰^{주2}도 12국이 있다. …… 큰 나라는 4, 5천 가家이고 작은 나라는 6, 7백 가이다. …… 나라에 철이 나서 한韓 · 예濊 · 왜倭가 모두 이를 얻었는데, 그들은 사고 팔 때 모두 철을 이용하여 마치 중국에서 돈을 쓰듯 하고, 또한 이를 두 군郡^{주3}에 공급한다.

주3 두 군(郡) : 낙랑군과 대방군을 말함.

> 原文 弁辰亦十二國 …… 大國四五千家 小國六七百家 …… 國出鐵 韓濊倭皆從取之 諸市 買皆用鐵 如中國用錢 又以供給二郡

_「삼국지」권30, 「위서」30, 동이전, 변진

자료4

군郡에서 왜倭로 가는데 해안을 따라 한국韓國을 거쳤다. 잠시 남으로 갔다가 잠시 동으로 가면 북쪽 해안인 구야한국狗邪韓國^{주4}에 이르는데 7천여 리였다. (여기에서) 천여 리의 한 바다를 처음 건너면 대마국對馬國에 이른다.

주4 구야한국(狗邪韓國) : 김해지역에서 일어난 소국. 금관국(金官國)이라고도 함.

> 原文 從郡至倭 循海岸水行 歷韓國 乍南乍東 到其北岸狗邪韓國 七千餘里 始度一海 千餘 里 至對馬國

_「삼국지」권30, 「위서」30, 동이전, 왜인

자료5

가라국加羅國^{주5}은 삼한의 종족이다. 건원建元 원년(479)에 국왕 하지荷知^{주6}의 사신이 와서 공물을 바쳤다.

주5 가라국(加羅國) : 고령의 대가야.

주6 하지(荷知) : 479년 당시의 대가야 왕 이름. 「가락국기」에는 이때의 왕 이름이 질지왕(銍知王)으로 되어 있음. 하지의 하(荷) 자가 '질하'자이므로 하지와 질지는 서로 통함.

> 原文 加羅國 三韓種也 建元元年 國王荷知使來獻

_「남제서」권58, 「열전」39, 동남이전 가라국

자료6

(영락) 10년(400) 경자庚子에 (광개토대왕은) 보병 및 기병 5만을 보내 신라를 구원하게 했다. 남거성男居城으로부터 신라성新羅城에 이르기까지 그 사이에 왜적이 가득했다.

(고구려) 관군이 도착하자 왜적이 퇴각하므로, 그 뒤를 타고 급히 추격했다. 임나가라 任那加羅^{주7}의 종발성從拔城에 이르자 성이 곧 귀순하여 복종하므로, 신라인 수비병을 안치했다.

原文　十年庚子 教遣步騎五萬 往救新羅 從男居城 至新羅城 倭滿其中 官軍方至 倭賊退 背急追 至任那加羅從拔城 城卽歸服 安羅人戍兵

_「광개토대왕릉비문」

주7 임나가라(任那加羅) : 김해의 금관국이 중심이 되어 결성한 가야 연맹체.

출전

광개토대왕릉비

『삼국지』

『삼국유사』

『남제서』: 남조(南朝) 양(梁) 나라 소자현(蕭子顯)이 찬(撰)한 남제(南齊) 7대(479~502) 24년간의 정사(正史). 본기(本紀) 8, 지(志) 11, 열전(列傳) 40 등 모두 59권으로 되어 있다. 『남제서』는 단초(檀超)와 강엄(江淹)에 의해 완성된 『제사(齊史)』의 지(志)와 오균(吳均)의 『제춘추(齊春秋)』를 자료로 하여 찬술되었다. 원명은 『제서(齊書)』였으나 『북제서(北齊書)』가 나온 후 송대(宋代)에 들어와 『남제서』라 하여 『북제서』와 구별했다. 『남제서』는 본래 60권으로 심약(沈約)을 모방하여 자서(自序) 1권이 있었으나 당대(唐代)에 이것이 없어져 59권만 전한다. 『남제서』는 그 서술이 간결하여 이연수(李延壽)가 『남사(南史)』를 편찬할 때에 『송서』는 많이 첨삭했으나 『남제서』는 거의 그대로 두었다. 그러나 내용이 간결하고 보니 자세히 기록되어야 할 것이 생략되어 아쉬운 점이 없지 않다. 또한 찬자(撰者)인 소자현이 제(齊)의 종실(宗室)로서 양(梁)에 벼슬한 사람이므로 과연 직필(直筆)했을까하는 비평을 받기도 한다.

『신증동국여지승람』: 조선 성종 때 편찬한 『동국여지승람(東國輿地勝覽)』을 중종의 명에 따라 이행(李荇) 등이 증수하여 중종 25년(1530)에 완성한 조선 전기 관찬 지리서. 25책 55권으로 구성되어 있으며, 자연지리적인 면뿐만 아니라 정치 · 경제 · 역사 · 행정 · 군사 · 사회 · 민속 · 예술 · 인물 등 지방 사회 다방면의 인문지리 내용까지 망라하고 있어 조선 전기 사회의 여러 측면을 이해하는 데 중요한 자료로 활용되고 있다.

찾아읽기

다나카 도시아키 田中俊明, 『大加耶連盟の興亡と'任那'』, 吉川弘文館, 1992.

이영식, 『加耶諸國と任那日本府』, 吉川弘文館, 1993.

김태식, 『가야연맹사』, 일조각, 1995.

노중국, 『가야사연구』, 춘추각, 1995.

주보돈 외, 『가야사연구 ─ 대가야의 정치와 문화 ─』, 경상북도, 1995.

인제대 가야문화연구소 편, 『가야제국의 왕권』, 신서원, 1997.

부산대학교 한국민족문화연구소 편, 『한국 고대사 속의 가야』, 혜안, 2001.

부산대학교 한국민족문화연구소 편, 『가야 고고학의 새로운 조명』, 혜안, 2003.

한국고고학회 편, 『고고학을 통해 본 가야』, 한국고고학회, 2000.

조영제, 『진주의 선사 · 가야문화』, 지식산업사, 2004.

박광춘, 『새롭게 보는 가야고고학』, 학연문화사, 2006.

김태식 외, 『한국 고대 사국의 국경선』, 서경문화사, 2008.

인제대학교 가야문화연구소, 『가야의 포구와 해상활동』, 주류성, 2011.

김창석, 『한국 고대 대외교역의 형성과 전개』, 서울대학교출판문화원, 2013.

5 예맥족 일부가 일본 열도로 향하다

예맥족의 일본 열도 도항 이주

기자조선의 중심부가 위만에게 밀리고 위만조선이 한에 의해 무너지면서 일어난 유이민 파동 때 한반도로부터 바다를 건너 일본 열도로 향하는 예맥족도 있었다. 그리고 4세기 후반부터 한 반도에서 삼국 통일 전쟁이 격화되자 다시 일본으로의 집단적 인 도항 이주가 활성화되었다. 이 과정에서 삼국의 문화가 일본 으로 전파되었다.

예맥족의 도항과 일본 고대 국가의 발전

한반도 남부에까지 이주해 온 진국의 예·맥족 중에는 바다를 건너 일본 열도로 향한 이들이 적지 않았다. 이들의 이야기가 여러 유형의 전설로, 또 기록으로 남아 있으며, 고고 자료를 통해서도 두 지역 주민들 사이의 이주와 문화 교류 사실을 넉넉히 짐작할 수 있다. 기실 한반도 주민의 일본 열도 이주는 이미 훨씬 이전 시기부터 여러 이유에서 수시로 이루어지고 있었다.

지질학자들은 구석기 시대엔 한반도와 일본 열도가 육지로 연결되어 대륙의 일부를 이뤘으며 동해는 큰 호수였다고 한다. 그러다가 지구 환경이 변화함에 따라 해면의 수위가 높아졌고, 이에 한반도와 일본 열도가 지금의 모습을 드러내게 되었다는 것이다. 땅이 갈라져 바다를 사이에 두고 나뉜 두 지역의 주민들은 신석기 시대에 들어서도 왕래를 이어갔다. 일본의 규슈九州에서 한반도의 빗살무늬토기가 여러 곳에서 발굴되며, 한반도 남해안 지역에서는 일본의 조몬토기繩文土器와 일본산 흑요석黑曜石, 그리고 이를 재료로 만든 화살촉, 어구들이 출토된다. 두 지역이 분리될 때 그 사이에 생겨난 쓰시마 섬對馬島, 이키 섬壹岐島을 디딤돌로 삼고 해류를 이용하여, 통나무를 엮어 만든 배로 바다를 건넜으리라 짐작된다.

한반도와 일본 열도 사이의 주민 교류는 기자조선이 위만에게 밀리고, 다시 위만조선이 한漢에 의해 무너지면서 생긴 유이민의 파동 때 크게 활성화되었다. 기원전 3세기 무렵부터 일본에서 새로운 형식의 야요이弥生 문화가 시작된 것은 한반도에서 대규모의 유민이 건너간 사실과 결코 무관하지 않다. 규슈 및 혼슈本州 남부에서 한반도계의 세형동검, 청동꺾창銅戈, 동투겁창銅鉾, 잔무늬거울細文鏡이 많이 발견되며, 일본의 천손 강림 신화가 단군사화나 가야의 개국 전설과 비슷한 이야기 구성을 보이고,[자료1] 일본의 개국 신화에 신라가 등장하는[자료2] 사실 등이 이를 말해준다.

일본에서 '韓'을 '가라'라고 읽는 데서는 '가라국加羅國'과 친밀하게 교류하며 변한을 한국의 상징으로 생각하던 역사성이 느껴진다. 이때 일본으로 건너간 사람들 중 다수가 실제로 가야국 출신이었던 게 아닌가 하고 여기는 학자도 있다. 또 일본의 신화에 나오는 인명이나 지명, 혹은 사물의 이름 중에는 우리말 표현으로 읽을 때 더 잘 이해되는 경우가 적잖다.

그리고 4세기 후반부터 한반도에서 삼국의 통일 전쟁이 격화되자 다시 일본으로의 집단적인 도항 이주가 진행되었다. 일본에서는 이들을 '도라이진渡来人' 또는 '기카진帰化人'이라고 불러 다른 시기에 바다를 건너 온 사람들과 구분한다 ─ 일본에서는 한반도에서 건너온 사람들을 '도라이진'(바다를 건너온 사람이라는 뜻)이라고 불러야 마땅한지 아니면 '기카진'(귀화한 사람이라는 뜻)이라고 불러야 마땅한지를 둘러싸고 많은 논란이 있었다. 어떤 이들은 '기카진'이란 용어가 귀화해서 이미 일본인이 된 사람이라는 뜻을 강하게 가지고 있어 한반도에서 건너 온 사람이라는 그 본질을 외면하는 뜻이 담겼으므로 '도라이진'이라 불러야 옳다고 하는 반면, 또 어떤 이들은 '渡來'라는 용어에 단지 건너왔다는 뜻만이 아니라 왜국 왕에게 복속해왔다는 뜻도 담겨 있으므로 '기카진'이라 부르는 편이 더 가치중립적 태도일 것이라고 주장한다 ─. 이때의 도항은 대략 네

시기에 걸쳐 파상적으로 일어난 것으로 나타난다.

첫째는 4세기 말부터 5세기 전반에 걸쳐 일어났다. 한반도에서 삼국이 서로 패권을 다투는 가운데 남부의 가야와 바다 건너의 왜가 변수로 작용하여 대외 관계가 복잡하던 시기였다. 광개토대왕릉비를 보면, 신라가 왜의 침략을 받고 고구려에 청병하자 광개토대왕이 이를 받아들여 대군을 파견하는 등 당시의 정세가 매우 급박하게 전개되었음을 알 수 있다. 이때 고구려는 가야를 치고 백제를 강하게 압박한 것으로 나타난다. 이러한 국제 정세의 변화 속에서 가야와 백제의 유민들이 바다를 건넜다.

이들은 오카야마岡山 등지에서 공인工人으로 활약했고, 야마토 강大和川과 요도 강淀川의 범람으로 사람이 잘 살지 못하던 가와치河内 지역을 개발하여 지금의 오사카大阪 건설의 기초를 마련했다. 오사카 시 중심에는 규타로久太郎라는 이름을 가진 구역이 있는데, 이는 일본 사람들이 백제를 부르는 말인 '구다라'에서 유래한 지명이다. 이들은 크고 웅장한 무덤을 많이 만들어 고분 시대라고 부르는 새 시대를 열었다. 또 백제에서 왕인王仁과 아직기阿直岐를 파견하여 선진 문화를 전한 것도 이 시기의 일이다.[자료3]

두 번째의 도항은 5세기 후반을 정점으로 전개되었다. 고구려가 백제를 공략하여 한강 유역을 장악하자 왕도를 잃은 백제의 지배 세력이 웅진으로 내려와 나라를 추스르게 되었는데, 이때 많은 사람들이 일본 열도로 건너갔다. 훗날 야마토大和의 권력을 쥐락펴락한 하타우지秦氏도 여기에 포함되어 있었다. 이들은 삼국의 문화를 적극 받아들여 나라의 기초를 다지는 한편 반대 세력을 제압하여 권력을 잡았다.

세 번째의 유이민 파동은 6세기 후반에 일어났다. 신라가 가야를 쳐서 멸망시키고(562), 중국에서는 수隋가 일어나 남북조의 분열을 수습하고 중원을 통일했다(581). 이때 가야계의 많은 유민이 발생하여 바다를 건넜는데, 이들은 먼저 온 세력과 합류하여 거대한 동족 조직을 이뤘다. 그중에서 특히 하타우지와 아야우지漢氏가 야마토 정권의 정치적 변동에 깊이 간여할 만큼 큰 정치력을 가진 세력으로 성장했다. 새로운 토목 기술을 지니고 있었던 하타우지는 교토京都 분지를 개발하면서 지방 토호로 성장하여 중앙 정계로 진출했고, 아야우지는 나라奈良 분지에 거주하면서 기술과 문필 기능을 살려 야마토 정권에 봉사하면서 중앙 관료로 활동했다.

네 번째 파동은 7세기 후반에 신라가 삼국을 통일하면서 진행되었다. 멸망한 백제와 고구려의 왕족·귀족들이 많은 백성을 인솔하여 조직적으로 바다를 건넜다. 나·당 연합군이 여세를 몰아 일본 열도까지 쳐들어올 것으로 지레 짐작한 일본의 지배 세력은 삼국과의 왕래를 끊고 나라의 빗장을 닫아걸었다. 이후 삼국을 통일한 신라의 정세가 안정되면서 한반도로부터 일본 열도로 향하는 도항 이주자의 발길은 끊어졌다.

벼농사의 일본 전파

일반적으로 벼농사는 중국에서 황해를 건너 한반도로 전해졌으며, 그로부터 약 2세기 후 규슈 북부 지역으로 전해졌다고 알려져 있다. 한반도에서는 숯이 된 기원전 2000년경의 볍씨가 한강 하류 지역에서 발견된 반면, 일본에서는 같은 품종의 탄화 볍씨가 기원전 4세기 무렵의 다른 유물들과 함께 출토되었다. 한반도의 벼농사 기술이 일본에 전해진 것은 조몬 시대 말기의 일이었다고 하나, 혼슈 남부 지방까지 보급된 것은 야요이 시대에 들어와서의 일이었다. 후쿠오카 시福岡市의 이타즈케板付와 가라츠 시唐津市의 나바타菜畑 유적에서는 야요이 시대 초기의 논농사 유적이 발견되기도 했다. 이는 모두 예·맥족이 일본 열도로 도항渡航함으로써 일어난 문화의 변화로 생각된다.

한·일 교류사에 대한 올바른 이해의 방향

한반도와 일본 열도의 주민들 사이에는 원시 시대부터 인적·물적 교류가 빈번하게 이루어지고 있었다. 그런데 이른 시기부터 이럴 수 있었던 역사적 배경과 실상에 관해 한·일 양국에서 이해가 서로 엇갈리고 있다.

먼저 일본에서의 연구 동향을 보면, 일제강점기에는 그 긴밀한 인적 교류에 주목하여 이른바 '일선동조론'까지 주장했던 데 반해 지금은 한반도와의 관계를 가급적 부인하려는 경향이 강하다. 한반도에서 일본 열도로 고대 문화가 전해졌지만 그 본질은 중국 문화였고, '도라인진'도 기실은 한반도를 경유해 일본으로 건너온 중국인들이었다는 것이다. 그래서 아시아 대륙과 일본 열도 사이에 있는 한반도가 '문화 교류의 교량적 역할'을 해왔다고 말한다. 그러나 이 말은 역사를 왜곡하여 오해를 불러일으키기 쉬운 표현이다.

교량은 인간이 건너다니는 다리일 뿐, 그 위에 사는 사람은 없다. 한반도는 예부터 한국인이 살아왔고, 독특한 문화를 발전시켜온 역사 전개의 무대이다. 따라서 한반도가 대륙 문화를 일본 열도로 전달하는 교량의 구실을 해왔다는 표현은 자칫 한반도에 살아온 한국인의 존재와 그 역사를 무시하거나 부인하고 망각하는 잘못된 역사 인식을 키울 수 있다.

대륙 문화가 한반도에 전승되자마자 곧바로 일본 열도로 전달된 것도 아니며, 일본에 전해진 문화가 모두 대륙에서 발원한 문화인 것도 아니다. 그중에는 한반도 자체에서 창조적으로 만들어진 개성적 문화도 있었고, 대륙 문화의 경우도 한반도의 주인공인 한국인에 의해 선택적으로 수용된 후 한국적으로 소화되고 변형된 모습으로 일본 열도에 전달되었다. 한국인의 존재와 한국 문화의 특성을 무시하는 표현은 사실을 왜곡한 것일 뿐만 아니라 한국인의 감정을 상하게 할 우려가 있다.

마찬가지로 일본 고대 문화가 모두 한반도에서 건너간 사람들과 그 문화에 의해 성립한 것인 양 인식하고 말하는 것도 삼가야 할 태도이다. 적잖은 영향을 준 것이 사실이지만 그것이 전부는 아니다. 일본인의 조상들이 주체적으로 이룬 문화적 성취와 그 가치를 무시하는 표현 역시 사실을 왜곡하여 일본인의 감정을 상하게 한다는 점을 잊어서는 안 된다.

한·일 양국은 바다를 사이에 두고 국경을 맞댄 이웃이어서 운명적으로 서로 신의를 지키며 사이좋게 살지 않으면 안 될 나라이다. 두 나라의 국민은 상호간 이해의 증진을 위해 최선을 다해 노력할 필요가 있다. 그리고 상호 이해는 함께 했던 소중한 기억을 공유하는 데서 출발한다. 그것이 좋은 기억이든 아픈 기억이든, 그 공유의 역사를 왜곡하거나 숨기려 해서는 안 된다. 특히, 오늘날까지 수천, 수백 년이 훨씬 넘는 긴 시간을 견디며 과거의 사실을 증언해온 유물·유적의 역사와 의의를 왜곡하는 것은 누구를 위해서도 옳은 일이 아니다.

그런데 오늘날의 일본에는 한국과 관련된 역사를 가급적 후세에 전하지 않으려고 애쓰는 이들이 있는 듯하다. 이를테면 가나가와 현神奈川県 오이소 마을大磯町에 있는 다카쿠 신사高来神社는 본디 고라이 신사高麗神社인데, 이곳이 한국과 깊은 연고를 가진 사실이 마음에 내키지 않았는지 의도적으로 이렇게 이름을 바꾼 경우다. 그 뒷산이 고라이 산高麗山인 사실에서 저간의 사정을 능히 짐작할 수 있다. 이곳 사람들은 이 산을 고라이사 산高麗寺山: こうらいじさん이라고 부른다. 이 산중에는 에도 시대江戸時代까지 고라이사라는 사찰이 있었고, 그 한편에 고라이 신사가 있었다.

본디 7세기 말에 나라를 잃은 고구려의 유민들이 집단적으로 이주해 이곳에 정착했기 때문에 생긴 지명과 사寺·사명社名이다. 이처럼 그 유래 및 연혁이 뚜렷함에도 불구하고 사·사명인 고라이こうらい를 '高麗'가 아닌 '高來'로 표기하기 시작하더니, 어느 정도 시간이 흐른 후, 이는 다카쿠たかく로 읽어야 옳다며 읽는 방법까지 바꾸어버리면, 이를 통해서는 후세 사람들이 고구려와의 연관성을 좀체 짐작할 수 없게 된다.

교토의 고류지廣隆寺 앞뜰에 있는 안내석은 그 내용 중 일부가 지워진 채 서 있는데, 이 역시 이 절의 연혁에서 한반도의 그림자를 지우려는 사람들의 의지가 작용한 결과

고라이 신사(좌), 고라이 산 도로표지(우)
가나가와 현(神奈川県) 나카 군(中郡) 오이소쵸(大磯町)에 있는 다카쿠신사(高来神社)의 입구에는 원래 이 신사가 고라이 신사(高麗神社)였음을 알려주는 푯돌이 놓여 있다. 고라이 신사 뒷산의 이름이 고라이 산(高麗山)이어서 이곳이 본디 고구려로부터 건너 온 도래인(渡来人)들의 밀집 지역이었음을 알 수 있다.

고류지 안내석

이다.

　해당 부분을 그대로 옮겨 보면, "廣隆寺は推古天皇十一年(603)聖德太子が …… 秦河勝に尊像を授けて創建せられた山城國最古の寺で太子建立七大寺の一つである"로서, 삭제된 부분은 하타노 가와가츠秦河勝가 누구인가를 설명한 대목이다. 하타노 가와가츠는 6세기 후반부터 7세기 중엽에 걸쳐 야마토大和 정권에서 활동한 인물로서, 한반도로부터 건너온 신라계의 도라이진渡來人이라는 설이 유력하다. 따라서 삭제된 부분은 대략 '朝鮮からの渡来人の'(한국에서 건너온 도라이진인) 정도의 문장이었으리라고 짐작된다. 한국과 관련된 부분만 골라 삭제한 셈이다.

　일본에서는 하타우지秦氏에 대해 진시황제의 후손이라고 설명하기도 하나 정말 그렇다면 성씨를 영嬴(일본 발음으로는 에이えい)이라 했어야 옳았을 것이다. 주지하는 바와 같이, 진시황제는 영자초嬴子楚의 아들로서 이름이 영정嬴政이며, 그 아들은 영호해嬴胡亥, 손자는 영자영嬴子嬰이다. 진시황제의 후손이므로 진씨秦氏를 칭했다는 식의 설명은 터무니없는 견강부회인 것이다.

　고류지 경내에 있다가 분리된 오사케 신사大酒神社에는 그 제신祭神을 진시황제라고 설명한 안내판이 서 있는데, 이는 역사를 왜곡하여 이웃 나라 사람들의 마음을 상하게 하는 처사이다. 상호간의 이해 증진을 위해서는 이처럼 역사의 진실을 무시하고 외면하며 왜곡하기까지 하는 자세를 버리지 않으면 안 된다. 정치적인 이해관계의 계산 위에서, 또는 개인적인 감정에 치우쳐서 지나간 역사를 부인하거나 왜곡하지 않고, 객관적 사실을 직시하면서 인식을 공유하는 자세만이 한·일 양국의 미래를 밝힐 것이다. 이런 맥락에서, 우리도 혹시 사실보다 감정을 우선하여 인식한 부분은 없는지 돌아보아야 함은 물론이다.

자료1

아마테라스오미카미天照大神의 아들 마사카아카츠카치하야히아마노오시호미미노
미코토正哉吾勝勝速日天忍穗耳尊는 타카미무스히노미코토高皇產靈尊의 딸 타쿠하타치지
히메栲幡千千姬와 결혼하여, 아마츠히코히코호노니니기노미코토天津彦彦火瓊瓊杵尊를
낳았다. 그리하여 황조인 타카미무스히노미코토의 각별한 사랑을 받고 귀하게 자랐
다. 황손인 아마츠히코히코호노니니기노미코토를 세워서, 아시하라노나카츠쿠니葦
原中國의 왕으로 삼고자 했다. 그러나 그 땅에는 반딧불과 같이 빛나는 신과 파리와 같
이 시끄러운 사신邪神들이 있었다. 또 초목들도 모두 말을 잘 했다. 따라서 타카미무
스히노미코토가 모든 신을 소집하여 "아시하라노나카츠쿠니의 나쁜 사신들을 평정
하려고 한다. 누구를 보내야 좋은가. 그대들 모든 신은 숨김없이 말하라."고 했다. 모
두 "아마노호히노미코토天穗日命가 걸출하므로 그를 보내는 것이 좋을 것입니다."라
고 말했다. 이에 여러 신의 말에 따라 아마노호히노미코토를 보내 평정하게 했다. 그
러나 이 신은 오호아나무치노카미大己貴神에게 아첨하여 3년이 지나도록 보고하지 않
았다. 그래서 그 아들 오호소비노미쿠마노우시大背飯三熊之大人(대인大人은 우시[于斯]라
고 읽는다) 별명 타케미쿠마노우시武三熊之大人를 보냈다. 그러나 이 신도 아버지를 따
라 보고하지 않았다. 그래서 타카미무스히노미코토가 다시 여러 신을 소집하여 보낼
자를 물었다. 모두 "아마츠쿠니타마天國玉의 아들인 아메와카히코天稚彦가 장사입니
다. 그를 보내는 것이 좋겠습니다."라고 말했다. 이에 타카미무스히노미코토가 아메
와카히코에게 천록아궁天鹿兒弓 및 천우우시天羽羽矢를 하사하여 보냈다. 이 신도 역시
충성하지 않았다. 그곳에 도착하여 우츠시쿠니타마顯國玉의 딸인 시타데루히메下照姬
(별명은 타카히메高姬 또는 와카쿠니타마稚國玉이다)와 결혼하여 머물러 살면서 "나도 아
시하라노나카츠쿠니를 다스리려고 한다."라고 말하고 끝내 보고하지 않았다. 이때에
타카미무스히노미코토는 오랫동안 아무런 보고가 없는 것을 이상히 여겨 무명의 꿩
을 보내 모습을 살피게 했다. 그 꿩이 날아와서 아메와카히코의 집 앞에 있는(식植은
타테루[多底屢]라고 읽는다) 유츠카츠라湯津杜木(두목杜木은 카츠라[可豆邏]라고 읽는다) 끝
에 앉았다. 이때 아마노사구메天探女(천탐녀天探女는 아마노사구메[阿麻能左愚迷]라고 읽
는다)가 이를 보고 아메와카히코에게 "이상한 새가 두목杜木의 끝에 앉아 있습니다."
라고 말했다. 아메와카히코가 타카미무스히노미코토가 준 천록아궁과 천우우시로

꿩을 쏘아 죽였다. 그 화살은 꿩의 가슴을 꿰뚫고 타카미무스히노미코토가 앉아 있는 자리 앞에 이르렀다. 타카미무스히노미코토가 그 화살을 보고 "이 화살은 내가 옛적에 아메와카히코에게 준 화살이다. 보아하니 그 화살에 피가 묻어 있다. 이것은 국신과 싸워서 그런 것인가."라고 묻고, 이에 화살을 잡아 도로 아래로 던졌다. 그 화살이 떨어져 내려와 아메와카히코의 가슴에 꽂혔다. 그때에 아메와카히코는 니이나메新嘗를 끝내고 자고 있었는데 화살에 맞아 즉사했다. 이것이 세상 사람이 말하는 '되돌아온 화살을 두려워한다'는 말의 기원이 되었다.

原文 天照太神之子正哉吾勝勝速日天忍穗耳尊 娶高皇產靈尊之女栲幡千千姬 生天津彦彦火瓊瓊杵尊 故皇祖高皇產靈尊 特鍾憐愛 以崇養焉 遂欲立皇孫天津彦彦火瓊瓊杵尊 以爲葦原中國之主 然彼地多有螢火光神 及蠅聲邪神 復有草木咸能言語 故高皇產靈尊 召集八十諸神 而問之曰 吾欲令撥平葦原中國之邪鬼 當遣誰者宜也 惟爾諸神 勿隱所知 僉曰 天穗日命 是神之傑也 可不試歟 於是 俯順衆言 即以天穗日命往平之 然此神佞媚於大己貴神 比及三年 尚不報聞 故仍遣其子大背飯三熊之大人(大人 此云于志) 亦名武三熊之大人 此亦還順其父 遂不報聞 故高皇產靈尊 更會諸神 問當遣者 僉曰 天國玉之子天稚彦 是壯士也 宜試之 於是 高皇產靈尊 賜天稚產天鹿兒弓及天羽羽矢以遣之 此神亦不忠誠也 來到卽娶顯國玉之女子下照姬(亦名高姬 亦名稚國玉) 因留住之曰 吾亦欲馭葦原中國 遂不復命 是時 高皇產靈尊 怪其久不來報 乃遣無名雉伺之 其雉飛降 止於天稚彦門前所植(植 此云多底屢) 湯津杜木之杪(杜木 此云可豆邏) 時天探女(天探女 此云阿麻能左愚謎)見 而謂天稚彦曰 奇鳥來居杜杪 天稚彦 乃取高皇彦靈尊所賜天鹿兒弓天羽羽矢 射雉斃之 其矢洞達雉胸 而至高皇彦靈尊之座前也 時高皇產靈尊 見其矢曰 是矢 則昔我賜天稚彦之矢也 血染其矢 蓋與國神相戰而然歟 於是 取矢還投下之 其矢落下 則中天稚彦之胸上 于時 天稚彦 新嘗休臥之時也 中矢立死 此世人所謂 反矢可畏之緣也

_『일본서기』권2, 「신대」하(『역주 일본서기』1, 동북아역사재단 원문 및 해석 참고)

자료2

어떤 책에는 말했다. 스사노노미코토素戔嗚尊의 하는 짓이 매우 버릇이 없었으므로 여러 신들이 천좌치호千座置戸의 벌을 내리고 마침내 쫓아내었다. 이때 스사노노미코토는 그의 아들 이타케루노카미五十猛神를 데리고 신라국新羅國에 내려가 소시모리曾尸茂梨란 곳에 살았다. 말하기를 "이 땅에서 나는 살고 싶지 않다." 하고는 찰흙으로 배를 만들어 그것을 타고 동쪽으로 바다를 건너 이즈모노쿠니出雲國 파천簸川 가에 있는 토리카미노타케鳥上峯에 도착했다. 그때 그곳에는 사람을 잡아먹는 큰 뱀이 있었다. 스사노노미코토가 아마노하하키리노츠루기天蠅斫劍로 그 큰 뱀을 베어 죽였다. 뱀의 꼬리를 베었을 때 칼날이 이지러졌으므로 꼬리를 쪼개어 보니 꼬리 가운데 한 자루의 신령스러운 칼이 있었다. 스사노노미코토가 "이것은 내가 사사로이 사용할 수 없다." 하고는 5세손 아마노후키네노카미天之葺根神를 보내어 하늘에 바쳤다. 이것은 지금의 이른바 초치검草薙劍이다. 처음에 이타케루노카미五十猛神가 하늘에서 내려올 때 나무의 종자를 많이 가지고 왔다. 그러나 한지韓地에는 심지 않고 모두 가지고 돌아와 마침내 축자筑紫로부터 대팔주국大八洲國 안에 심어 푸른 산이 되지 않음이 없었다. 그런 까닭에 이타케루노미코토를 일컬어 공功이 있는 신神이라 하는데, 기이국紀伊國에 모셔진 대신大神이 바로 이것이다.

原文 一書曰 素戔嗚尊所行無狀 故諸神 科以千座置戶 而遂逐之 是時 素戔嗚尊 帥其子 五十猛神 降到於新羅國 居曾尸茂梨之處 乃興言曰 此地吾不欲居 遂以埴土作舟 乘之東渡 到 出雲國簸川上所在 鳥上之峯 時彼處有吞人大蛇 素戔嗚尊 乃以天蠅斫之劒 斬彼大蛇 時斬蛇尾 而刃缺 卽擘而視之 尾中有一神劒 素戔嗚尊曰 此不可以吾私用也 乃遣五世孫天之葺根神 上奉 於天 此今所謂草薙劒矣 初五十猛神 天降之時 多將樹種而下 然不殖韓地 盡以持歸 遂始自筑 紫 凡大八洲國之內 莫不播殖而成靑山焉 所以 稱五十猛命 爲有功之神 卽紀伊國所坐大神是也

_ 「일본서기」권1, 「신대 상」("일본 육국사 한국관계기사」, 가락국사적개발연구원 원문 및 해석 참고)

자료3

(오진 천황) 15년 8월 임술삭壬戌朔 정묘丁卯에 백제의 왕이 아직기阿直伎를 보내어 좋은 말 2필을 바쳤다. 경輕의 산비탈 부근에 있는 마구간에서 길렀는데, 아직기에게 사육을 맡도록 했다. …… 아직기가 또한 경전을 잘 읽으므로 태자 우지노와키이라츠코菟道稚郎子의 스승으로 삼았다. 이때 천황이 아직기에게 묻기를 "혹시 너보다 뛰어난 박사가 또 있느냐."라 하니 대답하기를 "왕인王仁이라는 사람이 있는데 매우 뛰어납니다."라 했다. …… 16년 2월에 왕인이 와서 태자 우지노와키이라츠코의 스승이 되었는데, 모든 전적典籍을 왕인에게서 배워 통달하지 않음이 없었다. 이른바 왕인은 후미노오비토書首等의 시조이다.

原文 十五年秋八月壬戌朔丁卯 百濟王遣阿直伎 貢良馬二匹 卽養於輕坂上廐 因以阿直岐 令掌飼 …… 阿直岐亦能讀經典 卽太子菟道稚郎子師焉 於是 天皇問阿直岐曰 如勝汝博士亦有 耶 對曰 有王仁者 是秀也 …… 十六年二月 王仁來之 則太子菟道稚郎子師之 習諸典籍於王仁 莫不通達 所謂王仁者 是書首等之始祖也

_ 「일본서기」권10, 오진 천황 15년 · 16년

■ 출전

『일본서기』

■ 찾아읽기

김석형, 『초기 조일관계사 연구』, 사회과학원출판사, 1966.

김현구, 『임나일본부연구 — 한반도남부경영론비판 —』, 일조각, 1993.

최근영 외, 『일본 육국사 한국관계기사』, 가락국사적개발연구원, 1994.

연민수, 『고대한일관계사』, 혜안, 1998.

박천수, 『새로 쓰는 고대 한일교섭사』, 사회평론, 2007.

한일관계사연구논집편찬위원회 편, 『고대의 왕권과 한일관계』, 경인문화사, 2010.

연민수 외, 『역주 일본서기』1, 동북아역사재단, 2013.

IV.

고대의 정치 체제와 사회 구성

1 지배층과 피지배층
제가와 하호

'가' 또는 '간'은 정치적 수장 곧 왕을 지칭하던 말이다. 제가는 그들이 공립한 거서간의 권력이 커지고 중앙집권화가 진행되면서 점차 국왕 밑에 편제된 일반화된 지배 계층으로 변화해갔다. 하호는 직접 생산자이자 부세 부담자였으며 제가에 의한 하호 지배의 강도는 매우 가혹했다. 식읍은 이런 지배를 용인하는 선상에서 운영된 제도이다. 한편 한반도의 남부에서는 3세기 무렵 경제력의 급성장에 따른 하호 층의 성장이 두드러졌다.

제가와 호민

부여나 고구려의 읍락에는 호민豪民이 있고 마치 노복처럼 부려지는 하호下戶가 있었다. 그리고 이런 읍락들을 중앙의 여러 가加들이 나누어 다스렸다.[자료1] 호민은 원래 가加 계급에 속한 지배자였는데 사회 분화와 맞물려 진행된 가 계급의 분화 과정에서 가 층에서 배제되어 읍락에 대한 정치 지배력을 잃어버리고 중앙 제가諸加의 읍락 지배 구조에서 중간 계층으로 바뀐 이들이었다. 동옥저와 예의 읍락에서 하호를 지배하던 장수長帥나 후侯·읍군邑君·삼로三老 등은 본디 가加였지만, 고구려에 편입된 후에는 대부분 호민 층으로 전락하고 말았을 것이다.[자료2]

가加란 부여·고구려 등 주로 북방 계통의 나라에서 추장이나 수장을 일컫는 말로 정치적 수장, 곧 왕을 지칭했다. 선비족鮮卑族 같은 북방 유목민 사회에서는 몽고 초원의 최고 지배자를 가한可汗이라 불렀다고 하고, 남쪽 삼한 사회에서는 왕을 간干이나 한韓이라고 불렀으니, 모두 같은 계통의 언어로 볼 수 있다. 기자조선과 신라의 거서간居西干은 간干에서 파생한 왕호이다. 여러 간들이 각자 자기 영역을 지배하는 형세를 이룬 가운데 그런 간들을 지배하는 국왕을 거서간이라 부른 것이었다.

이런 가加나 간干들이 처음 등장한 것은 철기 시대에 들어와 각지에 독자성을 띤 정치 세력들이 일어나던 때였다. 저마다 따로 다스리는 영역과 민인民人을 확보하여 독자성을 띠게 된 수장들이 가·간을 자칭한 것이었다. 이들은 생산력의 발전과 함께 큰 지역별로 결집하여 더 강력한 정치권력을 만들고 주체적으로 국정에 참여했는데, 시간이 지날수록 그 세력의 크기별로 국왕 밑에 편제되어 일반화된 지배 계층으로 변화해갔다. 이 과정을 기자조선의 경대부卿大夫와 부여의 대사大使 직, 삼국의 관등 편제 등을 통해 엿볼 수 있다. [자료3]

기자조선은 주周의 봉건 귀족 제도를 본떠 일찍부터 경대부 제도를 시행했다. 경은 한 지역을 맡아 다스리면서 왕을 도와 국사를 맡아보던 관직이고, 대부는 족벌을 이룬 귀족의 대표 격인 사람들에게 주던 관직이다. 각지의 가·간이 지닌 지배 기반과 정치력을 대체로 인정하면서 중앙 귀족으로 편제해들인 형태가 경대부 제도였던 셈이다.

이 같은 지배 세력의 편제 형태는 기자조선과 이웃한 부여에서도 이루어졌으니 그것이 제가諸加를 통한 사출도四出道 지배이다. 부여의 제가는 수장으로서 그전부터 다스려온 읍락이 있었지만, 이와는 별도로 국가의 귀족으로서 왕으로부터 지배를 위임받은 민호民戶를 따로 갖고 있었다. 사방으로 뻗은 도로를 따라 지역을 나누어 지배했으므로 이를 사출도라고 부른 것이었는데, 다스리는 민호가 수백, 수천 가家에 이르렀다. 제가가 별도로 관할한 민호는 하호下戶였을 것이다. 제가는 각자 맡은 지역의 하호가 국가에 내야 할 조세租稅와 부세賦稅를 책임지고 거두어 납부하며 이 과정에서 이익을 남기기 위해 가혹한 수취를 일삼았다. 국왕은 제가의 하호 지배가 지나치게 가혹하게 이루어지지 않도록 사자使者 층을 통해 감시하고 통제했는데, 그런 사자의 역할이 점차 커지자 가 계급 출신자가 직접 사자로 진출하게 되었다. 사자라는 관명에서 '자者' 자를 떼고 '대大' 자를 붙여 '대사'라는 관명을 만든 것은 이런 변화의 결과였다.

고구려에서 제가 계급은 중앙 관위官位를 통해 서열화돼 있을 만큼 일반화되고 분화되어 있었다. 이는 그전 단계의 기자조선과 위만조선을 거치면서 장기간 동안 이루어진 변화였지만, 고구려의 국가 형성 과정에서도 지위의 변화가 일어났다. 위만조선의 붕괴 후 구심력을 잃고 각자도생各自圖生하던 여러 읍락의 수장들이 지역별로 연합하여 나那 또는 노奴를 형성하고, 이러한 나·노 다섯이 고구려를 형성한 것이었는데, 이 과정에서 건국에 참여한 형태와 기여도에 따라 고추가古鄒加, 대가大加, 소가小加가 나뉘고, 그 가문이 적통嫡統인지 아닌지에 따라 지위가 갈렸다. 계루桂婁 및 소노消奴(涓奴로 표기한 기록도 있음), 절노絶奴, 순노順奴, 관노灌奴의 5노는 고구려 국가 체제 안에서 5부部로 편제되었다.

5부 제가의 신분과 지위를 정리한 뒤에 고구려는 영토를 넓히면서 새로 편입된 각 읍락의 수장층을 이 신분 체제 속에 편제해 나갔다. 이 과정에서 이전 수장층이 읍락에 대한 독자적 지배력을 잃게 되었음은 물론이다. 그들은 이제 고구려의 일반적인 신

안악3호무덤 행렬도
안악3호무덤은 황해도 안악군 오국리에 있는 고구려 벽화 무덤이다. 이 무덤은 규모가 남북 33m, 동서 30m, 높이 6m에 이르는 웅장한 무덤으로, 4세기 동방 문화를 대표하는 세계적 유적으로 손꼽힌다. 무덤칸은 언덕을 파내고 반지하에 돌로 쌓았는데, 널길·널방(선실)·앞방·좌우 옆방·널방(현실)·회랑 등으로 마치 지하 궁전처럼 지었다. 이 벽화는 널방(선실) 동벽에서 북벽으로 이어지는 'ㄱ'자 회랑에 그린 행렬도이다. 행렬은 소가 끄는 수레에 탄 주인공을 중심으로 주변에 남녀 시종들이 있고, 앞에는 보병 악대와 곡예꾼들, 뒤에는 기마 악대와 기마 기수, 맨 바깥에는 호위 보병과 기병들로 구성되었다.

분층으로서 하급의 가加나 호민豪民에 불과한 존재일 뿐이었다. 그러나 중앙 5부의 제가들은 본래부터 지배해온 읍락에 대한 하호 지배를 통해 그들의 정치적 지위를 지키고 사회적 특권을 유지해 나갔다. 제가는 중앙에서 제가평의諸加評議에 참석하여 대내외의 국가 중대사를 논의하고 결정하며, 수취와 치죄治罪 등 행정에도 참여했다. [자료3]

안악3호무덤 서쪽 옆방 서벽 남자 주인공
이 주인공은 고구려에서 왕만 썼다는 백라관을 쓰고 화려한 비단옷을 입은 것으로 보아 왕이었음을 알 수 있다. 이 밖에도 남벽에는 여주인을 그렸고, 옆방과 동쪽 옆방에는 디딜방아를 다루는 하녀, 마굿간, 외양간, 용두레 우물, 부엌 등 고구려 생활상이 풍부하게 담겨 있다.

제가는, 사회가 발전하고 중앙 집권력이 커짐에 따라, 갈수록 더 국가 권력을 전제로 결집한 보편적 귀족 신분으로 변화해갔다. 그러나 제가의 정치 참여 형태는 지난날에 지녔던 왕자王者로서의 독자성을 다분히 유지하는 모습을 보였다. 이를테면 제가는 하호를 지배하기 위해 따로 독자의 관료를 두었다. 고구려의 대가大加는 사자使者·조의皁衣·선인先人이라는 관료를 두었는데, 이들은 중국의 경·대부가 거느린 가신家臣 같은 존재로서 대가가 마음대로 임명하고 명단을 왕에게 알리기만 했다고 한다. [자료3] 이러한 관료층을 거느린 대가들은 독자의 군사력까지 있어 각자 맡은 지역의 하호를 사실상 왕처럼 지배했을 것이다.

제가들은 전쟁이 일어나면 자체적으로 전투를 수행했으며, [자료4] 각자 지배하는 하호를 거느리고 왕위 쟁탈전에 뛰어들었다가 실패할 때는 하호를 이끌고 적국에 투항하기도 했다. [자료5] 이 시기의 국가는 독자의 영역과 관료 조직을 갖춘 제가의 읍락 지배와 그러한 제가를 피라미드형 정치 체제로 편성하는 데 성공한 국왕의 국가 지배가 동시에 존재하는 이중 구조를 보였다. 이것이 우리나라 고대 국가 구조의 특성이다.

하호

하호는 농사일을 하지 않고 앉아서 놀고 먹는 제가 계급에게 쌀 등 곡식과 물고기·소금 따위를 날라다 대주었다.[자료3] 이는 하호에게 부과된 부세賦稅였다.[자료6] 그 징수의 기준이 정해져 있었겠지만 제가의 하호에 대한 수취는 매우 가혹하여 중국인 눈에는 하호가 마치 노복처럼 비칠 정도였다. 중국 역사책에 하호가 '노복과 같다'고 한 것은 신분이 그렇다는 뜻이 아니라 착취를 당하는 하호의 사회경제적 처지가 그렇다는 뜻이다. 이 같은 제가의 하호 지배가 식읍食邑 제도를 운영하는 기초가 되었다.

하호는 직접 생산자이자 부세 부담자인 까닭에 그 사회의 성격을 파악하려면 하호의 경제적 처지를 먼저 올바로 이해해야 한다. 그러므로 당시의 시대 성격을 규명하는 문제와 관련하여 그동안 많은 연구자들이 하호에 대해 검토해왔다. 그러나 견해는 매우 다양하다. 하호를 노예적 존재로 파악하는 견해(백남운), 씨족사회 해체기의 피정복 공동체원·씨족 공동체원, 씨족사회의 일반 씨족원, 읍락사회에서의 일반 읍락 공동체원으로 이해하는 견해(김광진, 김철준), 봉건적 농노나 봉건적 예속 농민으로 본 견해(김병하), 고구려의 하호는 농노적 존재이고 부여의 하호는 노예적 존재였다고 차별을 두어 파악한 견해(김삼수) 등등이다.

하호가 존재한 사회를 씨족사회나 그 해체기, 읍락 공동체 사회, 고대 사회, 봉건 사회 등 여러 단계로 각기 파악했기 때문에 견해 차가 이같이 크게 벌어진 것이었다. 그러나 이 시기에 순장제殉葬制가 있었고, 사회 구성원이 귀족층·호민층·자영 소농층·용작 농민층·노비층 등 여러 계층으로 나뉘어 있었으며, 인호人戶를 기준으로 부세를 거둔 사실에 유의한다면, 그 사회를 씨·부족사회나 읍락 공동체 사회 단계로 이해하기는 곤란할 것이다.

한반도의 남부 지역에서는 3세기 무렵에 이르러 하호 층의 성장이 두드러졌다. 중국이 설치한 군현과 직접 교역하면서 무역을 통해 축적한 하호의 경제력이 급성장한 데 따른 변화였다.[자료7] 이 시기 신라와 백제는 각지의 지배 세력을 정치적으로 편제하여 일어났기에, 개별적으로 무역하여 이득을 보는 지방 소국의 하호들을 직접 나서서 말릴 처지가 못 되었다. 지방 지배는 대체로 간干들에게 위임되었다. 3세기에 편찬된 『삼국지』가 당시 한반도 남부 지역은 삼한의 78개 국이 할거割據하는 상황이라고 서술한 이유도 여기에 있었다. 각 소국의 간은 상업으로 벌어들이는 하호의 이득에 대해 적절한 부세를 물리고 그중 정해진 액수를 중앙에 납부할 뿐, 하호가 무역 활동과 관련하여 착용하는 중국 복장에 대해서는 어떤 특별한 제재를 가하지 않은 것 같다.

자료1

나라에는 군왕君王이 있고, 모두 여섯 가축[六畜]의 이름으로 관명官名을 지은 마가馬加 · 우가牛加 · 저가豬加 · 구가狗加 · 견사犬使 · 견사자犬使者 · 사자使者가 있다. 읍락邑落에는 호민豪民이 있으며, 하호下戶라고 부르는 이들은 모두 노복奴僕처럼 지낸다. 모든 가加들은 별도로 사출도四出道를 주관하는데, 큰 경우는 수천 가家를 주관하고 작은 경우는 수백 가家이다.

原文 國有君王 皆以六畜名官 有馬加牛加豬加狗加犬使犬使者使者 邑落有豪民 名下戶皆爲奴僕 諸加別主四出道 大者主數千家 小者數百家

_『삼국지』권30, 「위서」30, 동이전, 부여

자료2

대군장大君長이 없고 한대漢代 이래로 후侯 · 읍군邑君 · 삼로三老의 관직이 있어서 하호를 통주統主했다.

原文 無大君長 自漢已來 其官有侯邑君三老 統主下戶

_『삼국지』권30, 「위서」30, 동이전, 예

자료3

모든 대가大加들 또한 자체적으로 사자使者 · 조의皂衣 · 선인先人을 두는데, 그 명단은 왕에게 보고한다. 이들은 마치 중국의 경卿이나 대부大夫의 가신家臣과 같은 존재로서 회합할 때의 좌석 차례에서는 왕가王家의 사자 · 조의 · 선인과 같은 열에 앉을 수가 없다. 그 나라 안의 대가大家들은 농사를 짓지 않으므로, 앉아서 먹는 인구가 만여 명이나 되는데, 하호들이 먼 곳에서 양식 · 고기 · 소금을 운반해다가 그들에게 공급한다. …… 대가大加와 주부主簿는 머리에 책幘[주1] 같은 것을 쓰는데, (중국의) 책과 흡사하지만 뒤로 늘어뜨리는 부분이 없다. 소가小加는 절풍折風[주2]을 쓰는데 그 모양이 고깔[弁]과 같다. …… 감옥이 없고 범죄자가 있으면 제가諸加들이 모여서 평의評議하여 사형에 처하고 처자는 몰수하여 노비로 삼는다.

原文 諸大加亦自置使者皂衣先人 名皆達於王 如卿大夫之家臣 會同坐起 不得與王家使者皂衣先人同列 其國中大家不佃作 坐食者萬餘口 下戶遠擔米糧魚鹽供給之 …… 大加主簿頭著

주1 책(幘) : 천으로 머리를 싸듯 만든 모자. 『북사』 고구려전에는 귀인(貴人)의 관(冠)이라면서 소골(蘇骨)이 소개되고 있다. 뒤가 없는 책이란 바로 소골을 말한 것으로 생각된다.

주2 절풍(折風) : 뒷날까지 쓰인 고구려인의 대표적인 모자로서 고깔 모양이었다. 사인(士人)들은 이에 새의 깃털[鳥羽]을 꽂아 장식했는데 이러한 풍속은 백제나 신라에도 있었다.

幘 如幘而無餘 其小加著折風 形如弁 …… 無牢獄 有罪諸加評議 便殺之 沒入妻子爲奴婢

_『삼국지』권30, 「위서」30, 동이전, 고구려

자료4

적군의 침입이 있으면 제가諸加들이 자체적으로 전투를 수행하고, 하호下戶는 양식을 져다가 음식을 만들어 준다.

原文 有敵 諸加自戰 下戶俱擔糧飮食之

_『삼국지』권30, 「위서」30, 동이전, 부여

자료5

주3 건안(建安) : 후한(後漢) 헌제(獻帝) 때의 연호. 건안 원년은 196년이며 24년간 사용했다.

주4 공손강(公孫康) : 공손탁(公孫度)의 아들로 한(漢) 건안 9년(204)에 그 아버지의 지위를 이었다. 207년 조비(曹丕)로부터 양평후(襄平侯) 좌장군(左將軍)의 봉작을 받았다. 그는 건안 연간에 낙랑군의 둔유현(屯有縣) 이남의 황지(荒地)를 분리해 따로 대방군을 설치했다.

주5 발기(拔奇) : 고국천왕(故國川王)의 동생. 고국천왕이 후사가 없이 죽자 그 동생들인 발기와 이이모(伊夷模)가 왕위를 다투었는데 고국천 비인 우씨(于氏)가 동생인 이이모 편을 들어 왕위를 계승하게 하니 그가 산상왕(山上王)이다. 산상왕은 그의 등극을 도와준 형수 우씨와 결혼했다고 한다.

주6 노객(奴客) : 복속민. 우리나라 금석문에서도 노객이라는 단어가 발견되는데, 그것은 특정지역의 지배 세력이 주변국가의 국왕에 대해 자신을 낮추어 부른 말로 쓰인 것이다(盧鏞弼, 「磨雲嶺碑의 '客'硏究」, 『國史館論叢』48, 1993).

건안建安주3 연간에 공손강公孫康주4이 군대를 보내어 고구려를 공격하여 격파하고 읍락을 불태웠다. 발기拔奇주5는 형이면서도 왕이 되지 못한 것을 원망하여 연노부涓奴部의 가加와 함께 각기 하호 3만여 명을 이끌고 강康에게 투항했다가 돌아와서 비류수沸流水 유역에 옮겨 살았다.

原文 建安中 公孫康出軍擊之破其國 焚燒邑落 拔奇怨爲兄而不得立 與涓奴加各將下戶三萬餘口詣康降 還住沸流水

_『삼국지』권30, 「위서」30, 동이전, 고구려

자료6

대가大家들은 농사를 짓지 않으며 하호가 부세賦稅를 대는데 마치 노객奴客주6과 같다.

原文 大家不田作 下戶給賦稅 如奴客

_『태평어람』권783, 동이4, 고구려

자료7

의책衣幘 입기를 좋아하는 풍속이 있어, 하호下戶들도 군郡에 가서 조알朝謁할 때에는 모두 의책을 빌려 입으며, 각자가 받은 인수印綬를 차고 의책을 착용하는 사람이 천여 명에 이른다.

原文 其俗好衣幘 下戶詣郡朝謁 皆假衣幘 自服印綬衣幘千有餘人

_『삼국지』권30, 「위서」30, 동이전, 한

■ 출전

『삼국지』

『태평어람』: 중국 송(宋)나라 때에 편찬된 백과사서. 송 태종 태평흥국 2년(977)에 이방(李昉) 등이 왕명을 받들어 편
  찬에 착수하여 6년 만에 완성했다. 처음에는 『태평편류(太平編類)』라 했으나 태종이 매일 3권씩 읽어 1년 만에 독
  파했으므로 『태평어람』이라 했다고 한다. 대부분 전대(前代)의 잡저(雜著)에서 채록한 내용이나 적잖은 일서(逸
  書)의 기사가 인용되기도 하여 중요시되고 있다. 인용된 서적이 1,690종에 달한다. 55개 부문으로 분류되어 있는
  데, 그중 사이부(四夷部)에 신라조와 고구려조가 실려 있어 우리나라 역사 연구에 참고가 된다. 그러나 부주의한
  인용으로 원서에 없는 내용을 인용하거나 한 책을 여러 개의 다른 이름으로 기록하기도 했으므로 참고에 주의를
  요한다.

■ 찾아읽기

하일식, 『한국 고대의 신분제와 관등제』, 아카넷, 2000.

이인철, 『한국 고·중세 사회경제사 연구』, 백산자료원, 2009.

서의식, 『신라의 정치구조와 신분편제』, 2010.

김병하, 「한국의 노예제사회문제」, 『한국사시대구분론』, 한국경제사학회, 1970.

홍승기, 「1~3세기의 '민'의 존재형태에 대한 일고찰」, 『歷史學報』63, 1974.

김정배, 「삼한사회의 '국'의 해석문제」, 『한국사연구』26, 1979.

김광수, 「고구려 전반기의 '가계급'」, 『건대사학』6, 1982.

김기흥, 「한국 고대의 신분제」, 『강좌한국고대사』3, 가락국사적개발연구원, 2003.

2 함께 논의하고 합의하여 정치를 운영하다

공론 · 합의 기구와 정치 체제

기자조선 곧 진국에서 국가의 중대사는 제간의 공론과 합의로 결정, 집행되었다. 고구려의 제가평의, 백제의 정사암회의, 신라의 화백회의는 이런 전통을 계승한 기구였다. 지배 신분층의 성격과 권력 구조가 변화하면서 공론과 합의의 주체도 바뀌어갔지만, 지배 세력이 함께 모여 중대사를 처리하는 회의체 구성의 원리와 이념은 그대로 유지되었다. 이는 고려의 도병마사사 · 식목도감 · 도평의사사, 조선의 의정부 · 비변사와 같은 합좌 기구로 이어진다.

공론 · 합의 정치 체제의 전통과 계승

기자조선 곧 진국辰國에서 국가의 중대사는 기본적으로 각국의 왕인 여러 가加 · 간干의 공론共論과 합의合意로 결정, 집행되었다. 그러나 지금은 이에 관한 일차 사료가 전혀 남아 있지 않아 그 전모를 잘 알 수 없는 형편이다. 다만 합의 정치 체제의 원리와 이념이 이후에도 우리 역사 속에서 끈질기게 유지되었으므로 대략의 윤곽을 어느 정도 가늠해볼 수 있을 뿐이다.

이와 관련해서는 우선 기자箕子 자체가 제간諸干이 공립共立한 존재였다는 점에 주목할 필요가 있다. 각국의 간干들이 합의하여 '간들의 간'을 함께 세우니 그가 곧 진왕辰王이자 기자, 거서간居西干이었다. 따라서 진국의 합의 정치 체제를 진왕이 이끌었고, 진왕은 국내외의 중대사에 관해 삼한의 간 · 가로부터 다양한 의견을 듣고 이를 수렴하여 합의로 이끎으로써 국가를 운영하고 유지했다. 그리고 이런 진국체제의 마지막 형태가 신라의 거서간 체제였다.

신라를 세운 진한의 간들은 혁거세를 거서간으로 공립하고, 그가 하늘로부터 왕으로서의 신성성神聖性을 부여받은 존재임을 인정하고 이를 만천하에 공포했다. 공립과 신성성의 인정은 어디까지나 제간諸干의 몫이고 권리였다. 천부天賦의 신성성은 거서간의 친자식이나 사위들에게만 발현되는 것으로 인식되었지만, 하늘의 뜻이 거서간의 여러 친자 중 누구에게 돌아갔는지, 바꾸어 말하여 여러 왕자나 사위 중 누가 다음 대의 거서간이 될 것인지를 결정하는 일은 궁극적으로 제간의 공론에 맡겨진 임무고 과제였다.

신라의 왕호가 계승왕繼承王을 뜻하는 이사금尼師今으로 바뀐 것을 왕권 강화의 표현으로 보는 견해도 있지만, 그 계승의 대상이 바로 '거서간'이라는 위호位號였으니 이사금 역시 본질적으로 거서간이긴 마찬가지였다. 그리고 기록에는 현왕이 자식이 없을 경우에만 국인國人이 다음 왕을 공립하는 절차를 밟았던 것처럼 나타나나, 굳이 기록할 필요가 없는 당연지사라서 그랬던 것일 뿐, 거서간 위位의 정상적인 계승 역시 국인의 공립이라는 요식 절차를 거쳐 이루어졌다. 이들 기록에 보이는 '국인'의 실체가 곧 '제간'이다. '제간'이 주체적으로 합의하여 그들의 국가인 신라를 세우고, 스스로 그 '국인'으로서 발언권을 행사한 것이었다.

그러므로 이러한 신라에서, 인사 · 수취 · 외교 · 국방 · 치안 · 형정 · 토목 등 국가의 제반 중대사가 제간의 공론에 의해 처결될 것은 당연한 이치였다. 신라 지배 신분층의 성격과 권력 구조가 변화하면서 공론과 합의의 주체도 바뀌어갔지만, 신라를 주체적으로 구성하고 있는 지배 세력이 함께 모여 중대사를 처리하는 회의체 구성의 원리와 이념만은 그대로 유지되었다. 『삼국사기』· 『삼국유사』는 물론 냉수비 · 봉평비 등에도 나타나는 신라6부의 대표자 회의 및 관계자 회의, 대등회의, 진골들의 화백회의 등은 참여자의 정치적 성격이 서로 다른 회의체들이다. 그러나 당대의 정국을 주도하던 최고 지배 신분층이 참석하여 국가 중대사를 공론하던 회의체였다는 점에서는 그 성격이 같다. [자료1]

특히 화백회의는 참석자의 한 사람이라도 반대하면 부결되는 만장일치제로 운영

영일냉수리신라비

이 비는 말추(末鄒)와 사신지(斯申支) 두 사람이 국가를 상대로 절거리(節居利)의 재(財)에 대해 자신들이 일정한 권리가 있음을 주장한 사실과 관련하여 이를 일절 불허함을 공론으로 밝혀 후세에 남긴 내용을 담고 있다. '절거리'는 조세선납인의 직명(職名)으로 짐작된다. 이 비는 말추(末鄒)와 사신지(斯申支) 두 사람이 국가를 상대로 절거리(節居利)의 재(財)에 대해 자신들이 일정한 권리가 있음을 주장한 사실과 관련하여 이를 일절 불허함을 공론으로 밝혀 후세에 남긴 내용을 담고 있다. '절거리'는 조세선납인의 직명(職名)으로 짐작된다.

되었다고 하는데, 이는 진국 이래 줄곧 유지되어 온 전통적인 회의 운영 방식이고 원칙이었을 것이다. 이와 같은 만장일치의 원칙은 그 세력의 크기를 불문하고, 일국의 왕이라는 동등한 처지에서 국가 형성에 참여하고 중대사를 공론하던 간들에게는 반드시 준수되어야 할 기본 원리였겠다. 그러나 국가 체제가 안정되고, 왕권이 강화되며, 독자적인 간干들이 일반화한 지배 귀족으로 변화하여 서열을 이루면서 회의 구성원 사이에 심각한 권력의 불균형이 생기고, 이에 따라 만장일치의 원리·원칙도 다소간 퇴색되어갔다. 간 층에 이어 신라의 최고 지배 신분으로 등장한 진골 층이 참석한 화백회의까지는 이들이 대표하는 각 가문의 평등성과 함께 만장일치제 또한 어느 정도 보장되고 유효했지만, 신라 말기로 갈수록 만장일치는 그저 하나의 빛바랜 깃발에 불과했다.

하지만 중요한 것은 그 조직과 운영 방식의 변화에도 불구하고 공론과 합의라는 원리가 기본적으로 유지되었다는 점이다. 동아시아의 여러 나라 중 고려만이 도병마사都兵馬使司·식목도감式目都監·도평의사사都評議使司와 같은 특유의 합좌 기구를 가진 사실, 조선에 와서도 의정부議政府·비변사備邊司와 같은 공론 기구가 의연히 존재한 사실로 미루어 보면, 진국 이래 우리는 공론·합의에 입각한 정치 체제를 창조함으로써 성립하고, 이를 유지함으로써 존속해온 나라라고 해도 과언이 아닐 것이다.

삼국의 회의 기구와 그 운영 방식

삼국의 정치는 귀족들이 모여 공론·합의하는 회의 기구를 통해 결정되고 이루어졌다. 고구려의 제가평의諸加評議, 백제의 정사암회의政事巖會議, 신라의 화백회의和白會議가 그런 기구였다. 우선 고구려의 제가평의는 국왕 중심의 중앙집권력이 성장함에 따라 일반화된 지배 신분으로 변화한 종래의 독립적인 수장首長 세력이 국정에 참여하는 정치 기구였다.[자료2] 따라서 제가가 모여 평의한다고 해서 모든 일을 마음대로 처결할 수 있었던 것은 아니다. 도적질한 자는 12배로 갚아야 한다는 등 이미 일정한 규약이 마련되어 있었다.

그러므로 제가평의란, 재래의 수장층이 형성한 연맹 회의체에서 기원한 것이긴 하지만, 이미 정비된 국가 체제 내에서 한정된 기능으로 자리 잡은 회의체에 불과했다. 이제 제가는 지배자 신분을 가진 사람으로서 국가에 중대한 일이 생기거나 중범죄가 일어난 경우 그 처사를 자문하고 자신들의 권익을 옹호하는 언권言權을 행사할 뿐이었다. 하지만 제가가 평의하여 결정한 사안을 국왕이 쉽게 뒤엎을 수는 없는 일이었다. 그러기엔 정치적 부담이 너무 컸다. 고구려의 정치는 제가평의에서 그 기본 방향을 잡고 이에 입각해 이루어졌다.

백제의 정사암회의는 좋은 날을 골라 바위 위에서 정사를 논의한 데서 붙여진 이름이다. 호암사虎巖寺 아래의 큰 바위에 귀족들이 모여 회의를 열고 국가 중대사를 의결했다고 한다.[자료3] 특히 재상을 선출할 때는 재상이 될 만한 후보 이름을 서너 명 적은 뒤 상자에 넣어 봉하고 정사암에 두었다가 얼마 후에 열어보고 이름 위에 도장이 찍혀 있는 사람을 재상으로 삼는 독특한 선출 방식을 취하기도 했다. 누가 도장을 찍었는가에 대해서는 언급이 없어 초자연적 힘에 의거한 듯하기도 하지만, 정사암회의에 참여하는 최고 귀족들이 비밀 투표한 것으로 보는 게 옳을 것 같다.

신라의 화백회의는 앞에 살핀 것처럼 국가 중대사를 의결할 때 한 사람이라도 다른 뜻이 있으면 부결되는 만장일치 방식을 취한 것으로 유명하다.[자료4] 화백회의는 신라 국내에서 신령스런 장소로 유명한 네 곳을 정해두고 차례로 돌아가며 개최했다. 이를 사령지四靈地라고 불렀는데, 동쪽 청송산, 남쪽 오지산, 서쪽 피천, 북쪽 금강산이 그것이었다. 화백회의의 의장인 상대등上大等은 귀족들의 세력 관계를 고려해 국왕이 임명했다. 화백회의에 관한 기록은 통일신라 시기에 처음 보이지만, 상대등이 처음 설치된 것이 법흥왕대인 사실로 미루어, 화백회의도 법흥왕 연간에 성립한 것으로 짐작된다.

삼국의 회의 기구는 이처럼 운영 방식에서 차이가 있었지만, 정치 운영에서 핵심 위치에 있었다는 게 공통점이다. 다수의 귀족들이 참여하여 국사를 결정한 이와 같은 회의 기구는 삼국의 각 나라에서 왕권이 강화되고 권력구조가 바뀜에 따라 성격이 여러 번 변했고, 또 국가가 새로 성립해 지배 체제가 바뀌면 다른 이름으로 불렸지만, 우리나라 역대의 모든 국가에서 가장 중요한 정치 기구로 유지되며 정국 운영에 막대한 영향을 끼쳤다. [자료5]

자료1

사라斯羅[주1]의 탁부喙部 사부지왕斯夫智王[주2]과 내지왕乃智王[주3], 이 두 왕은 교敎를 내려 "진이마촌 절거리節居利[주4]에 관한 일을 심의한 결과 절거리가 재물財物[주5]에 대한 권한을 가지도록 한다."고 했다. 계미년[주6] 9월 25일, 사탁부沙喙部의 지도로至都盧[주7] 갈문왕과 사덕지 아간지阿干支[주8], 자숙지 거벌간지居伐干支[주9]와 탁부喙部의 이부지 일간지壹干支[주10], 지심지 거벌간지 및 본피부本彼部의 두복지 간지干支[주11], 사피부斯彼部의 모사지 간지干支, 이상 7명의 왕들은 공론共論하여 교敎를 내린다. "앞 시기의 두 왕이 내린 교지와 관련하여 심의한 결과, 재물에 대한 권리는 모두 절거리가 가지도록 결정했다." 그리고 또 따로 교를 내려, "절거리가 만약에 먼저 죽은 뒤라면 그다음 차례의 아사노兒斯奴[주12]가 이 재물에 대한 권리를 가지도록 하라."고 했으며, 또 교를 내려 "말추와 사신지 이 두 사람은 이후로 이 재물의 권리와 관련하여 재론하지 말라. 만약에 다시 말하는 자가 있으면 중죄로 다스리겠다."고 했다.

[原文] ※밑줄은 사람 이름

斯 羅

喙 斯 夫 智 王

　乃 智 王

此 二 王 教

用 珍 而 麻 村 節 居 利 爲 證 尒

令 其 得 財 教 耳

癸 未 年 九 月 十 五 日

沙 喙 至 都 盧 葛 文 王

　　斯 德 智 阿 干 支

　　子 宿 智 居 伐 干 支

喙 尒 夫 智 壹 干 支

　只 心 智 居 伐 干 支

本 彼 頭 腹 智 干 支

斯 彼 暮 斯 智 干 支

此 七 王 等 共 論 教

用 前 世 二 王 教 爲 證 尒

取 財 物 盡 令 節 居 利 得 之 教 耳

別 教

주1 사라(斯羅) : 신라의 다른 표기.

주2 사부지왕(斯夫智王) : 신라 제18대 실성왕.

주3 내지왕(乃智王) : 신라 제19대 눌지왕.

주4 절거리(節居利) : 일정 지역의 조세를 먼저 납부하고 그 지역의 조세수취권을 얻어 조세를 거두던 직책명으로 생각된다.

주5 재물(財物) : 여기서는 조세수취권을 가리킨다고 생각된다.

주6 계미년 : 503년

주7 지도로(至都盧) : 지증(智證)의 다른 표기. 『삼국유사』에는 지증왕이 지철로왕(智哲老王)으로 표기되어 있다.

주8 아간지(阿干支) : 아찬(阿湌)

주9 거벌간지(居伐干支) : 급찬(級湌)

주10 일간지(壹干支) : 이찬(伊湌)

주11 간지(干支) : 간은 왕을 뜻한 우리말, 지는 높임말이다. 주로 탁부(喙部)와 사탁부(沙喙部)의 간들이 관등을 지니고 국정에 직접 참여했으며, 다른 부의 간들은 대개 관등을 지니지 않고 그대로 간지(干支)라고만 칭하면서 중요 사안에 대한 표결에만 참여했다.

주12 아사노(兒斯奴) : 조세선납인인 절거리에게 문제가 생길 경우 그에 대신하여 해당 지역의 조세를 책임지도록 정해진 조세선납 보증인의 직명이다(徐毅植, 「新羅 中古期의 '節'·'作'과 冷水里碑文의 吟味」 참조).

節 居 利 若 先 死 後 令 其 第 兒 斯 奴 得 此 財 教 耳

別 教
末 鄒
斯 申 支
此 二 人 後 莫 更 導 此 財　　若 更 導 者 教 其 重 罪 耳

典 事 人
沙 喙 壹 夫 智 奈 麻
　　　到 盧 弗
　　　須 仇 休
喙 耽 須 道 使 心 訾 公
喙　　　　沙 夫
　　　　　那 斯 利
沙 喙　　蘇 那 支

此 七 人 □ □ 所 白 了 事　煞 牛 拔 誥
故 記

村 主　　臾 支 干 支
　　　　須 支 壹 今 智
此 二 人 世 中 了 事
故 記

_영일냉수리신라비

자료 2

감옥이 없고 범죄자가 있으면 제가諸加들이 모여서 평의評議하여 사형에 처하고 처자
는 몰수하여 노비로 삼는다.

　原文 無牢獄 有罪諸加評議 便殺之 沒入妻子爲奴婢

_『삼국지』권30, 「위서」30, 동이전, 고구려

자료 3

호암사虎巖寺에는 정사암政事巖이란 바위가 있다. 이는 나라에서 장차 재상宰相을 뽑을

때에 뽑힐 후보 3, 4명의 이름을 써서 상자에 넣어 봉해서 바위 위에 두었다가 얼마 후에 가지고 와서 열어 보고 그 이름 위에 인印이 찍혀 있는 사람을 재상으로 삼았다. 그런 까닭으로 정사암이라고 했다.

原文 虎巖寺有政事巖 國家將議宰相 則書當選者名或三四 函封置巖上 須臾取看 名上有印 跡者爲相 故名之

_『삼국유사』권2, 「기이」2, 남부여 전백제 북부여

자료 4

일은 반드시 무리와 더불어 의논했다. 이를 화백和白이라 하는데 한 사람이라도 이의가 있으면 통과되지 못했다.

原文 事必與衆議 號和白 一人異則罷

_『신당서』권220, 「열전」145, 동이, 신라

자료 5

큰 일이 있으면 여러 관료들이 모여 자세히 의논하여 결정한다.

原文 其有大事 則聚群官詳議而定之

_『수서』권81, 「열전」46, 동이, 신라

출전

『삼국유사』

『삼국지』

『수서』

『신당서』

영일냉수리신라비 : 1989년 4월 경북 영일군 신광면 냉수2리에서 발견된 신라 고비(古碑). 처음에 밭 가장자리에 거꾸로 박혀 있던 것인데, 이 돌이 경작에 장애가 된다고 여긴 밭 주인이 파내자 거기에 글자가 새겨져 있음을 발견하고 신고함으로써 세상에 알려졌다. 이 비문은 이보다 1년 앞선 1988년 4월에 울진군 죽변면 봉평2리에서 발견된 울진봉평리신라비와 더불어 신라사 연구의 획기적인 전기를 마련해준 자료로 평가된다.

찾아읽기

이기백, 『신라정치사회사연구』, 지식산업사, 1974.

김철준, 『한국고대사회연구』, 지식산업사, 1975.

이병도, 『한국고대사연구』, 박영사, 1976.

노중국, 『백제정치사연구』, 일조각, 1988.

이인철, 『신라정치제도사연구』, 일지사, 1993.

서의식, 『신라의 정치구조와 신분편제』, 2010.

노태돈, 『한국고대사』, 경세원, 2014.

3 통치 계급의 두 부류

수장층과 종사자층

우리나라 고대 국가에서 국왕의 관료에는 수장층과 실무직 종사자층이 있었다. 수장층으로 나타나는 신라의 대등과 고구려의 대대로는 상급 조신의 위치에 있음을 나타내는 관명으로, 국왕에게 공적인 국가 체제에서 벼슬하는 사람임을 뜻한다. 한편 신라의 일벌~아척과 부여·고구려의 사자로 대표되는 실무직 종사자는 하호 지배 체제에서 중간 지배층으로 복무하던 관료들이었다.

수장층 – 대등과 대대로

삼국의 관등과 관직은 각국이 국가로서 성립하고 발전함에 있어, 본래의 영역을 가지고 저마다 관인官人을 두어 독자적으로 지배해오던 소국의 왕들을 국가 체제 속에 편제하여 새로운 지배 질서를 구축하는 과정에서 성립한 것이었다. 그러므로 그 관등·관직의 변화 과정을 면밀히 살펴보면 국가 체제의 성립과 정비 과정을 유추할 수 있게 된다. 진흥왕순수비眞興王巡狩碑, 단양적성비丹陽赤城碑 등 신라 중고기의 금석문에 다수 등장하는 신라의 '대등大等'은 그러한 예로 일찍부터 주목되어온 관직이다. [자료1·2·3]

자료에 의하면 대등은 주州·군郡에 파견된 행사대등行使大等, 소경小京의 장관長官인 사대등仕大等, 중앙 정치 기구의 차관次官인 전대등典大等 등으로 분화되어 국정의 중요한 직무를 담당했던 것으로 나타난다.[자료4·5] 시중侍中과 함께 신라의 국정을 주도하던 상대등上大等도 대등에서 파생한 관직이었다.[자료6]

대등은 '대大'가 '크다'는 뜻의 수식어이므로 '등等'에 기본 의미가 담겼다고 볼 수밖에 없는 어형이다. '등'은 '달', '들', '도리' 등 'tVrV'계 어형의 어떤 말에서 기원한 관등일 것이다. 신라에서는 대등을 한자말로 '신臣'이라고 표기하기도 했는데, 『속일본기續日本記』를 보면 '상신上臣'이라는 신라 관등을 소개하고 이를 훈으로 읽어 '마카리타로[萬加利陁魯]'라고 한 대목이 있다. '등'의 음이 본디 '타로'에 대응하는 것이었음을 보여주는 기록이다.

고구려의 '대로對盧' 역시 이와 발음이 비슷한 것으로 미루어, '대로'와 '등'은 서로 일맥상통하는 말뜻을 가졌고, 대체로 같은 어원에서 갈라진 관직 이름이었으리라고 짐작된다.[자료7·8·9] '등'에서 '대등'으로, '대로'에서 '대대로'로 발전한 모습이 같은 데서도 등과 대로가 성격이 같은 관직이었음을 알 수 있다.

'등'은 선회旋回의 뜻을 가진 고유어 '돌'에서 파생하여 개체個體가 아닌 연대連帶의 의

단양적성비

신라 제24대 진흥왕 때 세운 비석이다. 단단한 화강암을 물갈이한 뒤 글자를 아로새겼다. 이사부를 비롯한 여러 신라 장군이 왕명을 받고 전투에 나가 고구려 지역인 적성을 공략한 뒤, 자기들을 도와 공을 세운 적성 출신 야이차와 가족 등 주변 인물을 포상하고 적성 지역 백성들을 위로하고자 비를 세운다는 내용을 담고 있다.

창녕순수비

진흥왕이 창녕 행차 때 모인 신하들을 알려주는 수가인명隨駕人名이 있어, 갈문왕·대등 같은 중앙 귀족을 비롯하여 영역 확보를 위한 전진 기지의 군사령관인 사방군주·당주·촌주 등 당시 신라 지배 체제를 살피는 데 도움이 된다. 진흥왕 22년(561)에 세웠는데, 이로 보아 그 이전에 신라가 이 지역을 차지했음을 알 수 있다.

황초령순수비
신라 진흥왕 29년(568) 황초령에 건립한 순수비로 함경남도 장진군에 있는 비석이다. 비문에는 비를 세우게 된 연유와 의의, 그리고 진흥왕의 업적과 순회한 목적, 수행한 사람들의 직위, 이름들이 적혀 있다.

미로 발전하고, 다시 공공公共의 처지에서 일정한 역할을 하는 공무 수행자의 의미로 발전한 것으로, 한자漢字로는 '공公'으로 옮길 수 있는 말이었다. 진한의 6촌장들이 알천에 모여 신라를 세우자고 의논할 때 일을 주관한 고허촌장高墟村長의 이름을『삼국유사』에는 '소벌도리蘇伐都利'라고 한 반면『삼국사기』에는 '소벌공蘇伐公'이라 한 사실에서도, '도리'와 '공'이 서로 바꿔 쓸 수 있는 말이었음을 확인할 수 있다. '도리', 곧 '등'은 이처럼 진국체제에서 공적 사무를 맡아보던 사람을 일컬은 직책 이름이었다.

'대등'은 그러한 '등'을 새로 성립한 국가 체제에서 국왕 밑의 관직 가운데 하나로 설치하면서 '대'라는 수식어를 덧보태 이전의 '등'과 구분한 관직명이다. 대등은 국왕의 지시를 받아 국가 사무를 담당했다. 따라서 대등에는 두 가지 의미가 포함되어 있었다. 하나는 국왕에게 신속臣屬한 관직 또는 관료라는 의미이고, 또 하나는 그가 본래 독자의 영역을 가지고 나름의 관인官人을 두어 민을 지배해오던 수장이라는 의미이다.

요컨대 '대등'은 상급 조신朝臣의 위치에 있음을 나타내는 관명으로서, 국왕에게 사적으로 종속하는 사람이 아니라 공적인 국가 체제에서 벼슬하는 사람임을 뜻했다. 대등을 한자말로 '신臣'이라고 바꿔 쓰기도 한 이유가 여기에 있다. '신'은 중국에서, 군왕에게 복속하여 조정에 벼슬살이를 하지만 독자의 소신과 처신으로 공적인 사무를 본 사람을 일컬은 말이다. 대대로 역시 마찬가지다.

백제의 좌평佐平도 솔계率系 관등에서 파생하여 그 상위에 성립한 것으로서, 상좌평 · 대(태)좌평으로의 분화를 보인 사실로 미루어 대등과 매우 유사한 존재였음이 확실하다. 정무를 분담하여 집행하는 행정 기구에 관여한 존재가 아니라 여러 좌평과 함께 합의체를 구성하여 국가의 주요 정책을 심의하고 결정한 것으로 보인다. 솔率은 그 어원을 잘 알 수 없으나 일국—國을 지배하던 수장층에 계통을 둔 존재로서 백제 형성기에 읍군邑君으로 편제되곤 하던 이들에게 준 관명이 아닌가 짐작된다.

실무직 종사자층 – 일벌∼아척과 사자

우리나라 고대 국가에서 국왕의 관료에는 수장층 출신 외에 또 한 부류가 있었다. 신라의 일벌—伐∼아척阿尺과 부여 · 고구려의 사자使者로 대표되는 하급 실무직 종사자들이다. 이들은 본디 진국 및 부여 제국諸國의 왕인 간干 · 가加에게 발탁되어 왕의 하호 지배 체제에서 중간 지배층으로 복무하던 관료들이었다. 삼국의 관등 조직과 명칭에 이런 사정이 여실히 드러난다.

고구려의 경우엔, 국왕에 직속한 사자使者 · 조의皁衣 · 선인先人과 별도로 대가大加에게 개별적으로 사속私屬한 사자 · 조의 · 선인이 따로 있었는데, 이들이 합석할 때는 같은 이름의 관명을 가졌다고 해서 동렬에 앉을 수 있는 것은 아니었다고 한다. 그래서 중국인의 눈에는, 고구려 대가의 사자 계층이 마치 자기네의 경卿 · 대부大夫에게 사속한 가신家臣과 같은 존재로 비춰졌다.

이처럼 국왕과 대가가 같은 이름의 관료를 각기 거느렸다는 것은 여러 가지 의미를 내포하고 있다. 첫째, 국왕은 대가들이 공론共論하여 그들 가운데 한 사람을 공립共立함으로써 등극한 존재였음을 다시금 확인시켜준다는 점이다. 같은 대가 계층에서 나왔기 때문에 왕에게도 대가의 그것과 관명이 같은 신료가 존재할 수 있었던 것이다. 그러나 이미 국왕 위에 오른 존재였으므로 국왕의 사자는 다른 대가들의 사자와 달리 국정에 직접 참여하는 위치에 놓였고, 따라서 이들은 대가의 사자와 비록 관명은 같았지만 훨씬 상위의 열에 자리 잡고 앉았다.

둘째, 대가가 독자의 관료층을 거느렸다는 것은 그가 정치적 · 사회적으로 왕과 어깨를 나란히 한 동배同輩; peer의 위치에 있었고, 또 그의 하호에 대한 지배 구조가 여전히 작동하고 있었음을 뜻한다는 사실이다. 물론 그 형태는 예전의 독자성을 띤 국가가 아니라 식읍과 같은 형태로 변질되어 있었겠지만, 사급賜給 받았거나 관할하게 된 민호를 지배하기 위해서 대가는 여전히 관료가 필요한 상황이었던 셈이다.

셋째, 독자적인 관인층을 거느린 대가들과 동배적同輩的인 위치에서 이들의 공립共立에 의해 즉위한 고구려 왕은 여러 가의 대표 격인 존재였으므로 가들이 이해관계로 서로 충돌할 때는 그 어느 편도 들 수 없는 처지였으리라는 점이다. 고구려 제가회의諸加會議의 의장으로서 공무公務를 주관할 대대로를 정하기 위해 가들이 서로 충돌할 때 국왕은 그저 궁궐 문을 닫고 관망하며 그 결과를 기다릴 뿐이었다는 것은[자료9] 이런 맥락에서 이해해야 할 내용이다.

신라의 경우는, 이와 거의 마찬가지 사정이 외위제에 고스란히 반영되어 후대까지 남았다. 외위外位 '간干' 밑에 편제되어 나타나는 일벌一伐 · 일척一尺 · 피일彼日[波日 濊] · 아척阿尺이란 관위가 경위京位에 그대로 보이는 것이 그것이다. 경위 1등인 이벌찬伊伐湌은 본디 일벌간一伐干이니, '일벌'이란 직명에 '간'이란 신분 표시가 덧붙여져 성립한 관명이다. 또 2위 이찬伊湌은 본디 일척간一尺干이니 '일척'과 '간'이 합성된 관명이고, 4위 파진찬波珍湌은 피일간彼日干에서, 6위 아찬阿湌은 아척간阿尺干에서 각각 파생한 관명이다.[자료10]

나라의 정사를 간干들이 직접 챙기며 일벌간~아척간을 칭하게 되자 신라의 행정 실무는 나마奈麻와 사지舍知가 담당했다. 나마奈麻[奈末]는 큰 마을인 '나'의 우두머리라는 뜻을 가진 관명이고, 사지舍知는 '말읍[舍音]'으로서 작은 마을의 우두머리라는 뜻을 가진 관명이다. 원래는 독자성을 띤 수장이었는데, 정복당하여 그 간干으로서의 지위를 상실한 채 해당 지역의 실무를 담당하는 사자 층으로 변화한 존재였던 것이다. 이들은 신라의 골품 제도에서 비록 상층의 '골' 층에서는 배제되었지만 '두품' 층의 상위를 점한 위치에서 지배 계급의 일원으로서 중앙의 행정 실무에 참여했다.

여기서 한 가지 주목되는 점은 고구려의 경우, '가' 계급이 담당한 '형兄' 계열 관명이 '사자' 계열 관명보다 초기엔 절대적 우위에 있었으나 후기로 갈수록 역전되어 하위에 서는 현상이 일어났다는 점이다. 이는 고구려의 왕권이 강화되면서 그 직속에서 복무한 '사자' 직의 중요성이 그만큼 커졌음을 의미하는 동시에, 결국엔 '가' 계급이 종래엔 하급의 실무 종사자층이나 담당하던 관직에까지 진출하여 실권을 쥐게 되었음을 뜻하는 변화이다.

고구려와는 달리 신라에서는 처음부터 '간' 계급이 거서간을 도와 국사國事를 담당하는 일벌·일척·피일·아척의 직무를 수행했기 때문에 그 말기까지도 이러한 역전 현상이 일어나지 않았다. 그 대신, 종래의 신분이 사라지고 새로운 신분이 생기는 변화가 일어난 것이 특징이다. 1~3두품과 성골이 소멸하고, 득난이란 새로운 신분이 성립했다.

그리고 신라에서 나마와 사지 같은 피정복 수장층이 중앙 행정의 실무를 담당한 사실도 눈여겨봐야 할 특징이다. 고구려에서 국왕과 제가의 관료 편제가 중복되는 모습을 보인 것과 달리, 신라에서는 국정을 관할한 중앙 관료들이 이처럼 과거와 현재의 간干 계급 출신으로 나타나는 것은 신라의 직제가 삼국 전체의 소국들을 관할한 진국의 직제에서 유래했기 때문일 가능성이 크다. 신라 초기의 직제를 복원하여 진국으로부터 내려온 그 역사의 계기성繼起性을 밝히는 일이 우리나라 고대사 연구의 큰 과제로 남아 있다.

자료1

8월 21일 계미 진흥태왕眞興太王이 관경을 □□하고서 돌에 새겨 기록한 것이다. ……
이때 왕을 따른 자는 사문도인沙門道人 법장法藏과 혜인慧忍, 대등大等 탁(부)喙□ ……

原文 八月廿一日癸未眞興太王□□管境刊石銘記也 …… 于時隨駕沙門道人法藏慧忍 大
等喙□ ……

_황초령비

자료2

…… 월月에 왕王이 대중등大衆等 탁부喙部 이사부지伊史夫智 이간지伊干支 …… 두미지豆
弥智 피진간지彼珎干支 …… 탁부喙部 조흑부지助黑夫智 급간지及干支에게 교敎하시었다.

原文 月中王敎事大衆等喙部伊史夫智伊干(支) …… 豆弥智彼珎干支 …… 助黑夫智及干支
節敎事

_단양적성비

자료3

신사년新巳年 2월 1일 세웠다. …… 상주上州 행사대등行使大等은 사탁沙喙 숙흔지宿欣
智 급척간及尺干, 탁喙 차질지次叱智 나말奈末이며, 하주下州 행사대등行使大等은 사탁沙
喙 춘부지春夫智 대나말大奈末, 탁喙 취순지就舜智 대사大舍이다. 우추실□□서아군于抽
悉□□西阿郡 사대등使大等은 탁喙 북시지北尸智 대나말大奈末, 사탁沙喙 수정부지須仃夫智
나(말)奈□이다.

原文 新巳年二月一日立 …… 上州 行使大等 沙喙宿欣智及尺干 喙次叱智奈末 下州 行使
大等 沙喙春夫智大奈末 喙就舜智大舍 于抽悉□□西阿郡 使大等 喙北尸智大奈末 沙喙須仃夫
智奈□

_창녕비

자료4

집사성執事省의 전대등典大等은 2명으로 진흥왕 26년에 두었는데 경덕왕 6년에 고쳐서
시랑侍郞이라고 했다. 나마奈麻[주1]에서 아찬阿湌[주2]까지의 관위에 있는 사람들이 이에
오른다.

주1 나마(奈麻) : 신라의 17관등 중
제11위의 관등. 나말(奈末)·나마
(奈摩)로 표기하기도 했다.

주2 아찬(阿湌) : 신라의 17관등 중
제6위의 관등. 아척간(阿尺干)·아
찬(阿粲)·아간지(阿干支) 등으로
표기하기도 했다.

原文 執事省 典大等二人 眞興王二十六年置 景德王六年改爲侍郞 位自奈麻至阿湌爲之.

_「삼국사기」권38, 「잡지」7, 직관상. 집사성

자료5

도독都督의 사신仕臣은 (혹 사대등仕大等이라고도 한다) 5인이다. 진흥왕 25년에 처음 두었다. 급찬級湌주3에서 파진찬波珍湌주4까지의 관위에 있는 사람들이 이에 오른다.

原文 都督 仕臣 (或云仕大等) 五人 眞興王二十五年始置 位自級湌至波珍湌爲之.然

_「삼국사기」권40, 「잡지」9, 직관 하, 외관, 도독

자료6

이찬伊湌 철부哲夫를 상대등上大等으로 삼고 나라 일을 총괄하여 주재하도록 했다. 상대등이라는 관명은 이로써 비롯한 것이니 지금의 재상宰相과 같다.

原文 拜伊湌哲夫爲上大等 摠知國事 上大等官始於此 如今之宰相.

_「삼국사기」권4, 「신라본기」4. 법흥왕 18년 4월

자료7

(고구려에서는) 관직을 설치할 적에 대로對盧가 있으면 패자沛者를 두지 않고, 패자가 있으면 대로를 두지 않는다.

原文 有對盧則不置沛者 有沛者則不置對盧.

_「삼국지」권30, 「위서」30, 동이전 고구려

자료8

대대로大對盧는 세력의 강약으로 서로 싸워서 차지하는 것이니 스스로 대대로가 되는 것이지 왕의 임명을 거쳐서 두는 자리가 아니다.

原文 其大對盧則以彊弱相陵 奪而自爲之 不由王之署置也.

_「주서」권49, 「열전」41, 이역 상, 고려

자료9

(고구려의) 관제에서 가장 높은 것은 대대로大對盧이니 일품一品에 비길 만한 것으로 나

주3 급찬(級湌) : 신라의 17관등 중 제9위의 관등. 급벌찬(級伐湌)·급벌간(級伐干)[及伐干]·급척간(及尺干)·급복간(及伏干) 등으로 표기하기도 했다. 간군 관등(干群官等) 중에서는 가장 낮은 관등이다.

주4 파진찬(波珍湌) : 신라 17관등 중 제4위의 관등. 해간(海干)·파미간(破彌干) 등으로 표기하기도 했다. 그 성립 배경에 대하여는, '파진'을 'pa-dor/바돌(海)'의 표기로 보고 해관(海官)에서 비롯한 관등명이라고 생각하는 견해도 있다. 그러나 '간' 휘하의 피일(彼日)에서 기원한 관명으로 보는 것이 옳을 것이다. 피일은 봉평비(鳳坪碑)에 파단(波旦), 명활산성비(明活山城碑)에 파일(波日)로 나오므로 '彼'와 '波'가 혼용되던 자형(字形)임을 알 수 있고, 또한 진(珍)은 나(那)로 쓰기도 하던[아진함(阿珍含)→안나함(安那含)] 말이므로 那('nar')→日('nar')로 변환되었을 가능성을 능히 추정할 수 있어, '파진(派珍)'과 '피일(彼日)'의 상관성이 인정되기 때문이다.

라 일을 총괄하여 주재한다. 3년에 한 번 교대를 하지만 적임자라면 연한에 구애받지 않는다. 교체하는 날에 더러는 순순히 내어놓지 않기도 하므로 군사를 이끌고 서로 싸워 이긴 자가 차지하기도 한다. 이때 왕은 단지 궁궐 문을 닫고 스스로 지킬 뿐 제어하지 않는다.

原文 其官大者號大對盧比一品 總知國事 三年一代 若稱職者 不拘年限 交替之日 或不相祗服 皆勒兵相攻 勝者爲之 其王但閉宮自守 不能制禦.

_『구당서』권199, 「열전」149상, 동이, 고려

자료 10

외위外位는 육도六徒 진골이 5경과 9주에 나가 따로 칭해 오던 관명인데, 문무왕 14년 그 관등을 경위京位에 견주어 대우하였다. 악간嶽干은 일길찬에 준하고, 술간述干은 사찬에 준하고, 고간高干은 급찬에 준하고, 귀간貴干은 대나마에 준하고, 선간選干(찬간撰干이라고도 한다)는 나마에 준하고, 상간上干은 대사에 준하고, 간干은 사지大舍에 준하고, 일척一尺은 대오大烏에 준하고, 피일彼日은 소오小烏에 준하고, 아척阿尺은 선저지先沮知에 준한다.

原文 外位 文武王十四年 以六徒眞骨出居於五京九州 別稱官名 其位視京位 嶽干視一吉湌 述干視沙湌 高干視級湌 貴干視大奈麻 選干(一作撰干)視奈麻 上干視大舍 干視舍知 一伐視吉次 一尺視大烏 彼日視小烏 阿尺視先沮知

_『삼국사기』권38, 「잡지」9, 직관 하

출전

『삼국사기』
『삼국지』
『주서』
『구당서』

황초령비 : 신라 진흥왕(眞興王)이 황초령(黃草嶺)에 건립한 순수비. 함경남도 함주군에서 발견되었으며, 현재는 북한 함흥역사박물관에 보관되어 있다.

창녕비 : 경상남도 창녕군에서 발견된 진흥왕순수비이다.

단양적성비 : 신라 진흥왕이 적성(赤城) 지역을 점령하고 세운 척경비. 1978년 단국대학교 학술조사단이 발견했다. 비의 건립 연대는 비의 첫 부분이 결락되어 정확히 알 수 없다.

찾아읽기

하일식, 『한국 고대의 신분제와 관등제』, 아카넷, 2000.

서의식, 『신라의 정치구조와 신분편제』, 2010.

이기백, 「대등고」, 『역사학보』17 · 18, 1962.

노중국, 「고구려국상고(상)」, 『한국학보』16, 1979.

김광수, 「신라 관명 '대등'의 속성과 그 사적 전개」, 『역사교육』59(역사교육연구회), 1996.

김두진, 「고구려초기의 패자와 국가체제」, 『한국학논총』31, 2009.

4 이중적 신분 구성
신라의 골품 제도와 중위제

골품 제도는 '간' 층을 '골' 신분으로, 종속적 실무자 층을 '두품' 신분으로 나눈 데서 출발했다. '간' 층은 그들만 오를 수 있는 간 군 관등을 설정하고 '두품' 층은 이에 오를 수 없도록 간군 관등 바로 밑에 중위제를 실시한다. 그러다 '간' 층이 분화하여 진골이 성립하고, 진골은 그들을 도운 두품 관료 중 공로가 뛰어난 사람 들에게 중위제를 무시하고 간군 관등을 수여한다. 그 결과 생겨 난 새로운 신분층이 6두품이었다.

골품 제도의 성격

신라에는 골품 제도가 있어서 골품에 따라 정치적인 출세는 물론 가옥의 크기, 의 복의 빛깔 등 실생활에서조차 차등을 두었다.[자료1·2] 골품 등급으로는 성골聖骨 · 진골 眞骨 · 6두품六頭品 · 5두품 · 4두품이 있었다. 두품은 숫자가 큰 신분이 더 높은 신분이 다. 처음에는 3두품 · 2두품 · 1두품도 있었을 테지만 가장 낮은 신분인 1두품부터 점 차 평민으로 변해 골품에서 제외됐으리라 추정된다.

골품 제도는 신라 사회를 구성하고 유지하는 데 매우 중요한 역할을 담당한 제도였 다. 하지만 관련 자료가 충분하지 않아 이 제도가 성립한 배경과 과정, 골품을 구별한 기준, 골품이 자손에게 전달되는 조건 등에 관해서 학자들의 의견이 분분한 실정이다. 그럼에도 불구하고 그동안 연구가 진행되면서 몇 가지 사실이 분명해졌다.

첫째, 골품 제도는 인도의 카스트Cast 제도와 같은 매우 엄격한 신분제도가 아니었다는 점이다. 골품은 오로지 혈통에 의해서만 구분되고 유지되던 것이 아니었다. 왕위의 계승이나 정치 관계, 개인의 공훈功勳이나 능력 등과 밀접한 관련을 가지며 골품이 올라가기도 하고 내려가기도 했다.

둘째, 골품 제도가 처음 성립한 후 신라가 멸망할 때까지 동일한 모습으로 변함없이 유지된 제도가 아니라는 점이다. 골품을 구성하는 신분과 그 신분의 지위가 시기에 따라 변했다. 성골이 생겼다가 없어지기도 했으며, 1~3두품이 평민으로 바뀌고 후기에는 4두품도 백성층에 동화되어갔다. 또 6두품은 진골과 더불어 6세기에 새로 성립한 신분이었으며, 신라 말기에는 진골 층이 분화하여 '득난得難' 신분이 새로 생겨났고, 6두품 층에도 분화가 일어나 지방 촌주는 사찬沙飡에서 중위제重位制의 적용을 받게 되었다.

골품 제도의 성립 과정

골품제가 어떠한 과정을 거쳐 성립했는지 알려주는 자료는 아직 발견되지 않고 있다. 그러나 이 제도가 신라 관등 제도와 유기적인 관계 속에서 운영된 사실을 볼 때, 국가 형성 과정에서 매우 이른 시기부터 그 대강의 골격이 마련되었으리라고 짐작된다. 특히 관등 제도 안에서 부차적으로 운영된 중위제重位制가 적용된 관등의 변화를 살펴보면 더욱 그렇게 생각된다.[자료3·4·5·6] 중위제는, 특정 등급 이상의 관등은 특정 골품만이 독점할 수 있도록 규정하고 나머지 골품의 승진을 제한한 제도였다. 이를테면 대아찬 이상은 진골만 오를 수 있게 하고 그 바로 밑 관등인 아찬에 중위重位를 설치하는 식이다. 6두품은 이 규정에 따라 대아찬으로 승진하지 못하고 아찬에 설정된 중위만 지닐 수 있었다. 그런데 이에 앞서 중위제가 적용된 관등은 나마였다. 급찬 이상의 간군干群 관등은 각 소국의 수장층首長層 출신인 골骨 신분만 오를 수 있도록 규정한 것이었다. 하급 실무 종사자인 두품 신분은 나마까지만 승진하고 더 이상은 7중까지의 중위를 받을 뿐이었다. 이로써 신라의 최고 지배 신분이 골 신분에서 진골 신분으로 바뀌었음을 알 수 있을 뿐만 아니라, 골품제의 연원이 국가 성립기까지 소급함을 알 수 있다.

골품 제도가 생겨난 과정을 제대로 이해하려면, 몇 가지 사실을 먼저 알아둘 필요가 있다. 첫째, 처음 성립할 당시 '신라'의 국가 구성이다. 신라는 각기 독자적으로 다스리는 영토와 민을 소유한 지배자들이 모여 이룬 나라였다. 그러므로 신라를 구성한 지배자들만 신라의 '국인國人'으로 인정되었고, 그들에 의해 지배받는 하호下戶들은 신라 사람들로 인정받지 못했다. 골품 제도는 그중 '국인'에게만 적용된 제도이다. 마치 지금 경주에 거주한 왕경인王京人만 골품 제도의 적용을 받은 것처럼 생각하기 쉽지만, 이는 골품 제도가 처음부터 신라를 구성한 진한 제국諸國의 지배층에게 적용된 것이기 때문에 생긴 착각錯覺일 뿐이다. 둘째, 우리나라 고대 국가의 지배층에 두 부류가 있었던 점이다. 하나는 독자적인 지배 기반을 지닌 수장 곧 '간干' 층과 그 자손이고, 또 하나는 '간' 층에 종속하여 '간'이 민을 지배하는 일을 관료로서 도와주던 부류와 그 자손이다. 관료층은 능력이 아무리 뛰어나도 그들의 주군主君이나 다른 '간' 층과 결코 같은 대우를 받을 수 없었다.

사정이 이러했던 까닭에, 신라 지배층의 신분은 초기에 두 부류로 나뉘었고 그 구분은 절대적이었다. 골품 제도를 골(=신분)의 등급을 정한 제도라는 뜻으로 이해하는 이들도 있지만, 지배층을 '골'과 '두품'으로 나눈 제도라는 의미로 해석하는 게 옳다. 골품 제도는 '간' 층인가 아닌가를 구분한 데서 출발한 제도인 셈이다. 말하자면 '간' 층과 그 자손을 '골' 신분, 종속적 실무자 층과 그 자손을 '두품'족으로 나눈 것이다. 그리고 '골'과 '두품'이란 용어에는, '골(=뼈=가문)'이 태어나면서 결정되는 선천先天의 신분인 반면, '두품'은 두(=머리=개인)의 품질(=능력)에 따라 결정되는 후천의 신분이라는 의미도 담겼다.

그러나 모든 '간'이 거느린 관료가 다 '두품'을 받은 것은 아니다. 초기에는 왕과 왕비가 소속한 부의 '간'들만 관위官位를 지니고 국가 행정에 참여했으므로, 이들을 도와 행정에 참여하는 관료들만 '두품'을 받았다. 그러므로 주로 왕부王部와 왕비부王妃部의 '간'에 속한 관료가 5두품~1두품이 되었고, 다른 부部에서는 계산을 잘하거나 사무 능력이 뛰어나 '간' 층의 추천을 받은 몇몇 사람만이 '두품'에 포함되었다. '두품'을 받고 관위를 지닌다는 것은 국가의 관료가 됨을 뜻하는 것이었기 때문에 관료층이면 누구나 염원하는 일이었다.

신라는 처음에 여러 '간'이 기본적으로 대등한 위치에서 연대하여 만들어낸 나라였다. 그러므로 '골' 신분 내부에는 아무런 구분이 없었다. 나중에 '골'이 나뉘어 성골과 진골이 성립하고, 또 진골에 들지 못한 일반 '골족'도 생기게 되지만, 이는 한참 후대의 일이다. 그러나 '두품'에 속한 관료층은 그 성격상 관료 개인의 능력에 따라 여러 층으로 구분될 수밖에 없었다. 그래서 이를 '두품頭品'이라고 부른 것인데, 처음에는 5두품까지만 구별을 두었다. 6두품은 나중에 진골이 새로 성립할 때 함께 생겨난 신분이다.

골품을 가진 지배층은 왕경王京이든 지방이든 거주하는 곳에 상관없이 신라의 '국인'이었고, 동시에 '왕경인'이었다. 이들은 여섯 부部를 구성하고 그 부에 소속하여 국가 중대사에 대한 발언권을 행사했다. '골족인 '간' 층은 이전부터 지녀온 지배 기반을 그대로 유지한 채 자기 관할로 배정받은 민民들을 통치했는데, 대개는 그곳에서 대대로 유력한 세력을 이뤄온 촌주층村主層을 사적私的인 관료로 활용했다. 울진봉평리신라비에 '노인奴人'이라고 불린 지방 촌村·성城의 민民들이 나타나는데, 이 '노인'은 '국인'과 달리 '간'의 지배를 받는 민들을 가리킨 말이다.[자료7] 신라를 이루고 국왕에게 직속한 '국인'과 그 국인의 지배를 받는 '노인'이 뚜렷이 구별되며 이중적 사회 구조를 이룬 것이었다. 이것이 바로 고대 국가의 진면목이다. 신라는 6세기에 '노인'에 대한 '간'의 독자적 지배를 더 이상 용인하지 않고 국왕이 직접 지배하며, 그동안 노인이 받아온 차별을 없애 국가의 일반 민으로 다스리기 시작하면서 중세 사회로 접어든다.

골품 제도와 관등 제도

신라는 국가의 운영 체계에 직접 참여하는 사람들의 지위와 능력을 등급별로 편제한 관등 제도를 시행했다. 관등 제도도 역시 신라 사회의 신분 구성을 토대로 운영되었으므로 골품 제도와 매우 밀접한 관련 속에서 성립하고 시행되었다. '간' 층만 오를 수 있는 관등을 따로 설정했고, 실무 관료층은 이 관등에 오를 수 없도록 법으로 금지했다. 17관등 가운데 제1관등인 이벌간伊伐干부터 제9관등인 급벌간級伐干까지 ○○간이라고 이름 붙여진 관등(이를 흔히 '간군干群 관등'이라고 부른다)은 '간' 층만 소지할 수 있었다. '간' 층이 아닌 실무 관료층(이를 흔히 '비간 층非干層'이라고 부른다)은 간군 관등을 지니지 못하도록 제한하고 간군 관등 바로 밑 관등에 중위제를 실시했다.

그런데 신라 17관등을 처음부터 그렇게 설치한 것은 아니었다. 처음에 몇 관등을 두었는지는 확실하지 않지만, 17관등을 확정하기 바로 전에는 12관등만 있었던 듯하다. 17관등에서 '대大' 자가 붙은 것은 본래의 관등이 나중에 분화하여 별도의 관등으로 성립한 것이며, 제3등 잡찬迊飡도 후대에 성립한 것이다. 다음 표를 보면 쉽게 알 수 있다.

| 신라의 관등 구성

구분	등급	관등명	중위제	분화되어 나중에 성립한 관등	비고
간군관등	1	이벌찬伊伐飡			'찬飡'은 '척간尺干'의 준말
	2	이척찬伊尺飡			
	3	잡찬迊飡		○(추가)	
	4	파진찬波珍飡			
	5	대아찬大阿飡		○(아찬에서 분화)	
	6	아찬阿飡	중아찬~4중아찬		
	7	일길찬一吉飡			
	8	사찬沙飡			
	9	급벌찬級伐飡			
비간군관등	10	대나마大奈麻	중나마~9중나마	○(나마에서 분화)	5두품
	11	나마奈麻	중나마~7중나마		
	12	대사大舍		○(사지에서 분화)	4두품
	13	사지舍知			
	14	길사吉士			3두품
	15	대오大烏		○(오지에서 분화)	2두품
	16	소오小烏			
	17	조위造位			1두품

즉 신라의 관등 제도를 12관등으로 운영하던 시기에는 나마가 비간 층이 오를 수 있는 최고最高 관등이었다. 그러므로 처음에 설치한 중위제는 나마에 적용한 것이었다. 비간 층이 간군 관등을 갖지 못하도록 하려는 조처였다. 물론 이때는 대나마가 없었으니 대나마 중위가 있을 리 없었고, 진골과 6두품이 아직 성립하지 않았으니 아찬 중위도 있을 리 없었다. 중위제는 오직 비간 층에게만 적용되었고, 적용 관등은 나마뿐이었다. 대나마와 나마의 중위를 똑같이 '○중나마'라 한 사실로 보아 이는 명백하다. 같은 시기에 대나마 중위와 나마 중위가 공존했다면 '○중나마'가 어느 관등의 중위인지 구별할 수 없었겠기 때문이다. 대나마의 중위가 '○중대나마'가 아닌 사실에 유의해야 한다.

또한 여기서, 나마 중위제를 운영한 때에는 이 제도의 적용을 받는 두품 층이 간군 관등을 가질 수 없었으므로 1두품에서 5두품까지만 분화되어 있었다는 사실을 분명히 알 수 있다. 6두품은 두품 층이면서 아찬까지의 간군 관등을 소지한 부류이기 때문이다. 6두품은 17관등이 확정된 후에 새로 덧보태진 두품 신분층이었던 것이다.

| 법흥왕 7년 이전의 12관등제와 나마 중위제

신분	관등(12등)	
간 ('골' 층)	1. 일벌간一伐干	
	2. 일척간一尺干	7 중나마重奈麻
	3. 파진간波珍干	6 중나마重奈麻
	4. 아척간阿尺干	5 중나마重奈麻
	5. 일길간一吉干	4 중나마重奈麻
	6. 사척간沙尺干	3 중나마重奈麻
	7. 급척간及尺干	중나마重奈麻
비간 ('두품' 층)	8. 나마奈麻	
	9. 사舍	
	10. 길사吉士	※ 중위를 사선으로 제시한 것은, 이들이 그와 견주어진 경위와 정식으로 비견된 것이 아님을 나타내기 위해서임.
	11. 오烏	
	12. 조위造位	

신분	공복	관등(17등)	
간 ('골' 층)	자의紫衣	1. 이벌찬伊伐湌	
		2. 이찬伊湌	9 중나마重奈麻
		3. 잡찬迊湌	8 중나마重奈麻
		4. 파진찬波珍湌	7 중나마重奈麻
		5. 대아찬大阿湌	6 중나마重奈麻
	비의緋衣	6. 아찬阿湌	5 중나마重奈麻
		7. 일길찬一吉湌	4 중나마重奈麻
		8. 사찬沙湌	3 중나마重奈麻
		9. 급찬級湌	중나마重奈麻
비간 ('두품' 층)	청의靑衣	**10. 대나마大奈麻**	
		11. 나마奈麻	
	황의黃衣	**12. 대사大舍**	
		13. 사지舍知	
		14. 길사吉士	
		15. 대오大烏	
		16. 소오小烏	
		17. 조위造位	

※ 굵은 글자는 법흥왕 7년에 첨설된 관등들임.

관등이 12관등에서 17관등으로 늘어나자 대나마가 비간군 관등의 최고 관등이 되었다. 이에 따라 나마에 적용되던 중위도 적용 관등을 대나마로 옮기게 되었는데, 중위 이름은 종전 그대로 'ㅇ중나마'로 했다. 이름은 그대로인 채로 적용 관등만 대나마로 옮겼으며, 그 위에 잡찬·대아찬 두 관등이 늘어남에 따라 7중에서 9중으로 중위 2단계를 더 보강한 것이었다. 즉 나마와 대나마에 적용된 중위제는 비간 층에게 간군 관등을 주지 않겠다는 '간' 층의 의지를 반영한 제도로서, 시기를 달리하여 시행된 제도였다.

그러다가 '골' 층이 분화하여 진골이 성립했다. 이때 진골 층은 그들을 도운 두품 관료 중에서 공로가 뛰어난 사람들에게, 대나마에 적용한 중위제를 무시하고서, 간군 관

| 진골과 6두품이 신분으로 성립한 이후의 아찬 중위제

신분	관등(17등)		
진골	1. 이벌찬伊伐飡		
	2. 이찬伊飡		
	3. 잡찬迊飡	4 중아찬重阿飡	
	4. 파진찬波珍飡	3 중아찬重阿飡	
	5. 대아찬大阿飡	중아찬重阿飡	
비진골 **(두품 층)**	6. 아찬阿飡		
	7. 일길찬一吉飡		
	8. 사찬沙飡		
	9. 급찬級飡		
	10. 대나마大奈麻		
	11. 나마奈麻		
	12. 대사大舍		
	13. 사지舍知		
	14. 길사吉士		
	15. 대오大烏		
	16. 소오小烏		
	17. 조위造位		

등을 수여하기 시작했다. 그 결과 생겨난 새로운 신분층이 6두품이다. 진골 층은 6두품에게 아찬까지의 간군 관등만 주고, 대아찬 이상의 관등은 자기들만 독점했다. 아찬 중위제는 6두품으로 늘어난 두품 층의 진급을 막기 위해 이때 새로 마련한 것이다. 그러자 그간 대나마로 옮겨 적용해온 나마 중위제는 그만 유명무실해지고 말았다.

중위제의 적용을 받은 관등은 한 시기에 한 관등뿐이었다. 6두품에게는 아찬 중위제를, 5두품에게는 대나마 중위제를, 4두품에게는 대사 중위제를(나마에 중위제가 적용된 것으로 나타나는 기록은 대사에 적용된 것을 잘못 전한 것으로 임의로 간주하고서) 같은 시기에 각각 적용한 것이었다고 간주하여, 각 두품마다 오를 수 있는 관등이 엄격히 정해져 있었다고 생각해온 종래의 견해는 근거 없는 것으로서 수정되어야 한다. 두품제는 가문과 상관없이 개인에게 적용된 제도이고, 6두품까지는 그의 공훈과 능력에 따라 얼마든지 오를 수 있도록 한 제도이다.

진골과 성골은 어떻게 구분되었나

기록에 따르면, 신라왕은 중고기 진덕여왕까지 성골이었다고 한다.[자료8] 진평왕이 죽었을 때 성골 남자가 없어 성골 여자인 그 딸이 즉위하니 그녀가 곧 선덕여왕이며, 선덕여왕의 뒤를 이어 진덕여왕이 즉위했으나 성골 왕의 마지막이 되고 말았다는 것이다.[자료9] 진덕여왕의 뒤를 이은 태종무열왕은 진골이라 했다.[자료10]

진골은 내물왕의 후손들이 자기 혈통과 정치적 위치가 다른 사람들과 구별될 만큼 우월하다고 생각하여, '골' 층 중에서도 '진정한 골' 층임을 주장함으로써 생긴 이름이다. 진골은 국왕의 후원 아래 지배 체제상 요직을 독점하며 신흥의 특권 세력으로 등장한 왕족이다.[자료11] 이들은 그 밖의 '골' 층과 다른 특별한 신분적 대우를 받고자 했다.[자료12] 그러나 내물왕의 후손들만 왕족이었던 것이 아니므로 박씨 왕과 석씨 왕의 후손들 일부도 진골에 편입하여 점차 독자의 신분층으로 굳어졌다.

진골은 자기가 국왕의 친족이라는 사실을 매우 자랑스럽게 여겼기 때문에, 자신의 지위를 높이자면 먼저 국왕의 권위를 더욱 신성한 것으로 만들 필요가 있었다. 현재의 국왕과 장차 왕이 될 자격이 있는 왕자들을 '신성한 골'이라는 뜻의 '성골聖骨'이라고 부른 것은 이런 사정에서 비롯한 일이다. 즉 성골은 진골이 새로운 신분층으로 성립한 때 함께 만들어진 신분이다. 진골 가운데 한 사람인 거칠부가 진흥왕 때 『국사』라는 역사책을 지으면서 그 이전의 신라 왕 모두를 성골로 규정하고 그들에게 실제로 어떤 신성한 점이 있었는지 자세히 서술하는 한편, 그런 성골 왕이 자자손손 대를 이어 왕위에 올랐던 것처럼 왕위 계승 관계를 꾸며낸 듯하다. 『삼국사기』에 전하는 왕족의 친인척 관계와 왕위 계승 이유가 『삼국유사』에 전하는 것과 다른 점이 많은 사실을 통해서, 본디 여러 형태로 전승되던 내용을 거칠부가 나름대로 정리하여 합리적인 방향으로 통일시키려 했음을 짐작할 수 있다.

따라서 엄밀하게 말하자면, 성골은 신분이라기보다 왕이 될 자격을 정한 것이라고 해야 옳다. 성골은 국왕과 왕위 계승 예정자를 일컫던 말이기 때문이다. 현재의 왕과 그 왕자들이 성골이었다. 일단 왕위에 오른 사람의 아들만 왕위에 오를 자격이 있었으므로 형이 왕이 되어 왕위를 전할 장성한 아들이 있으면 동생은 더 이상 성골이 아니었다. 그러나 왕위에 오른 형에게 아들이 없을 경우엔 동생도 그 아버지가 왕이므로 왕위를 계승할 자격이 있었고 당연히 성골 신분을 유지했다.

또 현재 왕에게 아들이 없어 장차 동생에게 왕위를 전할 예정이지만 왕이 건강하여 오래 산 경우에는, 동생의 아들에게 왕위가 돌아갈 수도 있으므로 동생을 왕에 책봉하지 않으면 안 되었다. 왕의 자식만 왕이 될 수 있었기 때문이다. 이런 사정에서 만들어진 것이 갈문왕葛文王이다. 갈문왕에 봉한다는 것은 그가 왕위를 계승할 성골로서의 자격이 있고, 그 자식도 마찬가지임을 인정하는 의미를 지녔다.

성골에 대한 여러 견해들

지금까지 신라 골품 제도의 변화 과정을 훑어보았다. 그러나 골품 제도에 대해서는 학설이 난립하여 이견이 많다. 성골을 어떻게 해석해야 하는지도 그런 문제 가운데 하나다. 몇몇 연구자는 성골의 존재 자체를 부인하기도 한다. 성골이 실제 존재했다고 보는 입장에서도 성골과 진골의 구별에 대해서는 견해가 다양하다.

첫째, 모계나 부모 양계兩系의 혈통과 관련한 출생의 조건에서 비롯했다는 견해(이병도 · 미시나 아키히데三品彰英), 둘째, 혼인 규율을 어겼는지 아닌지에 따라 나중에 좌우되었다는 견해(스에마츠 야스카즈末松保和), 셋째, 동일 친족 집단 내에서 직계와 방계의 차이 등 복합적 요인으로 생겨났다는 견해(김철준), 넷째, 선덕여왕의 즉위와 관련한 정치적 · 외교적 상황에서 성립했다는 견해(이노우에 히데오井上秀雄), 다섯째, 친족 집단이 나뉘면서(분지화分枝化) 불교의 권위를 빌어 왕실의 신성성을 과시하려한 동륜계가 '진종의식眞種意識'에 토대를 두고 만들었다는 견해(이기동), 여섯째, 왕위 계승의 자격과 관련하여 성립한 왕과 왕위 계승 자격자에 대한 현재적 신분 개념이라는 견해(서의식) 등이다.

그런데 기록상 성골은 왕위 계승과 관련하여 후계왕後繼王의 자격이나 신분을 다루는 문맥에서 나타나는 용어이므로 이를 단지 혈연 집단 문제로만 해석하기는 어렵다. 신라 상대上代의 왕위는 현왕現王의 직자直子에게 우선권을 준다는 것을 전제로, 일단 왕위에 올랐던 사람의 직자와 손孫에게만 계승되어왔던 것으로 나타난다.

이것이 사실인가 아닌가를 떠나서, 왕위 계승 관계를 이렇게 정리한 논리에는 초월적인 권위가 왕을 매개로 그 직자대直子代로 계승된다는 인식이 깔려 있다는 점을 눈여겨보아야 한다. 성골 의식은 바로 이 논리에 근거하여 성립한 것이다. 즉 왕을 매개로 그 직자에게 재현되는 신성성과 왕위 계승 자격자로서의 현재성이 동시에 충족될 경우에 한하여 그를 성골이라고 부른 것이었다.

그러므로 성골은 왕위 계승의 자격과 관련하여 성립한, 왕과 왕위 계승 자격자에 대한 현재적 신분 개념으로 보아야 한다. 현실적으로 존재한 성골은 현왕現王과 그 직자에 불과했으며, 현왕에게 직자가 없을 경우라야 전왕前王의 직자(대부분은 현왕의 동생) 정도가 성골로 인정되었을 뿐이다.

골품 제도의 해체 과정

1) 진골 신분이 분화하고 골품 제도가 무너지다

진골들은 자신을 추종하는 두품 층 인사들에게 간군 관등을 주어 6두품이라는 새로운 신분층이 대두할 수 있는 환경을 조성하고, 이들을 자신의 인적人的 기반으로 활용했다. 유력한 진골 밑에는 정치적 진출과 성장을 꾀하는 두품 층과 지방 촌주 층이 모여들었으며, 진골은 이 인적 기반을 바탕으로 공실公室로서 내외관內外官의 요직과 장군직將軍職을 독점했다.[자료11] 관등 5위인 대아찬大阿湌 이상은 진골만 오를 수 있도록 한 것은 이를 제도적으로 뒷받침하기 위한 조처였다.

그러므로 이 단계의 골품제는 진골의 이익을 옹호하는 제도적 장치였고, 두품 층에게는 능력과 공훈에 따른 신분의 상승을 보장하는 희망의 보루였다. 두품 층도 간군 관등에 오를 수 있게 되었기 때문이다. 이는 두품의 등급이 태어날 때부터 정해진 것이 아니라 각자가 오른 관등에 의해 획득되는 것으로 변화했음을 뜻한다. 통일전쟁기에 두품 층의 많은 인사들이 목숨을 아끼지 않고 국가에 헌신한 것은 골품제가 이렇게 변화한 데서 말미암은 현상이다.

진골이 처음 성립하던 6세기 초에는 왕의 후예라면 모두가 진골이 되었다. 그러나 강력한 왕권을 전제로 한 진골 중심 정치 체제가 강화되어 나가면서 왕실의 정치적 비중이 커지자 왕의 친족들이 근친혼을 행하는 경향이 두드러졌고, 그 결과 진골에 분화가 일어났다. 8세기 중후반에 이르러 진골이 제1골과 제2골로 나뉘고, 왕실의 규모가 축소된 것이다.[자료13]

제1골만이 종래 진골이 누려온 특권을 모두 누렸고, 왕실과 혈연적인 친인親隣 관계가 멀어진 제2골은 점차 관료로 바뀌어 9세기 중엽에는 그저 대등大等으로 불리다가, 말엽에는 득난得難이라는 독자적 신분층으로 성립했다.[자료14] 왕실 규모가 작아지면서 진골 세력 간에 왕위 쟁탈전이 일어났는데, 여기서 이겨 왕이 된 사람은 자기가 왕위에 오르는 데 결정적인 공을 세운 6두품 인사에게 보답하기 위해 아찬 중위제의 제약을 넘어 대아찬 이상의 관등을 주기도 했다. 이렇게 대아찬 이상의 관등을 갖게 된 사람들도 득난에 편입하여 관료군 층을 두텁게 했다.

9세기 말, 신라의 '진골'은 '왕실王室'을 지칭하는 다른 말 그 이상도 그 이하도 아니었다. 제1골만이 진골을 칭하고, 대부분의 고위 관직은 관료군으로 변화한 제2골, 곧 득난 층이 차지했으며, 6·5·4두품의 구별은 있었지만 신분이라기보다는 관등에 따른 분류에 가까웠다. 또 6두품이 득난으로 승격하기도 하는 상황이었으니 아찬 중위제가 제구실을 했다고 말하기도 어렵다. 이에 이르러, 최고 지배 신분층이 스스로를 다른 신분층과 엄격히 구분해온 골품 제도의 기본 이념을 더는 찾기 어려웠다. 골품 제도는 이제 뚜렷이 무너져가고 있었다.

2) 6두품 층의 분화가 신라 사회의 해체를 촉진하다

신라의 6두품은 국왕을 포함한 진골 유력자의 후원을 받아 간군 경위를 소지하게 된 두품 층이다. 이들은 자신을 후원해준 진골을 주군主君으로 섬겼으나, 또 한편으로는 스스로 '국사國士'를 자처했다.[자료15] 자신의 능력이나 공로가 국가적으로 인정되어 이제 개인에 대한 봉사를 벗어나 국가를 위해 기여하는 자가 되었음을 널리 과시하고, 이로써 자신의 가치와 긍지를 찾으려 한 것이다. '국사'란 본디 온 나라가 중히 여기고 우러르는 선비를 뜻하는 일반화된 술어지만 신라에서는 6두품을 특칭特稱하는 용어로 정형화되고 있었다. '국사'라는 말에는, 6두품은 특정 진골 개인이 마음대로 할 수 있는 종속적 위치에 있는 존재가 아니라는 주장이 담긴 셈이었다.

이러한 '국사' 의식은 특히 도당渡唐 유학생 출신의 두품 층 인물들이 대거 귀국하면서 더욱 증폭되었다. 이들은, 6두품이라면 모름지기 국가적 인재로서 개인이 아닌 국가를 위해 복무하는 공적公的 관료로 인정되고 대우받아야 하며, 이것이 국가 발전을 위한 길이라고 여겼다. 유학생 출신 6두품 지식인들의 이런 생각은 국내에 머물러 국학에서 유교적 소양을 쌓아 6두품이 된 사람들로부터도 같은 '문적 출신文籍出身'이라는 동질의식과, 같은 6두품이라는 계층적 연대감에서 전폭적인 지지를 받았다. 당에 건너가 함께 수학하며 문화적 보편성을 학습한 진골 지식인의 일부도 이에 동조하고 나섰다.

더구나 당시는 거듭된 왕위 다툼의 결과로서 진골 내부에서 현왕의 근친족이 연대하여 혈연관계가 소원해진 진골들을 '진골'의 범주에서 밀어내고 있던 때였다. 종친宗親만 진골을 일컫고 이 범주에서 벗어난 왕족은 일반 관료로 변화하는 추세에서, 유능한 지식인 관료들이 유력한 진골에게 사적私的으로 종속되었다가 그 주군이 왕위 쟁탈전에서 패배할 경우 함께 몰락하고 만다는 것은 국가적 손실임이 분명했다. 진골에 대한 사속私屬은 변함없이 강요되고, 왕위 쟁탈전은 거듭 되풀이되는 가운데 승자 편에 서게 되면 다행이지만 불행히 패자의 처지가 될 경우엔 그저 승자의 개인적 아량만 바랄 수밖에 없는 현실이 두품 층은 물론이고 관료화되고 있던 구왕족舊王族으로서도 매우 견디기 힘든 일이었을 터이다.

유학생 계열의 6두품이 자꾸 증가하면서, 또한 희강왕 이후 빈번하게 교체된 왕들이 자신의 즉위를 국제적으로 인정받기 위해 유학생의 도움을 절실하게 원하게 된 상황에서, '국사'로서의 성격과 지위를 제도적으로 보장받으려는 6두품 층의 요구를 수용하는 분위기가 갈수록 확산되었다. 신라의 친당적 경향이 심화되어 최고 권력의 중심에 선 진골마저도 일찍이 숙위宿衛로 도당했을 때 받은 허직虛職을 자랑스럽게 가장 먼저 내세우게 된 형편에서 유학儒學을 중심으로 한 당唐 문화의 보편성을 새로운 가치 기준으로 내세우는 6두품 층의 움직임을 전적으로 차단할 도리는 없는 노릇이었다. 당에서 급제하여 실력을 인정받고 더 나아가 말단이나마 관직을 받고 귀국하는 이들에게는 대당 외교 면에서라도 그에 상응하는 처우를 해주지 않을 수 없었던 것이 신라의 당시 상황이고 처지였다.

문적 출신의 학사들은 서서원瑞書院과 숭문대崇文臺를 중심으로 한 문한기구文翰機構나 중사성中事省 같은 근시기구近侍機構에서 복무하면서 '국사'로서 우대받고 존중되었다. 그리고 지방의 수령 직도 문적 출신이 나가는 게 상례가 되고 있었다. 예컨대 8세기 말엽인 원성왕 5년(789)에는 자옥子玉이란 사람을 양근현楊根縣의 소수小守로 삼았는데 집사성執事省의 실무자[史]가 자옥은 문적 출신이 아니라는 이유로 극력 반대했다고 한다.[자료16] 문적 출신으로서의 긍지와 동질감이 대단했다.

그러나 이런 경향은 그 위에서 정국을 이끌어가고 있는 진골 유력자들로서는 그다지 바람직한 일이 아니었다. 능력이 있는 사람들이 자신에 속하여 추종할 때는 좋지만 이들이 만일 스스로 독자 세력화하여 주군인 진골과의 주종 관계보다 그들 상호간의 연대 의식 위에서 움직이거나 한다면 자칫 큰 골칫거리가 될 공산이 컸다. 이에 진골들은 문적 출신으로서의 연대 의식을 가급적 부정하는 쪽으로 움직였다. 자옥의 경우도, 당시 시중侍中 직에 있던 이찬 세강世强이 집사성의 수장으로서 실무자의 문제 제기를 묵살하고 기어코 자옥을 양근현 소수로 내보냈다.

진골 귀족들이 문적 출신 두품 층의 연대와 결집을 차단하는 조처를 취하는 것은 그렇게 어려운 일이 아니었다. 지방의 촌주 세력으로 하여금 지방관으로 나가는 문적 출신을 닦아세우도록 하는 것도 그 한 방책이었다. 지방관과 토호의 알력 관계는 어느 특정 시대의 일만은 아니다. 더구나 진골 귀족들이 식읍 등을 통해 각기 지방 군현과 촌락을 분할 점거하여 자신의 정치적 경제적 기반으로 삼고 있던 상황이었다.

진골이 토호를 조종하는 것은 굳이 정치력이라 할 수도 없는 일이었다. 심복을 지방관으로 보내 해당 군현을 완전히 장악할 수도, 말을 잘 듣지 않는 인사를 특정 군현으로 보내 닦아세우며 길들일 수도 있었다. 당에 유학하여 학업을 이루고 돌아왔거나 국학을 졸업한 6두품 층을 지방 수령으로 내보내 첨예한 이해관계의 현장에 서게 하는 것은 자신의 처지와 현실을 깨닫게 하는 유력한 방책이었을 터이다. 게다가 왕위를 둘러싸고 진행된 진골 세력 내부의 갈등이 지방 군현 사이의 분열과 대립으로 이어지고, 이에 따라 지방관 및 재지 촌주 층 내부의 분열과 대립도 격화되고 있던 상황이었다.

따라서 당에서 갓 귀국하여 '국사'임을 내세우며 긍지를 보이던 이들마저도 지방 수령으로 나가 첨예한 정치적 이해관계의 현장에 놓이면, 극심한 심적 갈등을 겪은 끝에 결국은 자신이 처한 현실을 깨닫기 십상이었다. 많은 경우가 중앙의 인사권을 장악하고 지방의 주요 이권까지 틀어쥔 진골 유력자에게 굴복하여 그 사속私屬 관계를 도리어 능동적으로 받아들이고 충성을 맹세했다. 유학생 출신의 다수가 태수太守나 소수少守로 임명을 받고 지방으로 내려갔던 것으로 나타나는 데는 이런 복잡한 사정이 놓여 있었던 것이다. 수령의 파견은 외면상 국왕의 결정에 의해 이루어지는 일이었지만, 이를 실질적으로 주도한 것은 독자 기반을 구축하여 독립된 정치 세력으로 성장하려는 야망을 지닌 상대등 혹은 집사성의 시중이었다. 이들에게 사속되어 움직이던 두품 층 인사가 대단히 많았을 것이다.

수령守令 직은 관할 지역의 촌주 층을 통솔하여 조조租調의 수취와 역역의 동원, 군사력의 운용을 총괄하는 직위였으므로 마음먹기에 따라서는 이 자리를 이용하여 사적으로 막대한 경제력을 축적하고 유력한 진골이 영솔하는 정치 세력의 중핵으로 부상할 수 있었다. 현실의 유혹은 자못 컸다. 왕으로서는 문적 출신으로서 '국사' 의식을 지닌 사람을 수령으로 내보내는 것이 국가를 위해 바람직한 일이라고 판단했을 터이고, 따라서 이를 관행화하고 있었지만, 지방 군현과 촌락이 저마다 특정한 진골 유력자의 정치적 · 경제적 기반으로 변화한 현실에서 이런 기대는 허망한 일이었다.

지방 수령에게 가해지는 사속의 강압은 시간이 지날수록 더 심해졌다. 진성여왕 8년에 시무10여 조를 올린 최치원을 다시 군태수郡太守로 내보낸 것도 수령 직을 통한 길들이기의 측면이 농후하다. 그가 왕에게 올렸다는 시무책의 내용이 현전하지 않고 있어 다양한 추측이 시도되었지만 역시 그 요점은 진골 세력의 지방 분점과 사적私的 주종 관계 강요의 현실을 비판하고 대안을 제시하는 데 있었겠다. 이미 대산군大山郡(泰仁) · 부성군富城郡(瑞山)의 태수를 역임했던 최치원은 시무책을 올린 후 다시 천

령군天嶺郡(咸陽) 태수로 임명되자 이를 끝으로 재임 중에 관직을 버리고 은거하고 말았다. [자료17]

　문적 출신 6두품 층에 대한 진골 유력자들의 대응은 다각적이었다. 수령 직을 이용한 길들이기와 함께, 또 다른 한편에서는 그들이 이미 확실히 장악한 촌락의 촌주 층 가운데 간군 관등을 소지한 6두품 층을 문적 출신에 맞설 수 있는 대항 세력으로 육성해 나갔던 것 같다. 9세기로 접어들면서 간군 관등을 소지한 촌주가 많이 보이는 사실이 이런 사정을 반영한다. 수령으로 나간 문적 출신은 같은 6두품으로서 오히려 자신보다 높은 관등을 가졌고 중앙의 유력 진골과 직접 선을 대고 있는 다수의 촌주들을 마주하지 않으면 안 되었다. 이는 수령으로서 곤혹스러운 일이 아닐 수 없었다.

　문적 출신 6두품 층의 관점에서, 특정 진골의 비호 아래 기껏 촌락에서의 이익이나 챙기면서 성장한 촌주 출신 6두품은 지적인 배경도 없고, 국가 차원의 경륜이나 안목도 없으며, 무엇보다 국가가 아닌 일개 진골 개인에게 봉사하는 부류라는 점에서 이제 더 이상 동류의식同類意識을 갖기 싫은 존재였을 것이다. 문적 출신 6두품 층은 현왕과의 혈연관계가 소원해져 일반 관료로 변해가던 왕족들과 연대하여 촌주 출신 6두품 층과의 차별화를 시도했다. 그 연대 세력이 실력 우대 사회의 건설을 지향하면서, '득난'이라는 새로운 신분층을 형성해가던 추세와 맞물려, 6두품 층 내부의 분화를 촉진하고 있었던 것이다. 문적 출신을 수령으로 내보내는 등 자파로 영입하려는 의도를 지녔던 유력 진골 세력으로서도 이 분화를 인정하고 지원하는 편이 오히려 유능한 인재의 지지를 얻어 정치 기반을 확대하는 방안으로 읽혀졌으리라 짐작된다. 사속하여 주군을 위해 충성하는 것을 '의義'로 예찬하고, 이야말로 궁극적으로 나라를 위한 일이라고 분식하는 논리가 국사를 중히 여기는 명분으로 제시되었다. 촌주 출신 6두품 층에 대해 사찬 중위제를 적용하여 승급을 제한함으로써 6두품 층의 분화를 법제화하자는 방안을 받아들여 시행하기에 이른 것은 그 결과였다.

　따지고 보면 6두품에 해당하는 네 관등 중 중간에 해당하는 사찬에 중위를 설치하여 두 관등씩 나눈 것 자체가 6두품의 분화를 의미하는 것이었다. 4두품 및 5두품에 해당하는 관등이 각기 두 개씩인 것과 마찬가지로 촌주 출신 6두품 층에게는 급찬과 사찬 두 관등만 허용함으로써 상대적으로 문적 출신 6두품 층이 일길찬一吉湌과 아찬阿湌

을 독점할 수 있게 된 셈이었다. 이로써 촌주 층은 경관京官으로의 진출이 제도적으로 차단되게 되었지만, 문한직文翰職으로의 진출은 이미 능력 밖의 일이었고, 문적 출신 위주의 수령 파견이 관행화되면서 외관外官 직으로의 전직轉職 역시 사실상 불가능해진 상황에서 사찬 중위제의 시행은 현실을 제도화한 것 이상의 의미를 지니지 못했다.

그러나 6두품 층의 분화를 제도로 고착시킨 이 조처는 지방 군현과 촌락 사이의 분열과 갈등이 격화되던 시점에서 중앙과 지방을 또다시 양분한 것으로서 신라 사회의 붕괴를 재촉하는 결과를 초래하고 말았다. 사찬 중위제의 시행으로 귀착된 6두품의 분화는 중앙과 지방의 분리를 강제하고 지방의 독자화를 조장했다는 점에서 통합과 안정을 요구하는 시대적 과제를 외면한 시대착오적 흐름이었다. 이로써 지방은 급속히 중앙으로부터 유리되어갔고, 진골의 가신 세력과 지방의 유력 세력으로 구성된 6두품 촌주 층은 스스로 관반체제官班體制를 갖추어 자립하는 경향마저 띠기에 이르렀다. 자체적으로 관반체제를 형성한 6두품 촌주 층은 법제화된 사찬 중위의 사용을 기피하여 과거에 '상촌주 삼중사찬上村主 三重沙湌' 운운하던 직명과 관위를 그저 '상사찬上沙湌'으로 합칭 내지 약칭하고 촌주라는 직명의 사용도 꺼리는 경향을 보였다. 중앙에서 추진한 6두품의 분화에 대한 거부감과 반발의 표현이었을 것이다.

자료1

흥덕왕 즉위 9년, 태화太和^{주1} 8년(834)에 하교하여 이르기를 "사람은 위아래가 있고 지위는 높고 낮음이 있어 칭호와 법식이 같지 아니하며 의복 또한 다르다. 그런데 세속이 점차 경박해져서 백성들이 다투어 사치와 호화를 일삼아 오직 외래품의 진기한 것만을 좋게 여기고 토산물은 오히려 야비하다 싫어하니, 신분에 따른 대우가 무너져 거의 참람함에 가깝고 풍속이 쇠퇴하기에까지 이르렀다. 이에 옛 법에 따라^{주2} 하늘이 내린 도리를 펴고자 하노니, 참으로 혹시라도 일부러 범하는 자가 있을진댄 나라에^{주3} 일정한 법도가 있음을 알리라. 진골대등眞骨大等^{주4}은 복두幞頭를 임의로 쓰되 겉옷과 반소매 옷·바지에는 모두 계수금라罽繡錦羅를 금하며, 허리띠에는 연문백옥研文白玉을 금한다. 가죽신에는 자주색 가죽의 사용을 금하고, 가죽신 띠에는 은문백옥隱文白玉을 금하며, 버선은 능綾 이하를 임의로 사용하고, 신발은 가죽·실·삼을 임의로 사용하라. 포布는 26승升 이하짜리를 쓰라……" 했다.

原文 興德王卽位九年 太和八年 下敎曰 人有上下 位有尊卑 名例不同 衣服亦異 俗漸澆薄 民競奢華 只尙異物之珍寄 却嫌土産之鄙野 禮數失於逼僭 風俗至於陵夷 敢率舊章 以申明命 苟或故犯 固有常刑 眞骨大等 幞頭 任意 表衣半臂袴 並禁罽繡錦羅 腰帶禁研文白玉 靴禁紫皮 靴帶禁隱文白玉 襪任用綾已下 履任用皮絲麻 布 用二十六升已下

_「삼국사기」권33, 「잡지」2, 색복

자료2

진골의 방은 길이와 폭이 24척을 넘을 수 없으며 …… 6두품의 방은 길이와 폭이 21척을 넘을 수 없고 …… 5두품의 방은 길이와 폭이 18척을 넘어서는 안 되며 …… 4두품부터 백성까지의 방은 길이와 폭이 15척을 넘지 말아야 한다 ……. 지방의 진촌주眞村主^{주5}는 5품品과 같으며, 차촌주次村主는 4품과 같다.

原文 眞骨 室長廣 不得過二十四尺 …… 六頭品 室長廣 不過二十一尺 …… 五頭品 室長廣 不過十八尺 …… 四頭品至百姓 室長廣 不過十五尺 …… 外眞村主與五品同 次村主與四品同

_「삼국사기」권33, 「잡지」2, 옥사

자료3

5는 대아찬大阿湌이다. 이벌찬伊伐湌부터 대아찬까지만이 오직 진골眞骨을 받을 수 있다. 여타의 종통주6은 즉 불가하다.

주6 여타의 종통 : '골' 층인 진골을 제외한 '두품' 층 전반을 가리킨 말.

原文 五曰大阿湌 從此至伊伐湌 唯眞骨受之 他宗則否

_「삼국사기」권38, 「잡지」7, 직관상

자료 4

6은 아찬阿湌(혹은 아척간阿尺干 혹은 아찬阿粲이라고도 이른다)이다. 중아찬重阿湌부터 사중아찬四重阿湌까지 있다.

原文 六曰阿湌(或云阿尺干或云阿粲) 自重阿湌至四重阿湌

_「삼국사기」권38, 「잡지」7, 직관상

자료 5

10은 대나마大奈麻(혹은 대나말大奈末이라고도 이른다)이다. 중나마重奈麻부터 구중나마九重奈麻까지 있다.

原文 十曰大奈麻(或云大奈末) 自重奈麻至九重奈麻

_「삼국사기」권38, 「잡지」7, 직관상

자료 6

11은 나마奈麻(혹은 나말奈末이라고도 이른다)이다. 중나마重奈麻로부터 칠중나마七重奈麻까지 있다.

原文 十一曰奈麻(或云奈末) 自重奈麻至七重奈麻

_「삼국사기」권38, 「잡지」7, 직관상

자료 7

별도로 내린 명은, 거벌모라의 남미지촌은 본래 노인奴人이다. 비록 이들이 노인이라고는 하지만 전에 왕께서 크게 법法을 내리신 바 있다(그러므로 그 법에 따라야 한다). 길이 좁고 험한 경계 안에 있는 성에 실수로 불이 나 타버려 성과 촌에서 많은 일꾼을 동원하게 되었으니 이에 어떤 자가 이 같은 일을 했다면 왕을 욕되게 한 것이다. 대노촌大奴村이 담당한 공물의 수량과 기타의 일들은 노인법奴人法에 의한다.

原文

I 甲辰年正月十五日喙部牟智寐・錦王沙喙部徙夫智葛文王本波部□夫智

II 干支岑喙部・昕智干支沙喙部而・粘智太阿干支吉先智阿干支一毒夫智一吉干支喙勿力智一吉干支

III 愼・智居伐干支一夫智太奈麻一小智太奈麻牟心智奈麻沙喙部十斯智奈麻悉尒智奈麻等所教事

IV 別教令居伐牟羅男弥只本是奴人雖・是奴人前時王大教法道俠昨險尒所界城失火遶城村大軍起若有

V 者一行爲之芝名七摰王太奴村貪共値□其餘事種種奴人法

VI 新羅六部煞斑牛謂沐麥事大人喙部內沙奈麻沙喙部一登智奈麻男次邪足智喙部比須婁邪足智居伐牟羅道

VII 使本洗小舍帝智悉支道使烏婁次小舍帝智居伐牟羅尼牟利一伐你宜智波旦緹只斯利一□智阿大兮村使人

VIII 奈尒利杖六十葛尸村使人奈尒利居□尺男彌只村使人異□杖百於卽斤利杖百悉支軍主喙部尒夫智奈

IX 麻節書人牟珍斯利公吉之智沙喙部若文吉之智新人喙部述刀小烏帝智沙喙部牟利智小烏帝智

X 立石碑人喙部博士于時教之若此者獲罪於天   居伐牟羅異知巴下干支辛日智一尺世中子三百九十八

_울진봉평리신라비 ; 김기흥, 『천년의 왕국 신라』, 창작과비평사, 2000, p.88에서 옮김

자료 8

진덕여왕 대代까지를 '중고中古'라 하며 (왕의 신분은) 성골聖骨이다. 이후는 '하고下古'라 하는데 (왕의 신분은) 진골眞骨이다.

原文 已上中古 聖骨 已上下古 眞骨

_『삼국유사』권1, 「왕력」1, 진덕여왕

자료 9

선덕여왕의 이름은 덕만德曼이다. 아버지는 진평왕眞平王이며 어머니는 마야부인麻耶夫人 김씨이다. 성골聖骨 남자가 없어진 까닭에 여왕이 즉위한 것이었다.

原文 善德女王 名德曼 父眞平王 母麻耶夫人金氏 聖骨男盡 故女王立

_『삼국유사』권1, 「왕력」1, 선덕여왕

자료 10

국인國人이 이르기를, 시조始祖 혁거세赫居世부터 진덕왕眞德王까지 28왕은 성골이라 하고 무열왕武烈王부터 말왕末王에 이르기까지를 진골이라 한다.

原文 國人謂始祖赫居世至眞德二十八王 謂之聖骨 自武烈至末王 謂之眞骨

_『삼국사기』권5, 「신라본기」5, 진덕왕 8년

자료 11

대관대감大官大監은 진흥왕 10년에 두었는데 …… 진골의 경우엔 관위 사지舍知부터 아찬阿湌까지가 이 직에 임명되며, 차품此品^{주7}의 경우에는 나마奈麻에서 사중아찬四重阿湌까지 이 직에 보임된다.

原文 大官大監 眞興王十年置 …… 眞骨 位自舍知至阿湌爲之 次品自奈麻至四重阿湌爲之

_『삼국사기』권40, 「잡지」9, 무관

주7 차품(此品): 6두품을 지칭한 말.

자료 12

하교하여, 진골로서 직위를 가진 사람은 아홀牙笏^{주8}을 들고 있도록 했다.

原文 下敎 以眞骨在位者 執牙笏

_『삼국사기』권5, 「신라본기」5, 진덕왕 4년

주8 아홀(牙笏) : 상아로 만든 홀. 홀(笏)은 관직에 있는 자가 조복(朝服)을 입었을 때 띠에 끼고 다니기도 하고 두 손을 모아 들고 있기도 했던 판. 위쪽은 둥글고 아래쪽은 각진 길고 좁다란 모양이었다. 임금의 명을 받았을 때 이것에 기록해두어 잊지 않게 했다. 낮은 신분은 나무로 만든 홀을 지녔다.

자료 13

그 족族은 '제1골'·'제2골'이라는 이름으로 스스로 구분한다. 형제의 딸이나 고종·이종자매를 모두 취하여 처로 삼는다. 왕족이 '제1골'인데 처도 역시 그 족이고 자식을 낳으면 모두 '제1골'이 된다. '제2골' 여자는 취하지 않으며 비록 취하더라도 으레 잉첩媵妾으로 삼는다. 관官에는 재상宰相·시중侍中·사농경司農卿·태부령太府令 등이 있고 무릇 열일곱의 등급이 있는데 '제2골'이 이를 할 수 있다.

原文 其族名第一骨第二骨以自別 兄弟女姑姨從媵妹 皆聘爲妻 王族爲第一骨 妻亦其族 生子皆爲第一骨 不娶第二骨女 雖娶 常爲妾媵 官有宰相侍中司農卿太府令 凡十有七等 第二骨得爲之

_「신당서」권220, 「열전」145, 동이, 신라

자료 14

주9 한찬(韓粲): 대아찬의 다른 이름.

(낭혜朗慧는) 속성俗姓이 김씨이며 태종무열왕太宗武烈王이 그 8대조가 된다. 조부 주천周川은 품品이 진골이고 위位가 한찬韓粲주9이었으며 고조와 증조가 모두 나가서는 장군이 되고 들어와서는 재상을 지냈음은 집마다 아는 바다. 아버지는 범청範淸이다. 족族은 진골에서 한 등급이 떨어지니 이른바 득난得難이다. 나라에 5품이 있는데, 첫째가 성이진골聖而眞骨이고 둘째가 득난得難이다. 귀성貴姓의 얻기 어려움을 말한 것이니, 『문부文賦』에도 "혹 구하기는 쉬워도 얻기는 어렵다[或求易而得難]."고 한 대목이 있다. 6두품부터는 숫자가 큰 신분일수록 귀한데, 이는 마치 일명一命에서 구명에 이르는 것과 같다. 그 4·5품은 족히 말할 바가 못 된다.주10

주10 이 부분의 해석과 득난에 대해서는 [찾아읽기]의 서의식 논문 (2010)을 참고할 것

原文 (朗慧)俗姓金氏 以武烈大王 爲八代祖大父周川 品眞骨 位韓粲 高曾出入皆將相戶知之 父範淸 族降眞骨一等曰得難
(國有五品曰聖而眞骨 曰得難 言貴姓之難得 文賦云或求易而得難 從言六頭品數多爲貴 猶一命至九 其四五品不足言)

_ 성주사낭혜화상백월보광탑비

자료 15

아버지가 돌아와 아내에게 이르길, "이 아이는 보통 아이가 아니니 잘 길러서 마땅히 장차 국사國士로 만들어야 할 것이오." (강수는) 자라면서 스스로 글을 읽을 줄 알고 문

장의 이치를 환하게 깨달아 알았다. 아버지가 그의 뜻을 알아보고자 묻기를, "너는 불도를 배우겠느냐, 유학을 배우겠느냐?" 답하길, "제가 듣건대 불도는 세속을 떠난 가르침이라 합니다. 저는 세속에 있는 사람인데 어찌 불도를 공부하겠습니까? 원컨대 유자儒者의 도를 배우고 싶습니다." 하자 아버지가 말하길, "너 좋은 대로 하여라." 마침내 스승에게 나아가 『효경孝經』, 『곡례曲禮』, 『이아爾雅』, 『문선文選』을 읽었다. 배운 것은 비록 얕았으나 얻은 바 한층 고상하고 원대하여 당대 걸출한 인물이 되었다. 마침내 벼슬자리에 나아가 여러 벼슬을 거쳐 당대 이름 난 인물聞人이 되었다.

原文 父還謂其妻曰 爾子非常兒也 好養育之 當作將來之國士也 及壯 自知讀書 通曉義理 父欲觀其志 問曰 爾學佛乎 學儒乎 對曰 愚聞之 佛世外敎也 愚人間人 安用學佛爲 願學儒者之道 父曰 從爾所好 遂就師讀孝經曲禮爾雅文選 所聞雖淺近 而所得愈高遠 魁然爲一時之傑 遂入仕歷官 爲時聞人

_ 『삼국사기』권46, 「열전」6, 강수

자료 16

(원성왕 5년) 9월, 자옥子玉을 양근현楊根縣의 소수小守로 삼았는데, 집사사執事史와 모초毛肖가 반박하여 "자옥은 문적文籍 출신이 아니므로 지방관의 직分憂之職을 맡길 수 없다."고 했다. 시중侍中이 "비록 문적 출신은 아니나 일찍이 당唐에 들어가서 학생學生이 되었으니, 등용할 수 있지 않겠는가?"라고 말하자 왕이 이를 따랐다.

原文 九月 以子玉爲楊根縣小守 執事史毛肖駁言 子玉不以文籍出身 不可委分憂之職 侍中議云 雖不以文籍出身 曾入大唐爲學生 不亦可用耶 王從之

_ 『삼국사기』권10, 「신라본기」10, 원성왕 5년

자료 17

(최)치원은 중국으로 유학한 이래 얻은 바가 많아 돌아와 장차 자기의 뜻을 펼치고자 했으나 쇠망의 때衰季라 의심과 시기가 많아 받아들여지지 못하고 외직으로 나가 대산군大山郡 태수太守가 되었다. …… 치원은 서쪽에서 대당大唐을 섬길 때부터 동으로 고국에 돌아왔을 때에도 모두 난세亂世를 만나 처신하기가 곤란하고 걸핏하면 허물을 뒤집어쓰니, 스스로 때를 만나지 못한 것을 한탄하면서 다시 벼슬길에 나아갈 뜻이 없었다. 유유자적 노닐며 자유로운 몸이 되어 산림 속이나 강가나 바닷가에 누각과

정자를 짓고 소나무와 대나무를 심어놓고 책을 베개 삼아 읽고 풍월을 읊조렸다.

原文 致遠自以西學多所得 及來將行己志 而衰季多疑忌 不能容 出爲大山郡太守 …… 致遠
自西事大唐 東歸故國 皆遭亂世 屯邅蹇連 動輒得咎 自傷不遇 無復仕進意 逍遙自放 山林之下
江海之濱 營臺榭植松竹 枕藉書史 嘯詠風月

_『삼국사기』권46, 「열전」6, 최치원

출전

『삼국사기』

『삼국유사』

『신당서』

울진봉평리신라비 : 신라 법흥왕(法興王) 11년(524)에 건립된 것으로 추정되는 고비(古碑). 1988년 경상북도 울진군
봉평2리에서 발견되었으며, 영일냉수리신라비와 더불어 신라사를 연구하는 데 매우 귀중한 자료가 된다.

성주사낭혜화상백월보광탑비 : 충청남도 보령시 성주사지에 위치한 통일신라 탑비. 비문의 내용은 낭혜화상 무염
(無染)의 행적이 적혀 있으며, 찬자는 최치원이다.

찾아읽기

김철준, 『한국고대사회연구』, 지식산업사, 1975.

이기동, 『신라골품제사회와 화랑도』, 일조각, 1984.

이기동, 『신라사회사연구』, 일조각, 1997.

이종욱, 『신라골품제연구』, 일조각, 1999.

주보돈, 『신라지방통치체제의 정비과정과 촌락』, 신서원, 2007.

최재석, 『한국사회사의 탐구』, 경인문화사, 2009.

서의식, 『신라의 정치구조와 신분편제』, 혜안, 2010.

선석열, 「신라 골품제의 성립기반과 그 구조: 마립간시기의 지배체제 정비와 관련하여」, 『부대사학』11, 1987.

윤선태, 「신라 골품제의 구조와 기반」, 『한국사론』30, 1993.

5 지방에 살아도 부에 소속한 사람이 서울 사람이었다

왕경인과 지방민

부에 속한 지배층은 거주하는 곳이 왕경이든 지방이든 상관없이 신라의 '국인'이었고 동시에 '왕경인'이었다. 그러나 일반 민과 노비는 왕경에 살아도 부에 속하지 않았다. '신라국인'에서 배제된 진한 제국의 민인은 '신라국인'의 지배하에 있었다. 따라서 '지방민'은 왕경인이 아닌 진한 제국의 민인에 대한 개념이고 용어이다.

왕경인에 관한 서로 다른 견해들

우리나라 고대 국가의 지배 체제는 왕경인王京人이 지방민을 통치하기 위한 형태로 짜여 있었다. 왕이 사는 궁궐이 있고, 귀족과 관리들이 단위 정치체별로 집단 거주하며 왕궁을 둘러싸고 있는 모습이 왕경王京의 전형적인 형세였다. 부部라고 부른 단위 정치체는 어느 정도 독자성도 띠고 있었는데, 고구려·백제에는 5부가, 신라에는 6부가 있었다.

여기까지는 대부분의 한국 고대사학자가 동의하는 진술이다. 그런데 그 구체적인 내용으로 들어가면 견해가 서로 엇갈려 천양지차로 벌어진다. 주요 논점은, '왕경인'이란 구체적으로 누구며, 지배층이 왕경에 결집하게 된 과정 혹은 역사적 배경은 무엇인가에 있다. 이를테면, 그 나라 전역의 지배층이 왕이 있는 곳에 모여들어 왕경을 형성한 것인지, 아니면 주변 세력을 정복하여 통합한 주체가 왕경을 형성하고 피정복 세력을 지방민으로 편제하여 지배한 것인지 학자마다 생각이 다르다. 왕경과 부部의 관계에 대해서도 마찬가지다.

견해의 차이는 삼국의 국가 형성 과정에 대한 이해가 서로 다른 데서 기인한다. 신라를 예로 들면, 사로국이 주변의 다른 소국小國들을 차례로 정복해나감으로써 신라로 발전한 것이었다고 여기는 이들은 정복자인 경주의 사로국 사람들이 왕경을 이루고 왕경인이 되었다고 본다. 원래의 사로국 사람들이 지배층을 이루고 6부를 형성했다는 것이다. 그래서 왕경의 6부가 곧 신라라는 인식이 생겼고 훨씬 후대까지도 이런 인식이 그대로 남았으니, 울진봉평리신라비의 '신라육부'라는 표현이 이러한 사정을 말해준다고 한다. 하지만 이렇게 생각하면서도 부의 성격에 관해서는, 왕권이 성장하여 여타 지배 세력의 운동력을 억제할 수 있게 된 단계에서 그들을 편제해낸 단위였다고 보는 견해(노태돈)와 왕경의 행정구역 단위일 뿐이라고 보는 견해(이종욱)가 갈린다.

한편, 진한 6국의 간干들이 모여 논의한 끝에 거서간居西干을 공립共立함으로써 지배 세력만으로 이루어진 신라를 건국한 것이었다고 파악하는 이들은 이와 전혀 다른 생각을 한다. 신라의 건국에 주체적으로 참여한 진한 6국의 지배층이 국정 참여를 위해 몸소 혹은 자제子弟를 파견하여 거서간이 있는 서라벌徐羅伐에 상주常駐하게 함으로써 왕경이 성립했다고 이해하는 것이다. 따라서 6국의 지배층은 왕경에 거주하든 지방의 본국에 거주하든 상관없이 왕경인이었다는 얘기다. 그리고 '부'란 본디 6국의 지배 세력이 신라를 건설할 때 각기 형성한 6개의 지배자 공동체이며, 이후에 뒤늦게 신라의 형성에 참여했거나 정복된 소국의 지배층은 6부에 분산 편제되었다고 본다. 『삼국사기』에 보이는 '진한6부'가 곧 신라이며, 또한 울진봉평리신라비의 '신라육부'와 동의어이기도 하다는 것이다.

이와 같은 견해차는, 관련 자료가 충분하지 않은 우리 고대사를 파악하기 위해 인접 학문의 이론을 도입하거나 가설을 세우는 과정에서 일어났다. 신진화주의 인류학의 사회발전단계설을 우리 고대사의 이해에 원용하면서 삼국을 우리 역사상 최초의 국가로 간주한 것이 문제의 발단이었다. 삼국이 국가로 성립하기까지는 씨·부족사회가 촌락사회로 변화하는 과정이 있었으며, 이 과정에서 성읍城邑이 조성되고 군장君

長이 등장하는 등 정치적 변화가 일어났는데, 그리하여 생긴 것이 바로 『삼국지』 한전韓傳에 보이는 삼한 제국諸國이라고 생각한 것이었다. 신라는, 그 가운데 경주 일원의 '사로6촌'이 결합하여 성립한 사로국이란 소국小國에서 기원했으며, 사로국이 주변의 다른 소국들을 차례로 정복하여 영역을 넓히고 그 지배 세력을 편제해나감으로써 국가로 발전한 경우라는 것이다.

그러나 이런 이해는 무엇보다 그 앞의 고조선과 진국의 역사를 전면 무시하고 경주 지역의 6개 촌락을 우리 역사의 실질적인 기원으로 파악한 형태라는 점에서 문제가 있다. '사로6촌'은 허구의 조어造語에 불과하다. 실제 자료에는 전혀 보이지 않는 용어일 뿐더러, 기록에 전하는 사실의 역사성을 전면 부인한 한 연구자가 사견私見으로 제시한 개념일 뿐이다. 또한 삼국이 우리 역사상 최초의 국가 형태라는 것도 그 어떤 확증 없이 그냥 선험적으로 단정된 인식에 지나지 않는다. 임의로 단정한 전제를 근거로 그 앞의 삼한 소국을 추장사회chiefdom 단계의 사회로 봐야 한다는 것은 논리적으로 허구의 단순 확대, 그 이상 어느 것도 아니다.

신라는 마한 중심의 후기 진국체제가 무너지면서 진한의 6국 지배층이 독자로 거서간을 공립함으로써 성립한 국가이다. 신라의 국가 형성 과정은 무너져가던 고조선 사회의 재편 과정이자 위기에 봉착한 예·맥족의 활로 타개 형태였다. 신라만이 아니라 고구려·백제의 국가 형성 과정도 마찬가지다. 삼국의 국가 형성 과정을 이와 같이 고조선 사회의 계기적 발전 형태로 파악해야 문헌 기록의 내용과 고고 유물의 상황을 일맥상통하게 유기적으로 설명할 수 있다.

왕경인은 누구며 지방민은 누구인가

부에 속한 지배층은 모두 왕경인이지만 왕경에 사는 사람이라고 해서 모두 소속 부를 지녔던 것은 아니다. 왕경에 살더라도 일반 민民과 노비奴婢는 부에 속하지 않았다. 만일 사로국이 주변 소국을 정복하여 신라로 발전한 것이었다면, 왕경에 사는 원原 사로국 사람은 그가 비록 일반민이나 노비일지라도 지방의 일반민과 노비보다 정치적·사회적·경제적으로 모든 면에서 우위에 있었어야 한다. 그러나 실제로 그랬다는 증거는 어디서고 발견되지 않는다. 고구려와 백제의 경우도 마찬가지다. 일반 민이 부에 속하게 되는 것은,[자료11] 부에 속하여 국정에 참여함으로써 특권을 지녔던 지배층이 일반화된 귀족과 관료로 변화함에 따라 부의 성격과 기능에 변화가 일어나 왕경의 행정 구역 단위로 바뀌게 되는, 한참 후의 일이다.

초기의 삼국은 마치 지배자 공동체나 마찬가지의 형태였다. 3세기 후반에 이른 시점에서도 진수陳壽(233~297)가 『삼국지』를 편찬하면서 신라와 백제에 대해 따로 서술하지 않은 것은 아마 이 때문일 것이다. 진수는 삼국 중 고구려만 독립 국가체로 서술하고, 신라·백제에 관해서는 구체적 언급을 피한 채 독자성을 띤 70여 개 국國이 할거割據하면서 삼한을 이루고 있다고만 기록했다. 진수로서는 듣느니 처음인, 부部에 속한 지배층만으로 결성된 국가체를 독자적인 국가로 인정하기가 도무지 어려웠던 셈이다. 삼한 내부에서 제국諸國은 여전히 개별로 엄존儼存하고 있었고, 부를 이룬 간干들은 의연히 독자성을 띤 왕으로서 각각 자기 하호를 지배하고 있었기 때문이다.

그러나 실제로 신라와 백제가, 3세기 후반에 이른 시점에서도, 아직 국가 형태를 제대로 갖추지 못한 처지에 있었다고 보면 곤란하다. 신라의 경우, 거서간을 공립하여 신라를 건설한 제간諸干은 6부를 이루고 왕경에 모여 국가 정사를 공론共論·합의合意하며, 이를 집행하기 위해 부별로 나름의 관료 체계를 구성하고 할당받은 세금을 민간에 물리고 거두는 업무와 역역力役을 동원하여 성을 쌓고 수리하는 업무를 수행하는 한편, 병사를 내어 6부병을 구성하고 국왕의 명에 의해 운용함으로써 나라를 보위하고 있었다. 지배 세력만으로 이루어진 신라였지만, 제간의 하호 지배는 신라6부의 공론과 합의에 입각하여 이루어졌다. 각국의 하호는, 원리상 거서간의 직접 지배하에 있는 존재가 아니었지만, 거서간은 제간의 하호 지배를 감독할 수 있었다. 그렇다면 이는 명백히 국가를 갖춘 것으로 봐야 한다. 그리고 이와 같은 이중용립=重聳立 구조가 우리나라 고대 국가의 특성이기도 하다.

지금 우리가 진수와 똑같은 안목에 서서 헷갈려 한다면 이는 우스운 일이다. 1세기 중엽을 지나면서 국왕이 5부의 지배 세력을 일반 귀족으로 재편하는 데 성공한(김광수) 고구려와 달리, 신라와 백제의 경우는 부에 속한 간들이 공론과 합의로 국정을 운영하는 형태가 좀 더 오랫동안 강고하게 유지되었을 뿐이다. 하긴 고구려도 5부의 지배 세력이 일반 귀족으로 편제되었다고 하지만 모두 그 독자성을 부정당한 것은 아니었다. 5부의 적통대인嫡統大人과 대가大加만큼은 한 나라의 왕으로서의 면모를 꽤 오랫동안 유지했다. 『삼국지』에 의하면, 최상위의 고추가古鄒加로 대우받은 왕족의 대가와 소노부消奴部 · 절노부絕奴部의 적통대인은 독자의 종묘를 세우고 따로 영성과 사직에 제사할 수 있었다고 한다. 그리고 5부의 대가들은 국왕의 관료와 같은 관명官名의 사자使者 · 조의皁衣 · 선인先人을 저마다 따로 두고 그 명단만 왕에게 통보하면 되었다는 것이다.

왕경은 왕성이 있는 도읍을 가리키는 단순한 용어이다. 그러나 우리가 '왕경인'이란 용어를 만들어 쓰려고 할 때는, 단지 왕경에 사는 사람을 지칭하는 말로 이를 사용할 수는 없다. 신라를 예로 들어 말하면, 국가 형성의 원리상 6부에 소속한 지배층만 가히 신라의 '국인國人'이자 '왕경인'이라 부를 수 있는 상황이었다. 그리고 이들은 왕경에만 거주하던 게 아니었다. 자기 출신지는 물론 국내 어느 곳에 살더라도 이들은 6부인으로서 왕경인이었다.

한편 '신라국인'에서 배제된 나머지 진한 제국의 민인民人은, 엄밀히 말하면 신라 사람이 아니었지만, 그렇다고 해서 신라와 무관한 처지에 있던 것도 아니었다. '신라국인'의 지배하에 있었기 때문이다. 따라서 신라의 '지방민'이란 개념을 설정한다면 그것은 왕경인이 아닌 진한 제국의 민인에 대해 두루 사용해야 할 개념이고 용어이다.

신라의 국정은 초기에, 왕과 왕비를 낸 2부의 지배층이, 6부의 대표자가 공론하여 결정한 일을 도맡아 시행 또는 집행하는 형태로 이루어졌다. 그리고 국정에 직접 참여하는 사람에게는 그 직책과 지위의 높낮이에 따라 관위(=관등)를 주었다. 관위官位는 일벌간一伐干 · 일척간一尺干 · 파미간破彌干 · 아척간阿尺干처럼 '무슨 간'이라는 이름을 가진 관위와 나마奈麻 · 사지舍知 · 길사吉士 · 오鳥 · 조위造位처럼 그렇지 않은 관위로 나뉘었는데, 그 관위를 보면 그가 간 신분인지 아닌지를 금세 구별할 수 있도록 한 것이었다. 간 신분이 아니면 간 관등을 지닐 수 없었다.

그러다가 지증왕 때 신라국 왕이, 그동안 용인容認해온 6부 간들의 지방민 지배 체제를 부정하고 전국을 주 · 군 · 현으로 나누는 한편, 왕이 파견한 지방관을 통해 직접 지배하기 시작하자 관위의 성격에도 큰 변화가 일어났다.[자료2] '노인奴人'의 처지에 있으면서 노복처럼 부려지던 하호下戶가 왕민王民으로 바뀌고, 이에 따라 제간諸干 및 그 친족이 하호에 대한 지배력을 잃고 일반 귀족으로 전환되며, 지방민 지배를 위해 6부가 개별적으로 설치·운용해온 관부가 폐지되면서 새로 중앙집권적 통치 기구가 생겨 정비되는 일련의 정치 개혁이 가져온 변화였다. 이에 이르러 관위는 국정 담당자의 표시이던 원래의 기능을 잃고 지배 계층에 속한 사람임을 나타내는 신분처럼 통용되기 시작했다. 왕부·왕비부가 전담하다시피 해오던 군정軍政이나 세정稅政 등 국정의 실무 기능이 독자의 중앙 정치 기구로 이관되면서 2부의 독주가 주춤해지고, 6부의 지방 지배 기능이 약화되어 6부 제간諸干의 입지가 흔들리게 되자, 관위로써 그 지위를 나타내려는 풍조가 만연한 결과였다. 또 법흥왕 때부터는 지방 장관이 별도로 관위 체계를 운용할 수 있게 되어 이를 '외위外位'라고 부르자, 중앙의 관위를 '경위京位'라고 불러 구분하게 되었다.[자료3] 관위보다 관직을 더 중시하는 변화가 일어난 것이다.

그런데 여기서, 왕경인만이 경위京位를 지닐 수 있었고 지방민은 외위外位를 소지할 뿐이었다고 이해하는 이들이 적잖다. 하지만 이는 사실을 잘못 이해한 것이다. 외위는 지방의 소경小京과 주州에 장관으로 파견된 진골 귀족이 그 지역의 토착 지배층을 장악하여 원만히 통치하기 위해 독자적으로 운용한 관위였다. 소경과 주의 진골 장관을 도와 통치에 가담한 가신家臣 층과 그 통치 행위에 협조적이거나 적극 회유懷柔할 필요가 있는 재지 유력자가 외위 수여의 주된 대상이었다. 외위의 운용은 6부를 중심으로 이루어지던 종래의 분권적 지방 지배 체제를 무너뜨리고 진골 중심, 지방관 중심의 중앙 집권적 지방 지배 체제를 구축하는 데 결정적 구실을 했다.

자료1

설씨녀薛氏女는 율리栗里 민가의 딸이다. 비록 미천한 가문에 세력이 없는 집안이었으나 용모가 단정하고 마음과 행실을 닦아 가지런히 하니, 보는 사람마다 그 아름다움을 감탄하지 않는 자 없었으나 감히 범하지는 못했다. 진평왕 때 그의 아버지가 연로했음에도 정곡正谷에 외적을 막으러 갈 차례가 되었다. 딸은 아버지가 노쇠하고 병들어 차마 멀리 보낼 수 없었으나 또한 여자의 몸으로 대신 갈 수도 없어 한스러워하며 다만 홀로 근심하고 걱정만 했다. 사량부沙梁部 소년 가실嘉實은 비록 가난하고 궁핍하나 뜻이 곧은 남자였다. 일찍이 설씨를 좋아하면서도 감히 말을 못했다가, 설씨가 아버지가 늙어서 전쟁터에 가게 되어 근심한다는 말을 듣고 마침내 설씨에게 말했다.
……

> **原文** 薛氏女 栗里民家女子也 雖寒門單族 而顔色端正 志行修整 見者無不歆艶 而不敢犯 眞平王時 其父年老 番當防秋於正谷 女以父衰病 不忍遠別 又恨女身不得待行 徒自愁悶 沙梁部少年嘉實 雖貧且窶 而其養志貞男子也 嘗悅美薛氏 而不敢言 聞薛氏憂父老而從軍 遂請薛氏曰……

_『삼국사기』권48, 『열전』8, 설씨녀

자료2

(지증마립간) 6년 봄 2월에 왕이 친히 국내에 주군현州郡縣의 제도를 정하고 실직주悉直州를 두어 이사부異斯夫를 군주軍主로 삼으니 군주란 이름이 여기서 시작되었다.

> **原文** 六年春二月 王親定國內州郡縣 置悉直州 以異斯夫爲軍主 軍主之名始於此

_『삼국사기』권4, 『신라본기』4, 지증마립간 6년

자료3

외위外位는 육도六徒 진골이 5경과 9주에 나가 따로 칭해 오던 관명인데, 문무왕 14년 그 관위를 경위京位에 견주어 대우하였다. 악간嶽干은 일길찬에 준하고, 술간述干은 사찬에 준하고, 고간高干은 급찬에 준하고, 귀간貴干은 대나마에 준하고, 선간選干(찬간撰干이라고도 한다)은 나마에 준하고, 상간上干은 대사에 준하고, 간干은 사지大舍에 준하고, 일척一尺은 대오大烏에 준하고, 피일彼日은 소오小烏에 준하고, 아척阿尺은 선저지先沮知에 준한다.

原文 外位 文武王十四年 以六徒眞骨出居於五京九州 別稱官名 其位視京位 嶽干視一吉湌 述干視沙湌 高干視級湌 貴干視大奈麻 選干(一作撰干)視奈麻 上干視大舍 干視舍知 一伐視吉 次 一尺視大烏 彼日視小烏 阿尺視先沮知

_「삼국사기」권40, 「잡지」9, 외위

출전

「삼국사기」

찾아읽기

이문기, 「신라병제사연구」, 일조각, 1997.

한국고대사연구회, 「한국 고대사회의 지방지배」, 신서원, 1997.

한국상고사학회, 「백제의 지방통치」, 학연문화사, 1998.

전덕재, 「한국고대사회의 왕경인과 지방민」, 태학사, 2002.

노명호 외, 「한국고대중세 지방제도의 제문제」, 집문당, 2004.

하일식, 「신라 집권 관료제 연구」, 혜안, 2006.

전덕재, 「신라 왕경의 역사」, 새문사, 2009.

서의식, 「신라의 정치구조와 신분편제」, 혜안, 2010.

V.

고대 정치의 전개

1 부 중심으로 권력을 나누고 지방을 지배하다

삼국의 부와 부체제

부는 지배층만으로 이루어진 정치적 단위체이다. 삼한 여러 나라의 간들은 지역별로 결집하여 부를 구성하고, 왕을 공립하여 국가를 세움으로써 국정에 참여했다. 국가에 중대사가 있으면 각 부를 대표하는 간들이 한곳에 모여 함께 논의, 결정했다. 그러나 정치 운영의 원리가 간 중심의 부체제로부터 국왕 중심의 중앙집권체제로 변화함에 따라 부는 정치적 기능을 잃어버리고 행정구역 단위로 변질되어갔다.

삼국의 '부'

진수陳壽(233~297)의 『삼국지』 「위서」 「동이전」에는 고구려에 5부部가 있으며, 왕과 왕비를 내는 부가 정해져 있다고 쓰여 있다. 예전엔 소노부涓奴部(涓奴部라고 쓴 판본도 있다)에서 왕이 나왔으나 지금은 계루부桂婁部에서 왕이 나오며, 왕비는 누대로 절노부絶奴部에서 나온다는 것이다. 『삼국사기』와 『삼국유사』에는 신라에 국초부터 6부가 있었던 것으로 되어 있다. 지금까지 남아 있는 신라고비新羅古碑를 보면 6세기의 지배자들이 자기 이름이나 관위보다 소속부를 먼저 내세워 매우 중시했던 것으로 나타난다. 백제에도 5부가 있었다고 한다.

우리나라 고대사를 근대역사학의 방법론으로 연구하기 시작하던 첫 단계에서는, 이와 같은 삼국의 부를 부족部族; tribe으로 간주하고, 이런 부족 대여섯 개가 연맹하여 부족연맹체를 구성했으며 이것이 삼국으로 발전했다고 생각했다. 이 무렵은 고고 발굴이 제대로 이루어지지 않아 우리나라의 역사에 청동기 시대가 있었다는 사실조차 아직 모르던 시기였다. 그래서 삼국 초기에는 원시공동체 단계의 씨·부족사회의 흔적이 많이 남아 있었으리라고 보는 견해가 당연시되었다.

그러다가 1970년대 중반에 이르러, 앞의 견해를 계승하면서도 그동안 축적된 역사학과 고고학의 연구 성과에 힘입어, 삼국의 부가 성립하는 과정과 부의 구조를 정면에서 밝히려는 시도가 처음 이루어졌다. 이에 의하면 삼국의 부는, 나중에 일국의 중앙을 형성하게 되는 유력 집단에서 나온 강한 권력이 다른 부족 또는 부족연맹체를 통제하여 그 운동력의 일부를 빼앗아 장악하게 된 단계에서 그 부족 또는 부족연맹체를 정치적으로 편제해낸 단위였다고 한다. 그러나 부라는 용어는 중국인이 북방 민족의 편제 단위를 부르던 말이므로 삼국에서 부족을 편제한 단위를 처음부터 부라고 부른 것은 아니며, 부로 표현된 대상의 성격도 일정하지 않았다고 보았다. 삼국 간에 적잖은 문화적 수준 차이가 있었다는 인식과, 부는 나중에 단위체로서의 성격을 잃고 행정구역 단위로 변하는 등 집권력의 수준에 따라 그 성격에도 편차가 있었다는 인식을 반영한 언급이었다. 그리고 부를 구성하는 집단에는, 자유민이지만 노복처럼 부려지는 처지에 있던 빈민인 하호下戶와, 비자유민으로서 부내부部內部·부곡部曲 등의 집단 예민隸民과 노예가 포함되었다고 이해했다. 부족을 부로 편제한 것이었다고 보았기 때문에 읍락에 거주하던 지배층과 호민豪民, 일반민, 하호, 노비 등이 그대로 부에 속했으리라고 파악한 것이었다.

따지고 보면 이미 1970년대로 접어들던 시점에, 그간 우리나라 고대사의 전개를 부족국가 → 부족연맹체 → 고대국가로의 발전 형태로 이해해온 사실과 관련하여, '부족국가'라는 개념이 역사적으로 타당하지 않다는 논의가 제기되고 있었지만, 이런 문제의식이 고대사 이해의 인식 전환을 촉구하는 데까지는 이르지 못한 사실이 삼국의 부를 이처럼 이해하는 결과로 이어진 셈이었다. 일부에서 '부족국가'를 '성읍국가'로 바꿔 부르자는 제안이 나왔지만, 그 사회의 혈연적 조직 원리보다 거주 지역의 외형적 특성을 더 주목한 이름 바꾸기일 뿐 고대사의 이해 자체가 달라졌다고 여길 요소는 아직 드러나지 않은 상태였다.

다만, 혈연에 기초한 부족사회 몇 개를 지연에 입각해 통합해나간 일련의 과정을 통해 삼국이 형성되었다면 그 통합은 이미 강력한 왕권을 전제해야 이루어질 수 있는 게 아니냐는 문제의식에서, 일단 삼국이 형성되고 난 후 왕권이 중앙집권력을 가지게 되는 단계에서 부가 성립했다고 본 앞의 견해에 이의를 제기하면서, 부는 이미 삼국 초기부터 존재했으며 왕권도 강력했다고 파악하는 게 더 논리적이라는 주장이 개진되었다. 부는 부족을 지역별로 편제한 행정구역 단위라고 보아야 한다는 것이다.

이와 같은 부에 관한 이해와 논의는 한국 고대사의 전개를 구성적으로 파악하는 입각점을 제공하여 연구를 크게 진작시키는 계기로 작용했다. 그리하여 삼국 초기의 역사는 대체로, '나那' 혹은 '벌伐'이라고 부른 지역 집단이 '국國'으로 발전하면서 '국읍國邑'과 '읍락邑落'으로의 분화가 생겨나고, 그런 '나국那國' 혹은 '벌국伐國' 중 유력한 세력이 정복력을 키워 다른 세력을 '부部'로 편제 · 통합하게 됨으로써 '나부那部' 혹은 '벌부伐部 → 훼부喙部'가 성립했으며, 이들은 다시 중앙집권력中央集權力의 성장에 따라 동 · 서 · 남 · 북의 방위부로 편제되어 왕경의 행정구역으로 변화해갔다고 보는 형태로 정리되는 추세다.

그러나 이런 이해의 한계 또한 명백하다고 할 것이다. 삼국 단계에 이르러야 한국 사상 최초로 국가 형태가 나타난다고 단정한 근거가 뚜렷하지 않은 점, 삼국의 기원을 '부족국가' 또는 '성읍국가' · '소국' 등 어느 형태에서 구하든 그 사회의 조직 원리를 원시의 부족사회 또는 부족연맹 사회로 파악함으로써 진국辰國은 물론 고조선의 역사를 무시 혹은 부인한 점 등이 그것이다.

여기서 유의할 점은 지배층이 자신의 관위와 이름에 앞서 소속부를 맨 앞에 내세우던 시기에 일반민과 노비 또한 그러했다는 증거는 어디서고 발견된 바 없다는 사실이다. 지배층만 소속부를 가진 것이었다. 즉 부는 지배층만으로 이루어진 정치적 단위체였다. 피지배층에 속한 인물이 어느 부 사람인지 자료에 나타날 즈음에 이르면 지배층은 더 이상 소속부를 내세우지 않는다. 부가 이미 그 정치적 기능을 잃어버리고 행정구역 단위로 변질된 상태였기 때문이다.

지배층만 부에 속했다는 것은 부족을 부로 편제한 것이 아니었음을 뜻하는 사실이다. 기실 원시 사회의 부족적 조직 원리는 청동기 시대에 군장君長이 대두하면서 크게 위축되었고, 철기 시대로 접어들어 새로운 성격의 가加·간干이 지배자로 대두하면서 그 역사적 기능을 다한 상태였다고 보는 게 옳다. 간들이 처음 기자箕子를 공립하던 때 이미, 간이 이끄는 단위체는 족적인 성격을 벗어나 직능별·계급별로 분화되고, 지역 별로 편제된 단위 정치체였다. 삼국의 형성 기반을 부족사회에서 구하는 것은 논리나 자료 면에서 잘 정합整合하지 않는 발상이다.

여러 간이 모여 왕을 공립하고 국가를 세우기로 결정하면 간들은 각자 부를 구성하 여 국정에 참여할 준비를 하게 되어 있었다. 진국이 이미 이런 구조로 형성된 나라였 기 때문에 삼국을 형성한 가加·간干이 부를 구성한 것은 전혀 이상할 것이 없는 건국 의 절차였고 문화였다. 삼국에 공히 부가 존재한, 바꾸어 말하면 삼국이 공히 부로 이 루어진 이유가 여기에 있다.

기실 그것이 부족이든 읍락이든, 강력한 왕권이 이를 편제한 단위가 바로 부라는 것은 기록이 전하는 바를 충분히 검토하고 내린 결론이라고 말하기 어렵다. 『삼국지』 가 말한 고구려의 왕과 왕비가 특정한 부에서 나오는 상황과 그 부를 왕이 편제해서 만 들었다는 설정은 서로 이율배반적이다. 왕이 부를 만들고 그중 특정 부에 속하여 스스 로 속박되었다는 이야기이기 때문이다. 신라의 왕이 소속부를 관칭冠稱한 사실이 밝 혀졌을 때, 국왕이 부족이나 읍락을 부로 편제한 것이었다는 설정을 전면 재검토했어 야 옳았다. 국왕이 왕권을 더욱 강화해 소속부에서 벗어났다는 인식도 마찬가지다. 왕 이 소속부를 관칭하지 않는 단계가 되면, 곧 이어서 일반 귀족 또한 부를 관칭하지 않 는다. 이를 일반 귀족의 권한이 강해진 결과라고 말할 수 없다면, 왕의 경우도 그래야 논리적이다. 왕이 소속부를 관칭하지 않게 되는 것은 국정 운영의 조직 원리와 방식이 변함에 따라 부의 성격과 기능이 달라졌기 때문인 것이지 왕권 강화의 결과가 아니다. 같은 체제에서도 국왕의 권력은 얼마든지 강해질 수도 또 약해질 수도 있다. 그리고 어느 시기의 왕권이 강했다거나 약했다는 서술에서, 그 강약의 기준을 뚜렷하게 제시 한다는 것이 애초에 가당찮은 일이어서 왕권의 강약을 놓고 논쟁한다는 것은 도무지 어불성설의 일이다.

부체제와 그 변화

　삼국이 형성되고부터 한동안은 국정의 대부분이 부를 중심으로 이루어졌다. 국가 중대사가 생기거나 예상되면 각부의 대표자들이 한 곳에 모여 논의하여 결정했고, 왕 부王部와 왕비부王妃部 소속의 지배자들이 책임지고 그 결정을 시행했다. 그래서 이 시 기의 정치 체제를 흔히 '부체제部體制'라고 부른다.

　부 가운데 가장 큰 세력을 이룬 부에서 왕이 나왔다. 왕은 다음으로 세력이 강한 부 에서 왕비를 선택함으로써 그 부의 협조를 얻어 정치적 안정을 도모했다. 왕부와 왕비 부는 상호후원자적 관계를 맺고 국정을 주도했다. 그러므로 나라의 일반 정사政事는 이 두 부에 속한 지배자들이 도맡아 처리하다시피 했다. 그러나 왕이나 왕비를 내지 못한 부라 할지라도 각자의 권익을 보호받았으며, 국가의 중대사를 결정하는 회의에 참석하여 자기의 의견을 말하고 표결에 참여했다. 부의 세력 크기는 서로 달라도 부 사이에는 평등한 관계가 전제되고 유지되었던 것으로 보인다. 지배층에 속한 사람들 은 이런 정치 체제에서 부를 떠나 살아남기 어려웠으므로 모두 자기가 소속한 부를 중 시하여 자기 이름 앞에 으레 소속부의 이름을 밝히곤 했다. 이는 왕도 예외가 아니었 다. [자료1·2]

　부는 지배층의 정치적 결집체였으므로 부자父子와 형제兄弟 사이라도 서로 소속부 가 다른 경우가 흔했다. 성인이 되어 혼인할 때 정치적 여건이나 경제적 조건 등에 따 라 출신 부를 떠나서 다른 부로 옮겨갈 수 있었던 것으로 보인다. 신라의 경우엔 양자 제도가 발달했던 사실이 확인되는데, [자료3] 다른 부 유력자의 양자로 들어가면 그 정치 적 유산이나 경제적 재화를 물려받는 대신 소속부를 변경했을 개연성이 크다.

　애초에 부체제는 일국의 왕들이 그 나라의 크기와 상관없이 서로 똑같은 왕으로 인 정하고 존중함을 전제로 성립한 것이었다. 원리 면에서 생각하면, 부체제는 철기 시대 로 접어들면서 '간'이라고 자칭한 정치적 수장들이 각자 독자성을 띠고 대두하여 여럿 이 서로 얽혀 패권을 다투는 사회의 극심한 혼란상이 연출되자 이를 극복하기 위한 방 안으로 창출된 것이라 할 수 있다. 약육강식의 난전 속에서 끈질기게 살아남은 세력들 이 피차 공존할 수 있는 새로운 형태의 정치 원리를 강구했으며, 그것을 서로의 존재로 인정하고 피차 존중하는 태도를 갖는 방향에서 찾은 것이었다. 동등한 관계를 전제로 큰 세력과 작은 세력의 서열을 정하고, 공론과 합의에 입각한 정치 질서를 새로 수립했는데, 그것이 곧 부체제였던 것이다. 간들이 기자를 공립하고 진국체제를 출범시킨 것은 부체제 성립의 결과였다. 우리나라 고대 사회가 이중용립 구조로 형성되고 유지될 수 있었던 기반이 바로 이 부체제에 있었다.

그러나 부체제는 정치 운영의 원리가 국왕 중심의 중앙집권체제로 변화함에 따라 그 시대적 사명을 다하고 역사의 뒤안길로 사라졌다. 각 부部의 간干에게 일임되었던 지방 지배가 국왕에 의한 직접 지배로 바뀌고, 이에 따라 간의 지배하에서 노복처럼 부려지던 하호下戶가 국왕의 일반 민民으로 성격이 바뀌어 왕권을 지탱하는 존재로 여겨지게 되었다.

권력은 시간이 지날수록 국왕에게 집중되어갔고, 그에 따라 부에 속한 간들의 정치적 기능이 상대적으로 약화되어 점점 일반 귀족으로 변화해갔다. 국왕은 행정 업무를 분담하여 처리할 정치 기구를 만들고 관료 조직을 정비하여 중앙집권적인 체제를 구축해 나아갔으며, 정치의 중심이 점차 부에서 행정 기구로 옮겨지자, 부는 사실상 그 정치적 기능을 잃고 해체되어 행정 구역으로 변모했다. 우리의 역사에서 고대가 끝나고 바야흐로 중세가 시작되는 큰 변화가 일어난 것이었다.

자료1

사라斯羅의 탁부喙部 사부지왕徙夫智王과 내지왕乃智王, 이 두 왕은 교教를 내려 "진이마촌 절거리節居利에 관한 일을 심의한 결과 절거리가 재물財物에 대한 권한을 가지도록 한다."고 했다. 계미년 9월 25일, 사탁부沙喙部의 지도로至都盧 갈문왕과 사덕지 아간지阿干支, 자숙지 거벌간지居伐干支와 탁부喙部의 이부지 일간지壹干支, 지심지 거벌간지 및 본피부本彼部의 두복지 간지干支, 사피부斯彼部의 모사지 간지干支, 이상 7명의 왕들은 공론共論하여 교教를 내린다. "앞 시기의 두 왕이 내린 교지와 관련하여 심의한 결과, 재물에 대한 권리는 모두 절거리가 가지도록 결정했다." 그리고 또 따로 교를 내려, "절거리가 만약에 먼저 죽은 뒤라면 그다음 차례의 아사노兒斯奴가 이 재물에 대한 권리를 가지도록 하라."고 했으며, 또 교를 내려 "말추와 사신지 이 두 사람은 이후로 이 재물의 권리와 관련하여 재론하지 말라. 만약에 다시 말하는 자가 있으면 중죄로 다스리겠다."고 했다.

_영일냉수리신라비

자료2

갑진년 정월 15일 탁부喙部 모즉지牟即智 매금왕寐錦王 사탁부沙喙部 사부지徙夫智 갈문왕葛文王 본파부本波部 □부지□夫智 □간지□干支 ……

原文 甲辰年 正月十五日 喙部牟即智寐錦王 沙喙部徙夫智葛文王 本波部□夫智□干支 ……

_울진봉평리신라비

자료3

다음날 비형鼻荊이 길달吉達과 함께 뵙자 (왕이 길달에게) 집사執事 벼슬을 내렸는데, 과연 충직忠直하기 짝이 없었다. 당시 각간角干 임종林宗이 자식이 없으므로 왕이 명하여 그를 사자嗣子로 삼게 했다. 임종은 길달에게 명하여 흥륜사興輪寺 남쪽에 누문樓門를 세우고 밤마다 그 문 위에서 자도록 하니, 고로 길달문吉達門이라고 한다.

原文 翌日荊與俱見 賜爵執事 果忠直無雙 時角干林宗無子 王勅爲嗣子 林宗命吉達 創樓門 於興輪寺南 每夜去宿其門上 故名吉達門

_「삼국유사」권1,「기이」1, 도화녀비형랑

출전

울진봉평리신라비

영일냉수리신라비

『삼국유사』

찾아읽기

전덕재, 『신라육부체제연구』, 일조각, 1996.

이종욱, 『한국 고대사의 새로운 체계』, 소나무, 1999.

노태돈, 『고구려사 연구』, 사계절, 2004.

노태돈, 『한국고대사의 이론과 쟁점』, 집문당, 2009.

서의식, 『신라의 정치구조와 신분편제』, 혜안, 2010.

이기동 외, 『신라 최고의 금석문 포항 중성리비와 냉수리비』, 주류성, 2012.

여호규, 『고구려 초기 정치사 연구』, 신서원, 2014.

김영심, 「백제사에서의 부와 부체제」, 『한국고대사연구』 17, 2000.

송호정, 「위만조선의 정치체제와 삼국 초기의 부체제」, 『국사관논총』 98, 2002.

주보돈, 「신라의 부와 부체제」, 『부대사학』 30, 2006.

2 율령을 반포하여
국가 체제를 정비하다
삼국의 율령과 그 성격

삼국의 율령은 행정 기구 구성과 인사 조직, 관리의 복색 등을 바꾸거나 재편하여 새 시대를 이끌어갈 규범을 제시하기 위해 제정·반포되었다. 율령 반포 시점은 부체제로부터 중앙집권적 지배 체제로 바꾸어나가던 때이다. 곧 삼국의 율령은 고대 국가의 완성을 알리는 징표라기보다 국가 체제가 노예소유자적 지배로부터 중세적 제민지배 형태로 전환함을 알리는 선언과도 같은 성격을 지녔다.

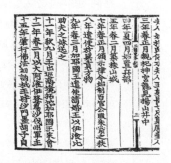

삼국의 율령 반포

『삼국사기』의 기록에 의하면, 고구려는 소수림왕 3년(373)에[자료1] 신라는 법흥왕 7년(520)에[자료2] 각각 율령을 반포했다고 한다. 백제의 경우는 율령 반포의 기록이 보이지 않으나, 백제만 율령이 없었을 리 없다. 대개 고구려보다 더 이른 시기인 고이왕 대 또는 고구려와 거의 비슷한 시기에 율령을 반포했을 것으로 보고 있다.

율령律令에서 율律은 무엇이 범죄이며 그 죄에는 어떤 형벌을 가하는지 규정한 형법刑法을, 영令은 행정의 규범과 제도를 법조문으로 정한 행정법行政法을 말한다. 나라의 법률 체계를 율과 영으로 구분하여 따로 규정하기 시작한 것은 중국 진秦·한漢 대의 일이었으나, 이때는 대체로 기본적인 관습법을 율이라 부르고 황제가 내린 조칙詔勅 중에서 행정 기구의 설치와 운영에 관한 것을 영이라고 불러 구분한 데 지나지 않았다. 그러다가 진晉 무제武帝 태시泰始 4년(268)에 제정·반포된 태시율령泰始律令*에서 처음, 한 나라의 법제를 형벌법과 비형벌법으로 이원화하여 구성하는 법 체계를 뜻하는 개념으로 율령이란 용어를 사용했다. 태시율령을 흔히 율령의 효시嚆矢로 꼽는 이유가 여기에 있다. 이후 중국의 각 왕조는 독자의 율령을 마련하여 반포했으며, 수·당 전기에는 황제가 바뀔 때마다 율령을 반포하다시피 했다.

> *태시율령에는 율·령의 규정과 함께 '고사故事'라는 편목이 편입되어 있었는데, 이것은 수시로 나오는 제칙制勅(황제의 명령) 중에서 후세에 오랫동안 법칙이 될 만한 것을 모은 것이었다. 이후 '고사'는 일시적으로 '과科'라고 고쳐 부르기도 하다가 동위東魏 효정제孝靜帝 흥화興化 3년(541)에 이른바 인지격麟趾格이 발포發布되면서 '격格'으로 변경·정착되었다.

국법에는 율령 외에도 격식이라는 것이 있었는데, 격格은 율령을 보충하거나 변경하여 후세의 규범으로 삼게 할 목적으로 내리는 황제의 명령을 뜻하고, 식式은 율령을 제대로 시행하기 위해 꼼꼼하게 정한 세칙을 뜻한다. 중국의 국법 체계는 정비를 거듭해 나가다가 당唐 대에 이르러 637년에 정관貞觀 율령격식律令格式이 반포됨으로써 제도화된 성문법 체계로 완비되어 청淸 대에까지 그 기본 골격을 유지했다.

그런데 한때 일본인 학자들을 중심으로 하여 『삼국사기』에 나오는 고구려·신라의 율령 반포 시점을 믿지 않으려는 풍조가 일어난 적이 있었다. 이는 일본 최초의 율령 반포 시점이 7세기 후반이라는 점을 의식하여, 우리의 율령 반포 시점을 이보다 늦은 시기로 내려보려는 의도를 드러낸 것이었다. 일본의 율령은 아스카飛鳥 시대인 668년의 오미령近江令, 689년의 기요미하라령淨御原令을 거쳐 701년의 다이호율령大宝律令으로 완성되었다. 그러나 이와 같은 일본 율령사의 예에 비추어서 엄연한 우리 측 역사 기록을 불신한다는 것은 있을 수 없는 일이다. 삼국의 율령 반포 시점에 관해서는 더 이상 논란을 벌일 이유가 없다.

율령에 관한 일본의 연구를 우리 역사 이해에 참고하는 자세의 문제점

우리 역사에서 삼국의 율령 반포가 갖는 의미와 관련하여, 고대 국가의 성립 시기를 가늠하는 기준으로 율령이 반포된 시기를 주목하는 일본사의 연구 동향에 유의하는 이들이 있다. 일본사에서는 '율령'을 특정 시기의 국가 제도를 지칭하는 개념으로 간주하여 '율령 체제'라는 용어를 만들어 쓰고, 율령 체제에 입각하여 운영된 국가를 '율령국가'라고 부르며, 이 율령국가를 일본 고대 국가의 특질로 여기는 게 일반이다. 반면에 중국사에서는 진·한 이래 청까지 매우 오랜 기간 동안 율과 영이 운영되어, 율령이 완비되었다는 수·당만 율령국가라 지칭하기 곤란하므로 율령을 특정 시기의 제도로 보지 않는다.

일본에서 특히 율령의 반포와 고대 국가의 성립을 서로 연관시켜 보게 된 배경을 제대로 이해하지 못하면 삼국 율령의 성격을 오해하기 쉽다. 일본의 경우는 고대사 자료의 빈곤을 극복하기 위한 방안으로 과학적 이론에 천착하고, 섬나라로서의 입지적 특성에 유의하여 그 역사의 전개를 지나치게 고립적으로 이해하는 측면이 있다.

우선, 일본 사학자들이 자국사를 체계적으로 이해하는 준거準據 내지 수단으로 주목한 것은 마르크스주의 역사학의 방법론이었다. 특히 1859년에 간행된 카를 마르크스의 『경제학비판』 서문과 1939년 소련에서 발표된 그의 유고遺稿 『자본주의적 생산에 선행하는 제형태諸形態』(이하 『제형태』) 그리고 1884년에 출판된 프리드리히 엥겔스의 『가족, 사유재산 그리고 국가의 기원』이 일본 고대 국가 형성사의 체계화에 원용되었다. 이시모다 쇼石母田正가 야요이 시대弥生時代를 미개未開의 전기로, 전기 고분 시대를 미개의 후기로, 그리고 '왜국의 5왕倭五王' 시대를 미개에서 문명으로의 이행기移行期로 각각 간주하고, 스이코기推古期(593~628)를 전후한 시기에 국가가 성립했다고 본 것은 그 결과였다.

그런데 이시모다의 견해가 제출되자 이를 둘러싸고 본격적으로 논의가 전개되면서, 스이코기보다 더 후대로 내려와 7세기 말엽의 율령 체제 형성기를 국가 성립기로 보는 견해가 점차 설득력을 얻어갔다. 국가의 성격과 요건에 대한 연구가 진척되는 가운데, 사유재산에 기초한 계급 대립의 격화와 씨족제도의 붕괴, 지배 계급의 피지배

계급에 대한 착취 구조의 제도화와 국가가 가진 공적公的 강제력强制力의 확대 · 강화 과정에 대한 이해가 깊어진 데 따른 변화였다. 지배 계급은 그들을 위한 질서를 '국가' 라는 이름으로 사회 전체의 피지배 계급에 강제하며, 군사력과 경찰력 그리고 징세권 의 집행을 위한 행정력 등으로 구현되는 국가의 공적 강제력을 제도화해 나가는데, 율 령 체제의 정비가 곧 그 제도화 과정이었다고 이해한 것이었다.

물론 일본에서의 자국 고대사 연구 성과를 이렇게 단순하게 요약하는 것이 무리이 긴 하다. 이와 관련한 논쟁은 『경제학비판』 서문에서 제기된 '아시아적 생산양식'론과 『제형태』의 '동양의 총체적 노예제'론에 대한 이해 및 그 일본사에의 적용 문제로 확산 되어 매우 다양다기多樣多岐하게 전개되었다. 와타나베 요시미치渡部義通의 경우는 율 령 체제가 일본 고대 노예제 사회의 붕괴 단계에서 성립했다고 보기도 했다. 그러나 일본 고대사의 여러 사상事象에 관한 연구가 마르크스 · 엥겔스 이론의 이해를 전제로 이루어지는 가운데 야마토 국가를 지방 소국가의 연합 체제로 간주하고, 이것이 율령 체제의 완비를 계기로 고대전제국가古代專制國家로 완성되어갔다는 인식이 점차 확산 되어갔다.

그리고 이런 인식의 확산에는 일본사를 그 자체 완결성을 가진 역사로 확신하는 분 위기가 큰 몫을 담당했다. 일본 열도의 지정학적地政學的 고립성으로 말미암아 일본의 역사는 강한 독자성을 띠고 전개될 수밖에 없었다는 생각이다. 그 종족이 어디로부터 이주해 왔든 일단 일본 열도에 들어와서는 대륙과 유리되어 고립된 채 독자적인 일본 민족으로 형성되어갔다는 인식은, 일본 열도 내에서 이루어진 고고 발굴 성과를 주축 으로 마르크스 · 엥겔스 이론을 원용하며 중국 북동부 및 한반도의 그것을 대체로 무 시하는 자세를 당연시하는 데 적잖은 영향을 미쳤다.

우리나라 고고학과 역사학이 중국 북동 지역의 고고 유물을 우리 역사와 무관한 것 으로 간주하는 경향을 보인 까닭도 없지 않지만, 한반도로부터 수많은 유민과 그들의 발달한 문화가 바다를 건너와 일본 사회의 기존 질서를 일거에 교란시키고 재편한 사 실을 무시 또는 외면하려는 것이 일본의 고대사 연구 동향에서 발견되는 일반적 경향 이다. 예컨대 에가미 나미오江上波夫가 주창한 '기마민족정복왕조설'의 경우는 얼핏 한 반도와 일본 열도의 인적 · 문화적 교류에 주목한 견해인 것처럼 보이지만, 기실은 한반도에 대한 야마토 국가의 어떤 기득권을 강변하는 논리를 개발하는 데 주안점을 두고 피력된 일본 중심의 이해 형태일 뿐이다. 그러나 이 설이 설득력을 갖기 위해서는 오히려, 한반도에서 건너간 기마민족과 그 문화의 실체에 대한 역사적 검토가 더 진지하고 정밀하게 이루어져야 했다. 일본 열도로 건너간 예·맥족이 원주原住의 주민 내지 먼저 건너간 동족同族과 융합되면서 독자의 일본 민족, 일본 문화를 형성해간 것은 사실이라 하겠지만, 국가사의 견지에서 일본 고대사를 과학적으로 이해하려 하면서 역사의 주체적 계기성에만 주목하여 외부로부터의 충격을 과소평가하는 것은 분명 한계가 있는 태도이다.

일본 고대사의 체계적 이해를 위해서는 지금부터라도 황하 중·하류 유역부터 대릉하·요하 유역에 걸쳤던 예·맥족의 동향과 문화, 왕검조선의 건국으로 촉발된 기자조선의 성립과 사적史的 전개, 마한 중심의 후기 진국체제, 삼국의 형성 및 발전 과정에 관해 정확한 사실 이해부터 추구할 필요가 있다. 그리고서 이를 토대로 그런 사회 변동과 파동이 일어날 때마다 일본 고대 사회에 어떤 변화가 야기되었던 것인지 꼼꼼히 점검해봐야 한다. 누구의 이론을 원용해 고대사 이해를 체계화할 것인지는 그다음 문제이다.

이런 점에서 생각한다면, 일본사에서의 율령 연구 성과를 우리 역사의 이해에 무비판적으로 참고하는 자세는 결코 바람직하지 않다고 할 것이다. 우리가 먼저 우리 고대사를 제대로 서술해주어야 일본이 그들의 고대사를 올바로 파악할 수 있다. 불완전하게 구축된 일본 고대사의 시각을 준거로 한국 고대사의 전개를 가늠하거나 재단하려는 연구 방법론은 많은 위험성을 내포한 것임을 자각해야 한다.

삼국 율령의 내용과 성격

우리 역사에서 기록상 처음 확인되는 국가 법률은 기자조선에 있었다는 8조의 범금犯禁이다. 여덟 개의 조항 중 세 조항만 지금까지 전하는데,[자료3] 모두 형법으로서 율에 해당하는 것들이다. 그런데 그 세 조항 중에서 "도둑질한 자는 남자인 경우 그 집의 노비로 삼되, 속죄하고자 하는 자는 전錢 50만을 낸다."는 규정이 특히 주목된다. 율령 반포 이후의 고구려 법률에도 이와 유사한 규정이 있기 때문이다. "도둑질한 자는 도둑질한 물건의 10여 배를 징수하되, 만약 가난하여 징수할 것이 없거나 공사公私의 빚을 진 자는 모두 그 자녀를 노비로 삼아 배상하도록 한다."는 규정이 그것이다.[자료4] 도둑질한 자에게 전 50만을 물리도록 한 것과 도둑질한 물건의 10여 배를 물리도록 한 것은, 그 양의 차이는 있다고 하여도 기본적인 법 원리가 같은 것이며, 이를 제대로 물지 못할 경우 노비로 삼는다고 한 것 역시 같다. 이러한 법 조항을 통해서 볼 때, 기자조선과 고구려의 사회 구성 원리 및 사회 성격이 기본적으로 동일했다고 할 수 있다.

율령을 반포한 후의 규정이 그 전의 규정과 같다는 것은 그것이 사회 유지에 필수적이고 중요한 기본법임을 뜻한다. 따라서 삼국의 율령 반포는 살인이나 상해, 절도, 강간과 같이 사회의 질서를 어지럽히는 중범죄를 처벌할 법적 근거를 새삼 마련하기 위한 조처가 아니었다. 그런 법률은 이미 오래전부터 내려와 이미 관습이나 문화로 변해 있던 터였기 때문이다. 삼국의 율령은 행정 기구의 구성과 인사 조직, 관리官吏의 복색 등을 새로 바꾸거나 재편함으로써 새로운 시대를 이끌어갈 새 규범을 제시하고 선포하기 위해 제정·반포된 것이다. 여기서 문제는 그 시대적 지향의 성격이다.

삼국의 율령이 구체적으로 어떤 내용이었는지를 알 수 있는 자료는 지금 전하지 않는다. 그러나 비교적 그 역사의 전반적인 흐름이 읽혀지는 신라를 보면, 율령의 반포가 있었던 시점은 부部에 속한 간干 중심의 부체제部體制로부터 국왕 중심의 중앙집권적 지배 체제로 전화해나가던 때에 해당한다. 봉평비를 통해 확인된 이 시기의 '노인법奴人法'은 간에게 예속되어 마치 노복奴僕처럼 부려지던 하호下戶 곧 노인奴人을 국왕이 직접 지배하는 일반 민호民戶로 재편한 법령이었다. 삼국의 율령은 고대 국가의 완성을 알리는 징표가 아니라 노예소유자적 지배로부터 중세적中世的 제민지배齊民支配 형태로 국가 체제를 전환함을 알리는 선언이었던 것이다. 이런 사실은 율령을 반포한 법흥왕의 아버지인 지증왕이 앞서 추진한 정치 개혁의 내용과 성격을 살펴보면 더 분명히 알 수 있다.

자료 1

처음으로 율령을 반포했다.

原文 始頒律令

_「삼국사기」권18, 「고구려본기」6, 소수림왕 3년

자료 2

율령을 반포하고 백관공복百官公服주1의 제도를 처음 제정했다.

原文 頒示律令始制百官公服朱紫之秩

_「삼국사기」권4, 「신라본기」4, 법흥왕 7년 정월

주1 백관공복(百官公服) : 관리들이 공적으로 입는 옷. 법흥왕 7년에 처음 제정한 것을 진덕왕 3년(649)에 중국식 의관제(衣冠制)로 바꾸었다.

자료 3

낙랑조선樂浪朝鮮의 백성에게 범금팔조犯禁八條가 있었다. 살인한 자는 죽인다. 상해를 입힌 자는 곡물로 배상한다. 도둑질한 자는 재산을 몰수하고 그 집의 노비로 삼되, 속죄하고자 하는 자는 전錢 50만을 낸다.

原文 樂浪朝鮮民犯禁八條 相殺以當時償殺 相傷以穀償 相盜者男沒入爲其家奴女子爲婢 欲自贖者 人五十萬

_「한서」권28, 「지리지」8 하2

자료 4

(고구려의) 형법에 의하면 반반反叛주2을 꾀한 자는 먼저 불로 지진 다음에 목을 베고 그 집 식구들을 노비로 삼았다. 도둑질한 자는 도둑질한 물건의 10여 배를 징수했는데, 만약 가난하여 징수할 것이 없다거나 공사채公私債의 빚을 진 자는 모두 그 자녀를 노비로 삼아 배상하도록 했다.

原文 其刑法 謀反及叛者 先以火焚爇 然後斬首 籍沒其家 盜者十餘倍徵贓 若貧不能備及負公私債者 皆聽評其子女爲奴婢以償之

_「주서」권49, 「열전」41, 이역 상, 고려

주2 반반(反叛): 반(反)은 사직을 위태롭게 하는 행위를, 반(叛)은 나라를 배신하고 타국에 따르는 행위를 일컬음.

■ 출전

「삼국사기」

『한서』

『주서』

찾아읽기

야마모토 타카후미, 『삼국시대 율령의 고고학적 연구』, 서경, 2006.

노용필, 『신라고려초정치사연구』, 한국사학, 2007.

윤선태, 『목간이 들려주는 백제 이야기』, 주류성, 2007.

노중국, 「고구려 율령에 관한 일시론」, 『동방학지』21, 1979.

노중국, 「백제 율령에 대하여」, 『백제연구』17, 1986.

강봉룡, 「삼국시기 율령과 '민'의 존재형태」, 『한국사연구』78, 1992.

홍승우, 「신라률의 기본성격 ― 형벌체계를 중심으로 ―」, 『한국사론』50, 2004.

홍승우, 「백제 율령 반포 시기와 지방지배」, 『한국고대사연구』54, 2009.

전덕재, 「신라 율령 반포의 배경과 의의」, 『역사교육』119(역사교육연구회), 2011.

전덕재, 「백제의 율령 반포 시기와 그 변천」, 『백제문화』47, 2012.

3 왕족을 지방 장관으로 파견하여 중앙집권체제를 구축하다

중앙집권적 지배 체제의 성립과 운용

중앙집권체제를 구축하면서 나라 안의 모든 민은 법제상 국왕
의 일반 백성으로 편제되었다. 또한 국왕이 친히 주·군·현을
정하고 관리를 파견하여 직접 지배하면서 소국이 점차 해체되
고, 중앙집권적 정치 기구가 차례로 정비되어갔다. 신라의 경우
국왕의 근친은 6부의 간들과 구분되는 특권층으로 성장하여 경
외의 주요직을 석권하면서 신분마저 달리했는데, 이들이 곧 진
골이다.

부체제에서 중앙집권체제로의 전환

부체제部體制는 각 소국의 왕인 간干들이 지역별로 모여 부部를 형성하고 공론共論을
통해 의견을 수렴하는 장치를 마련함으로써 전국적인 공론과 합의가 가능하고 또 용
이하도록 고안된 예·맥족 고유의 정치 체제였다. 간들은 소국의 크기에 따라 형제적
질서를 이루면서도 기본적으로는 상호간의 평등성을 전제로 공론에 참여함으로써 국
가를 형성하고 국정에 간여했다. 따라서 부체제하에서 간의 하호下戶 지배는 그대로
보장되었으며, 왕의 지배력은 개별 소국의 하호에 미치지 못했다. 왕은 여러 부 가운
데 가장 유력한 부 출신으로서 간들의 공립共立에 의해 왕위에 오른 간들의 수장일 뿐,
나라 전체의 민인民人과 영토를 직접 다스리는 국왕이 아직 아니었다.

간은 자기가 관할하는 하호의 수와 영역의 개요, 산업의 현황 등을 적은 장부를 들

고 정기적으로 부 회의에 참석하여 향후 수년간 각자 부담할 조세租稅 및 역역力役의 규모를 조정하고 책정했다. 하호는 소국의 일반 민인이었지만 이들에 대한 간의 지배 강도는, 중국인이 볼 때 마치 노복奴僕과 같다고 할 만큼 매우 혹심했다.[자료1] 간이 그가 부담하기로 되어 있는 조세의 액수보다 하호로부터 더 많이 거두어 그 차액으로 정치적 · 경제적 기반을 유지 · 확대하고 있었기 때문이다.

소국의 주산업은 다양했다. 농업 생산국이 많았지만, 바다를 끼고 있는 소국은 어업 의존도가 높았고, 임야를 많이 가진 소국은 임업과 목축업에서 활로를 찾았다. 그러나 시간이 지날수록 그 가운데 특히 농업 생산력이 급격히 증가하고 있었다. 다양한 농기구가 개발되고 농법이 발전했기 때문이다. 축력을 이용한 농사법이 확산되면서 한 사람이 경작할 수 있는 면적이 넓어지고 생산성이 높아지자 개간도 크게 늘어 농업 생산국의 경제력이 가파르게 상승했다. 그리고 이는 소국 간 경제력의 불균不均을 조장하고 심화하는 요인이 아닐 수 없었다. 간干의 평등성에 토대를 두고 성립한 부체제하에서 우경牛耕은 국가 질서를 위협하는 위험 요소로 간주되었다. 신라만이 아니라 고구려와 백제에서도 국초 한동안은 우경을 국법으로 금했으리라 짐작된다.

그러나 우경의 금지로 대세를 저지할 수는 없는 노릇이었다. 소국 간 경제력의 차이가 갈수록 심화되어갔고, 이에 상응하여 부체제는 현실과 괴리되어갔다. 반면에, 간들의 이해관계 상충과 세력 불균不均에 따른 갈등 · 대립을 왕이 나서서 조정하고 완화해나갈 수밖에 없는 기회가 늘어나면서 왕권의 위상은 점점 높아지고 있었다. 그럴수록 왕부와 왕비부가 중심이 되어 행하는 행정 및 군사 관련 업무에서의 재량권이 확대되고, 이는 또 왕권의 강화를 견인하고 부추기는 요소로 작용했다. 예컨대 재해를 당한 지역에 대한 긴급한 구난 조처는 부 전체의 번거로운 회의를 기다리지 않고 왕권의 재량으로 신속하게 이루어졌는데, 이것은 해당 지역의 하호에게 왕의 존재감을 확인시켜주는 좋은 계기이기도 했다.

주산물이 서로 다른 소국들 사이에 물자의 유무와 필요에 따른 유통은 불가피할뿐더러 불가결한 일이었다. 그러나 물자가 소국 사이의 국경을 지나기 위해서는 번거로운 요건과 절차가 요구되던 것이 부체제하의 현실이었다. 이는 물자의 유통 속도와 물량을 현저히 저감시키는 원인이었고, 사회 발전을 가로막는 요소였다. 같은 주산물을 가진 소국 사이에도 풍흉에 따른 신속한 물자 공급의 필요성이 빈번히 제기되었다. 이에 따라 중앙 정부가 관할하는 전국 규모의 물자 유통 구조의 필요성이 커지고 있었다. 사방에 역참驛站을 설치하고 역로를 수리했는데 이는 소식을 빨리 전하기 위해서일 뿐 아니라 물자 유통을 위한 기반 시설을 확충하는 의미를 지닌 조처이기도 했다.[자료2] 왕경에 시장을 열어 국내 각지의 물품을 거래할 수 있도록 한[자료3] 것도 같은 맥락이다. 지방의 각 소국이 왕경에 있는 부部 청사廳舍로 올려 보낸 물품을 거래하도록 하면, 물품의 유통 경로는 비록 멀어져도 번거로운 절차가 상당히 줄어들 수 있을 터였다. 그러나 부체제가 물자의 자유로운 유통을 억제하는 현실에서 이런 노력은 한계가 명백했다.

부체제의 문제점은 갈수록 부각되어갔고, 그에 상응하여 국왕 중심의 중앙집권체제 구축의 필요성이 점증하고 있었다. 이러한 사정은, 관련 기록이 비교적 풍부하게 남은 신라에서 주로 확인되지만 고구려나 백제의 경우도 대동소이했을 것이 틀림없다.

민인을 간의 지배에서 해방시켜 국왕의 지배하에 두다

삼국이 부체제로부터 중앙집권체제로 전환하던 시기의 구체적인 사정은 역시 신라의 경우를 통해 미루어 짐작해보는 수밖에 없다. 신라는 6세기로 접어들던 500년에 지증왕智證王(500~514)이 등극하면서 획기적인 전기를 맞이했다. 지증왕은 선왕先王인 소지왕炤知王(479~500)의 뒤를 이어 64세의 노년에 왕위에 올랐다고 한다.[자료4] 아버지는 소지왕의 육촌동생인 습보갈문왕習寶葛文王이라 하며, 지증 자신도 갈문왕으로 지내다가 왕위에 올랐음이 확인되었다.[자료5] 갈문왕은 신라 왕위를 계승할 수 있는 혈족 범위를 벗어나게 된 사람에게 주어 성골聖骨 신분 곧 왕위 계승 자격을 유지할 수 있도록 고안된 지위이다.

지증왕은 정국이 안정되자 재위 3년(502)에 우선 순장殉葬을 금하고, 우경牛耕을 할수 있도록 허용했다.[자료6·7] 국왕이 세상을 떠나면 남녀 각 다섯 명을 순장해왔는데 이를 금한 것이었다. 순장의 금지는 국왕의 지배 성격이 바뀌었음을 내외에 선언하는 의미를 가진 조처였다. 지증이 왕위에 오를 때의 위호는 마립간으로서 그 역시 궁극적으로는 간干이었다. 신라가 건국한 이후 왕호가 거서간居西干, 이사금尼師今, 마립간麻立干으로 변해왔지만 그 성격이 간干인 점에서는 변함이 없었다. 공립된 왕인가 스스로 자립한 왕인가 차이가 있었을 뿐이다. 간은 민인을 노복처럼 가혹하게 부리는 노예 소유자적 지배자였으므로 그의 죽음에 순장이 가능했던 셈이다. 따라서 순장의 폐지는 곧 신라왕 자신은 물론 소국의 간들까지도 더 이상 그러한 노예 소유자적 존재로 군림해서는 안 됨을 선포하는 의미를 지녔다.

천마총 금관

그리고 우경의 폐지는, 소국 간의 경제력 차이를 국가 차원에서 능히 조정할 수 있게 되었음을 반영한 조처였다. 독립적인 개별 소국 단위의 집적 형태로밖에 달리 파악할 수 없었던 국가 경제력을 이제 국경의 장벽 없이, 전국을 하나의 단위로 하여, 파악하고 조정할 수 있게 된 것이었다. 이를 뒤집어 말하면, 우경을 폐지해도 좋은 단계가 되었다는 것은 간이 이제 한 소국의 왕이기보다는 신라의 일반화된 지배 귀족이자 관료로서 더 큰 의미를 지니는 존재로 바뀌었으며, 이에 반해 신라왕은 예하 소국 민인들의 생산 활동에까지 관여하며 이들의 안위를 살피는 존재로 전환해 있었다는 뜻이기도 하다.

이러한 조처들이 시행되기에 이르러 6부의 간들은 더 이상 버티기가 곤란했다. 이듬해(503) 10월에 간들은 지증왕에게 '신라국왕新羅國王'이라는 존호를 바쳤다. "덕업은 날로 새로워지고 사방을 아우르다[德業日新 四方網羅]."라는 뜻을 담아 '신라新羅'라는 국호만 사용할 것을 건의하며 '국왕'이란 존호를 올렸다는 것은, 사로국을 비롯한 진한 소국은 더 이상 없다는 소국 해체의 결의 표시이자 6부의 간들이 '신라'라는 국가의 신료臣僚로서 국왕에게 충성을 다하겠다는 서약의 표시였다. 신라의 국체國體가 변한 것이다.^[자료7]

이로써 나라 안의 모든 민은 법제상으로 하호의 처지로부터 해방되어 국왕의 일반 백성民으로 편제되었다. 노비는 천민으로 편제되었는데, 양민이든 천민이든 같은 민이라는 것은 그가 지는 역의 종류만 다를 뿐 왕의 지배를 받는 존재라는 점에서 같다는 뜻이다. 따라서 간은 하호에 대해, 노비 주인은 그가 소유한 노비에 대해 함부로 할 수 없게 되었다. 왕의 백성이기 때문이다. 심지어 어느 절의 노비는 주인이 저녁 끼니를 적게 준다며 관가에 소송하여 시정 조치를 요구하기도 했으니,^[자료8] 비록 노비일지라도 왕민王民으로서 당당히 대우받았음을 알 수 있다.

국토를 군현으로 편제하고 왕족을 주의 장관으로 파견하다

지증왕은 즉위 6년(505)에 친히 나라 안의 주·군·현을 정하면서 실직주悉直州를 설치하고 이사부異斯夫를 군주軍主로 삼았다.^[자료9] 소국이 해체됨으로써 국왕이 지방에 관리를 파견하여 직접 지배하게 된 것이었다. 그런데 이때에 신라가 주·군·현을 처음 설치한 것은 아니다. 이미 탈해왕 11년(67)에 박씨 귀척貴戚들로 하여금 국내의 주·군을 나누어 다스리게 하고 주주州主·군주郡主라 불렀다고 하며,^[자료10] 아달라왕 4년(157)에는 감물현甘勿縣과 마산현馬山縣을 처음 두었다고 한다.^[자료11] 그러나 이와 같은 부체제에서의 주·군·현은, 신라가 건국한 후에 뒤늦게 정복으로 편입되었거나 모반 등으로 토평된 소국의 땅 중 6부에 분여分與되지 않고 남은 한정된 일부 지역을 왕의 관할하에 두고 이렇게 편제한 것에 지나지 않았다. 전국을 대상으로 한 지증왕 때의 주·군·현과 성격이 다르다.

지증왕이 직접 주·군·현을 정하는 데에는 그 지역이 지닌 정치적 위치와 군사적·경제적 여건 등이 두루 감안되었을 것이다. 그런데 여기서 한 가지 유의할 점이 있다. 그것은 이 시기의 주–군–현을 현재의 시·도–군–면과 같은 형태로 생각해서는 곤란하다는 점이다. 다수의 현으로 군을 이루게 하고, 다시 다수의 군으로 주를 이루게 한 것이 아니다. 당시의 주·군·현은 각기 별개의 지역 단위로 병립하는 체제였다. 영역이 서로 내포內包와 외연外延 관계에 있던 것이 아니라, 별개로 각기 존재하면서 어디는 주이고, 어디는 군이며, 어디는 현이었던 것이다. 물론 주–군–현 사이에는 위계位階가 있고 영속領屬 관계도 설정되었으나, 각기 독자적 단위였고 또 실제로 그렇게 움직였다.

여기서 지증왕 대의 정치·사회상을 좀 더 구체적으로 알 필요가 있겠다. 6부의 간들이 소국의 해체를 결의하고 국왕의 신료로서 충성을 다할 것을 맹세했다고는 하지만, 6부는 여전히 존속하고 있었고, 종래의 지역에 대한 간들의 실질적인 지배력은 의연히 강고했다. 6부의 간에 의해 독립적으로 운영되어온 소국의 행정·군사 조직이 해체되고 그 지배권이 국왕에게 봉납된 것은 사실이었지만, 그렇다고 간들이 자기 관할 지역에 대해 행사해온 종래의 지배권을 모두, 일시에, 전면적으로 부정할 수는 없는 노릇이었다. 국왕이 어느 지역을 주로 삼고, 어느 지역을 군으로 삼으며, 또 어느 지역을 현으로 삼을지 직접 정한 것은 이런 상황에서 이루어진 일이었다. 전국에 어느 현들을 설치하고, 그 현 몇 개를 묶어 어떤 군으로 삼으며, 다시 어느 어느 군을 묶어 주州로 삼을지 생각한 게 아닌 것이다.

그러므로 왕이 어느 지역을 주·군·현으로 삼을지 정한 것은 6부의 여러 간 중 어느 곳에 기반을 둔 누구를 어느 정도로 신임하고 중용할지 가늠하고 결정하는 정치 행위이기도 했다. 이후 진흥왕 때에는, 어느 주를 폐지하고 어느 주를 새로 설치했다는 기사가 여럿 보이는데,[자료12·13·14] 이는 해당 주의 청사廳舍를 다른 지역으로 옮기고 이에 따라 주의 장관을 비롯한 관리들을 이주시켰다는 이야기가 아니다. 그 지역의 군사적·경제적 가치 혹은 그 지역에 연고권을 가진 특정 간干의 정치적 위상을 국왕이 자신의 권력과 정치력으로 조정하여 변경했다는 뜻이다. 해당 주를 폐지함으로써 그곳을 관할해온 간을 내치고, 그 대신 다른 지역을 주로 삼아 그 지역에 기반을 둔 간을 중용한 것인 셈이다.

이런 맥락에서 생각하면, 이사부를 실직주 군주로 삼은 것은 실제로 그가 삼척에서 강릉에 이르는 동해안 일대에 기반을 둔 유력자였기 때문임을 미루어 알 수 있을 것이다. 이사부는 군주가 된 지 7년 만에 나무 사자를 만들어 위협하는 위계를 써서 사납기로 유명했던 우산국(지금의 울릉도와 독도)을 쉽게 복속시켰는데(512),^[자료15] 이는 그가 이 지역의 구체적 실정을 그만큼 소상하게 잘 알고 있었음을 보여주는 사실이다.

국왕은 주 장관인 군주만큼은 될수록 측근의 친족으로 임명하려 했을 것이다. 이사부는 내물왕의 4세손이었다. 지증왕의 아들인 법흥왕은 그 25년(538)에, 지방으로 나가는 관원이 가족과 가신을 거느리고 부임하도록 했다.^[자료16] 이 조처의 의미는 이러하다. 즉, 신라의 많은 지역이 이제까지 줄곧 소국 왕의 후예들에 의해 지배되어왔는데, 그 지역에 연고를 가지지 않았어도 국왕의 근친을 파견하여 그 지배권을 완전히 회수하여 장악하도록 했고, 그러기 위해 가신과 사병을 거느리고 부임하도록 조처한 것이었다. 『삼국사기』 직관지 외위조에 의하면, 지방 장관으로 부임한 사람은 자신의 지배에 협조하는 그 지역 유력자와 자신이 데려간 가신들에게 중앙과 다른 별도의 관위 곧 '외위外位'를 주어 운용함으로써 지배 체제를 확립해나갔다고 한다. 외위는 문무왕 14년(674)에 경위京位로 대체되었다.^[자료17]

이에 6부 제간諸干이 지배 기반을 상실하고 국왕에 복속한 신료臣僚로서 살아가지 않으면 안 되는 처지로 전락하면서 부체제는 갈수록 존폐의 위기에 몰리게 되었다. 반면에, 신라국 왕의 근친은 소국 왕의 후예인 6부의 일반 간들과 구분되는 특권층으로 성장하여 경외京外의 주요직을 석권하면서 마침내 신분마저 달리하기에 이르니, 이들이 곧 진골眞骨이다. 진골은, '진짜 골족'임을 내세운 그 이름에서도 능히 짐작할 수 있듯이, 신라 국초부터 있었던 신분이 아니라 지증왕 때부터 본격화된 국왕의 근친 중심 국정 장악 구도와 맞물려 새로 생긴 신분층이었다.

왕경에 국왕 직속의 정치 기구를 개설하고 지방 지배를 강화하다

제 기능을 상실해가는 부체제에 대신하여 중앙집권적 정치 기구가 차례로 정비되어갔다. 맨 처음 설치된 것은 병부兵部였다. 국왕이 6부 병력에 대한 지휘권을 확고부동하게 장악하는 것이 무엇보다 급선무였던 것이다. 법흥왕은 즉위 3년(516)에 병부를 설치하고 근친을 병부령兵部令에 임명했다.『삼국사기』본기本紀에는 직관지職官志에서와 달리 병부의 설치가 즉위 4년의 일로 되어 있으나 착오인 듯하다.[자료18] 병부령은 진흥왕 5년(544)과 태종무열왕 6년(659)에 각각 1명씩 더 증원되었는데,[자료19] 이는 군사력이 증강된 데다 상호 견제할 필요도 생겼기 때문이다.

그리고 법흥왕 18년(531)에는 국왕이 6부의 제간이 구성하는 대등회의의 의장직에서 물러나고 그 대신 상대등을 임명했다. 국정 운영의 잘잘못에 대한 직접적인 책임을 상대등에게 떠맡김으로써 국왕은 제간의 수장과 같은 위치에서 벗어나 초월적인 존재로 격상되었다. 그리고 25년에 외관外官으로 하여금 가솔 등을 모두 거느리고 부임하도록 조처하여 본격적으로 지방 장악에 나섰으니 왕권의 급격한 강화를 실감할 수 있다.

법흥왕의 뒤를 이은 진흥왕은 병부령을 한 명 더 증원하여 병권 장악을 공고히 하고 정복 사업을 추진했다. 한강 유역을 회복한 백제로부터 땅을 빼앗아 이곳에 신주新州를 설치하며, 고구려로부터 빼앗은 충주 지역을 소경小京으로 편제하고 국원國原이라 한 것은 그 결과였다. 중앙집권체제를 정비하여 왕권을 강화해나가고, 6부 제간의 지방 장악력을 약화시켜 부체제를 형해화形骸化하며, 국왕의 근친을 중심으로 한 신라 왕족을 특권 신분층으로 만들어 독자화해나간 것이 이후 신라 정치의 전반적인 흐름이다.

자료1

나라에는 군왕君王이 있고, 모두 여섯 가축[六畜]의 이름으로 관명官名을 지은 마가馬加 · 우가牛加 · 저가豬加 · 구가狗加 · 견사犬使 · 견사자犬使者 · 사자使者가 있다. 읍락邑落에는 호민豪民이 있으며, 하호下戶라고 부르는 이들은 모두 노복奴僕처럼 지낸다. 모든 가加들은 별도로 사출도四出道를 주관하는데, 큰 경우는 수천 가家를 주관하고 작은 경우는 수백 가家이다.

原文 國有君王 皆以六畜名官 有馬加牛加豬加狗加犬使犬使者使者 邑落有豪民 名下戶皆爲奴僕 諸加別主四出道 大者主數千家 小者數百家

_「삼국지」권30, 「위서」30, 동이전, 부여

자료2

(소지마립간 9년) 3월, 사방四方 우역郵驛을 비로소 설치하고, 담당 관리에게 명하여 관도官道를 고쳐 손보게 했다.

原文 三月 始置四方郵驛 命所司修理官道

_「삼국사기」권3, 「신라본기」3, 소지마립간 9년

자료3

(소지마립간 12년 3월) 처음으로 서울에 시장을 열어 사방의 물자를 유통시켰다.

原文 初開京師市肆 以通四方之貨

_「삼국사기」권3, 「신라본기」3, 소지마립간 12년

자료4

지증마립간智證麻立干이 왕위에 올랐다. 성은 김씨이고 이름은 지대로智大路(혹은 지도로智度路, 또는 지철로智哲老라고도 한다)이다. 내물왕奈勿王의 증손이며 습보習寶 갈문왕葛文王의 아들이고 소지왕炤知王의 재종 동생이다. 어머니는 김씨 조생부인鳥生夫人으로 눌지왕訥祗王의 딸이며, 왕비는 박씨 연제부인延帝夫人으로 이찬 등흔登欣의 딸이다. 왕은 체격이 매우 크고 담력이 남들보다 뛰어났다. 전왕前王이 죽고 아들이 없어 왕위를 이어 받으니, 이때 나이 64세였다.

原文 智證麻立干立 姓金氏 諱智大路(或云智度路 又云智哲老) 奈勿王之曾孫 習寶葛文王之子

昭知王之再從弟也 母 金氏鳥生夫人 訥祗王之女 妃 朴氏延帝夫人 登欣伊湌女 王體鴻大 膽力
過人 前王薨 無子 故繼位 時年六十四歲

_『삼국사기』권4, 「신라본기」4, 지증마립간

자료 5

계미년 9월 25일, 사탁부沙喙部의 지도로至都盧 갈문왕과 사덕지 아간지阿干支, 자숙지
거벌간지居伐干支와 탁부喙部의 이부지 일간지壹干支, 지심지 거벌간지 및 본피부本彼部
의 두복지 간지干支 ……

原文 癸未年 九月廿五日 沙喙至都盧葛文王 斯德智阿干支 子宿智居伐干支 喙尒夫智壹干
支 只心智居伐干支 本彼頭腹智干支 ……

_영일냉수리신라비

자료 6

(지증마립간) 3년 3월, 영令을 내려 순장殉葬을 금했다. 전에는 국왕이 죽으면 남녀 각
다섯 명으로 순장했는데 이때에 이르러 금하게 된 것이다. …… 3월, 주주州主와 군주
郡主에게 각각 명하여 농사를 권장케 했고, 비로소 우경牛耕을 실시했다.

原文 三年 春三月 下令禁殉葬 前國王薨 則殉以男女各五人 至是禁焉 …… 三月 分命州郡
主勸農 始用牛耕

_『삼국사기』권4, 「신라본기」4, 지증마립간 3년

자료 7

(지증마립간) 4년 겨울 10월, 여러 신하들이 아뢰었다. "시조께서 나라를 세우신 이래
나라 이름을 정하지 않아 사라斯羅라 칭하고 혹은 사로斯盧 또는 신라新羅라도 칭했습
니다. 신臣들은 '신新'은 '덕업은 날로 새로워진다'는 뜻이고 '라羅'는 '사방을 아우르다'
는 뜻이므로 이를 국호로 삼는 것이 마땅하다 생각합니다. 또 예부터 나라를 가진 이
들을 보건대, 모두 제帝나 왕王을 칭했는데, 우리 시조께서 나라를 세우고 지금 22대
에 이르기까지 다만 방언方言으로 칭했고 존호尊號를 정하지 못했으니, 지금 군신群臣
이 한 뜻으로 삼가 '신라국왕新羅國王'이라는 칭호를 올리옵니다." 왕이 이에 따랐다.

原文 四年 冬十月 群臣上言 始祖創業已來 國名未定 或稱斯羅 或稱斯盧 或言新羅 臣等以

爲新者德業日新 羅者網羅四方之義 則其爲國號 宜矣 又觀自古有國家者 皆稱帝稱王 自我始祖
立國 至今二十二世 但稱方言 未正尊號 今群臣一意 謹上號新羅國王 王從之

_「삼국사기」권4,「신라본기」4, 지증마립간 4년

자료 8

그 나무의 열매는 또한 보통과는 달라 지금에 이르러도 사라율裟羅栗이라고 한다. 예
부터 전하길, 옛날 절의 주지가 절의 노奴에게 하루 저녁 끼니로 밤 두 알二枚을 주었
는데, 노奴가 관청에 소송을 했다. 관리가 이를 괴이하게 여기고 밤을 가져와 살펴보
니, 한 알이 사발鉢에 가득 찼으므로 이내 도리어 한 알만 주라고 판결했다. 고로 밤나
무골栗谷이라 했다.

原文 其樹之實 亦異於常 至今稱裟羅栗 古傳 昔有主寺者 給寺奴一人 一夕饋栗二枚 奴訟
于官 官吏怪之 取栗檢之 一枚盈一鉢 乃反自判給一枚 故因名栗谷

_「삼국유사」권4,「의해」5, 원효불기

자료 9

(지증마립간) 6년 봄 2월에 왕이 친히 국내에 주군현州郡縣의 제도를 정하고 실직주悉直
州를 두어 이사부異斯夫를 군주軍主로 삼으니 군주란 이름이 여기서 시작되었다.

原文 六年春二月 王親定國內州郡縣 置悉直州 以異斯夫爲軍主 軍主之名始於此

_「삼국사기」권4,「신라본기」4, 지증마립간 6년

자료 10

(탈해이사금) 11년 봄 정월, 박씨朴氏 귀척貴戚으로 나라 안의 주군州郡을 나누어 다스리
게 하고, 주주州主와 군주郡主라 불렀다.

原文 十一年春正月 以朴氏貴戚 分理國內州郡 號爲州主郡主

_「삼국사기」권1,「신라본기」1, 탈해이사금 11년

자료 11

(아달라이사금) 4년 봄 2월, 처음으로 감물甘勿과 마산馬山 두 현縣을 설치했다. 3월, 장
령진長嶺鎭에 순행巡幸하여 수졸戍卒을 위로하고 각각 정포征袍를 주었다.

자료 12

(진흥왕) 18년, 국원國原을 소경小京으로 삼았다. 사벌주沙伐州를 폐하고 감문주甘文州를 설치하여 사찬 기종起宗을 군주軍主로 삼았으며, 신주新州를 폐하고 북한산주北漢山州를 설치했다.

原文 十八年 以國原爲小京 廢沙伐州 置甘文州 以沙湌起宗爲軍主 廢新州 置北漢山州

_「삼국사기」권4, 「신라본기」4, 진흥왕 18년

자료 13

(진흥왕 26년) 9월, 완산주完山州를 폐하고 대야주大耶州를 설치했다.

原文 九月 廢完山州 置大耶州

_「삼국사기」권4, 「신라본기」4, 진흥왕 26년

자료 14

(진흥왕 29년) 겨울 10월, 북한산주北漢山州를 폐하고 남천주南川州를 설치했다. 또 비열홀주比列忽州를 폐하고 달홀주達忽州를 설치했다.

原文 冬十月 廢北漢山州 置南川州 又廢比列忽州 置達忽州

_「삼국사기」권4, 「신라본기」4, 진흥왕 29년

자료 15

(지증마립간) 13년 여름 6월, 우산국于山國이 복속하여 해마다 토산물을 공물로 바치기로 했다. 우산국은 명주溟州의 정동正東 바다에 있는 섬으로 울릉도鬱陵島라고도 한다. 땅은 사방 백 리인데, 지세가 험한 것을 믿고 복종하지 않았다. 이찬 이사부異斯夫가 하슬라주何瑟羅州 군주軍主가 되어 말하기를 "우산국 사람은 어리석고도 사나워서 힘으로 다루기는 어렵고 계책으로 복종시킴이 가可합니다."라 하고, 나무로 만든 사자師子를 가득 만들어 전선戰船에 나누어 싣고 그 나라 해안에 다다랐다. 이사부가 거짓으로 말하길, "너희가 만약 항복하지 않으면 이 맹수猛獸를 풀어 밟아 죽이겠다." 국인國

人이 두려워 즉시 항복했다.

原文 十三年 夏六月 于山國歸服 歲以土宜爲貢 于山國在溟州正東海島 或名鬱陵島 地方一百里 恃嶮不服 伊湌異斯夫爲何瑟羅州軍主 謂于山人愚悍 難以威來 可以計服 乃多造木偶師子 分載戰船 抵其國海岸 誑告曰 汝若不服 則放此猛獸踏殺之 國人恐懼則降

_『삼국사기』권4, 「신라본기」4, 지증마립간 13년

자료 16

(법흥왕) 25년 봄 정월, 외관外官이 가족을 데리고 부임하는 것을 허락하는 교서를 내렸다.

原文 二十五年 春正月 敎許外官携家之任

_『삼국사기』권4, 「신라본기」4, 법흥왕 25년

자료 17

외위外位는 육도六徒 진골이 5경과 9주에 나가 따로 칭해 오던 관명인데, 문무왕 14년 그 관위를 경위京位에 견주어 대우하였다. 악간嶽干은 일길찬에 준하고, 술간述干은 사찬에 준하고, 고간高干은 급찬에 준하고, 귀간貴干은 대나마에 준하고, 선간選干(찬간撰干이라고도 한다)는 나마에 준하고, 상간上干은 대사에 준하고, 간干은 사지大舍에 준하고, 일척一尺은 대오大烏에 준하고, 피일彼日은 소오小烏에 준하고, 아척阿尺은 선저지先沮知에 준한다.

原文 外位 文武王十四年 以六徒眞骨出居於五京九州 別稱官名 其位視京位 嶽干視一吉湌 述干視沙湌 高干視級湌 貴干視大奈麻 選干(一作撰干)視奈麻 上干視大舍 干視舍知 一伐視吉次 一尺視大烏 彼日視小烏 阿尺視先沮知

_『삼국사기』권40, 「잡지」9, 외위

자료 18

(법흥왕) 4년 여름 4월, 처음으로 병부兵部를 설치했다.

原文 四年 夏四月 始置兵部

_『삼국사기』권4, 「신라본기」4, 법흥왕 4년

자료 19

병부兵部는 령令 1명으로 법흥왕 3년에 처음 두었다. 진흥왕 5년에 1명을 더했으며 태종왕太宗王 6년 다시 1명을 더했다.

原文 兵部 令一人 法興王三年始置 眞興王五年 加一人 太宗王六年 又加一人

_『삼국사기』권38, 「잡지」7, 직관상

출전

영일냉수리신라비

『삼국사기』

『삼국유사』

『삼국지』

찾아읽기

주보돈, 『금석문과 신라사』, 지식산업사, 2002.

김병곤, 『신라 왕권 성장사 연구』, 학연문화사, 2003.

박현숙, 『백제의 중앙과 지방』, 주류성, 2005.

문동석, 『백제 지배세력 연구』, 혜안, 2007.

장창은, 『신라 상고기 정치변동과 고구려 관계』, 신서원, 2008.

이한상 외, 『4~6세기 영남 동해안 지역의 문화와 사회』, 동북아역사재단, 2009.

4 지배층에게 경제적 기반을 마련해주다

식읍과 녹읍

식읍은 제가와 하호 사이의 노예제적 생산 관계와 사회 관계를 기초로 출현한 제도이다. 반면 녹읍은 전국의 토지와 민인을 제민적 형태로 지배·수취하는 단계에서 읍의 토지에 대한 조세 징수권만 인정하는 방식의 제도였다. 곧 식읍의 쇠퇴와 녹읍의 출현은 제가의 하호 지배 방식의 농민 지배에서 토지를 매개로 지배층이 전주가 되어 농민을 전객으로 지배하는 방식으로 사회가 변동했음을 반영한다.

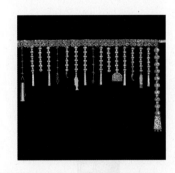

식읍, 훈신에게 봉호를 지급하여 3세를 다 거두게 하다

식읍食邑은 본래, 왕족王族이나 척신戚臣 그리고 고위 관료 가운데 큰 공훈을 세운 사람에게 봉읍封邑을 주던 중국의 제도이다. 국왕이 귀중하게 생각하고 또 국왕을 위해 공을 세운 사람에게 봉토封土를 나누어 민호民戶를 지급함으로써 지극히 우대한다는 뜻과 형식을 표현한 것이다. 국왕은 작위爵位와 식읍을 사여賜與함으로써 여러 신료들이 왕실 번병으로서 변함없는 충성을 다하도록 격려하고 권면勸勉했다. 우리나라에서도 삼국의 국가 형성기부터 식읍을 지급했던 것으로 나타난다.[자료1] 식읍을 지급하는 의의나 식읍을 주던 때의 사회 성격 등을 고려할 때, 우리나라에서 식읍 제도는 삼국이 성립하기 훨씬 이전 시기부터 이미 시행되었으리라 짐작된다.

식읍은, '읍'이라는 단어 때문에 흔히 어떤 행정 단위나 그곳의 토지를 지급한 것으로 생각하기 쉽다. 그렇지만 식읍은 일정 고을 내의 민호民戶 가운데 일부를 떼어 봉호封戶로서 지급하는 것이었다. 다시 말해 식읍의 구성 단위는 호戶였다. 그래서 한 사람의 식읍은 그 규모에 따라 단지 한 개 고을의 일부에 그치는 경우도 있었고, 또 여러 고을에 여기저기 산재하는 경우도 있었다. 식읍이 이렇게 봉호의 형태로 지급되었으므로 이는 군郡 · 현縣 등 행정 단위와는 일단 무관했다. 식읍 수여에서 해당 고을은 실제 봉호가 배정되고 있는 지역이란 점에서만 의미가 있었던 셈이다. [자료2]

봉호는 세금을 부담하는 단위 호 곧 과호課戶로서, 대개 3정丁에서 1정丁 사이의 자연호自然戶를 묶어 구성하는 게 보통이었다. 그리고 식읍으로 지정된 봉호는 그들이 국가에 내도록 되어 있는 모든 부세, 곧 국가가 정한 조租 · 용庸 · 조調 전액을 식읍주에게 납부했다. 봉호에게서 부세를 거두는 일은 식읍주가 직접 행했다. 해당 고을의 지방관은 식읍주의 징수 행위를 돕는 한편, 식읍주가 혹시 정해진 것보다 더 많이 거두지는 않는지 감시하는 역할을 담당했다. 국가는 또 규모가 큰 식읍 소지자에게 '개부開府'를 허용하여 부府를 설치하고 독자의 관원官員을 두어 식읍으로부터 들어오는 막대한 재물을 관리하도록 편의를 제공하기도 했다.

국가는 평민호平民戶 중에서도 되도록이면 재력이 있고 내실이 있는 부실호富實戶를 골라 봉호로 삼았다. 가난한 가호家戶는 물론이고 지방 토호나 문무 관료 등 지배층의 가호는 대상에서 제외했다. 조 · 용 · 조를 제대로 부담시키기 위해서는 달리 도리가 없는 일이었기 때문이다. 따라서 식읍은 이런 조건이 잘 갖추어진 고을에 설정되는 것이 일반이었다. 또한 토지와 연관해서 말하자면, 식읍은 민전民田 가운데 국용國用이나 공상供上 등 국가의 세수입원으로 책정된 토지에 설치되었다. 그러므로 식읍의 사여는 다른 관료들의 반발을 동반하기 십상이었다. 식읍으로 지정되면 그만큼 관료들의 녹봉 수입이 줄어들게 되기 때문이다.

식읍의 실체가 이러했으므로, 이를 가진 사람에게는 여러 가지 제약이 따랐다. 우선 수취는 수여받은 봉호 수에만 허용되었다. 세월이 흘러 해당 호에서 새로 인구가 증가하더라도 이들에 대해서는 수취할 수 없었다. 그리고 기한은 수봉자受封者 본인 당대當代에 한했고, 봉호를 자손에게 전수하지 못하도록 철저히 금했다. 이는 집권 관료 국가의 체제에서 당연한 규정이었다. 식읍은 국가의 행정 체계 속에서 존속하고 운영

되는 제도였다. 그러므로 어느 시기 어느 경우나 식읍은 사령지私領地 혹은 직령지直領
地가 아니었다. 식읍을 일정 읍락에 대한 사유권을 인정한 듯 이해하면 곤란하다.

식읍의 봉호를 실제 받았을 경우, 그 수입은 대단했다. 조·용·조를 모두 징수하
는 것이었으므로 수입의 물량이 일반 수조지收租地의 그것보다 더 많은 것이 당연했다.
식읍주가 식읍민을 장악하고 지배하는 강도도 그만큼 강력할 수밖에 없었다. 또한 식
읍은 그 자체로 식읍주에게 부富를 집적할 수 있는 또 다른 조건을 제공하고 있었다.
식읍주는 봉호의 인력과 이들에게서 징수하는 물력을 바탕으로 식읍 내에서 자신의
경제 기반을 사적私的으로 구축하기가 매우 쉬웠다. 새로운 토지 곧 신전新田을 개척·
개발하고, 식읍이나 그 주변의 토지를 사들여 소유지를 집적·확대할 수 있었으며, 노
비의 다량 확보도 가능했다. 그리하여 식읍주는 봉건 지주로서의 위치를 굳혀갔다. 식
읍을 국가에 반납한 후에도 식읍주의 자손들이 해당 고을 일대에서 문벌 세력 내지 대
토호로 성장하는 배경은 여기에 있었다.

그러나 통일신라를 거쳐 고려로 접어들던 시점에 이르러 식읍은 이미 일반적인 제
도가 아니었다. 식읍은 이보다 훨씬 앞서 삼국 시기 말기부터 벌써 그 역사적 의의를
잃어가던 제도이다. 식읍의 비중이 크고 또 이의 존재가 우리 역사에서 큰 의미를 지
니던 때는 5~6세기 이전 시기였다.

식읍주가 식읍민을 수취하는 형태를 보면, 이는 제가가 하호를 수취하던 것과 크
게 다를 게 없다. [자료3·4] 이는 제가諸加가 하호下戶를 수취하고 읍락을 통주統主하던 국
가 구조와 사회 구성에서 식읍 제도가 성립하고 운영된 것이었음을 뜻한다. 제가들은
소국의 왕으로서 지배해오던 지역이 원래 있었고, 또 이와는 별도로 귀족 관료로서 관
할하는 구역을 따로 가지고 있었는데, 식읍은 후자와 관련하여 지급되었을 것이다. 제
가가 중앙 관료로 신속臣屬하게 되었을 때, 본래부터 지배하고 있던 지역 내에서 일정
수의 민호를 떼어 계속 수취할 수 있도록 허용해주거나, [자료5·6] 혹은 큰 공을 세운 관
료들에게 제가가 별도로 통주하던 지역과 마찬가지 형태로 식읍을 분급해주었을 것이
다. 그러므로 대개는 새로 편입된 지역이나 정복한 지역이 식읍 사여의 주된 대상이
되었겠다. [자료7·8·9] 이 당시 제가의 통주를 받던 하호는 노복이나 마찬가지라고 지적
될 만큼 아주 심하게 부세를 내고 있었는데, 이런 사실로 보아 식읍주의 식읍민에 대

한 수취도 이에 못지않았으리라 여겨진다. 당시는 순장제가 존재하던 시기였다. 이를테면 식읍은 제가와 하호 사이의 노예제적 생산 관계, 그리고 그러한 사회 관계를 기초로 출현한 제도였다.

따라서 식읍의 성격과 내용은 시대가 변함에 따라 함께 변화해갔다. 제가의 하호 지배가 쇠퇴하고 순장제殉葬制가 폐지되어 소멸함에 따라, 그리고 국왕을 정점으로 하여 관료제·군현제가 일층 정비되고 토지를 중심으로 한 지배-예속 관계가 부상함에 따라 식읍 제도도 함께 변동했다. 우선, 훈공자들에 대한 포상은 식읍이 아니라 사전賜田을 통해 이루어지게 되었다. 사회의 경제 기반, 재정 기초, 농민 지배가 점차 토지를 중심으로 구축되고 있었던 데 따른 변화였다. 녹읍제가 등장한 것도 이런 변화의 연장선에서 이루어진 일이다.

이런 변화 속에서, 식읍의 지급 대상이 축소되고, 지급 내용도 봉호의 수數로만 상징적으로 사여하는 형태로 바뀌었다. 이를테면 '식읍 500호'를 사급했다고 할 때, 실제로 조·용·조를 수취할 수 있는 구체적인 봉호를 지정해준 것이 아니라 그저 이만큼의 식읍을 줄 정도로 대우한다는 뜻만 표시하는 데 불과하게 된 것이다.[자료10·11·12] 이미 삼국통일 이전부터 식읍은 이처럼 봉호의 수로만 사여되고 있었다. 따라서 식읍의 사여는 점차 실질적인 경제 가치가 없는 정치적·의례적 포장에 불과한 것으로 변모해갔다. 그리하여 고려 전기에 대부분의 식읍들은 경제적 의미가 완전히 상실되어 있었다. 외면상 식읍 수득자의 절대 다수를 차지한 왕족들의 경우, 실제는 전지를 지급함으로써 이를 식읍으로 대치시키고 있었다. 전지의 분급이 식읍의 급여를 대신하고 있는 것이었다. 식읍의 명분과 실질은 전지田地의 분급으로 바뀌어 발현되고 있었던 것이다.

식읍의 쇠퇴와 녹읍의 출현은 제가가 하호를 지배하고 수취하던 식의 농민 지배에서 토지를 매개로 지배층이 전주田主가 되어 농민을 전객佃客으로 지배하는 방식으로 사회 단계가 변동됨을 반영한 단초였다. 이후 식읍제는 전주전객제田主佃客制 그리고 지주전호제地主佃戶制 속에서 특례와 명목으로 잔존하다가 역사의 뒤안길로 사라져갔다.

녹읍, 관료에게 수조권을 지급하여 경제 기반을 마련해주다

　신라에서는 삼국 시기부터 녹읍 제도가 시행되었던 것으로 나타난다. 관료들이 국역을 지는 대가로 생존과 품위 유지에 필요한 경제적 기반을 수조지收租地 분급分給의 형식으로 마련해준 형태였다.

　고을을 단위로 설정되어 '읍邑'이라 부르긴 했지만, 녹읍의 실제 내용은 고을의 일정한 전토田土에 대한 수조권을 나누어 준 것이었다. '녹읍'이란 용어의 의미와 기원은 주대周代에 봉건 제후에게 나누어준 '봉읍封邑'으로 소급한다. '녹祿'은 국가의 공직이나 봉록을 세습적으로 계승하는 세가世家의 세록世祿을, '읍邑'은 관직을 가진 사람에게 보수로 나눠 준 채읍采邑을 각각 상징하고 계승하는 뜻을 담고 있었다. 단순히 직역職役에 대해 지급한 직전職田류와는 계통이 달랐다.

　녹읍 제도는 삼국 시기 중반에 처음 시행되었던 것으로 판단된다. 수확량과 면적을 함께 고려하여 농지를 결부제結負制로 파악하고, 전국에 일원적 조세 제도를 적용하기 시작하던 때였다. 간干 또는 가加들이 각기 소국을 지배하던 부체제部體制가 국왕을 정점으로 한 중앙집권체제로 전환하던 시기이다. 따라서 이 무렵에 녹읍 제도가 출현했다는 것은 읍락을 기반으로 간·가들이 하호를 지배하고 수취할 때 조·용·조 전반을 읍락 단위로 직접 부과하고 징수하던 방식이 변화한 것과 연관이 있음을 의미한다. 국왕이 간·가들을 왕조 국가의 귀족·관료로 편제하고 이들을 통해 전국의 토지와 민인을 제민적 형태로 지배·수취하는 단계로 전환하게 되자 이에 따라 군현 등 읍의 토지에 대한 조세징수권만 인정하는 방식으로 수취 형식과 내용이 바뀌게 되었고, 이것이 곧 녹읍이었던 것이다.

　신라에서 관료제·군현제가 정비되기 시작한 6세기에 접어들면 이미 토지 자체[實田]를 지급할 수 있는 여건이 아니었다. 토지의 사적 소유권이 극도로 발달하여 토지가 사유제의 원칙 속에서 존재하고 있었기 때문이다. 그러므로 녹읍은 조·용·조 의 부세 가운데서 조租를 징수하는 것으로만 성립하고 시행되었다.[자료13] 식읍처럼 용庸·조調까지 수취할 수는 없었다. 고구려와 백제에도 신라의 녹읍과 유사한 제도가 있었을 것이다.

이렇게 시행된 녹읍은 통일전쟁이 끝난 후인 신문왕 때 일단 혁파되었다.[자료14] 장기간 대규모의 전란을 거치면서 정치·경제·사회 전 부면에 대변동이 초래되고 통치 영역과 인구가 최소 2배 이상 증가한 여건에서, 종래 경주 귀족 위주의 녹읍은 적절하지 않았을 것이다. 녹읍에 대신해서 녹봉祿俸을 지급했다.[자료15] 신라는 이보다 2년 앞서 훈전勳田으로서 문무 관료들에게 대대적인 사전賜田을 행하여 토지 소유와 관련한 이들의 불만과 욕구를 완화시키는 조처를 취한 바 있었다.[자료16]

그러나 녹읍의 혁파는 녹읍을 완전히 없애고자 한 조처가 아니었다. 녹읍에 대신하여 지급한 녹봉은 국왕 위주의 집권 관료 국가 체제를 세우고 유지하는 데는 손색이 없었으나, 정작 통치에서 국왕이 연대하고 있는 귀족·관료들의 가문·문벌 곧 세가世家의 유지를 보장하지 못하는 문제점이 있었다. 따라서 귀족·관료층의 녹읍 복구 요구는 절실하고도 강력했다. 말하자면 녹읍은 다시 복구될 소지를 안은 채 혁파된 것이었다. 실제로, 이때 녹읍을 혁파한 것은 통일로 인해 넓어진 영토를 전면적으로 다시 파악하여 녹읍 제도를 제대로 운영하기 위한 준비 기간을 갖기 위해서였다고 할 수 있다. 그러므로 녹읍을 복구할 시점은 통일 왕조에 적합하게 양전제量田制와 부세제賦稅制의 정비가 완료되고, 농민 소유지에 대한 조절과 안정이 정전제丁田制로써 취해진 이후여야 했다. 그리하여 녹읍 제도가 다시 시행된 것은 경덕왕 때였다.[자료17] 새로 절급折給한 녹읍의 운영 원칙이나 분급 정신이 이전과 같았음은 물론이다.

녹읍의 절급 대상은 관료층 전체였고 당대當代에 한했다. 설정 단위는 군현郡縣이었으며, 그 속의 전정田丁이 절급 단위였다. 전정田丁은 지역에 따라 농지의 비옥도에 차이가 있음을 배려하여 군현 단위로 전품田品의 등급을 달리하고 실제 수확량을 따져 농지를 결結 단위로 묶은 다음, 이를 실제로 경작하는 과호課戶의 조세 부담 능력을 고려하여 정丁 단위로 편제한 우리나라 독창의 수세收稅 중심 토지 파악 단위였다. 신라에서는 호구戶口의 수와 함께 전정의 많고 적음을 척도로 삼아 군현을 설치하고 있었다. 실제 녹읍의 절급은 그 수조 액에 초점을 두고 해당 결부 수를 전정田丁으로 맞춰주는 방식으로 이루어졌다고 생각된다.

한 고을에는 여러 관료의 녹읍이 혼재混在하도록 배치했다. 관료 개인의 녹읍을 특정한 고을에 모아서 지급하지 않고 여러 고을에 분산시킨 것이다. 이렇게 함으로써 정부는 군현제의 행정력을 유지하고 녹읍 관료의 할거割據를 방지할 수 있었던 반면, 녹읍주는 농사의 풍흉에 따른 지역별 세수입의 손실과 차질의 위험을 다소 회피할 수 있는 장점이 있었다. 그러나 문무관료·학생·서리 등 같은 계열에 있는 직역자의 녹읍은 각각 함께 묶어 한 고을에 집중 배치한 것으로 나타난다. [자료18]

녹읍으로 설정하는 고을은 경주에서 먼 곳이었다. 조를 거두는 과정 일체는 녹읍주가 가신·노비를 동원하여 직접 수행했다. 그리고 세율은 수확량의 1/10로 정해져 있었다. 그러나 세력가인 녹읍주가 법으로 정한 것보다 더 많이 수탈해가는 게 보통이었다.

실정이 이러했으므로, 새로 복구된 녹읍 제도도 하대로 들어서면서 운영이 마비되고 폐단이 극심해졌다. 녹읍은 당대에 한했으므로 녹읍주가 죽으면 이를 회수하고 다른 관료에게 분급해 주도록 되어 있었지만 잘 지켜지지 않았다. 이에 녹읍을 개인의 재산처럼 여겨 사유화하는 경향마저 일어났다. 상급 지배층에서는 불법적으로 많은 녹읍을 소지하여 과도하게 수조하는 폐단이 횡행했고, 하급 지배층에서는 법이 정한 녹읍마저 제대로 받지 못한 이들이 많아 불만이 쌓여갔다. 국가의 부세 행정이 붕괴되고 있었던 것이다. 지배층의 수탈과 횡포에 지친 농민들이 대규모로 들고 일어나 항쟁하기에 이르는 추세에서, 녹읍민의 녹읍주에 대한 반발·저항도 그만큼 커지고 있었다. 녹읍제는 그 존립 기반마저 위협받고 있었다.

9세기 말엽에 이르러 신라는 정상적인 국가로서 녹읍을 운영할 능력을 거의 상실했다. 녹읍은 완전 퇴락하고, 그 운영 체계가 정상 궤도에서 멀리 이탈했다. 후삼국 시기의 고려에서도 녹읍제가 시행되고 있었으나 대호족 출신이 대다수인 공경公卿 및 장상將相 등 고위 관료에 대한 우대책일 뿐이었고 수탈도 극심했다. 이 시기 녹읍은 그럴 역량이 있는 힘 있는 인물들이나 유지하고 수취하는 형편이었다. 녹읍은 후삼국이 통일되는 단계에 이르러 새로운 형태의 토지 분급제로 변모할 처지에 있었다. 그리고 그 새로운 토지 분급제는 호족의 군현 지배를 타파하여 그 세력을 중앙 정부의 통제 아래 장악하는 방향에서 추진되고, 군현 단위의 설정 방식 대신 전결田結 자체를 토지 분급 단위로 삼음으로써 규전圭田의 전통을 새롭게 강화하고 채읍采邑의 정신을 그 속에서 관철하는 형태여야 했다. 녹읍의 소멸과 전시과의 등장, 녹봉제의 정비가 바로 이 과정이었다.

자료1

선비鮮卑는 앞뒤로 적을 맞게 되어 계책과 힘이 다하니 투항하여 속국屬國이 되었다. 왕은 부분노扶芬奴의 공功을 생각하여 식읍을 상 주려 하니 (부분노가) 이를 사양했다.

原文 鮮卑首尾受敵 計窮力屈降爲屬國 王念扶芬奴功賞以食邑 辭

_「삼국사기」권13, 「고구려본기」1, 유리명왕 11년

자료2

후한 말後漢末에 이르러 고려는 연燕의 모용씨慕容氏와 싸워 대패大敗하여 나라가 장차 망하려 했는데, (고자의) 20대조 밀密은 분연히 창을 잡고 홀로 (적진에) 들어가 목을 벤 자가 무척 많았다. 이로 인해 연군燕軍을 파하고 나라를 보전할 수 있었다. 봉封을 내려 왕王으로 삼고자 했으나 세 번 사양하고 받지 않자, 고高씨 성姓과 식읍食邑 3,000호 三千戶를 내리고 ……

原文 至後漢末 高麗與燕慕容戰大敗 國幾將滅 廿代祖密當提戈 獨入斬首尤多 因破燕軍 重存本國 賜封爲王 三讓不受 因賜姓高 食邑三千戶 ……

_「고자묘지명」(판독 및 해석은 「역주 한국고대금석문」, 참고)

자료3

그 나라 안의 대가大家들은 농사를 짓지 않으므로, 앉아서 먹는 인구가 만여 명이나 되는데, 하호들이 먼 곳에서 양식 · 고기 · 소금을 운반해다가 그들에게 공급한다.

原文 其國中大家不佃作 坐食者萬餘口 下戶遠擔米糧魚鹽供給之

_「삼국지」권30, 「위서」30, 동이전 고구려

자료4

대가大家는 농사를 짓지 않으며 하호下戶가 부세를 대니, (그 처지가) 노객奴客과 같다.

原文 大家不佃作 下戶給賦稅 如奴客

_「태평어람」권783, 「동이」4, 고구려

자료5

금관국주金官國主 김구해金仇亥가 …… 나라 창고의 보물을 가지고 투항하니 왕이 그를

예로 대우하여 상등上等의 위位를 주고 본국을 식읍食邑으로 삼게 했다.

原文 金官國主金仇亥 …… 以國帑寶物來降 王禮待之授位上等 以本國爲食邑

_『삼국사기』권4, 『신라본기』4, 법흥왕 19년

자료 6

(조분이사금) 7년 봄 2월, 골벌국骨伐國 왕 아음부阿音夫가 무리를 이끌고 와서 항복하니, 제택第宅과 전장田莊을 주어 편안히 살게 하고, 그 땅을 군郡으로 삼았다.

原文 七年 春二月 骨伐國王阿音夫 率衆來降 賜第宅田莊安之 以其地爲郡

_『삼국사기』권2, 『신라본기』2, 조분이사금 7년

자료 7

명림답부明臨答夫가 천여 기병騎兵으로 추격하여 좌원坐原에서 한군漢軍을 대패大敗시키니 한 마리의 말도 돌아가지 못했다. 왕이 크게 기뻐하여 답부에게 좌원와 질산質山을 식읍食邑으로 삼게 했다.

原文 答夫帥數千騎追之 戰於坐原漢軍大敗 匹馬不反 王大悅賜答夫坐原及質山爲食邑

_『삼국사기』권16, 『고구려본기』4, 신대왕 8년

자료 8

모용외慕容廆가 내침해 오자 왕은 신성新城으로 가서 적을 피하고자 하여 나아가 곡림鵠林에 이르렀다. …… 그 때 신성재新城宰인 북부北部 소형小兄 고노자高奴子가 500기騎를 거느리고 왕을 맞이하고 적을 맞아 이를 분격奮擊하니, 모용외의 군사가 패퇴했다. 왕은 기뻐하면서 고노자에게 대형大兄의 벼슬을 더하고 겸하여 곡림을 하사하여 식읍으로 삼게 했다.

原文 慕容廆來侵 王欲往新城避賊行 至鵠林 …… 時 新城宰北部小兄高奴子 領五百騎迎王 逢賊奮擊之 廆軍敗退 王喜加高奴子爵爲大兄 兼賜鵠林爲食邑

_『삼국사기』권17, 『고구려본기』5, 봉상왕 2년

자료 9

왕이 군사를 삼도三道로 나누어 급히 치니 위군魏軍이 요란하여 방비하지 못하고 마침내 낙랑樂浪에서 물러갔다. 왕이 나라를 회복하고 공을 논함에 있어 밀우密友와 유유紐由을 제일第一로 삼아 밀우에게는 거곡巨谷·청목곡青木谷 등을 사여하고 유옥구劉屋句에게는 압록鴨淥·두눌하원杜訥河原을 사여하여 식읍食邑으로 삼게 했으며, 유유에게는 벼슬을 추증하여 구사자九使者로 삼고 그 아들 다우多優를 대사자大使者로 삼았다.

原文 王分軍爲三道急擊之 魏軍擾亂不能陳 遂自樂浪而退 王復國論功以密友紐由爲第一 賜密友 巨谷青木谷 賜屋句 鴨淥杜訥河原 以爲食邑 追贈紐由爲九使者 又以其子多優爲大使者

_『삼국사기』권17,「고구려본기」5, 동천왕 20년

자료 10

(무열왕 4년) 태종대왕太宗大王이 압독주총관押督州摠管주1으로 제수했는데, 이에 장산성獐山城을 쌓아 요새화하니, 태종이 그 공을 기록하고 식읍食邑 300호戶를 주었다.

原文 太宗大王 授以押督州摠管 於是築獐山城以設險 太宗錄其功 授食邑三百戶

_『삼국사기』권44,「열전」4, 김인문

자료 11

(문무왕 8년) 문무대왕文武大王은 인문의 영특한 계략과 용맹한 공로가 특이하다 하여 죽은 대탁각간大琢角干 박뉴朴紐의 식읍食邑 500호戶를 내렸다.

原文 文武大王 以仁問英略勇功特異常倫 賜故大琢角干朴紐食邑五百戶

_『삼국사기』권44,「열전」4, 김인문

자료 12

(문무왕 8년) 이에 (김유신에게) 태대서발한太大舒發翰주2의 직과 식읍食邑 500호戶를 제수하고 여장輿杖주3을 하사했다.

原文 於是 授太大舒發翰之職 食邑五百戶 仍賜輿杖

_『삼국사기』권43,「열전」3, 김유신 하

자료 13

"지금 나라 안팎이 평안平安하고 임금과 신하가 안락하고 근심이 없는 것은 바로 태대각간太大角干(김유신)의 덕이오. 생각건대 부인이 집안을 잘 다스리고 경계하고 훈계

함이 서로 어우러져 숨은 공이 많았소. 과인은 그 덕에 보답하고자 하루도 마음에서 잊은 적이 없소. 남성南城에서 조租를 매년 1천 섬씩 주겠소.”

原文 今 中外平安 君臣高枕而無憂者 是太大角干之賜也 惟夫人宜其室家 儆誠相成 陰功茂焉 寡人欲報之德 未嘗一日忘于心 其餽南城租每年一千石

_「삼국사기」권43, 「열전」3, 김유신 하

자료 14

교령教令을 내려 내외관內外官의 녹읍을 혁파하고 해마다 조租를 차등 있게 하사하는 것을 항식恒式으로 삼도록 했다.

原文 下教罷内外官祿邑 逐年賜租有差 以爲恒式

_「삼국사기」권8, 「신라본기」8, 신문왕 9년 정월

자료 15

좌사록관左司祿館은 문무왕 17년에 두었다. …… 우사록관右司祿館은 문무왕 21년에 설치했다.

原文 左司祿館 文武王十七年置 …… 右司祿館 文武王二十一年置

_「삼국사기」권38, 「잡지」7, 직관 상

자료 16

(신문왕 7년) 5월, 교서를 내려 문무 관료들에게 토지를 차등 있게 주었다.

原文 五月 教賜文武官僚田有差

_「삼국사기」권8, 「신라본기」8, 신문왕 7년

자료 17

내외內外 군관群官의 월봉月俸[주4]을 없애고 녹읍祿邑을 다시 지급했다.

原文 除内外群官月俸 復賜祿邑.

_「삼국사기」권9, 「신라본기」9, 경덕왕 16년 3월

주4 월봉(月俸) : 매달 봉급 형식으로 조(租)를 지급함.

자료 18

(소성왕) 원년 봄 3월, 청주의 거로현居老縣을 학생 녹읍祿邑으로 삼았다.

　原文　元年 春三月 以菁州居老縣爲學生祿邑

_『삼국사기』권10, 「신라본기」,10, 소성왕 원년

출전

『삼국사기』

『태평어람』

『삼국지』

「고자묘지명」: 고구려 유민 고자(高慈)의 묘지명. 1923년 중국 하남성(河南省) 낙양(洛陽)에서 출토되었다. 묘지명에
　　따르면, 그의 선조는 주몽을 따라 고구려를 세웠으며 대대로 고구려의 공후장상(公侯將相)을 지냈다.

찾아읽기

백남운, 『조선사회경제사』, 개조사, 1933.

강진철, 『고려토지제도사연구』, 일조각, 1980.

강진철, 『한국중세토지소유연구』, 일조각, 1989.

김기흥, 『삼국 및 통일신라 세제의 연구』, 역사비평사, 1991.

박시형, 『조선토지제도사』상, 신서원, 1994.

이인철, 『신라 정치경제사 연구』, 일지사, 2003.

전덕재, 『한국고대사회경제사』, 태학사, 2006.

이경식, 『고려시기 토지제도연구 ― 토지세역체계와 농업생산 ―』, 지식산업사, 2012.

김용섭, 「土地制度의 史的 推移」, 『韓國中世農業史硏究 ― 土地制度와 農業開發政策 ―』, 지식산업사, 2000

노중국, 「백제의 식읍제에 대한 일고찰」, 『경북사학』23, 2000.

이인재, 「부여 · 고구려의 식읍제 ― 삼국지 동이전을 중심으로 ―」, 『동방학지』136, 2006.

5 국왕이 빈민을 구휼하고 민생을 돌보다

진대법과 제방 · 시사

부체제가 해체되고 중앙집권적 지배 체제가 수립되자 삼국의 왕들은 이제, 그동안 하호로서 간 또는 가의 지배를 받아온 민인의 생활을 직접 챙기고 돌보지 않으면 안 되었다. 굶주리는 빈민을 구휼하고 재난을 당한 난민을 구제하는 일, 홍수로 강물이 범람할 것에 대비하여 제방을 쌓는 일, 시장을 열어 전국의 물류가 잘 유통하도록 살피는 일 등이 국왕이 수행해야 할 국가 대사가 되었다.

진대법

고구려의 고국천왕故國川王(179~197)은 재위 16년(194)에 흉작으로 굶주리는 백성들을 구휼한 뒤, 매년 봄 3월에 관청의 곡식을 내서 곤궁한 백성에게 빌려주었다가 7월에 거두어들이도록 하고 이를 정해진 법으로 삼았다.[자료1] 진대법賑貸法을 시행한 것이다. '진대'란 생활이 어려운 백성들을 구제하기 위해 관곡을 빌려준다는 뜻이다.

고구려에서 왕이 굶주린 백성을 구휼한 기록은 태조왕 대부터 보인다. 이미 대무신왕 대부터 사성賜姓(성을 내려 줌)을 통해 독자적인 세력을 국가의 일반 귀족으로 편제하며, 다른 부 사람을 부장部長에 임명하는 등 5부에 대한 장악력을 키워 종래의 부체제에 적잖은 타격을 주고 있었던 사실에 유의한다면,[자료2] 태조왕이 직접 백성을 구휼하고 나섰다는 것은 고구려가 이때 중앙집권체제를 어느 정도 구축한 단계에 이르렀음을 의미하다고 할 것이다. 고구려는 1세기 후반을 지나면서 고대에서 중세로 이행하고 있었다. 이런 추세와 맥락에서 2세기 말에 백성을 제도적으로 구휼하는 진대법이 시행된 것이었다.

진대의 대상은 굶주리는 백성이었다. 백성百姓의 집안 식구家口가 몇 명인지 그 다소多少를 헤아려 진대에 차등을 두게 했다고 한다. 소속 부部, 혈연 집단, 지연 공동체 등을 대상으로 진대법을 시행한 것이 아니었던 것이다. 부체제가 작동하고 있었다면 이런 형식의 조처가 가능하지 않았을 것이다. 민民은 이미 '가家' 단위로 개체화되어 있었으며, 그런 민을 상대로 왕권이 직접 작동하고 있었다.

그런데 여기서 주목되는 것은 진대법이 을파소乙巴素를 국상國相으로 등용하면서 추진한 고국천왕 대 개혁 정치의 일환이었던 점이다. 고국천왕 13년(191)에 좌가려左可慮 등이 반란을 일으켰다가 평정되었는데, 좌가려는 왕후의 친척으로서 권세를 믿고 교만하고 사치하여 남의 자녀와 전토, 집 등을 함부로 빼앗으므로 국인國人의 원망과 분노를 사고 있던 인물이다. 왕이 이런 사실을 알고 처벌하려 하자 오히려 무리를 모아 연나부椽那部의 네 세력과 함께 모반한 것이었다.

연나부는 『삼국지』 위서 동이전에 연노부涓奴部로 표기되어 나오는 부로서, 계루부桂婁部에서 왕을 내기 전엔 이 부에서 왕이 나왔다고 한다. 그래서 연나부의 적통嫡統을 이은 대인大人은 특별히 우대되어 '고추가古鄒加'라고 불렸으며, 따로 종묘를 세우고 영성과 사직에 제사할 수 있었다. 또 좌가려는 왕후의 친척이었다는데, 3세기 후엽의 『삼국지』에 의하면 절노부絶奴部에서 누대로 왕후를 배출했으며 그래서 이 부의 대인도 역시 '고추가'를 칭할 수 있었다고 한다. 2세기 말에도 같은 사정이었는지는 확실하지 않지만, 고국천왕 때 반란을 일으킨 당사자가 고구려에서 특권을 지니고 우대받던 부의 유력자들이었다는 것은 분명한 사실이다. 태조왕 대에 부체제가 사실상 기능을 멈춘 후에도 5부의 명목은 그대로 남아 어느 정도 유지되고 있었지만, 고국천왕 대에 이르러는 그마저 위협받는 형국에 처했고, 이런 위기감이 유력한 부의 제가諸加를 반란으로 내몬 것이었다고 하겠다.

고국천왕은 반란을 평정한 후, 5부 중 왕부王部인 계루부를 제외한 나머지 4부에 영을 내려 민생을 돕고 왕실을 안정시킬 인재를 천거하도록 했다. 4부가 합의하여, 그 사람 말이라면 듣겠다고 약속할 수 있는 인물을 4부 안에서 뽑아 제시하라는 지시였다. 이에 4부는 순노부順奴部의 안류晏留를 천거했으나, 안류는 극구 사양하면서 자기 대신에 서압록곡西鴨淥谷 좌물촌左勿村의 을파소를 임의로 추천했다고 한다. 왕은 을파소에게 중외대부中畏大夫라는 관직과 우태于台라는 관위를 주었으나 탐탁찮게 여기자 국상으로 삼아 정사를 맡기면서, 국상에게 복종하지 않는 자는 멸족시키겠다고 천명했다. 결국 을파소를 등용한 것은 4부를 완전히 제어하겠다는 국왕의 의지 표시였던 것이다. 을파소에 의해 민생은 편안해지고 중앙과 지방이 모두 태평해졌다고 한다.

을파소는 성질이 강직하고 지혜가 깊으나 세상에 쓰이지 못하여 좌물촌에서 농사를 지어 생활하고 있었다고 한 『삼국사기』 기사로 미루어, 독자성을 띤 가加 신분 출신이 아니라 그 자신의 재능으로써 가에게 봉사하며 살던 사자 신분 출신의 인물이었음을 알 수 있다. 그의 할아버지 을소乙素도 유리왕 때의 대신大臣이었다고 한다. 고구려관위의 서열은 초기에 '가' 계열 관위가 '사자' 계열 관위에 대해 절대 우위에 있었으나후기로 갈수록 점차 역전되는 양상을 띠는데, 여기 을파소의 경우에서 보듯 강력한 왕권을 배후로 '사자' 층이 국상이 되어 중앙집권체제의 운영자로 기능하게 되면서 일어난 변화였다.[자료3]

이와 같은 역사적 추이와 맥락에서 보면, 진대법의 시행은 그동안 명목상으로나마명맥을 유지해오던 부체제에 결정적인 타격을 가하고 국왕 중심의 중앙집권체제를굳히는 계기를 마련한 일대 사건이었다고 말해도 좋을 것이다. 계루부를 내부內部 또는 황부黃部로, 절노부를 북부北部 또는 후부後部로, 순노부를 동부東部 또는 좌부左部로, 관노부를 남부南部 또는 전부前部로, 연노부를 서부西部 또는 우부右部로 불러 부 이름을방위에 따른 명칭으로 재편함으로써 그 전통을 부인하는 조처를 취한 것도[자료4] 바로이즈음의 일이었으리라 추찰된다.

제방

농업을 주요한 생업으로 삼고 살아가는 사회에서 가장 무서운 재앙은 홍수와 가뭄

그리고 때 아닌 우박과 서리 등 천재지변이었다. 홍수가 나면 논밭이 물에 잠겨 곡식 및 과실 농사를 망칠 뿐만 아니라 민가가 표몰하고 산사태가 나며 성이 무너져 숱한 인명이 죽거나 다쳤으므로 피해가 여간 크지 않았다.[자료5] 그러나 이보다 더 무서운 것은 가뭄이었다. 홍수의 경우는 그 피해가 그래도 큰물이 난 지역에 한정되었으나, 가뭄은 전국적 규모로 발생하기 일쑤인데다 그 영향이 신분이나 연령을 불문하고 미쳤으므로 이로 인한 흉작과 굶주림은 사회 전반에 실로 끔찍한 참상慘狀을 연출하기 십상이었다.[자료6]

따라서 삼국은 모두 가뭄과 홍수에 대한 대비책을 매우 이른 시기부터 마련하고 있었다. 가장 현실적이고 유력한 대책은 제방을 쌓아 저수지를 만듦으로써 홍수로 인한 범람을 막는 동시에 가뭄에 대비하는 것이었다. 제방 축조 기사가 삼국 초기부터 보이는 이유가 여기에 있다. 『삼국사기』에서 가장 빠른 제방 관련 기록은 제방을 보수하여 완전하게 하라는 명령을 주州·군郡에 하달했다는 신라 일성왕逸聖王 11년(144) 기사인데,[자료7] 보수하려면 먼저 만들기부터 했을 터이니, 제방의 축조는 이보다 훨씬 앞선 시점에 이루어진 일이었다고 하겠다.

제방을 만들고 보수하는 사업이 단지 신라에서만 추진되었을 리 없다. 다만 고구려의 경우는 지리적 여건상, 또 산업 구성상 제방을 통한 실리가 크지 않아 이와 관련한 사업이 신라나 백제보다 활발하지 않았을 개연성은 있다. 『삼국사기』에서 고구려가 제방을 쌓고 고쳤다는 기록을 좀체 볼 수 없는 데는 그만한 이유가 있을 것이다. 백제의 경우는 제방을 수리하게 했다는 기사가 구수왕仇首王 9년(222)에 보인다.[자료8]

여기서 한 가지 주목되는 것은 신라 흘해왕訖解王(310~356) 때 벽골제碧骨堤를 쌓았다는 기록이다. 『삼국사기』 신라본기에는 330년, 『삼국유사』 왕력王曆에는 329년의 일로 기록되어 있다.[자료9·10] 그런데 벽골제는 전라북도 김제군金堤郡에 있는 저수지이다. 이곳은 당시 백제의 영토였다고 보는 게 일반이므로, 많은 사람들이 벽골제의 축조는 본디 백제에 의해 이루어진 일인데 무슨 오류나 착오로 신라의 일인 것처럼 잘못 기록되었다고 생각하거나, 신라가 쌓았다는 벽골제는 김제의 벽골제가 아니라 같은 이름을 가진 다른 곳의 저수지일 것이라고 생각한다.

그렇지만 자기 생각과 다르다고 해서 기록을 쉽게 불신하는 것은 옳은 태도라고 할 수 없다. 『삼국사기』 지리지地理志에 의하면, 김제로부터 그리 멀지 않은 전주全州는 본디 백제 완산完山인데 진흥왕 16년(555)에 주州로 삼았다가 26년(565)에 폐했다고 한다.[자료11] 전주 일대가 신라의 수중에 들어간 것이 정확히 언제인지는 분명하지 않지만, 이미 진흥왕 때에 이르면 이곳을 주로 편제할 만큼 신라가 확실히 장악하고 있던 지역인 것만은 부인할 수 없는 사실이다. 비록 전설이긴 하지만 고창高敞 선운사 뒷산에는 진흥왕이 수도한 곳이라고 전하는 진흥굴이 있다. 이런 사실과 정황으로 볼 때, 신라가 4세기 전반에 벽골제를 쌓았다는 기록은 나름대로 그만한 이유나 근거가 있는 내용이리라고 여겨진다. 처음에 진한 세력이 남하할 때 해로를 통해 변산반도 쪽으로 들어온 세력이 있었고, 이들이 경유한 지역은 비교적 이른 시기에 신라의 장악하에 들어갔던 것이 아닌가 짐작된다. 적어도 유념해둘 사실은, 삼국의 영토를 색으로 구분해서 칠해 놓은 지도를 보고 삼국 간의 국경이 오늘날처럼 선으로 명백하게 구분되었다고 생각해서는 곤란하다는 점이다.

제방을 쌓아서 저수지를 만들거나 하천의 범람을 방지하는 사업은 삼국이 성립하기 이전에도 추진되었을 것이다. 하지만 이때는 부체제가 작동하고 있던 시기이므로 제방의 축조와 관리는 기본적으로 각 부의 간干·가加들이 합의하여 추진해야 할 과제였겠다. 그래서 농업, 임업, 어업 등 주된 산업이 서로 다른 간·가들이 제방 축조에 합의하기란 여간 어려운 일이 아니었을 것이다. 결국 개별적인 소국이 읍락을 단위로 해서 소규모 사업으로 추진했을 것이고, 따라서 성과가 그리 크지 않았으리라 짐작된다.

그러므로 삼국에 들어와, 부체제가 작동하던 시기임에도 불구하고, 국왕이 주·군에 명하여 제방을 수리하게 했다는 기록은 중요한 의미를 지닌다. 부체제의 관할로부터 벗어나 일부 지역에 설치된 국왕 직할의 주·군을 중심으로, 국왕과 농민 사이에 공적公的 관계가 형성되기 시작했고, 제방의 축조나 수리 사업을 통해 그 직접의 공적 관계가 확산되고 있었음을 확인할 수 있기 때문이다. 국왕이 직할하는 주·군의 행정 조직이 공적公的으로 민인民人을 동원하여 체계적으로 관리하면서 이에 따른 농지의 배분이나 관개灌漑의 배정과 관련한 권력을 국가가 직접 행사함으로써 인근 읍락의 간·가가 종래 지녀온 전통적 권한을 위축·약화시켜나간 것이었다.

제방의 축조와 관리, 그리고 이에 동반하는 농지의 개발과 수리 작업은 중앙 정부가 지방 행정 조직을 통해 추진하는 일련의 사업 중에서 그 어느 것보다도 민생과 직접 연계된 사업이었으므로 민인으로 하여금 실생활 속에서 국가 및 국왕의 존재감을 피부로 느끼게 하는 특성을 지니고 있었다. 국왕 중심의 중앙집권적 정치 체제를 확립해 나가던 법흥왕 때에도 제방을 수리하라는 명령이 전국에 하달되었고(531),[자료12] 실제로 장기간에 걸쳐 시행되었음이 영천永川 청제비菁堤碑(536)를 통해 확인되는데, 이 사업이 지닌 이런 특성 때문이었을 것이다.

시사

전국 규모의 중앙집권체제가 가진 효용 중 하나는 전국적으로 일어나는 물자의 불균不均 현상을 비교적 단시일에 효과적으로 해소할 수 있다는 점이다. 풍흉豐凶에 따른 농작물의 유무有無, 지리·지형의 특성으로 인한 물산의 차이 등 지역에 따라 물자의 불균이 일어나는 요인은 여럿이었고 빈번했다. 따라서 국왕이 직접 민생을 챙기게 되었을 때 서둘러 행해야 할 일들 중 하나는 시장市場을 열고 시사市肆(시장의 가게)를 유치하여 물자의 유통을 촉진하는 일이었다. 민생을 안정시키는 데 있어서 물자의 유통은 물자를 만드는 일만큼 중요했다.

신라에서는 소지왕炤知王(479~500) 12년(490)에 처음으로 수도에 시장을 열어 사방의 물품을 유통하게 했다고 한다.[자료13] 6부의 간干들이 지증왕에게 '신라국왕'이란 존호를 올리기 13년 전의 일이었다. 이미 소지왕 10년에는 동양東陽에서 눈이 여섯 달린 거북을 바쳤는데 배에 글자가 있었다고 한다. 소지왕 때는 부체제가 서서히 그 한계를 드러내던 시기이므로, 이 6안眼 거북 이야기의 본질은 6부가 왕에게 충성을 서약한 사실을 은유로 전한 내용이 아닐까 짐작된다. 시장의 개설은 국왕 중심의 중앙집권력을 토대로 추진된 일이었던 것이다. 이는, '신라국왕'으로서의 위치를 굳힌 지증왕이 재위 10년째 되던 해(509)에 수도의 동쪽에 시장을 하나 더 개설한 사실에서 다시 확인할 수 있다.[자료14]

그런데 시사와 관련해서 한 가지 눈길을 끄는 기사가 있다. 진평왕 50년(528) 여름에 큰 가뭄이 들었는데 이에 대한 조처로서 시장을 옮기고 용을 그려서 비를 빌었다는 기사가 그것이다.[자료15] 시장이 가뭄과 도대체 어떤 상관관계에 있다고 여겼기에 가뭄을 해소하기 위한 대책으로 시장의 이설移設을 계획한 것인지 지금으로서는 전혀 가늠할 길이 없다. 시장의 위치나 형태 때문에 비가 안 오고 있다고 여긴 셈인데, 도무지 그 이유를 짐작하기 어려운 것이다. 우선 생각할 수 있는 가능성은, 시장에서 거래가 이루어지는 과정에 사적私的인 권력이나 강압이 흔히 작용하여 공정하지 못한 데다가 야박하고 각박한 민정이 얽히면서 가슴에 한恨이 되어 맺힌 일들이 적잖이 일어났고, 그런 마음이 하늘에 닿아 가뭄을 일으켰다고 생각했을 가능성을 생각해볼 수 있겠다. 그러나 이 경우라면 굳이 시장 자체를 옮길 필요가 없었을 것이다. 공적公的 권력을 확대함으로써 사적인 강압이 작용할 여지를 최소화하는 조처가 취해졌을 터이기 때문이다. 그렇다면 사람들이 다니는 굽이진 도로를 따라 좌우로 길게 시전市廛이 늘어선 장터의 모습이 멀리서 보면 마치 용과 닮았기 때문에 용 그림을 그려 비를 빌면서 시장의 위치도 옮겨 그 거리를 다른 형태로 조성해본 것일 가능도 상정해볼 여지가 있다. 아니면 음양오행의 원리를 중시하는 풍수지리학의 견지에서 볼 때, 토土 기운이 지나치게 강한 곳에 시장이 자리 잡고 있어서 비의 수水 기운을 누르고 있다고 여긴 것인가? 지금으로서는 여러 가능성을 염두에 두고 더 궁리해봐야 할 흥미로운 과제라 하겠다.

자료 1

(고국천왕) 16년 가을 7월, 서리가 내려 곡식을 죽이므로 백성들이 굶주림에 창고를 열어 진휼했다. 겨울 10월, 왕이 질양質陽으로 사냥 나갔다가 길에서 앉아 울고 있는 사람을 보고 왜 우느냐고 물었더니 대답하기를, "신臣이 빈궁貧窮하여 늘 품팔이[備力]로 어머니를 봉양해왔는데, 올해는 곡식이 여물지 않아 품팔이할 곳이 없어 한 되 한 말의 먹을 것조차 얻을 수가 없습니다. 하여 울고 있는 것입니다." 했다. 왕이 말하길, "슬프도다. 내가 백성의 부모가 되어 백성들을 이 지경에 이르게 했으니, 나의 죄로다." 이에 옷과 음식을 주어 위로하고, 내외內外 소사所司에게 명하여 홀아비, 과부, 고아, 독거노인, 병들고 가난하여 스스로 살아갈 수 없는 자를 널리 찾아 그들을 구휼케 했다. 또 유사有司에게 명하여 매년 봄 3월부터 가을 7월까지 관곡官穀을 내어 백성 식구의 많고 적음에 따라 차등이 있게 빌려주었다가 겨울 10월에 갚도록 하고 이를 항식恒式으로 삼으니, 온 나라가 크게 기뻐했다.

原文 十六年 秋七月 隕霜殺穀 民饑 開倉賑給 冬十月 王畋于質陽 路見坐而哭者 問何以哭 爲 對曰 臣貧窮 常以備力養母 今歲不登 無所傭作 不能得升斗之食 是以哭耳 王曰 嗟乎 孤爲民 父母 使民至於此極 孤之罪也 給衣食以存撫之 仍命內外所司 博問鰥寡孤獨老病貧乏不能自存 者 救恤之 命有司 每年自春三月至秋七月 出官穀 以百姓家口多小 賑貸有差 至冬十月還納 以 爲恒式 內外大悅

_『삼국사기』권16,「고구려본기」4, 고국천왕 16년

자료 2

(대무신왕) 15년 봄 3월, 대신大臣 구도仇都, 일구逸苟, 분구焚求 등의 세 사람을 서인庶人으로 삼았다. 이 세 사람은 비류부장沸流部長이었는데, 자질이 탐욕스럽고 야비하여 남의 처첩과 우마牛馬·재화財貨를 빼앗고 자기 하고 싶은 대로 행동했었다. 만약 주지 않는 자가 있으면 매질을 했으니, 사람들이 모두 분개하며 원망했다. 왕이 이를 듣고 그들을 죽이고자 했으나, 동명東明의 옛 신하들이라 차마 극법極法으로 다스릴 수는 없다 하여 파면했다. 곧 남부사자南部使者 추발소鄒敎素를 보내어 대신 부장部長으로 삼았다. (추)발소가 부임하고 따로 대실大室을 짓고 살면서 구도 등은 죄인이라 하여 당堂에 오르지 못하게 했다. 구도 등이 앞에 와서 말하길, "우리는 소인小人이라 왕법王法을 범했으니, 부끄러움과 뉘우침을 이기지 못하겠습니다. 원컨대 공公이 우리의 과

오를 용서하여 새 사람이 되게 해준다면 죽어도 여한이 없겠습니다." (추)발소가 그들을 이끌어 오르게 하여 같이 앉아서 말하길, "사람이란 과오가 없을 수 없으니, 과오를 저지르고 고칠 수만 있다면 그 선善함이 이보다 큰 것이 없습니다." 하고서 그들과 더불어 벗이 되었다. 구도 등은 수치심을 느끼고 다시는 나쁜 짓을 하지 않았다. 왕이 이를 듣고 말했다. "(추)발소는 위엄威嚴을 쓰지 않고도 능히 지혜로써 악惡을 바로잡았으니 유능하다고 할 만하다." 하고 대실씨大室氏라는 성을 내려주었다.

原文 十五年 春三月 黜大臣仇都逸苟焚求等三人爲庶人 此三人爲沸流部長 資貪鄙 奪人妻妾牛馬財貨 恣其所欲 有不與者卽鞭之 人皆忿怨 王聞之 欲殺之 以東明舊臣 不忍致極法 黜退而已 遂使南部使者鄒敎素 代爲部長 敎素旣上任 別作大室以處 以仇都等罪人 不令升堂 仇都等詣前 告曰 吾儕小人 故犯王法 不勝愧悔 願公赦過 以令自新 則死無恨矣 敎素引上之 共坐曰 人不能無過 過而能改 則善莫大焉 乃與之爲友 仇都等感愧 不復爲惡 王聞之曰 敎素不用威嚴能以智懲惡 可謂能矣 賜姓曰大室氏

_「삼국사기」권14, 「고구려본기」2, 대무신왕 15년

자료 3

(고국천왕 12년) 중외대부中畏大夫 패자沛者 어비류於畀留와 평자評者 좌가려左可慮는 모두 왕후의 친척으로 나라의 권력을 잡고 있었다. 그 자제들이 모두 세력을 믿고 교만하고 사치했으며, 남의 자녀를 겁탈하고 전택田宅을 빼앗으니 국인國人이 원망하고 분개했다. 왕이 이를 듣고 노하여 그들을 처형하려 하자, 좌가려 등이 네 연나椽那와 함께 반란을 도모했다. …… 13년 여름 4월, 좌가려 등이 무리를 모아 왕도王都를 공격했으나, 왕은 기내畿內 병마를 징발하여 그들을 평정했다. …… 사부四部가 함께 동부東部의 안류晏留를 천거했다. 왕이 안류를 불러 국정을 맡기려 하자 안류가 왕에게 말했다. "미천한 신臣은 용렬하고 어리석어 진실로 큰 정사에 참여하기 부족합니다. 서압록곡西鴨淥谷 좌물촌左勿村에 사는 을파소乙巴素라는 자는 유리왕琉璃王의 대신大臣이었던 을소乙素의 후손으로, 성질이 강직하고 굳세며 지혜롭고 사려 깊습니다. 허나 세상에 등용되지 않아 힘써 밭 갈며 생계를 꾸리고 있습니다. 대왕大王께서 만약 나라를 다스리고자 하신다면 이 사람이 아니고는 안 됩니다." …… 왕이 사신을 보내 겸손한 말과 중후한 예로 을파소를 불러, 중외대부中畏大夫의 벼슬을 주고 작爵을 더하여 우태于台로 삼고 말했다. "내가 외람되이 선업先業을 이어 신민臣民의 위에 있으나 덕이 얇

고 재주가 짧아 정사에 미숙하다. 선생은 능력과 지혜를 숨기고 궁색하게 초야에 있은 지 오래였는데, 이제 나를 버리지 않고 마음을 돌려 번연히 오니, 이는 나만의 기쁨과 행복일 뿐 아니라 사직社稷과 백성[生民]의 복이다. 가르침을 받고자 하니 공公은 마음을 다하여 주기 바란다." (을)파소는 비록 뜻은 나라에 허락했지만 받은 직위가 일을 하기에는 부족하다고 생각하고 대답하여 말했다. "신臣의 느리고 둔함으로는 감히 엄명을 감당할 수 없사오니, 원컨대 대왕께서는 어질고 착한 자를 뽑아 높은 관직을 주어 대업을 이루소서." 왕이 그 뜻을 알고, 곧 을파소를 국상國相에 제수하여 정사를 맡게 했다. 이에 조정의 신하들과 왕실의 친척들은 을파소가 새로운 세력으로 옛 신하들을 등한시한다 하여 미워했다. 왕이 교敎를 내려 말했다. "귀천을 막론하고 만약 국상을 따르지 않는 자는 친족을 멸하리라." 을파소가 물러나와 사람들에게 말하길, "때를 만나지 못하면 숨고, 때를 만나면 벼슬을 하는 것은 선비의 떳떳한 도리이다. 이제 임금께서 나를 후의厚意로 대하시니 어찌 다시 옛날의 은거를 생각하겠는가." 이에 지성至誠으로 나라를 받들어 정교政敎를 밝히고 상벌賞罰을 삼가니, 백성들이 편안하고 안팎이 무사했다. 겨울 10월, 임금이 안류에게 말하길, "만약 그대의 말 한마디가 없었다면, 나는 을파소와 함께 나라를 다스리지 못했을 것이다. 이제 모든 공적이 한데 모인 것은 그대의 공로이다." 이에 대사자大使者로 삼았다.

原文 中畏大夫沛者於畀留評者左可慮 皆以王后親戚 執國權柄 其子弟弁恃勢驕侈 掠人子女 奪人田宅 國人怨憤 王聞之 怒欲誅之 左可慮等與四椽那謀叛 …… 十三年 夏四月 左可慮等 聚衆 攻王都 王徵畿內兵馬 平之 …… 四部共擧東部晏留 王徵之 委以國政 晏留言於王曰 微臣庸愚 固不足以參大政 西鴨淥谷左勿村乙巴素者 琉璃王大臣乙素之孫也 性質剛毅 智慮淵深 不見用於世 力田自給 大王若欲理國 非此人則不可 …… 王遣使 以卑辭重禮聘之 拜中畏大夫 加爵爲于台 謂曰 孤叨承先業 處臣民之上 德薄才短 未濟於理 先生藏用晦明 窮處草澤者久矣 今不我棄 幡然而來 非獨孤之喜幸 社稷生民之福也 請安承敎 公其盡心 巴素意雖許國 謂所受職不足以濟事 乃對曰 臣之駑蹇 不敢當嚴命 願大王選賢良 授高官 以成大業 王知其意 乃除爲國相 令知政事 於是 朝臣國戚 謂素以新聞舊 疾之 王有敎曰 無貴賤 苟不從國相者 族之 素退而告人曰 不逢時則隱 逢時則仕 士之常也 今上待我以厚意 其可復念舊隱乎 乃以至誠奉國 明政敎 愼賞罰 人民以安 內外無事 冬十月 王謂晏留曰 若無子之一言 孤不能得巴素以共理 今庶績之凝 子之功也 乃拜爲大使者

_『삼국사기』권16, 「고구려본기」4, 고국천왕 12·13년

(고구려는) 5부部로 나뉘니, 내부內部는 곧 한대漢代 계루부桂婁部이며 또한 황부黃部라고도 한다. 북부北部는 곧 절노부絶奴部이니 혹 후부後部라고도 한다. 동부東部는 곧 순노부順奴部이니 혹 좌부左部라고도 하며, 남부南部는 곧 관노부灌奴部로 또한 전부前部라고도 한다. 서부西部는 곧 소노부消奴部이다.

原文 分五部 曰內部 卽漢桂婁部也 亦號黃部 曰北部 卽絶奴部也 或號後部 曰東部 卽順奴部也 或號左部 曰南部 卽灌奴部也 亦號前部 曰西部 卽消奴部也

_「신당서」권220, 「열전」145, 동이, 고구려

(민중왕 2년) 여름 5월, 나라 동쪽에 홍수가 나서 백성이 굶주리니 창고를 열어 진휼했다.

原文 夏五月 國東大水民饑 發倉賑給

_「삼국사기」권14, 「고구려본기」2, 민중왕 2년

(모본왕) 원년 가을 8월, 홍수가 나서 산이 무너지니 20개가 되었다.

原文 元年秋八月 大水 山崩二十餘所

_「삼국사기」권14, 「고구려본기」2, 모본왕 원년

(태조대왕 7년) 가을 7월, 경도京都에 홍수가 나니 백성의 가옥이 떠내려가고 잠겼다.

原文 秋七月 京都大水 漂沒民屋

_「삼국사기」권15, 「고구려본기」3, 태조대왕 7년

(장수왕) 7년 여름 5월, 나라 동쪽에 홍수가 나니 왕이 관리를 보내어 안부를 물었다.

原文 七年夏五月 國東大水 王遣使存問

_「삼국사기」권18, 「고구려본기」6, 장수왕 7년

(태조대왕 20년) 여름 4월, 경도京都에 가뭄이 들었다.

原文 夏四月 京都旱

_「삼국사기」권15, 「고구려본기」3, 태조대왕 20년

(태조대왕) 56년 봄 크게 가물어 여름이 되니 거둘 것이 없어 백성들이 굶주리자 왕이 관리를 내어 진휼했다.

原文 五十六年 春大旱 至夏赤地民饑 王發使賑恤

_「삼국사기」권15, 「고구려본기」3, 태조대왕 56년

자료 7

(일성이사금) 11년 봄 2월, 임금이 명령을 내려 "농사는 정치의 근본이요, 먹는 것은 백성들이 하늘처럼 여기는 것이다. 모든 주와 군에서는 제방을 수리하고 밭과 들을 개간하여 넓히라."라 하고, 또한 령令을 내리길 "민간에서 금, 은, 주옥珠玉의 사용을 금한다."라 했다.

原文 十一年 春二月 下令 農者政本 食惟民天 諸州郡修完堤坊 廣闢田野 又下令 禁民間用金銀珠玉

_「삼국사기」권1, 「신라본기」1, 일성이사금 11년

자료 8

(구수왕) 9년 봄 2월, 관리를 시켜 제방隄防을 수리했다.

原文 九年 春二月 命有司修隄防

_「삼국사기」권24, 「백제본기」2, 구수왕 9년

자료 9

(흘해이사금) 21년 처음으로 벽골지碧骨池를 만들었는데, 둑의 길이가 1,800보였다.

原文 二十一年 始開碧骨池 岸長一千八百步

_「삼국사기」권2, 「신라본기」2, 흘해이사금 21년

자료 10

(걸해이질금) 기축년(329)에 처음으로 벽골제碧骨堤를 쌓았다. 둘레가 □만 7,026보이고 □□□백 66보이다. 논이 1만 4천 7십□□이다.

原文 己丑 始築碧骨堤 周□萬七千二十六步 □□□百六十六步 水田一萬四千七十□□

_「삼국유사」권1, 「왕력」

자료 11

전주全州는 원래 백제의 완산完山인데 진흥왕 16년에 주州로 삼았고 26년에 주가 폐지되었다가 신문왕 5년에 다시 완산주完山州를 설치했으며 경덕왕 16년에 개칭했다.

原文 全州 本百濟完山 眞興王十六年 爲州 二十六年 州廢 神文王五年 復置完山州 景德王十六年改名

_「삼국사기」권36,「잡지」5, 지리3

자료 12

(법흥왕) 18년 봄 3월, 유사有司에게 명하여 제방隄防을 수리하게 했다.

原文 十八年 春三月 命有司修理隄防

_「삼국사기」권4,「신라본기」4, 법흥왕 18년

자료 13

처음으로 서울에 시장을 열어 사방四方의 물자를 유통시켰다.

原文 初開京師市肆 以通四方之貨

_「삼국사기」권3,「신라본기」3, 소지마립간 12년

자료 14

(지증마립간) 10년 봄 정월, 서울 동쪽에 시장을 설치했다.

原文 十年 春正月 置京都東市

_「삼국사기」권4,「신라본기」4, 지증마립간 10년

자료 15

(진평왕 50년) 여름, 크게 가뭄이 들었으므로 시장을 옮기고 용 그림을 그려 비가 내리기를 빌었다. 가을과 겨울, 백성들이 굶주려서 자녀를 파는 지경에 이르렀다.

原文 夏 大旱 移市 畫龍祈雨 秋冬民飢 賣子女

_「삼국사기」권4,「신라본기」4, 진평왕 50년

■ 출전

『삼국사기』

『신당서』

■ 찾아읽기

김창석, 『삼국과 통일신라의 유통체계 연구』, 일조각, 2004.

양기석, 『백제의 경제생활』, 주류성, 2005.

이경식, 『한국 고대 · 중세초기 토지제도사』, 서울대학교출판부, 2005.

한신대학교학술원, 『백제 생산기술의 발달과 유통체계 확대의 정치사회적 함의』, 학연문화사, 2008.

노중국, 『백제사회사상사』, 지식산업사, 2010.

서의식, 『신라의 정치구조와 신분편제』, 혜안, 2010.

대한문화유산연구센터, 『고대 동북아시아의 수리와 제사』, 학연문화사, 2011.

강영경, 「한국 고대의 시와 정에 대한 연구: 시장의 기원과 관련하여」, 『원우논총』2, 1984.

VI.

고대의 문화

1 고구려 문화가 살아 숨 쉬는 고분벽화

고구려 고분벽화와 그 세계

고분은 단순한 '시체의 매장처'가 아닌 당시 예술과 과학이 집약
되고 그때 살았던 사람들의 종교관이나 세계관이 반영된 건축
물이다. 고구려 고분 벽면에는 현실 세계의 생활상이 그려져 있
으며, 천장에는 내세 모습을 반영한 듯 해와 달, 백호와 주작 등
천상의 세계가 표현되어 있다.

고구려의 고분

고분은 그것을 만든 방식에 따라 여러 가지 이름으로 불린다. 겉모양을 보아 돌을
쌓아 만든 것이면 석총石塚, 흙을 쌓아 만든 것이면 토총土塚이라고 한다. 그리고 주검
을 묻는 방식에 따라 한 구만 묻은 것이면 단장單葬, 여럿을 함께 묻은 것이면 합장合葬
이라고 하고, 위에서 아래로 주검을 내려 묻었으면 수혈식竪穴式, 옆으로 무덤길('연도
羨道'라고 한다)과 문을 내고 이 길로 주검을 옮겨 묻었으면 횡혈식橫穴式이라고 한다.
또 무덤칸의 모양에 따라 곽실槨室, 묘실墓室을 나누고, 광이나 곽 혹은 묘를 쓴 재질에
따라 토광土壙, 석곽石槨, 석실石室로 구분한다. 석실은 대개, 문을 열고 연도를 들어가
면 먼저 전실前室이 나오고 다시 용도甬道(전실과 주실을 잇는 이음길)를 따라 들어가
면 관이 놓인 주실主室(널방 또는 현실이라고도 함)이 나타나는 일직선의 구조로 되어

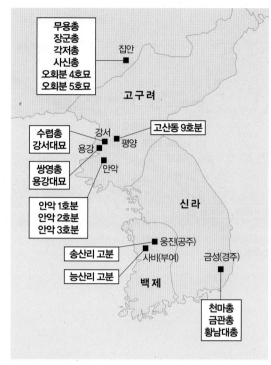

삼국의 고분군 분포

있다. 이러한 고분의 유형은 지역과 시대에 따라 변화했으므로 이를 아는 것은 역사를 이해하는 데 큰 도움이 된다. 고분은 단순한 '시체의 매장처'가 아니라, 당시의 예술과 과학이 집약되고 그때 살았던 사람들의 종교관이나 세계관이 반영된 건축물이기 때문이다.

석총은 대개 지배 계급의 무덤이었다고 생각되는데, 계급의 차이에 따라 크기가 다르다. 석총은 주로 정사각형이나 직사각형 모양을 토대로 돌을 쌓아올렸으며, 땅 밑바닥부터 위로 둥그렇게 돌을 쌓은 것, 밑바닥에 큰 돌로 기단을 만들고 그 위에 돌을 쌓은 것, 기단을 계단식으로 쌓은 것 등 종류가 많다. 시대의 흐름에 따라 점차 기단을 만들고 또 계단 모양으로 변해갔다고 생각된다. 장군총은 계단식 석총의 대표적인 예이다.

토총은 석총이 쇠퇴한 5세기 무렵부터 만들어지기 시작했다. 돌로 된 무덤칸 즉 석실을 만들고 그 위에 둥글게 흙을 덮어 잔디를 입힌 무덤이다. 따라서 토총을 봉토석실분封土石室墳이라고 부르기도 한다. 토총은 대개 문과 연도가 있는 횡혈식 무덤이며, 돌기단이 있는 경우와 없는 경우가 있다. 고분벽화가 발견되는 것은 주로 이 묘제墓制이다. 고구려 지역에서는 87기의 벽화고분이 확인되었다. 평양일대 등 평안남도에서 54기, 안악 등 황해도에서 11기, 집안에서 20기, 환인에서 1기, 영주 순흥에서 1기 등이다. 앞으로도 더 발굴될 가능성이 크다.

벽화고분은 백제에도 있다. 그러나 공주의 송산리와 부여의 능산리에서 각각 1기씩 확인되었을 뿐인 데다가, 사신도四神圖를 그렸으나 지금은 심하게 훼손되어 그 형태를 제대로 파악할 수가 없는 형편이다. 신라는 고분벽화를 거의 남기지 못했다. 주된 묘제가 석실이 없는 수혈식 적석묘이기 때문에 벽화를 그릴 데가 없었기 때문이다. 다만 경주의 천마총에서 발견된 천마도와 기마인물도를 볼 때, 신라의 회화 수준도 매우 높았다는 것은 확실하다. 천마도는 말다래(말의 배 양쪽에 달아 늘어뜨려 진 땅의 흙이 튀는 것을 막아내는 판 모양의 마구. '장니'라고도 한다)에 그린 것인데, 말은 네 다리를 펴고 입에서는 신령한 기운을 토하며 꼬리는 뒤로 수평을 유지하여 패기에 찬 모습이다. 그러나 최근에는 이것이 말이 아니라 기린이라는 설도 제기되었다.

집안의 고구려 고분 분포

살아 있는 고분벽화

고분벽화는 석벽 위에 회칠을 한 다음 그것이 채 마르기 전에 그렸다. 이런 방법을 흔히 프레스코 기법이라고 한다. 벽화는 먼저 묵을 써 윤곽을 그리고 색칠을 했는데,

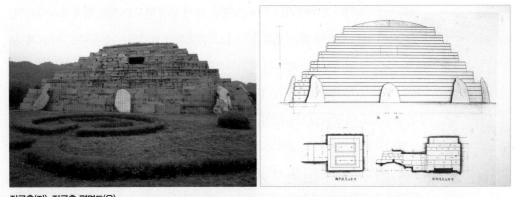

장군총(좌), 장군총 평면도(우)
길림성 집안현 통구(通溝)에 있는 고구려 고분이다. 1905년 일본인 학자 도리이 류조(鳥居龍藏)에 의해 처음 학계에 알려졌다. 무덤의 형태가 온전히 남아 있어 왕릉으로 상정되었으며, 광개토대왕릉, 산상왕릉으로 추정하는 견해도 있으나 대체로 장수왕의 무덤으로 본다.

태왕릉 묘실   무기단적석묘

물감으로는 광물질과 금박을 썼다. 벽화 내용은, 초기에는 묻힌 사람의 초상과 살았을 적 생활 모습, 또는 장사 지낼 때의 행렬이나 춤추고 악기를 연주하는 모습을 그렸다. 나중에는 차차 회화가 지닌 본연의 기능이나 효과에 깊은 관심을 보여 신화적인 세계를 표현하거나 아름다운 문양과 도안으로 장식하는 데 치중했다. 그리하여 후기 벽화는 공공건물이나 궁전 벽화와 아주 비슷한 성격을 띤다.

대체적인 벽화 분위기는 정지되어 차분하다기보다 움직이고 힘차며 생동감이 넘친다. 패기에 넘치는 선과 화려한 색채는 마치 살아서 꿈틀거리는 듯 박력이 있다. 심지어는 인동당초문忍冬唐草文까지도 하늘을 나는 연화蓮花에 날개처럼 매달려 약동하듯 나부끼게 그렸다. 이는 무생물에도 생명감을 부여한 고구려인의 미의식과 개성에서 나온 것이다. 벽화가 지금까지 거의 완벽하게 남아 있는 데서는 땅속의 습도와 온도 및 통풍을 고려한 고구려인의 높은 과학 수준을 느낄 수 있다.

고분벽화에 나타난 고구려인의 생활상

인물과 풍속을 그린 고분벽화에서는 고구려인의 생활상을 잘 엿볼 수 있다. 먹고 입고 사는 풍속과 춤추고 노래하며 씨름·사냥·전투하는 모습이 벽화에 남아 전한다. 또 주인공이 살아 있을 때 지체 높은 귀족으로 생활한 모습을 자세히 그려 권위를 표현했는데, 그것이 조금 지나쳐 사치하고 방탕한 향락의 모습을 보이기까지 한다. 주인공은 주변에 다양한 시종자를 두고, 화려한 복장과 머리 모양을 했으며, 잘 꾸민 실내에서 살고 외출할 때는 대단한 위엄을 갖춘 행렬을 거느렸다.

여자들은 얹은머리, 내린머리, 올린머리 등 다채롭게 머리를 꾸며 신분을 나타내고 재력을 과시했다. 그리고 여인의 멋과 실용성을 겸하려고 머릿수건을 썼으며, 바지차림에 긴 두루마기를 걸친 다음 허리에 띠를 맸다. 옷 무늬는 굵은 점박이 무늬를 많이 썼는데, 옷깃과 섶, 소매를 굵고 진한 선으로 만들어 한껏 멋을 냈다. 옷차림은 매우 따뜻하게 보이며, 발에 버선을 신어 사뿐하게 활동성을 갖추었다.

남자들은 나관羅冠과 책幘, 절풍折風을 썼는데 신분에 따른 차이로 보인다. 소가小加가 쓰던 절풍은 깃을 꽂기도 하고 그렇지 않기도 했으며, 대가大加가 쓰던 나관에도 뿔이 난 것과 없는 것이 있었다.^[자료1 · 2 · 3] 지배 계급일수록 활동하기에 불편한 통이 넓

천마총 천마도
바로 하늘로 날아오를 듯 생생한 천마다. 이 그림은 말이 달릴 때 말 탄 사람 옷에 흙이 튀지 않도록 안장 양쪽에 늘어뜨려 놓는 말다래에 그렸다. 자작나무 껍질을 여러 겹 겹쳐 그 위에 고운 자작나무 껍질을 입혀 각각 사격자무늬로 14줄씩 누비고 가장자리에는 너비 1.2m짜리 얇은 가죽단을 돌렸다. 천마는 예부터 상제가 하늘에서 타고 다닌다는 신령스러운 동물로 여겼다. 천마 몸에 있는 반달무늬는 남주 러시아에 토대를 둔 고대 스키타이 미술에서 보석으로 장식한 습관에서 비롯된 듯하다. 최근에는 천마도 속 동물이 기린이라는 주장이 제기되기도 하였다.

은 바지를 입었는데, 이는 생산에 종사하지 않고 가만히 앉아서 먹는 귀족임을 나타내고자 함이었다.

벽화에 나타난 사람들은 남녀 모두 갸름한 얼굴에 살이 붙어 통통하며 여유 있고 낙천적인 인상을 풍긴다. 대체로 순한 모습이다. 역사力士까지도 결코 무섭지가 않다. 빈번한 전쟁 속에서도 여유 있게 노래와 춤을 즐기던 고구려인의 생활 풍속이 이같이 넉넉한 인물상을 남긴 듯하다.

미천왕릉 벽화에는 디딜방아를 찧고, 부엌과 우물에서 일하는 모습과 마구간이 사실적으로 표현되어 있다. 한 집인데도 소와 말을 별도의 마구간에서 기르며, 우물에서는 지렛대로

삼실총 역사상
길림성 집안현에 있는 고구려 고분으로 세 개의 널방으로 구성된 구조로 인하여 삼실총(三室塚)이란 이름이 붙여졌다. 공성도 · 역사도 · 신선도 · 사신도 등 다양한 벽화가 그려져 있으며, 특히 역사상(力士像), 갑주무사상(甲冑武士像), 장사상(壯士像), 개마무사상(鎧馬武士像) 등 인물상이 돋보인다.

물을 긷고, 부엌에는 수많은 접시를 쌓아 놓고 큰솥에 밥을 짓는 모습을 그려 경제적 풍요를 나타냈다. 부엌 위에는 새가 앉아 있어 평화로움을 더한다.

사치스러운 귀족의 생활 모습은 남북으로 나란히 위치한 무용총과 각저총에서 잘 표현되었다. 무용총은 한 변 길이가 17m, 높이가 4m다. 널방 북벽에 적갈색 대들보와 기둥, 대들보를 따라 화려한 커튼을 그려 실내임을 나타낸 다음, 두 여인(발만 보이는데 주인공의 두 부인인 듯하다)을 배경으로 두고 손을 옷소매에 넣고 앉은 주인공이 손님을 접대하는 모습을 그렸다. 고구려인은 걸을 때에도 손을 꼭 소매에 넣고 다녔다고 한다.[자료4] 주인공이 흰색 나관을 쓴 것으로 보아 왕인 듯하다.[자료3] 주인공 앞에는 시동侍童이 한쪽 무릎을 꿇고 앉아 차와 과일을 올리고 있으며, 승려인 듯한 손님 둘이 각자 탁자 위에 놓인 차와 음식을 대접받으며 주인공과 이야기를 나누고 있다. 그리고 이들 앞에는 머리만 보이는 시녀 8명이 줄지어 서 있는데 위의威儀가 자못 당당하다.

무용총의 널방 동벽에 저 유명한 '무용도'가 그려져 있다. 오른쪽 밑에 옷과 머리 모양이 서로 다른 7명은 가수인 듯싶다. 무용수는 5명으로 맨 앞 무용수는 절풍에 새깃을

무용총 무용도

무용총이란 이름은 바로 이 춤추는 그림이 있다고 해서 붙인 것이다. 널방 동남벽에 무덤 주인으로 보이는 기마 인물을 중심으로 오른편에다 출타하는 주인을 노래와 춤으로 전송하는 모습을 새긴 그림이다. 고구려 옷의 대표라 할 수 있는 점박이무늬 옷에 긴 소매를 늘어뜨리고 소매춤을 추고 있다.

무용총 수렵도

고구려에서 사냥은 군사 훈련이자 가장 인기 있는 체육 종목이었다. 동맹 같은 국가 제사가 있을 때는 왕도 직접 대규모 사냥에 참가하곤 했다. 무용총 널방 오른쪽 벽에 그린 사냥도에는 조우관을 쓴 무사 하나가 달리는 말 위에서 호랑이를 겨누어 활 시위를 당기고 있다. 조우관은 벼슬아치들이 쓰던 관으로 관모 양옆에 새 깃털을 꽂아 벼슬의 높고 낮음을 가렸다.

무용총 접객도
무용총은 중국 길림성 집안현에 있다. 광개토대왕릉비 북서쪽 약 1km 지점에 각저총과 나란히 자리잡았다. 접객도는 널방 정벽에 있다.

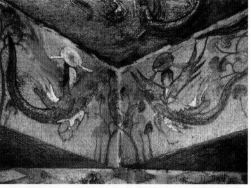

해신과 달신
길림성 집안현에 있는 고구려 오회분 4호묘 벽화이다. 하반신은 용의 모습을 한 신들이 각각 삼족오가 있는 해와 두꺼비가 그려진 달을 머리 위로 받들고 있다. 고구려 벽화에 나타난 다양한 상상 속 그림은 우리나라 고대 문화의 일면을 보여준다.

꽂았으며, 모두 표범무늬 옷을 입었다. 손은 긴 소매 속에 들어가 보이지 않는다. 그리고 무용수들 앞에는 지휘자인 듯한 여인이 무용수들을 바라보며 똑같은 동작을 하고 있다. 무용도가 있는 화폭 왼쪽 끝에는 집이 두 채 있고, 두 여인이 찻잔을 들고 나오는 모습이 그려져 있다. 아랫집 오른쪽에는 말탄 기사와 화살을 든 시종 한 사람이 뒤따른다.

널방 서벽에는 '수렵도'가 그려져 있다. 화폭 오른쪽에 큰 나무, 왼쪽과 가운데 밑에 산을 그려 매우 깊은 산속임을 나타냈다. 화폭 가운데 윗부분에는 백마를 탄 기사가 윗몸을 뒤로 돌려 사슴을 향해 힘껏 활을 당기고 있는데, 절풍을 쓴 이 기사가 막 쏘려 하는 화살이 특이하다. 뾰족한 화살촉 대신 석류처럼 생긴 화살촉인데, 날아가면서 큰 소리를 내 목표물을 위협하도록 만든 명적鳴鏑(우는 살)이거나 산 채로 동물을 잡으려고 만든 특수 화살인 듯싶다. 가운데 왼쪽에는 검정말을 타고 호랑이를 쫓으며 활을 당긴 기사가 개와 함께 달리고 있다. 오른쪽에는 소가 끄는 마차가 서 있는데 주인공이 이것을 타고 무사들이 사냥하는 모습을 구경한 게 아닌가 생각된다.

벽면에는 이같이 현실 세계의 생활상이 그려져 있는 데 반해, 천장 벽화에는 내세 모습을 반영한 듯 해와 달, 백호와 주작 등 천상의 세계가 표현되어 있다. 해 속에는 다리가 셋 달린 까마귀(삼족오三足烏)가 있고 달은 두꺼비로 표현되어 있어 흥미롭다. 고구려 벽화에는 상상 속의 동물이 많이 나타나는데 날개 달린 물고기와 사람 얼굴을 한 새 등은 중국에 전해오는 『산해경』에 소개된 신화적 문화상과 매우 밀접한 관계가 있어 보인다. 고구려 문화, 나아가서 우리나라 고대 문화의 특성을 제대로 이해하려면 『산해경』처럼 우리 문화의 흔적을 전하는 중국 고전에 깊은 관심을 가져야 한다. 오래 전의 역사가 설화의 모습으로 바뀌어 남은 것일 개연성이 크기 때문이다.

각저총은 '씨름도'가 그려진 벽화가 있어 붙여진 이름이다. 역시 벽면에는 생활하는 모습이 그려져 있고 천장에는 해와 달, 별자리와 넝쿨무늬가 빽빽하게 그려져 있다. 해는 삼족오三足烏로, 달은 두꺼비로 표현되었다. 후기로 갈수록 널방 벽면 그림도 신화적 세계를 표현한 내용으로 꾸며지는데, 그림의 색채가 주는 질감이 찬란하여 눈이 부실 정도이다.

자료1

그들은 공식 모임에서 모두 비단에 수를 놓은 의복을 입고 금과 은으로 장식한다. 대가大加와 주부主簿는 머리에 책幘주1을 쓰는데, (중국의) 책과 비슷하지만 뒤로 늘어뜨리는 부분이 없다. 소가小加는 절풍折風주2을 쓰는데 그 모양이 고깔[弁]과 같다.

原文 其公會 衣服皆錦繡金銀以自飾 大加主簿頭著幘 如幘而無餘 其小加著折風 形如弁

_『삼국지』권30, 「위서」30, 동이전, 고구려

자료2

사람들은 모두 가죽으로 만든 관을 쓰는데, 사인使人은 새의 깃을 꽂으며, 귀인貴人은 관을 붉은 비단으로 만들어 금은으로 장식한다. 옷은 소매가 큰 적삼과 통이 넓은 바지를 입으며, 흰 가죽띠에 노란 가죽신을 신는다. 부인은 치마와 저고리에 선을 두른다.

原文 人皆皮冠 使人加插鳥羽 貴者冠 用紫羅 飾以金銀 服大袖衫 大口袴 素皮帶 黃革履 婦人裙襦加襈

_『수서』권81, 「열전」46, 동이, 고려

자료3

왕은 오채五采주3로 된 옷을 입고 흰색 나관羅冠주4을 쓰며, 가죽띠에는 모두 금테를 두른다. 대신大臣은 푸른색 나관을 쓰고 다음은 진홍색 나관을 쓴다. 나관에는 두 개의 새깃을 꽂으며 금테와 은테를 섞어 두른다. 저고리는 통소매이고 바지는 통이 넓으며 흰 가죽띠에 노란 가죽신을 신는다. 서인庶人은 거친 털로 만든 털옷을 입고 고깔[弁]을 쓰며, 여자는 머리수건을 쓴다.

原文 王服五采 以白羅製冠 革帶皆金釦 大臣青羅冠 次絳羅 珥兩鳥羽 金銀雜釦 衫筩袖 袴大口 白韋帶 黃革履 庶人衣褐 戴弁 女子首巾幗

_『신당서』권220, 「열전」145, 동이, 고구려

자료4

풍속은 깨끗한 것을 좋아하고, 몸가짐을 소중히 여겨 (어른 앞에서는) 종종걸음을 쳐야 공경한다고 생각한다. 절할 때에는 다리 하나를 펴서 끌었으며 서 있을 때에는 대개 반공反拱주5을 한다. 걸어 다닐 때에는 꼭 소매에 손을 넣고 다닌다.

原文 俗潔淨自喜 尚容止 以趨走爲敬 拜則曳一脚 立多反拱 行必揷手

_『북사』권94, 『열전』82, 고려

출전

『북사』

『신당서』

『삼국지』

『수서』: 당(唐) 태종(太宗) 정관(貞觀) 3년~10년(629~636) 사이에 위징(魏徵) 등이 왕명을 받들어 찬한 수나라 3대 38년간(581~618)의 정사(正史). 제기(帝紀) 5, 열전 50, 지 30 등 총 85권이다. 원래는 55권이었으나, 정관 15년(641)에 장손무기(長孫無忌)가 양(梁)·진(陳)·제(齊)·주(周)·수(隋)의 『오대사지(五代史志)』를 편찬하여 고종(高宗) 현경(顯慶) 원년(656)에 책으로 만들어 올렸는데, 이를 『수서』의 지(志)로 편입하여 오늘날 85권의 형태가 되었다. 그러나 실제로 『수서』를 편찬한 사람은 안사고(顔師古)·공영달(孔穎達)·허경종(許敬宗) 등이었으며, 위징은 단지 열전의 책머리만 지었을 뿐이다.

찾아읽기

이태호·유홍준, 『고구려고분벽화 — 별책부록: 고구려고분벽화해설』, 풀빛, 1995.

김용준, 『고구려 고분벽화 연구』, 열화당, 2001.

전호태, 『고구려 고분벽화의 세계』, 서울대학교출판부, 2004.

전호태 외, 『고분벽화로 본 고구려 문화』, 고구려연구재단, 2005.

권오영 외, 『횡혈식석실분의 수용과 고구려 사회의 변화』, 동북아역사재단, 2009.

정호섭, 『고구려 고분의 조영과 제의』, 서경문화사, 2011.

중앙문화재연구원, 『동아시아의 고분문화』, 서경문화사, 2011.

안휘준, 『한국 고분벽화 연구』, 사회평론, 2013.

2 삼국이 불교를 받아들이다
삼국의 불교 수용

삼국은 국왕 주도로 불교를 공인하고, '왕즉불'과 같이 국왕의 초월적 권위를 뒷받침하는 데 불교를 활용했다. 그러나 이후 불교는 귀족 불교로, 나아가 서민 신앙으로까지 영역을 넓혀갔으며, 통일을 전후로는 고대 사상의 틀을 깨뜨리고 중세 사상을 마련하는 데 크게 기여했다.

불교를 받아들여 공인하다

불교의 수용은 삼국의 귀족과 일반 백성이 그동안 가져온 가치관 및 세계관에 큰 변화를 일으키는 계기가 되었다. 자연의 변화만이 아니라 인간의 모든 일도 천신이 주재하며 눈에 보이지 않는 죽은 이의 혼령과 맺힌 한이 세상사의 전개에 영향을 미친다고 생각해왔는데, 불교는 모든 생명이 각자가 살면서 쌓은 업Karma에 의해 윤회하며 세상일은 그 업에 따른 인연으로 말미암은 응보應報라고 가르쳤기 때문이다. 그리고 불교는 모든 사실과 현상이 그저 마음이 일으키는 인식으로 존재하고 소멸하는 것이므로 그 본성조차 원래는 없는 것이라 설파했다. 단순한 자연주의적 신관神觀 및 세계관이 철학적이고도 논리적인 신관 및 세계관으로 변화 · 발전하게 된 것이었다.

불교는 삼국 시기에 들어왔다. 가장 먼저 고구려가 소수림왕 2년(372)에 받아들이고,[자료1] 이어 백제가 침류왕 즉위년(384년)에,[자료2] 마지막으로 신라가 법흥왕 14년 (527)에 받아들였다고[자료3] 기록은 전한다. 그러나 이는 삼국이 불교를 공인하여 국가적 차원에서 사찰을 세운 때를 말하고, 삼국에 불교가 처음 들어와 퍼진 때는 이보다 훨씬 빨랐다. 예를 들어 고구려를 보면, 동진東晉의 지둔법사支遁法師(314~366)가 이름이 전하지 않는 고구려 도인에게 축법심竺法深이란 승려의 도력과 덕행을 칭송하는 편지를 보낸 것으로 보아,[자료4] 372년 이전에 이미 고구려에 불교가 전해져 퍼졌음을 알 수 있다. 신라도 마찬가지였다. 『삼국유사』에 전해오는 몇몇 사례를 보면, 눌지왕 (417~458)과 소지왕(479~500) 대에 이미 불교가 전해져 왕실에서 믿고 있었음이 나타나고,[자료5-1·5-2] 멀리 미추왕(262~284) 대에 불교가 전해졌다는 기사까지 있는 것을 보면,[자료5-3] 신라 역시 나라에서 불교를 공인하기 이전에 이미 일찍부터 전해져 믿었음에 틀림없다. 백제도 384년 이전에 불교가 들어온 듯하다.

불교 공인이 늦어진 이유

이처럼 불교가 일찍부터 삼국에 들어와 퍼졌는데도 국가 공인이 늦어진 데에는 두 가지 이유가 있다.

첫째, 토착 종교와 갈등, 그리고 여기서 파생하는 정치적 갈등이다. 토착 종교는 자연주의적 신관과 세계관을 바탕으로 지배층의 선민選民 이데올로기를 뒷받침해주었다. 지배층은 토착 종교의 대표적 신앙 대상인 천신과 지신을 직계 조상으로 꾸며 스스로 천지신天地神으로부터 선택받은 천강지응족天降地應族임을 자임하며 절대적 지배자로 군림했다. 이러한 기준에서 볼 때 국왕과 최고 귀족들은 같은 천강지응족으로서, 차별적 존재라기보다는 대등한 존재로 보았다.

그런데 왕권이 강화되어 국왕의 실제 권력이 귀족을 압도할 수 있게 되자 국왕은 다른 귀족들을 초월하는 절대 권위를 확립하고자 했다. 이에 삼국 왕들은 철학적이고도 논리적인 신관과 세계관에 바탕한 고등 종교인 불교를 눈여겨보았다. 따라서 삼국 왕들의 불교에 대한 관심은 대자대비大慈大悲의 정신에 바탕한 성불成佛 신앙을 홍포하

이차돈순교비

헌덕왕 9년(817)에 만든 듯한데, 그렇다면 527년에 이차돈이 순교한 지 무려 290년 뒤에 이차돈을 기리고자 세운 셈이므로 왜 이리 늦어졌는지 자못 궁금하다. 모두 6면으로 되어 있고 제1면에는 이차돈이 순교하는 장면을 돋을새김 했고, 제2~6면에는 정간(井間)을 치고 정간마다 글자를 새겨 넣었다. 경주시 백률사에 있다가 지금은 국립경주박물관으로 옮겼다.

려는 데 있었다기보다는, '왕이 곧 부처'라는 왕즉불王卽佛의 정치 이념을 내세워 자신들에게 다른 귀족과 구별되는 초월적이고 신성한 권위가 있음을 내세우려는 데 있었다. 그러나 귀족들의 정치적·종교적 견해는 이와는 정반대였으므로, 국왕과 귀족들 사이에 불교 공인을 둘러싸고 암투가 벌어질 수밖에 없었다. 따라서 불교 공인도 늦어질 수밖에 없었을 것이다. 특히 신라는 귀족들이 불교 공인에 대한 부정적 인식이 특히 강했으니, 법흥왕이 불교를 공인하는 데 귀족들의 반발을 돌파하고자 이차돈을 희생시키는 극단적인 방법을 쓸 수밖에 없었다. [자료3]

둘째, 불교를 침략 수단으로 이용하기도 했다는 점이다. 예를 들어 475년에 고구려 장수왕은 승려 도림을 간첩으로 보내 백제의 내정을 혼란에 빠지도록 하여 백제를 침략한 일은 널리 알려진 사실이다. [자료6] 결국 고구려의 승려 간첩 도림의 공작으로 백제는 수도 한성을 고구려에 빼앗기고, 남쪽 웅진(오늘날 공주)으로 수도를 옮겨야만 했다.

신라에서도 고구려 간첩 승려가 활동했음을 암시하는 사례가 있다. 『삼국유사』를 보면 488년에 신라 소지왕이 '서출지書出池'라는 연못에서 나온 노인이 건네준 글 덕분에, 궁주宮主와 손잡고 자기 목숨을 노린 궁궐의 분향 수도승이 꾸민 음모를 분쇄했다고 하는 이야기가 전한다. [자료7] 이 이야기 역시 고구려 승려가 간첩 임무를 띠고 신라 왕실에 침투하여 신라왕을 암살하고자 몰래 활동한 사실을 설화적으로 표현한 듯싶다. 신라 소지왕은 재위 중에 백제와 맞잡고 이전에 상국上國으로 받들어 모시던 고구려에 강력히 도전했다는 점과 이미 그 이전 475년에 승려 도림을 간첩으로 몰래 보내 백제 침략의 공작을 성공시킨 바 있는 장수왕이 여전히 고구려 왕으로 군림한 점을 염두에 둘 때, 위 이야기는 거의 사실에 가까울 것이다.

이처럼 불교를 침략 수단으로 이용했다면, 그렇지 않아도 불교 공인을 둘러싸고 내부 갈등이 일던 상황에서 공인을 반대하는 쪽을 더욱 자극하여 불교 공인을 더디게 한 듯하다. 특히 당시 가장 약소국인 신라에서 불교 공인을 둘러싼 갈등이 가장 심하게 나타난 것은 충분히 이해할 만하다.

불교 공인 이후

그러나 시기 차이는 있지만 삼국은 결국 국왕 주도로 불교를 공인했으며, 그 이후 국왕의 권위는 급상승한 것으로 나타난다. 무엇보다 신라에서 두드러졌다. 예를 들어 신라는 국왕이 주도하여 토착 종교에서 천신이 내려와 지신과 결합한 장소로서 신성시하던 천경림天鏡林 · 신유림神遊林 · 문잉림文仍林과 같은 신성 구역에 절을 짓거나 불상을 조성하는 일이 뒤를 이었다.[자료8 · 9] 이는 불교가 토착 종교를 빠르게 대신해간 과정이며, 아울러 국왕이 다른 귀족들을 압도해간 과정이기도 했다.

이러한 과정을 거쳐 수용 · 공인된 삼국의 초기 불교는 당연히 국왕의 초월적 권위를 뒷받침하는 '왕즉불王卽佛'의 정치 이데올로기로 먼저 활용한 듯하다. 신라를 예로 들면 법흥왕이 불교를 공인한 뒤에 그의 왕호를 '무즉지매금왕无卽知寐錦王'에서 '성법흥대왕聖法興大王'으로 바꾼 것이나, 진흥왕이 불교 설화에서 살아있는 부처로 떠받드는 '전륜성왕轉輪聖王'임을 스스로 내세운 것, 그리고 진평왕이 자기 직계 왕족을 석가모니 종족으로 한 것 등은 그러한 '왕즉불' 이데올로기의 좋은 사례이다.

그렇지만 이처럼 '왕즉불'의 강조는 불교의 초기 현상에 지나지 않았다. 이후 불교는 국왕의 정치 이념을 치장하는 데 머무르지 않고 귀족 불교로, 더 나아가 서민들의 신앙으로까지 영역을 넓혀갔다. 그리하여 통일을 앞뒤로 불교는 교학敎學과 신앙信仰이라는 종교 본래의 정신을 발휘하여, 신정神政 이데올로기를 본질로 하는 고대 사상의 틀을 깨뜨리고 한 차원 높은 중세 사상을 마련하는 데 크게 이바지했다.

자료1

주1 전진(前秦) : 동진 시대에 중국 북부에 대두한 5호 중 최대 강국.

고구려본기에 이런 말이 있다. 소수림왕小獸林王 즉위 2년 임신에 …… 전진前秦주1의 왕 부견符堅이 사신과 중 순도順道를 시켜 불상과 경문을 보내왔다. …… 또 4년 갑술에는 아도阿道가 동진東晉으로부터 왔다. 이듬해인 을해 2월에는 초문사肖門寺를 지어 순도를 그곳에 있게 하고, 또 이불란사伊弗蘭寺를 지어 아도를 그곳에 있게 했는데, 이것이 고구려 불법의 시초다.

原文 高麗本記云 小獸林王即位二年壬申 …… 前秦苻堅遣使及僧順道 送佛像經文 …… 又四年甲戌 阿道來自晉 明年乙亥二月創肖門寺 以置順道 又創伊弗蘭寺 以置阿道 此高麗佛法之始

_『삼국유사』권3, 「흥법」 순도조려

자료2

백제본기에 이런 말이 있다. 제15대 침류왕枕流王이 즉위한 갑신년에 인도의 중 마라난타摩羅難陀가 동진에서 오니, 그를 맞이하여 궁중에 두고 예로써 공경했다. 이듬해 을유에 새 서울 한산주漢山州에 절을 짓고 중 열 명을 두었으니, 이것이 백제 불법의 시초다.

原文 百濟本記云 第十五枕流王即位甲申 胡僧摩羅難陁至自晉 迎置宮中禮敬 明年乙酉 創佛寺於新都漢山州 度僧十人 此百濟佛法之始

_『삼국유사』권3, 「흥법」 난타벽제

자료3

예전에 법흥대왕이 자극전紫極殿에서 등극했을 때에 동쪽의 지역을 살펴보시고, "예전에 한나라 명제가 꿈에 감응되어 불법이 동방에 유행했다. 내가 왕위에 오른 후로부터 인민을 위하여 복을 닦고 죄를 없앨 곳을 마련하려 했다."고 말씀하셨다. 이에 조신朝臣들은 그 깊은 뜻을 헤아리지 못하고 다만 나라를 다스리는 대의大義만을 지킬

주2 사인(舍人) 내양자(內養者) : 비교적 낮은 벼슬을 가진 국왕의 측근을 말함.

뿐, 절을 세우겠다는 높은 계책을 따르지 않았다. …… 이 때 사인舍人 내양자內養者주2가 있었으니, 성은 박이요 자는 염촉厭髑, 곧 이차돈異次頓이었다. …… 그는 왕의 얼굴을 쳐다보고 그 심정을 눈치 채서 왕에게 아뢰었다. …… "일체를 버리기 어려운 것은 자신의 생명입니다. 그러하오나 소신이 저녁에 죽어 불교가 아침에 행해지면 불법은 다시 일어나고 성주聖主께서는 길이 편안하실 것입니다." …… 이에 대왕은 위엄을 갖

추고 무시무시한 형구刑具를 사방에 벌려 놓고, 뭇 신하들을 불러 물었다. "그대들은 내가 사원을 지으려 하는데 고의로 지체시켰다." 이에 뭇 신하들은 벌벌 떨면서 황급히 맹세하고 손으로 동서를 가리켰다. 대왕은 사인(이차돈)을 불러 이 일을 문책하고 …… 분노하여 그를 베어 죽이라고 명했다. …… 옥리獄吏가 그의 목을 베니 허연 젖이 한길이나 솟았다. …… 드디어 북산의 서쪽 고개에 장사했다. 나인들은 이를 슬퍼하여 좋은 곳을 가려서 절을 짓고 그 이름을 자추사刺楸寺라 했다. 이에 집집마다 부처를 공경하면 반드시 대대의 영화를 얻게 되고 사람마다 불도를 행하면 마땅히 불법의 이익을 얻게 되었다. 진흥대왕 즉위 5년 갑자에 대흥륜사를 지었다.

原文 昔在法興大王垂拱紫極之殿 俯察扶桑之域 以謂昔漢明感夢 佛法東流 寡人自登位 願爲蒼生欲造修福滅罪之處 於是 朝臣未測深意 唯遵理國之大義 不從建寺之神略 …… 粤有內養者 姓朴字厭髑 …… 瞻仰龍顔 知情擊目 奏云 …… 一切難捨 不過身命 然小臣夕死 大教朝行 佛日再中 聖主長安 …… 於焉 大王權整威儀 風刀東西 霜仗南北 以召群臣 乃問 卿等於我欲造精舍 故作留難 於是群臣戰戰兢懼 偬侗作誓 指手東西 王喚舍人而詰之 …… 大王忿怒 勅令斬之 …… 獄吏斬之 白乳湧出一丈 …… 乃葬北山之西嶺 內人哀之 卜勝地造蘭若 名曰刺楸寺 於是 家家作禮 必獲世榮 人人行道 當曉法利 眞興大王卽位五年甲子 造大興輪寺

_「삼국유사」권3, 「흥법」 원종흥법 염촉멸신

자료4

진晋의 지둔법사支遁法師[주3]가 망명亡名[주4]에게 글을 보내 이르기를, "상좌上座 축법심竺法深은 중국 유공劉公의 제자로서 성품이 곧고 빼어나 도道와 속俗을 종합했고 지난 날 서울이나 시골에 있을 때 법강法綱을 유지함으로써 나라 안팎 사람들이 모두 우러러보는, 도를 크게 한 거장이었다."고 했다. 둔공遁公[주5]은 중국에서 덕망이 무거운 분으로 그와 더불어 말을 통하고 사귐을 맺은 이들은 반드시 훌륭한 인재와 뛰어난 학자이었을진대, 망명이 외국의 선비로서 뛰어난 사람이 아니고서야 어찌 이와 같은 글을 보냈으리요. 또 불교가 이미 중국 진晋으로부터 우리나라에 들어와 행했으니, 송宋과 제齊의 사이에도 응당 호걸들이 많이 있어 함께 때를 따라 떨쳐 일어났을 것인데, 애석하게도 기록해놓은 서적이 없으니 슬프기만 하다.

原文 晋支遁法師 貽書云 上座竺法深 中州劉公之弟子 體性貞峙道俗綸綜 往在京邑 維持法綱 內外具瞻 弘道之匠也 遁公 中朝重望其所與寄聲交好 必宏材巨擘 而況外國之士非其勝人

주3 지둔법사(支遁法師) : 동진(東晋)의 고승인 지둔도림(支遁道林)(314~366).

주4 망명(亡名) : 이름이 전하지 않는 고구려 승려. 위와 똑같은 기사가 나오는 『양고승전(梁高僧傳)』 권4 의해(義解)1 축잠전(竺潛傳)에는 '고려도인(高麗道人)'이라 되어 있다.

주5 둔공(遁公) : 지둔도림(支遁道林)을 말함.

寧有若斯之報耶 且佛敎旣從 晉行乎海東 則宋齊之間 應有豪傑之輩 與時則奮 而無載籍 悲

_『해동고승전』권1, 석망명

자료 5-1

주6 사문(沙門): 범어로서 머리를 깎고 불문에 들어가서 도를 닦는 사람을 이름.

주7 양(梁) 나라 운운: 양나라는 502년~557년 사이에 존속했던 중국 남조의 왕조. 그런데 신라 19대 눌지왕의 재위 연도는 417년~458년 사이여서, 눌지왕 대에 양나라에서 향물을 보내왔다고 한 것은 잘못이다.

신라본기 제4권에 이런 말이 있다. 제19대 눌지왕訥祗王 때에 사문沙門주6 묵호자墨胡子가 고구려로부터 일선군一善郡에 이르니, 고을 사람 모례毛禮는 자기의 집 안에 굴을 파서 방을 만들고 그를 있게 했다. 이때 양梁 나라에서주7 사신을 시켜 의복과 향물香物을 보내왔는데, 신라의 임금과 신하는 그 향의 이름과 쓸 곳을 알지 못했다. 그래서 사람을 시켜 향을 싸 가지고 널리 나라 안을 다니면서 묻게 했다. 묵호자가 이것을 보고 말했다. "이것은 향이란 것입니다. 불에 태우면 향기가 매우 강렬합니다. 정성을 신성神聖에게 통하게 하기 때문입니다. 신성은 삼보三寶만한 것이 없으니 만약 이것을 불에 태워 소원을 빌면 반드시 영험이 있을 것입니다." 이때 왕녀가 병이 위급해서 묵호자를 불러다가 향을 피우고 소원을 말하니 왕녀의 병이 즉시 나았다. 왕이 기뻐하여 예물을 후히 주었는데, 잠시 후에 그의 간 곳을 알지 못했다.

原文 新羅本記第四云 第十九訥祗王時 沙門墨胡子 自高麗至一善郡 郡人毛禮 於家中作堀室安置 時梁遣使賜衣著香物 君臣不知其香名與其所用 遣人齎香遍問國中 墨胡子見之曰 此之謂香也 焚之則香氣芬馥所所以達於神聖 神聖未有過於三寶 若燒此發願 則必有靈應 時王女病革 使召墨胡子 焚香表誓 王女之病尋愈 王喜厚加賚貺 俄而不知所歸

_『삼국유사』권3, 「흥법」 아도기라

자료 5-2

주8 비처왕(毗處王): 소지왕(炤知王) 혹은 조지왕(照知王)이라고도 칭함.

주9 화상: 승려의 높임말.

또 제21대 비처왕毗處王주8 때에 와서 아도我道 화상주9이란 이가 시종을 데리고 역시 모례의 집으로 왔는데 모습이 묵호자와 비슷했다. 몇 해 동안 이곳에 머물다가 아무런 병도 없이 죽었다. 그의 시종 세 사람은 남아 있으면서 경률經律을 가르치니, 가끔 믿는 사람이 있었다.

原文 又至二十一毗處王時 有我道和尚與侍者三人 亦來毛禮家 儀表似墨胡子 住數年無疾而終 其侍者三人留住講讀經律 往往有信奉者

_『삼국유사』권3, 「흥법」 아도기라

아도본비我道本碑를 살펴보면 다음과 같은 말이 있다. 아도는 고구려 사람이요, 그의 어머니는 고도령高道寧이다. 정시正始 연간에 조위의 사람 아굴마我崛摩가 사신으로 고구려에 왔다가 고도령과 관계하고 돌아갔는데, 그로 인하여 아기를 가지게 되었다. 아도는 다섯 살에 어머니의 말에 따라 출가했다. 나이 열여섯 살 때에 위나라에 가서 굴마를 뵙고 현창화상玄彰和尙의 강론을 듣고 배우고, 열아홉 살 때에 돌아 와서 어머니를 뵈었다. …… 아도는 어머니의 가르침을 받아 신라에 가서 서울의 서쪽 마을에 살았는데, 그곳은 지금의 엄장사嚴莊寺이며, 그때는 미추왕未雛王 즉위 계미였다. 아도가 대궐에 나아가서 불교 전하기를 청하니, 세상에서 일찍이 보지 못했던 것이라 하여 꺼리고 심지어는 그를 죽이려는 사람까지 있었으므로, 속림續林주10의 모록毛祿의 집으로 도망해 가서 숨어버렸다. 미추왕 3년에 성국成國공주가 병들었는데 무당과 의원이 치료해도 효험이 없었으므로 사방으로 칙명을 보내어 의원을 구하게 했다. 법사는 급히 대궐로 들어가서 치료하니 그 병이 드디어 나았다. 왕은 크게 기뻐하여 그의 소원을 물으니 법사는 대답했다. "제게는 아무런 청도 없사오나, 다만 천경림天鏡林주11에 절을 세워 불교를 크게 일으켜서 국가의 복을 비는 일만을 바랄 뿐입니다." 왕은 이를 허락하고 공사에 착수하도록 명령했는데, 그때 풍속이 질박 검소해서 초가집을 지어서 살면서 불법을 강연하니 간혹 천화天花가 땅에 내렸다. 절 이름을 흥륜사興輪寺라 했다. 모록의 누이동생은 이름이 사씨史氏인데 법사에게 귀의하여 여승이 되어 또한 삼천기三川岐에 절을 짓고 살았다. 그 절 이름을 영흥사永興寺라 했다. 얼마 후에 미추왕이 세상을 떠나니 나라 사람들이 법사를 해치려 했다. 법사는 모록의 집으로 돌아가서 스스로 무덤을 만들고 문을 닫고 세상을 떠났으므로, 마침내 다시 세상에 나타나지 않았다. 이리하여 불교도 또한 폐지되었다.

주10 속림(續林) : 오늘날의 선산

주11 천경림(天鏡林) : 계림(鷄林), 신유림(神遊林) 등과 함께 신라의 신성한 숲으로 생각되던 곳으로 법흥왕 때에 천경림의 숲을 베고 흥륜사를 짓기 시작하여 진흥왕 때에 완성했다.

原文 按我道本碑云 我道 高麗人也 母高道寧 正始間 曹魏人我崛摩 奉使句麗 私之而還 因而有娠 師生五歲其母令出家 年十六歸 魏省覲崛摩 投玄彰和尚講下就業 年十九又歸寧於母 …… 道稟教至雞寗止王城西里 今嚴莊寺 于時未雛王即位二年癸未也 詣闕請行教法 世以前所未見爲嫌 至有將殺之者 乃逃隱于續林毛祿家 三年時 成國公主疾 巫醫不效 勅使四方求醫 師率然赴闕 其疾遂理 王大悅 問其所須 對曰 貧道百無所求 但願創佛寺於天鏡林 大興佛教 奉福邦家爾 王許之 命興工 俗方質儉 編茅葺屋 住而講演 時或天花落地 号興輪寺 毛祿之妹名史氏 投師爲尼 亦於三川歧創寺而居 名永興寺 未幾 未雛王卽世 國人將害之 師還毛祿家 自作塚

閉戶自絶 遂不復現 因此大教亦廢

_「삼국유사」권3, 「흥법」 아도기라

자료6

(475년) 고구려의 장수왕이 백제를 치기 위해 간첩으로 갈 수 있는 자를 구했다. 이때에 승려 도림道琳이 응모하니, …… 왕이 기뻐하여 비밀리에 보내어 백제를 속이게 했다. 이에 도림은 거짓 죄를 짓고 도망하여 온 것처럼 하고 백제로 들어왔다. 이때에 백제왕 근개루近蓋婁^{주12}가 바둑을 좋아했는데, …… 왕이 도림을 불러들여 바둑을 두었더니 과연 국수國手였다. 그래서 그를 상객으로 받들어 매우 친근히 했으며, 서로 늦게 만난 것을 한탄하였다. 어느 날 도림은 왕을 모시고 있다가 조용히 말했다. …… "대왕의 나라는 사방이 모두 산악과 강과 바다이니 이는 하늘이 베푼 요충이요 인위적인 형세가 아닙니다. …… 그러므로 왕께서는 마땅히 숭고한 위세와 부유한 실적으로써 남의 이목을 놀라게 해야 할 것인데, 성곽과 궁실은 수리되지 않고, 선왕의 해골은 들판에 가매장되어 있고, 백성의 가옥은 자주 강물에 무너지니 신은 대왕을 위하여 좋게 여기지 않습니다." 왕이 이를 옳게 여겨 국인을 징발하여 흙을 쪄서 성을 쌓고 그 안에는 궁실과 누각 등을 지었는데, 모두가 장대했다. …… 이로 인하여 창고는 비고 인민은 곤궁해져서 나라의 위태로움이 달걀을 쌓아놓은 것보다 위태로웠다. 도림이 도망하여 이 사실을 고하니 장수왕이 기뻐하여 백제를 쳤다.

原文 高句麗長壽王 陰謀百濟 求可以間諜於彼者 時 浮屠道琳應募 …… 王悅 密使譎百濟 於是 道琳佯逃罪 奔入百濟 時 百濟王近蓋婁好博弈 …… 王召入對碁 果國手也 遂尊之爲上客 甚親昵之 恨相見之晚 道琳一日侍坐 從容曰 …… 大王之國 四方皆山丘河海 是天設之險 非人爲之形也 …… 王當以崇高之勢 富有之業 竦人之視聽 而城郭不葺 宮室不修 先王之骸骨 權攢於露地 百姓之屋廬 屢壞於河流 臣竊爲大王不取也 王曰 諾 吾將爲之 於是 盡發國人 烝土築城 卽於其內 作宮樓閣臺榭 無不壯麗 …… 是以 倉庾虛竭 人民窮困 邦之阽杌 甚於累卵 於是 道琳逃還以告之 長壽王喜 將伐之

_「삼국사기」권25, 「백제본기」3, 개로왕 21년

자료7

제21대 비처왕毗處王 즉위 10년 무진에 왕이 천천정天泉亭에 행차했다. …… 이때 한 노인이 못 속에서 나와 글을 올렸는데 그 겉봉에 '이를 떼어 보면 두 사람이 죽을 것이

주12 근개루(近蓋婁): 백제 제21대 개로왕(455~475)을 지칭함.

주13 일관(日官) : 주로 종교적 업무를 담당한 왕의 측근.

고, 떼어 보지 않으면 한 사람이 죽을 것이다'라 씌어 있었다. …… 일관日官^{주13}이 아뢰기를 "두 사람이란 서민이요 한 사람이란 왕입니다."라 했다. 왕은 그리 여겨 떼어 보니 '거문고 통을 쏴라'고 쓰여 있었다. 왕은 곧 궁궐에 돌아가 거문고 통을 쏘니 거기에는 궁궐에서 분향 수도하던 중이 궁주宮主와 몰래 간통하고 있어, 두 사람을 사형에 처했다.

原文 第二十一毗處王卽位十年 戊辰 幸於天泉亭 …… 時有老翁 自池中出奉書 外面題云 開見二人死 不開一人死 …… 日官奏云 二人者庶民也 一人者王也 王然之開見 書中云 射琴匣 王入宮 見琴匣射之 乃內殿焚修僧與宮主 潛通而所奸也 二人伏誅

_「삼국유사」권1, 「기이」1, 사금갑

자료8

왕이 그러하다 여겨 배에 싣고 바다에 띄워 보냈다. 그 배는 남염부제南閻浮提 16개 대국과 500의 중국, 1만의 소국과 8만의 취락을 두루 돌아다녔지만, 모두 주조하지 못하였다. 최후로 신라에 이르렀는데, 진흥왕이 문잉림文仍林에서 불상을 주조하는 데 성공했다.

原文 王然之 乃載舡泛海 南閻浮提十六大國 五百中國 十千小國 八萬聚落 靡不周旋 皆鑄不成 最後到新羅國 眞興王鑄之於文仍林 像成

_「삼국유사」권3, 「탑상」4, 황룡사장륙

자료9

진흥대왕眞興大王이 왕위에 오른 지 5년인 갑자에 대흥륜사大興輪寺를 지었다. 『국사國史』와 향전鄕傳에 의하면 실은 법흥왕 14년 정미에 처음 터를 잡고 21년 을묘에 천경림天鏡林의 나무를 대대적으로 베어내어 비로소 공사를 시작했다고 한다. 기둥과 들보의 재목은 모두 다 그 숲에서 충분히 가져다 썼으며, 주춧돌과 섬돌과 감실 등도 모두 갖추어졌다. 진흥왕 5년 갑자에 이르러서 절이 완성되었다. 그래서 갑자년이라고 한 것이다. 『승전僧傳』에서 7년이라고 한 것은 잘못된 것이다.

原文 眞興大王卽位五年甲子 造大興輪寺 按國史與鄕傳 實法興王十四年丁未 始開 二十一年乙卯 大伐天鏡林 始興工 梁棟之材 皆於其林中取足 而階礎石龕皆有之 至眞興王五年甲子 寺成 故云甲子 僧傳云七年 誤

_「삼국유사」권3, 「흥법」3, 염촉멸신

출전

『삼국유사』

『삼국사기』

『해동고승전』: 고려 고종 2년(1215)에 승려 각훈(覺訓)이 왕명을 받들어 편찬한 우리나라 고승들의 전기서. 현재 그 완질이 전하지 못하고 유통(流通) 1·2편만 전해지고 있는데, 여기에는 순도(順道)로부터 현대범(玄大梵)에 이르기까지 약 20명 정도의 고승 전기가 있다.

찾아읽기

김영태, 『백제불교사상연구』, 동국대 출판부, 1985.

불교사학회 편, 『초기한국불교교단사연구』, 민족사, 1986.

이기백, 『신라사상사연구』, 일조각, 1986.

가마다 시게오鎌田茂雄(신현숙 역), 『한국불교사』, 민족사, 1988.

신종원, 『신라초기불교사연구』, 민족사, 1992.

김복순, 『한국고대불교사 연구』, 민족사, 2002.

허남진 외, 『삼국과 통일신라의 불교사상』, 서울대학교출판부, 2005.

김재경, 『신라 토착신앙과 불교의 융합사상사 연구』, 민족사, 2007.

최광식, 『한국고대의 토착신앙과 불교』, 고려대학교출판부, 2007.

3 무령왕릉에 숨겨진 백제의 역사와 문화

무령왕릉

무령왕릉은 백제 사마왕, 곧 무령왕과 왕비를 안장했다는 지석이 있어 왕의 무덤임을 분명히 알 수 있는 능이다. 무령왕비 지석 뒷면에는 토지신에게 땅을 산다는 내용이 있어 백제가 토지에 대한 사적 소유를 인정하고 있었음을 잘 보여준다. 또한 출토된 금동신발을 통해 죽음의 세계에 대한 백제인의 인식을 엿볼 수 있다.

무령왕릉을 발견하다

1971년 7월 6일, 공주시 송산리 고분군 배수로를 공사하다가 벽돌무덤 하나가 우연히 발견되었다. 무덤 입구는 벽돌과 백회로 빈틈없이 밀봉되어 있었다. 무덤 입구를 열자, 두 지석이 가지런히 놓여 있었다. 지석이란 죽은 사람의 신원을 적어 무덤 앞에 묻는 돌을 말한다. 지석에는 백제 무령왕과 왕비를 대묘에 안장했다는 내용이 해서체로 새겨져 있었다. 무령왕릉이 발견된 것이다. 무령왕은 6세기 초(501~523) 재위했던 백제의 제25대 왕이다.

『삼국사기』에 의하면 무령왕은 키가 여덟 자에 눈매가 그림과 같았으며, 인자하고 너그러워 민심이 따랐다고 한다.[자료1] 무령왕은 501년에 아버지 동성왕의 뒤를 이어 왕위에 오른 뒤, 국방을 튼튼히 하고 국력을 회복하려고 힘썼으며, 중국에 사신을 보

무령왕릉

1971년 7월 6일, 1,442년 동안 잠들어 있던 무령왕과 왕비가 부활했다. 무덤 들머리가 벽돌과 백회로 빈틈없이 막혀 있어 도굴꾼의 손이 전혀 닿지 않은 채 수많은 껴묻거리와 함께 고스란히 세상 빛을 보았다. 왕과 왕비는 머리 방향을 들머리인 남쪽으로 두고 각각 널방 동쪽과 서쪽에 자리잡았다. 널방 둘레는 연꽃 무늬를 새긴 벽돌이 빼곡하다. 무령왕릉은 중국에서 한나라 이래 남조에서 왕과 지배층 사이에 유행하던 벽돌무덤이다. 길이모쌓기와 작은모쌓기로 번갈아 쌓았고, 아치를 이룬 천장까지 최고 높이는 2.93m이다.

내어 중국 문화를 받아들이는 데도 적극적이었다. 513년과 516년에는 오경박사 단양이段楊爾와 고안무高安茂를 일본에 보내 일본 문화가 발전하는 데 도움을 주었다. 또 민생 안정에도 노력하여 506년에는 굶주리는 백성들을 위해 창고를 풀어 도와주었고, 먹을 것 없이 떠도는 이들은 고향으로 돌아가 농사를 짓게 했다. 523년에는 한강 북쪽 지역 주민을 동원하여 쌍현성雙峴城을 쌓아 외국 침략에 대비했다.

무령왕릉 발굴에 주목하는 이유는 출토 유물 때문이다. 이 능은 도굴 피해가 전혀 없었는데, 백제 지역에서 도굴되지 않은 왕릉은 무령왕릉이 처음이었다. 백제가 후기에 도읍으로 삼았던 공주(웅진)와 부여(사비)에서 고분을 많이 발굴했지만 거의 모두 도굴된 상태였다. 그래서 무령왕릉이 발굴되기 전까지는 백제왕과 왕비는 금으로 만든 관을 쓰지 않은 모양이라고 여길 정도였다. 신라 지역에서는 많은 금관과 금동관이 출토되었는데, 백제 지역에서는 하나도 나오지 않았기 때문이다. 그런데 무령왕릉에서 왕과 왕비가 모자에 둘렀던 금판들과 금제 관장식이 출토되었다.

왜 무령왕릉만 능인가

무령왕릉은 지석誌石 때문에 가치가 높다. 신라 지역에서는 금관이 나와 왕릉 급의 고분이라고 생각하면서도 고분의 이름을 금관총이니 서봉총이니 천마총이니 하여 무슨 총塚이라고만 부를 뿐 능陵이라 하지 않는다. 능은 왕이나 왕후의 무덤만을 가리키는 용어인데 거기에 묻힌 사람이 정말 왕인지 단언할 수 없기 때문이다. 그런데 무령왕릉에는 지석이 있어서 그 주인공이 어느 왕인지 분명히 알 수 있었다.

지석에 의하면, 무령왕은 62세가 되는 계묘년(523) 5월에 사망하여 을사년(525) 8월에 왕릉에 안치되었고, 왕비는 병오년(526) 11월에 사망하여 기유년(529) 2월에 안치되었다고 한다. 죽고 나서 2년 3개월 만에 능에 묻힌 것이다. 백제에서는 왕이나 왕비가 돌아가면 시신을 곧바로 묻지 않고 임시로 지은 별도의 궁전에 빈소를 마련하여 2년 3개월 동안 모셔 두었다가 대묘大墓라고 부른 능에 장사지냈다.[자료3]

지석에는 무령왕을 백제 사마왕百濟斯麻王이라고 적었다. 그런데 『삼국사기』에는 무령왕의 이름이 사마斯摩로 되어 있다. 사마의 한자 표기가 조금 다르기는 하지만 백제 말을 한자로 옮긴 것이므로 흔히 생길 수 있는 다른 표기라 하겠다. 또 『삼국사기』는 무령왕이 재위 23년(523) 5월에 사망했다고 하여 지석과 일치하는 기록을 남겼다. 이는 『삼국사기』가 매우 정확한 기록을 남긴 역사책임을 증명해준다.

하지만 『삼국사기』에는 무령왕이 세상을 떠났을 때의 나이나 그 출생과 관련한 기록이 없다.[자료2] 따라서 무령왕이 언제 태어났는지는 전혀 알지 못하고 있었다. 다만 『일본서기日本書紀』 유랴쿠 천황雄略天皇 5년(461) 6월조에, 백제 개로왕蓋鹵王이 아우인 곤지昆支로 하여금 일본에 가서 천황을 섬기도록 했는데 곤지가 일본으로 부임하는 조건으로 당시 만삭의 몸이던

무령왕릉 지석, 매지권

왕비를 요구했다는 기록이 있을 뿐이었다. 결국 왕의 허락을 얻어낸 곤지가 왕비와 함께 일본으로 향하던 중 왕비가 츠쿠시筑紫의 카카라시마各羅嶋라는 섬에서 왕자를 낳았으므로, 섬을 뜻하는 일본어인 '시마'를 이름으로 써서 그를 시마왕嶋君이라 부르니 그가 곧 훗날의 무령왕이라는 것이다. 그러나『일본서기』의 이 기사는 백제가 마치 일본 천황을 섬기던 나라인 듯 서술하여 우리 측 기록이 전하는 역사상과 너무 동떨어진 내용인데다가, 『삼국사기』에는 곤지가 개로왕의 둘째 아들로 나오는 등 사실에 착오가 보이므로 도무지 믿을 수 없는 두찬杜撰이라고 생각하고 있었다. 그러던 차에 무령왕릉의 지석이 발견됨으로써 비로소, 그가 실제로 461년에 태어났음을 확인하게 된 것이다.『일본서기』 기록을 그냥 무시하기가 어렵게 된 셈이다.『일본서기』의 초기 기록을『삼국사기』나 중국의 사서와 비교해보면, 약 120년이 소급되어 나타나기 때문에 이를 감안하여 그 기년을 조정하는 게 일반이었는데, 좀 더 정밀한 검토가 필요하다고 하겠다.

지금으로서는 그 정확한 사정을 알 수 있는 다른 자료가 뚜렷하게 없는 실정이다. 흔히 이소노카미신궁石上神宮의 칠지도七支刀 명문과 광개토대왕릉비 비문의 이른바 신미년조 기사를 근거로 백제와 왜의 관계를 설명하기도 하지만, 이들은 그 해석을 둘러싸고 서로 상반된 여러 설이 제시되어 아직 논의 중인 자료이다. 앞으로 풀어나가야 할 과제가 산적한 셈이다.

토지를 매매하고 개인적으로 소유하다

무령왕비 지석 뒷면에는 흥미로운 내용이 적혀 있다. 무령왕이 토지신에게 돈 1만 매를 주고 이 능을 만든 땅을 산다는 내용이다. 이는 무덤터를 사기 위해 작성한 토지매매 문서('매지권買地券'이라고 한다)이다. 그리고 지석 위에 오수五銖라는 글씨가 새겨진 쇠돈 한 꾸러미(90여 개)를 얹어놓았다.[자료4] 이 오수전은 중국 양梁에서 만든 것으로 당시에 실제 유통하던 돈이다. 무령왕이 묻힌 곳은 땅속이므로 그 주인이 토지신이라고 생각하여 이런 문서를 작성하고 대금代金을 지불한 것이다.

매지권은 금액과 날짜, 토지를 팔고 사는 당사자, 거래가 원만하게 이루어졌음을 증명하는 내용을 담았다. 매우 공식화된 양식의 문서이다. 이런 문서를 작성한 사실로 보아, 백제에서는 토지의 매매가 매우 빈번하게 이루어지고 있었음을 넉넉히 알 수 있다. 곧 백제에는 매매가 가능한 사유지가 있었다. 왕이라 해도 필요한 경우에는 돈을 지불하고 토지를 사야 했다. 백제 사람들은 땅속도 주인이 있다고 생각했고, 죽은 사람은 그 주인의 허락 없이 그냥 누워 있을 수가 없다고 여긴 모양이다.

백제에 사유지가 있었다는 것은 중요한 사실이다. 흔히, 전근대 사회에는 나라 안의 모든 토지가 왕의 것이라는 왕토사상王土思想이 있어서 사유지가 있을 수 없었다고 여기기 쉽다. 그러나 왕토사상은 나라 안의 모든 토지가 왕의 소유라는 경제적 의미보다는, 나라 안에 왕의 지배력이 미치지 않는 곳이 없다는 정치적 의미를 담은 사상이다. 우리나라는 토지에 대한 사적 소유 개념이 일찍부터 발달하여, 삼국 시기에는 이미 개인이 토지를 가질 수 있었다. 고구려나 신라에서도 마찬가지였다.

금동신발에는 사후 세계가 담겨 있다

무령왕릉에서는 왕과 왕비가 신던 9~10개의 쇠못이 박힌 금동신발도 출토되었다. 쇠못이 박힌 이 신발이 전투에서 말을 탄 장수가 호신용으로 신던 것이라 추측한 사람도 있었다. 도보로 달려드는 적의 얼굴이나 어깨를 이 신발에 달린 쇠못으로 공격했으리라는 것이다. 그러나 말에서 떨어졌을 경우 그 쇠못이 땅에 박혀 마음대로 움직일 수 없었을 테니 전투용 신발로 보기는 어렵다. 죽은 사람에게만 신기던 신발이다.

죽은 사람에게 신발을 신긴 것으로 보아 백제 사람들은 죽음의 세계로 가기 위해서는 먼 길을 가야 한다고 여긴 것 같다. 그리고 그 신발 바닥에 박힌 긴 쇠못으로 미루어 보아, 독사나 독충들이 우글거리는 거칠고 험한 길이라 생각한 듯하다. 그래서 쇠못이 박힌 신발을 신겨 독충들을 밟고 지나갈 수 있도록 했던 것이겠다. 오늘날 사람들도 죽어서 가는 길을 '황천길'이라고 하여 거칠고 질퍽하며 안개가 자욱한 길을 연상하는데 이런 생각은 삼국 시기부터 있었던 모양이다. 쇠못이 박힌 신발은 신라 지역의 고분에서도 발견된다. 죽음의 세계와 삶의 세계를 이렇게 구분하는 생각이 있었다면, 이 두 세계를 연결해주는 무당도 있었을 것이다. 한마디로 샤머니즘의 세계관이다.

무령왕은 누구의 아들인가

무령왕과 왕비의 시신을 안치한 관은 나무로 만든 것인데, 이 나무 재질을 살펴본 결과 흥미로운 사실을 알았다. 이 관이 우리나라에서 생산되지 않는 '금송'이라는 나무로 만들어졌다는 것이다. '금송'은 세계적으로 일본 남부 지방에서만 자생하는 나무다. 이는 단순한 교역 관계인지 아니면 어떤 정치적 관계인지 알 수 없지만, 무령왕 때 백제와 일본의 관계가 긴밀했다는 것을 암시한다.

앞서도 잠시 언급했지만, 무령왕의 출생과 관련한 기록도 실마리 잡기가 어렵다. 『삼국사기』에는 무령왕이 문주왕 동생인 곤지昆支의 손자로 되어 있다. 곤지의 아들이 동성왕이고, 무령왕은 동성왕의 둘째아들이다.[자료1] 그러나 『일본서기』는 『백제신찬百濟新撰』을 인용하여, 곤지琨支가 개로왕의 동생이며, 곤지가 개로왕의 임신한 부인을 데리고 일본으로 가다가 섬에서 무령왕을 낳았다고 기술했다.[자료5·6] 이렇듯 기록이 갈리므로 무령왕의 혈연 계보와 관련하여 활발한 연구가 이루어졌으나, 지금으로서는 다른 근거 자료가 없어 딱히 어느 견해가 맞다고 단정하기 어려운 형편이다.

개로왕이 고구려의 침입을 막지 못하고 전사하자 태자 문주가 왕위에 올라 도읍을 웅진으로 옮기고 중흥을 꾀했으나 재위 3~4년 만에 암살되었다. 그리고 삼근왕이 뒤를 이었지만 역시 3년 만에 죽었다. 패전의 책임을 둘러싸고, 아니면 국가 재건의 방향과 관련하여 지배 세력 사이에 갈등이 심했던 것이다. 삼근왕이 죽고 뒤를 이어 즉위한 이가 곤지의 아들인 동성왕이다. 동성왕은 23년 간 재위하며 국가 체제를 정비하고 중흥의 발판을 만들었다.

그런데 『일본서기』에 의하면, 문주왕·삼근왕·동성왕은 개로왕의 직계가 아니다. 무령왕이 즉위함으로써 비로소 개로왕의 혈통이 왕위를 잇게 되었다는 것이다. 그렇다면, 동성왕도 시해되었다고 하니, 무령왕의 즉위가 직계와 방계, 아니면 왕족

'다리' 새김 은팔찌
왕비의 왼쪽 팔목에 끼여 있던 은팔찌로 팔찌 안쪽에 "庚子年二月多利作大夫人分二百卅主耳"라는 글이 새겨져 있다. '다리'라는 장인이 대부인 곧 왕비를 위해 왕비가 돌아가기 6년 전인 경자년(520)에 만들었음을 알 수 있다. 팔찌 바깥면에는 용 세 마리가 힘차게 감돌고 있다.

과 귀족 사이에 벌어진 어떤 무력적인 왕위 계승 쟁탈전의 산물인지도 모른다. 그래서 문주왕과 동성왕의 성씨가 왕성王姓인 부여扶餘씨가 아니라는 견해도 있다(천관우, 김재붕).

한편 무령왕의 이름이 사마斯麻였다는 사실과 관련하여, 일본 와카야마 현和歌山縣 하시모토 시橋本市 스미다隅田에 있는 하치만신사八幡神社에 소장된 「인물화상경人物畫像鏡」이 주목된다. 여기에 사마라는 인명이 나오기 때문이다. [자료7] 이 고경古鏡에 대해서도 견해가 여럿 있지만, 무령왕이 게이타이 천황繼體天皇에게 보낸 것이다. 우리는 이 유물을 통해 백제와 일본 사이의 밀접한 관계를 짐작할 수 있다. 이 화상경의 명문銘文에 보면, 동성왕 때에 일본이 백제에게 상등 품질의 동銅 200관을 요청했다고 한다. 물자 교류가 빈번했다는 얘기다. 무령왕과 왕비의 관 재료로 쓰인 나무가 일본에서만 나는 '금송'인 것도 두 나라 사이의 관계를 알아야 이해할 수 있다.

자료샘

주1 모대왕(牟大王) : 백제 제24대 동성왕(東城王).

자료 1

무령왕武寧王은 이름이 사마斯摩(혹은 융隆이라고도 하였다)이고 모대왕牟大王주1의 둘째 아들이다. 키가 여덟 자이고 눈매가 그림과 같았으며, 인자하고 너그러워 민심이 따랐다. 모대가 재위 23년에 죽자 왕위에 올랐다.

原文 武寧王 諱斯摩(或云隆) 牟大王之第二子也 身長八尺 眉目如畵 仁慈寬厚 民心歸附 牟大在位二十三年薨 卽位

_『삼국사기』권26, 「백제본기」4, 무령왕

자료 2

(무령왕 23년) 여름 5월, 임금이 돌아가셨다. 시호를 무령武寧이라 하였다.

原文 夏五月 王薨 諡曰武寧

_『삼국사기』권26, 「백제본기」4, 무령왕

자료 3

영동대장군 백제 사마왕이

나이 62세 되는

계묘년 5월(초하루 병술) 7일 임진 날에 돌아가셔서,

을사년 8월(초하루 계유) 12일 갑신 날에 이르러

대묘에 예를 갖추어 안장하고 이상과 같이 기록한다.

原文

寧東大將軍百濟斯

麻王 年六十二歲 癸

卯年五月丙戌朔七

日壬辰崩 到乙巳年八月

癸酉朔十二日甲申 安厝

登冠大墓 立志如左

_무령왕 지석

병오년 12월 백제국百濟國 왕대비王大妃가 천명대로 살다가 돌아가셨다.

서쪽 땅[酉地]에서 상을 마치고 기유년 2월(초하루 계미) 12일 갑오 날에

다시 대묘大墓로 옮겨서 장례를 지내며 이상과 같이 기록한다.

原文

丙午年十二月 百濟國王大妃壽
終居喪在酉地 己酉年二月癸
未朔十二日甲午 改葬還大墓立
志如左

_무령왕비 지석

자료 4

돈 일만 잎, 다음의 건.

을사년 8월 12일 영동대장군

백제사마왕이 앞에 든 돈으로 토지신인

토왕, 토백, 토부모, 연봉 2천 석 이상의 여러 관료들에게 나아가서

서쪽의 땅을 사들여 묘를 만들었으므로 문서를 만들어 증명으로 삼는다.

현행 율령에 따르지 않는다.[주2]

原文

錢一万文 右一件
乙巳年八月十二日 寧東大將軍
百濟斯麻王 以前件錢 詣土王
土伯土父母上下衆官二千石
買申地爲墓 故立券爲明
不從律令

_무령왕비 지석 뒷면의 매지권

자료 5

(5년) 여름 4월, 백제 가수리군加須利君[주3]은 이케츠히메池津媛[주4]가 불에 타 죽었다는 것을 전해 듣고 의논하기를 "옛날에 여인을 바쳐 채녀采女[주5]로 삼았다. 그러나 이미 예의가 없어 우리나라의 이름을 실추시켰으니, 지금부터는 여인을 바치지 않는 것이 옳겠다."라고 했다. 이에 그의 아우 군군軍君[주6]에게 "네가 일본에 가서 천황을 섬겨라."고 말했다. 군군이 "임금님의 명을 어기지 않겠습니다. 바라건대 임금님의 부인을 저

주2 부종율령(不從律令) : 지신들이 계약조건을 위반하여 시신을 침범하거나 후손을 해치면 '부종율령' 죄로 다스린다."는 뜻으로 해석하기도 한다(정구복).

주3 가수리군(加須利君) : 백제 제21대 개로왕(蓋鹵王).

주4 이케츠히메(池津媛) : 백제의 개로왕이 일본의 유랴쿠 천황(雄略天皇)에게 바쳤다는 여자. 본명은 적계여랑(適稽女郞). 유랴쿠 천황이 동침하려는 것을 거스르고 이시카와노다테(石川楯)와 몰래 정을 통하다가 죽임을 당했다고 한다.

주5 채녀(采女) : 궁녀(宮女). 본디 채녀는 한(漢) 나라 때 궁녀의 한 계급이다.

주6 군군(軍君) : 곤지(昆支). 일본 어로는 군군이나 곤지를 모두 '고니키시'로 발음한다. 고니는 크다[大]는 뜻이고, 키시는 수장(首長)의 뜻이니 대왕(大王)과도 통한다.

에게 주시면 그런 다음 떠나라는 명을 받들겠습니다."라고 대답했다. 가수리군은 임신한 부인을 군군에게 주며 "나의 임신한 아내는 이미 해산할 달이 되었다. 만약 도중에 아이를 낳게 되면, 바라건대 1척의 배에 태워서 다다른 곳이 어디든 속히 본국으로 보내도록 하라."고 했다. 마침내 작별하고 조정에 파견되는 명을 받들었다.

6월 병술 초하루, 임신한 부인이 과연 가수리군의 말처럼 츠쿠시筑紫의 카카라各羅 ^{주7} 섬에서 아이를 낳았다. 그래서 이 아이의 이름을 도군嶋君이라고 했다. 이에 군군은 곧 한 척의 배로 도군을 본국에 보내었는데, 이가 무령왕이 되었다. 백제 사람들은 이 섬을 주도主嶋라고 일컬었다.

주7 카카라(各羅) : 지금의 나가사키 현長(崎縣系) 카카라시마(加唐島)로 생각된다.

原文 (五年) 夏四月 百濟加須利君 飛聞池津媛之所燔殺 而籌議曰 昔貢女人爲采女 而旣無禮 失我國名 自今以後 不合貢女 乃告其弟軍君曰 汝宜往日本以事天皇 軍君對曰 上君之命不可奉違 願賜君婦 而後奉遣 加須利君 則以孕婦 嫁與軍君曰 我之孕婦 旣當産月 若於路産 冀載一船 隨至何處 速令送國 遂與辭訣 奉遣於朝

六月丙戌朔 孕婦果如加須利君言 於筑紫各羅嶋 産兒 仍名此兒曰嶋君 於是 軍君卽以一船 送嶋君於國 是爲武寧王 百濟人呼此嶋曰主嶋也

_『일본서기』권14, 유라쿠 천황 5년

자료 6

(4년) 이해 백제 말다왕末多王^{주8}이 무도하여 백성들에게 포학했으므로 나라 사람들이 마침내 제거하고 도왕嶋王을 세우니 이가 바로 무령왕이다. 『백제신찬百濟新撰』^{주9}에 이르기를, 말다왕이 무도하여 백성들에게 포학했으므로 나라사람들이 함께 제거했다. 무령왕이 즉위했는데 휘諱는 사마왕斯麻王이고 곤지왕자琨支王子의 아들이니 말다왕의 배다른 형이다. 곤지가 왜倭로 갈 때에 츠쿠시筑紫 섬에 이르러 사마왕을 낳았다. 섬에서 되돌려 보냈는데 서울에 이르지 못하고 섬에서 낳았으므로 그렇게 이름했다. 지금 카카라各羅의 바다 가운데 주도主嶋가 있는데 왕이 태어난 섬이어서 백제인들이 주도라고 부른다. 지금 생각건대 도왕은 곧 개로왕의 아들이고 말다왕은 곤지왕의 아들이다. 여기서 배다른 형이라고 한 것은 확실하지 않다.

주8 말다왕(末多王) : 백제 제24대 동성왕(東城王).

주9 『백제신찬(百濟新撰)』: 『일본서기』 백제관계 기사의 세주(細主)로 인용된 백제의 사서. 『백제기(百濟記)』, 『백제본기(百濟本記)』와 함께 백제삼서(百濟三書)라고 불린다. 웅진 시대의 일을 적은 역사서라고 여겨지나 현재 전하지 않는다.

原文 (四年) 是歲 百濟末多王 無道 暴虐百姓 國人遂除 而立嶋王 是爲武寧王 百濟新撰云 末多王 無道 暴虐百姓 國人共除 武寧王立 諱斯麻王 是琨支王子之子 則末多王異母兄也 琨支向倭 時至筑紫嶋 生斯麻王 自嶋還送 不至於京 産於嶋 故因名焉 今各羅海中有主嶋 王所産嶋

Ⅵ 고대의 문화 387

故百濟人號爲主嶋 今案嶋王 是蓋鹵王之子也 末多王 是琨支王之子也 此曰異母兄 未詳也

_『일본서기』권16, 부레츠 천황 4년

자료 7

계미년 8월 일, 십대왕十大王[주10]의 재위 시에 남제왕男弟王[주11]이 의시사가궁意柴沙加宮에 있을 때 사마斯麻가 장수長壽하길 염원하며 개중비직開中費直과 예인穢人인 금주리 두 사람을 파견했었습니다. 말씀하셨던 상동上銅 2백관은 아니나 이 거울을 빙물聘物로 바칩니다.(김재붕의 판독과 번역 참조함)

原文 癸未年八月日十大王年男弟王在意柴沙加宮時斯麻念長壽遣開中費直穢人今州利二人莫所白上同二百旱聘此竟

_ 日本 和歌山縣 橋本市 隅田八幡神社 所藏 人物畫像鏡 銘文

주10 십대왕(十大王) : 백제 동성왕(東城王)으로 추정된다. 동성왕의 이름인 모대(牟大)를 십대(十大)로 표기했다고 여겨지기 때문이다. 이 명문에서 銅을 同으로, 鏡을 竟으로 간략하게 표기한 것처럼, 十은 牟의 간략(簡略)한 표기일 것이다.

주11 남제왕(男弟王) : 일본의 게이타이 천황(繼體天皇). 게이타이는 오호도(男大迹)라고도 표기했는데, 남제를 일본말로 오토라고 읽는다.

출전

『일본서기』

『삼국사기』

무령왕 지석 : 무령왕릉 입구에서 무령왕비(王妃)의 지석(誌石)과 함께 발견된 무령왕의 지석. 지석의 발견으로 이 무덤이 무령왕의 무덤임을 확정할 수 있었으며, 사료가 부족한 백제사를 연구하는 데 매우 귀중한 자료로 평가받는다.

찾아읽기

소진철, 『금석문으로 본 백제 무령왕의 세계』, 원광대 출판부, 1994.

이남석, 『백제묘제의 연구』, 서경문화사, 2002.

권오영, 『고대 동아시아 문명 교류사의 빛 무령왕릉』, 돌베개, 2005.

한일관계사학회, 『한일관계 2천년 보이는 역사 보이지 않는 역사』(고중세), 경인문화사, 2006.

노중국 외, 『금석문으로 백제를 읽다』, 학연문화사, 2014.

4 백성을 가르치고 인재를 양성하다

삼국의 교육 제도

고구려는 태학과 경당을 통해 국가의 인재를 양성했다. 백제와 신라 역시 박사 제도의 운영을 통해 교육과 학문 활동이 활발했음을 알 수 있다. 이후 신라가 삼국을 통일하고 국학을 설치하여 교육 제도는 한 단계 더 발전했다.

고구려의 교육기관

삼국시대 교육기관에 대한 기록은, 고구려 소수림왕小獸林王 2년(372)에 태학太學을 설치했다는 『삼국사기』의 기사나,[자료1] 결혼 안 한 고구려 청소년들이 경당扃堂에서 독서나 활쏘기를 익혔다는 『당서』의 기사[자료2]가 전부일 정도로 드문 편이다. 백제와 신라의 경우는 그나마도 없다.

태학이 소수림왕 대(371~384)에 설치되었다는 것은 그만한 의미가 있다. 소수림왕 대는 백제의 공격으로 선왕인 고국원왕이 전사하는 비운을 경험한 직후의 시기로, 국가가 재도약하기 위해 여러 개혁 정책을 추진하던 때이다. 불교 공인과 율령 반포, 태학 설치가 이때 취해진 대표적인 개혁 조치였다. 태학은 소수림왕 대 개혁 정책 추진과 향후의 국가 발전 사업에 널리 활용할 국가적 인재를 양성하기 위해 설치한 국립 교육기관이었다.

이에 반해 경당은 사설私設 교육기관이었다. 거리마다 있었다고 한 것으로 보아 경당의 수는 상당했을 것이다. 그리고 경당에서 익힌 교육 내용은 독서와 활쏘기였다고 한 것으로 미루어, 경당의 교육 목적이 문무를 겸비한 청소년을 양성하는 데 있었음을 능히 짐작할 수 있다.[자료2] 이런 점에서 경당은 신라의 화랑도를 연상케 한다. 화랑도도 문무를 겸비한 청소년을 길러내는 데 목적이 있었기 때문이다. 당시 삼국의 무력 대결이 심각하게 전개되어갔던 점을 염두에 둘 때, 경당과 화랑도와 같은 청소년 교육 제도는 각국에 매우 긴요했을 것이다. 따라서 기록은 없지만 이 같은 교육기관이나 제도는 백제에도 있었음이 틀림없다.

교육기관의 발달은 학문 발전으로 이어지기 마련이다. 고구려 사람들이, 문지기나 말먹이 따위까지 모든 사람이 책을 좋아했다거나 유교 경전과 역사서에서 옥편류에 이르는 다양한 서적을 가지고 있었다고 한 것은[자료2] 그만큼 교육열이 높았고 유학과 역사와 한문학 등 학문 전반에 대한 이해가 깊었음을 암시해준다. 일찍이 고구려에 『유기留記』 100여 권이 있었고, 태학박사 이문진이 이를 축약하여 『신집新集』 5권으로 정리했다고 한[자료3] 데서도 고구려인의 학문 수준이 높았음을 알 수 있다. 또 이를 통해 고구려에 박사 제도가 있었다는 사실이 드러난다.

백제와 신라의 박사 제도

교육기관에 관한 구체적인 기록은 전하지 않지만, 백제나 신라의 학문과 교육 수준도 고구려에 못지않았을 것이다.

백제는 박사博士 제도의 운영이 매우 활발했다. 백제 박사에 관한 기록은 주로 일본에 파견되어 일본 사람들을 교화한 인물과 관련된 것들이다. 5세기 전반 일본에 파견된 박사 아직기阿直岐와 왕인王仁[자료4]을 비롯하여 6세기 초 파견된 오경박사五經博士 단양이段楊爾와 고안무高安茂 등이 대표적인 예이다.[자료5·6] 이들은 일본 사람에게 발달한 학문을 전하여 백제의 영향력을 확대하는 데 기여했다. 일본 역사책을 보면, 아직기는 아치키시阿知吉師라고도 부른 백제 수장首長으로 태자 우지노와키이라츠코菟道稚郎子의 스승이 되었다 하고, 왕인은 와니키시和邇吉師라고도 부른 백제 수장으로 나라奈良 서부의 가와치河內 지방에서 큰 세력을 이룬 후미씨文氏가 그의 후예라고 한다.

그러나 일본에 파견된 박사만 있었던 것은 아니고 국내에서 학문과 교육 활동에 종사한 박사도 많았다. 그 예로 근초고왕 때 역사서『서기書記』를 지었다는 박사 고흥高興을 들 수 있다.[자료7] 이처럼 백제에서 박사 제도가 활성화된 것은 그만큼 교육과 학문 활동이 활발했음을 의미한다.

신라에도 박사와 조교助敎 제도가 있었다. 진덕왕 5년(651) 박사와 조교를 두었다는 기록이 전하지만,[자료8] 박사 자체는 이때 처음 생긴 것이 아니고 훨씬 이전부터 있었을 것이다. 오래 전 기자조선에도 박사가 있었으니 길게 말할 이유가 없다. 612년에 새겨진 임신서기석壬申誓記石의 명문銘文을 보면 신라의 두 젊은이가 유학 경전을 3년 안에 익히자고 서약하고 있어,[자료9] 젊은이들의 학구열이 매우 뜨거웠음을 짐작할 수 있다. 신라인의 학문과 교육에 대한 이러한 열정이 바탕이 되어 진흥왕 6년(545)에 거칠부居柒夫의『국사』편찬이 가능했던 것이다.[자료10]

그 후 신라가 삼국을 통일하면서 당의 교육기관을 본받아 신문왕 2년(682)에 국학國學을 설치하여[자료11] 교육 제도가 한 단계 더 발전했다.

자료1

태학太學을 세우고 자제子弟를 교육했다.

原文 立太學 敎育子弟

_『삼국사기』권18, 「고구려본기」6, 소수림왕 2년

자료2

습속에 문지기와 말먹이 따위의 집에 이르기까지 서적을 매우 좋아한다. 각 거리마다
큰 집을 지어 경당局堂이라 부르는데, 자제子弟들이 결혼할 때까지 밤낮으로 이곳에서
독서와 활쏘기를 익힌다. 책은 오경五經[주1]과 사기史記, 한서漢書와 범엽의 후한서後漢
書, 삼국지三國志와 손성孫盛의 진춘추晋春秋, 그리고 옥편玉篇[주2]·자통字統·자림字林[주3]
이 있다. 또 문선文選[주4]이 있는데 이를 가장 귀중하게 여긴다.

原文 俗愛書籍至於衡門廝養之家 各於街衢造大屋 謂之局堂 子弟未婚之前 畫夜於此 讀書習
射 其書有五經及史記 漢書 范曄後漢書 三國志 孫盛晉春秋 玉篇 字統 字林 又有文選 尤愛重之

_『구당서』권199, 「열전」149상, 동이, 고려

자료3

대학박사大學博士 이문진李文眞이 고사古史를 축약하여 신집新集 5권을 만들었다.

原文 大學博士李文眞 約古史爲新集五卷

_『삼국사기』권20, 「고구려본기」8, 영양왕 11년

자료4

(오진 천황) 15년 8월 임술삭壬戌朔 정묘丁卯에 백제의 왕이 아직기阿直伎를 보내어 좋은
말 2필을 바쳤다. 경輕의 산비탈 부근에 있는 마구간에서 길렀는데, 아직기에게 사육
을 맡도록 했다. …… 아직기가 또한 경전을 잘 읽으므로 태자 우지노와키이라츠코菟
道稚郞子의 스승으로 삼았다. 이때 천황이 아직기에게 묻기를 "혹시 너보다 뛰어난 박
사가 또 있느냐."라 하니 대답하기를 "왕인王仁이라는 사람이 있는데 매우 뛰어 납니
다."라 했다. …… 16년 2월에 왕인이 와서 태자 우지노와키이라츠코의 스승이 되었
는데, 모든 전적典籍을 왕인에게서 배워 통달하지 않음이 없었다.

原文 十五年秋八月壬戌朔丁卯 百濟王遣阿直伎 貢良馬二匹 卽養於輕坂上廏 因以阿直岐

주1 오경(五經) : 시경(詩經)·서경
(書經)·역경(易經)·예기(禮記)·
춘추(春秋)를 말함.

주2 옥편(玉篇) : 양(梁) 나라 고야
왕(顧野王)이 『설문(說文)』을 상세
하게 하여 30권으로 편찬한 자서
(字書).

주3 자림(字林) : 남조 송(宋)의 여
침(呂忱)이 문자의 훈고(訓詁)를 기
록하여 편찬한 자서.

주4 문선(文選) : 남조 양(梁) 무제
(武帝)의 맏아들인 소명태자(昭明
太子) 소통(蕭統)이 편찬한 책으로,
춘추시대부터 양나라 때까지의 시
문(詩文)을 문체별로 모은 고전문
학의 대표적 사화집(詞花集).

令掌飼 …… 阿直岐亦能讀經典 卽太子菟道稚郎子師焉 於是 天皇問阿直岐曰 如勝汝博士亦有

耶 對曰 有王仁者 是秀也 …… 十六年二月 王仁來之 則太子菟道稚郎子師之 習諸典籍於王仁

莫不通達

_『일본서기』권10, 오진 천황 15년 · 16년

자료 5

백제는 …… 오경박사五經博士 단양이段楊爾를 보냈다.

原文 百濟 …… 貢五經博士段楊爾

_『일본서기』권17, 게이타이 천황 7년 6월

자료 6

오경박사 한고안무漢高安茂를 바치고 박사 단양이를 대신하려고 청했다.

原文 別貢五經博士漢高安茂 請代博士段楊爾 依請代之

_『일본서기』권17, 게이타이 천황 10년 9월

자료 7

고기古記에 이르기를 "백제는 개국開國 이래 아직 문자로 사실을 기록함이 없더니 이

에 이르러 박사 고흥高興을 얻어 비로소 『서기書記』를 갖게 되었다."고 했다.

原文 古記云 百濟開國已來 未有以文字記事 至是 得博士高興 始有書記

_『삼국사기』권24, 「백제본기」2, 근초고왕 30년

자료 8

박사博士 · 조교助教와 대사大舍 2인을 진덕왕 5년에 두었다.

原文 博士 助教 大舍二人 眞德王五年置

_『삼국사기』권38, 「잡지」7, 직관상, 국학

자료 9

임신년壬申年 6월 16일 두 사람이 함께 맹서하여 쓴다. 지금부터 3년 이후에 충도忠道를

유지하고 과실이 없게 할 것을 하늘 앞에 맹세한다. 만약 이 일을 잃으면 하늘로부터

큰 죄 얻을 것을 맹세한다. 만약 나라가 불안하고 세상이 크게 어지러워지면 기꺼이 행할 것을 맹세한다. 또 별도로 앞서 신미년辛未年 7월 22일에 크게 맹서한 바 있다. 시詩^{주5}·상서尙書^{주6}·예禮^{주7}·전傳^{주8}을 3년 안에 차례로 습득하겠다고.

> **原文** 壬申年六月十六日 二人幷誓記 天前誓 今自三年以後 忠道執持過失无誓 若此事失 天大罪淂誓 若國不安大乱世可容行誓之 又別先辛未年七月廿二日大誓 詩尙書禮傳倫得誓三年
>
> _임신서기석

주5 시(詩) : 오경의 하나인 시경.

주6 상서(尙書) : 오경의 하나인 서경의 옛 이름. 한나라 때부터 송나라 때까지 불렸다.

주7 예(禮) : 오경의 하나인 예기. 주말(周末)부터 진한대(秦漢代)까지의 고례(古禮)에 관한 설을 수록한 책.

주8 전(傳) : 오경의 하나인 춘추에 관한 주석서의 총칭.

주9 포폄(褒貶) : 역사를 평가함에 포는 호평하는 것을 말하고, 폄은 악평하는 것을 말함.

자료 10

이찬伊湌 이사부異斯夫가 아뢰기를, "국사國史란 군신君臣의 선악善惡을 기록하여 포폄褒貶^{주9}을 만대萬代에 보이는 것이니 역사를 꾸미어 두지 아니하면 후세에 무엇을 보고 알겠습니까."라 하니, 왕이 그렇다고 여겨 대아찬大阿湌 거칠부居柒夫 등에게 명하여 널리 문사文士를 모아 국사를 꾸미게 했다.

> **原文** 伊湌異斯夫奏曰 國史者 記君臣之善惡 示褒貶於萬代 不有修撰 後代何觀 王深然之 命大阿湌居柒夫等 廣集文士 俾之修撰
>
> _「삼국사기」권4, 「신라본기4, 진흥왕 6년

자료 11

(신문왕 2년) 6월, 국학國學을 설치하고 경卿 1인을 두었다.

> **原文** 六月 立國學 置卿一人
>
> _「삼국사기」권8, 「신라본기」8, 신문왕 2년

출전

『삼국사기』

『일본서기』

『구당서』

임신서기석 : 1934년 경상북도 경주시에서 발견된 신라 시대 비석. 비석 첫 머리에 '임신(壬申)'이 새겨져 있고 충성을 맹서하는 내용을 담고 있어 임신서기석이라 부른다.

찾아읽기

이만규, 『한국교육사』상 · 하, 을유문화사, 1947~1949.

한기언, 『한국교육사』, 박영사, 1963.

이기백, 「고구려의 경당」, 『역사학보』35 · 36, 1967.

이기백, 「유교 수용의 초기형태」, 『한국민족사상사대계』2, 1973.

박현숙, 「백제 태학의 설립과 정비 과정」, 『역사교육』132(역사교육연구회), 2014.

이정빈, 「고구려 태학 설립의 배경과 성격」, 『한국교육사학』36-4, 2014.

배재훈, 「백제의 태학」, 『한국고대사탐구』19, 2015.

5 신라가 젊은 인재를 양성하다

화랑과 국선

화랑제도는 진골을 중심으로 소속부와 계층을 초월하여 왕권을 뒷받침하기 위해 인재들을 끌어 모으기 위한 제도였다. 화랑 출신 진골이 나중에 국가 요직에 자리하면 그 낭도 중 일부가 추천을 받아 관직에 진출하기도 했는데, 이들이 6두품으로 성장한다. 화랑도는 국왕에 대한 충성을 가장 큰 덕목으로 삼은 세속5계로 정신을 무장하여, 특히 전쟁터에서 많은 활약을 했다.

화랑, 낭도, 향도

신라에는 진골 출신의 젊은이를 '화랑'으로 삼고, 그를 좇는 젊은이들이 '낭도'라 칭하며 계층과 신분을 초월하여 모여 무리를 이루는 제도가 있었다. 이를 화랑제도花郞制度라고 한다. 화랑은 '국선國仙' 또는 '풍월주風月主'라고 부르기도 했다 한다. 그런데 국선이나 풍월주는 화랑 중에서 으뜸을 뽑아 특히 그를 일컫던 말이 아닌가 생각된다. 조정에는 '화주花主'를 두어 화랑에 관한 사무를 관장하게 했다. 『삼국유사』는 진흥왕 때의 설원랑薛原郞이 최초의 국선이었다고 기록했으나,^[자료1] 1989년에 발견되어 공개된 필사본 『화랑세기花郞世紀』에는 설원랑이 제7세世 풍월주로 나타나며 제1세 풍월주는 위화랑魏花郞이었던 것으로 되어 있다. 그러나 필사본 『화랑세기』는 김대문이 쓴 진본을 옮겨 적은 것이 아니라 후대인의 창작이거나 도가류道家類의 비기秘記일 가능성이 크다는 견해가 제시되어 논의 중이다.

　화랑과 그 낭도로 이루어진 단체를 흔히 '향도香徒'라고 불렀다. 김유신이 화랑이었을 때 그를 중심으로 모인 무리를 '용화향도龍華香徒'라 했다고 한다.[자료2] 향도 곧 화랑도花郎徒는 명산대천名山大川을 찾아 돌아다니며 심신을 수련했는데 국토 곳곳에 이들의 발길이 닿지 않는 곳이 없었다. 이 제도는 유능한 인재를 선발하고, 사회를 통합하며, 사회의 규범과 윤리를 건전하게 유지하는 토대가 됨으로써 신라의 삼국 통일에 크게 이바지했다. 그러므로 통일신라 시기의 김대문은 그가 지은『화랑세기』에서, "어진 정승과 충성스런 신하와 훌륭한 장수와 용감한 병사가 모두 화랑으로부터 나왔다."고 하여, 이 제도의 역할을 높이 평가했다.[자료3]

화랑의 기원

　신라의 화랑이 어디서 기원했는가에 대해서는 여러 설이 있다. 사회인류학적인 관점에서 그 기원을 찾는 사람은 이것이 원시 사회의 청소년 조직 내지 비밀결사, 연령계급제도에서 유래했다고 생각한다. 또 정치적 군사적 측면에서 그 기원을 찾아, 진흥왕의 섭정이었던 모후 김씨에 봉사하고 있던 청소년 집단이 화랑의 모체가 되었다고 보기도 하고, 이른바 명망군名望軍(군사 엘리트)의 보충을 위한 특수한 조직으로 보기도 한다.

　그렇지만 화랑도의 기원과 관련해서는 진흥왕이 "국가를 흥하게 하려면 먼저 풍월도風月道를 일으켜야 한다."고 하고 화랑의 제도를 만든 사실을 소홀히 보아서는 곤란하다. 화랑은 '풍월도風月道' 또는 '풍류風流'라고 부르던 전통적인 사상 체계와 연결되어 있었던 것이다. 이에 대한 자세한 내막이『선사仙史』에 전한다고 했으나 지금은 그 책이 없어져 잘 알 수가 없다.[자료3] 다만 유儒·불佛·선仙 3교를 다 포괄하여 중생을 교화한다고 했다고 하니, 마치 중국에서 유행한 도교道教와 비슷한 전통 사상에 기원을 두고 있었다는 것만은 분명하다.

　단재 신채호는 신라의 국선國仙이 고구려의 선인先人(→ 仙人)과 통한다고 생각하

고, 화랑은 본래 상고시대上古時代 소도제단蘇塗祭壇의
무사武士로서 당시에 '선비'라고 일컬어지던 자라고
보았다. 그러므로 우리의 선仙을 도교의 선仙으로 잘
못 알아서는 안 되며, 우리의 전통적인 선仙 사상을
낭가사상郎家思想이라 함이 옳다고 했다. 이러한 낭
가사상은 고려 시기까지 면면히 이어지다가 윤언이
尹彥頤(윤관의 아들)와 묘청妙淸, 정지상鄭知常 등이 주
장한 칭제북벌론稱帝北伐論의 사상적 기반이 되었으
나, 시의時宜에 맞지 않는 묘청의 경거망동으로 말미
암아 중국 사상에 휩쓸린 김부식金富軾 무리에 의해
타도되니, 이 사건을 계기로 우리 민족의 정신적 지
주로서의 위치를 잃고 말았다는 것이다. 그리하여
낭가의 독립사상이 설 자리를 잃고 사대주의가 판을
치게 되었으니, 이 사건을 '조선 역사상 1,000년 이래
제일 대사건'이라 할 만하다며 안타까워했다.

『화랑세기』 필사본
신라 성덕왕 때 학자 김대문(金大問)이 화
랑의 유래를 적은 책으로, 판본이 전하지
않고 『삼국사기』에 아주 일부만 인용되어
있다. 그런데 1989년에 조선 후기 필사본
으로 보이는 『화랑세기』를 김해에서 발견
했다. 이 필사본은 모두 16장 32면으로 후
반부가 일부 빠졌다. 여기에 나오는 내용은
충격적으로 근친혼·동성애·다부제(多夫
制) 등 고대 사회 실상을 생생하게 그려놓
았다. 아직 진본인지 판명되지 않았지만 진
본이라면 고려 시대 이전에 쓴 역사책으로,
유교 영향을 받지 않은 역사책 가운데 최초
로 발견한 역사책인 셈이다.

　　신채호의 견해는 우리나라가 일제의 식민지 상태
에 놓여 있던 때에 우리 민족이 자칫 독립정신을 잃
고 일제에 동화될까 우려하여, 우리 민족에게는 예로부터 고유한 정신이나 '얼'이 있다
는 것을 일깨울 목적에서 제시된 것이다. 그러나 우리 민족이 살아오면서 추구해온 보
편 가치를 역사 속에서 찾는다면 그의 언급을 곱씹어 음미할 필요가 있다. 물론 우리
민족에게만 있는 정신과 얼을 지나치게 강조하는 태도는 자칫 우리 역사를 지나치게
특수한 것으로 만들어 세계사적인 보편성을 잃고 작은 나라에서 제 나름의 좁은 인식
만 가졌던 역사로 전락시킬 가능성도 있다. 그러므로 우리는 화랑의 기원이 신채호의
말처럼 낭가사상에 있다고 해도, 그것이 원시 사회부터 유래하는 청소년 집단이나 중
국의 유·불·선 사상과 어떤 형태로든 연관되어 있다는 것을 군이 부인할 필요가 없
다. 다만 화랑도가 신라에서 특히 발달하게 된 역사적 배경을 제대로 이해하고, 그것
이 우리 민족사에 어떤 의미를 가지고 있는지 정확히 파악하기만 하면 된다.

화랑제도의 성립 배경

화랑도가 처음 제도로서 성립한 것은 진흥왕 말년(576)의 일이었다. 진흥왕은 율령을 반포한 법흥왕의 뒤를 이어 즉위한 후, 그때까지의 신라 역사상 가장 넓은 영토를 개척한 왕이다. 진흥왕 때에는 많은 정치적 변화가 있었다. 전왕이 반포한 율령의 기초 위에서 왕권을 크게 강화하고 중앙집권적인 지배 체제를 구축했다. 그리고 진골 왕족들에게 국가의 요직을 주어 진골들로 하여금 새로운 성격의 지배 세력으로 대두할 기회를 마련해주었다.

법흥왕 때까지는 신라의 현실 정치가 6부를 중심으로 운영되고 있었다. 국왕마저도 6부 중 한 부部인 탁부喙部('훼부'라고 읽기도 한다. '喙'의 음이 '돌'에 가까웠다고 생각하는 사람들은 탁이라고 읽고, '부리·불'에 가까웠다고 생각하는 사람들은 훼라고 읽는다)에 소속했으며, 왕족들은 6부에 흩어져 속해 있었다. 그리하여 나라에 중요한 일이 생기면 6부의 대표들이 모여 국정을 의논하고, 이 회의에서 결정된 사항을 국왕이 실행했다. 그렇지만 진흥왕부터 국왕은 더 이상 소속부를 갖지 않았다. 중앙집권적 지배 체제가 확립되어 6부의 결정보다 국왕의 결정이 더 중요하게 된 것이었다. 이러한 강력한 왕권을 진골 왕족들이 뒷받침했다.

하지만 그 뒤로도 당분간 진골 왕족이 모두 부에 속해 있었고, 부는 여전히 독자성을 띤 정치조직체로 움직이고 있었으므로, 진골들이 부의 이해관계를 떠나 왕권을 뒷받침하려면 소속부를 초월하여 사람들을 동원할 수 있는 새로운 제도가 필요했다. 그때까지는 모든 사람들이 6부의 지배를 받고 있었기 때문에 부를 통해서만 사람들을 동원할 수 있었다. 따라서 진골을 중심으로, 소속부와 계층을 초월하여, 그리고 왕권을 뒷받침하기 위해 인재들을 널리 끌어 모으기 위해서는 새로운 형태의 제도가 필요했던 것이다. 이에 만들어진 것이 화랑제도이다.

진골 출신의 젊은이를 화랑으로 삼고 그 휘하의 낭도郎徒 중에서 유능한 자를 왕에게 추천함으로써 관료가 되는 길을 열어주자, 소속부와 계층을 가리지 않고 재능을 가진 많은 젊은이들이 화랑 밑에 모여들었다. 이는 새로운 변화였다. 유명한 화랑의 낭도 중에서 재능을 인정받은 사람들은 그 화랑이 나중에 국가의 요직에 앉았을 때 추천

울주 천전리 각석
울산 대곡리(반구대)에 있는 바위그림 유적인데, 선사 시대 바위그림뿐만 아니라 신라 화랑이 남긴 글씨도 남아 있다. 이곳
에는 계곡이 있는데 울산에서 경주로 가는 길목이며 뱃길을 따라 경주로 들어갈 수도 있어, 선사 시대를 비롯하여 삼국 시
대에도 주요 길목인 듯하다. 그래서 선사 시대 그림과 신라 화랑이 새긴 글씨가 동시에 있는 듯싶다. 신라 화랑들이 새겨놓
은 이름 · 간지 · 관명이 바위 아래쪽에 있다.

을 받아 그동안 엄두도 못 내던 높은 벼슬자리를 얻기도 했다. 이런 사람들이 6두품으
로 성장한다. 이에 신라 사람들은 희망에 부풀어 앞다투어 화랑의 문도門徒가 되었으
며, 진골과 국왕을 위하여 몸을 아끼지 않고 충성을 다했다.

　화랑제도는 진골 중심의 질서를 만들고자 하는 뜻에서 새로운 인력人力 동원 체제
로 성립했다. 이 제도는 신라 사회의 통합에 기여하고, 낮은 신분의 사람들에게 새로
운 희망을 줌으로써 신라 사회를 활력 넘치는 사회로 만드는 데 공헌했다. 그리고 이
제도가 활발하게 운용된 결과 골품 제도에도 변화가 와서, 진골이 배타적인 특권을 지
닌 신분층으로 성립하고 6두품이라는 새로운 신분층이 탄생하기에 이르렀다.

세속5계

화랑도가 성립한 데에는 전통적인 사상의 역할이 자못 컸을 것이다. 그러나 실제로 화랑도를 움직인 것은 유·불·선과 우리의 고유 사상이 두루 통합된 사상이었다. 우리는 그것을 세속5계를 통해 알 수 있다.[자료4] 세속5계는 불교의 승려인 원광법사圓光法師가 정해주었다고 하는데, 굳이 불교적인 내용을 지적한다면 '살생유택殺生有擇'에 불과하다. 그러나 그나마도 살생을 아예 저지르지 말라는 불교의 교리 그대로가 아니라 선택해서 살생하라는 내용으로 변질되어 있다.

화랑도가 지킬 세속5계를 승려가 정해주었다는 것은 불교의 가치관이 화랑도의 중요한 이념이 되었음을 말한다. 김유신이 이끈 향도의 이름이었다는 '용화龍華'는 석가 다음에 이 세상에 출현할 미륵이 그 밑에서 설법하리라는 나무로, 그 나무의 꽃이 용과 비슷하게 생겼다고 해서 붙여진 이름이다. 김유신 향도는 미륵사상을 그들의 정신적 지주로 삼았을 것이다.

세속5계에는 유교적인 가치관이 많이 반영되었다들 알고 있다. '사군이충事君以忠'과 '사친이효事親以孝', '교우이신交友以信'의 3계戒가 유교적 가치를 담고 있다고 생각하기 때문이다. 그러나 임금에 대한 충성과 부모에 대한 효도, 친구 사이의 신의를 강조한 것은 반드시 유교적인 가치관이라고만 볼 내용이 아니다. 어느 사회에서나 흔히 있을 수 있는 보편적인 덕목이다. 실제로 여기서 말하는 충·효·신은 유교에서의 그것과 다소간 다른 개념으로 봐야 한다. 이를테면 화랑 사다함은 친구 무관랑武官郎이 죽자 그와의 약속을 지키기 위해 슬피 울다가 7일 만에 따라 죽고 말았다는데, 이것은 유교에서 말하는 신의信義와 거리가 멀다.[자료5] 한편 '임전무퇴臨戰無退'는 무사들에게 요구되던 전통적인 가치관이었다.

화랑도의 활약

진골을 중심으로 모여 국왕에 대한 충성을 가장 큰 덕목으로 삼은 세속5계로 정신을 무장한 화랑도는 특히 전쟁터에서 많은 활약을 했다. 사다함 · 김유신 · 반굴 · 관창 · 김흠운 등이 전쟁터에서 보여준 불굴의 투지와 용감무쌍한 기백을 통해 이를 확인할 수 있다. 신라가 백제를 칠 때에 백제의 계백이 이끄는 결사대를 이기지 못하자 홀로 뛰어 나아가 용감히 싸우다 전사한 관창의 이야기는 지금까지도 젊은 학생들에게 나라를 사랑하는 마음과 용기를 길러주고 있다.[자료6] 김흠운은 용감하게 싸우다 죽은 이들의 이야기를 들으면 눈물을 흘리며 '임전무퇴'의 결연한 의지를 다졌다고 한다.[자료7]

화랑은 낭도들을 보호하고 아껴주어 낭도에게 무슨 일이 생기면 얼른 달려가서 도와주었다. 죽지랑竹旨郎은 그의 낭도가 부部의 일로 징발되어 가자 떡과 술을 들고 찾아갔으며 책임자에게 그의 휴가를 요청하기까지 했다. 이렇게 낭도를 아끼는 마음은 많은 사람들에게 감명을 주어 화랑을 존경하고 좇도록 만들었다. 지나가던 사람도 죽지랑이 선비를 소중하게 여기는 풍모를 보고 감동하여 많은 재물과 그가 아끼는 말안장까지 내주면서 함께 휴가를 청해주었다고 한다.[자료8]

화랑도는 또한 불쌍한 사람들을 돕는 데도 앞장서 사회의 통합에 기여하고 계층 사이의 갈등을 완화시키는 역할을 하기도 했다. 화랑 효종랑과 그의 낭도들이 홀어머니를 홀로 봉양해야 했던 효녀 지은을 적극 도왔다는 일화에서 그 일면을 짐작할 수 있다.[자료9] 효종랑의 향도가 지은을 도운 사실이 널리 알려지자 왕이 이를 듣고 지은을 표창했다고 하는데, 이는 효종랑의 향도가 한 일을 장려하는 것이기도 했다.

화랑도는 나라에 필요한 인재를 양성하고 등용하는 마당이었으며, 동시에 계층을 초월한 사회 통합을 이끈 견인차였던 것이다. 신라는 이러한 화랑도에 힘입어 삼국통일의 주인공이 될 수 있었다.

자료1

(진흥왕은) 천성이 풍미風味하여 신선을 크게 숭상하여, 민가의 아름다운 처녀를 가려서 원화原花로 삼았다. 이는 무리를 모아 그중에서 인물을 선발하고 또 그들에게 효제孝悌와 충신忠信을 가르치기 위한 것으로서, 또한 나라를 다스리는 큰 요체였다. 이에 남모南毛와 교정峧貞 낭자를 두 원화로 뽑으니, 모여든 무리가 3, 4백 명이나 되었다. 교정은 남모를 질투하여 술자리를 베풀어 남모에게 술을 먹여 취하게 한 후에 몰래 북천北川으로 메고 가서 돌을 매달아 빠뜨려 죽였다. 그 무리들은 남모가 간 곳을 알지 못해 슬피 울면서 헤어졌다. …… 이에 왕은 영을 내려 원화를 폐지시켰다. 그 후 여러 해 만에 왕은 또 국가를 흥하게 하려면 반드시 풍월도風月道를 먼저 일으켜야 된다고 생각하여, 양가의 덕행 있는 사내를 뽑아 그 명칭을 고쳐 화랑이라 했다. 처음으로 설원랑薛原郎을 받들어 국선國仙으로 삼으니 이것이 화랑 국선의 시초이다. 그래서 기념비를 명주溟州에 세웠다. 이로부터 사람에게 악을 고쳐 선으로 옮기게 하고 윗사람을 공경하고 아랫사람에게 순하게 하니, 오상五常과 육예六藝와 삼사三師와 육정六正이 널리 행해졌다.

> **原文** 天性風味多尚神仙 擇人家娘子美艷者 捧爲原花 要聚徒選士教之以孝悌忠信 亦治國之大要也 乃取南毛娘岭貞娘兩花 聚徒三四百人 岭貞者嫉妬毛娘 多置酒飲毛娘 至醉潛舁去北川中 擧石埋殺之 其徒罔知去處 悲泣而散 …… 於是 大王下令廢原花 累年 王又念欲興邦國 須先風月道 更下令選良家男子有德行者 改爲花郎 始奉薛原郎爲國仙 此花郎國仙之始 故竪碑於溟州 自此 使人悛惡更善上敬下順 五常六藝三師六正廣行於代

_「삼국유사」권3, 「탑상」 미륵선화 미시랑 진자사

자료2

공(김유신)의 나이 15세에 화랑이 되었는데 당시 사람이 기꺼이 복종했는데, 이를 용화향도龍華香徒라 일컬었다.

> **原文** 公年十五歲爲花郎 時人洽然服從 號龍華香徒

_「삼국사기」권41, 「열전」1, 김유신 상

자료3

처음으로 원화原花를 받들었다. 이전에 군신이 인재를 알지 못함을 유감으로 여기어 사람들을 끼리끼리 모으고 떼 지어 놀게 하여 그 행실을 보아 뽑아 쓰려 했다. 그리하여 드디어 남모南毛와 준정俊貞이라는 미녀 두 사람을 선발하여 300여 명이나 되는 무리를 모았다. 그런데 두 여인이 서로 어여쁨을 다투고 시기하다가, 준정이 남모를 자기 집으로 유인하여 억지로 술을 권하여 취하게 한 다음에 이를 끌어다가 강물에 던져서 죽여버렸다. 이로 인해 준정은 사형에 처해지고 무리들은 화목을 잃어 흩어졌다. 그 후 다시 외모가 아름다운 남자를 뽑아 곱게 단장하여 화랑花郞이라 부르고 받들게 하니 무리가 구름처럼 모여들어, 혹은 도의道義를 닦고 혹은 서로 가악歌樂으로 즐겁게 하면서 명산대천名山大川에 돌아다녔는데, 멀리 이르지 않은 곳이 없었다. 이로 인하여 그들 중에 나쁘고 나쁘지 아니한 것을 알게 되어 착한 자를 가리어 조정에 추천하게 되었다. 그런 까닭에 김대문金大問의 『화랑세기花郞世記』에서 "현좌賢佐와 충신忠臣과 양장良將과 용졸勇卒이 이로 말미암아 나왔다."라 했고, 최치원崔致遠의 난랑비서鸞郞碑序에서는 "우리나라에 현묘玄妙한 도道가 있으니 이를 풍류風流라 이른다. 그 교敎의 기원은 선사仙史에 자세히 실려 있는데, 실로 삼교三敎를 포괄하여 중생을 교화한다. ……"라 했으며, 당나라 영호징令狐澄의 『신라국기新羅國記』에서는 "귀인의 자제 중에서 어여쁜 자를 뽑아 분을 바르고 곱게 단장하여 이름을 화랑이라 하여 국인이 모두 높이 섬긴다."라 했다.

原文 始奉源花 初君臣病無以知人 欲使類聚遊以觀其行義 然後擧而用之 遂簡美女二人 一曰南毛 一曰俊貞 聚徒三百餘人 二女爭娟相妬 俊貞引南毛於私第 强勸酒至醉 曳而投河水以殺之 俊貞伏誅 徒人失和罷散 其後更取美貌男子粧飾之 名花郞以奉之 徒衆雲集 或相磨以道義 或相悅以歌樂 遊娛山水無遠不至 因此知其人邪正 擇其善者薦之於朝 故金大問花郞世記曰 賢佐忠臣從此而秀 良將勇卒由是而生 崔致遠鸞郞碑序曰 國有玄妙之道曰風流 設敎之源備詳仙史 實乃包含三敎接化羣生 …… 唐令狐澄新羅國記曰 擇貴人子弟之美者 傅粉粧飾之 名曰花郞 國人皆尊事之也

_「삼국사기」권4, 「신라본기」4, 진흥왕 37년

자료 4

원광법사圓光法司가 수나라에서 유학하고 돌아와 가실사加悉寺에 머물러 있었는데, 그때 사람들에게 존경을 받았다. 이때 귀산貴山과 추항箒項은 원광법사를 찾아가 "속된 우리들은 어리석어 아무 것도 아는 바 없으니 원컨대 한 말씀 가르쳐주시면 자신의 계명으로 삼겠나이다."라 했다. 원광법사가 말했다. "…… 지금 세속오계世俗五戒가 있으니, 첫째 임금을 충성으로써 섬기고[事君以忠], 둘째 어버이에게는 효도를 다하며 [事親以孝], 셋째 벗을 사귐에는 신의로써 하고[交友以信], 넷째 전쟁에 임해서는 물러섬 이 없어야 하며[臨戰無退], 다섯째 살생함에는 가림이 있어야 한다[殺生有擇]는 것이다. 그대들은 이를 실행에 옮겨 소홀함이 없도록 하라."고 했다.

> **原文** 圓光法師入隋遊學 還居加悉寺 爲時人所尊禮 貴山等詣門摳衣進告曰 俗士頑蒙無所 知識 願賜一言 以爲終身之誡 …… 法師曰 今有世俗五戒 一曰事君以忠 二曰事親以孝 三曰交 友以信 四曰臨戰無退 五曰殺生有擇 若等行之無忽
>
> _『삼국사기』권45, 「열전」5, 귀산

자료 5

사다함斯多含은 진골 출신으로 내밀왕(내물왕)의 7대손이고, 아버지는 구리지仇梨知 급 찬級湌이다. 본래 높은 가문의 귀한 자손으로서 풍채가 빼어나고 지기志氣가 반듯했 다. 당시 사람들이 그를 화랑으로 받들기를 청하므로 부득이 맡아 그의 무리가 무려 1천여 인에 이르렀는데, 이들 모두의 환심을 얻었다. 진흥왕이 이찬伊湌 이사부異斯夫 에게 명하여 가라국을 습격하게 했다. 이때 사다함의 나이 15, 6세였는데, 종군하기를 청했다. 왕이 어리다 하여 허락하지 아니했더니, 청하기를 열심히 하고 뜻이 굳세었 으므로 드디어 명하여 귀당비장貴幢裨將으로 삼았는데, 그를 따르는 낭도郎徒가 많았 다. …… 사다함이 처음에 무관랑武官郎과 더불어 죽어도 함께 죽는 친구가 되자고 약 속했다. 무관이 병들어 죽자, 사다함이 목 놓아 슬피 울다가 7일 만에 또한 죽으니 그 때 나이 17세였다.

> **原文** 斯多含 系出眞骨 奈密王七世孫也 父仇梨知級湌 本高門華冑 風標淸秀 志氣方正 時 人請奉爲花郎 不得已爲之其徒無慮一千人 盡得其歡心 眞興王命伊湌異斯夫 襲加羅國 時斯多 含年十五六 請從軍 王以幼少不許 其請勤而志確 遂命爲貴幢裨將 其徒從之者亦衆 …… 含 始 與武官郎 約爲死友 武官病卒 哭之慟甚 七日亦卒 時年十七歲
>
> _『삼국사기』권44, 「열전」4, 사다함

자료 6

관창官昌은 신라 장군 품일品日의 아들이다. 외모가 우아하여 젊어서 화랑이 되었는데, 남과 사귀기를 잘했다. 16세가 되어 말을 타고 활쏘기를 잘하니 대감大監인 어느 사람이 태종대왕에게 그를 천거하여 당나라 현경 5년 경신에 왕이 군대를 내어 당나라 장군과 더불어 백제를 칠 때 관창을 부장으로 삼았다. 황산黃山 벌에 이르러 양쪽의 군대가 서로 대치하자 아버지 품일이 말하기를 "너는 비록 어린 나이지만 뜻과 기개가 있으니 오늘이 바로 공명을 세워 부귀를 취할 수 있는 때이니 어찌 용기가 없을손가?" 했다. 관창이 "예." 하고는 곧바로 말에 올라 창을 빗겨들고 적진에 곧바로 진격하여 말을 달리면서 몇 사람을 죽였으나 상대편의 수가 많고 우리 편의 수가 적어서 적의 포로가 되었다. 포로로 백제의 원수元帥 계백의 앞에 끌려갔다. 계백이 투구를 벗게 하니 그가 어리고 용기가 있음을 아끼어 차마 죽이지 못하고 탄식하기를 "신라에는 뛰어난 병사가 많다. 소년이 오히려 이러하거든 하물며 장년 병사들이야!" 하고는 살려 보내기를 허락했다. 관창이 (돌아와서) 말하기를 "아까 내가 적지 가운데에 들어가서 장수의 목을 베지 못하고 그 깃발을 꺾지 못한 것이 깊이 한스러운 바이다. 다시 들어가면 반드시 성공할 수 있다." 하고 손으로 우물물을 움켜 마시고는 다시 적진에 돌진하여 민첩하게 싸우니 계백이 잡아서 머리를 베어 말안장에 매어 보내었다. (아버지) 품일이 그 머리를 손으로 붙들고 소매로 피를 닦으며 말하기를 "우리 아이의 얼굴과 눈이 살아 있는 것 같다. 능히 왕실의 일에 죽었으니 후회가 없다." 했다. 모든 군사들이 이를 보고 용기를 내어 뜻을 세워 북을 요란하게 쳐 진격하니 백제가 크게 패했다.

原文 官昌 新羅將軍品日之子 儀表都雅 少而爲花郎 善與人交 年十六能騎馬彎弓 大監某薦之太宗大王 至唐顯慶五年庚申 王出師與唐將軍侵百濟 以官昌爲副將 至黃山之野 兩兵相對 父品日謂曰 爾雖幼年有志氣 今日是立功名取富貴之時 其可無勇乎 官昌曰 唯 即上馬橫槍 直擣敵陣馳 殺數人而彼衆我寡 爲賊所虜 生致百濟元帥階伯前 階伯俾脫冑愛其少且勇 不忍加害 乃嘆曰 新羅多奇士 少年尚如此 況壯士乎 乃許生還 官昌曰 向吾入賊中 不能斬將搴旗 深所恨也 再入必能成功 以手掬井水飲訖 再突賊陣疾鬪 階伯擒斬首繫馬鞍送之 品日執其首袖拭血曰 吾兒面目如生 能死於王事 無所悔矣 三軍見之 慷慨有立志 鼓噪進擊 百濟大敗

_『삼국사기』권47, 「열전」7, 관창

자료7

김흠운金歆運은 내밀왕(내물왕)의 8대손이요, 아버지는 달복達福 잡찬迊湌이었다. 어려서 화랑 문노文努의 문하에 있을 때, 낭도들이 아무개가 전사하여 지금까지 이름을 남기고 있다는 말을 하게 되면, 흠운은 비장하게 눈물을 흘리며 스스로 격려하여 그를 흠모하는 모습을 보였다. 같은 문하에 있는 승려 전밀轉密이 말하기를 "이 사람이 적진에 나가면 반드시 돌아오지 않을 것이다."라 했다.

原文 金歆運 奈密王八世孫也 父達福迊湌 歆運少遊花郎文努之門時 徒衆言及某戰死留名 至今 歆運慨然流涕 有激勵思齊之貌 同門僧轉密曰 此人若赴敵 必不還也

_『삼국사기』권47, 「열전」7, 김흠운

자료8

죽만랑竹曼郎(죽지랑竹旨郎)의 낭도에 득오실得烏失이라는 급간級干(신라 17관등 중에서 9등의 관등명. 득오실은 나중에 급간이 되었던 것이고, 이 사건이 일어날 당시에는 관등을 지니지 않았을 것으로 추정된다)이 있었는데, 풍류황권風流黃卷(화랑도의 명단을 적은 책)에 이름을 올려두고 날마다 출근하더니 한 열흘 동안 보이지 않았다. 낭郎이 그 어미를 불러 아들이 어디에 있는가 물으니 그 어미가 말하되, "당전幢典(군사의 징발을 맡은 부대 책임자)인 모량부牟梁部의 익선益宣 아간阿干(신라 17관등 중에서 6등의 관등명)이 내 아들을 부산성富山城의 창직倉直(창고지기)으로 뽑아 데려갔으므로 급히 가느라고 낭에게 아뢰지도 못했습니다."고 했다. 낭은 "네 아들이 만일 사사로운 일로 갔다면 찾아볼 필요가 없지만, 공사公事로 갔다니 응당 가서 대접하리라." 하고 떡 한 합과 술 한 병을 가지고 측근을 거느리고 가니 낭도 137명도 위의威儀를 갖추고 따라갔다. 부산성에 이르러 문지기에게 "득오실은 어디에 있는가?" 하고 물으니 "지금 익선의 밭에서 예에 따라 부역赴役하고 있습니다." 했다. 낭이 밭으로 찾아가서 가져간 술과 떡을 먹이고 익선에게 휴가를 얻어 같이 돌아가고 싶다고 청하니, 익선은 끝내 안 된다며 허락하지 않았다. 이때 사리使吏(세금인 조租를 거두어들이던 관리) 간진侃珍이 추화군推火郡(지금의 밀양)의 능절조能節租 30석을 거두어 부산성으로 싣고 가다가 낭이 선비를 소중하게 여기는 풍모를 아름답게 여기고, 익선이 꽉 막혀 융통성이 없는 것을 더럽게 여겨, 가지고 가던 30석을 익선에게 주고 낭의 요청을 거들었으나 여전히 허락하지 않았다. 그래서 또 간진 절사지節舍知(조의 수취를 맡은 사지舍知. 사지는 17관등 중 13등의 관등명. 사리使吏의 다른 이름임)가 말 타는 안장 일체를 주니 그제서야 허락했다. 조정의 화주花主(화랑에 관한 일을 맡아보던 관리)가 이 말을 듣고 사람을 보내 익선을 잡아다가 그 더럽고 추함을 씻어주려 하자 익선이 도망하여 숨으니 그 아들을 (대신) 잡아갔다.

原文 竹曼郎之徒有得烏級干 隷名於風流黃卷 追日仕進隔旬日不見 郎喚其母問爾子何在 母曰 幢典牟梁益宣阿干 以我子差富山城倉直 馳去行急未暇告辭於郎 郎曰 汝子若私事適彼 則不須尋訪 今以公事進去 須歸享矣 乃以舌餠一合酒一缸 率左人而行 郎徒百三十七人亦具儀侍從 到富山城 問閽人得烏失奚在 人曰今在益宣田隨例赴役 郎歸田以所將酒餠饗之 請暇於益宣 將欲偕還 益宣固禁不許 時有使吏侃珍管收推火郡能節租三十石 輸送城中 美郎之重士風味 鄙宣暗棄不通 乃以所領三十石 贈益宣助請 猶不許 又以珍節舍知騎馬鞍具貽之 乃許 朝廷花主聞之 遣使取益宣 將洗浴其垢醜 宣逃隱 掠其長子而去

_『삼국유사』권2, 「기이」2, 효소왕대 죽지랑

자료9

효녀 지은知恩은 …… 천성이 지극히 효성스러워 어릴 적에 아버지를 여의고 혼자서 그 어머니를 봉양하면서 나이 32세가 되도록 시집을 가지 않고 아침저녁으로 보살피며 곁을 떠나지 않았다. 그런데 봉양할 거리가 없어 …… 부잣집에 가서 자청하여 몸을 팔아 종이 되고 쌀 10여 석을 받았다. …… 딸이 사실대로 고하니 어머니가 "나 때문에 네가 종이 되었다니 빨리 죽느니만 못하다."고 하면서 소리 내어 크게 울고, 딸 또한 울어서 그 슬픈 모습이 길 가는 사람을 감동케 했다. 이때 효종랑孝宗郞이 지나가다가 이 광경을 보고 돌아와 부모에게 청하여 집의 곡식 100석과 옷가지를 실어다 주었다. 또 산 주인에게 몸값을 갚아주고 양민良民이 되게 했더니, 낭도郞徒 몇 천 명이 각기 곡식 한 섬씩을 내어주었다. 대왕이 이 소식을 듣고 조租 500섬, 집 한 채를 내려주고 잡역을 면제시켜주었다. 집에 곡식이 많았으므로 빼앗거나 훔쳐 가는 자가 있을 것을 염려하여 담당 관청에 명하여 군대를 보내 교대로 지키게 했고, 그 마을을 표하여 '효양방孝養坊'이라 했다.

原文 孝女知恩 …… 性至孝 少喪父 獨養其母 年三十二 猶不從人 定省不離左右 而無以爲養 …… 就富家請賣身爲婢 得米十餘石 …… 女子以實告之 母曰 以我故使爾爲婢 不如死之速也 乃放聲大哭 女子亦哭 哀感行路 時孝宗郎出遊見之 歸請父母輸家粟百石及衣物予之 又償買主以從良 郎徒幾千人 各出粟一石爲贈 大王聞之 亦賜租五百石 家一區 復除徭役 以粟多恐有剽竊者 命所司差兵番守 標榜其里曰孝養坊

_『삼국사기』권48, 「열전」8, 효녀 지은

■ 출전

『삼국사기』

『삼국유사』

■ 찾아읽기

이기동, 『신라골품제사회와 화랑도』, 일조각, 1984.

신라문화선양회 편, 『화랑문화의 재조명』, 서경문화사, 1989.

미시나 아키히데三品彰英(이원호 옮김), 『신라 화랑의 연구』, 집문당, 1995.

한국향토사연구전국협의회, 『화랑문화의 신연구』, 문덕사, 1996.

김상현, 『신라의 사상과 문화』, 일지사, 1999.

이종욱, 『화랑』, 휴머니스트, 2003.

박남수, 『신라 화백제도와 화랑도』, 주류성, 2013.

6 역사를 편찬하다

삼국의 역사 편찬

삼국은 율령을 반포하고 국가 제도를 정비하여 대외 발전을 시작할 무렵 국가 위신을 과시하기 위하여 제 나라의 역사서를 편찬했다. 또한 삼국은 각기 당면한 문제를 해결하기 위한 방도로서 역사를 정리했다. 고구려의 『유기』와 『신집』, 백제의 이른바 '백제삼서', 신라의 『국사』는 모두 이러한 자세에서 찬술된 사서들이다.

『삼국사기』와 『구삼국사』

오늘날까지 전하는 역사서 가운데 가장 오래된 것은 『삼국사기』이다. 『삼국사기』는 고려 인종 23년(1145) 김부식이 책임 편찬관이 되어 최산보 · 이온문 · 허홍재 등 참고參考 8명과 정습명 · 김충효 등 관구管句 2명 등 10명의 편사관을 이끌고 편찬한 사서다. 그러나 고려는 『삼국사기』보다 훨씬 앞서 『삼국사三國史』를 편찬했다. 이규보 「동명왕편」에 의하면, 12세기 말까지 옛 『삼국사』가 전하여 직접 구해서 보았다고 한다. 이규보는 『삼국사기』 이전의 『삼국사』를 『구삼국사』라 불렀다. [자료1] 「동명왕편」은 『구삼국사』에 기록된 동명왕 이야기를 문단별로 소개하고, 각각에 시를 지어 붙인 것이다. 그러나 『구삼국사』는 지금 전하지 않는다.

『구삼국사』가 고려에 들어와 편찬된 사서라는 사실은 이름에서 알 수 있다. 신라를

포함한 삼국의 역사를 지었다면 신라가 멸망한 뒤가 될 터이기 때문이다. 김부식의
『삼국사기』는 물론이고『구삼국사』도 창작이 아니었다. 그때까지 전해오는 삼국의 역
사서를 토대로 기사 내용을 가려뽑아 옮겨 적은 것이다. 그 과정에서 편찬자의 주관이
개입하여 어떤 내용은 빼기도 하고, 긴 내용은 줄이기도 했으며, 글투를 유려하게 바
꾸기도 했으나 없는 사실을 꾸며내어 멋대로 기록한 경우는 없었다. 이러한 역사 편찬
태도를 '술이부작述而不作'이라 한다.

고려 시대 이전의 사서로 12~13세기까지 있던 책이 어떤 것들이었는지 지금은 제
목조차 제대로 알 길이 없다. 김부식은『삼국사기』를 올리는 글에서 삼국의 옛 기록[古
記]이 있으나 글이 거칠고 서투른 데다 사실이 많이 빠졌다고 했다.[자료2] 옛 기록이 적
잖이 남아 있었던 모양이다. 또『삼국유사』권3「흥법興法편」에는 세주細註로『신지비사
神誌秘詞』라는 책을 인용했는데, 연개소문의 일을 적었다고 한 것으로 보아 고구려 말
쯤의 역사서인 듯하다. 삼국은 각자 자기의 역사를 편찬하여 남긴 것이다.

고구려인의 긍지를 담은『신집』

고구려는 영양왕 11년(600) 이문진李文眞이 '국초國初'부터 있었던『유기留記』100권을
줄여『신집新集』5권을 만들었다고 한다.[자료3]『유기』가 만들어졌다는 '국초'는 막연한
표현이어서 시기가 언제인지 분명히 알 수 없으나, 아무리 늦어도 고구려의 국가 체제
가 정비되는 소수림왕 때는 완성되었을 것이다.

오늘날은『유기』의 내용을 전혀 알 수 없으나, 맥족貊族의 신화와 전설, 고구려가 건
국할 때의 여러 사실들, 특히 이 책이 편찬되던 때까지 왕과 귀족들의 혈통·계보 등
이 서술되었을 것이다. 미천왕 대까지는『삼국사기』에 설화가 꽤 기록되어 있는데,『유
기』의 영향인 듯싶다.

이 책을 새로 만든 때의 고구려 사정을 보면, 이문진이 100권이나 되는『유기』를 줄
여 5권의『신집』을 편찬한 배경을 짐작할 수 있다. 영양왕 11년은 수나라가 중국을 통
일하고 고구려와 승부를 내려고 벼르던 때였다. 고구려는 영양왕 9년에 수나라 30만

군대를 맞아 싸워 물리쳤다. 『수서隋書』에 수나라 수군水軍은 폭풍을 만나 배가 물에 휩쓸리고, 육군은 장마를 맞아 전염병에 시달려 후퇴했다고 했으나, 이는 고구려에게 당한 패전을 천재지변 탓으로 돌린 데 불과하다. 그러나 수나라가 다시 침략할 게 뻔했으므로 고구려는 국가적인 위기를 맞아, 예전의 경험을 바탕으로 살 길을 찾아야 했다. 전연前燕이 침입하여 수도를 함락하고, 다시 백제가 침입하여 국왕이 전사하기까지 했던 위기 상황에서 왕위에 올라 성공적으로 국가 체제를 정비했던 소수림왕 때의 경험을 떠올렸다. 따라서 이문진에게 이 일과 관련된 사실만 추려 따로 책을 만들게 한 것이겠다. 역사에서 배우려 한 것이다. 그러므로 『신집』의 주 내용은 고구려인의 긍지와 어려운 일이 닥쳤을 때 극복할 수 있는 자신감을 높여줄 기록들이었을 것이다.

역사 편찬이 왕성했던 백제

백제는 근초고왕(346~375) 때 학자 박사博士 고흥高興이 『서기書記』를 편찬했다고 한다.[자료4] 고흥은 『서기』를 편찬한 것 외에 구체적인 행적을 알 수 없는 사람이나, 책을 편찬할 정도로 한문과 유학에 밝았다고 한다. 고씨라는 성을 중국식 성으로 보면 낙랑군이 없어질 때 내려온 인물일 가능성을, 고구려의 왕성王姓으로 보면 고구려에서 온 사람일 가능성을 생각해볼 수 있을 터이나, 잘 알 수 없다.

박사는 백제 관제의 하나로 유교 경전을 교수하는 임무를 맡았던 관직이다. 『일본서기日本書紀』에는 왕인王仁 · 단양이段楊爾 · 고안무高安茂 등 백제 박사들의 이름이 보인다. 백제는 유교 경전에 밝은 학자뿐 아니라 전문 기술이 있는 사람에게도 박사를 수여했다.

그런데 고흥의 『서기』는 대개 역사서로 알려져 있지만, 확실한 증거는 없다. 책 이름이 문서를 기록한다는 뜻의 '서기'라는 것도 역사서가 아닐 수 있다는 가능성을 보여준다. 그러나 백제가 전성기를 맞았던 근초고왕 때 역사를 정리하여 편찬하지 않았을 리가 없다.

백제가 편찬한 역사서의 이름은 오히려 일본 측 기록에 자세히 전한다. 『일본서기』

는『백제기百濟記』,『백제신찬百濟新撰』,『백제본기百濟本記』를 여러 군데 인용하고 있다. 이를 흔히 '백제삼서百濟三書'라 하는데, 사서의 정체는 분명치 않으나 백제인이 찬술한 사서라는 점만은 확실하다. 일본 사람이 백제의 역사를 정리해주었을 까닭이 없기 때문이다. 이를 통해 백제 사람들은 자기 역사를 활발히 정리했음을 알 수 있다.

왕통의 정통성을 천명한 신라의『국사』

신라에서는 진흥왕 6년(545) 거칠부居柒夫가『국사國史』를 편찬했다. 국사를 편찬하여 역대 군왕과 신하의 잘잘못을 기록해야 한다고 왕에게 역설한 사람은 이사부異斯夫였다고 한다.[자료5] 거칠부와 이사부는 모두 내물왕의 후손으로 진골이었다. 진흥왕은 『국사』편찬이 끝난 뒤 거칠부의 관등을 높여 파진찬을 삼았다. 이는 신라왕이 역사 서술을 국가적인 큰 사업으로 중시했음을 뜻한다.

신라는 지증왕 대와 법흥왕 대를 거치면서 중앙 및 지방 통치 체제를 정비하여 국왕을 중심으로 한 지배 체제를 구축해갔다. 왕권이 강화되면서 왕족이 정치에서 차지하는 자리도 높아져, 스스로를 '진골'이라 일컬어 다른 부류의 사람들과 구별하고, 국가의 거의 모든 요직을 독점하다시피 했다. 진골은 왕족이라는 점에서 다른 사람들과 달랐는데, 왕족으로서 특권을 주장하려면 국왕의 정치적 지위를 더 높여주어야 했다. 국왕을 '성골'이라 불러 신성시한 것은 이때부터일 것이다. 성골에는 왕위를 계승하도록 내정된 왕자도 들어간다.

왕족인 이사부와 거칠부가『국사』편찬을 건의하고 주관했으며, 국왕이 이 사업을 적극 지원한 것은 시대 분위기와 맞물린다. 그동안의 왕위 계승 관계를 정리하여 진골의 범위를 확정하고, 왕위가 일관된 원리를 근거로 단절 없이 계승되어온 것으로 파악하여 국왕의 정통성을 세워야 했다. 당시 추구하던 중앙집권적인 율령 정치 체제의 정당성을 주장해야 했고, 이 주장이 공식적인 역사 편찬으로 나타났던 것이다. 따라서 『국사』는 왕통王統의 정통성을 세상에 알리고, 국왕의 위엄을 안팎에 과시하는 내용을 주로 담았다.

삼국은 모두 율령을 반포하여 국가 제도를 정비하고 대외적인 발전을 막 시작할 무렵에 각기 제 나라의 역사서를 편찬했다. 이는 국가 위신을 나라 안팎에 과시하기 위해서였다. 그러므로 국사 편찬은 중앙집권적 귀족 국가 건설의 문화적 기념탑이라 할 만하다.

통일신라는 어떻게 역사를 편찬했는가

통일신라에 들어와서 국가가 공식적으로 역사를 편찬했다는 기록은 없다. 다만 개인이 찬술한 역사서가 이름만 전한다. 8세기 초에 김대문이 『계림잡전鷄林雜傳』, 『고승전高僧傳』, 『화랑세기花郎世紀』, 『한산기漢山記』 등을 편찬했고,[자료6] 최치원은 『제왕연대력帝王年代曆』을 편찬했다고 한다. 이 가운데 오늘날까지 전하는 것은 『고승전』 일부뿐이다.

그런데 1989년에 32쪽 짜리 『화랑세기』 필사본이 발견되고, 또 1995년에는 162쪽 짜리 그 모본母本이 공개되었다. 풍월주風月主가 화랑의 수장으로서 신라 화랑도를 이끌었다며, 풍월주 32명의 전기를 담은 책이었다. 이는 일본 왕실 도서관에서 10여 년간 근무한 경력이 있는 박창화朴昌和(1889~1962)가 원고지에 펜글씨로 적은 것이었는데, 그가 일본 왕실 도서관에서 일하다가 김대문의 『화랑세기』 원본을 우연히 발견하고 그대로 옮겨 적은 것인지, 아니면 순전히 상상으로 꾸며낸 이야기에 제목만 '화랑세기'라고 붙인 것인지는 분명하지 않다. 이 필사본을 둘러싸고 학자들 사이에 최근까지 논란이 있었으나 진본이라는 견해와 아니라는 견해가 여전히 엇갈린다.

『삼국사기』를 보면, 김대문은 신라왕의 위호位號를 본디 칭하던 그대로 거서간·차차웅·이사금·마립간이라 기록했고, 최치원은 위호를 모두 왕으로 고쳐 적었다고 한다. 여기서 두 사람의 역사의식 차이를 엿볼 수 있다. 김대문은 실제로 있었던 사실을 그대로 꾸밈없이 기록해 후세에 전하는 것이 역사라고 생각했고, 중국의 유교 지식을 배워 익힌 최치원은 보편성에 더 초점을 두어 세계의 모든 사람이 누구나 알 수 있는 용어로 바꿔 서술하는 게 옳다고 여긴 것이다. 역사의 특수성과 일반성을 각각 강조한 셈이다.

　이 차이는 김대문이 국왕 중심 · 진골 중심의 가치가 가장 고조되었던 성덕왕 때 인물이고, 최치원은 신라 왕실이 몰락해가던 말기 사회를 산 인물이라는 점에 있다. 최치원은 멸망의 길로 치닫던 신라를 보면서 새로운 기준을 마련하여 국가를 중흥해야 한다고 생각했고, 그 기준으로 유교가 가진 가치의 보편성을 제시했던 셈이다. 나중에 김부식은 최치원의 이런 태도가 자기의 전통 문화를 안 좋게 여기고 외국의 문물은 무조건 숭상하는 자세에서 생긴 것 아닌가 의심하여 비판했다.[자료7] 하지만 최치원이 신라 고유의 왕호를 죄다 왕이라고 바꿔 쓴 것이, 실제로 거서간 · 이사금 · 마립간 같은 왕호를 비루하게 여겨서인지, 아니면 이들이 중국의 왕과 조금도 다름없는 존재라고 생각해 자랑스럽게 그렇게 한 것인지는 알 수 없는 일이다. 최치원이 남긴 비문을 보면 그가 신라의 언어에 강한 애착을 가졌음이 나타나는데, 이런 태도로 미루어 그가 전통 문화를 촌스럽게 여겼을 것 같지는 않다.

　어느 시대나 그 시대가 당면한 여러 문제가 있기 마련이다. 당면한 문제를 해결하기 위해서는 다양한 방법이 있을 수 있지만, 가장 유력하고 효율적인 방법은 역사를 정리하는 일이다. 이 일은 과거의 사실을 정리하여 새로운 안목을 펼칠 토대를 마련하고, 거기에 기초하여 당면 과제를 해결한다는 것을 의미한다. 삼국이 역사를 편찬한 뒤에 비약적인 발전을 할 수 있었던 것은 모두 그 때문이다. 역사 정리는 한두 사람의 노력으로 되는 일이 아니다. 우리도 지금 우리가 당면한 과제가 무엇인지 정확히 파악하고, 당면 과제를 해결하기 위해 우리 민족의 역사에 관심을 더 가져야 한다.

자료1

세상에서 동명왕東明王의 신통하고 이상한 일을 많이 말한다. 비록 어리석은 남녀들까지도 흔히 그 일을 말한다. 내가 일찍이 그 이야기를 듣고 웃으며 말하기를, "선사先師 중니仲尼주1께서는 괴력난신怪力亂神을 말씀하시지 않았다. 동명왕의 일은 실로 황당하고 기괴하여 우리들이 얘기할 것이 못된다."고 했다. 뒤에 『위서魏書』와 『통전通典』을 읽어보니 역시 그 일을 실었으나 간략하고 자세하지 못했으니, 자기네 일은 자세히 기록하고 외국의 일은 골자만 기록하려고 한 때문일 것이다. 지난 계축년주2 4월에 『구삼국사舊三國史』를 얻어 동명왕본기東明王本紀를 보니 그 신이한 사적이 세상에서 얘기하는 것보다 더했다. 그래서 처음에는 믿지 못하고 귀鬼나 환幻으로나 생각했는데, 세 번 반복하여 읽어서 점점 그 근원에 들어가니 이것은 환幻이 아니고 성聖이며 귀鬼가 아니고 신神이었다.

주1 중니(仲尼) : 공자의 이름.

주2 계축년(癸丑年) : 1193년. 이규보의 나이 26세 때.

<pre>原文 世多說東明王神異之事 雖愚夫騃婦 亦頗能說其事 僕嘗聞之 笑曰 先師仲尼 不語怪力亂神 此實荒唐奇詭之事 非吾曹所說 及讀魏書通典 亦載其事 然略而未詳 豈詳內略外之意耶 越癸丑四月 得舊三國史 見東明王本紀 其神異之迹 踰世之所說者 然亦初不能信之 意以爲鬼幻 及三復耽味 漸涉其源 非幻也 乃聖也 非鬼也 乃神也</pre>

_ 『동국이상국집』권3, 고율시, 동명왕편 병서

자료2

지금의 학사, 대부大夫들은 5경經과 제자諸子의 글 및 진한秦漢 (이래) 역대의 역사에는 혹 두루 통하여 상세히 말하는 자가 있어도 우리나라의 일에 대하여는 도리어 그 시말始末을 까마득히 알지 못하니 심히 한탄스러운 일이다. 하물며 신라씨, 고구려씨, 백제씨가 나라를 열어 대치했으나, 능히 중국에 예절을 갖추어 통했으므로 범엽范曄의 한서漢書, 송기宋祁의 당서唐書에는 모두 (삼국의) 열전이 있으나, (중국의) 국내 기사는 상세히 서술하고, 외국 기사는 소략하게 서술했으므로 (우리나라 기사는) 상세히 실리지 않았다. 또한 그에 관한 옛 기록[古記]은 표현이 거칠고 졸렬하며, 사건의 기록이 빠진 것이 있으므로, 이로써 군주와 왕비의 착하고 악함, 신하의 충성됨과 사특함, 나라 일의 안전함과 위태로움, 백성의 다스려짐과 어지러움을 모두 펴서 드러내어 권하거나 징계할 수 없다. 그러므로 마땅히 세 가지 뛰어난 재주를 가진 사람을 얻어 능히 일관된 역사를 이루어 만대에 전하여 빛내기를 해와 별처럼 하고자 한다.

原文 今之學士大夫 其於五經諸子之書 秦漢歷代之史 或有淹通而詳說之者 至於吾邦之事 却茫然不知其始末 甚可嘆也 況惟新羅氏 高句麗氏 百濟氏 開基鼎峙 能以禮通於中國 故范曄 漢書 宋祁唐書 皆有列傳 而詳內略外 不以具載 又其古記 文字蕪拙 事迹闕亡 是以君后之善惡 臣子之忠邪 邦業之安危 人民之理亂 皆不得發路以垂勸戒 宜得三長之才 克成一家之史 貽之萬世 炳若日星

_『동인지문사륙』10, 진삼국사기표

자료 3

대학박사大學博士 이문진李文眞에게 명하여 고사를 축약하여 『신집新集』5권을 만들었다. 국초에 처음으로 문자를 사용할 때 어떤 사람이 사실을 100권으로 기록하여 이름을 『유기留記』라고 했는데, 이때에 와서 깎고 고친 것이다.

原文 詔大學博士李文眞 約古史爲新集五卷 國初始用文字時 有人記事一百卷 名曰留記 至是刪修

_『삼국사기』권20, 「고구려본기」8, 영양왕 11년

자료 4

고기古記에 이르기를 "백제는 개국開國 이래 문자로 사실을 기록함이 없더니 이에 이르러 박사博士 고흥高興을 얻어 비로소 『서기書記』를 갖게 되었다."고 했다. 그러나 고흥은 일찍이 다른 책에는 나타나지 않으므로 그가 어떤 사람인지 알 수 없다.

原文 古記云 百濟開國已來 未有以文字記事 至是 得博士高興 始有書記 然高興未嘗顯於他書 不知其何許人也

_『삼국사기』권24, 「백제본기」2, 근초고왕 30년

자료 5

주3 포폄(褒貶) : 칭찬하거나 비방하는 것

(진흥왕) 6년 가을 7월에 이찬 이사부異斯夫가 아뢰었다. "나라의 역사는 임금과 신하의 선악을 기록하여 포폄褒貶주3을 만대萬代에 보이는 것이니, 이를 편찬하지 않으면 후대에 무엇을 보이겠습니까?" 왕이 진실로 그렇다고 여겨 대아찬 거칠부居柒夫 등에게 명하여 선비들을 널리 모아 (국사를) 편찬케 했다.

原文 六年秋七月 伊湌異斯夫奏曰 國史者 記君臣之善惡 示褒貶於萬代 不有修撰 後代何觀 王深然之 命大阿湌居柒夫等 廣集文士 俾之修撰

_『삼국사기』권4, 「신라본기」4, 진흥왕 6년

김대문金大問은 본래 신라의 귀족가문 자제로서 성덕왕 3년에 한산주 도독이 되었으며 전기 몇 권을 지었다. 그가 쓴 『고승전高僧傳』, 『화랑세기花郎世記』, 『악본樂本』, 『한산기漢山記』가 아직도 남아 있다.

原文 金大問 本新羅貴門子弟 聖德王三年爲漢山州都督 作傳記若干卷 其高僧傳 花郎世記 樂本 漢山記 猶存

_『삼국사기』권46, 「열전」6, 김대문

신라 왕으로서 거서간居西干이라 칭한 이가 한 사람, 차차웅次次雄이라 칭한 이가 한 사람, 이사금尼師今이라 칭한 이가 열여섯 사람, 마립간麻立干이라 칭한 이가 네 사람이었다. 신라 말의 이름난 유학자 최치원崔致遠이 지은 『제왕연대력帝王年代曆』에서는 모두를 아무 왕이라 칭하고 거서간 등의 칭호는 쓰지 않았으니, 혹시 그 말이 촌스러워 칭할 만한 것이 못된다고 여겨서일까? 좌전左傳과 한서漢書는 중국의 역사책인데도 오히려 초楚나라 말인 곡오도穀於菟, 흉노匈奴 말인 탱리고도撑犁孤塗 등을 그대로 보존했다. 지금 신라의 사실을 기록함에 그 방언을 그대로 쓰는 것이 또한 마땅하다.

原文 新羅王稱居西干者一 次次雄者一 尼師今者十六 麻立干者四 羅末名儒崔致遠作帝王年代曆 皆稱某王 不言居西干等 豈以其言鄙野不足稱也 曰左漢中國史書也 猶存楚語穀於菟 匈奴語撑犁孤塗等 今記新羅事 其存方言 亦宜矣

_『삼국사기』권4, 「신라본기」4, 지증마립간

출전

『동명왕편』

『삼국사기』

『동인지문사륙』: 고려 말 최해(崔瀣, 1287~1340)가 간행한 시문선집. 총 15권으로, 신라와 고려의 명현(名賢)의 시문집중 사륙변려문만을 모아서 엮었다.

찾아읽기

이강래, 『삼국사기 전거론』, 민족사, 1997.

이강래, 『삼국사기 인식론』, 일지사, 2011.

이기백, 「김대문과 그의 사학」, 『이사학보』 77, 1978.

조인성, 「최치원의 역사서술」, 『역사학보』 94 · 95, 1982.

이기동, 「고대의 역사인식」, 우송조동걸선생정년기념논총, 『한국사학사연구』, 나남출판, 1997.

박성희, 「고대 삼국의 사서 편찬에 대한 재검토」, 『진단학보』 88, 1999.

주보돈, 「거칠부의 출가와 출사」, 『한국고대사연구』 76, 2014.

조범환, 「삼국의 국사편찬과 왕권」, 『한국사연구』 168, 2015.

7 백제가 요서 지방을 영유하고 일본과 교류하다

백제의 해외진출과 교린

백제는 중국 · 일본 등과 교역하며 번영했다. 중국 남조계 사서
에는 백제가 한때 요서 지방을 점령하여 소유했다고 한다. 백제
의 대일본 관계 역시 우호 관계를 바탕으로 문화 전수자 성격을
띠고 전개되었다. 그러나 관련 자료가 부족하여 백제의 해외진
출 문제는 적잖은 부분이 의혹으로 남아 있어 면밀한 검토가 필
요하다.

백제가 요서 지방을 점령하여 소유하다

백제는 넓은 평야를 차지하고 있어 여기서 생산하는 물산이 풍부했다. 백제는 이를
토대로 중국 · 일본 등과 교역하여 탄탄한 경제력을 쌓아 번영했다. 그러나 관련 자료
가 부족하여 백제 역사의 적잖은 부분이 의혹으로 남아 있다. 백제의 나라 밖 진출 문
제도 마찬가지이다.

『송서宋書』「백제국전」을 비롯한 『양서梁書』, 『남사南史』 등 중국 남조계 사서에 의하
면, 백제는 한때 요서 지방을 점령하여 소유했다고 한다.[자료1·2·3·4] 그런데 이 사실
은 정작 당사국인 백제나 북조계 사서에서는 찾아볼 수 없는 내용이다. 백제의 요서
영유에 대하여 긍정론과 부정론이 대립하고 수정론까지 제기된 것은 이러한 자료상
의 문제 때문이다.

긍정론은 1770년에 간행된 신경준申景濬의 『동국문헌비고東國文獻備考』「여지고輿地考」에서 처음 제시되어, 임수도林壽圖·정겸丁謙 등의 중국인과 신채호·정인보·김상기·김철준 등 우리 학자들이 계승했다. 중국 측 기록에 나타나는 사실을 부인할 정당한 이유가 없다는 것이 주요 논지였다. 북조계 사서에 이 사실이 언급되지 않은 것은 자국의 수치를 기록하지 않는 중국인 특유의 역사 편찬 태도 때문일 거라는 것이다.

부정론은 1823년 한진서韓鎭書의 『해동역사海東繹史』 속편에서 개진되었으며, 일본인 연구자들이 주로 부정론을 받아들였다. 부정론의 요지는 ① 백제가 요서 지방을 영유했다는 진晉 말기에는 모용慕容씨가 요서를 점유했던 것으로 나타나며, ② 당시 중국과 백제의 지리적 관계를 볼 때도 수긍하기 어려운 사실이라는 것이다.

한편 수정론은 요서 지방을 영유한 주체를 백제가 아닌 낙랑 등 다른 세력으로 본다. 이 견해는 주로 『양직공도梁職貢圖』의 기록을 논거로 삼는데, '진 말기에 구려駒驪가 요동을 차지하니 낙랑 역시 요서 진평현을 차지했다'고 씌어 있다. 그러나 진나라뿐 아니라 중국의 여러 왕조가 백제·고구려·신라의 왕들을 책봉하면서 '낙랑태수樂浪太守'니 '낙랑공樂浪公'이니 하는 명호를 의례적으로 쓴 사실로 미루어볼 때, 『양직공도』의 기록을 액면 그대로 받아들이기는 힘들다.

백제의 요서 진출 사실을 둘러싸고 긍정론과 부정론이 나름의 근거로 대립하는 현시점에서 어느 쪽을 정설로 하기는 어렵다. 좀 더 연구해보아야 할 문제가 남아 있다. 우선 고조선이 멸망한 뒤에 사방으로 흩어진 조선 유민들의 동태부터 살펴보아야 한다. 또 요서 지역과 요동 지역에 일찍이 자리 잡은 조선 유민들이 고구려나 백제와 어떤 관계를 유지했는지 밝혀야 한다.

그리고 요서와 요동 지역을 둘러싼 모든 세력의 동향을 장기적으로 면밀하게 검토할 필요가 있다. 백제의 요서 지방 영유에 대한 사실이 남조계 사서에만 기록되어 있다고 해서 이를 당시 남조 사람들이 백제라는 나라의 위치를 모른 결과라고 해석하면 곤란하다. 중국인들의 동이東夷 여러 나라에 대한 인식은 3세기 끝 무렵 『삼국지』부터 꾸준히 축적되어왔고, 더구나 남조는 백제와 지속적으로 우호적인 관계를 유지했기 때문이다.

아직기와 왕인, 일본에 가다

　백제와 일본의 관계에도 적잖은 의혹이 있다. 이 관계를 밝히는 기본 사료로『삼국사기』와『일본서기』를 흔히 이용하나,『삼국사기』기록은 워낙 엉성하고『일본서기』기록은 왜곡이 심하여 실상을 파악하기가 쉽지 않다. 이를테면『일본서기』의 '진구 황후神功皇后의 신라 정벌' 기록은 조작한 것이며, 신공기神功紀 백제 관련 기록의 대부분은 백제 근초고왕이 전라남도 지방에 출정하여 이 지역을 다스린 사실을 전하는 내용이다. 또한 상고 기년上古紀年은 실제보다 120년 빠르다는 것이 정설이다. 따라서 이 사서는 치밀한 사료 비판을 가하여 이용해야 하는데, 비판과 검증 과정에서 이설異說과 신설新說이 난무한다.

　백제와 일본의 관계는 우호 관계를 바탕으로 문화 전수자 성격을 띠고 전개되었다. 일본 고대 문화의 뿌리는 백제 문화였다는 것이 일반적인 견해다. 학문과 불교, 각종 기술 등이 백제에서 일본으로 전수되었다. 아직기가 일본 태자 우지노와키이라츠코의 스승이었던 것이 대표적이다.[자료5] 일본 고대 문화의 후진성은 아직기에게 말을 사육하는 것을 맡겼다는 기사에서도 엿볼 수 있다. 이는 일본이 군무軍務를 담당하는 관직인 사마司馬 직을 말을 키우는(사마飼馬) 관직으로 잘못 이해한 데서 비롯됐다. 일본은 당시에 중국이나 백제의 선진적인 관제官制와 한자의 어의語義에 대한 이해 수준이 낮았던 것이다.

　백제가 일본에 오경박사五經博士 · 역박사易博士 · 의박사醫博士 · 역박사曆博士 · 승려 등을 파견하여 문화적 욕구를 충족시켜주는 대가로 바랐던 것은 군사적 지원이었다. 신라와 대치하는 상황에서 고구려의 남침을 막으려면 규슈 북부에 해군 기지를 가진 일본과 긴밀한 군사적 협조 관계를 유지해야 했다. 백제가 멸망할 때 일본은 대군을 파견하는 등 군사 원조도 아끼지 않았다. 이러한 관계는 백제의 부흥 운동기에도 이어졌다.

　『일본서기』에는 백제가 일본에 복속했던 것처럼 나타난다. 일본 왕이 백제 왕의 임명권을 가지고 있기라도 했던 듯 기술했을 정도다. 그러나 두 나라 사이의 인적 교류 관계만 보더라도 이는 거짓이다. 백제에서 일본으로 이주하여 지배 세력을 이룬 이들

칠지도

곧은 칼몸 좌우로 가지 모양 칼이 셋씩 나와 있어 칼날이 모두 7개이므로 칠지도라는 이름을 붙였다. 칼몸 앞뒤에는 60글자 정도가 금상감(金象嵌)되어 있고 테두리를 가는 금선으로 둘렀다. 이 글자 풀이와 관련해 임나일본부설의 근거로 삼는 등 그동안 많은 논란이 있어왔다. 하지만 백제 왕의 '말'을 극존칭인 '성음'이라고 한 점과 상대방 왜왕에게는 경어가 전혀 없다는 내용으로 미루어 백제가 왜왕한테 하사한 칼이 분명하다. 길이 74.9cm짜리 철제 칼로 오늘날 일본 나라 현 덴리 시 이소노카미신궁에 있다.

은 많아도 일본인으로서 백제 지배층에 편입된 예는 확인하기 어렵기 때문이다. 지배국이 복속국을 효율적으로 통제하기 위해서 적당한 인물을 파견했다고 보는 것이 이치에 맞을 터이다. 또한 백제에서 일본으로 건너간 '인질'들이 있었지만, 백제가 자국 사정에 맞추어 일본의 대외 정책을 추진하려고 자주적으로 파견한 사람들이었다는 것이 일반적인 이해이다.

백제와 일본의 관계를 말할 때 흔히 말하는 것이 『일본서기』 「신공기神功紀」에 기술된 칠지도七枝刀다. ^[자료6] 그리고 이 기사의 신빙성과 관련하여 일본 나라 현 텐리시天理市에 있는 이소노카미신궁石上神宮에 전해 오는 칠지도七支刀가 거론된다. 이 칠지도 칼몸의 앞뒤에는 60여 문자가 상감되어 있는데, 이를 둘러싸고 논란이 많았다. 일본의 지배적인 통설에 의하면, 369년에 백제에서 제작한 칠지도가 3년 뒤인 372년(진구 황후 52년)에 일본에 바쳐진 것이며, 이는 백제가 일본에 항복의 징표로 바친 것이었다고 한다.

그러나 우리나라 대부분의 학자와 일본의 일부 학자들은 오히려 이를 백제 왕이 일본 왕에게 하사한 것으로 본다. 당시 백제는 나라의 위세를 크게 떨쳐 일본에 위협을 느낄 까닭이 없었으며, 실제로 칠지도 명문의 '후왕侯王', '왜왕倭王' 같은 표현은 백제가 우위에 서서 구사한 용어고, 명문 형식 자체도 상위자가 하위자에게 주는 하행下行 문서의 양식을 갖추었다는 것이다. 또 이와 관련해서는 이소노카미신궁의 칠지도가 만들어진 시기를 5세기 후반으로 보고 신공기의 칠지도와 전혀 무관하다고 본 견해도 제기되어 있다.

자료1

백제국은 본래 고구려와 더불어 요동遼東주1의 동쪽 1천여 리 밖에 있었다. 그 후 고구려는 요동遼東을, 백제는 요서遼西를 경략하여 차지했다. 백제가 통치한 곳은 진평군晉平郡 진평현晉平縣주2이라 한다.

> **原文** 百濟國 本與高驪俱在遼東之東千餘里 其後高驪略有遼東 百濟略有遼西 百濟所治 謂之晉平郡 晉平縣
>
> _「송서」권97, 「열전」57, 이만, 백제국

자료2

백제는 본래 고구려와 더불어 요동遼東의 동쪽에 있었다. 진晉나라 때에 이르리 고구려가 이미 요동을 경략하자 백제 역시 요서遼西 · 진평晉平 2군郡의 땅을 점거하여 스스로 백제군百濟郡을 설치했다.

> **原文** 其國本與句驪在遼東之東 晉世句驪旣略有遼東 百濟亦據有遼西晉平二郡地矣 自置百濟郡
>
> _「양서」권54, 「열전」48, 제이, 동이 백제 ; 「남사」권79, 「열전」69, 이맥 하, 동이 백제

자료3

이 해주3에 위魏 나라주4의 오랑캐가 또 기병騎兵 수십만을 동원, 백제를 공략하여 그 국경주5을 넘었다. 모대牟大주6는 사법명沙法名, 찬수류贊首流, 해례곤解禮昆, 목간나木干那 등 장군을 보내어 무리를 이끌고 오랑캐의 군대를 습격하게 하여 크게 격파했다.

> **原文** 是歲 魏虜又發騎數十萬攻百濟入其界 牟大遣將沙法名 贊首流 解禮昆 木干那率衆襲擊虜軍 大破之
>
> _「남제서」권58, 「열전」39, 동남이, 백제

자료4

고구려와 백제의 전성기에는 백만 대군이 되어 남으로는 오吳 · 월越을 쳐들어갔으며, 북으로는 연燕 · 제齊 · 노魯를 위협하여 중국에 큰 두통거리가 되었다.

> **原文** 高麗百濟 全盛之時 强兵百萬 南侵吳越 北撓幽燕齊魯 爲中國巨蠹
>
> _「삼국사기」권46, 「열전」6, 최치원

주1 요동(遼東) : 남만주(南滿州) 요하(遼河) 동쪽 반도를 말함. 이곳은 북방 문화가 한반도로 들어오는 길목으로서 예부터 우리나라와 중국 간에 쟁탈의 요처가 되어왔다. 수(隋) · 당(唐)이 계속하여 고구려와 충돌한 것은 고구려가 이곳을 점령하여 대중항쟁(對中抗爭)의 전초기지로 삼은 것을 참기 어려웠던 데 원인이 있다. 요동이 풍부한 철(鐵) 산지라는 사실은 이곳의 전략적 가치를 더해준다 하겠다.

주2 진평현(晉平縣) : 현재 하북성(河北省) 동북방. 유성(柳城, 昌黎縣)과 북평현(北平縣) 사이의 지방이다.

주3 이 해 : 490년. 백제 동성왕 12년. 후위 효문제(孝文帝) 태화(太和) 14년

주4 위(魏) 나라 : 북위(北魏=後魏).

주5 국경 : 위(魏)의 대군이 국경을 넘었다는 것은 한반도의 백제가 아니라 요서에 있는 백제 영토를 침입했음을 말한다.

주6 모대(牟大) : 백제 동성왕(東城王)의 이름. 무령왕(武寧王)의 아버지이다.

자료 5

(오진 천황) 15년 가을 8월 임술壬戌의 첫 정묘일丁卯日에 백제왕이 아직기阿直伎를 보내어 좋은 말 2필을 바쳤다. 곧 경輕의 산비탈 위에 있는 마구간에서 길렀는데 아직기로 하여금 사육을 맡게 했다. 때문에 말 기르는 곳을 일컬어 우마야사카廐坂라고 한다. 아직기는 또 경전을 잘 읽었으므로 태자인 우지노와키이라츠코의 스승으로 삼았다. 이때 천황天皇이 아직기에게 "혹 너보다 뛰어난 학자가 또 있느냐?"고 물으니 "왕인王仁이라는 분이 있는데 훌륭합니다."라고 대답했다. 이에 카미츠케노노키미上毛野君의 조상인 아라타와케荒田別 · 카무나키와케巫別를 백제에 보내어 왕인을 불렀다. 아직기는 아치키노후비토阿直伎史의 시조이다. 16년 봄 2월에 왕인이 왔다. 태자 우지노와키이라츠코는 그를 스승으로 모시고 여러 전적典籍들을 배웠는데 통달하지 않음이 없었다.

原文 十五年秋八月壬戌朔丁卯 百濟王遣阿直伎 貢良馬二匹 卽養於輕坂上廐 因以阿直岐令掌飼 故號其養馬之處 曰廐坂也 阿直岐亦能讀經典 卽太子菟道稚郎子師焉 於是 天皇問阿直岐曰 如勝汝博士亦有耶 對曰 有王仁者 是秀也 時遣上毛野君祖 荒田別巫別於百濟 仍徵王仁也 其阿直岐者 阿直岐史之始祖也 十六年二月 王仁來之 則太子菟道稚郎子師之 習諸典籍於王仁 莫不通達

_ 『일본서기』권10, 오진 천황 15년 · 16년

자료 6

(진구 황후) 52년 가을 9월 정묘丁卯의 첫 병자丙子일에 구저久氐 등이 치쿠마나가히코千熊長彦를 따라와서 칠지도七枝刀 1자루와 칠자경七子鏡 1개 및 여러 가지 귀중한 보물들을 바쳤다. 그리고 계啓하여 말하기를 "우리나라 서쪽에 시냇물이 있는데 그 근원은 곡나谷那의 철산鐵山으로부터 나옵니다. 7일 동안 가도 이르지 못할 정도로 멉니다. 이 물을 마시다가 문득 이 산의 철을 얻었기에 성스러운 조정에 길이 바칩니다."라 했다.

原文 五十二年秋九月丁卯朔丙子 久氐等從千熊長彦詣之 則獻七枝刀一口七子鏡一面及種種重寶 仍啓曰 臣國以西有水 源出自谷那鐵山 其邈七日行之不及 當飮是水 便取是山鐵 以永奉聖朝

_ 『일본서기』권9, 진구 황후 섭정 52년

■ 출전

『일본서기』

『삼국사기』

『남제서』

『양서』: 당(唐) 태종(太宗) 정관(貞觀) 3~10년간(629~636)에 요사렴(姚思廉)이 왕명을 받아 찬(撰)한 양조(梁朝) 4세(502~557) 56년간의 정사(正史). 본기(本紀) 6, 열전(列傳) 50 모두 56권으로 되어 있다. 진 대에 요사렴의 아버지인 요찰(姚察)이 사관으로 있었는데 양(梁)·진(陳) 대의 사서를 편찬하다가 『양서제기(梁書帝紀)』만 찬술하고 죽자 사렴이 아버지의 유지를 계승하여 마침내 완성했다. 사경(謝炅)의 『양사(梁史)』 등 제가(諸家)의 양사를 참고했다고 한다. 『신당서』「요사렴전(姚思廉傳)」과 「예문지(藝文志)」에는 위징(魏徵)과 함께 찬한 것으로 되어 있으나, 위징은 감수자(監修者)로서 총론만을 지었을 뿐이고 실제는 요사렴 혼자 찬술한 것이다. 『양서는 조(詔)·책(策)·표(表)·소(疏)를 지나치게 많이 싣고 있어 번잡함을 줄여한 한다는 비평을 들었고, 이 밖에 시일(時日)의 착오, 사적(事蹟)의 중복과 전후 사실의 착종(錯綜) 등 몇 군데에서 오류가 발견된다. 그러나 그 문필은 남조 송·제·양·진의 4사(史) 가운데 으뜸으로 평가받고 있다.

『남사』: 당 태종 정관 연간(627~649)에 이연수(李延壽)가 사찬(私撰)한 남조(南朝) 4대(宋·齊·梁·陳) 170년간(420~589)의 정사(正史). 본기 10, 열전 70 모두 80권으로 되어 있다. 우리나라 삼국의 역사가 열전으로 수록되어 있지만, 남조의 정사를 산삭(刪削)하여 편찬한 것이므로 새로운 사실이 보이지는 않는다.

『송서』: 중국 남조 제(齊)의 무제(武帝) 영명(永明) 5~6년(487~488)에 심약(沈約)이 무제의 조칙을 받들어 찬술한 송 8대 60년간(420~479)의 정사.

■ 찾아읽기

신형식, 『백제의 대외관계』, 주류성, 2005.

노중국, 『백제의 대외 교섭과 교류』, 지식산업사, 2012.

노중국 외, 『금석문으로 백제를 읽다』, 학연문화사, 2014.

박광순 외, 『왕인박사 연구』, 주류성, 2013.

양기석, 『백제의 국제관계』, 서경문화사, 2013.

김상기, 「백제의 요서경략에 대하여」, 『백산학보』 3, 1967.

유원재, 「백제의 요서영유(설)」, 『한국사』 6, 1995.

8 삼국이 일본에 문화를 전하다
삼한 · 삼국 유민의 일본 열도 진출

고대 일본과 삼한 · 삼국의 인적 · 문화적 교류는 긴밀했고, 삼국 민의 도항으로 일본의 문화는 더욱 깊어져 아스카 문화와 하쿠호 문화를 꽃피울 수 있었다. 오늘날에도 일본 여러 곳의 지명에 그대로 남아 있는 '고구려', '백제', '신라'라는 국명을 쉽게 찾을 수 있다.

일본 열도에 남아 있는 삼한 · 삼국 문화의 흔적

오늘날의 일본에서 고대 일본이 한반도의 삼한이나 삼국과 인적 · 문화적으로 교류했던 흔적을 만나는 것은 그리 힘든 일이 아니다. 무엇보다 일본 여러 곳의 지명에 '고구려', '백제', '신라'라는 국명이 그대로 남아 있어 그 교류의 긴밀함을 느끼게 한다. 도쿄의 이케부쿠로 역池袋駅에서 세이부이케부쿠로 선西武池袋線을 타고 전철로 한 시간 남짓 달리면 고마 역高麗駅에 이르게 되는데, 이곳이 바로 고마향高麗鄕 곧 고구려 마을이다. 666년에 고구려 사신단의 일원으로 일본에 온 약광若光(일본말로는 작코)이 668년에 본국이 멸망하자 귀국하지 못하고 눌러앉게 되었는데, 716년 무사시국武蔵国에 고마군高麗郡이 신설됨에 따라 그 수장으로 부임하여, 인근에 흩어져 살던 고구려 출신 주민 1,800명가량을 끌어 모아 당시 황무지로 남아 있던 이 지역을 개척하여 논밭

고마 신사 현판
일본에서는 고구려를 '高麗'라고 쓰고 고마라고 읽는데, 고려가 아니라 고구려임을 밝혀 '고'자와 '려'자 사이에 '구'자를 새겨 넣은 현판이다. 글씨를 쓴 조선인 정삼품 조중응은 조선 말기의 문신이다.

을 일구고 사람들이 평안히 살 수 있도록 마을을 조성한 곳이라고 한다. 굽이진 고마천高麗川을 따라 하류로 내려가면 고마 신사高麗神社가 있고 그 옆에 '고려왕 약광'의 묘도 남아 있다. 일본에서는 고구려를 '고려高麗' 또는 '맥狛'으로 표기하고 '고마こま'라고 읽는다.

또 오사카의 난바難波에 가면 백제 역百濟駅이 있어 실제로 백제에 온 듯한 착각이 든다. 일본에서는 백제를 '구다라くだら'라고 발음한다. 기실 오사카는 4세기 말까지만 해도 요도천淀川과 야마토천大和川의 범람으로 사람이 살기 어려운 지역이었는데, 백제에서 건너온 사람들이 이곳에 정착하여 제방을 쌓아 물길을 잡고 농지를 개

백제왕신사
오사카(大阪) 히라가타 시(枚方市)에 위치한 신사이다. 백제가 멸망하고 일본으로 건너간 백제왕족의 후손이 지었다고 하며, 백제국왕과 우두천왕(牛頭天王)을 모시고 있다. 이 신사는 백제왕의 조상을 모신 곳으로 백제 계통과의 밀접한 연관성을 보여준다.

오사카 난바의 백제역

백제사(히가시오미) 전경

시가 현(滋賀縣) 히가시오미 시(東近江市)에 있는 천태종 사원. 스이코 천황 14년(606), 고구려 승려 혜자(慧慈)와 함께 이곳에 온 쇼토쿠 태자가 건립했다고 한다. 백제의 용운사(龍雲寺)를 본따 절을 지었다고 하여 백제사라 한다.

나라의 백제사

나라 현(奈良縣) 기타가츠라기 군(北葛城郡) 고료쵸(広陵町)에 있는 사찰. 전승에 의하면 이 절이 자리잡은 곳은 백제대사(百濟大寺)의 고지라고 한다. 백제대사는 7세기 전반에 창건된 관사로서 나중에 헤이조쿄로 이전 대안사(大安寺)가 되었다.

척함으로써 살기 좋게 만든 지역이다. 오사카에서 요도천을 거슬러 교토京都로 가는 길 중간에는 히라가타枚方라는 지역이 있는데, 이곳에는 백제왕신사百濟王神社와 백제사百濟寺 터 그리고 왕인王仁 박사의 묘라고 전하는 분묘가 있다. 백제사는 나라가 망하자 일본으로 망명한 백제왕족의 후손인 경복敬福이 8세기 중엽에 세운 사찰로서, 신라의 감은사感恩寺와 같이 동서양탑식으로 조성된 가람伽藍이다. 경복은 쇼무 천황聖武天皇이 도다이지東大寺를 건립하면서 거대한 불상을 도금할 황금을 구하지 못해 곤란을 겪을 때 일본 동북 지방의 무쯔국陸奧国 수령으로 있으면서 황금 광산을 찾아 문제를 해결해 준 인물이다. 이외에도 백제라는 이름을 가진 큰 사찰이 지금 시가 현 히가시오미 시東近江市에도 있는데, 아스카 시대飛鳥時代에는 이 일대에 백제에서 건너온 사람들이 큰 마을을 형

백제사(히가시오미) 안내문   백제사(히가시오미) 연혁

성하고 막강한 자위력自衛力도 지녀 위기에 처한 중앙 정치인들이 이곳으로 피신하면 안전을 보장받을 정도였다고 한다. 절 이름도 일본식으로 '구다라지'라고 하지 않고 한국식 발음 그대로 '햐쿠사이지'라고 부른다. 나라 현 기타가쓰라기군北葛城郡 고료초広陵町에도 백제사百濟寺가 있으며, 이 지역 일대의 지명이 구다라 곧 백제이다.

한편 지금 일본에는 신라라는 이름을 가진 지역이 없으나 『속일본기續日本記』에 의하면, 신라에서 건너온 승려와 남녀 여럿을 무사시국으로 이주시키고 시라기군新羅郡을 두었다고 한다.[자료1] 일본에서는 신라를 시라기라고 읽는다. 효고 현 아마가사키시尼崎市 근교에는 시라이 신사白井神社가 있는데, '시라이'도 신라를 지칭한 말이다. 시가 현 오츠 시大津市에 있는 미이데라三井寺(園城寺)에는 신라명신新羅明神을 안치한 신라선신당新羅善神堂이 있다.

이와 같이 오늘날까지 일본에 남아 있는 삼국 관련 지명과 유적들은 한반도에서 일본 땅으로 이주한 사람들과 깊은 관련이 있다. 일본에서는 바다를 건너 이주해 온 사람이라는 뜻으로 이들을 '도라이진渡來人'이라 부르기도 하고, 어디서 왔든지 일본으로 귀화하여 일본인이 된 사람이라는 뜻을 강조하여 '기카진歸化人'이라 부르기도 하는데, 이들은 5세기 중엽 이후로 삼국 간의 통일 전쟁이 점점 열기를 띠자 이로 말미암은 위험과 고난을 피해서, 또는 나라가 망한 후 망국인으로서의 한을 품고 바다를 건너 일본으로 간 도항渡航 이주민들이었다.

집단을 이루고 일본으로 향한 대규모 도항 이주는 4세기 후반부터 7세기 후반까지 여러 차례 이루어졌는데 모두 한반도에서 일어난 정치적 변동의 여파로 진행되었다. 이들은 이주 후에 일본 고대 사회의 발전에 크게 기여했다. 그중 가장 유력한 이주민 집단은 하타우지秦氏와 아야우지漢氏였다. 새로운 토목 기술을 지니고 있었던 하타우지는 교토 분지를 개발하면서 지방 토호로서 세력을 구축하여 활동했고, 아야우지는 나라 분지에 거주하면서 기술과 문필 기능을 살려 야마토 정권에 봉사하면서 중앙 관료로 활동했다. 이 두 씨족은 야마토 정권의 정치적 변동에 깊이 간여할 수 있을 정도로 큰 세력을 이뤘던 이주민 집단이다. 6세기를 전후해서는 이마기노 데히토今来才伎라고 불리게 되는 새로운 기술 집단을 포함한 도항 이주민이 대거 일본으로 건너갔다. 야마토 정권은 나라 지방 각지에 기술별로 집단 거주지를 정해 이들을 유치하고 도모베品部에 편속시켜 오비토首의 관할하에 수공업 생산에 종사하도록 했다. 이마기노 데히토의 일본 정착과 활동에 따라 철기 생산이 활발해져 새로운 농구, 공구가 제작되고 무기, 마구들이 생산되어 널리 실용되었다.

신라선신당

지적인 문화가 일본으로 전해지다

일본 고대 사회에서 한자가 학습되고 유학을 가까이 하게 된 것은 5세기 초 백제에서 건너간 아직기阿直伎의 추천으로 백제의 왕인이 『천자문』과 『논어』를 일본에 전하고 가르치기 시작한 후의 일이었다. 아직기 후손인 야마토노 아야우지東漢氏나, 왕인의 자손이라는 가와치노 후미우지西文氏는 대대로 기록과 출납을 주관하며 야마토를 도왔다.

6세기 초에 접어들어 백제는 단양이段楊爾, 고안무高安茂 등 오경박사五經博士를 교대로 일본으로 파견하여 유학 학습을 도왔다. 663년에는 오경박사만이 아니라, 역박사曆博士·의박사醫博士 등 다방면에 걸친 기술학의 전문가를 파견하여 고대 일본의 개화에 기여했다.

동북아시아에서 불교는 4세기 후반에 중국에서 먼저 고구려로 전승되고, 뒤이어 백제에 전승되었다. 이후 고구려의 불교는 신라로 전해졌고, 백제 성왕이 불상과 불경을 일본으로 보냄으로써 일본에 불교가 전승되었다(552).

새로운 신앙, 새로운 삶을 가르치는 불교의 수용 문제로 야마토 귀족들이 갈라져 다투었으나, 도항 이주민 세력을 배경으로 한 숭불파인 소가씨蘇我氏가 정권을 장악하자 그 후원에 힘입어 불교 신앙이 일본 사회에 굳건한 자리를 차지하게 되었다. 일본 사회가 불교를 받아드린 이후, 한반도로부터 혜자惠慈, 관륵觀勒, 담징曇徵, 혜관慧灌 등 여러 고승이 잇따라 일본에 건너가 일본 고대 불교의 발전을 도왔으며, 사찰과 탑, 불상과 불구, 불화 제작에 관계되는 불교 미술의 전문 기술자들이 일본에 건너가 각지에 사찰을 건립하여 신앙생활을 도왔다.

문헌에 보이는 한·일 간의 인적·문화적 교류

삼국 초기에 일본 열도로 건너간 사람들의 구체적 사례를 문헌에서 찾아보면, 먼저 우리 측 기록에서는 연오랑延烏郎과 세오녀細烏女가 주목된다. 이들은 일본 열도로 건너가 왕과 왕비가 되었다고 한다.[자료2] 그리고 일본 측 기록에서는 가야의 왕자 츠누가아라사토都怒我阿羅斯等와 신라의 왕자 아메노히보코天日槍의 기사를 들 수 있다. 이 중 쓰누가아라사토에 관한 이야기에는 황소 및 농기구와 신물神物인 흰 돌에 관한 이야기가 들어 있어,[자료3] 소를 이용해 농사짓는 우경牛耕 기술과 신물 신앙이 가야에서 일본 열도로 전해졌음을 시사해주고 있다. 또한 아메노히보코의 경우는 여러 가지의 옥玉 종류를 비롯하여 칼과 창·동경, 그리고 신의 강림처를 꾸미는 신리神籬를 가지고 갔다고 하는데,[자료4] 이들은 신라 신물 신앙의 총집합체를 연상케 한다. 아메노히보코가 가지고 간 신물들은 고대 일본 왕실의 보물로 각별히 존숭되고 신앙되었다.

도항 이주와 문화 전수의 큰 흐름은 이후의 기록에도 계속 나타난다. 5세기 초에 백제가 보낸 아직기와 왕인의 사례,[자료5] 6세기 중엽에 백제 성왕이 파견한 노리사치계怒唎斯致契 등이 대표적 사례이다. 노리사치계는 일본에 불경을 전하고 그 신앙의 심오함을 가르쳐서 불교를 신앙할 것을 권장하기도 했다.[자료6] 이후 일본 열도로 건너가는 삼국의 승려들이 줄을 이었으니, 그들은 불교문화와 함께 삼국의 선진 문화를 일본 열도에 전수해주는 역할을 수행했다. 따라서 그들은 으레 일본 왕실의 융숭한 대우를 받았다.

일본에서 활동했던 승려 중에서 가장 저명한 인물로는 7세기 초에 건너간 고구려의 담징을 들 수 있다. 그는 일본에 불교뿐 아니라, 유교 경전과 그림을 그리는 물감 종류, 그리고 종이와 먹 등 다양한 선진 문화를 전수해주었다.[자료7] 또 그가 그렸다는 호류사法隆寺 금당벽화는, 1949년에 소실되어 버렸지만, 일본이 세계적 보물로 자랑하는 매우 유명한 그림이다.

전설과 축제로 전하는 한·일 간의 인적·문화적 교류

일본 열도에 전하는 전설과 해마다 행해지는 지역 축제에는 고대 한반도에서 건너간 인물과 관련된 것들이 적지 않다.

먼저 규슈 미야자키 현의 난고손南鄕村이라는 산간 마을에 '백제왕족도래전설'이 전

미카도 신사 본전

하고 있다. 이에 의하면, 백제가 멸망한 후 백제 왕족인 정가왕禎嘉王과 왕비, 장남 복지왕福智王, 차남 화지왕華智王 등 일가가 일본 규슈 북부의 츠쿠시筑紫를 목표로 항해를 하던 중 심한 풍랑을 만나 뿔뿔이 흩어지게 되어 휴가日向 부근의 해변가에 따로 따로 표착했다. 정가왕은 난고손南鄉村의 미카도神門란 곳에 정착하고, 복지왕은 기죠초木城町의 히키比木란 곳에 정착하게 되었는데, 우여곡절 끝에 결국 부자가 상봉하게 되었다는 것이다. 그리하여 난고손 사람들은 이 마을에 백제 왕족의 혈통과 문화가 대대로 이어져 왔다고 믿고 있으며, 지금까지 미카도 신사神門神社와 히키 신사比木神社에는 처음 도래했다는 백제의 왕족들을 나

왕인 박사 묘

백제는 왜와 오랫동안 교류하면서 많은 사람이 직접 건너가 선진 문물을 전했다. 왕인도 그중 한 사람인데 우리 기록에는 없고 일본 기록에만 나온다. 근초고왕 때 건너간 아직기가 소개해 왕인이 『논어』와 『천자문』을 가지고 건너갔다. 이때 백제는 제철 기술자·직조공·양조 기술자 등을 함께 보냈다.

누어 제사하고, 매년 12월에 정가왕과 복지왕의 부자 상봉을 의례화한 시와스마츠리師
走祭り를 거행하여 기념하고 있다. 특히 미카도신사의 본전을 해체하여 보수하던 중에
왕족의 유품으로 보이는 동경·마탁·마령 등의 고대 유물 20여 건이 발견되어 전설
의 사실성을 뒷받침해주는 자료로 제시되기도 했다.

한편 왕인묘王仁墓가 있는 히라가타 사람들은 해마다 11월에 와니마츠리王仁祭り를
거행하여 일본에 학문을 전래해준 옛 성인을 봉축하는 행사를 벌인다. 또한 이와 때를
같이 하여 오사카 시내에서는 한반도에서 건너가서 일본 열도에 선진 문화를 전해준
저명한 역사적 인물들을 기리는 왓소마츠리를 거행한다. 시텐노지四天王寺에서 시작
되는 도래인들의 시가 행렬은 오사카의 간선도로를 관통하여 다시 시텐노지로 돌아
오는 것으로 마무리된다. 그 과정에서 한국의 전통 사물놀이와 무용 등이 흥겹게 곁들
여지며, 그 행렬에 참가한 사람들은 도래인들을 환영하는 '왓소! 왓소!'란 구호를 반복
적으로 열창하는데, 이 '왓소!'란 구호는 우리말 '왔소'에서 기원했다는 설이 유력하다.

이처럼 삼한·삼국 유민이 일본 열도에 건너가 남긴 흔적들은 지명과, 유적·유
물, 그리고 전설과 민속 등에 살아 숨 쉬고 있다. 삼국민들의 도항으로 일본 열도에는
문화의 깊이가 더욱 깊어졌으니, 6세기 후반에 꽃피운 이른바 아스카飛鳥 문화는 그 결
과물이었다고 할 수 있다. 그리고 7세기에 건너간 고구려·백제계 유민들에 힘입어
일본은 하쿠호白鳳 문화를 꽃피울 수 있었다. 한·일 양국은 이렇듯 역사적으로 공유
한 역사적 경험들을 오늘에 되살려 양국의 관계를 '가깝고도 먼 관계'를 청산하고 '가깝
고도 가까운 관계'로 발전시켜가야 할 것이다.

자료1

(천평보자 2년 8월) 계해일 귀화한 신라 승僧 32명, 여승 2명, 남자 19명, 여자 21명을 무사시국의 미개발지로 옮기고 신라군을 처음 설치했다.

原文 (天平寶字二年八月) 癸亥 歸化新羅僧三十二人 尼二人 男十九人 女二十一人 移武藏國 閑地 於是 始置新羅郡焉

_『속일본기』권20, 폐제 준닌 천황

자료2

제8대 아달라왕阿達羅王 4년 정유에 동해 바닷가에 연오랑延烏郎과 세오녀細烏女가 부부로서 살고 있었다. 하루는 연오가 바다에 가서 해조류를 따고 있던 중, 갑자기 한 바위가 나타나 연오를 싣고 일본으로 가버렸다. 그 나라 사람들은 연오를 보고 비상한 사람으로 여겨 왕으로 삼았다. 세오는 그 남편이 돌아오지 않음을 이상히 여겨 가서 찾다가, 남편이 벗어 놓은 신발이 있음을 보고 그 바위에 올라가니, 바위는 또한 그 전처럼 세오를 싣고 갔다. 그 나라 사람들이 놀라 왕께 아뢰니, 부부가 서로 만나게 되어 귀비貴妃로 삼았다. 이 때 신라에서는 해와 달이 빛을 잃으니, 일관日官이 말했다. "해와 달의 정기가 우리나라에 있던 것이 지금 일본으로 가버린 까닭에 이런 괴변이 일어났습니다." 왕은 사자를 일본에 보내어 두 사람을 찾았다. 연오는 말했다. "내가 이 나라에 온 것은 하늘이 시킨 일이니, 이제 어찌 돌아갈 수 있겠소. 그러나 나의 비妃가 짠 고운 명주 비단이 있으니, 이것으로 하늘에 제사를 지내면 될 것이오." 이에 그 비단을 주었다. 사자가 돌아와서 아뢰어, 그 말대로 제사를 지냈더니 해와 달이 그 전과 같아졌다. 그 비단을 창고에 간직하여 국보로 삼고 그 창고를 귀비고貴妃庫라 하며, 하늘에 제사지낸 곳을 영일현迎日縣 또는 도기야都祈野라 했다.

原文 第八阿達羅王即位四年丁酉 東海濱有延烏郎細烏女夫婦而居 一日延烏歸海採藻 忽有一巖負歸日本 國人見之曰 此非常人也 乃立爲王 細烏怪夫不來歸尋之 見夫脫鞋 亦上其巖 巖亦負歸如前 其國人驚訝奏獻於王 夫婦相會立爲貴妃 是時新羅日月無光 日者奏云 日月之精 降在我國今去日本 故致斯怪 王遣使求二人 延烏曰 我到此國天使然也 今何歸乎 雖然朕之妃有所織細綃 以此祭天可矣 仍賜其綃 使人來奏 依其言而祭之 然後日月如舊 藏其綃於御庫爲國寶 名其庫爲貴妃庫 祭天所名迎日縣 又都祈野

_『삼국유사』권1,「기이」1, 연오랑세오녀

자료 3

과거에 츠누가아라사토都怒我阿羅斯等가 자기 나라에 있을 때에 황소에 농기구를 싣고 농막에 가려 하는데, 황소가 갑자기 없어져 그 자취를 찾아보니 발자취가 한 군가郡家에 머물렀다. 그 때 한 노인이 나타나 "네가 찾는 소는 이 군가 안으로 들어갔다. …… 만약 군공郡公 등이 소 값으로 어떤 물건을 얻기를 바라는지 물으면, 군에서 제사 지내는 신神을 얻고자 할 뿐이라고 말하라."고 했다. …… 얼마 후 군공 등이 와서 묻자, 노인이 가르쳐준 대로 대답했다. 그들이 제사 지내는 신은 흰 돌이었다. 흰 돌을 소 값으로 주었으므로 가지고 와서 침실 속에 두었더니 아름다운 동녀童女로 변했다. 이에 아라사토가 크게 기뻐하여 동침하고자 했는데, 아라사토가 다른 곳에 간 동안 동녀가 없어졌다. 크게 놀란 아라사토가 그의 부인에게 동녀가 어디로 갔는지 물으니 동방東方으로 갔다고 대답했다. 곧 찾기 시작하여 드디어 멀리 바다에 떠서 일본국에 들어갔다. 그가 찾던 동녀는 나니하難波에서 히메고소노야시로比賣語曾社의 신이 되었다.

原文 初都怒我阿羅斯等 有國之時 黃牛負田器 將往田舍 黃牛忽失則尋 迹覓之 跡留一郡家 中 時有一老夫曰 汝所求牛者 入於此郡家中 …… 若問牛直欲得何物 莫望財物 便欲得郡內祭 神云爾 …… 俄而郡公等到之曰 牛直欲得何物 對如老父之敎 其所祭神 是白石也 乃以白石 授 牛直 因以將來置于寢中 其神石化美麗童女 於是 阿羅斯等大歡之欲合 然阿羅斯等去他處之間 童女忽失也 阿羅斯等大驚之 問己婦曰 童女何處去矣 對曰 向東方 則尋追求 遂遠浮海以入日 本國 所求童女者 詣于難波爲比賣語曾社神

_『일본서기』권6, 스이닌 천황 2년 일서

자료 4

신라왕자 아메노히보코天日槍가 귀화했다. 가지고 온 물건은 우태옥羽太玉 1개, 족고옥足高玉 1개, 제록록적석옥鵜鹿鹿赤石玉 1개, 출석소도出石小刀 1자루, 출석모出石桙 1자루, 일경日鏡 1개, 웅신리熊神籬 1개 등 7가지였는데, 타지마노쿠니但馬國에 보관하여 항상 신물神物로 삼았다.

原文 新羅王子天日槍來歸焉 將來物 羽太玉一箇 足高玉一箇 鵜鹿鹿赤石玉一箇 出石小刀 一口 出石桙一枝 日鏡一面 熊神籬一具 幷七物 則藏于但馬國 常爲神物也

_『일본서기』권6, 스이닌 천황 3년

자료 5

(오진 천황) 15년 가을 8월 임술의 첫 정묘일에 백제왕이 아직기阿直伎를 보내 좋은 말 2필을 바쳤다. …… 아직기는 또 경전經典을 잘 읽었으므로 태자인 우지노와키이라츠코의 스승으로 삼았다. 이 때 천황이 아직기에게 "혹시 너보다 뛰어난 박사가 또 있느냐."고 물으니 대답하기를, "왕인王仁이란 자가 있는데 매우 뛰어 납니다."라 했다. 그러자 카미츠키노노키미上毛野君의 조상인 아라타와케荒田別와 카무나키와케巫別을 백제에 보내어 왕인을 불렀다. 16년 2월에 왕인이 와서 태자 우지노와키이라츠코의 스승이 되었는데, 모든 전적典籍들을 배워 통달하지 않음이 없었다.

原文 十五年秋八月壬戌朔丁卯 百濟干遣阿直伎 貢良馬二匹 …… 阿直岐亦能讀經典 即太子菟道稚郎子師焉 於是 天皇問阿直岐曰 如勝汝博士亦有耶 對曰 有王仁者 是秀也 時遣上毛野君祖 荒田別 巫別於百濟 仍徵王仁也 其阿直岐者 阿直岐史之始祖也 十六年二月 王仁來之 則太子菟道稚郎子師之 習諸典籍於王仁 莫不通達

_『일본서기』권10, 오진 천황 15년 · 16년

자료 6

백제 성명왕聖明王주1이 서부西部의 희씨姬氏 달솔達率주2인 노리사치계怒唎斯致契 등을 보내어 석가불금동상 1구와 번개幡蓋 약간, 경론經論 약간 권을 바쳤다. 따로 표를 올려 불법을 유통시키고 예배하는 공덕을 다음과 같이 찬양했다. "이 법은 여러 법 가운데 가장 뛰어난 것입니다. 이해하기 어렵고 들어가기도 어려우니, 주공周公과 공자孔子라도 오히려 할 수 없을 것입니다. 이 법은 헤아릴 수 없고 끝이 없는 복덕福德과 과보果報를 생겨나게 할 수 있으며, 나아가 위 없는 보리菩提를 이루게 합니다. …… 이로 말미암아 노리사치계를 보내어 제국帝國을 받드니, 기내畿內주3에 유통하시어 부처가 '나의 법이 동쪽으로 흘러갈 것이다'라고 한 가르침을 이루십시오."

原文 百濟聖明王 遣西部姬氏達率怒唎斯致契等 獻釋迦佛金銅像一軀 幡蓋若干 經論若干卷 別表 讚流通禮拜功德云 是法於諸法中 最爲殊勝 難解難入 周公孔子 尚不能知 此法能生無量無邊福德果報 乃至成辨無上菩提 …… 由是 百濟王臣明 謹遣陪臣怒唎斯致契 奉傳帝國 流通畿內 果佛所記我法東流

_『일본서기』권19, 긴메이 천황 13년 10월

주1 성명왕(聖明王) : 백제 성왕 (523~554)을 지칭함.

주2 달솔(達率) : 백제의 제2등급 의 고위 관등.

주3 기내(畿內) : 고대 일본의 경기 (京畿). 오늘날 나라 지역에 해당함.

자료7

고려왕이 승려 담징曇徵과 법정法定을 바쳤다. 담징은 5경을 알고 또한 채색 및 종이와
먹을 만들 수 있었으며, 아울러 연자방아를 만들었다. 대개 연자방아를 만드는 것은
이 때 시작된 듯하다.

原文 高麗王貢上僧曇徵 法定 曇徵知五經 且能作彩色及紙墨 幷造碾磑 蓋造碾磑 始于是時歟
_『일본서기』권22, 스이코 천황 18년 3월

출전

『일본서기』

『삼국유사』

『속일본기』 : 797년 스가노노마미치(菅野眞道) 등이 편찬한 일본의 정사. 몬무 천황부터 간무 천황까지(697∼791)의
역사를 기록하고 있으며, 총 40권이다.

찾아읽기

이노우에 히데오井上秀雄, 『任那日本府と倭』, 東出版, 1973.

조희승, 『초기조일관계사(상)』, 사회과학출판사, 1988.

김석형, 『초기조일관계사(하)』, 사회과학출판사, 1988.

김기섭 편역, 『고대 한일관계사의 이해 ─ 왜』, 이론과실천, 1994.

연민수, 『고대한일교류사』, 혜안, 2003.

연민수, 『고대일본의 대한인식과 교류』, 역사공간, 2014.

한일관계사연구논집 편찬위원회 편, 『임나 문제와 한일관계』, 경인문화사, 2005.

한일관계사연구논집 편찬위원회 편, 『고대의 왕권과 한일관계』, 경인문화사, 2010.

김현구, 『고대 한일교섭사의 제문제』, 일지사, 2009.

동북아역사재단 편, 『역사 속의 한일관계』, 동북아역사재단, 2009.

강길운, 『한일고대관계사의 쟁점』, 한국문화사, 2011.

VII.

통일전쟁의 전개

1 삼국이 통일을 위해 다투다
삼국 통일전쟁의 기본 줄거리

삼국의 통일은 기자조선이 무너져 삼한이 분립하게 되었을 때부터 이미 필연의 과제였다. 따라서 삼국 사이에 벌어진 전쟁은 처음부터 통일을 향한 전쟁으로서의 성격을 띠었고, 중국 대륙을 거머쥔 세력과의 쟁패와 일본으로 건너간 세력과의 제휴를 염두에 두고 진행되었다.

삼국의 통일전쟁

삼국은 국가 체제를 정비하면서부터 줄곧 서로 치열하게 싸웠는데, 이 과정에서 언제부터 통일을 염두에 둔 전쟁이 본격적으로 시작되었는지를 둘러싸고는 학자들 사이에 의견이 분분하다. 고구려와 백제가 서로 국경을 맞댄 4세기 전반, 고구려가 백제를 치기 시작한 4세기 후반, 고구려가 평양으로 도읍을 옮기고 남진정책을 추진한 5세기 전반, 신라가 한강 유역을 차지한 6세기 중엽, 수隋에 이어 당唐이 중원을 통일하고 고구려를 압박함으로써 국제간의 세력 균형이 깨져 삼국 사이에도 통일을 향한 의지가 싹튼 7세기 전반 등 시각과 논거가 다양하다.

그러나 우리 민족사의 큰 맥락에서 볼 때, 삼국의 통일은 기자조선이 무너져 삼한이 분립하게 되었을 때부터 이미 필연의 과제로 기약된 것이었다고 봐야 할 것이다.

화하족과의 쟁패에서 패퇴하여 대륙 동북방으로 밀려난 예·맥족의 중추가 전열을 정비하여 나라를 세우게 되었을 때, 그 나라의 성격은 저절로 중원의 대세력에 맞서 살아남을 방도를 모색하는 방향에서 설정될 수밖에 없었다. 예·맥족이 삼한에 이어 삼국으로 정립鼎立했다는 것은 그만큼 방향이 달라 함께 할 수 없다는 뜻이었으므로, 추구하는 방향의 문화가 가진 온힘을 기울여 무력으로 서로 충돌하는 것 외엔 도리가 없었던 셈이다.

따라서 삼국 사이에 벌어진 전쟁은 처음부터 통일을 향한 전쟁으로서의 성격을 띤다고 할 수 있다. 마한에 복속하여 후기 진국체제를 이루던 진한이 신라를 세워 독립한 것 자체가 진한 중심의 옛 질서를 회복하기 위한 노력의 산물이었다. 고구려가 동천왕東川王 때 평양으로 도읍을 옮기고 이곳이 왕검이 도읍했던 바로 그곳이라고 주장한[자료11] 데에도 삼한 사이의 패권 경쟁 구도에 대한 의식이 담겨 있다. 또 고구려와 신라가 충주를 나라의 중심이라는 뜻의 '국원國原'이라 부른 데서는 삼한 전체의 판도를 하나로 본 예·맥족의 역사인식이 느껴진다.

따라서 통일을 향한 삼국의 경쟁은 처음부터 중국 대륙을 거머쥔 세력과의 쟁패와 일본으로 건너간 세력과의 제휴를 염두에 두고 진행되었다. 중원을 통일한 수·당이 들어서면서 삼국 사이에 통일전쟁이 본격화하고, 그 끝에 당 세력은 물론 일본 세력을 청산하기 위한 전투가 놓이게 되는 것은 이런 구도에서 진행된 역사 전개의 불가피한 귀결이었던 셈이다.

백제, 일본과 동맹을 맺다

일찍이 중국 대륙과 한반도와 일본 열도에서 일어난 여러 나라들은 연안 뱃길로 경제적 교류를 활발히 전개했다. 이를 중개하면서 번영을 누렸던 세력은 으레 한반도에서 일어났다. 4세기 후반에 일어난 고구려와 백제의 충돌도 바닷길을 통한 중계 무역의 권리를 둘러싸고 벌인 다툼이 아니었나 생각된다. 백제 근초고왕近肖古王 (346~375)이 고구려를 갑자기 습격하여 평양성에서 큰 승리를 거두면서 국제 해상 교역의 주도권을 거머쥐었는데, 이때 채비 없이 서둘러 응전하던 고구려 고국원왕故國原王(331~371)이 전사했다. 이후 근초고왕은 먼저 왜와 제휴하여 가야에 위협을 가해 '백제-가야-왜'로 연결되는 교역 체계를 수립하고, 이어서 서남해 지방의 강진과 해남 지역을 공략하여 바다 뱃길의 중요 거점을 확보했다.[자료2]

　　그러자 신라는 다급해졌다. 백제 · 가야 · 왜가 연결되면 신라는 국제적 고립을 면하기 어려울 것이었다. 그래서 신라는 백제가 왜에 접근하는 것을 견제하면서 왜와의 관계 개선을 꾀했으나 여의치 않았다. 당시 신라의 처지는 국제 교역을 주도하던 백제에 비해 경제적 여건이 크게 뒤떨어졌다. 신라는 367년 백제 사신이 왜에 제공하려는 화물을 중간에서 가로채 자국의 화물인 것처럼 왜에 제공하기도 했다. 이는 백제와 왜사이가 가까워지는 것을 막고, 대신 신라와 왜의 관계를 개선하려는 조급한 마음에서 저지른 어이없는 사건이었다.

　　결국 진상이 드러나면서 신라와 왜의 관계는 더욱 악화되고 말았다.[자료3] 반면 백제는 왜에게 물량 공세를 퍼부어 관심을 사로잡았고, 두 나라는 경제적 이해관계를 뛰어넘는 정치적 · 군사적 동맹 관계로 발전해갔다. 신라는 국제적 고립을 감내해야 했으며, 백제와 왜가 가하는 정치적 · 군사적 압박에 시달려야 했다.

강성해지는 고구려와 광개토대왕

　　백제와 벌인 대왜對倭 외교 경쟁에서 탈락한 신라는 고구려에 의지하는 길밖에 없었다. 백제의 공격으로 국왕이 전사하는 불의의 일격을 당한 고구려로서도 백제와 왜의 동맹 세력을 제압하기 위해서는 신라의 힘이 필요한 실정이었다. 게다가 신라에는 낙랑 지역에 살다가 내려온 조선 유민이 많았으므로 이 지역을 차지한 고구려와 마음속으로 가깝게 여기는 사람들이 적잖았다. 결국 두 나라는 자연스럽게 가까워졌다.

　　국력을 완전히 회복한 고구려 광개토대왕廣開土大王(391~412)은 396년에 이르러, 391년 이래 왜의 부추김으로 백제가 신라를 자주 공격한 사실을 거론하면서, 몸소 수군을 이끌고 백제에 대공세를 퍼부어 58성 700여 촌을 점령했다.[자료4] 이에 나라가 멸망할 위기에 처한 백제의 아신왕阿莘王(392~405)은 고구려의 영원한 '노객奴客'이 될 것을 맹세하고 용서를 빌어 간신히 위기를 피했다.

그러나 백제는 곧 맹세를 어기고 다시 왜와 정치적·군사적 동맹 관계를 강화하여 고구려 침략에 대비하려 했다. 397년 백제 아신왕이 태자 전지腆支를 왜에 볼모로 보냈던 것도 따지고 보면 고구려를 의식해서 왜와의 관계를 강화하기 위한 고육지책이었다.[자료5] 그리하여 백제는 399년 고구려에 접근하려는 신라를 왜와 함께 대대적으로 공격했다. 이에 신라는 즉각 고구려에 구원을 요청했다. 광개토대왕은 그 요청을 받아들여 400년에 신라 국경까지 진출했던 백제와 왜 연합군을 물리치고 가야 지역까지 진출·점령하여, 신라 군사가 이를 지키도록 했다.[자료6] 이로 인해 신라는 고구려의 보호국이나 다름없는 처지로 전락했다.

이후 404년에도 백제와 왜 연합 세력이 황해도 지역까지 쳐들어오기도 했으나 고구려는 번번이 물리쳤다.[자료7] 407년에도 고구려는 백제에 큰 타격을 주었다.

삼국의 세력 균형과 왜

광개토대왕의 뒤를 이어 장수왕長壽王(412~491)이 즉위하면서 고구려는 남진 정책을 본격화했다. 특히 427년 고구려가 평양으로 도읍을 옮긴 것은 남진 정책의 본격화를 안팎에 천명한 신호탄이었다. 이 일로 가장 큰 위기감에 빠진 것은 백제였다. 그리하여 백제는 왜와 동맹 관계를 유지하면서 고구려의 남진 정책을 저지하려고 필사적으로 노력했다.

위기를 느낀 것은 고구려의 보호 아래 있던 신라도 마찬가지였다. 고구려의 남진 정책이 성공할 경우 신라 역시 망하고 말 것이기 때문이다. 이미 402년에 신라 실성왕實聖王(402~417)은 선왕先王인 내물왕奈勿王(356~402)의 아들 미사흔未斯欣을 왜에 인질로 보내[자료8] 왜와 정치적·군사적 관계를 개선하려 한 적이 있었다. 이는 외교 관계를 다각화하여 고구려의 직접적인 영향으로부터 벗어나려는 의도를 드러낸 것이다.

475년 고구려의 공격으로 백제 수도 한성이 함락되는 큰 사건이 터지면서, 남쪽 여러 나라는 고구려에 대한 위기의식이 극에 달했다. 고구려는 웅진(오늘의 공주)으로 도읍을 옮겨 왜와 공조 관계를 강화해가려 했고, 신라는 신라대로 변경 여러 곳에 큰 성을 쌓아 고구려의 남진에 대비했다. 급기야는 이제까지 적대 관계에 있던 신라와 백제 두 나라가 왕실 간 혼인을 통해 나제동맹을 체결했다. 이로써 '백제-신라-가야-왜'로 연결되는 대對고구려 공동 방어 체제가 구축되었다. 이제 고구려의 남진 정책은 더 이상 진전되기 어려웠고, 국제 관계는 세력 균형 상태에 접어들었다.

고구려 남진 정책으로 피해를 가장 크게 입은 나라는 도읍을 빼앗긴 백제였다. 반면 왜는 백제와 신라, 가야의 관계를 교묘히 조종하면서 국제적 위상을 제고해갔다. 그리하여 5세기에 국제 사회의 세력 균형 상태가 지속되자, 왜는 백제를 통하지 않고 중국 남조 왕조와 직접 교역 관계를 개설하여 경제적 이득을 극대화하려 했다. 왜는 남조 왕조들에 사신을 파견하여 한반도 남부의 여러 나라들에 대한 영도적 지위를 인정해줄 것을 집요하게 요청했다.

왜의 이러한 외교적 노력은 몇몇 흔적을 남겨놓았다. 먼저 중국 남조의 사서인 『송서』, 『남제서』, 『양서』 등에 찬讚 · 진珍 · 제濟 · 흥興 · 무武로 이어지는 왜5왕倭五王의 이름을 남기게 된 점이다. 『삼국지』에 3세기의 전설적인 여왕 히미코卑彌呼의 이름을 남긴 뒤에 한동안 침묵을 지키다가 5세기에 다시 왜5왕의 이름을 여러 사서에 남기게 된 것이다. 이들 왜5왕은 한반도 남부의 여러 나라들에 대해 군사적 통솔권을 가진 듯 꾸민 작호爵號를 자칭하면서 중국 남조의 왕조들에게 이를 공인해달라고 집요하게 요청했던 것으로 나타난다.[자료9]

또 5세기 중반 이후엔 영산강 유역에 전방후원前方後圓 고분의 흔적을 남겼다. 전방후원 고분이란, '하늘은 둥글고 땅은 네모나다' 또는 '하늘의 덕은 원만하고 땅의 덕은 방정하다'는 천원지방天圓地方의 우주관을 묘지에 구현한 형태로서 앞은 네모나고 뒤는 둥글게 분묘를 조성한 고분을 말한다. 주로 고대 일본에 널리 분포하던 고분 양식이다. 영산강 유역은 일본 열도와 중국 대륙을 이어주는 바닷길의 중요한 거점이므로 왜가 중국 왕조와 직접 교역하려면 이 지역 토착 세력과 우호 관계를 맺어야 했을 것이다. 이런 맥락에서 영산강 유역에 전방후원 고분이 나타난 의미를 짐작해볼 수 있다.

이와 같이 왜가 중국과 직접 교역을 시도하자 백제는 이를 집요하게 견제하고 나섰다. 백제는 중국 남조 왕조에 사신을 파견하여 작호를 내려달라면서 대중국 교역에서 주도적 지위를 계속 인정해줄 것을 강력히 요청했다.[자료10] 또 영산강 유역의 토착 세력에 대해서도, 적극 포섭하여 친왜 세력으로 기우는 것을 견제했다. 이 지역에 백제계 굴식 돌방무덤이 널리 유행한 것은 이런 의미에서 이해할 수 있다.

그런데 6세기 전반기를 넘어서면서 중국 남조의 양梁이 백제가 다시 강국이 되었음을 표명하자 그 뒤로는 왜왕의 이름이 중국 사서에서 더 이상 보이지 않는다. 또한 같은 시기에 영산강 유역에서는 전방후원 고분이 사라지고 백제계 굴식 돌방무덤만 남게 되었다. 이는 곧 백제가 국력을 회복하여 동아시아 국제교역의 주도권을 다시 거머쥐었고, 왜는 그런 백제를 통해 중국과 간접적인 관계를 맺는 것에 다시금 만족하게 된 사정을 반영하는 것이다. 그 시기는 대체로 백제 무령왕武寧王(501~523) 치세에 해당한다.

신라가 삼국을 통일하다

6세기 백제는 무령왕과 성왕聖王(523~554)으로 이어지면서 왜의 홀로서기 시도를 잠재우고 다시 강국의 모습을 되찾았지만, 이번에는 신라가 빠른 속도로 성장하여 국제 관계에서 주도권을 장악하면서 백제의 강력한 경쟁자로 떠올랐다. 특히 진흥왕眞興王(540~576)은 백제 성왕과 손잡고 고구려 영토였던 강원도 내륙 지역을 차지하더니, 고구려로부터 한강 하류 지역을 되찾은 백제를 공격하여 성왕을 포로로 잡아 목 베며 한강 하류 지역을 독차지했다. 상황이 이렇게 흐르자 나제동맹은 저절로 끊어졌고, 백제는 왜와 동맹 관계를 다시 강화해야 했다. 나아가 백제는 고구려와도 손잡고 신라에 대한 공동 전선을 형성했다.

7세기 신라는 '고구려–백제–왜'로 연결되는 세력에 의해 포위되어 고립 상태에 빠졌고, 타개책으로 당나라에 접근하여 나당동맹을 맺었다. 이제 삼국 문제는 삼국에만 그치지 않고 왜와 당나라까지 확대되어 동아시아의 가장 중요한 사안으로 떠올랐다. 결국 나당 연합군은 660년에 백제 사비성을 함락한다. 이 과정에서 백제와 전통적인 동맹 관계를 유지해온 왜는 661년부터 663년 사이 세 차례에 걸쳐 3만을 넘는 대규모 원군을 파견하여 백제 부흥군과 힘을 합쳐, 백강구白江口(오늘날 금강 하구)에서 나당 연합군과 마지막 혈투를 벌였다. 그러나 그 결과는 나당 연합군의 완전한 승리로 끝났다.

그리고 668년 나당 연합군이 고구려를 멸망시킨 뒤, 신라는 다시 당과 9년 동안 싸웠다. 결국 신라는 676년에 한반도에서 당 세력을 완전히 몰아내고 통일전쟁을 마무리했다. 이런 신라에게 가장 위협이 되었던 적은 당연히 당과 왜 세력이었다. 신라는 당에 대해서는 외교 정책으로 관계를 개선해갔던 반면, 왜에 대해서는 무력과 회유로 대응했다. 삼국 통일을 마무리한 문무왕은 죽어서 왜의 침략을 막아내는 동해의 용이 되겠다고 유언을 남겼다. 이 유언은 당시 신라와 왜의 관계를 잘 보여준다.

자료1

(동천왕) 21년 봄 2월, 임금은 환도성이 병란을 겪어서 다시 도읍이 될 수 없다고 생각하여, 평양성平壤城을 쌓아 백성과 종묘와 사직을 옮겼다. 평양은 본래 선인仙人 왕검王儉의 집이었다. 어떤 기록에는 '임금이 왕검王儉에 도읍했다'라고도 한다.

> **原文** 二十一年 春二月 王以丸都城經亂 不可復都 築平壤城 移民及廟社 平壤者本仙人王儉之宅也 或云王之都王儉

_『삼국사기』권17, 「고구려본기」5, 동천왕 21년

자료2

군郡으로부터 왜倭에 이르는 경로는 다음과 같다. 군에서 해안을 따라 가다가 한국韓國을 거쳐 다시 남쪽과 서쪽으로 잠시 가다 보면 그 북쪽 해안에 있는 구야한국狗邪韓國에 도달하게 되는데 여기까지 거리가 7천여 리이다. (여기에서) 처음 바다를 건너 1천여 리 가면 대마국에 이르게 된다.

> **原文** 從郡至倭 循海岸水行 歷韓國 乍南乍東 到其北岸狗邪韓國 七千餘里 始度一海 千餘里至對馬國

_『삼국지』권30, 「위서」30, 동이전 왜인

자료3

두 나라(신라와 백제)의 공물을 조사했다. 신라의 공물은 진기한 것이 많았다. 백제의 공물은 적고 천하고 불량했다. (백제의 사신) 구저久氐 등에게 묻기를 "백제의 공물이 신라에 미치니 못함은 어째서인가?" 하니, 대답하기를 "신들이 길을 잃어 사비신라沙比新羅에 이르렀는데, 그때 신라인들이 신들을 붙잡아 가두었습니다. 3개월이 지나서 저희들을 죽이려 하기에, 구저 등은 하늘을 향하여 저주했습니다. 신라인들은 저주를 두려워하여 죽이지는 못했지만, 우리의 공물을 빼앗아 자기 나라의 공물로 하고, 신라의 천한 물건을 바꾸어 신의 나라의 공물로 하도록 했습니다."라 했다.

> **原文** 檢校二國之貢物 於是 新羅貢物者 珍異甚多 百濟貢物者 少賤不良 便問久氐等曰 百濟貢物 不及新羅 奈之何 對曰 臣等失道 至沙比新羅 則新羅人捕臣等禁囹圄 經三月而欲殺 時久氐等 向天而呪詛之 新羅人怖其呪詛而不殺 則奪我貢物 因以 爲己國之貢物 以新羅賤物 相易爲臣國之貢物

_『일본서기』권9, 진구 황후 47년 4월

백잔百殘주1과 신라는 과거에 속민屬民으로서 계속해서 (고구려에) 조공을 바쳐왔다. 그러나 왜倭가 신묘년辛卯年(391) 이래에 바다를 건너와서 백제와 □□□ 신라를 공파攻破하여 신민臣民으로 삼았으므로,주2 영락永樂 6년 병신丙申(396)에 왕이 몸소 수군을 거느리고 잔국殘國주3을 토벌했다. …… 이에 58성 700촌을 얻었다.

原文 百殘新羅舊是屬民由來朝貢 而倭以辛卯年來渡海 破百殘□□□羅以爲臣民 以六年丙申 王躬率水軍 討利殘國 …… 於是 得五十八城村七百

_ 광개토대왕릉비

왜국과 우호관계를 맺고 태자 전지腆支를 인질로 보냈다.

原文 與倭國結好 以太子腆支爲質

_ 『삼국사기』권25, 「백제본기」3, 아신왕 6년 5월

(영락) 9년 기해己亥(399)에 백잔이 맹세를 어기고 왜와 화통하니 태왕은 남으로 평양을 순시했다. 그때 신라가 사신을 보내와서 말하기를 "왜인이 국경에 득실거리고 성지城池를 파괴하고 있습니다. 노객奴客으로서 백성된 자가 왕에게 귀의하여 명령을 청합니다." 했다. 태왕이 은혜를 내려 충성을 칭찬하고 특별히 돌아가는 사신편에 밀계密計를 얘기해주었다. 10년 경자庚子에 보병과 기병 5만을 보내 신라를 구하게 했다. 남거성男居城에서 신라성에 이르니 왜가 그중에 가득했는데, (고구려의) 관군이 이르자 왜적이 퇴각하므로 …… 그 뒤를 급히 추격했다. 임나가라任那加羅의 종발성從拔城에 이르자 성이 곧 귀순하여 복종하므로, 신라인 수비병을 안치했다.

原文 九年己亥 百殘違誓 合倭和通 王巡下平穰 而新羅遣使白王云 倭人滿其國境潰破城池 以奴客爲民歸王請命 太王恩慈後稱其忠誠特遣使還告以密計 十年庚子 教遣步騎五萬 往救新羅 從男居城至新羅城 倭滿其中 官軍方至 倭賊退 …… 背急追 至任那加羅從拔城 城卽歸服安羅人戎兵

_ 광개토대왕릉비

주1 백잔(百殘) : 고구려가 백제를 낮추어 부른 명칭.

주2 왜가~삼았으므로 : 바로 광개토왕비의 신묘년 기사로서, 일찍이 왜가 한반도 남부를 지배했다는 이른바 임나일본부설의 근거로 간주된 적이 있다. 그러나 이 부분은 영락 6년(396)에 고구려가 백제를 토벌한 이유를 전하는 기사로 봄이 타당하다. 즉, 백제와 왜 세력이 신묘년(391) 이래 신라를 공격해서, 396년에 고구려가 백제를 토벌하게 되었다고 해석하는 것이 순리이다.

주3 잔국(殘國):백잔국의 약칭이다.

(영락) 14년 갑진甲辰(404)에 왜가 법도를 어기고 대방帶方의 경계에 침입하여 잔병殘兵 주4과 화통하여 석성石城을 공략하니, …… (광개토)왕이 몸소 병사를 거느리고 정토征討했다.

原文 十四年甲辰 而倭不軌 侵入帶方界 和通殘兵□石城 …… 王躬率征討

_ 광개토대왕릉비

주4 잔병(殘兵) : '백잔국의 병사'. 즉 백제의 병사를 낮추어 부른 것

자료8

왜국과 우호관계를 맺고, 내물왕의 아들 미사흔未斯欣을 인질로 보냈다.

原文 與倭國通好 以奈勿王子未斯欣爲質

_ 『삼국사기』권3, 「신라본기」3, 실성이사금 원년 3월

자료9

흥興이 죽자 아우인 무武가 즉위하여 '사지절 도독왜백제신라임나가라진한모한칠국제군사 안동대장군 왜국왕使持節都督倭百濟新羅任那加羅秦韓慕韓七國諸軍事安東大將軍倭國王'을 자칭하니, 순제順帝 승명昇明 2년에 …… '사지절 도독왜신라임나가라진한모한육국제군사 안동대장군 왜왕使持節都督倭新羅任那加羅秦韓慕韓六國諸軍事安東大將軍倭王'을 제수해 주었다.

原文 興死 弟武立 自稱使持節都督倭百濟新羅任那加羅秦韓慕韓七國諸軍事安東大將軍倭國王 順帝昇明二年 …… 詔除武 使持節都督倭新羅任那加羅秦韓慕韓六國諸軍事安東大將軍倭王

_ 『송서』권97, 「열전」57, 이만, 왜국

자료10

비毗주5가 죽자 경慶주6이 즉위하여 세조世祖 대명大明 원년에 사신을 보내어 제수除授를 요청하니 조칙을 내려 허락해주었다.

原文 毗死 子慶代立 世祖大明元年 遣使求除授 詔許

_ 『송서』권97, 「열전」57, 이만, 백제국

주5 비(毗) : 백제의 비유왕을 지칭.

주6 경(慶) : 백제의 개로왕을 지칭.

■ 출전

광개토대왕릉비

『삼국지』

『송서』

『삼국사기』

『일본서기』

■ 찾아읽기

김석형, 『초기조일관계사연구』, 사회과학원출판사, 1966.

이진희(이기동 역), 『광개토왕비의 탐구』, 일조각, 1982.

야마오 유키히사(山尾幸久), 『古代の日朝關係』, 塙書房, 1989.

정효운, 『고대 한일 정치교섭사 연구』, 학연문화사, 1995.

연민수, 『고대한일관계사』, 혜안, 1998.

동북아역사재단 편, 『역사 속의 한일관계』, 동북아역사재단, 2009.

장창은, 『고구려 남방 진출사』, 경인문화사, 2014.

2 고구려가 영토를 크게 확장하여 고조선의 옛 땅을 많이 회복하다

광개토대왕릉비

고구려는 광개토왕 때 영토를 크게 확장하며 웅비했다. 광개토대왕릉비에 따르면, 서로는 요하, 북으로 개원–장춘–영안을 잇는 선까지, 동으로 두만강 하류, 남으로는 임진강 유역까지 개척하여 고조선의 옛 땅을 많이 회복했다. 이러한 광개토왕의 정복사업은 앞 시기의 왕들이 국가 기반을 착실히 다져놓았기에 가능한 일이었다.

광개토대왕릉비의 발견과 비문의 변조

고구려 국내성이 있던 현재의 중국 길림성吉林省 집안시集安市 통구通溝에는 높이가 6.39m에 달하는 거대한 4면비가 세워져 있다. 비신의 네 면에는, 제1면 11행·제2면 10행·제3면 14행·제4면 9행, 각 행 41자(제1면 6행만 39자)로 총 1,802자의 문자를 음각했는데, 글씨의 간격을 고르게 하기 위해 모눈종이처럼 칸을 나누어놓았다. 이것이 저 유명한 광개토대왕릉비이다. 광개토왕의 이름은 담덕談德이며, 묘호는 국강상광개토경평안호태왕國岡上廣開土境平安好太王이고, 생존시의 칭호는 영락대왕永樂大王이었다. 이 비는 광개토왕이 죽고 2년 뒤인(광개토대왕의 사망 연도가 비문에는 412년으로, 『삼국사기』에는 413년으로 다르게 나타난다) 장수왕 2년(414)에 세운 것으로, 고구려가 망하고 이끼로 뒤덮여 역사의 그늘 속에 숨어 있다가 1880년경에 다시 세상에 모습을 드러냈다. 특히 청淸의 강희제康熙帝(1661~1722) 때부터 실시된 만주봉금滿洲封禁 정책이 이 비를 체계적으로 조사할 수 없게 만드는 여건으로 작용했다. 그동안에도 이곳에 큰 비석이 있다는 사실은 알고 있었지만, 그것이 정작 광개토대왕릉비인 줄은 까맣게 몰 랐던 것이다.

광개토왕의 능비가 발견되었다는 사실이 세상에 알려지자 많은 사람들이 비문의 내용에 관심을 가졌다. 거기에는 고구려의 건국 내력과 광개토왕의 대외 정복 업적, 묘를 관리하기 위해 지정한 수묘인守墓人 연호烟戶 등이 자세히 적혀 있었는데, 대외 정 복에 대한 기록 중에는 중국을 쳐서 영토를 넓히고 왜를 격파하여 물리친 내용도 있었 다. 중국인과 일본인들은 특히 이 부분에 관심을 가졌다. 그리하여 역사의 진실을 가 리기 위해 비문의 해당 부분을 쪼아내 알아볼 수 없 게 만들거나 석회를 발라 없는 글자를 만들기도 했 다.[자료1] 앞 시기에 뜬 탁본에서는 잘 알아볼 수 없 던 글자가 뒤 시기 탁본에서는 뚜렷이 보이는 기현 상이 생긴 것은 이 때문이다. 비석에 덮인 이끼를 제 거하려고 불을 질렀기 때문에 긴 세월 동안 약해진 비석 표면이 떨어져나가 글자가 훼손된 데다가 세 차례나 석회를 발라 비문 내용을 조작하기까지 한 행위는 우리 민족사에 회복하기 어려운 큰 손실을 안겨주었다.

한 연구에 따르면, 제국주의 일본이 청나라에 대 한 첩보 수집을 위해 만주로 파견한 밀정 사코우 카 게노부酒勾景信(사코우 카게아키라고도 함)가 비문 을 조작하려고 석회를 바른 원흉이라고 한다. 사코 우는 일본 참모본부 소속 포병 중위로서 광개토대 왕릉비의 탁본(쌍구가묵본雙鉤加墨本)을 만들어 1883 년에 일본으로 돌아왔으며, 참모본부는 많은 연구 자들을 동원해 이 탁본을 극비리에 해독, 해석하기

광개토대왕릉비
중국 길림성 집안현에 있다. 높이 5.34m, 각 면 너비가 1.5m에 이르는 우리나라에서 가장 큰 비석이다. 414년에 장수왕이 고구려 제19대 왕 인 아버지 광개토대왕을 기리고자 세웠으며 호태왕비(好太王碑)라고 도 한다. 고구려 건국 내력과 광개토대왕의 대외 정복 활동, 왕릉 관리 문제가 담겨 있다.

시작했다. 그런데 사코우가 가져온 탁본은 비문의 일부를 변조해 만든 것이었다. 일제 관학자들이 조선 침략을 정당화하기 위해 주장해온 '임나일본부설'을 뒷받침할 자료로 이 비문을 이용하려고 꾸민 계획적인 변조였다. 해독 작업 중 미심쩍은 부분이 발견되자 일본군 참모본부는 청일전쟁 때인 1894년에 사람을 보내 다시 탁본을 떠왔는데 많은 부분이 사코우의 것과 같지 않았다. 이에 참모본부는 1899년 무렵 비문 본래의 내용을 감추고 거짓 증거를 대기 위해 석회를 바르고 원하는 문구를 써넣은 후 탁본을 만들었다. 이것을 가지고 '임나일본부설'을 입증할 영구적인 증거로 삼으려 한 것이다. 그러나 위조한 글자의 모양이 사코우 탁본과 일치하지 않았으므로 남들이 믿게 하려면 글자를 더 그럴듯하게 꾸밀 필요가 있었다. 다시 석회칠 작업이 이루어지고 글자가 만들어졌다. 참모본부가 비밀리에 주도면밀하게 계획적으로 추진한 석회칠 작전이었다(이진희).

'신묘년조'의 진실은?

일본군 참모본부가 「광개토대왕릉비문」에서 기대한 것은 왜가 한반도 남부 지역을 지배했다는 저들의 주장을 입증해줄 내용이었다. '왜(倭)'라는 문자는 비문의 여러 군데에 보였다. 그러나 저들이 원하는 내용과는 거리가 먼 문맥에서였다. 그래서 비문이 닳아 없어져 잘 읽을 수 없는 부분 중에서 혹시 '왜(倭)' 자를 넣고 해석하면 왜가 백제나 신라를 복속시켰다고 주장할 여지가 있는 구절이 없는지 찾았다. 그 결과 변조한 부분이 바로 '신묘년조'라고 널리 알려진 구절이다.

이른바 '신묘년조'란 '百殘新羅舊是屬民由來朝貢而倭以辛卯年來渡海破百殘□□□羅以爲臣民'이라고 한 구절을 말하는 것인데, 석회가 떨어져나간 후에 뜬 탁본을 보면 이 구절에서 '이(而)' 자 이후로는 제대로 읽을 수 있는 글자가 거의 없다시피 한 상태이다. 그런대로 읽는다면 겨우 '而□以辛卯年□□□破百殘□□□羅以爲臣民' 정도이다. 그렇지만 사코우 가게노부가 만든 탁본에는 글자가 뚜렷하여, "신묘년(391)에 왜가 바다를 건너 와서 백제와 신라를 깨뜨려 신민으로 삼았다."고 해석할 수 있게 되어 있다. 많은

광개토대왕릉비 탁본

일본 학자들은 사코우 탁본을 근거로, 4세기에 일본은 한반도 남단에 식민지를 건설했으며『일본서기』에 나오는 '임나일본부任那日本府'가 그것이라고 주장했다.

그러나 이에 대해서는 여러 가지 반론이 제기되었다. 첫째, 일본 측 판독문을 그대로 인정한다고 하더라도 그렇게 해석해서는 곤란하다는 견해이다. 광개토대왕릉비는 광개토왕이 이룬 공훈과 업적을 기리기 위해 세운 것으로, 모든 문장이 광개토왕이나 고구려를 주어로 삼고 있으므로 '신묘년조' 또한 그렇게 해석해야 한다. 곧 '이왜이신묘년래而倭以辛卯年來'는 삽입 문구로서 동사 '내來'의 주어는 '왜倭'이지만 뒤에 이어진 '도해파渡海破'의 주어는 전체 문장의 주어인 고구려이므로, 이 부분은 "왜가 신묘년에 침범해 왔기 때문에 고구려가 바다를 건너가 쳐부쉈다."로 해석해야 옳다는 것이다(정인보).

둘째, '신묘년조'에서 '내도해來渡海'는 애초 사코우가 변조해 넣은 문구이므로 '임나일본부'설의 근거가 될 수 없다는 견해이다. 일본군 참모본부가 계획적으로 몇 차례 석회를 발라 비문을 훼손하고 원래의 내용을 변조·은폐했음이 명백한 만큼, 위조된 비문을 놓고 더 이상 왈가왈부할 이유가 없다는 것이다(이진희). 참모본부가 비문의 변조에 개입한 사실은 일본인 학자에 의해서도 밝혀진 바 있다(사에키 아리키요佐伯有清).

셋째, 비문을 다시 해독하여 새로운 해석을 내놓은 견해이다. 여기에는 크게 두 가지 견해가 있는데, 하나는 '파破'를 잘못 판독한 글자로 보아 '고故'로 고쳐 읽고, '而倭以辛卯年來, 渡海, 故百殘, ㅁㅁ新羅以爲臣民'으로 끊어 읽은 후 글자가 없어진 부분을 문맥상 '장침將侵' 또는 '욕취欲取'라고 추정하여, "왜가 신묘년 이래로 바다를 건너 백제로 온 까닭에 (왜와 연계한) 백제가 신라를 공격하여 신민으로 삼으려고 했다."고 해석한 견해이다(천관우). 또 하나는, 비문의 서법書法상 구조를 분석하여 '왜倭'는 '후後'를, '내도해파來渡海破'는 '불공인파不貢因破'를 각각 위작僞作한 것이라고 지적하고, "백제와 신라는 예로부터 고구려의 속민으로 조공을 바쳐왔는데, 그 뒤 신묘년부터 조공을 바치지 않으므로 (광개토왕은) 백제·ㅁㅁ·신라를 쳐서 신민으로 삼았다."고 해석한 견해이다(이형구). 그리고 잘 보이지 않는 'ㅁㅁ' 부분은 '왜구'일 것으로 추정했다.

이러한 반론들을 통해, 「광개토대왕릉비문」이 '임나일본부설'을 입증하는 자료가 될 수 없음이 분명해졌다. 사실 임나일본부라는 것은 왜倭가 한반도 남부 지역을 지배하기 위해 설치한 기관이 아니라, 백제가 왜와의 교역을 원활히 추진하기 위해 설치한 교역 중개 기관이었을 뿐이다. 그리고 그것은 가야와 왜가 교류를 통해 오랫동안 맺어 온 우호 관계에 기초하여, 가야 마지막 시기에 백제와 신라의 압력을 받던 가야연맹제국이 대가야와 안라로 분열하여 이원 체제를 형성한 상황에서 일시적으로 존재한 기구에 지나지 않았다(김태식).

한편 북한에서는, 광개토대왕릉비에 나오는 왜를 백제가 기타큐슈北九州에 세운 분국分國으로 보고, 신묘년에 왜가 백제를 도와 고구려를 공격한 것은 종주국인 백제에 의해 왜병이 동원되었기 때문이었다고 파악한 견해가 제시되기도 했다(김석형). 또 중국에서는 광개토대왕릉비에 석회를 발라 원래의 비문을 훼손한 일이 있었던 것은 사실이지만, 일본군 참모본부가 저지른 일이 아니라, 비가 발견된 후 찾아오는 학자들을 안내하며 탁본하는 방법을 어깨너머로 배운 초천부初天富라는 사람이었다는 연구도 나왔다. 비문을 얻으려는 사람들이 늘자 탁본의 공정을 줄이고 문자도 더 뚜렷이 보이게 만들어 값을 높이려는 심산에서 초천부가 석회를 바르고 글자를 써넣었다는 것이다(왕건군). 그러나 초천부가 석회칠 작업에 가담하고 탁본을 떠 돈벌이를 했다고 하더라도, 일본군 참모본부가 의도적으로 비문 변조를 획책한 증거가 뚜렷하다.

광개토왕이 정복 사업을 벌일 수 있었던 기반

고구려는 광개토왕 때 역사상 최대의 판도를 이룩했다. 뒤이어 즉위한 장수왕이 남진하여 백제와 신라 땅을 빼앗아 남쪽 국경을 더 넓혔지만, 북방 영토를 확장한 것은 광개토왕 때의 일이었다. 「광개토대왕릉비문」에 따르면 광개토왕의 재위 기간 (391~413) 중에 64곳의 성과 1,400곳의 촌락을 공격하여 빼앗았다고 한다.[자료2] 그리하여 서로는 요하遼河에, 북으로는 개원開原−장춘長春−영안寧安을 잇는 선까지, 동으로는 두만강 하류의 북간도 혼춘琿春에, 남으로는 임진강 유역에 이르는 넓은 영토를 개척했다. 고구려기 후연後燕을 격파하여 요동을 차지하고 숙신肅愼을 복속시켜 만주 땅의 주인공이 된 것이다. 그래서 우리는 고구려의 가장 위대한 왕으로 서슴없이 광개토왕을 꼽는다. 그러나 광개토왕의 위업은 갑자기 이루어진 것이 아니다. 앞 시기의 왕들이 국가의 기반을 착실히 다져놓았기 때문에 비로소 가능했던 웅비雄飛였다.

고구려는 이미 3세기부터 대외적인 팽창 사업에 주력해오고 있었다. 동천왕東川王 (227~248)은 중국이 위 · 촉 · 오의 3국으로 나뉘어 패권을 다투게 되자, 국경을 서로 맞대고 있던 위나라를 견제하기 위해 오나라와 외교 관계를 맺었다. 또 미천왕美川王 (300~331)은 서안평을 점령하고, 이어 313년부터는 낙랑과 대방, 현도를 차례로 정복하여 중국 세력이 한반도의 일에 간섭할 근거를 없앴다.

그러나 고국원왕故國原王(331~371)은 342년에 모용황의 침입을 받아 곤욕을 치렀다. 모용황은 자신이 차지한 영역이 춘추전국시대 연燕 나라와 겹친다고 해서 제멋대로 국호를 연이라고 정하고 337년에 왕위에 오른 이였다. 고국원왕은 정예병 5만을 북쪽에 배치하고 자신은 약한 군사를 이끌고 남쪽 길을 방어하다가, 남쪽 길로 쳐들어온 모용황의 주력 부대를 막지 못하고 패해 환도성을 잃고 말았다. 왕은 홀로 쫓기다가 단웅곡斷熊谷에 숨어 목숨을 건졌으나 환도성을 점령한 모용황은 고국원왕의 어머니와 왕비를 포함해 남녀 5만을 사로잡고, 미천왕의 능을 파헤쳐 시신을 가져갔다.[자료3] 고구려로서는 대단한 치욕이 아닐 수 없었다. 고구려가 그동안 피 흘려 마련한 영토를 유지하고 또 새롭게 도전해오는 세력에 효율적으로 맞서기 위해서는 안으로 국가 체제를 한 단계 진전된 형태로 정비할 필요가 있었다. 하지만 고국원왕은 이듬해에 평양

호우총 청동합
경북 경주시 노서동 고분군에 있는 신라 무덤에서 청동호우(壺杅)가 나와 이 무덤을 호우총이라 불렀다. '을묘년국강상광
개토지호태왕호우십(乙卯年國岡上廣開土地好太王壺杅十)'이라는 글을 예서체로 돋을새김해 놓았는데, 장수왕 3년(415)
에 만들었음을 알 수 있다. 이 글씨는 광개토대왕릉비의 글꼴과 매우 비슷하며, 광개토왕을 기념하는 의례행위에 사용하기
위해 만든 것으로 추정된다.

동황성東黃城으로 거처를 옮겼을 뿐 국가적 위기를 타개할 대책 마련에는 소극적이었
다. 그러다가 결국 371년에, 때마침 임진강 유역을 확보하고 북진하는 백제 근초고왕
近肖古王(346~375)의 공격을 받아 평양성에서 전사하고 말았다. 고구려는 더욱 위기에
몰렸다.

　이러한 시점에 즉위한 이가 바로 소수림왕小獸林王(371~384)이었다. 소수림왕이 집
권했을 때 그의 주위에 있는 유력한 신하들은 지금까지의 대외 팽창 위주 정책에서 성
장한 교육받지 못한 무장들뿐이었다. 소수림왕은 아버지 고국원왕이 전사하기까지에
이른 원인이 외적으로는 외교 정책이 제대로 이루어지지 못했고, 내적으로는 5부의
귀족 세력들이 새로 확보한 영토에 대한 지배권을 둘러싸고 분열하여 서로 갈등을 빚
어온 데 있다고 진단했다. 중국과 정면에서 대결하자면 먼저 백제·신라와 친교를 맺
어 남쪽 국경을 안정시키는 외교적 노력을 기울였어야 마땅했던 것이다.

그러나 종래의 정치 질서와 문화 체계를 그대로 유지하고서는 이러한 위기를 극복할 수 없었다. 새로운 정치 질서의 확립이 필요했다. 하지만 그동안 전투에만 몰두해온 무장들이 그 새로운 질서를 만들어 내리라고는 기대하기 어려웠다. 이에 인재를 적극 양성할 필요를 느낀 소수림왕은 서둘러 태학을 설립하여 귀족 자제들을 교육하기 시작했다. 그리고 불교를 받아들여 5부의 대가大加들이 저마다 따로 받들고 믿어온 제사와 잡다한 신화·전설들을 포용·통합함으로써 분열된 귀족 세력의 규합을 꾀했다(372).[자료4]

다음해에 소수림왕이 율령을 반포하여 국가 조직을 정비하고, 곧 이어 백제를 다시 압박할 수 있었던 것은 이러한 일련의 문화 정책이 뒷받침됐기 때문이다. 소수림왕은, 먼저 해결해야 할 긴요한 과제가 무엇인지 정확하게 진단하고 정책을 세워 강력히 추진한 현명한 군주였다. 그리고 소수림왕을 이어 즉위한 고국양왕은 백제를 견제하기 위해 신라와 우호 관계를 맺었다.[자료5] 이러한 기틀 위에서 광개토왕이 역사에 남는 위대한 업적을 이룰 수 있었던 것이다.

자료1

내가 일찍이 태왕太王주1의 비를 구경하기 위해 집안현輯安縣에 이르러 여관에서 만주인 영자평英子주주이란 소년을 만나 필담을 나누었는데 비에 대해 다음과 같이 이야기했다. "비碑가 오랫동안 초래草萊 중에 묻혀 있다가 최근에 이 지방 영희榮禧에 의해 발견되었습니다.주2 그런데 이 비문 가운데 고구려가 중국 토지를 침탈했다는 자구들이 들어 있었으므로 중국인들이 그것을 도부刀斧로 쪼아냈습니다. 그다음 일본인들이 이 비석을 차지하여 영업적으로 탁본을 만들어 팔기 시작했습니다. 일본인들은 닳아 없어지거나 이지러진 부분을 석회로 떼어 발랐는데 이 때문에 그동안 인식할 수 없었던 자구가 도리어 생겨나 참된 사실은 삭제되고 위조된 사실이 첨가된 것 같습니다."

_ 신채호, 『조선상고사』

자료2

(영락) 20년(410) 경술庚戌, 동부여는 옛적에 추모왕鄒牟王주3의 속민이었는데, 중간에 배반하고 조공을 바치지 않았다. 그래서 대왕은 직접 군대를 거느리고 토벌하러 갔다. 군대가 부여성에 도착하니 부여의 온 나라가 놀라 …… 대왕의 은혜가 널리 퍼졌다. 그리하여 군대를 철수하여 돌아오는데 그들 중 (대왕의) 덕화德化를 사모하여 관군을 따라 온 사람이 있었으니 그들은 미구루압로, 비사마압로, 선사루압로, 숙사사압로주4 …… (대왕이) 공격하여 함락시킨 성의 수는 모두 64이고, 촌의 수는 1,400이다.주5

> 原文　廿年庚戌 東夫餘舊是鄒牟王屬民 中叛不貢 王躬率往討軍到餘城 而餘擧國駭 …… 王恩普處 於是旋還 又其慕化隨官來者 味仇婁鴨盧 卑斯麻鴨盧 椯社婁鴨盧 肅斯舍□□ …… 凡所攻破城六十四村一千四百

_ 광개토대왕비

자료3

(고국원왕) 12년(342) 봄 2월에 환도성을 수리하고, 또 국내성을 쌓았다. 가을 8월에 (왕이) 거처를 환도성으로 옮겼다. 겨울 10월에 연나라 왕 (모용)황이 용성龍城주6 으로 천도했다. 건위장군建威將軍 (모용)한翰이 먼저 고구려를 빼앗은 다음 우문宇文씨를 멸망시키고 나아가 중원을 차지하자고 청했다. 고구려로 가는 길은 두 곳이 있는데 북쪽 길은 평탄하고 넓은 반면 남쪽 길은 험하고 좁으므로 많은 사람들이 북쪽 길로 가려

고 했다. (모용)한이 말했다. "적군은 상식으로 헤아려 대군이 반드시 북쪽 길로 오리라고 예상할 것이므로 당연히 북쪽을 중히 여기고 남쪽은 소홀히 할 것입니다. 왕께서는 마땅히 정예군을 거느리고 남쪽 길로 들어가 그들이 생각하지 못한 곳을 치십시오. 환도丸都는 크게 공격하지 않아도 쉽게 점령될 것입니다. 그리고 따로 적은 군사를 북쪽 길로 보내면 비록 차질이 있다 하더라도, 그 몸체가 이미 무너지고 나면 사지는 쓸 수 없는 법입니다." (모용)황이 이 말을 따랐다.

11월에 (모용)황이 스스로 날랜 군사 4만을 거느리고 남쪽 길로 진군하여 모용한과 모용패慕容覇를 선봉으로 삼았으며, 따로 장사長史 왕우 등을 보내 군사 1만 5,000명을 거느리고 북쪽 길로 침략해 왔다. 왕은 아우 무武를 보내 정예군 5만 명을 거느리고 북쪽 길을 막게 하고, 자신은 약한 군사들을 거느리고 남쪽 길을 막았다. 모용한 등이 먼저 와서 싸우고 (모용)황이 대군을 이끌고 뒤이어 오니 우리 군대가 크게 패했다. 좌장사左長史 한수韓壽가 우리 장수 아불화도가阿佛和度加의 머리를 베니 여러 군사들이 승기를 타고 마침내 환도로 들어왔다. 왕은 말 한 필을 몰고 도망가 단웅곡斷熊谷으로 들어갔다. (연나라) 장군 모여니가 쫓아가 왕의 어머니 주씨周氏와 왕비를 사로잡아 돌아갔다. 이때, 왕우 등은 북쪽 길에서 싸우다가 모두 패하여 죽었다. 이로 인해 (모용)황이 다시 끝까지 쫓지 못하고 사신을 보내 왕을 불렀으나 왕은 나가지 않았다. (모용)황이 장차 돌아가려 할 때 한수가 말했다. "고구려 땅은 지킬 수 없습니다. 지금 그 왕이 도망하고 백성이 흩어져 산골짜기에 숨어 있으나, 대군이 돌아가면 반드시 다시 모여들어 나머지 무리를 모아 오히려 근심거리가 될 것입니다. 그의 아버지의 시신을 싣고, 그의 친어머니를 잡아가십시다. 그가 스스로 몸을 묶어 항복해 오기를 기다려 그 후에 돌려주고 은덕과 신뢰로 어루만지는 것이 상책입니다."

(모용)황이 그 말을 좇아 미천왕의 무덤을 파서 그 시신을 싣고, 창고 안의 여러 대의 보물을 거두고, 남녀 5만여 명을 사로잡고 그 궁실을 불지르고, 환도성을 허물고는 돌아갔다.

原文 十二年春二月 修葺丸都城又築國內城 秋八月移居丸都城 冬十月 燕王皝 遷都龍城 建威將軍翰請先取高句麗後滅宇文 然後中原可圖 高句麗有二道 其北道平闊 南道險狹 衆欲從北道 翰曰 虜以常情料之 必謂大軍從北道 當重北而輕南 王宜帥銳兵從南道 擊之出其不意北 都不足取也 別遣偏師出北道 縱有蹉跌 其腹心已潰 四支無能爲也 皝從之

十一月 皝自將勁兵四萬出南道 以慕容翰慕容覇爲前鋒 別遣長史王寓等將兵萬五千 出北道以

만해도 64성이 넘는다는 것이다. 그러나 여기 보이는 숫자는 광개토왕이 정벌한 성·촌의 총수라는 것이 통설이다.

주6 용성(龍城) : 현재의 중국 요녕성(遼寧省) 조양시(朝陽市).

來侵 王遣弟武帥精兵五萬拒北道 自帥羸兵以備南道 慕容翰等先至戰 皝以大衆繼之 我兵大敗
左長史韓壽斬我將阿佛和度加 諸軍乘勝 遂入丸都 王單騎走入斷熊谷 將軍慕輿埿追獲王母周
氏及王妃而歸 會王寓等戰於北道皆敗沒 由是皝不復窮追遣使招王 王不出 皝將還韓壽曰 高句
麗之地不可戍守 今其主亡民散潛伏山谷 大軍既去 必復鳩聚收其餘燼 猶足爲患 請載其父尸 囚
其生母而歸 俟其束身自歸 然後返之 撫以恩信 策之上也 皝從之 發美川王墓 載其尸收其府庫
累世之寶 虜男女五萬餘口 燒其宮室 毁丸都城而還

_「삼국사기」권18, 「고구려본기」6, 고국원왕 12년

자료4

주7 진(秦) 나라 : 전진(前秦, 351∼
394)을 말한다.

주8 부견(苻堅) : 전진(前秦)의 황
제. 재위기간은 357∼385년이다.
중국 북조를 거의 통일하여 남조의
동진(東晉)과 균형을 이뤘다. 부견
때에 고구려와 전진이 우호적 외교
를 맺고 문화를 활발히 교류했다.

(소수림왕) 2년 여름 6월에 진秦 나라[주7] 왕 부견苻堅[주8]이 사신과 중 순도順道를 파견하여
불상과 경문經文을 보내왔다. 왕은 사신을 보내 답례하고 토산물을 바쳤다. 대학大學
을 세우고 자제들을 교육시켰다.

原文 二年夏六月 秦王苻堅遣使及浮屠順道 送佛像經文 王遣使迴謝以貢方物 立大學 教育
子弟

_「삼국사기」권18, 「고구려본기」6, 소수림왕 2년

자료5

주9 8년 : 중종 임신간본에는 9년
으로 되어 있다. 광개토대왕릉비
의 연대 기록에 따르면 고국양왕은
391년까지 재위했다. 따라서 원문
의 9년은 8년의 잘못이다. 「삼국유
사」 왕력에도 고국양왕은 8년을 다
스렸다고 했다.

(고국양왕) 8년[주9] 봄에 사신을 신라에 보내 우호를 약속하니, 신라왕이 조카 실성實聖
을 인질로 보내왔다. 3월에 교서를 내려 불교를 믿어 복을 구하게 했다. 담당 관청에
명하여 나라의 사직[國社]을 세우고 종묘宗廟를 수리하게 했다.

原文 八年春 遣使新羅修好 新羅王遣姪實聖爲質 三月 下教崇信佛法求福 命有司立國社 修
宗廟

_「삼국사기」권18, 「고구려본기」6, 고국양왕 8년

출전

광개토대왕릉비

「삼국사기」

「조선상고사」: 신채호가 저술한 우리나라 상고사에 관한 책. 1931년 조선일보에 연재되었고, 1948년 단행본으로 출
간되었다. 총 12편으로 구성되어 있다.

찾아읽기

이유립, 『광개토성릉비문역주』 대동문화사, 1955.

박시형, 『광개토왕릉비』 사회과학원출판사, 1966.

이진희(이기동 역), 『광개토왕비의 탐구』 일조각, 1982.

왕건군(임동석 역), 『광개토왕비연구』 역민사, 1985.

손영종, 『광개토왕릉비문 연구』 중심, 2001.

노태돈, 『고구려사 연구』 사계절, 2004.

한일관계사연구논집편찬위원회, 『광개토대왕비와 한일관계』 경인문화사, 2005.

김영하, 『한국고대사의 인식과 논리』 성균관대학교출판부, 2012.

연민수 외, 『광개토왕비의 재조명』 동북아역사재단, 2013.

3 신라가 한강 유역을 차지하다

진흥왕 4대 순수비와 적성비

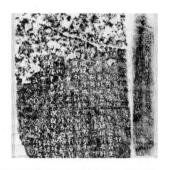

진흥왕은 지증왕과 법흥왕이 확립한 국가 기틀 위에서 대외 정복 사업을 활발히 벌였다. 진흥왕의 위업은 북한산 · 창녕 · 황초령 · 마운령에 있는 네 개의 순수비와 단양에 있는 적성비를 통해 확인할 수 있다. 진흥왕의 영토 확장으로 신라의 젊은이들은 삼국 통일할 수 있다는 자신감을 갖게 되었고 실제로 통일을 위해 노력했다.

진흥왕, 영토를 넓히다

삼국이 정립하던 시기, 신라가 획기적으로 넓은 영토를 확보한 것은 진흥왕 때의 일이다. 진흥왕은 대외 정복 사업을 활발히 벌여 한강 유역을 차지하고, 가야를 완전히 정복했으며, 동북 해안선을 따라 함흥평야까지 진출했다. 우리는 이 같은 진흥왕의 위업을 북한산 · 창녕 · 황초령 · 마운령에 있는 네 개의 순수비巡狩碑와 단양에 있는 적성비赤城碑를 통해 확인할 수 있다.[자료1]

진흥왕순수비 가운데 창녕비는 561년에, 황초령비와 마운령비는 568년에 각각 건립했다. 재위 22년, 29년 되던 해의 일이다. 그러나 북한산비는 세운 연대를 추측하기 어렵다. 단양신라적성비는 신라가 죽령을 넘어 이 지방을 점령한 550년대 초에 만들어 세운 듯하다. 네 개의 순수비는 영토를 넓힌 것을 기념하여 왕이 직접 순행하고 남긴

비이므로 '척경비拓境碑(국경을 개척하여 남긴 비)'라 할 수 있다. 이에 반해 단양신라적
성비는 새로 점령한 지역에 대한 통치 체제를 확립하기 위해 남긴 비로, 진흥왕이 직
접 가서 세운 것은 아니다.[자료2]

손을 맞잡은 신라와 백제

　앞서, 신라와 백제는 고구려 장수왕의 남하 정책에 대응하여 나제동맹을 결성하고
(433), 고구려가 침입하면 구원병을 보내 서로 돕기로 약속했다. 그러나 신라와 백제는
고구려의 남하를 저지하지 못했다. 고
구려는 백제를 쳐서 수도 한성을 빼앗
고 개로왕蓋鹵王(455~475)을 죽였다. 이
에 백제는 수도를 웅진熊津(오늘날 공
주)으로 옮겨 중흥을 모색하게 되었다.

　고구려는 한강 유역을 차지한 것에
만족하지 않고 계속 남하하여 천안, 청
주를 지나 금강 유역까지 진출했다. 오
늘날 세종시 전의면全義面과 부강면芙江
面 근처에는 이때 고구려가 쌓은 산성
이 여럿 남아 있다. 또 중부 지방으로
는 충주를 손아귀에 넣고 소백산맥을
넘어 영주, 예천까지 내려왔다. 충주
에서 발견된 고구려비가 당시 사정을
말해준다. 신라의 영토는 소백산 이남
에, 백제의 영토는 금강 이남에 한정되
다시피 했다.

　충주고구려비에 의하면 고구려는

북한산진흥왕순수비
진흥왕이 북한산 일대를 두루 돌아다니며 살피고, 이를 기념하
여 세운 비다. 비신 뒷면에 총탄 자국이 마구 박혀 있는 등 여
러 군데가 이미 심하게 손상되었으며, 더 망가질까봐 국립중앙
박물관으로 옮겨 보관하고 있다. 진흥왕의 다른 순수비는 자연
석을 그대로 썼지만 이 비석은 직사각형으로 다듬은 석재로 자
연암반 위에 2단으로 층을 만들어 세웠다. 1816년과 이듬해에
추사 김정희가 직접 와서 비문을 읽은 사실이 새겨 있다.

충주고구려비
충북 충주시에서 발견된 고구려 석비로 일반적으로 중원고구려비로 잘 알려져 있다. 비의 건립 시기에 대해서는 여러 견해가 있지만, 대체로 장수왕 때 세워진 것으로 추정한다. 글씨를 알아볼 수 없을 정도로 심하게 마모되었지만, 고구려와 신라의 관계를 알려주는 표현이 확인되어 사료로서 가치가 매우 크다.

5세기 무렵 신라를 '동이東夷'라고 부르고, 신라왕과 신료臣僚들에게 의복을 주었다고 한다.[자료3] 이것은 고구려가 스스로를 세계의 중심에 놓고 신라를 자기 주변에 있는 저급한 국가로 보았음을 말한다. 그래서 학계의 일각에서는, 중국이 동이 여러 나라에 대해 그랬듯이 고구려도 신라에 대해서 종주국을 자처하는 천하관을 가졌다고 본다. 그렇지만 이는 자칫 이른바 '소중화小中華' 의식이 이때 형성되었다는 뜻으로 오해될 소지가 있는 시각이다. 고구려가 신라에 대해 가졌던 우월 의식은, 기자조선이 무너져 삼한으로 나뉜 뒤 거기서 발전한 삼국 사이에 서로 경쟁의식이 있었음을 보여주는 하나의 단면으로서, 삼한을 다시 하나로 통합할 때 그 중심에 서야 할 나라가 바로 고구려임을 과시하려 한 데서 나온 것으로, 자기 중심 역사의식의 산물이지 중국을 흉내 낸 세계관의 표현이 아니다.

진흥왕, 영토를 개척하고 순수비를 세우다

6세기에 들어서자 백제와 신라는 중흥의 전기를 맞았다. 백제는 무령왕武寧王(501~523) 때 왕권을 강화하여 귀족 세력이 제멋대로 권력을 휘두르며 날뛰는 것을 억제하는 데 성공했다. 뒤를 이어 즉위한 성왕聖王(523~554) 때는 사비(오늘날 부여)로 도읍을 옮기고, 국호를 '남부여南夫餘'라 고친 다음, 관제官制를 정비하여 발전을 위한 토대를 마련했다.[자료4] 신라는 지증왕智證王(500~514) 때 '마립간麻立干'이라 불러온 왕호王號를 고쳐 '국왕國王'이라 하고, 지방 제도를 개편하여 주州에 군주軍主를 파견했으며,[자료5] 이사부異斯夫를 보내 우산국(오늘날 울릉도와 독도)을 정벌하여 국가의 위엄을 사방에 과시했다.[자료6] 또 법흥왕法興王(514~540) 때는 율령을 반포하고 관제를 정비하여 국가 체제를 바로잡았으며, 불교를 수용하여 국가 발전을 위해 사상적 기반을 다졌다.

진흥왕眞興王(540~576)은 지증왕과 법흥왕이 확립한 국가의 기틀 위에서 영토의 확장에 힘썼다. 먼저 백제 성왕과 공동 작전을 펼쳐 고구려가 차지해온 한강 유역을 공격하여, 한강 상류 지역인 죽령竹嶺 이북의 10개 군郡을 점령했다(551).[자료7] 소백산맥을 넘어 한강 유역에 진출한 진흥왕은 2년 뒤, 백제군이 점령한 한강 하류 지역을 기습 공격하여 빼앗고 한강 유역 전부를 독차지했다. 그리고 이 지방을 다스리기 위해 신주新州를 설치하고 김무력金武力을 군주로 임명했다(553).[자료8] 김무력은 김유신의 할아버지다. 신라가 120년 동안이나 지속해온 동맹 관계를 깨고 백제를 공격하여 한강 하류 지역을 점령한 데 격분한 성왕은 대가야와 합세하여 신라를 쳤으나 관산성管山城(오늘날 옥천) 싸움에서 김무력의 군대에 패하고 전사했다.[자료9]

한강 하류 지역을 차지했다는 것은 신라에게 매우 중요한 의미를 지닌 일이었다. 서해를 거쳐 중국과 직접 통할 수 있는 문호門戶를 얻게 되었기 때문이다. 신라는 남양만 제부도 앞에 당항성黨項城을 쌓아 이를 거점으로 중국과 교통하면서 외교 관계를 다지고 발달한 문물을 들여왔다. 또한 산악 지대가 대부분이어서 넓은 평야가 딱히 없었던 신라에게 한강 유역을 확보했다는 것은 곧 곡창을 얻었다는 의미나 마찬가지였다. 여기서 나오는 풍부한 물산은 신라 발전의 밑거름이 되었다.

진흥왕은 동북 방면으로도 진출했다. 동해안을 따라 북상하여 안변에 비열홀주比列忽州를 설치했다(556).[자료10] 신라는 이미 건국 초부터 동해안 지역에 대한 지배권을 장악하여 2세기 초 삼척의 실직국悉直國을 복속시켰으며, 6세기 초 지증왕 때는 강릉에 아슬라주阿瑟羅州를 두고 바다를 건너 우산국을 정벌함으로써 울릉도와 독도를 영토로 편입한 터였다. 따라서 국력이 강성해진 신라가 이때 오늘날의 함경도 안변까지 진출한 것은 뜻밖의 일이 아니다.

진흥왕은 낙동강 방면도 경략했다. 이 지역에는 일찍이 가야가 자리 잡았는데, 통일 왕조를 이루지 못하고 여섯 나라로 나뉘어 각기 발전해 오다가 6세기에 들어서면서 급격히 쇠퇴하는 모습을 보이고 있었다. 그 가운데 김해의 금관가야(본가야)는 법흥왕 때 신라에 항복했다. 신주 군주 김무력은 항복한 금관가야의 왕자였다. 진흥왕은 먼저 함안의 아라가야阿羅加耶와 창녕의 비화가야非火加耶를 쳐서 합병했다. 창녕진흥왕순수비는 이것을 기념하여 세운 비다. 그리고 이사부異斯夫 장군을 앞세워 대가야를 쳤다(562).[자료11] 대가야는 이미 신라의 복속국이나 다름없는 처지였는데 이때의 공격으로 완전히 멸망하니, 나머지 가야도 모두 항복해 가야라는 이름은 역사 속에 사라졌다. 진흥왕은 합천에 대야주大耶州를 설치하여 가야 지역 통치의 본거지로 삼는 동시에 백제를 방어하는 전초 기지로 활용했다.

진흥왕은 동북 방면에 설치한 비열홀주를 토대로 계속 북방으로 진출해 함흥평야 일대를 손에 넣었다. 이것이 언제 이루어진 일인지는 분명치 않으나, 마운령과 황초령에 순수巡狩하여 척경비를 세운 것이 568년의 일이니 그 이전에 이 지역을 차지했다는 것은 확실하다.

북한산 진흥왕순수비는 앞서 말한 것처럼 세운 연대가 불확실하다. 그런데 이 비문에 남천주南川州(오늘날 이천)라는 이름이 보이는 사실로 미루어, 남천주가 설치된 568년 이후에 세워진 듯하다.[자료12] 568년은 진흥왕이 동북 방면을 돌아본 해이기도 하다. 그러므로 진흥왕이 비열홀주를 방문할 때 동해안의 바닷길을 이용하지 않고 소백산맥을 넘어 남한강의 물길을 따라 한강 하류에 이르렀고, 북한산에 척경비를 남긴 다음 임진강이나 북한강을 통해 안변 방면으로 향했다고 짐작한다.

진흥왕은 그때까지의 신라 역사상 최대의 영역을 확보했다. 이로 인해 신라의 젊은이들은 삼국을 통일할 수 있다는 자신감을 갖게 되었고, 실제로 통일을 위해 노력했다. 김유신도 17세에 깊은 산속 석굴에 들어가 삼국 통일을 염원하며 검술을 익혔다고 한다. 신라의 삼국 통일은 이러한 노력의 결실이지, 고구려와 수·당 사이에 벌어진 전쟁의 부산물로 얻은 것이 아니다.

자료1-1

眞興太王 및 衆臣들이 □□을 巡狩할 때의 기록이다. …… □言□令甲兵之□□□□ □□□覇主設□賞□□ …… 之所用 高祀西□ □□□□ 서로 싸울 때 新羅의 太王이 □ …… □德不□兵故□□□□□建文 크게 人民을 얻어 □□□ … 이리하여 管境 을 巡狩하면서 민심을 □□하고 勞苦를 위로하고자 한다. 만일 충성과 신의와 정성이 있고 □ …… 賞을 더하고 …… 漢城을 지나는 길에 올라 □ …… 道人이 石窟에 살고 있는 것을 보고 …… 돌에 새겨 辭를 기록한다. …… 尺干, 內夫智 一尺干, 沙喙 武力 智 迊干이다. 南川軍主는 沙喙 …… 夫智 及干, 未智 大奈□ □□□ 沙喙 屈丁次 奈이 다. …… 谷□指□ 비고 그윽한 즉 水□□□劫 처음에 세워 만든 바는 非□ …… 巡 狩하여 見□□□□□□□歲記井□□□

眞興太王及衆臣等巡狩□□之時記

　　□言□令甲兵之 仿 □□□□□覇主設 方 賞□□

　　之所用高祀西 ⺜ □□□□相戰之時新羅□王□

楅 德不 阶 兵故□□□□□ 犰 建文大淂人民 牛 犰

口 是巡狩 苜 □□□民心　欲勞賓如有忠信精誠 才

　　□可加 貢 □□以□□□□□ 枭 路過 漢 城陟□

　　見道人□居石窟□□□□刻石誌辭

　　尺干 內夫智 一尺干沙喙另 力 智 迊干 南川軍主 沙

　　夫智 及干 未智 大奈 福 □□ 兵 沙喙屈丁次 奈

　　峇 □指□空幽則 水 文 □□□劫初立 耴 造非 ⺾

　　㕬 狩見□□□□□□□歲記 井 □□□

_북한산순수비; 한국고대사회연구소, 「역주 한국고대금석문」, 가락국사적개발연구원, 1992 참조.

자료1-2

辛巳年 2월 1일에 세웠다. 寡人은 어려서 왕위에 올라 政事를 輔弼하는 신하에게 맡 겼다. …… 일의 끝에 …… 四方으로 …… 널리 …… 利益을 취하고 수풀을 除去하여 …… 土地와 疆土와 山林은 …… 大等과 軍主, 幢主, 道使와 外村主는 살핀다. …… 고 로 …… 海州의 田畓 □□와 산림과 하천은 …… 비록 …… 그 나머지 사소한 일들은 …… 上大等과 古奈末典, 法選□人과 上 …… 이로써 …… 몸이 벌을 받는다. 이때 □

□大□는 □□□□□智 葛文王이고, □□□□者는 漢只□□의 屈珎智 大一伐干이고, □喙의 □□智 一伐干이고, □□折夫智 一尺干이고, □□□□智 一尺干이고, 喙의 □□夫智 迊干이고, 沙喙의 武力智 迊干이고, 喙의 小里夫智 □□干이고, 沙喙의 都設智 沙尺干이고, 沙喙의 伐夫智 一吉干이고, 沙喙의 忽利智 一□□, □ 珍利□次公 沙尺干이고, 喙의 介亡智 沙尺이고, 喙의 所述智 沙尺干이고, 喙의 □□□□ 沙尺干이고, 喙의 比叶□□智 沙尺干이고, 本彼의 末□智 及尺干이고, 喙의 □□智 □□□이고, 沙喙의 刀下智 及尺干이고, 沙喙의 □□智 及尺干이고, 喙의 鳳安智 □□□이다. □□等은 喙의 居七夫智 一尺干, □□夫智 一尺干, 沙喙의 甘力智 □□干이다. □大等은 喙의 末得智 □尺干, 沙喙의 七聰智 及尺干이다. 四方軍主로서 比子伐軍主는 沙喙의 登□□智 沙尺干이고, 漢城軍主는 喙의 竹夫智 沙尺干이고, 碑利城軍主는 喙의 福登智 沙尺干이고, 甘文軍主는 沙喙의 心麥夫智 及尺干이다. 上州 行使大等은 沙喙의 宿欣智 及尺干, 喙의 次叱智 奈末이다. 下州 行使大等은 沙喙의 春夫智 大奈末, 喙의 就舜智 大舍이다. 于抽悉□□西阿郡 使大等은 喙의 北尸智 大奈末, 沙喙의 須仃夫智 奈□이다. □爲人은 喙의 德文兄 奈末이다. 比子伐停 助人은 喙의 覓薩智 大奈末이다. 書人은 沙喙의 導智 大舍이다. 村主는 奀聰智 述干, 麻叱智 述干이다.

原文

亲巳年二月一日立　寡人幼年承基政委輔弼俢智　行悉
事末□□立 矣 □ 忠 赦□□□□□四方□改囚□後地土□陝也
古□□□不□□□□□□□□□□□□□□□人普 扩 山□心□
取利 除林 栏 □□□□□□□□□□□ 悉 □□□□此□州□□
而已土地彊時山林□□□□□□□□□也大等与軍主幢主道
使与外村主審 則 故□□□□□□□ 玐 □□海州白田畓□□与
山 塩 河川□教以□□□□□□□□□□□□□□□□□□人
則 之雖不□□□□□□□□□□心□□河□□□□ 汏 于之
其餘少小事知古□冫□□□□□者□□以上大等与古奈末典
法 送 □人与上□□□□□□□□□□□□此以□□看其身受
討　于時日巛大□□□□□□智葛文王□□□□者漢只□□
屈珎智大一伐干□喙□□智一伐干□□折夫智一尺干 八 □□
□智一尺干喙□□夫智迊干沙喙另力智迊干喙小里夫智□□
干沙喙都設智沙尺干沙喙伐夫智一吉干沙喙忽利智一□□□
珎 利 冫次公沙尺干喙介亡智沙尺喙耶述智沙尺干喙□□□□

沙尺干喙比叶□□智沙尺本　末□智及尺干喙□□智□□□

沙喙刀下智及尺干沙喙□□智及尺干喙鳳安智□□□□□

等喙居七夫智一尺干□一夫智一尺干沙喙甘力智□□干□

大等喙末淂智□尺干沙喙七聰智及尺干四方軍主比子伐

軍主沙喙登□□智沙尺干漢城軍主喙竹夫智沙尺干碑利

城軍主喙福登智沙尺干甘文軍主沙喙心 **叅** 夫智及尺干

上州行使大等沙喙宿欣智及尺干喙次叱智奈末下州行

使大等沙喙春夫智大奈末喙就舜智大舍于抽悉土可

西阿郡使大等喙北尸智大奈末沙喙須仃夫智奈□

爲人喙德文 **兄** 奈末比子伐停助人喙覓薩智大

奈末書人沙喙導智大舍村主奀聰智述干麻叱

智述干

_ 창녕순수비; 한국고대사회연구소, 『역주 한국고대금석문』, 가락국사적개발연구원, 1992 참조.

자료1-3

…… 8월 21일 癸未에 眞興太王이 管境을 □□하고 돌에 새겨 기록하였다. …… 세상의 도리가 진실에서 어긋나고, 그윽한 德化가 펴지지 아니하면 邪惡함이 서로 다툰다. □로 帝王은 年號를 세워 스스로를 닦아 백성을 편안히 하지 않음이 없다. 그러나 朕은 …… 太祖의 기틀을 이어 받아 왕위를 계승하여, 몸을 조심하고 스스로 삼가하면서 □□□ 할까 두려워 하였다. □ 하늘의 은혜를 입어 運數를 열어 보여, 冥冥한 중에서도 神祇에 感應되어 …… 사방으로 영토를 개척하여 백성과 토지를 널리 획득하니 이웃나라가 신의를 맹세하고 和好를 요청하는 使臣이 서로 통하여 오도다. 아래로 □□□하여 新舊民을 □育하였으나 오히려 왕도의 德化가 …… 있지 않았다고 하였다. 이에 戊子年 가을 8월에 管境을 순수하여 민심을 살펴서 勞□에 보답하고자 한다. □□ 충성과 신의에다 정성을 갖추고, 재주가 □하고 …… 나라를 □하여 忠節을 다해 功을 세운 무리가 있다면 벼슬을 올려주고 상품을 더하여 功勳을 표창하고자 한다. 수레를 돌려 감에 □□□ 14□□에 …… 境界를 …… 이때에 왕의 수레를 따른 者는 沙門道人으로는 法藏과 慧忍이고, 大等은 喙□ □□夫 …… 知迊干, 喙部 服冬知 大阿干, 比知夫知 及干, 未知 □奈末, …… 兮 大舍, 沙喙部 另知 大舍, 夷內從人은 喙部 □ 兮次 …… 喙部 與難 大舍이고, 藥師는 沙喙部 篤兄 小□이고, 奈夫 …… 典은

喙部 分知 吉之, 哀公欣平 小舍, □末買 …… 喙部 非知 沙干, 助人 沙喙部 尹知 奈末 이다.

原文

12	11	10	9	8	7	6	5	4	3	2	1	
							末					1
							有	四	紹			2
						丁	於	方	太	世		3
						國	是	託	之	道		4
						盡	歲	境	祖	乖	八	5
						節	次	廣	之	眞	月	6
					□	有	戊	獲	基	化	廿	7
					者	功	子	民	纂	不		8
				□	矣	□	秋	土	承	敷	一	9
				知	□	知	八	隣	王	則	日	10
				迊	干	迊	月	國	位	耶	癸	11
			□	干	時	干	巡	誓	兢	爲	未	12
			□	喙	隨	喙	狩	信	身	交	眞	13
		□	大	部	駕	部	管	和	自	競	興	14
		喙	舍	大	沙	服	境	使	愼	□	太	15
	□	部	沙	舍	門	冬	訪	交	恐	□	王	16
喙	典	与	喙	沙	道	知	採	通	□		□	17
部	喙	難	部	喙	人	大	民	府	□	帝	管	18
非	部	大	另	部	法	阿	心	□	□	王	境	19
知	分	舍	知	另	藏	干	從	□	蒙	建	刊	20
沙	知	藥	大	知	慧	比	欲	□	天	号	石	21
干	吉	師	舍	大	忍	知	勞	□	恩	莫	銘	22
助	之	沙	內	舍	大	夫	□	育	開	不	記	23
人	哀	喙	從	藥	□	知	迴	新	示	脩	也	24
沙	公	部	人	師	喙	及	駕	古	運	己		25
喙	欣	篤	喙	沙	部	干	顧	黎	記	以		26
部	平	兄	部	喙	□	未	行	庶	冥	安		27
尹	小	小	□	部	□	知	□	猶	感	百		28
知	舍	□	奈	□	□	□	十	謂	神	姓		29
奈	□	奈	次	奈	奈	奈	四	道	祇	然		30
末	末	夫		次	夫	末	□	化	應	朕		31
	買											32
												33

_ 황초령순수비; 한국고대사회연구소, 『역주 한국고대금석문』 가락국사적개발연구원, 1992 참조.

(碑陽面部分)

太昌元年 歲次 戊子 □□ 21일 □□ □興大王이 □를 순수하여 돌에 새겨 기록하였다. 무릇 純風이 일지 않으면 世道가 참됨에 어긋나고, 그윽한 德化가 펴지지 않으면 邪惡한 것이 서로 경쟁하도다. 그러므로 제왕이 年號를 세움에 몸을 닦아 백성을 편안하게 하지 않으면 안된다. 그러나 朕은 歷數가 몸에 이르러 위로는 太祖의 기틀을 이어받아 왕위를 계승하여, 몸을 조심하며 스스로 삼가하나 하늘의 도리를 어길까 두렵다. 또 하늘의 은혜를 입어 운수를 열어 보여주며, 명명한 가운데 神祇에 감응되어 符命에 應하고 셈대에 적합하였다. 이로 말미암아 사방으로 영토를 개척하여 널리 백성과 토지를 획득하니, 이웃나라가 신의를 맹세하고 和使가 서로 통하여 오도다. 아래로 스스로 헤아려 新舊民을 撫育하였으나 오히려 말하기를 왕도의 德化가 고루 미치지 아니하고 은혜가 베풀어짐이 있지 않다고 한다. 이에 戊子年 가을 8월에 管境을 巡狩하여 민심을 살펴서 위로하고 물건을 내려주고자 한다. 만약 충성과 신의와 정성이 있거나, 재주가 뛰어나고 재난의 機微를 살피고, 적에게 용감하고 싸움에 강하며, 나라를 위해 충절을 다한 功이 있는 무리에게는 벼슬과 □(상품)을 賞으로 더하여 주고 功勳을 표창하고자 한다. 수레를 타고 나가 10월 2일 癸亥에 이르러 … 인하여 邊堺 지역을 說諭하였다.

(碑陰面部分)

이때 수레를 따른 자로 沙門 道人은 法藏과 慧忍이다. 大等은 喙部 居朼夫智 伊干, 內夫智 伊干, 沙喙部 另力智 迊干, 喙部 服冬智 大阿干, 比知夫知 及干, 未知 大奈末, 及珎夫知 奈末이다. 執駕人은 喙部 万兮 大舍, 沙喙部 另知 大舍이다. 裏內從人은 喙部 沒兮次 大舍, 沙喙部 非尸知 大舍이다. □人은 沙喙部 爲忠知 大舍이고, 人은 喙部 与難 大舍이고, 藥師는 篤支次 大舍이다. 奈夫通典은 本□部 加良知 小舍이고, □□는 本□部 莫沙知 吉之이고, 及伐斬典은 喙部 夫法知 吉之이다. 裏內□□□□□□名 吉之이고, 堂來客 裏來客은 50이고, 外客은 □□ □□□□□□□□智 沙干이다. 助人은 沙喙部의 舜知 奈末이다.

原文

(陽面)

太昌元年歲次戊子□□廿一日□□□興太王巡狩□□刊石銘

記也

夫純風不扇則世道乖眞□化不敷則耶爲交競是以帝王建号莫

不修己以安百姓然朕歷數當躬仰紹太祖之基纂承王位兢身自

愼恐違乾道又蒙天恩開示運記冥感神祇應符合□因斯四方託

境廣獲民土隣國誓信和使交通府自惟忖撫育新古黎庶猶謂道

化不周恩施未有於是歲次戊子秋八月巡狩管境訪採民心以欲

勞賚如有忠信精誠才超察厲勇敵强戰爲國盡節有功之徒可加

賞爵□以章勳勞

引駕日行至十月二日癸亥向涉是達非里 □ 廣 □ 因諭邊堺矣

(陰面)

于是隨駕沙門道人法藏 慧忍　太等喙部居杧夫智 伊干 內夫

智 伊干沙喙部另力智 迊干喙部服冬知 大阿干 比知夫知 及干

未知 大奈末 及珎夫知 奈末 執駕人喙部万\\\\ 大舍沙喙部另知

大舍 裏內從人喙部沒\\\\ 次 大舍沙喙部非尸知 大舍□人沙喙

部爲忠知 大舍 占人喙部与難 大舍藥師篤支次 小舍 奈夫通典

本□部加良知 小舍□□本□部莫沙知 吉之 及伐斬典喙部夫

法知 吉之裏內□□□□□□ □ 名吉之堂來客裏來客五十外

客 □□□□ □□□□□□ □ 智沙干 助人沙喙部舜知 奈末

_마운령순수비; 한국고대사회연구소, 『역주 한국고대금석문』, 가락국사적개발연구원, 1992 참조.

자료2

…… 月에 王이 大衆等인 喙部 출신의 伊史夫智 伊干支, 豆弥智 彼珎干支, 喙部 출

신의 西夫叱智 大阿干支, □夫智 大阿干支, 內礼夫智 大阿干支, 高頭林城에 있는 軍

主들인 喙部 출신의 比次夫智 阿干支, 沙喙部 출신의 武力智 阿干支, 鄒文村 幢主인

沙喙部 출신의 噵設智 及干支, 勿思伐인 喙部 출신의 助黑夫智 及干支에게 敎하시

었다.

이때에 赤城 출신의 也尒次에게 敎하시기를 …… 중에 옳은 일을 하는데 힘을 쓰다가

죽게 되었으므로 이 까닭으로 이후 그의 妻인 三 …… 에게는 …… 利를 許하였다.

四年 小女, 師文 …… 公兄인 鄒文村 출신의 巴珎婁 下干支 …… 者는 다시 赤城烟
으로 가게 하고 後者 公兄은 …… 異葉이건 國法에는 分與하지만 비록 그러하나 伊
…… 子, 刀只 小女, 烏礼兮 撰干支 …… 法을 赤城佃舍法으로 만들었다.

별도로 官은 …… 弗兮 女, 道豆只又悅利巴 小子, 刀羅兮 …… 합하여 五人에게 ……
를 내렸다.

별도로 敎하기를 이후로부터 나라 가운데에 也尒次와 같이 …… 옳은 일을 하여 힘을
쓰고 남으로 하여금 일하게 한다면 만약 그가 아들을 낳건 딸을 낳건 나이가 적건 …
兄弟이건 이와 같이 아뢰는 자가 大人인가 小人인가 ……

…… 部 출신의 奈弗耽郝失利 大舍, 鄒文 …… 勿思伐城幢主使人은 那利村 … 人은 勿
支次 阿尺, 書人은 喙部 출신의 …… 人石書立人은 非今皆里村 …… 智 大烏이다.

原文

1	□□□□月中王敎事大衆等喙部伊史夫智伊干	
2	□□□□豆彌智 珎干支喙郝西夫叱智大阿干	
3	□□□夫智大阿干支內札夫智大阿干支高頭林	
4	□□□□等喙部比次夫智阿干支沙喙部武力智	
5	□□□ 文村幢主沙喙部導說智及干支勿思伐	
6	□□□喙部助黑夫智及干支節敎事赤城也尒次	
7	□□□□中作善 懷懃力使人是以後其妻三	
8	□□□□□□□許利之四年小女師文	
9	□□□□□□公兄 文村巴珎婁下干支	
10	□□□□□□者更赤城烟去使之後者公	
11	□□□□□□異葉耶國法中分与雖然伊	
12	□□□□□□子刀只小女烏札兮撰干支	
13	□□□□□□使法赤城佃舍法爲之別官賜	
14	□□□□□□兮女道豆只又悅利巴小子刀羅兮	
15	□□□□□□合五人之別敎自此後國中如也尒次	
16	□□□□□□懷懃力使人事若其生子女子年少	
17	□□□□□□兄弟耶如此白者大人耶小人耶	
18	□□□□□□部棄弗躭郝失利大舍 文	
19	□□□□□□勿思伐城幢主使人那利村	
20	□□□□□□人勿支次阿尺書人喙部	
21	□□□□□□人石書立人非今皆里村	
22	□□□□□□□智大烏之	

_ 단양적성비: 한국고대사회연구소, 『역주 한국고대금석문』, 가락국사적개발연구원, 1992 참조.

자료 3

5월에 고려대왕高麗大王의 상왕공相王公과 신라 매금寐錦은 세세世世토록 형제같이 지
내기를 원하여 서로 수천守天하기 위해 동으로 왔다. …… 매금寐錦의 의복衣服을 내리
고 제위諸位에게 교教를 내리고 여러 사람에게 의복을 주는 교教를 내렸다.

> 原文 五月中高麗大王 相王公 新羅寐錦 世世爲願如兄如弟 上下相和守天東來之 …… 賜寐
> 錦之衣服 …… 教諸位 賜上下衣服教

_충주고구려비

자료 4

(성왕) 16년 봄, 도읍을 사비泗沘(소부리所夫里라고도 한다)로 옮기고, 국호를 남부여南扶
餘라고 하였다.

> 原文 十六年 春 移都於泗沘(一名所夫里) 國號南扶餘

_『삼국사기』권26, 『백제본기』4, 성왕 16년

자료 5

(지증마립간) 4년 10월에 여러 신하들이 아뢰기를, "시조가 창업한 이래로 나라 이름이
일정치 않아 혹은 사라斯羅라 하고 혹은 사로斯盧라 하고 혹은 신라新羅라 했으나, 신들
은 생각건대 '新'은 덕업이 날로 새롭다는 뜻이요, '羅'는 사방을 망라한다는 뜻이니,
그것으로 국호를 삼는 것이 좋을 듯합니다. 또 생각건대 예부터 국가를 가진 이는 모
두 제帝나 왕王을 칭했는데 우리 시조가 건국한 지 지금 23대가 되었으나 단지 방언으
로 칭하여 존호를 정하지 않았습니다. 지금 여러 신하들은 한뜻으로 삼가 신라국왕新
羅國王이란 존호를 올립니다."라 하니, 왕이 이에 따랐다. …… 6년 2월에 왕이 친히 국
내에 주군현州郡縣의 제도를 정하고 실직주悉直州를 두어 이사부異斯夫를 군주軍主로 삼
으니 군주란 이름이 여기서 시작되었다.

> 原文 四年 冬十月 群臣上言 始祖創業已來 國名未定 或稱斯羅 或稱斯盧 或言新羅 臣等以
> 爲新者德業日新 羅者網羅四方之義 則其爲國號宜矣 又觀自古有國家者 皆稱帝稱王 自我始祖
> 立國 至今二十三 但稱方言未正尊號 今群臣一意謹上號新羅國王 王從之 …… 六年 春二月 王
> 親定國內州郡縣 置悉直州 以異斯夫爲軍主 軍主之名始於此

_『삼국사기』권4, 『신라본기』4, 지증마립간 4년

자료6

(지증왕) 13년 임진년에 (이사부는) 아슬라주阿瑟羅州 군주가 되어 우산국于山國의 병합을 계획하고 있었는데, 그 나라 사람들이 어리석고 사나워서 위력으로는 항복받기 어려우니 계략으로써 복속시킬 수밖에 없다고 생각하고, 이에 나무 사자를 많이 만들어 전선戰船에 나누어 싣고 그 나라 해안에 다다라 거짓으로 말하기를 "너희들이 항복하지 않으면 이 맹수를 풀어놓아 밟아 죽이겠다."고 했다. 그 사람들이 두려워서 곧 항복했다.

原文 至十三年壬辰 爲阿瑟羅州軍主 謀幷于山國 謂其國人愚悍 難以威降可以討服 乃多造木偶師子分載戰舡 抵其國海岸詐告曰 汝若不服則放此猛獸踏殺之 其人恐懼則降

_『삼국사기』권44, 「열전」4, 이사부

자료7

왕이 거칠부 등에게 명하여 고구려를 침공하게 했는데, 승세를 타고 10개 군을 취했다.

原文 王命居柒夫等 侵高句麗 乘勝取十郡

_『삼국사기』권4, 「신라본기」4, 진흥왕 12년

자료8

가을 7월, 백제의 동북쪽 변두리를 빼앗아 신주新州를 설치하고 아찬 무력武力을 군주로 삼았다.

原文 秋七月 取百濟東北鄙 置新州 以阿湌武力爲軍主

_『삼국사기』권4, 「신라본기」4, 진흥왕 14년

자료9

15년 가을 7월, 명활성明活城을 보수하여 쌓았다. 백제 왕 명농明禯이 가량加良과 함께 관산성管山城에 쳐들어왔다. 군주 각간 우덕于德과 이찬 탐지耽知 등이 맞서 싸웠으나 전세가 불리했다. 신주의 군주 김무력金武力이 주의 병사를 이끌고 나아가 어우러져 싸웠는데, 비장裨將인 삼년산군三年山郡의 고간도도高干都刀가 빠르게 공격하여 백제 왕을 죽였다. 이에 모든 군사들이 승세를 타고 싸워서 크게 이겼다. 좌평佐平 네 명과 병사 2만 9,600명의 목을 베었으며, 돌아간 말이 한 마리도 없었다.

原文 十五年 秋七月 修築明活城 百濟王明穠與加良 來攻管山城 軍主角干于德伊湌耽知等 逆戰失利 新州軍主金武力 以州兵赴之 及交戰 裨將三年山郡高干都刀 急擊殺百濟王 於是 諸 軍乘勝 大克之 斬佐平四人 士卒二萬九千六百人 匹馬無反者

_『삼국사기』권4, 「신라본기」4, 진흥왕 15년

자료 10

(진흥왕) 17년 가을 7월, 비열홀주比列忽州를 설치하고 사찬 성종成宗을 군주로 삼았다.

原文 十七年 秋七月 置比列忽州 以沙湌成宗爲軍主

_『삼국사기』권4, 「신라본기」4, 진흥왕 17년

자료 11

(진흥왕 23년) 9월, 가야가 반란을 일으켰다. 임금이 이사부에게 명하여 토벌케 했는 데, 사다함斯多含이 부장副將이 되었다. 사다함은 5천 명의 기병을 이끌고 선두에 서서 달려갔다. 전단문栴檀門에 들어가 흰 기旗를 세우니 성 안의 사람들이 두려워하며 어 찌할 바를 모르다가, 이사부가 병사를 이끌고 다다르자 일시에 모두 항복했다. 전공 을 논함에 사다함이 으뜸이었다. 임금이 좋은 밭과 포로 2백 명을 상으로 주었으나 사 다함은 세 번이나 사양했다. 임금이 강하게 권하자 포로를 받았으나, 풀어주어 양민 이 되게 하고 밭은 병사들에게 나누어 주니, 나라 사람들이 그것을 찬미했다.

原文 九月 加耶叛 王命異斯夫討之 斯多含副之 斯多含領五千騎先馳 入栴檀門 立白旗 城 中恐懼 不知所爲 異斯夫引兵臨之 一時盡降 論功 斯多含爲最 王賞以良田及所虜二百口 斯多 含三讓 王强之 乃受其生口 放爲良人 田分與戰士 國人美之

_『삼국사기』권4, 「신라본기」4, 진흥왕 23년

자료 12

(진흥왕 29년) 겨울 10월, 북한산주를 없애고 남천주南川州를 설치했다. 또 비열홀주를 없애고 달홀주達忽州를 설치했다.

原文 冬十月 廢北漢山州 置南川州 又廢比列忽州 置達忽州

_『삼국사기』권4, 「신라본기」4, 진흥왕 29년

■ 출전

『삼국사기』

충주고구려비 : 충청북도 충주시에서 1979년 발견된 고구려 비석. 5세기 무렵 고구려와 신라의 관계에 대해 알 수 있
　　는 귀중한 금석문이다. 그러나 마멸이 심하여 구체적인 건립 연대는 알 수 없다.

■ 찾아읽기

이기백, 『신라정치사회사연구』, 일조각, 1974.

단국대학교 사학회, 『사학지12 ― 단양신라적성비 특집호』, 1978.

단국대학교 사학회, 『사학지13 ― 중원고구려비 특집호』, 1978.

주보돈, 『신라 지방통치체제의 정비과정과 촌락』, 신서원, 1998.

이정숙, 『신라 중고기 정치사회 연구』, 혜안, 2012.

이문기, 「신라 진흥왕대 신료조직에 대한 일고찰」, 『대구사학』20 · 21, 1982.

김광수, 「신라 관명 '대등'의 속성과 그 사적 전개」, 『역사교육』59(역사교육연구회), 1996.

장창은, 「진흥왕대 신라의 북방진출과 대고구려 영역향방」, 『신라사학보』24, 2012.

4 고구려, 수·당의 침입을 물리치다

살수대첩과 안시성 싸움

6세기 말 동북아시아 판도는 돌궐·고구려·백제·일본으로 이어지는 남북 세력과 수·신라로 이어지는 동서 세력으로 나뉘었다. 이러한 국제 관계 속에 양대 세력의 맹주인 고구려와 수, 수에 뒤이은 당의 대결은 불가피했다. 수·당은 연이어 고구려를 침입했으나, 고구려는 이를 물리치고 우리 민족이 독자성을 잃지 않고 살아남는 방파제 역할을 했다. 결국 혼자서 고구려를 정복할 수 없음을 깨달은 당은 신라와 동맹을 맺게 되었다.

고구려와 수, 패권을 다투다

5세기 중엽부터 중국 대륙은 북쪽의 이민족 왕조와 남쪽의 한족 왕조가 대립하는 양상을 보이고 있었다. 이른바 남북조 시대로 접어든 것이었다. 중국이 분열하여 대립함에 따라 북방에서 전쟁이 일어날 위험이 줄어들자 고구려 장수왕長壽王(394~491)은 주력 부대를 남쪽으로 이동시켜 백제와 신라를 압박했다. 두 나라는 나제동맹을 맺어 이에 대항했으나 고구려의 남하를 저지하지 못했다. 고구려는 백제가 차지하고 있던 한강 유역을 손에 넣고 계속 남하하여 금강 유역에까지 진출했으며, 소백산맥을 넘어 낙동강 상류 근처를 점령했다.

그러나 고구려는 6세기에 이르러 안장왕安藏王(519~531)이 피살되고, 안원왕安原王(531~545) 말년에는 귀족들 사이에 왕위 계승을 둘러싸고 대립과 싸움이 일어나는 등

내부 분란에 빠졌다. 장수왕이 79년이나 장기 집권함으로써 지배 세력의 신진대사가 되지 않아 생긴 부작용의 여파였다. 내정의 혼란은 국력의 약화로 나타났고, 그 결과 고구려는 한강 유역을 상실했다. 신라의 진흥왕이 소백산맥을 넘어와 죽령 이북의 10개 군을 점령하고 한강 하류도 차지한 것이었다. 하지만 내분에 빠진 고구려는 이를 응징할 여유가 없었다.

고구려가 내부의 분란을 수습하고 왕권의 안정을 되찾은 것은 평원왕平原王(559~590) 대에 이르러서의 일이었다. 평원왕이 사랑하는 딸을 온달에게 시집보냈던 것도 왕권 강화책의 일환이었다고 해석된다. 어린 공주가 울 때마다 바보 온달에게 시집보내야겠다고 한 실언을 그대로 실천에 옮긴 것이었는데, 이 사건을 계기로 당시의 관료들은 국왕의 말 한마디가 얼마나 엄중한 명령인지 실감하게 되었을 것이다(많은 이들이 온달을 가공의 인물로 생각한다. 그러나 온달은 실존 인물이다. 온달 이야기는 김부식이 지은 『삼국사기』 열전에 실려 있다). 왕이 무심코 내뱉은 말조차 그대로 법령이 되어 이루어지는 상황을 직접 목격한 셈이었기 때문이다. 그러나 평원왕 말년에 국제 정세가 크게 변화하면서 고구려는 다시 위기에 당면했다. 수隋가 남북조로 분열되었던 중국 대륙을 통일한 데서 야기된 위기였다(589).

수가 중원을 통일하자, 그간 남조와 북조, 북방의 유연柔然 및 돌궐突厥, 그리고 고구려 사이에 세력의 균형이 맞아 유지되어오던 국제 질서는 급격히 무너졌고, 주변 제국들은 아연 긴장하게 되었다. 고구려도 남북조의 분열 구조 속에서 북쪽 경계의 안정을 추구해왔던 이제까지의 외교 전략을 전면 개편하지 않으면 안 되었다. 먼저 고구려는 수와 외교 관계를 끊고 군사력을 강화하여 수의 군사 압력에 대처하는 한편, 신라에 압박을 가해 옛 세력권을 되찾기 위해 온힘을 기울였다.

평원왕의 뒤를 이은 영양왕嬰陽王(590~618)은 장군 온달로 하여금 죽령 이북의 빼앗긴 땅을 되찾아오게 하고, 또 장군 고승高勝을 시켜 북한산성을 공격했다. 그러나 이 시도는 신라가 완강히 저항해 이루지 못했다. 신라는 수와 손잡고 위기를 벗어나려 했으며, 수는 고구려의 행동을 자기 나라에 대한 노골적인 반발로 받아들여 여러 외교 경로를 통해 고구려에 비난과 협박을 가해왔다. 한편 지난날 신라에게 성왕을 잃은 백제는 고구려에 우호적으로 접근하여 신라를 고립시키려 했다.

그리하여 6세기 말 동북아시아는 돌궐·고구려·백제·일본으로 이어지는 남북 세력과 수에서 신라로 이어지는 동서 세력으로 판도가 나뉘었다. 이러한 국제 관계 속에서 양대 세력의 맹주인 고구려와 수의 대결이 점차 불가피해졌다. 더구나 통일 왕조로 들어선 수가 경제 발전을 하기 위해서는 돌궐과 거란, 말갈 등에 대한 상권商圈을 장악해야 했는데, 이를 이미 고구려가 거머쥐고 있었으니 수隋로서는 이를 놓고 고구려와 패권을 다투지 않을 수 없는 처지였다.

을지문덕, 살수에서 수를 물리치다

고구려는 안으로 수隋와 있을 결전을 준비하면서 밖으로는 저자세 접근도 마다하지 않았다. 전쟁 준비를 하려면 시간이 필요했기 때문이다. 수도 고구려와의 접경에 공격을 위한 근거지를 마련하고 무기와 군량을 비축하는 등 전쟁 준비에 착수했다. 따라서 좀 더 시간을 벌기 위해서 고구려는 이 근거지를 초토화시킬 필요가 있었다. 다시 구축하려면 적잖은 시간이 걸릴 터이기 때문이다. 이에 고구려의 영양왕은 598년에 1만의 말갈병을 직접 거느리고 요서를 공격했다. 이 선제공격은 비록 실패했지만, 고구려로서는 수와의 경쟁에서 유리한 위치를 먼저 차지하기 위한 불가피한 선택이었다.

고구려의 공격에 크게 분노한 수 문제隋文帝는 수륙 30만의 군사를 일으켜 고구려를 쳐들어왔다. 그러나 수의 병력은 태풍과 홍수, 전염병으로 막대한 피해만 입은 채 성과 없이 끝났다.[자료1] 수문제는 고구려를 정벌하려는 엄두를 더 내지 못한 채 사망했다.

문제에 이어 즉위한 양제煬帝는 화북과 화중을 잇는 대운하를 건설하여 물자 유통과 군사 이동에 이용했다. 이를 계기로, 문제 때 고구려와 싸워 진 이후 침체에 빠졌던 수의 경제가 다시 살아났다. 그러자 돌궐과 거란, 말갈에 대한 상권 확보가 더욱 절실해졌다. 이에 수양제는 먼저 돌궐을 정복한 다음 고구려를 침공했다(612). 이때 동원된 수의 군대는 육군만 113만 3,800명이었고, 뒤에서 군수 물자의 수송을 담당한 병력은 그 두 배에 달했다고 한다.[자료2] 병력과 물자를 차례로 출발시키는 데만도 무려 40일이 걸렸다고 하니, 그 규모가 엄청났음을 넉넉히 짐작할 수 있다.

수의 대군은 요하를 건너 요동성을 포위했으나 5개월이 지나도록 함락시키지 못했다. 한편 수의 수군水軍 4만은 배를 타고 대동강을 거슬러 올라와 수도 평양성 외곽까지 진격했으나, 영양왕의 아우 고건무高建武에게 패하여 대동강 하구 쪽으로 철수했다. 살아서 돌아간 숫자가 수천 명에 지나지 않았다고 한다.

초조해진 수양제는 우문술宇文述과 우중문宇仲文에게 30만 5,000의 별동대를 주어 평양을 직접 공격하도록 했다. 우문술과 우중문이 이끄는 육군은 정예 부대로서 사기가 하늘을 찌를 듯했다. 그러나 결전을 서둘러 급속히 진군했기 때문에 압록강을 건너기 전에 이미 군량 부족이 예상되는 형편이었다. 하지만 워낙 대규모의 병력인 데다 사기도 높아서 행군을 일부러 늦추기가 어려웠고, 고구려를 쳐서 이기면 그 지역의 식량을 이용할 수 있으리라는 심산에 우문술과 우중문은 진군을 더욱 재촉했다. 고구려로서는 이런 군대를 정면에서 맞아 싸운다는 것이 무모한 일일 수밖에 없었다.

이때 고구려의 총사령관으로 수의 대군을 맞이한 이가 을지문덕乙支文德 장군이다. 을지문덕은 우선 적군이 지치도록 쉴 틈을 주지 않았다. 수의 군사가 야영하기 위해 진 칠 때를 기다렸다가 수시로 공격해 쉬지 못하게 하고, 격분한 적군이 쫓아오면 후퇴하기만 할 뿐 정면 대결을 피했다. 그리고 초토 전술焦土戰術을 써서 후퇴하는 지역의 식량을 적이 이용하지 못하도록 주요 시설이나 농작물 등 온갖 물자를 불살라버렸다. 잠을 제대로 자지 못한 수의 별동대는 지쳐갔고, 빠른 진격으로 보급이 끊기자 굶주림에 시달렸다. 후퇴만 하는 고구려 군사를 쫓아 수의 대군이 평양성 밖 30리 근처에 이르렀을 때는 이미 전투 능력을 거의 상실한 상태였다.

이러한 적의 실상을 간파한 을지문덕은 적장 우중문을 희롱하는 내용으로 오언시五言詩를 지어 보내고 거짓 항복했다.[자료3] 이는 위계僞計(거짓 꾸민 계략)에 빠졌다는 심리적 불안감을 고조시켜 적군의 통수 체계를 무너뜨리려는 을지문덕의 계산된 전술이었다. 거짓 항복이라도 항복 문서를 손에 넣어, 철수하여 수 양제에게 보고할 구실을 얻은 우중문은 회군을 명령했다. 더 이상 공격이 불가능하지만 그렇다고 헛되이 돌아갈 수도 없는 처지에 있는 적장에게 철수할 구실을 주지 않으면, 궁지에 몰린 대

살수대첩 민족화

군이 오래 머물며 민간에 피해를 줄 수 있었으므로 을지문덕이 거짓 항복한 것은 시의 적절한 작전이었다.

그러나 을지문덕은 물러나는 수의 병력을 그대로 두지 않았다. 후퇴할 길을 열어주면서 기회를 엿보던 고구려군은 수나라 군대가 살수薩水(청천강)를 건널 즈음에 집중 공격하여 대승을 거두었다. 30만을 웃돌던 수의 별동대 중에서 압록강을 건너 살아간 자는 2,700명에 불과했다 한다.[자료4] 이것이 저 유명한 살수대첩이다. 수 양제는 싸울 의욕을 완전히 잃고 지친 군대를 이끌고 퇴각했다. 수 양제는 이후에도 두 차례 더 고구려를 침입했으나 번번이 실패하고 나라를 궁핍과 혼란의 구렁텅이로 몰아넣었다.[자료5] 수는 패전의 후유증에 시달리다가 617년 수 양제가 살해되자 이듬해에 왕조의 문을 닫았다. 건국한 지 38년 만의 일이었다.

연개소문이 고구려를 거머쥐다

수양제가 암살당한 뒤 중국은 잠시 군소 국가로 분열되었다. 이 분열 과정에서, 태원太原 지방에 근거를 둔 북주北周의 군벌 이연李淵이 통일 세력 집단으로 성장했다. 그는 둘째 아들인 이세민李世民(훗날의 당 태종)의 도움으로 정적政敵을 제거하고 당 왕조를 개창했다(618). 이 사람이 당 고조高祖이다.

당 왕조는 민심을 수습하고 지방 할거 세력을 진압하여 통합해가는 한편, 이민족 세력을 통제하면서 수에 이은 중국의 통일 왕조로 성장했다. 당은 역대의 제도와 율령을 참작하여 법제를 획기적으로 정비했다. 그리하여 정치적으로는 3성6부와 군현제郡縣制, 경제적으로는 균전제均田制, 군사적으로는 부병제府兵制 등 거의 모든 분야에서 제도를 완비했다. 태종太宗(627~649)이 통치했던 23년 동안은 '정관의 치貞觀之治'라 하여 중국 전제 군주 정치의 본보기로 꼽힌다.

당이 들어섰지만 국제 정세의 큰 흐름에는 변화가 없었다. 수隋의 역할을 당唐이 대신했을 뿐, 중원의 통일 세력이 고구려와 대립하는 상황은 여전히 지속되었다. 북방의 상권商圈이 문제의 초점이었다. 고구려는 당이 쳐들어 올 것을 예상하고 국경 1,000리에 장성을 쌓아 국방을 튼튼히 했다. 당시 이 공사를 감독한 사람이 연개소문이다. 그리고 당과 온힘을 다해 싸우려면 남쪽 국경이 안정되어야 하므로 백제를 지원하여 신라를 지속적으로 공격하게 하는 외교술을 펼쳤다.

고구려와 당 사이에 전운이 짙게 감돌고 있었으나, 서역의 돌궐이 배후에 있는 상황에서 당은 고구려 공략에 전력을 다할 수 없었다. 이에 당 태종은 먼저 돌궐을 정복하여 629년에 복속시키고, 640년에는 고창국高昌國의 항복을 받아냈다. 서역에 대한 평정이 대강 마무리되자 당은 서서히 고구려 정벌에 주력했다. 당 태종은 진대덕陳大德을 사신으로 보내 고구려의 정세와 지리, 풍속 등·내부 사정을 염알이하도록 했는데, 진대덕은 돌아가서『봉사고려기奉使高麗記』라는 보고서를 지어 바쳤다.

시시각각으로 다가오는 당의 위협에 부딪힌 고구려는 대당 정책을 둘러싸고 강경파와 온건파로 나뉘고, 급기야는 642년 강경파 연개소문이 정변을 일으켜 집권했다. 연개소문은 영류왕營留王과 대신 100여 명을 무참히 죽이고 보장왕을 세운 다음 스스로 대막리지大莫離支가 되어 무단적武斷的 독재 정치를 시작했다.

연개소문은 강경한 대외 정책을 펼쳐 당에 정면으로 대항하는 한편, 백제와 힘을 합쳐 세차게 신라를 몰아붙였다. 백제가 신라 서쪽 40여 성을 빼앗고 대야성을 공격하여 도독 김품석金品釋 부부를 죽인 것은 연개소문이 집권하던 해(642)에 일어난 일이다. 고구려는 신라와 마주하는 국경의 안정을 백제를 통해 꾀하려 했다. 백제가 지속적으로 신라를 공격하는 상황에서는 신라가 고구려 국경을 침범하기 어려웠기 때문이다.

고구려, 안시성 싸움에서 당을 이기다

당은 644년(고구려 보장왕 3년, 당 태종 18년) 11월 고구려에 전면 공격을 가해왔다.[자료6] 당의 군사는 물과 뭍으로 나뉘어 두 길로 고구려에 쳐들어왔다. 육군은 이듬해 4월 요하遼河를 건너 고구려의 현토성玄菟城과 신성新城(오늘날 무순撫順)으로 진군했으며, 수군은 요동반도에 상륙하여 5월에 비사성卑沙城을 차지한 뒤 압록강 북쪽의 오골성烏骨城으로 향했다. 고구려는 적을 맞아 싸우며 잘 막아내었으나, 개모성蓋牟城을 함락 당하여 남녀 2만 명과 양곡 10만 섬을 적의 수중에 넘겨주고 말았다. 육군 주력부대와 합치기 위하여 2월에 낙양을 출발한 당 태종은 개모성을 함락한 뒤 5월에 전선에 도착했다.

성을 공격하는 데 필요한 온갖 장비를 갖춘 당군은 태종의 직접 지휘하에 요동성을 공격했다. 요동성은 적을 맞아 용감히 싸웠으나 1만여 명이 전사하고 5만여 명이 포로로 잡힌 끝에 결국 함락되었다. 빼앗긴 양곡만 50만 섬이었을 만큼 고구려의 손실이 매우 컸다. 기세가 오른 당군은 이어서 백암성白巖城마저 빼앗고, 안시성安市城을 공격하기 위해 이동했다.

연개소문은 안시성을 돕기 위해 병력 15만을 보냈으나, 구원병을 이끈 고연수高延壽 · 고혜진高惠眞 등 젊은 장군들이 빨리 승패를 가리기 위해 정면에서 적과 싸우려다 계략에 말려 포위된 끝에 투항하고 말았다. 고립되어 구원받을 길이 없게 된 안시성은 성주를 포함하여 모든 사람이 마음을 합하여 적군에 완강하게 저항했다. 안시성은 조그만 산성山城에 불과했으나, 이보다 앞서 연개소문이 그 성주가 복종하지 않는다고 하여 쳤을 때도 함락시키지 못하여 성주城主를 유임시키고 만 곳이었다.

안시성은 하루에도 대여섯 차례나 쳐들어오는 적군을 맞아 힘든 전투를 계속했다. 그러나 성주의 통솔력도 훌륭했고 모든 사람의 용기와 투지가 대단하여 그때마다 적의 침공을 잘 물리쳤다. 당태종이 성 근처에 나타날 때마다 안시성 사람들이 크게 소리를 질러 야유하자 태종은 매우 성을 내 이성을 잃을 정도였다고 한다. 적군은 두 달 동안 연인원 50만 명을 동원하여 안시성 옆에 더 높은 토성을 쌓아 이를 발판으로 안시성 안으로 들어가려 했으나 성공하지 못했다. 안시성 별동대가 이 토성을 점령해버렸기 때문이었다. 크게 노한 태종은 토성의 수비를 담당했던 대장 부복애傳伏愛를 죽이고, 더 격렬하게 싸움을 재촉했다. 그러나 사기가 드높아진 안시성 사람들은 용감무쌍하게 싸워 적을 물리쳤다. 마침내 9월이 되자 요동 지방은 추워졌고, 당군의 양식도 다했다. 당군은 마지막 사흘 동안 온힘을 기울여 안시성 공격에 나섰으나 실패하고 물러났다. [자료7]

당의 30만 대군을 맞아 용감하게 싸운 안시성에는 당시 10만 명 정도가 살았다고 한다. 이때 안시성 성주는 양만춘楊萬春(梁萬春이라 하기도 한다)이었다. 그러나 그의 이름은 애석하게도 『삼국사기』 등 정사正史에 전하지 않는다. 『열하일기』 등 야사野史에 전할 뿐이다. 임진왜란 때 구원병으로 들어온 명나라 장군이 우연한 기회에 양만춘의 이름을 입에 올려 처음 알려지게 되었다 전한다.

고구려가 수·당의 연이은 침입을 물리친 사실은 우리 민족사에서 의미가 각별하다. 그때 고구려가 패했다면 신라와 백제도 무사하지 못했을 것이다. 우리 민족이 독자성을 잃지 않고 살아남을 수 있었던 데는 방파제 구실을 한 고구려의 역할이 매우 컸다.

신라가 당과 연합하다

그동안 정복 전쟁에서 한 번도 패한 적이 없던 당은 태종이 패하자 크게 충격을 받았다. 당의 중신重臣 방현령房玄齡은 표문을 올려 고구려 공략이 무모했음을 주장했고,[자료8] 여러 중신의 의견도 대체로 이에 동조하는 분위기였다. 이에 당은 고구려에 대한 새로운 전략을 모색했다. 그것은 소규모의 공격을 빈번히 행하여 국력을 피폐하게 만드는 지구 전략이었다.[자료9]

당이 고구려를 다시 공략하기 위한 묘안을 찾고 있던 바로 그 즈음 648년 고구려와 백제의 공격에 시달리던 신라가 김춘추金春秋를 사신으로 보내왔다. 혼자 힘으로 고구려를 정복하기 어렵다는 것을 절실히 깨달은 당은 고구려의 배후에 있는 신라와 꼭 손을 잡을 필요가 있다고 판단했다. 당 태종은 김춘추를 최고 국빈으로 환대하고, 신라의 요청대로 나당羅唐 군사 동맹을 기꺼이 맺었다.

그러나 나당 군사 동맹을 맺은 뒤에도 당은 여러 차례 혼자 고구려를 정벌하려고 했다. 이는 장차 신라를 빼고 한반도에서 주도권을 장악하려는 의도였다. 하지만 별다른 성과가 없자, 신라의 요구대로 신라와 함께 백제를 먼저 공격하는 것으로 전략을 바꾸었다. 그리하여 660년 6월 소정방蘇定方(592~667)이 이끄는 당군 13만과 김유신이 이끄는 신라군 5만이 백제 사비성을 기습 공격하여 백제를 무너뜨렸다. 이어 당은 661년 소정방 등으로 하여금 수군과 육군 35만을 이끌고 고구려를 공격하게 하고, 신라는 군량 보급을 맡았다. 그러나 철륵鐵勒(돌궐 이외의 투르크계 여러 부족)이 반란을 일으켜 당군은 돌아갈 수밖에 없었으며, 이듬해 다시 감행된 당의 고구려 정벌은 대동강 상류 사수蛇水에서 벌어진 전투에서 크게 져 또다시 좌절되었다. 다만 사수전투는 관련 기록이 매우 부실하여 고구려 승전 과정을 자세히 알 수 없는 형편이다.

고구려는 당의 공격을 근근이 막아내었으나, 싸움의 형세는 점점 불리해졌다. 당은 이미 고구려의 주요 성들을 장악했고, 신라에서 군량까지 보급받았다. 더구나 666년에는 고구려의 집권자 연개소문이 죽고 그 아들 사이에 권력 다툼이 일어나 고구려의 전력은 크게 떨어졌다. 연개소문의 장남인 남생男生은 아버지의 지위 태막리지太莫離支를 이어받았으나 동생 남건男建과 남산男産이 축출했다. 그러자 남생은 국내성 등성 6개를 거느리고 당에 투항했다. 이어 연개소문의 동생 연정토淵淨土도 휘하의 12개 성을 이끌고 신라에 항복했다. 이런 최악의 상황에서 668년 이적李勣이 이끄는 당군과 김인문이 이끄는 신라군이 평양성을 총공격했다. 평양성은 고립무원의 상태에서 1개 월여 저항했으나 결국 함락되었다.

이로써 고구려는 멸망했다. 그러나 이후 고구려 부흥 세력들은 각 지방에서 성 단위로 치열하게 저항했고, 이를 바탕으로 만주 지역에서는 발해가 건국되어 그 뒤를 이었다.

자료1

이듬해(598)에 원元^{주1}이 말갈의 기병 만여 명을 거느리고 요서遼西에 침입했는데 영주營州 총관總管 위충韋冲이 물리쳤다. (수의) 고조高祖^{주2}가 이 소식을 듣고 크게 노하여 한왕漢王 양량諒을 원수로 삼고 수군과 육군을 총동원하여 고구려를 치게 하는 한편, 조서를 내려 고구려 왕의 작위를 삭탈했다. 그러나 이때 군량 수송이 중단되어 6군의 먹을 것이 거의 떨어지고, 또 군대가 임유관臨渝關을 나와서는 전염병마저 번져 (수의) 군대는 기세를 떨치지 못했다.

原文 明年 元率靺鞨之衆萬餘騎 寇遼西 營州總管韋沖擊走之 高祖聞而大怒 命漢王諒爲元帥 總水陸討之 下詔黜其爵位 時饋運不繼六軍乏食 師出臨渝關復遇疾疫 王師不振

_「수서」권81, 「열전」46, 동이, 고려

자료2

양제煬帝가 조를 내려 고구려 공격을 명했는데, …… (그 병사의 수는) 모두 113만 3,800인이었다.

原文 煬帝 下詔討高句麗 …… 凡一百十三萬三千八百人

_「삼국사기」권20, 「고구려본기」8, 영양왕 23년

자료3

을지문덕의 오언시

신묘한 계책은 천문을 궁구했고
기묘한 계획은 지리를 통달했구나
싸움마다 이겨 공이 이미 높았으니
족한 줄 알면 그만둠이 어떠리

原文
神策究天文
妙山窮地理
戰勝功旣高
知足願云止

_「삼국사기」권44, 「열전」4, 을지문덕

자료 4

처음 9군이 요하를 건널 때에는 총수가 30만 5,000명이었는데, 요동성으로 돌아갔을 때는 다만 2,700명뿐이었다.

原文 初 九軍度遼 凡三十萬五千 及還至遼東城 唯二千七百人

_「삼국사기」권20,「고구려본기」8, 영양왕 23년

자료 5

(대업大業주³)9년에 양제가 다시 친정親征했다. 이때는 모든 군대에게 상황에 맞게 적절히 대응하라고 했다. 여러 장수들이 길을 나누어 성을 공격하니 적의 군세가 날로 위축되었다. 그 무렵 양현감楊玄感이 반란을 일으켰다는주⁴ 보고가 이르자 양제는 크게 두려워하여 그날로 6군을 이끌고 돌아왔다.

原文 九年 帝復親征之 乃勅諸軍以便宜從事 諸將分道攻城 賊勢日蹙 會楊玄感作亂 反書至 帝大懼 卽日六軍並還

_「수서」권81,「열전」46, 동이, 고려

자료 6

(당태종은) 형부상서 장량張亮주⁵으로 평양도행군대총관平壤道行軍大摠管주⁶을 삼아 강, 회, 영, 협주⁷의 병사 4만을 거느리게 하고, 장안과 낙양에서 병사 3천을 모집했으며, 전함 500척은 내주萊州에서 바다를 건너 평양으로 가게 했다. 또 태자첨사좌위솔 이세적李世勣주⁸으로 요동도행군대총관遼東道行軍大摠管을 삼아 보병과 기병 6만과 난주와 하주의 군사를 거느리고 요동으로 가게 하니, 양군은 합세하여 유주幽州에 집결했다.

原文 張亮爲平壤道行軍大摠管 帥江淮嶺硤兵四萬 長安洛陽募士三千 戰艦五百艘 自萊州 泛海趣平壤 又以太子詹事左衛率李世勣爲遼東道行軍大摠管 帥步騎六萬及蘭河二州降胡 趣遼東 兩軍合勢大集於幽州

_「삼국사기」권21,「고구려본기」9, 보장왕 3년

자료 7

강하왕江夏王 도종道宗주⁹이 군사를 독려하여 안시성의 동남 구석에 토산土山을 쌓고 성을 압박하니 성 안에서도 성의 높이를 더하여 막았다. …… 도종은 …… 주야로 쉬지

주3 대업(大業) : 수 양제(煬帝)의 연호(605~616). 그 9년은 613년.

주4 양현감(楊玄感)의 난 : 수군의 후방인 여양(黎陽)에서 군량 수송의 책임을 맡고 있던 양현감이 일으킨 반란.

주5 장량(張亮) : 중국 당 태종의 신하. 태종의 고구려 정벌을 만류하다가 황제가 듣지 않자 스스로 종군할 것을 청했다. 동래(東萊)에서 바다로 출병하여 고구려 비사성(卑沙城)을 깨뜨리고 건안성(建安城)을 공격하려다 실패해 돌아간 후 죄를 얻었다. 뒤에 참서(讖書)를 믿고 반역을 꾀하다 탄로나 참수당했다.

주6 행군대총관(行軍大摠管) : 중국 수·당은 정벌을 행할 때 정벌하는 방면의 길에 대총관(大摠管), 총관(摠管) 등을 두어 군사(軍事)를 감독하게 했다(「통전(通典)」 권32, 도독조都督條 참조). 신라도 이 제도를 따랐다.

주7 강, 회, 영, 협(江淮嶺硤) : 당시의 중국 땅 모두를 통칭한 말. 강회(江淮)는 장강(長江)과 회수(淮水)이니 지금의 강소성(江蘇省)과 안휘성(安徽省). 영협(嶺硤)은 자세하지 않다.

주8 이세적(李世勣) : 중국 당 고조~고종 대의 인물(584~669). 본성은 서(徐)씨였으나 이씨 성을 하사받고 영국공(英國公), 뒤에 영공英公)으로 봉해졌다. 뒷날 그 이름에 당 태종의 이름 이세민(李世民)의 '세'자가 들어갔다고 하여 이를 빼고 이적(李勣)이라 개명했다.

주9 강하왕(江夏王) 도종(道宗)(600~653) : 당 나라 고조(高祖)의 종질(從姪). 돌궐 등을 토벌하는 데 공을 세워 638년에 강하왕(江夏

王)으로 봉하여졌다. 고구려를 정벌할 때 이적(李勣)과 함께 선봉에 섰다.

않고 60여 일, 연인원 5만을 동원하여 토산 쌓기를 계속하여 성 안을 아래로 굽어보게 되었다. 도종이 부복애傅伏愛로 하여금 군사를 거느리고 산정山頂에 머무르며 지키게 했는데 산이 무너져서 성을 눌러 무너뜨렸다. 마침 복애가 자리를 비웠는지라, 고구려군 수백 인이 성의 무너진 곳으로부터 나와 드디어 토산을 점거하고 주위를 깎아지켰다. 황제는 노하여 복애를 참수했다. …… 황제는 요동 지방은 일찍 추워져서 풀이 마르고 물이 얼어, 군사와 말이 오래 머무르기 어려우며, 또한 군량이 떨어져 가므로 군대의 철수를 명령했다. 먼저 요주와 개주의 주민을 뽑아 요수를 건너게 하고, 안시성 밑에서는 군사를 동원하여 시위를 하고 돌아갔다.

原文 江夏王道宗 督衆 築土山於城東南隅 侵逼其城 城中亦增高其城以拒之 …… 道宗 …… 晝夜不息凡六旬 用功五十萬 山頂去城數丈 下臨城中 道宗使果毅傅伏愛 將兵屯山頂以備敵 山頹壓城 城崩 會伏愛私離所部 我軍數百人從城缺出戰 遂奪據土山塹而守之 帝怒斬伏愛 …… 帝以遼左早寒 草枯水凍 士馬難久留 且糧食將盡 勅班師 先拔遼盖二州戶口 度遼 乃耀兵於安市城下而旋

_「삼국사기」권21, 「고구려본기」 9, 보장왕 4년

자료8

"노자가 말하기를 '족함을 알면 욕되지 않고 그칠 줄을 알면 위태롭지 않다'고 했습니다. 폐하는 위엄과 공덕이 이미 족하다 할 것이요 국토를 개척함도 역시 멈출만 합니다. 또 폐하는 한 사람의 중죄수를 처결할 때마다 반드시 세 번 다섯 번씩 아뢰게 하고, 간소한 식사를 바치게 하며, 음악을 그치게 한 것은 인명을 중히 여기심 때문입니다. …… 그런데 지금 무죄한 사졸을 몰아다가 창칼 아래 맡기어 비참하게 죽게하는 것은 불쌍하지 않습니까? …… 만일 고구려가 신하의 분수[臣節]를 어기면 죽여야 할 것이고, 백성을 침탈하면 멸해야 할 것이며, 후일에 중국에 근심이 된다면 제거해야 할 것이나, …… 지금은 이 세가지 조건이 없이 중국을 괴롭히고 있습니다. 전대(수나라)의 치욕을 씻고 신라의 원수를 갚는다 하지만, 이 어찌 얻는 것이 적고 잃는 것이 많다 하지 않겠습니까?"

原文 老子曰 知足不辱 知止不殆 謂陛下威名功德 亦可足矣 拓地開疆 亦可止矣 …… 且陛下每決一死囚 必令三覆五奏 進素食 停音樂者 蓋以人命所重 …… 況今兵士之徒 無一罪戾 無故驅之於行陣之間 委之於鋒刃之下 使肝腦塗地 魂魄無歸 …… 向使高麗違失臣節 陛下誅之可也 侵擾百姓 而陛下滅之可也 久長能爲中國患 而陛下除之可也 …… 今無此三條 坐煩中國 內

爲舊王雪恥 外爲新羅報讐 豈非所存者小 所損者大

_『구당서』권96, 「열전」16, 방현령

자료 9

당태종이 다시 고구려를 정벌하려 했으나, 조정에서 의논하기를 "고구려가 산에 의거에서 성을 만들어서 갑자기 함락시킬 수 없습니다. 앞서 황제가 친정했을 때 그 나라 사람들은 농사지을 수가 없었고, 함락된 성들은 실제 그 곡식을 거두었으나 한재旱災가 이어서 태반의 고구려 백성은 식량이 모자랐다. 지금 만일 소부대를 자주 보내어 그 지방을 교대로 침탈해서 수년간 그들을 피곤하게 하고 쟁기를 놓고 보루에 들어가게 하여 천리가 쓸쓸하게 되면 인심이 저절로 떠나서 압록강 이북은 싸우지 않고도 취할 수 있습니다."라 하니, 이에 따랐다.

原文 太宗將復行師 朝議以爲高句麗依山爲城 不可猝拔 前大駕親征 國人不得耕種 所克之城實收其穀 繼以旱災 民大半乏食 今若數遣偏師 更迭擾其疆場 使彼疲於奔命 釋耒入堡 數年之間 千里蕭條 則人心自離 鴨淥之北 可不戰而取矣 帝從之

_『삼국사기』권21, 「고구려본기」10, 보장왕 6년

출전

『수서』

『구당서』

『삼국사기』

찾아읽기

전해종, 『한중관계사연구』, 일조각, 1977.

이만렬, 「고구려와 수·당과의 전쟁」, 『한국사』3, 국사편찬위원회, 1978.

한국사연구회 편, 『고대한중관계사의 연구』, 삼지원, 1987.

임기환, 「고구려의 수·당전쟁」, 『한국사』4, 한길사, 1994.

노태돈, 『고구려사 연구』, 사계절, 2004.

서영교, 『나당전쟁사 연구』, 아세아문화사, 2007.

김창석, 『한국 고대 대외교역의 형성과 전개』, 서울대학교출판문화원, 2013.

5 삼국통일의 역사성과 의미

신라의 삼국통일과 그 의미

신라는 우리 민족과 영토를 하나로 통일하여 중국에 맞설 굳건한 외형적 기반을 마련했고, 우리 민족이 외세와의 싸움에서 다시는 패배하지 않기 위한 내면의 문화 능력을 쌓았다. 신라의 삼국통일은 이러한 문화의 건강성이 있었기에 가능한 것이었다.

문화의 힘으로 통일하다

고구려 · 백제 · 신라로 나뉘어 각기 발전하던 우리 민족을 처음 통일한 나라는 신라였다. 신라는 660년에 백제를, 668년에 고구려를 차례로 이겨 신라로 합쳤다. 그런데 우리는 신라의 삼국통일에 대해 큰 의미를 두지 않으려는 견해와 자주 맞닥뜨린다. 이런 견해를 가진 사람들은 흔히, 삼국 가운데 가장 약소국이었던 신라가 통일하여 고구려가 차지했던 만주 지역의 넓은 영토를 잃었고, 신라가 자기 힘으로 통일을 이룩했다기보다는 당이라는 외세의 힘을 빌려 이룬 통일이어서 그 의의를 크게 평가할 수 없다고 말한다.

이 견해는 신라가 한 삼국통일의 한계성을 주로 지적한 것이다. 그러나 이렇게만 지적하고 만다면, 우리는 역사에서 아무것도 배우지 못하는 어리석음을 범하는 것이

된다. 신라의 삼국통일은 우리 민족사에서 매우 중요한 사건이며, 그 의의를 정확히 이해해야 한다. 그러기 위해서는 신라와 신라 문화의 실상을 제대로 파악할 필요가 있다.

로만 글라스

첫째, 신라는 우리나라 동남부의 산악 지대에서 발달했다. 그래서 흔히 국제 문화에서 동떨어진 후진적 문화 능력만 있었다고 말하지만, 이는 사실을 정확하게 파악한 것이 아니다. 4~5세기쯤에 만든 신라 고분에서는 유리 제품이 많이 출토되는데, 모두 서역 상인을 통해 수입한 것으로 로마 제국이 원산지인 로만 글라스Roman glass로 밝혀졌다. 이 사실은 신라가 일반 통념과 달리 국제 무대에서 활발하게 활동하던 나라였음을 뜻한다. 신라는 먼 지역에까지 진출하여 국제 사회의 일원으로 활약했다.

지리상 신라가 한반도 남동부에 치우쳐 있었다고 해서 그 문화가 편협하거나 후진적인 것은 결코 아니었던 셈이다.

둘째, 신라 문화는 자주성이 매우 강한 문화였다. 황룡사는 6세기 초 진흥왕 때 건립한 사찰인데, 선덕여왕은 여기에 9층목탑을 세웠다. 이 목탑은 상륜부까지 높이가 80m가 넘는 세계 최고의 목탑이었다. 아파트 30층 높이에 해당하는 탑을 나무로만 세운 건축 기술도 훌륭하지만, 이 탑을 세운 목적이 더 놀랍다. 황룡사에 9층목탑을 세워 주변의 아홉 나라가 모두 신라에 복속해 와서 조공을 바치는 날이 오길 바랐다고 하기 때문이다. 신라인들은 중국을 중심으로 형성된 기존의 국제 질서를 신라 중심의 질서로 재편하려는 웅지를 지녔던 것이다. 게다가 세계 최고의 목탑을 기어코 건설해내어 신라는 그 야심을 실제로 구현할 문화 능력이 있음을 과시한 것이다.

셋째, 신라는 세계적 문화를 배울 때 폭넓은 수용력을 보였다. 신라 문화는 결코 편협하지 않았다. 황룡사를 건립한 이는 백제 장인 '아비'였다고 한다. 백제의 건축기술은 세계 최고 수준이었다. 오늘날 일본에서 가장 오래되고 높은 사찰인 호류사가 백제

황룡사9층목탑 모형

의 기술로 건립된 것처럼 말이다. 신라는 백제의 장인을 초빙하여 황룡사 9층목탑을 건립했다. 이를 국제적 수준에 달한 외국인에게 맡긴 것은 신라가 그런 능력이 없어서가 아니라 세계 문화의 조류를 기탄없이 받아들이고 수준 높은 문화 능력을 배울 줄 아는 나라였음을 보여준다.

건강한 문화를 만드는 것이 우리가 갈 길이다

삼국 가운데 가장 후진국이었다고 생각되는 신라가 어떻게 통일의 주체가 될 수 있었을까? 이를 제대로 이해하는 것은 오늘날 각박한 국제 사회의 현실에서 조그마한 영토밖에 없는 우리가 앞으로 어떻게 살아가야 승리자가 될 수 있을지를 찾는 길이기도 하다.

우리 민족은 요서 지방의 난하와 대릉하 유역을 본거지로 일어나 나라를 세우고 중국의 한민족과 대결하며 발전했다. 그런데 우리 민족은 한민족과의 대결에서 패하여 점차 동쪽으로 밀려났다. 기자조선의 마지막 왕인 준왕準王이 기원전 2세기 초에 위만衛滿에게 나라를 빼앗기고 그 무리를 이끌고 한반도로 들어왔으며, 기원전 2세기 말 위만조선의 우거왕右渠王 때에는 조선상朝鮮相이라는 관직에 있던 역계경歷谿卿이 많은 세력을 거느리고 한반도로 이동했다는 기록이 있다.

우리 민족은 요동과 한반도로 이동하여 흩어져 살며 다시 새로운 나라를 세우고 전열을 가다듬어 다시 중국과 대결할 준비를 했다. 넓은 땅을 차지하고 큰 세력을 이룬 중국과 국경을 맞대고 살면서 우리 민족이 독자성을 유지하려면 그에 대항할 힘을 길러야 했다.

우리 민족은 고조선이 멸망한 뒤 작은 나라들로 분열되었다가, 그런 나라들이 뭉쳐 큰 세력을 형성했다. 부여 · 고구려 · 마한 · 진한 · 변한 등이 그런 세력들이다. 남쪽 지역의 마한은 그 가운데 한 나라였던 백제가 통합해나갔으며, 진한은 신라로 발전했다. 12국으로 형성되었던 변한은 전기 및 후기 가야 연맹체를 이루었으나 중앙 집권적 지배 체제를 만들어내지 못하고 큰 세력으로 성장하는 데 실패했다. 북쪽 지역에서는 고구려가 부여를 통합하고 주변의 동예와 옥저 등 작은 나라들을 정복하여 합쳤다.

고구려·백제·신라 삼국을 중심으로 한 역사는 이렇게 시작되었다. 따라서 삼국 문화는 두 가지 과제를 해결하는 방향으로 전개되어야 했다. 하나는 우리 민족과 영토를 하나로 통일하여 중국에 맞설 굳건한 외형적 기반을 마련하는 것이고, 또 하나는 우리 민족이 외세와의 싸움에서 다시는 패배하지 않기 위해서 내면의 문화 능력을 쌓는 것이었다.

우리는 김유신이 일찍이 삼국을 통일하겠다는 의지를 가졌다는 사실을 기록을 통해 알 수 있는데,[자료1] 이와 같은 삼국의 문화적 성격을 이해한다면 신라의 김유신만 이런 의지가 있었던 것이 아니었으리라 짐작할 수 있다.[자료2·3] 고구려나 백제에도 삼국통일에 대한 의지를 불태웠던 사람이 여럿 있었을 것이다.[자료4] 삼국통일은 민족사적인 과제였으므로 누군가가 언젠가는 반드시 이룩할 수 있었던 셈이다. 우연히 이루어진 통일이 아니었다.

한편, 중국이라는 강대국에 맞설 수 있는 문화가 어떤 형태여야 하는가에 대해서는 삼국의 생각이 서로 달랐다. 고구려는 막강한 군사력에 기초한 문화를 꽃피웠다. 고구려 벽화에서 느낄 수 있는 힘과 패기는 이러한 문화의 결과이다. 곧 고구려는 중국과 국경을 맞대고 힘을 겨루면서 강력한 군사적 기반을 마련하는 길이야말로 강대국과의 대결에서 살아남는 유력한 방안이라고 생각한 것이었다.

백제는 탄탄한 경제력에 토대를 둔 문화를 꽃피웠다. 넓은 평야를 차지한 백제는 대외 무역을 통해 부강한 나라가 되는 것이 중국에 대항할 수 있는 길이라 여겼다.

협소한 산간 지역에 자리 잡은 신라는 군사력이나 경제력보다도 문화의 건강성을 중시했다. 화랑도를 통해서 국왕에 대한 충성, 부모에 대한 효도, 친구 사이의 믿음과 의리를 강조하고, 전쟁터에 나가서는 용감무쌍하여 물러서지 말 것과 함부로 죽이지 말 것을 가르쳤다. 이는 신라 사람들이 해야 할 일과 해서는 안 될 일을 구분하고, 꼭 해야 할 일 중에서는 무엇을 먼저 해야 하는지 알았다는 것을 의미한다. 옳고 그름과 앞뒤를 구분할 수 있는 능력이야말로 건강한 문화의 토대이다.

삼국통일이 주는 교훈

우리는 신라가 삼국을 통일한 사실을 통해 무엇을 배워야 하는가? 약소한 우리 민족이 강대국의 틈바구니에서 정체성을 지키며 살아남기 위해서는 핵무기로 무장하거나 외화를 많이 벌려고 노력하기에 앞서 우리 문화의 건강성을 유지하여 부정부패를 추방하기에 힘써야 한다. 지금 우리 민족은 세계적 변혁의 초점이 경제 기반이 자립적이냐 자립적이지 않느냐에 맞춰지면서, 급변하는 국제 정세 속에서 건국 이래 가장 큰 위기를 맞고 있다.

여러 면에서 경제가 곤란한 이때, 우리에게 절실히 필요한 것은 문화적 건강성이다. 옳고 그름과 먼저 해야 할 것과 나중에 해도 좋은 것을 제대로 구분할 줄 모르는 민족이나 국가에게는 핵무기조차 무용지물일 뿐이라는 사실을 소련의 패망이 이미 말해주었으며, 이를 모르고서 획득한 경제적 부란 한갓 사상누각에 불과한 것이라는 사실을 우리는 IMF 관리를 수용하지 않으면 안 되었던 쓰라린 경험을 통해 절실히 깨달았다.

김흠순과 김인문이 김유신에게 생존의 방책을 묻자 위로는 하늘의 이치(명분)를 얻고, 아래로는 땅의 이치(실리)를 얻으며, 중간으로는 인심을 얻은 뒤에야 성공할 수 있다면서, "지금 우리나라는 충성과 신뢰로 존재하고, 백제는 오만으로 망했으며, 고구려는 교만으로 위태롭게 되었다."고 분석한 내용을 찬찬히 음미해보아야 한다. 고구려의 대신 선도해가 뇌물을 받고 김춘추에게 도망할 방책을 가르쳐주어 결국 자기 나라의 멸망을 재촉했다.[자료5] 이와 같이 아무리 힘센 나라라도 그 사회에 부정부패가 만연했다면 결국 망하고 마는 법이다.

또 세계적·보편적인 가치와 수준을 추구한다고 해서 정체성을 잃어서는 안 된다. 우리의 정체성을 돌보지 않고서 무턱대고 세계화만 부르짖는 것은 마치 국제적인 미의 기준에 맞추어 얼굴과 몸매를 성형하고서 미인이 되었다고 뽐내는 것과 다를 것이 없다. 그렇다 해도 본바탕이 그대로 남아 후손의 생김새에 영향을 끼친다는 것을 망각한 소치이기 때문이다.

다른 나라의 군사력이나 자금력을 빌려서라도 안전하고 풍요하게 살면 되지 않나는 생각은 위험하다. 정체성을 잃어버리면 안전과 풍요가 무슨 소용이겠는가? 민족의 정체성을 지키기 위해 백제 부흥군의 복장으로 갈아입고 당나라 군사를 물리쳤으며, 마침내는 당나라와의 전면전을 통해 한반도에서 그 세력을 완전히 축출해낸 신라의 역사 경험을 오늘에 되살려야 할 것이다.

신라가 이룬 삼국 통일은 우리 민족에게 독자성을 띤 건강한 문화가 중요하다는 것을 일깨워주었다. 신라의 삼국 통일을 여·당 전쟁의 부산물 정도로 생각하는 견해를 경계하는 이유는 여기에 있다.

자료1

생각건대 선왕先王 춘추春秋는 자못 어진 덕이 있었고, 더욱이 생전에 어진 신하 김유신을 얻어 한마음으로 정치를 하여 삼한을 통일 했으니[一統三韓], 그 공적을 이룩한 것이 많지 않다고 할 수 없다.

原文 然念先王春秋 頗有賢德 況生前得良臣金庾信 同心爲政 一統三韓 其爲功業 不爲不多

_「삼국사기」권8, 「신라본기」8, 신문왕 12년

자료2

자장법사는 오대산에서 가져온 사리 100알을 탑 기둥 속과 통도사通度寺 계단戒壇과 또 대화사大和寺의 탑에 나누어 모셨는데, 연못에서 나온 용의 부탁에 따른 것이었다(대화사는 아곡현阿曲縣 남쪽에 있으니, 지금의 울주蔚州로 역시 자장법사가 창건했다). 탑을 세운 뒤에 천지가 태평하고 삼한이 통일되었으니[三韓爲一], 어찌 탑의 영험이 아니겠는가?

原文 慈藏 以五臺所授舍利百粒 分安於柱中 幷通度寺戒壇及大和寺塔 以副池龍之請(大和寺在阿曲縣南 今蔚州 亦藏師所創也) 樹塔之後 天地開泰 三韓爲一 豈非塔之靈蔭乎

_「삼국유사」권3, 「탑상」4, 황룡사구층탑

자료3

삼한을 통합하여[民合三韓] 땅을 넓혔으며, 창해에 살면서 위세를 떨치시니 ……

原文 民合三韓而廣地 居滄海而振威 ……

_「청주운천동사적비」

자료4

공은 나이 15세에 화랑花郞이 되었는데, 당시 사람들이 기꺼이 따랐으니, (그 무리를) 용화향도龍華香徒라고 불렀다. 진평왕 건복 28년 신미에 공은 나이 17세로, 고구려·백제·말갈이 국경을 침범하는 것을 보고 의분에 넘쳐 침략한 적을 평정할 뜻을 품고 홀로 중악中嶽 석굴에 들어가 재계齋戒하고 하늘에 (다음과 같이) 고하여 맹세했다. "적국이 무도無道하여 승냥이와 범처럼 우리 강역을 어지럽게 하니 거의 평안한 해가 없습니다. 저는 한낱 미미한 신하로서 재주와 힘은 헤아리지 않고, 화란禍亂을 없애고자 하오니 하늘께서는 굽어 살피시어 저에게 수단을 빌려주십시오."

머문 지 나흘이 되는 날에 문득 거친 털옷을 입은 한 노인이 나타나 말했다. "이 곳은 독충과 맹수가 많아 무서운 곳인데, 귀하게 생긴 소년이 여기에 와서 혼자 있음은 무엇 때문인가?" 유신이 대답했다. "어른께서는 어디서 오셨습니까? 존함을 알려 주실 수 있겠습니까?" 노인이 말했다. "나는 일정하게 머무르는 곳이 없고 인연 따라 가고 머물며, 이름은 난승難勝이다." 공이 이 말을 듣고 그가 보통 사람이 아닌 것을 알았다. (그에게) 두 번 절하고 앞에 나아가 말했다. "저는 신라 사람입니다. 나라의 원수를 보니, 마음이 아프고 근심이 되어 여기 와서 만나는 바가 있기를 바라고 있었습니다. 엎드려 비오니 어른께서는 저의 정성을 애달피 여기시어 방술方術을 가르쳐 주십시오." 노인은 묵묵히 말이 없었다. 공이 눈물을 흘리며 간청하기를 그치지 않고 여섯 일곱 번 하니 그제야 노인은 "그대는 어린 나이에 삼국을 병합할 마음을 가졌으니 또한 장한 일이 아닌가?" 하고, 이에 비법秘法을 가르쳐 주면서 말했다. "삼가 함부로 전하지 말라! 만일 의롭지 못한 일에 쓴다면 도리어 재앙을 받을 것이다." 말을 마치고 작별을 했는데 2리쯤 갔을 때 쫓아가 바라보니, 보이지 않고 오직 산 위에 빛이 보일 뿐인데 오색 빛처럼 찬란했다.

原文 公年十五歲爲花郞 時人洽然服從 號龍華香徒 眞平王建福二十八年辛未 公年十七歲 見高句麗百濟靺鞨 侵軼國疆 慷慨有平寇賊之志 獨行入中嶽石崛 齋戒告天誓盟曰 敵國無道 爲 豺虎以擾我封場 略無寧歲 僕是一介微臣 不量材力 志淸禍亂 惟天降監 假手於我 居四日 忽有 一老人 被褐而來曰 此處多毒蟲猛獸 可畏之地 貴少年爰來獨處 何也 答曰 長者 從何許來 尊名 可得聞乎 老人曰 吾無所住 行止隨緣 名則難勝也 公聞之 知非常人 再拜進曰 僕新羅人也 見國 之讐 痛心疾首 故來曰 冀有所遇耳 伏乞長者憫我精誠 授之方術 老人黙然無言 公涕淚懇請不 倦 至于六七 老人乃言曰 子幼而有幷三國之心 不亦壯乎 乃授以秘法曰 愼勿妄傳 若用之不義 反受其殃 言訖而辭 行二里許 追而望之 不見 唯山上有光 爛然若五色焉

_「삼국사기」권41,「열전」1, 김유신 상

자료5

춘추가 훈신訓信 사간沙干과 함께 고구려에 사절로 가는데 대매현代買縣에 이르니 고을 사람인 두사지豆斯支 사간沙干이 청포靑布 300보步를 주었다. 고구려의 지경 안으로 들어가니 고구려왕이 태대대로太大對盧 개금蓋金을 보내어 맞아 객관客館을 정해주고 잔치를 베풀어 우대했는데, 누가 고구려왕에게 고하기를 "신라 사자는 보통 사람이 아닙니다. 이번에 온 것이 아마도 우리의 형세를 살펴보려는 것이오니 왕은 도모하시어 후환을 없애소서." 했다. 왕은 무리한 질문을 하여 그가 대답하기 어렵게 함으로써 욕을 보이려고 일러 말하기를, "마목현麻木峴과 죽령竹嶺은 본래 우리나라 땅이니 우리에게 돌려주지 않으면 돌아갈 수 없다."고 했다. 춘추가 대답하기를 "국가의 토지는 신하된 사람이 마음대로 하는 것이 아닙니다. 신은 감히 명령을 좇을 수가 없습니다." 했다. 왕이 노하여 그를 가두고 죽이려 하여 아직 수행하지 않는데 춘추가 청포 300보를 비밀히 왕이 총애하는 신하 선도해先道解에게 주었다. 도해道解가 음식을 가지고 와서 함께 술을 마셨다. 한창 술이 무르익을 무렵에 우스갯소리로 말하되 "그대는 일찍이 거북과 토끼의 이야기를 들었는가? 옛날 동해 용왕의 딸이 심장을 앓았는데 의원의 말이 토끼의 간을 얻어 약을 지으면 치료할 수 있으리라고 했다. 그러나 바다 가운데에는 토끼가 없으니 어찌할 수가 없는 일이었다. 이때 한 거북이가 용왕에게 아뢰어 자기가 그것을 얻을 수 있노라고 하고 육지로 나와서 토끼를 보고 하는 말이 바다 속에 하나의 섬이 있는데 맑은 샘물과 흰 돌에 무성한 숲, 아름다운 열매가 있으며 추위와 더위도 없고 매나 새매가 침입하지 못하니 네가 가기만 하면 편히 지내고 아무 근심이 없을 것이라 하고 이어 토끼를 등에 업고 헤엄쳐 2·3리쯤 가다가 거북이 토끼를 돌아보며 말하기를 지금 용왕의 딸이 병이 들었는데 토끼의 간이 있어야 약을 짓기 때문에 이렇게 수고로움을 무릅쓰고 너를 업고 오는 것이라 했다. 토끼가 아아 나는 신명의 후예라서 능히 오장을 꺼내어 씻어 넣을 수가 있다. 일전에 속이 좀 불편한 듯하여 간을 꺼내 씻어서 잠시 바위 밑에 두었는데 너의 감언을 듣고 바로 왔기 때문에 간이 아직도 그곳에 있으니 어찌 돌아가서 간을 가져오지 않을 것인가 그렇다면 너는 구하는 것을 얻게 되고 나는 간이 없어도 살 수 있으니 어찌 이쪽저쪽이 다 좋은 일이 아니냐 하니 거북이 그 말을 믿고 도로 나가 언덕에 오르자마자 토끼는 풀 속으로 도망치며 거북에게 말하기를 너는 어리석기도 하구나 어찌 간 없이 사는 자가 있을 것인가 하니 거북이 멍청하여 아무 말도 없이 물러갔다고 한다." 했다. 춘추가 그 말을 듣고 그 뜻을 알게 되었다. 왕에게 글월을 보내어 말하기를 "두 령嶺은 본래 대국의 땅입니다. 신이 귀국하면 우리 왕께 청하여 돌려 드리겠습니다. 내 말을 믿지 못한다면 저 해를 두고 맹세하겠습니다." 하니 왕이 그제야 기뻐했다.

출전

『삼국사기』

『삼국유사』

청주운천동사적비 : 1982년 충청북도 청주시에서 발견된 신라 비석. 비문의 마멸이 심하여 내용을 판독하는 데에 큰
  어려움이 있으나, 보이는 글자로 보건대 건립 연대는 수공(壽拱) 2년(686), 신문왕 6년으로 추정된다.

찾아읽기

이호영, 『신라삼국통합과 여·제패망원인연구』, 서경문화사, 1997.

노중국, 『백제부흥운동사』, 일조각, 2003.

노태돈, 『삼국통일전쟁사』, 서울대학교출판부, 2009.

이상훈, 『나당전쟁 연구』, 주류성, 2012.

김종성, 『신라의 삼국통일과 삼국의 문화』, 문예마당, 2014.

강봉룡, 「신라의 삼국통일과 그 해양사적 의의」, 『선도문화』 25, 2006.

김수태, 「신라의 천하관과 삼국통일론」, 『신라사학보』 32, 2014.

부록

고조선·삼국 왕 계보도

- ( ) 이름, 재위년, 생몰년   • ‖ 배우자   • – 직계 … 방계

고 조 선

환인桓因 ——— 환웅桓雄
            ‖ ┬——— 단군왕검檀君王儉 ········ 부왕否王 ——— 준왕準王
웅녀熊女 ┘

위 만 조 선

위만왕衛滿王 ——————— ? ——————— 우거왕右渠王 ——————— 장長

부 여

········ 시왕始王 ——— 위구대尉仇台 ········ 부대왕夫台王 ········ 위구대왕尉仇台王 ——┐
┌───┘
├ 간위거왕簡位居王 ——— 마여왕摩余王 ——— 의려왕依盧王 ········ 의라왕依羅王 ········ 현왕泫王
├ ? ——— 위거位居
└ ? ——— ?

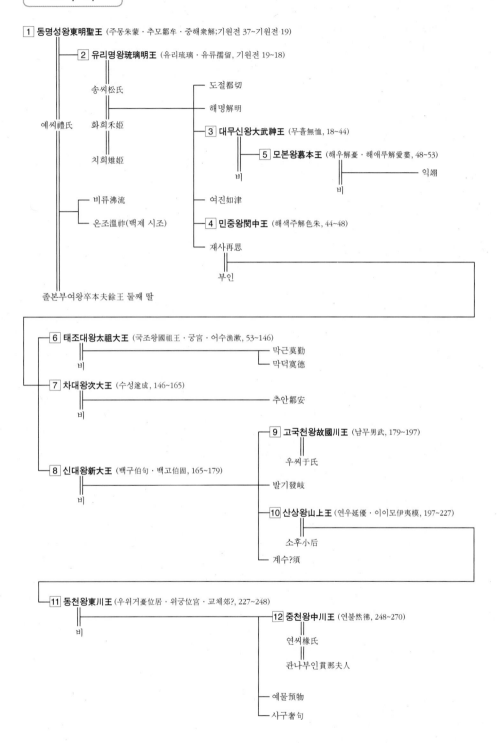

고구려

1 동명성왕東明聖王 (주몽朱蒙·추모鄒牟·중해衆解;기원전 37~기원전 19)

2 유리명왕琉璃明王 (유리琉璃·유류儒留, 기원전 19~18)

송씨松氏

화희禾姬

치희雉姬

예씨禮氏

도절都切

해명解明

3 대무신왕大武神王 (무휼無恤, 18~44)

비

5 모본왕慕本王 (해우解憂·해애루解愛婁, 48~53)

비

익翊

비류沸流

온조溫祚(백제 시조)

여진如津

4 민중왕閔中王 (해색주解色朱, 44~48)

재사再思

부인

졸본부여왕卒本夫餘王 둘째 딸

6 태조대왕太祖大王 (국조왕國祖王·궁宮·어수漁漱, 53~146)

비

막근莫勤

막덕莫德

7 차대왕次大王 (수성遂成, 146~165)

비

추안鄒安

8 신대왕新大王 (백구伯句·백고伯固, 165~179)

비

9 고국천왕故國川王 (남무男武, 179~197)

우씨于氏

발기發岐

10 산상왕山上王 (연우延優·이이모伊夷模, 197~227)

소후小后

계수?須

11 동천왕東川王 (우위거憂位居·위궁位宮·교체郊?, 227~248)

비

12 중천왕中川王 (연불然弗, 248~270)

연씨椽氏

관나부인貫那夫人

예물預物

사구奢句

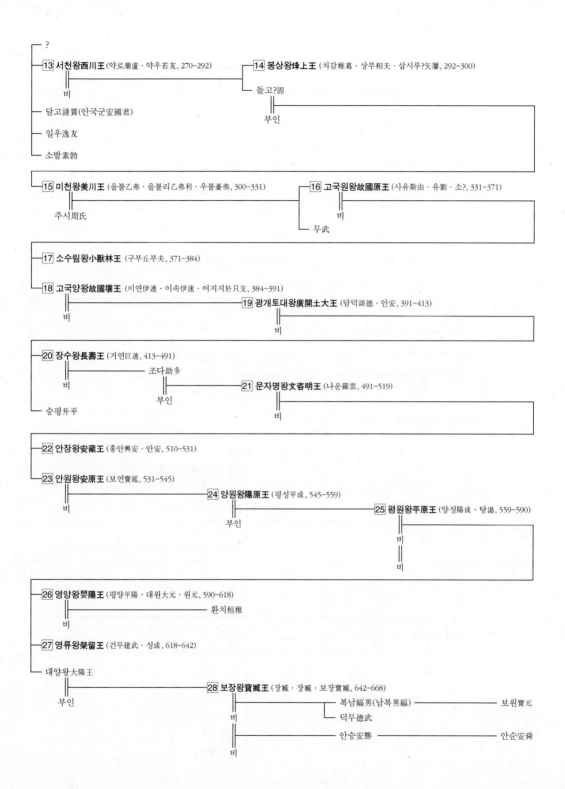

?

[13] 서천왕西川王 (약로藥盧·약우若友, 270~292)　　　　[14] 봉상왕烽上王 (치갈稚葛·상부相夫·삽시루?矢屢, 292~300)

비

돌고?固

달고濾買(안국군安國君)

부인

일우逸友

소발素勃

[15] 미천왕美川王 (을불乙弗·을불리乙弗利·우불憂弗, 300~331)　　　　[16] 고국원왕故國原王 (사유斯由·유劉·소?, 331~371)

주시周氏

비

무武

[17] 소수림왕小獸林王 (구부丘夫, 371~384)

[18] 고국양왕故國壤王 (이연伊連·이속伊速·어지지於只支, 384~391)　　　　[19] 광개토대왕廣開土大王 (담덕談德·안安, 391~413)

비

비

[20] 장수왕長壽王 (거연巨連, 413~491)

비

조다助多

[21] 문자명왕文咨明王 (나운羅雲, 491~519)

부인

비

승평升平

[22] 안장왕安藏王 (흥안興安·안安, 510~531)

[23] 안원왕安原王 (보연寶延, 531~545)

비

[24] 양원왕陽原王 (평성平成, 545~559)

부인

[25] 평원왕平原王 (양성陽成·탕湯, 559~590)

비

비

[26] 영양왕嬰陽王 (평양平陽·대원大元·원元, 590~618)

환치桓稚

비

[27] 영류왕榮留王 (건무建武·성成, 618~642)

대양왕大陽王

[28] 보장왕寶臧王 (장臧·장臧·보장寶臧, 642~668)

부인

복남福男(남복男福)　　　　보원寶元

비

덕무德武

안승安勝　　　　안순安舜

비

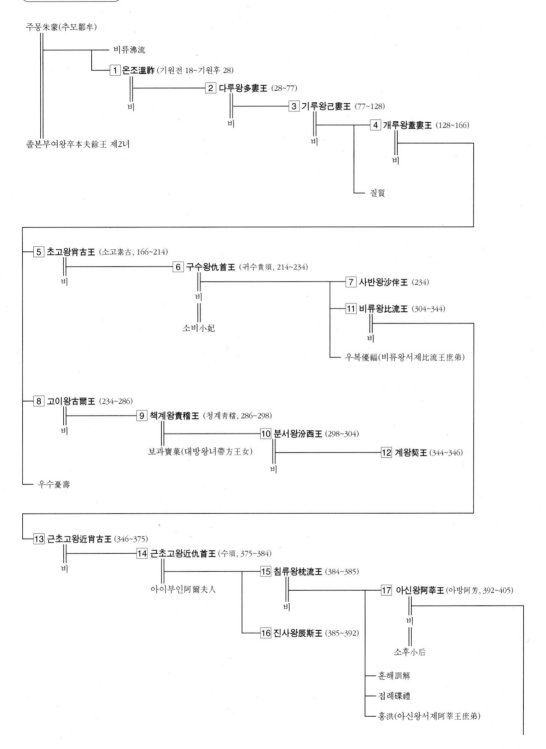

백 제

주몽朱蒙(추모鄒牟)

비류沸流

1 온조溫祚 (기원전 18~기원후 28)

졸본부여왕卒本夫餘王 제2녀

비

2 다루왕多婁王 (28~77)

비

3 기루왕己婁王 (77~128)

비

4 개루왕蓋婁王 (128~166)

비

질質

5 초고왕肖古王 (소고素古, 166~214)

비

6 구수왕仇首王 (귀수貴須, 214~234)

비

소비小妃

7 사반왕沙伴王 (234)

11 비류왕比流王 (304~344)

비

우복優福(비류왕서제比流王庶弟)

8 고이왕古爾王 (234~286)

비

9 책계왕責稽王 (청계青稽, 286~298)

보과寶菓(대방왕녀帶方王女)

10 분서왕汾西王 (298~304)

비

12 계왕契王 (344~346)

우수憂壽

13 근초고왕近肖古王 (346~375)

비

14 근초고왕近仇首王 (수須, 375~384)

아이부인阿爾夫人

15 침류왕枕流王 (384~385)

비

16 진사왕辰斯王 (385~392)

17 아신왕阿莘王 (아방阿芳, 392~405)

비

소후小后

훈해訓解

접례碟禮

홍洪(아신왕서제阿莘王庶弟)

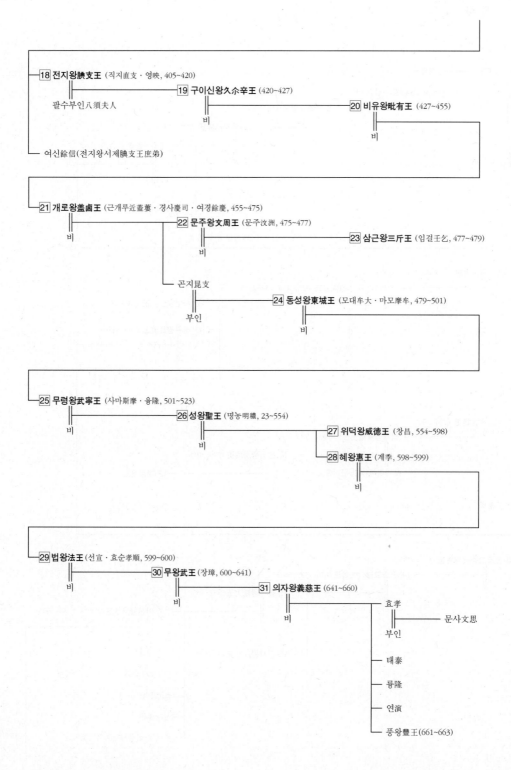

18 전지왕腆支王 (직지直支·영영暎映, 405~420)

19 구이신왕久尒辛王 (420~427)

20 비유왕毗有王 (427~455)

팔수부인八須夫人

비

비

여신餘信(전지왕서제제腆支王庶弟)

21 개로왕盖鹵王 (근개루近盖婁·경사慶司·여경餘慶, 455~475)

22 문주왕文周王 (문주汶洲, 475~477)

23 삼근왕三斤王 (임걸壬乞, 477~479)

비

비

곤지昆支

24 동성왕東城王 (모대牟大·마모摩牟, 479~501)

부인

비

25 무령왕武寧王 (사마斯摩·융隆, 501~523)

26 성왕聖王 (명농明穠, 23~554)

27 위덕왕威德王 (창昌, 554~598)

비

비

28 혜왕惠王 (계季, 598~599)

비

29 법왕法王 (선宣·효순孝順, 599~600)

30 무왕武王 (장璋, 600~641)

31 의자왕義慈王 (641~660)

비

비

효孝

문사文思

부인

태泰

융隆

연演

풍왕豐王(661~663)

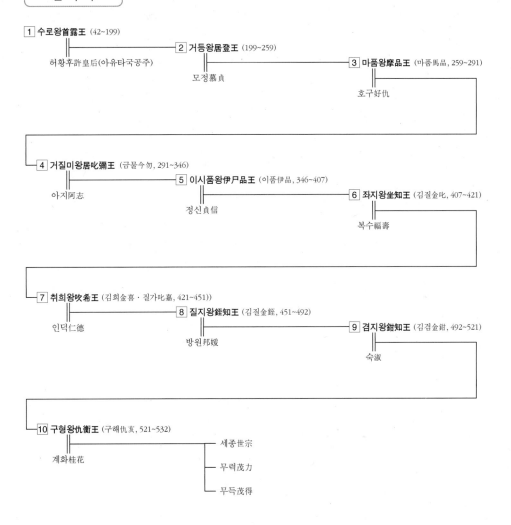

본 가 야

1 수로왕首露王 (42~199)
　허황후許皇后(아유타국공주)

2 거등왕居登王 (199~259)
　모정慕貞

3 마품왕摩品王 (마품馬品, 259~291)
　호구好仇

4 거질미왕居叱彌王 (금물今勿, 291~346)
　아지阿志

5 이시품왕伊尸品王 (이품伊品, 346~407)
　정신貞信

6 좌지왕坐知王 (김질金叱, 407~421)
　복수福壽

7 취희왕吹希王 (김희金喜 · 질가叱嘉, 421~451))
　인덕仁德

8 질지왕銍知王 (김질金銍, 451~492)
　방원邦媛

9 겸지왕鉗知王 (김겸金鉗, 492~521)
　숙淑

10 구형왕仇衡王 (구해仇亥, 521~532)
　계화桂花
　　세종世宗
　　무력茂力
　　무득茂得

대 가 야

1 이진아시왕伊珍阿豉王 ············· 9 이뇌왕異腦王 ──────── 월광태자月光太子 ··············· 16 도설지왕道設智王

신 라

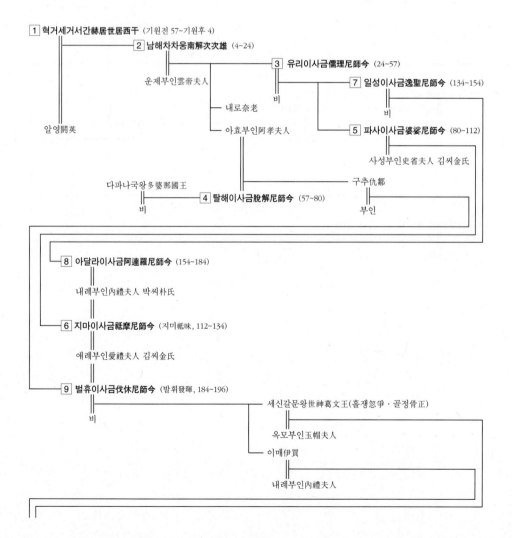

1 혁거세거서간赫居世居西干 (기원전 57~기원후 4)

2 남해차차웅南解次次雄 (4~24)

운제부인雲帝夫人

3 유리이사금儒理尼師今 (24~57)

비

7 일성이사금逸聖尼師今 (134~154)

비

내로奈老

5 파사이사금婆娑尼師今 (80~112)

아효부인阿孝夫人

사성부인史省夫人 김씨金氏

알영閼英

다파나국왕多婆那國王

구추仇鄒

비

4 탈해이사금脫解尼師今 (57~80)

부인

8 아달라이사금阿達羅尼師今 (154~184)

내례부인內禮夫人 박씨朴氏

6 지마이사금祗摩尼師今 (지미祗味, 112~134)

애례부인愛禮夫人 김씨金氏

9 벌휴이사금伐休尼師今 (발휘發暉, 184~196)

비

세신갈문왕世神葛文王 (홀쟁忽爭·골정骨正)

옥모부인玉帽夫人

이매伊買

내례부인內禮夫人

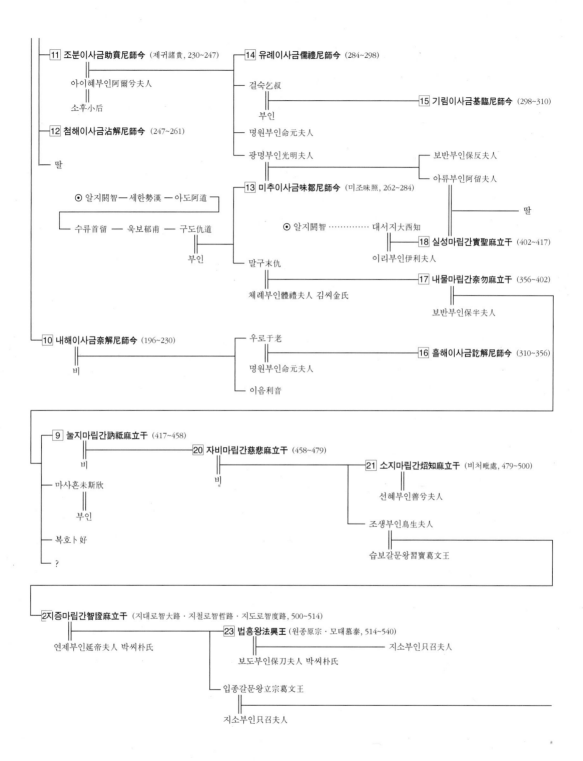

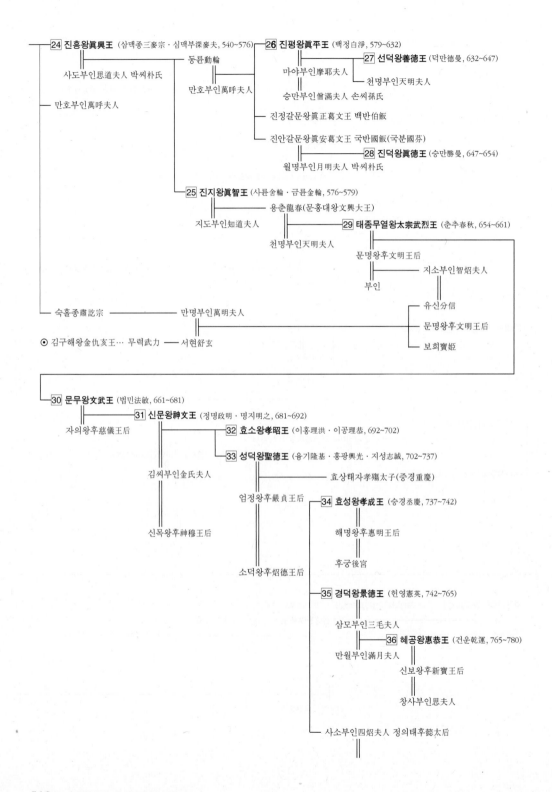

24 진흥왕眞興王 (삼맥종三麥宗·심맥부深麥夫, 540~576)

동륜動輪

사도부인思道夫人 박씨朴氏

만호부인萬呼夫人

만호부인萬呼夫人

26 진평왕眞平王 (백정白淨, 579~632)

27 선덕왕善德王 (덕만德曼, 632~647)

마야부인摩耶夫人

천명부인天明夫人

승만부인僧滿夫人 손씨孫氏

진정갈문왕眞正葛文王 백반伯飯

진안갈문왕眞安葛文王 국반國飯(국분國芬)

28 진덕왕眞德王 (승만勝曼, 647~654)

월명부인月明夫人 박씨朴氏

25 진지왕眞智王 (사륜舍輪·금륜金輪, 576~579)

용춘龍春(문흥대왕文興大王)

지도부인知道夫人

29 태종무열왕太宗武烈王 (춘추春秋, 654~661)

천명부인天明夫人

문명왕후文明王后

지소부인智炤夫人

부인

유신分信

숙흘종肅訖宗

만명부인萬明夫人

문명왕후文明王后

⊙ 김구해왕金仇亥王… 무력武力 ── 서현舒玄

보희寶姬

30 문무왕文武王 (법민法敏, 661~681)

31 신문왕神文王 (정명政明·명지明之, 681~692)

자의왕후慈儀王后

32 효소왕孝昭王 (이홍理洪·이공理恭, 692~702)

33 성덕왕聖德王 (융기隆基·흥광興光·지성志誠, 702~737)

김씨부인金氏夫人

효상태자孝殤太子(중경重慶)

엄정왕후嚴貞王后

34 효성왕孝成王 (승경丞慶, 737~742)

해명왕후惠明王后

신목왕후神穆王后

후궁後宮

소덕왕후炤德王后

35 경덕왕景德王 (헌영憲英, 742~765)

삼모부인三毛夫人

36 혜공왕惠恭王 (건운乾運, 765~780)

만월부인滿月夫人

신보왕후新寶王后

창사부인思夫人

사소부인四炤夫人 정의태후懿太后

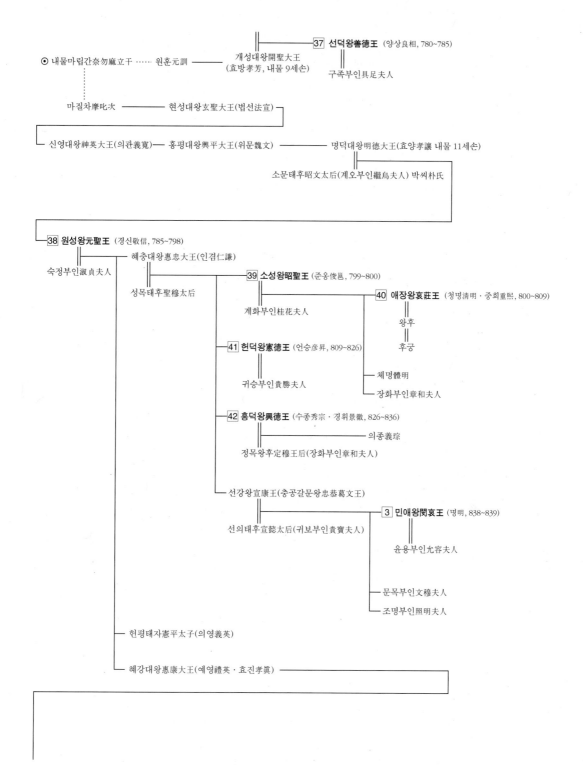

⊙ 내물마립간奈勿麻立干 …… 원훈元訓 ────── 개성대왕開聖大王 37 선덕왕善德王 (양상良相, 780~785)
　　　　　　　　　　　　　　　　　　　 (효방孝芳, 내물 9세손)
　　　　　　　　　　　　　　　　　　　　　　　　　　　　　구족부인具足夫人

마질차摩叱次 ─────── 현성대왕玄聖大王(법선法宣)

신영대왕神英大王(의관義寬) ── 흥평대왕興平大王(위문魏文) ───── 명덕대왕明德大王(효양孝讓 내물 11세손)

소문태후昭文太后(계오부인繼烏夫人) 박씨朴氏

38 원성왕元聖王 (경신敬信, 785~798)

숙정부인淑貞夫人

혜충대왕惠忠大王(인겸仁謙)

성목태후聖穆太后

39 소성왕昭聖王 (준옹俊邕, 799~800)

계화부인桂花夫人

40 애장왕哀莊王 (청명淸明·중희重熙, 800~809)

왕후

후궁

41 헌덕왕憲德王 (언승彦昇, 809~826)

귀승부인貴勝夫人

체명體明

장화부인章和夫人

42 흥덕왕興德王 (수종秀宗·경휘景徽, 826~836)

의종義琮

정목왕후定穆王后(장화부인章和夫人)

선강왕宣康王(충공갈문왕忠恭葛文王)

3 민애왕閔哀王 (명明, 838~839)

선의태후宣懿太后(귀보부인貴寶夫人)

윤용부인允容夫人

문목부인文穆夫人

조명부인照明夫人

헌평태자憲平太子(의영義英)

혜강대왕惠康大王(예영禮英·효진孝眞)

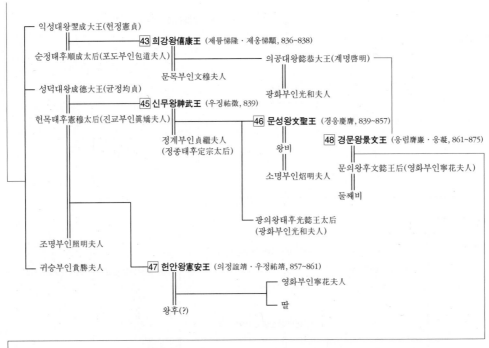

익성대왕翌成大王(헌정憲貞)

43 희강왕僖康王 (제릉悌隆·제옹悌顒, 836~838)

순정태후順成太后(포도부인包道夫人)

의공대왕懿恭大王(계명啓明)

문목부인文穆夫人

성덕대왕成德大王(균정均貞)

광화부인光和夫人

45 신무왕神武王 (우징祐徵, 839)

헌목태후憲穆太后(진교부인眞矯夫人)

46 문성왕文聖王 (경응慶膺, 839~857)

정계부인貞繼夫人
(정종태후定宗太后)

48 경문왕景文王 (응렴膺廉·응응凝, 861~875)

왕비

문의왕후文懿王后(영화부인寧花夫人)

소명부인昭明夫人

둘째비

광의왕태후光懿王太后
(광화부인光和夫人)

조명부인照明夫人

47 헌안왕憲安王 (의정誼靖·우정祐靖, 857~861)

귀승부인貴勝夫人

영화부인寧花夫人

왕후(?)

딸

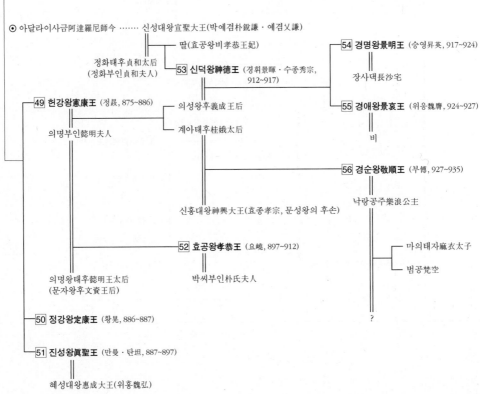

⊙ 아달라이사금阿達羅尼師今 …… 신성대왕宣聖大王(박예겸朴鋭謙·예겸乂謙)

딸(효공왕비孝恭王妃)

54 경명왕景明王 (승영昇英, 917~924)

정화태후貞和太后
(정화부인貞和夫人)

53 신덕왕神德王 (경휘景暉·수종秀宗,
912~917)

장사댁長沙宅

49 헌강왕憲康王 (정晸, 875~886)

의성왕후義成王后

55 경애왕景哀王 (위응魏膺, 924~927)

의명부인懿明夫人

계아태후桂娥太后

비

56 경순왕敬順王 (부傅, 927~935)

신흥대왕神興大王(효종孝宗, 문성왕의 후손)

낙랑공주樂浪公主

52 효공왕孝恭王 (요嶢, 897~912)

마의태자麻衣太子

범공梵空

의명왕태후懿明王太后
(문자왕후文資王后)

박씨부인朴氏夫人

50 정강왕定康王 (황晃, 886~887)

?

51 진성왕眞聖王 (만曼·탄坦, 887~897)

혜성대왕惠成大王(위홍魏弘)

■ 연표

주요국 역사 변천				한국사	연표	세계사
서양	중국	일본	한국			
고대	은 주 춘추전국 진 한	조몬토기시대 야요이토기시대	선사시대 초기국가 삼국시대	70만 년 전 구석기 문화 시작 기원전 7000~6000년경 신석기 문화 시작 기원전 2333 단군, 아사달에 도읍. 고조선 건국 (『삼국유사』) 기원전 1100년경 기자조선 성립(『삼국유사』) 기원전 400~300년경 한반도 지역 철기 생산 기원전 194 위만조선 성립 기원전 108 위만조선 멸망, 한군현 설치 기원전 57 신라 건국 기원전 37 고구려 건국 기원전 18 백제 건국 3 고구려, 국내성 천도 42 가락국 시조 수로왕 즉위 53 고구려, 태조대왕 즉위 56 고구려, 동옥저 통합 57 신라, 석탈해 즉위	기원전 1000 기원후	450~400만 년 전 인류 등장 기원전 3000년경 이집트·메소포타미아 문명 시작 기원전 2500년경 인더스·황하 문명 시작 기원전 1768년경 함무라비 왕, 메소포타미아 통일 기원전 1750년경 함무라비 법전 편찬 기원전 1600년경 은殷 건국 기원전 1120년경 주周 건국 기원전 1000년경 그리스, 폴리스 형성 기원전 770년경 주周 동천東遷. 춘추春秋 시대 시작 기원전 670년경 아시리아, 오리엔트 통일 기원전 600년경 석가모니 탄생 기원전 551년경 공자 탄생 기원전 525 페르시아, 오리엔트 통일 기원전 492 페르시아 전쟁 기원전 431 펠로폰네소스 전쟁 기원전 334 알렉산더 대왕, 동방 원정 기원전 264 포에니전쟁 기원전 221 진秦, 중국 통일 기원전 206 한漢 건국 기원전 44 카이사르 암살 기원전 27 로마, 제정 시작 기원전 4 예수 탄생 8 왕망, 신新 건국 25 후한後漢 성립 30 예수, 십자가에 처형됨 45년경 인도, 쿠샨 왕조 성립 64 네로, 크리스트교 박해 79 베수비오 화산 폭발, 폼페이 매몰 105 채륜, 제지법 발명 150년 무렵 쿠샨 왕조 불교 발흥, 간다라 미술 융성

주요국 역사 변천				한국사	연표	세계사
서양	중국	일본	한국			
고 대	한	백 여 국 시 대	삼 국 시 대	179 고구려, 고국천왕 즉위 194 고구려, 진대법 실시	100	166 로마 사절 중국에 옴 184 후한, 황건적의 난 발생
	삼 국 시 대			242 고구려, 요동 서안평 공격 244 위 관구검, 환도성 습격 260 백제(고이왕), 16관등과 공복 제정 261 신라 13대 미추이사금 즉위(김씨 왕 시조)	200	220 후한 멸망, 삼국 시대(위·촉·오) 시작 226 사산조 페르시아, 파르티아 멸망시킴 235 로마, 군인 황제 시대 280 진晉, 중국 통일
	진 晉	고 분 시 대		313 고구려, 낙랑군을 멸망시킴. 한군현 완전 소멸	300	313 밀라노 칙령으로 크리스트교 공인 316 서진西晉 멸망. 5호 16국 시대 시작. 동진 東晉 성립 320 인도, 굽타 왕조 성립 325 니케아 종교 회의 개최, 아리우스파 추방 결정

		야 마 토 정 권		331 고구려, 고국원왕 즉위
				356 신라, 내물마립간 즉위
				369 백제, 칠지도 제작
				371 백제, 고구려 평양성 공격, 고국원왕 죽음
				372 고구려, 전진의 승려 순도에 의해 불교 전래,
				   태학 설립
				   백제, 동진에 사절 보냄
				373 고구려, 율령 반포
				375 백제, 『서기』(고흥) 편찬
				384 백제, 마라난타가 불교 전래
				391 고구려, 광개토대왕 즉위
						375년경 게르만족 대이동 시작
						
						395 로마 제국, 동서로 나뉨

				396 고구려, 광개토대왕 백제 공격, 대승 400 고구려, 백제-가야-왜 연합군 토벌하여 신라 구원 405 백제, 일본에 한학 전함	400	420 동진東晉 멸망, 송宋 건국
				427 고구려, 평양 천도 433 나제동맹 맺음 475 백제 문주왕 즉위, 웅진 천도		439 북위北魏, 화북 통일(북조 성립) 476 서로마 제국 멸망 479 송 멸망, 제齊 건국 486 프랑크 왕국 건국
		남 북 조 시 대		494 부여, 고구려에 완전 흡수 502 신라 지증왕, 순장 금지, 우경 실시 503 신라, 국호를 '신라'로 결정. '왕' 칭호 사용 505 신라 지증왕, 국내의 주군현을 직접 정함	500	502 제齊 멸망, 양梁 건국

주요국 역사 변천				한국사	연표	세계사
서양	중국	일본	한국			
중	남 북 조 시 대	야 마 토 정 권	삼 국 시 대	520 신라, 율령 반포, 백관의 공복 제정 525 백제, 무령왕릉 축조 527 신라, 불교 공인 532 신라, 금관가야 통합 536 신라, 연호(건원) 처음 사용 538 백제, 사비(부여)로 천도 545 신라, 거칠부 등이 『국사』 편찬 552 백제, 일본에 불교 전함 　　우륵, 신라에 음악 전수 　　고구려 왕산악, 거문고 제작 553 신라, 한강 하류 장악, 나제동맹 끝남 554 백제 성왕, 관산성에서 전사, 신라에 대패 555 신라 진흥왕, 북한산순수비 건립 566 신라, 황룡사 준공	500	529 동로마(비잔틴) 제국, 유스티니아누스 법전 편찬 535 북위, 동서로 나뉨 557 서위 멸망, 북주 건국
세	수 隋 당 唐	정 권 다 이 카 개 신	시 대	589 원광법사, 진陳에서 구법 590 고구려 온달, 아차성에서 죽음 610 고구려 담징, 일본 호류사 금당벽화 그림 612 고구려, 살수대첩에서 수나라 군대 물리침 618 고구려, 영류왕 즉위 624 고구려, 당에서 도교 전래 632 신라, 선덕여왕 즉위 645 고구려, 안시성싸움 승리. 당태종 고구려 원정 　　실패 647 신라, 첨성대 건립. 비담·염종의 반란 660 백제 멸망 668 고구려 멸망	600	569 양梁 멸망, 진陳 건국 579 마호메트 탄생 589 수隋, 중국 통일 593 일본, 성덕태자 섭정 610 이슬람교 창시 618 이연, 당唐 건국 622 마호메트, 메카에서 메디나로 이주(헤지라) 　　이슬람교 원년으로 정함 629 당 현장, 인도 여행 출발 634 이슬람, 전 아라비아 통일 645 일본, 다이카大化 개신 646 당 현장, 인도에서 귀국 『대당서역기』 지음 655 당 측천무후, 황후 등극 661 이슬람, 옴미아드 왕조 성립 671 당 의정, 불경 구하러 인도 여행
		신	통 일 신 라 / 발 해	676 신라, 삼국 통일 682 국학 설립, 감은사 창건 685 9주 5소경 설치 686 원효 죽음 687 신라, 문무관료전 지급 689 신라, 녹읍 폐지, 세조歲租 지급 698 대조영, 발해 건국		690 당, 측천무후 실권 장악. 국호를 '주周'로 고침

주요국 역사 변천				한국사	연표	세계사
서양	중국	일본	한국			
중	당	다이카개신		702 의상 죽음 704 김대문, 『화랑세기』『고승전』 지음	700	
			통			710 일본, 나라 천도 712 당, 현종 즉위 716 제지술, 유럽 전파
		나	일	719 발해, 무왕 즉위 722 신라, 백성들에게 정전 지급		726 로마 교회, 동로마의 성상 금지령으로 분쟁
				727 혜초, 『왕오천축국전』 지음 　　발해, 일본과 국교 737 발해, 문왕 즉위		
			신	751 불국사와 석굴암 창건		750 이슬람, 아바스 왕조 성립 751 프랑크 왕국, 카롤링거 왕조 성립 755 당, 안녹산의 난 발생
		라	라	756 발해, 상경용천부로 천도 757 신라, 녹읍 부활 765 충담사, 「안민가」 지음 771 성덕대왕신종 제작 774 신라, 대아찬 김융 모반 사건 780 신라, 이찬 김지정 반란 사건. 혜공왕 피살되고 　　선덕왕 즉위(신라 하대 시작) 788 원성왕, 독서삼품과 설치 794 발해, 성왕 즉위		771 카롤루스 대제, 프랑크 왕국 통일
		헤	/	822 김헌창의 난 발생 828 장보고, 완도에 청해진 설치	800	800 프랑크, 카롤루스 1세가 로마에서 대관식 거행. 　　서로마 제국 부활 800년대 이슬람 국력·문화 전성기
세	唐	이	발	834 백관의 복색 제도 공포 841 염장이 장보고 암살		829 잉글랜드 왕국 성립
				874 최치원, 당唐 과거 급제		843 프랑크, 베르됭 조약으로 왕국 삼분 862 러시아, 노브고로드 공국 성립 870 프랑크 왕국 분열 875 당, 황소의 난 발생
		안	해	879 최치원, 당에서 「토황소격문」 지음 886 최치원, 당에서 귀국. 　　『계원필경』 지음. 887 진성여왕 즉위 888 신라 위홍·대구화상, 『삼대목』 편찬 889 원종·애노, 사벌주(상주)에서 농민 반란 890 신라, 지방 각지 조세 거부. 납부 독촉에 　　각지에서 봉기 891 양길 휘하 궁예, 강원 남부 지역 차지 892 견훤, 전주에서 농민 봉기, 무진주(광주) 점령		

주요국 역사 변천				한국사	연표	세계사
서양	중국	일본	한국			
중세	당唐		통일신라/발해	894 최치원, 10여 조의 시무책 올림 899 최치원, 해인사 은둔 900 견훤, 완산주(전주)에 후백제 건국 901 궁예, 후고구려 건국 905 궁예, 철원 천도	800 900	
	5대 10국	헤이안	고려	918 왕건, 고려 건국 919 고려, 철원에서 송악으로 천도 926 발해, 거란에 멸망 927 견훤, 경주 침략해 경애왕 죽임 935 경순왕, 고려에 항복 936 고려, 후삼국 통일. 　　 왕건, 『정계』, 『계백료서』 반포 943 혜종 즉위 945 왕규의 난. 정종 즉위		907 당唐 멸망. 5대 10국 시대 시작 916 야율아보기, 거란 건국 936 거란, 연운撚雲 16주 차지
				949 광종 즉위 956 노비안검법 실시 958 과거제 실시		946 거란, 국호를 요遼라 함 949 요, 하북河北 침략
	북송			963 귀법사 창건, 제위보 설치		960 조광윤, 송宋 건국 962 오토 1세, 신성 로마 제국 건국, 황제 대관
				973 균여, 『보현십원가』 지음 976 전시과 실시		964 동로마, 수도원 신설, 수도원의 토지 증여. 　　 금지령 포고
				982 최승로, 「시무28조」 올림 983 전국에 12목 설치 986 의창 설치		978 오월吳越, 송에 항복해 멸망
				992 국자감 창립 993 거란 소손녕, 고려에 침입(제1차). 서희 강동 6주 　　 획득. 상평창 설치 996 건원중보 주조 997 목종 즉위 1007 월정사 8각 9층탑 세움		987 프랑스, 카페 왕조 시작 992 베네치아 상인 동로마 황제한테 무역상 특권 획 　　 득
	(요)			1009 강조의 정변 1010 거란 성종, 고려에 침입(제2차). 　　 현종 나주로 피난 1018 거란 소배압, 고려 침입(제3차) 1019 강감찬, 귀주대첩 1025 대식국大食國 사람 100명이 특산물 가지고 옴	1000	1013 송, 『책부원구』 완성
						1037 셀주크투르크 제국 건국 1042 송宋, 요遼와 화친

주요국 역사 변천				한국사	연표	세계사
서양	중국	일본	한국			
중세	북송 (요) 남송 (금)	헤이안	고려	1044 천리장성 완성 1049 양반의 공음전시법 제정 1055 최충, 문헌공도 세움 1075 혁련정, '균여전' 지음 1076 전시과 개정, 관제 개혁 1086 흥왕사에 교장도감教藏都監 설치 1087 『초조대장경』 간행 1090 의천, 『속장경』 조판 시작 1097 주전도감 설치. 국청사 낙성 1102 해동통보 주조 1107 윤관, 여진 정벌 1112 혜민국 설치 1116 청연각 설치 1119 양현고 설치 1124 서긍, 『고려도경』 완성 1126 이자겸의 난 1132 묘청·정지상 등 서경 천도 건의 1135 묘청의 서경 천도 운동 1145 김부식, 『삼국사기』 펴냄 1159 고려청자 등 도자기 성행 1170 무신정변 발생 1173 김보당의 난 1174 조위총의 난 1176 망이·망소이의 난 1179 경대승, 정중부 죽이고 집권. 도방 설치 1182 전주에서 민란 발생 1190 지눌, 「정혜결사문」 발표	1000 1100	1054 기독교, 동서로 나뉨(로마 : 그리스) 1066 노르망디공 윌리엄, 잉글랜드 정복 1069 송宋, 왕안석의 개혁(신법新法) 1076 신성로마제국, 서임권 파동으로 교황과 황제 대립 1077 카노사의 굴욕 1086 송宋, 왕안석 죽고 사마광 집권, 신법 폐지 1095 클레르몽 종교 회의, 교황 십자군 운동 호소 1096 십자군 원정(~1270) 1115 여진, 금金 건국 1122 신성 로마 제국, 보름스협약(성직 임명권 문제 일단락) 1125 금金, 요遼를 멸함 1127 북송北宋 멸망, 남송南宋 건국 1128 독일, 기사단 창설 1147 제2차 십자군 원정 1163 프랑스, 노트르담 성당 건축 시작 1167 영국, 옥스퍼드대학 세움 1170 프랑스, 파리대학 세움 1177 남송 주희, 『사서집주』 완성 1189 제3차 십자군 원정 1192 일본, 가마쿠라鎌倉 바쿠후 성립

주요국 역사 변천				한국사	연표	세계사
서양	중국	일본	한국			
중	남	가	고	1193 김사미·효심의 민란 　　　이규보, 『동명왕편』 지음 1196 최충헌 집권 1198 만적의 난 1200 진주에서 공·사노비가 난을 일으킴 1202 경주에서 신라 부흥 운동 일어남 1215 각훈, 『해동고승전』 지음 1219 고려·몽골군이 함께 강동성의 거란군 물리침	1100 1200	1194 셀주크투르크 분열, 멸망 1200 남송, 주희 죽음 1202 제4차 십자군 원정 1206 칭기즈칸, 몽골 통일 　　　인도, 노예 왕조 성립 1215 영국, 대헌장 제정 1228 제5차 십자군 원정
세	송 (金)	마 쿠 라		1231 몽골 제1차 침입 1232 강화 천도 1234 금속활자로 『상정고금예문』 펴냄 1235 몽골, 제3차 침입 1236 『팔만대장경』 조판 시작 1241 이규보, 『동국이상국집』 펴냄 1247 몽골, 제4차 침입 1253 몽골, 제5차 침입 1254 몽골, 제6차 침입. 몽골군에게 20만여 명 　　　잡혀감 1258 김준, 최의 죽이고 집권. 화주에 쌍성총관부 　　　설치 1260 이인로, 『파한집』 펴냄 1270 고려, 개경으로 환도 　　　서경에 동녕부 설치 　　　삼별초, 진도로 들어감 1271 녹과전 지급 1273 삼별초군 탐라에서 진압됨 1274 여麗·원元의 제1차 일본 정벌 실패		1234 금金, 원元에 멸망 1235 몽골, 수도 카라코룸 건설 1241 신성 로마 제국, 한자동맹 맺음 1243 원 오고타이, 칭기즈칸 계승 1248 제6차 십자군 원정 1254 신성로마제국, 대공위 시대 1258 몽골군 바그다드 점령, 아바스 왕조 붕괴 1270 제7차 십자군 1271 몽골, 원元 제국 성립
	원 元	바 쿠 후	려	1281 몽골, 고려군 동원 제2차 일본 정벌, 실패 　　　일연, 『삼국유사』 지음 1287 이승휴, 『제왕운기』 지음 1290 동녕부 폐지 1298 정방 폐지, 관제 복구 1304 국학 대성전이 완성 1309 각염법(소금 전매제) 제정 1314 태조 이래 역대왕 실록 펴냄	 1300	1279 남송南宋, 원에 멸망 1295 영국, 모범 의회 1299 마르코 폴로, 『동방견문록』 펴냄 　　　오스만 제국 건국 1302 프랑스, 삼부회 최초 소집 1309 교황, 아비뇽에 유폐 1321 단테, 『신곡』 완성

주요국 역사 변천				한국사	연표	세계사
서양	중국	일본	한국			
중	원元	무로	고	1342 이제현, 『역옹패설』 지음 1347 정치도감 설치 1350 왜구 침입 시작 1356 공민왕이 기철 등 제거 1359 홍건적 침입, 서경 함락 1363 문익점, 원에서 목화씨 가져옴 1365 전민변정도감 설치. 신돈을 판사로 삼음	1300	1337 일본, 무로마치 바쿠후 성립 1338 영국·프랑스 백년전쟁 1347 전 유럽에 페스트 퍼짐, 인구 대폭 감소 1351 원, 홍건적의 난 발생 1356 금인칙서(황금문서) 발표 1358 프랑스, 자크리 농민 반란 1367 신성로마제국, 한자Hansa 시의 쾰른동맹 1368 원 멸망, 주원장 명明 건국 1369 티무르 제국 성립
세	명	마치	려	1376 최영, 왜구 정벌(홍산전투) 1377 최무선 건의로 화통도감 설치 　『직지심체요절』 인쇄(청주 흥덕사) 1380 최무선, 진포에서 화포로 왜구 물리침 1388 최영, 요동 정벌 　이성계, 위화도회군으로 정권 장악 1389 박위, 쓰시마 섬 정벌 1390 토지 문서 소각 1391 과전법 제정 1392 고려 멸망, 조선 건국 1393 국호를 조선으로 결정 1394 한양 천도 　정도전, 『조선경국전』 펴냄 1397 요동 정벌 계획 추진 　정도전, 『경제육전』 펴냄 1398 양전 실시. 성균관 문묘, 명륜당 건립. 제1차 왕자의 난 1400 제2차 왕자의 난, 사병 혁파		1378 교회 대분열(로마 : 아비뇽) 1380 명, 황제 독재권 강화 1388 독일, 쾰른대학 세움 1391 북원北元, 명에 항복하여 멸망 1392 독일, 한자동맹 맺음 1397 명, 대명률 반포
근 대	명明	쿠 후	조 선	1401 신문고 설치 1402 호패법 실시 1403 주자소 설치 1407 관료의 녹과 개정 1411 한양에 5부 학당 설치 1413 조선 8도의 지방 행정 조직 완성, 『태조실록』 펴냄 1418 세종 즉위	1400	1401 무로마치 바쿠후, 최초로 명과 통교 1404 무로마치 바쿠후, 명과 감합勘合 무역 실시 1405 명明 정화, 남해 원정 1408 명, 『영락대전』 완성 1415 로마 교회, 후스 화형 1417 로마 교회, 교황 선거로 교회 대분열 끝냄

주요국 역사 변천				한국사	연표	세계사
서양	중국	일본	한국			
근	명	무 로 마 치 바 쿠 후	조 선	1419 이종무, 쓰시마 정벌 1420 집현전 설치 1433 4군 설치(1443년 완성) 1434 6진 설치(1449년 완성) 1441 측우기 제작 1443 훈민정음 창제 1446 훈민정음 반포 1453 수양대군, 김종서 죽이고 정권 장악(계유정난) 1456 사육신 처형 1458 『고려사』 완성 1460 신숙주, 여진 정벌 1466 직전법 실시 1475 인수대비, 『내훈』 펴냄 　　『국조오례의』 완성 1478 서거정 등, 『동문선』 완성 1481 서거정 등, 『동국여지승람』 지어 올림 1482 폐비 윤씨에게 사약 1484 『경국대전』 완성(1485년 시행) 1491 여진족, 경흥에 쳐들어감 1493 성현 등, 『악학궤범』 완성 1498 무오사화 일어남 1500 과부 재혼 금지	1400 1500	1424 터키, 콘스탄티노플 제외한 전 동로마 영토 　　차지 1431 영국, 잔 다르크 처형 1441 류큐流球, 시마즈島津에 복속 1445 포르투갈 바르톨로뮤 디아스, 희망봉 발견. 　　이탈리아, 르네상스 번성 1450 독일 구텐베르크, 최초 인쇄본 『성경』 펴냄 1453 백년전쟁 끝남 　　투르크, 콘스탄티노플 점령 　　동로마제국 멸망 1455 영국, 장미전쟁 시작(~1485) 1460 터키, 그리스 전 영토 점령 1467 일본, 오닌의 난 일어나 센고쿠戰國 시대 시작 1470 이탈리아 보카치오, 『데카메론』 간행. 잉카제국, 　　정복 활동 시작 1472 교황청, 면죄부 남발 1474 이탈리아 토스카넬리, 세계 지도 작성 1476 모스크바 공국 이반 3세, 노브고로드 정복. 　　이탈리아, 메디치 가의 독재 확고해짐 1479 스페인 왕국 성립 1480 이반 3세, 킵차크한국 멸망시키고 몽골 속박 　　벗어남 1487 포르투갈 바르톨로뮤 디아스, 희망봉 도착 1492 스페인, 이베리아 반도에서 이슬람 세력 쫓아냄 　　콜럼버스, 아메리카 항로 발견 1494 이탈리아 메디치 가, 피렌체에서 쫓겨남 　　중국 나관중, 『삼국지연의』 펴냄 1498 포르투갈 바스코 다 가마, 인도 항로 발견 1499 스위스, 독일과 바젤협약 맺고 스위스동맹 　　맺음, 독립 1500 인도, 티무르 제국 멸망 1501 명, 타타르족 침략으로 수도 닝샤寧夏 함락

주요국 역사 변천				한국사	연표	세계사
서양	중국	일본	한국			
근	명	무	조		1500	1502 명, 『대명회전』 완성
						이란, 사파비 왕조 성립
				1503 승려의 도성 출입 엄금		1503 일본, 조선통신사 요청
				1504 갑자사화 일어남		알프스 이북에 르네상스 발흥
				경연 폐지		
				성현, 『용재총화』 펴냄		
		로		1506 중종반정		1506 이탈리아 레오나르도 다 빈치, 「모나리자」 완성
				1510 삼포왜란		네덜란드 에라스무스, 『우신예찬』 지음
				1512 임신약조		
						1516 영국 토마스 무어, 『유토피아』 지음
						아라비아, 『아라비안 나이트』 완성
						1517 루터의 종교 개혁
						투르크, 이집트 점령. 칼리프 칭호 사용
		마		1518 소격서 혁파		1518 스위스 츠빙글리, 종교 개혁 주장
				1519 향약 실시. 현량과 실시		1519 마젤란, 세계일주(~1522)
				기묘사화 일어남		1524 독일, 농민전쟁 일어남
						1526 인도, 무굴 제국 성립
		치				1532 스페인 피사로, 페루 정복
						1533 잉카 제국 멸망
						1534 영국, 수장령 발표. 로욜라, 예수회 창립
						1536 칼뱅의 종교 개혁
						1541 투르크, 헝가리와 알제리 정복
		바				1542 영국, 아일랜드 왕국 성립
				1543 주세붕, 백운동서원 세움		1543 코페르니쿠스, 지동설 발표
						1544 로마 교회, 트리엔트 공의회 개최
대			선	1545 을사사화 일어남		
				1551 문정왕후, 양종선과 재설치, 도첩제 부활		
				1554 비변사 설치		
				1555 을묘왜변 발생, 제승방략 반포		1555 아우구스부르크 종교 화의, 루터파 신교 공인
		쿠		1556 이황, 『주자서절요』 완성		
				1559 이황·기대승, 사단칠정 논쟁 시작		
				1560 이황, 도산서원 세움		1560 일본, 교토에 크리스트교 포교 허용
				1561 이지함, 『토정비결』 지음		
				1562 임꺽정 처형		1562 프랑스, 위그노전쟁 일어남(~1598)
	明			1565 보우, 제주도에서 처형		1565 일본, 교토의 선교사 추방. 포르투갈, 마카오 건설
						1568 네덜란드, 스페인으로부터 독립 전쟁 일으킴
		후				1571 일본, 나가사키 개항
						스페인, 레판토해전에서 투르크에 승리
						1573 명明, 장거정의 개혁
				1575 동서 분당		
				1577 이이, 해주향약 실시		
		아즈치모모야마		1583 이이, 십만양병설 건의		
				1588 일본 사신, 통신사 요청		1588 영국, 에스파냐 무적 함대 물리침
				정철, 『사미인곡』, 『속미인곡』 지음		
				1589 정여립 모반 사건		1589 도요토미 히데요시, 일본 전국 통일

주요국 역사 변천				한국사	연표	세계사
서양	중국	일본	한국			
근 대	명 明 청 淸	아 즈 치 모 모 야 마 에 도 바 쿠 후	조 선	1592 임진왜란 일어남, 한산대첩, 진주대첩 1593 평양 수복, 한성 수복 　　　행주대첩, 훈련도감 설치 1594 속오군 편성 1597 정유재란 1598 도요토미 히데요시 죽은 뒤 일본군 총퇴각 　　　시작 1600 공명첩 발급 1607 허균, 『홍길동전』 지음 1608 선혜청 설립, 경기도에 대동법 실시 1609 일본과 기유약조 맺음, 국교 회복 1610 허준, 『동의보감』 지음 　　　김굉필·정여창·조광조·이언적·이황 등 5현 문 　　　묘종사 1623 인조반정 1624 어영군 모집, 이괄의 난, 총융군 편성 1627 정묘호란 1628 벨테브레이, 제주도 표착 1631 정두원이 명에서 천리경·자명종·화포 등 수입 1636 병자호란 1637 인조, 삼전도의 굴욕 1645 소현 세자, 청에서 과학·가톨릭교 관련 서양 책 　　　가지고 귀국 1652 어영군 수를 늘림 1653 하멜, 제주도 표착, 시헌력 채택 1654 제1차 나선정벌 1658 제2차 나선정벌 1659 호서 지방에 대동법 실시, 제1차 예송논쟁 1662 제언사 설치 1678 상평통보 주조 1680 경신환국 1682 정초군과 훈국중부별대를 합하여 금위영 설치	1500 1600	1592 도요토미 히데요시, 조선 침공 1593 영국 셰익스피어, 『로미오와 줄리엣』 지음 1596 무굴 제국, 인도 통일. 일본, 도요토미 히데요시 　　　죽음 1598 프랑스, 낭트칙령 발표 1599 일본, 세키가하라 전투 1600 영국, 동인도회사 세움 1601 마테오 리치, 『곤여만국전도』 지음 1603 일본, 에도 바쿠후 일어남 1605 스페인 세르반테스, 『돈키호테』 지음 1614 프랑스, 삼부회 소집 1616 후금 건국 1618 독일, 30년전쟁 일어남(~1648) 1619 명, 『서유기』, 『금병매』 등 소설 나옴 1620 영국, 메이플라워호 아메리카 상륙 1623 영국, 서인도에 식민 시작 1626 후금, 태종 즉위 1628 영국, 권리청원 제출, 승인 1631 명, 이자성의 반란 1636 후금, 국호를 청淸으로 함 1642 영국, 청교도혁명(~1649) 1644 명 멸망, 청淸 중국 통일 1648 유럽, 베스트팔렌조약 맺음 1649 영국, 찰스 1세 처형, 공화정 수립 1651 크롬웰, 항해 조례 발표 1653 인도, 아우랑제브 즉위 　　　청, 일조편법 실시 1673 청, 삼번의 난

주요국 역사 변천				한국사	연표	세계사
서양	중국	일본	한국			
					1600	1688 영국 명예혁명
				1689 기사환국		1689 영국, 권리장전 발표
				1690 희빈 장씨, 왕비 책봉		청·러, 네르친스크 조약 맺음
				1694 갑술환국		
				1696 안용복, 독도에서 일본인 쫓아냄		
						1699 청, 영국의 광둥 무역 허가
		에		1701 숙종, 희빈 장씨 사사	1700	1701 에스파냐, 왕위 계승 전쟁
				1708 전국적으로 대동법 시행		
				1712 백두산정계비 건립		
						1723 청, 크리스트교 포교 금지
				1725 영조, 탕평책 실시		
						1727 청·러, 캬흐타조약 맺음
				1728 이인좌의 난		
						1729 청, 아편 판매 금지
						1736 프랑스, 몽테스키외·볼테르 등 계몽 사상가
근	청	도	조			활약
				1740 영조, 도량형 통일		1740 오스트리아, 왕위 계승 전쟁
				1742 영조, 탕평비 세움		1742 영국·프랑스, 식민지 쟁탈전 시작
						1747 청, 외국 선교사 거주 금지
				1750 균역법 실시		
						1756 프랑스·오스트리아, 베르사유 조약 맺음
						7년 전쟁
		바		1757 영조, 난장형 금지		1757 인도, 플라시 전투
				1762 사도 세자, 뒤주 속에서 죽음		1762 루소, 『사회계약론』 발표
				1763 통신사 조엄, 일본에서 고구마 들여옴		1763 파리 조약, 7년 전쟁이 영국 승리로 끝남
				1764 장예원 혁파		
						1765 와트, 증기 기관 완성, 아메리카 식민지대표회의
						뉴욕에서 열림
						1773 미국, 보스턴 차당 사건. 청, 『사고전서』 펴냄
				1776 정조 즉위. 규장각 설치		1776 미국, 독립 선언
대	淸	쿠	선	1784 이승훈, 천주교 전도		
				1785 『대전통편』 완성		
				1786 서학을 금함		
						1789 프랑스 혁명, 인권선언
				1790 정약용, 해미읍으로 유배		
				1791 신해사옥		
				금난전권 없앰(신해통공)		
				천주교 관계 서적 수입을 금함		
		후		1794 수원성 축조 시작		
				1796 수원성 완성		1796 청, 백련교도 봉기
				1800 순조 즉위, 정순왕후 김씨 수렴청정	1800	
				1801 신유사옥		
				황사영 백서 사건		
				정약용, 강진으로 귀양		
						1804 나폴레옹, 황제 즉위
				1805 안동 김씨, 세도 정치 시작		

주요국 역사 변천				한국사	연표	세계사
서양	중국	일본	한국			
근	청	에	조		1800	1806 나폴레옹, 대륙 봉쇄령
				1811 홍경래의 난		
						1814 프랑스, 연합군에 패배
						유럽 빈회의 개최
		도		1818 정약용, 정배에서 풀려남. 『목민심서』 지음		
						1823 미국, 먼로주의 선언
						1824 멕시코, 공화국 수립
						1829 청, 외국과 통상 금지
						1830 프랑스, 7월혁명
				1831 천주교 조선 교구 설치		
						1832 영국, 선거법 개정
						1833 독일, 관세동맹 맺음
				1834 헌종 즉위, 순원왕후 김씨 수렴청정		
						1838 영국, 차티스트 운동
				1839 기해사옥		1839 오스만 제국, 탄지마트(은혜개혁)
				1840 풍양 조씨, 세도 정치 시작		1840 청, 아편전쟁(~1842)
		바				1842 청, 영국에 의해 상하이·난징 무너짐. 난징 조약
						맺음
						1844 네덜란드, 일본에 개국 권고
				1846 김대건 신부 처형		
						1847 영국, 과잉 생산으로 공황 발생
						1848 프랑스, 2월혁명
						마르크스·엥겔스, 「공산당선언」 발표
						1851 청, 태평천국운동
		쿠		1851 안동 김씨, 세도 정치 재개		영국, 제1회 만국박람회 개최
						1852 프랑스, 나폴레옹 3세 즉위
						1857 인도, 세포이 항쟁
						1858 인도, 무굴제국 멸망
				1860 최제우, 동학 창시		1860 청, 베이징 조약
대		후	선			이탈리아 가리발디, 시칠리아 정복
				1861 김정호, 「대동여지도」 제작		1861 미국, 남북전쟁
				1862 임술 농민 봉기		1862 중국, 양무운동 시작
				1863 고종 즉위, 흥선대원군 집권		1863 링컨, 노예 해방 선언
				1864 동학 교조 최제우 처형		1864 국제 적십자사 창립
	淸			1865 경복궁 중건		
				1866 병인사옥		
				제너럴 셔먼 호 사건, 병인양요		
				1868 오페르트 도굴 사건		1868 일본, 메이지 유신
		메				1869 수에즈 운하 개통
						1870 이탈리아, 통일 완성
				1871 흥선대원군, 서원 정리		1871 독일 통일
		이		1873 최익현, 흥선대원군을 탄핵		
				고종 친정 선포		
		지		1875 운요 호 사건		1875 영국, 수에즈 운하 매수
				1876 강화도 조약 맺음		1876 발칸전쟁 일어남
						1877 영국, 인도 제국 성립 선언

주요국 역사 변천				한국사	연표	세계사
서양	중국	일본	한국			
근 대	청	메 이 지	조 선	1879 지석영, 종두법 실시 1880 김홍집, 고종에게 『조선책략』 바침 　　　리홍장, 조선에 서구 열강과 통상 권고 1881 신사유람단·영선사 파견 1882 미·영·독 등과 통상 조약 맺음 　　　임오군란 　　　일본과 제물포 조약 맺음 1883 태극기 사용 　　　전환국 설치 　　　원산학사 설립, 혜상공국 설치 　　　「한성순보」 발간 1884 우정국 설치, 갑신정변 1885 영국, 거문도 점령 　　　광혜원 설립, 배재학당 설립 　　　서울-인천 간 전신 개통 1886 노비 세습제 폐지 　　　이화학당·육영공원 설립 1887 아펜젤러, 정동교회 설립 1889 함경도, 방곡령 선포 1894 동학 농민 전쟁, 갑오개혁 1895 삼국간섭 　　　을미사변, 을미개혁 1896 아관파천, 독립협회 창립 1897 대한제국 수립 1898 독립협회, 만민공동회 개최 　　　보부상, 황국협회 결성 　　　만민공동회 해산	1800	1878 베를린회의 1879 청·러, 이리 조약 맺음 1882 독일·이탈리아·오스트리아, 삼국동맹 맺음 1883 이집트, 영국 속령됨 1884 청·프랑스 전쟁 1885 청·일, 톈진 조약 맺음 　　　프랑스, 대청전쟁 승리 　　　일본, 내각제 확립 　　　인도, 국민회의 조직 1887 프랑스령 인도차이나 성립 　　　포르투갈, 마카오 할양 1888 청, 북양 해군 창설 1894 쑨원, 흥중회 결성 　　　청일전쟁 일어남 1895 청, 일본에 패배 　　　일본, 랴오둥 반도 할양 포기 1896 아테네, 제1회 올림픽 대회 개최 1898 청, 변법자강운동 실시, 무술정변으로 실패 　　　미국, 필리핀 획득 　　　파쇼다 사건 　　　퀴리 부부, 라듐 발견 　　　제1회 만국평화회의
현 대	淸	메 이 지	대 한 제 국	1899 대한제국 국제 반포 　　　경인선 개통 1900 만국우편연합 가입 1901 제주 민란 1902 서울 인천 간 시외 전화 개통 1903 YMCA 발족 1904 한일의정서 맺음 1905 경부선 개통 　　　을사늑약 맺음 　　　동학, 천도교로 개칭 　　　통감부 설치	1900	1899 청, 의화단 운동 　　　보어전쟁 개시 1900 청, 서구 열강이 베이징 점령, 의화단의 난 진압 1901 청, 리홍장 사망 　　　뢴트겐, 제1회 노벨상 수상 1902 영일동맹 맺음 　　　쿠바 공화국 성립 1904 러일전쟁 일어남 1905 러시아, 피의 일요일 사건 　　　미·일, 가쓰라·태프트 밀약 맺음 　　　쑨원, 중국혁명동맹회 조직 　　　일본, 러일전쟁 승리, 포츠머스 강화조약 맺음 　　　아인슈타인, 특수상대성이론 발표

주요국 역사 변천				한국사	연표	세계사
서양	중국	일본	한국			
현대	청淸	메이지	대한제국	1906 경의선 개통 　　　최익현, 대마도에서 순절 1907 국채보상운동 　　　신민회 조직 　　　헤이그 특사 파견, 고종 퇴위 　　　군대 해산 1908 의병, 서울 진공 작전 1909 나철, 대종교 창시 　　　일본, 남한대토벌작전 　　　안중근, 이토 히로부미 사살	1900	1906 인도, 스와라지 운동 1907 제2회 헤이그 평화회의 개최 　　　영국·프랑스·러시아, 삼국협상 맺음 1908 오스만 제국, 청년투르크당의 혁명 운동 1909 일본, 청과 간도협약 체결, 간도와 안봉선 교환
		다이쇼	일제강점기	1910 한일합방조약 체결, 국권 피탈, 조선총독부 설치 　　　회사령 공포, 시행 1911 105인사건 일어남 　　　조선교육령 공포 1912 토지조사사업 시작 1913 안창호, 흥사단 조직 1914 대한광복단 조직 1916 박중빈, 원불교 창시 1919 3·1운동 　　　상해 대한민국 임시정부 수립 　　　대한애국부인회 조직	1910	1910 포르투갈, 공화제 선언 1911 중국, 신해혁명 　　　노르웨이 아문센, 남극 도착 1912 청 멸망, 중화민국 성립 1914 제1차 세계 대전 일어남 　　　파나마 운하 개통 1917 러시아혁명 1918 미국 윌슨 대통령, 14개조 평화 원칙 발표 1919 파리강화회의 개최 　　　베르사유 조약 　　　중국, 5·4운동 　　　인도, 간디의 비폭력·무저항 운동
대	중화민국	쇼와		1920 김좌진, 청산리대첩 　　　「조선일보」, 「동아일보」 창간 1922 어린이날 제정	1920	1920 국제연맹 성립 1921 중국공산당 결성 　　　워싱턴회의 1922 소비에트사회주의공화국 성립 　　　터키, 술탄제 폐지 1923 일본, 간토 대지진 일어남, 조선인 무차별 살해 　　　터키, 케말 파샤, 공화국 수립 1924 중국, 제1차 국공 합작 1925 쑨원 죽음 1926 장제스, 북벌 시작 1927 장제스, 난징에 국민정부 수립 1929 세계 경제 공황
				1926 6·10만세운동 1927 신간회 조직 1929 광주학생항일운동 1932 이봉창·윤봉길 의거 1933 미곡 통제령 공포 　　　조선어학회, 한글 맞춤법 통일안 제정 1934 진단학회 조직 1935 총독부, 각 학교에 신사 참배 강요 1936 손기정, 베를린 올림픽 마라톤 우승 　　　안익태, 한국 환상곡 완성	1930	1931 일본, 만주사변 1933 미국, 뉴딜 정책 시행 　　　히틀러, 나치스 정권 수립 1934 마오쩌둥, 중국공산당 대장정 개시 1935 그리스, 왕정 부활 1936 일본, 런던군축회의 탈퇴 　　　스페인, 내란 일어남 1937 중일전쟁 일어남, 제2차 국공 합작

주요국 역사 변천				한국사	연표	세계사
서양	중국	일본	한국			
현 대	중 화 민 국 중 화 인 민 공 화 국	쇼 와	일 제 강 점 기 대 한 민 국	1938 일제, 한글 교육 금지 1940 창씨개명 등, 민족 말살 정책 강화 　　「조선일보」, 「동아일보」 강제 폐간 　　임시정부, 한국광복군 결성 1941 농산물 공출 제도 시행 　　임시정부, 대일 선전 포고 1942 조선어학회 사건 일어남 1943 광복군, 미얀마 파견 1944 이육사·한용운 죽음 1945 8·15광복 　　포츠담 선언, 한민족 독립 약속 　　조선건국준비위원회 발족 　　이승만, 미국에서 귀국 　　김구, 충칭에서 귀국 1946 제1차 미소공동위원회 개최 　　대구, 10·1폭동사건 1947 유엔 한국위원단 구성 　　제2차 미소공동위원회 개최 1948 5·10총선거, 대한민국 정부 수립 　　북한, 공산 정권 수립 　　여수·순천, 10·19사건 　　국가보안법 제정 1949 김구, 안두희에게 피살 　　농지개혁법 공포 　　빨치산 섬멸 작전 펼침 　　북한, 조선노동당 창당 1950 한국전쟁 일어남 　　9월 유엔군 참전 　　10월 중국군 개입 1951 1월 4일 서울 다시 빼앗기고 부산으로 후퇴 　　　（1·4후퇴） 　　2월 거창 양민 학살 사건 　　3월 국회에서 국민 방위군 사건 폭로 　　7월 개성에서 휴전 회담 개최 　　10월 25일 판문점에서 정전 회담 다시 시작 　　12월 부산·대구 제외한 남한 전 지역 계엄령 　　　선포 1952 1월 이승만 대통령, 평화선 선언 　　5월 거제도 공산 포로 폭동 일어남 　　5월 부산 정치 파동 　　7월 4일 발췌 개헌안 통과 　　8월 정·부통령 선거 실시(대통령 이승만, 부통 　　　령 함태영)	1930 1940 1950	1938 일본, 중국 광둥 점령 1939 제2차 세계 대전 일어남 1940 독일, 프랑스 파리 함락 　　독일·이탈리아·일본, 3국 군사 동맹 맺음 1941 대서양헌장 발표 　　태평양전쟁 일어남 　　드골, 런던에 망명 정부 조직 1943 이탈리아 항복, 카이로 선언 1944 노르망디상륙작전 1945 얄타회담 개최 　　독일, 연합군에 항복 　　국제연합UN 창설 　　포츠담회담(미국·영국·소련) 　　일본, 연합군에 항복, 2차대전 종결 　　중국 국공 내전 시작 1946 파리평화회의 개최 1947 미국, 마셜플랜 발표 　　코민포름 결성 1948 세계인권선언 　　베를린 봉쇄 　　제1차 중동전쟁 　　인도, 간디 피살 1949 중화인민공화국 수립 　　나토(NATO) 성립 1950 유엔, 한국 파병 　　중국군, 한국전쟁 개입 1951 1월 미국, 미군 5만 명 한국 증파 결의 　　4월 맥아더 사령관 해임 　　6월 유엔 주재 소련 대표 휴전 제의 　　　유엔군 총사령관, 북한에 정전 회담 제의 1952 11월 미국, 수소 폭탄 실험 성공 발표

주요국 역사 변천				한국사	연표	세계사
서양	중국	일본	한국			

현대
 	
대
	중
	화
	인
	민
	공
	화
	국
		쇼
		
		와
			대
			
			한
			
			민
			
			국
				1953 4월 이승만 휴전 반대, 단독 북진 주장
				    6월 포로교환협정 조인
				    7월 27일 휴전협정 조인(북한—미국—중국)
				    8월 8일 한미상호방위조약 가조인
				    9월 김일성, 소련 방문
				    10월 한일회담 3차 회의
				1954 1월 독도에 영토 표지 설치
				    5월 독도에 민간 수비대 파견
				    5월 20일 3대 민의원 총선거, 자유당, 금권·폭
				      력 선거로 승리
				    5월 28일 서울에서 보신탕 판매 금지
				    11월 29일 사사오입 개헌 공포
				1955 민주당 창당
				    북한, 박헌영 사형
				1956 대통령 후보 신익희, 뇌일혈로 급사
				
				1960 4·19혁명, 장면 내각 수립
				
				1961 5·16군사 쿠데타
				
				1962 제1차 경제개발계획
				1963 박정희 정부 성립
				1964 국군, 베트남 파병
				
				1967 제2차 경제개발계획
				1968 1·21사태, 향토 예비군 창설
				    국민교육헌장 선포
				1970 새마을운동 시작
				1971 무령왕릉 발굴
				
				1972 제3차 남북공동성명(7월 4일), 남북적십자 회담
				    10월 유신, 제4공화국 수립
				1973 6·23평화통일선언
				    KBS 창립
				    포항종합제철 준공
				    경주 천마총, 금관·천마도 출토
				1974 남북한불가침협정 제의, 평화통일 3대 기본원칙
				    천명
				    북한 땅굴 발견
				
				1977 수출 100억 달러 달성, 제4차 경제개발계획
				1978 자연보호헌장 선포
				    원자력 발전 시작
					1950
					
					1960
					
					1970
						1953 3월 소련 스탈린 죽음
						    9월 소련 공산당 서기장에 흐루시초프 취임
						    10월 일본 대표 구보타, 일제 통치 유리했다는
						      망언
						
						1954 4월 26일 제네바 극동평화회의 개최
						    6월 5일 남한·북한·일본 대표, 제네바회담에서
						      6개항 통일 방안 제시
						    9월 10일 북한, 중국군 철수 환송 대회 개최
						      인도차이나, 휴전 협정
						
						1955 반둥회의 개최(반둥 평화 10원칙 발표)
						    바르샤바조약기구 성립
						1956 헝가리·폴란드 반공 의거
						    이집트, 수에즈 운하 국유화 선언
						1957 제2차 중동전쟁
						1960 파리군축회의
						    소련, 인공위성 스푸트니크 호 발사
						    아프리카의 해(16개국 유엔 가입)
						1961 비동맹 국가 수뇌, 베오그라드에서 공동 선언
						    발표
						1962 케네디, 쿠바 봉쇄
						    공용 연호 서기로 바꿈
						    알제리 독립
						    중국·인도, 국경 분쟁
						1966 중국, 문화대혁명 시작
						1967 제3차 중동전쟁
						1968 체코슬로바키아, 민주화 선언
						1969 미국, 아폴로 11호 달 착륙
						
						1971 중국, 유엔 가입
						    인도·파키스탄 전쟁
						1972 미국 닉슨 대통령, 중국 방문
						    중국 창사, 전한묘 발굴
						1973 제4차 중동전쟁
						    동·서독, 유엔 동시 가입
						    베트남 정전 협상 맺음
						    전 세계, 석유 파동
						1974 중국, 진시황제 능에서 병마용 발견
						1975 베트남전쟁 끝남, 인도차이나 3국 공산화
						    아르헨티나, 페론 정권 붕괴. 헬싱키선언
						1976 남아프리카공화국, 인종 차별 반대하는 흑인
						    폭동
						    중동평화조약 맺음

주요국 역사 변천				한국사	연표	세계사
서양	중국	일본	한국			
현대	중화인민공화국	쇼와	대한민국	1979 부·마 민주화 운동 　10·26사태	1970	1979 소련, 아프가니스탄 쳐들어감 　중국·베트남 국경 분쟁 　이란, 회교 혁명
				1980 5·18광주민주화운동	1980	1980 이란·이라크 전쟁 일어남 　폴란드, 자유 노조 결성 　미국, 보이저 1호 토성 접근 탐사 성공
				1981 전두환 정부 수립		1981 미국, 우주 왕복선 콜롬비아호 비행 성공 　반핵 운동
				1982 제5차 경제개발계획 시작 1983 KAL기 격추 사건 　미얀마, 아웅산 테러 사건		1982 이스라엘, 레바논 쳐들어감 1984 이란·이라크기, 연일 페르시아 만에서 유조선 　공격
				1985 이산가족 고향 방문단·예술 공연단 교환 방문		1985 소련, 고르바초프 서기장 취임 　미소 수뇌회담 개최
				1986 제10회 아시안 게임, 서울 개최		1986 필리핀, 아키노 정권 수립 　소련, 체르노빌 원전 사고
				1987 6월 민주 항쟁 　대통령 직선제 헌법 개정(6·29선언) 1988 노태우 정권 출범 　제24회 하계 올림픽 서울 개최 1989 헝가리·폴란드 등, 동구권 국가와 국교 수교		1987 사우디아라비아, 메카 참사 　미·소, 중거리미사일폐기협정 맺음 1988 이란·이라크 전쟁 끝남 　소련, 아프가니스탄 주둔군 철수 1989 베를린 장벽 무너짐
				1990 한소 수교 1991 남북한 동시 유엔 가입	1990	1990 독일 통일 1991 발트 3국 독립 　걸프전쟁 일어남 　소련 붕괴, 독립국가연합CIS 탄생
				1992 한중 수교 　우리별 1호 발사 성공 1993 김영삼 정부 수립 　대전 세계박람회EXPO 개최 　민족공동체 3단계 통일 방안 제의 　금융실명제 실시 　백제금동대향로 발굴		1992 마스트리히트조약 　리우 세계환경회담 개최 1993 이스라엘·PLO, 평화협정 맺음
				1994 북한, 김일성 죽음 　정부의 신외교 5대 기조 발표 　서울 정도 600년 기념 사업		1994 APEC 정상회담 개최 　우루과이라운드 타결 　유럽연합EU 출범 　남아프리카공화국, 만델라 대통령 당선
				1995 지방자치제 전면 실시 　한국, 유엔 안보리 비상임 이사국에 선출 　옛 조선 총독부 건물 해체 　무궁화 위성 발사		1995 GATT 해체, 세계무역기구(WTO) 발족 　우루과이라운드 발효
				1996 12·12와 5·18사건 재판 시작 　2002 월드컵 한·일 공동 개최 확정		1996 미·베트남 수교 　이스라엘, 라빈 총리 암살 　복제양 돌리를 성공시켜 유전학 새장 마련 　미국, 제42대 대통령에 빌 클린턴 재선

주요국 역사 변천				한국사	연표	세계사
서양	중국	일본	한국			
현대	중화인민공화국	헤이세이	대한민국	1997 황장엽, 한국으로 망명 　　　KAL 여객기 괌에서 추락 　　　외환위기 발생, IMF 관리 체제 시작 　　　제15대 김대중 대통령 당선 1998 정주영 판문점 통해 방북 　　　북한, 김정일이 공식 집권 　　　일본 문화 상품에 대한 개방 선언 　　　금강산 관광 시작 1999 인공위성 아리랑 호 발사	1990	1997 중국, 덩샤오핑 죽음 　　　홍콩, 중국에 반환 1998 인도네시아, 수하르토 물러남 　　　영국, 북아일랜드 분쟁 끝남 1999 유로화 출범 　　　포르투갈, 마카오 반환 　　　미국, 파나마 운하 반환 　　　코소보 사태. 동티모르 독립 투쟁
				2000 분단 이후 첫 남북 정상 만남 　　　한·미, SOFA 개정 합의 　　　김대중 대통령, 노벨 평화상 수상 2001 여성부 공식 출범 　　　인천국제공항 개항 　　　일본 역사교과서 왜곡 파동 　　　국가인권위원회 출범	2000	2000 러시아, 푸틴 대통령 당선. 올브라이트 장관 　　　북한 방문 2001 9·11테러 　　　미국, 아프가니스탄 공격
				2002 한·일 월드컵 대회 개최 　　　미군 장갑차 여중생 치사 사건 2003 노무현 정부 출범 　　　대구지하철 참사		2002 유로화 공식 통용 2003 미국, 이라크 침공 　　　브라질, 룰라 대통령 취임 　　　중국, 후진타오 국가 주석 취임(~2013)
				2004 노무현 대통령 탄핵 사건 　　　경부·호남 고속 철도 동시 개통 2005 호주제 폐지 　　　청계천 복원 2006 황우석 교수, 논문 조작		2004 세계적으로 조류 인플루엔자 발생 　　　마크 주커버그, 페이스북 창립 2005 미국, 허리케인 카트리나 뉴올리언스 강타 2006 북한, 핵실험 강행 　　　사담 후세인 사형 집행
				2007 샘물교회 교인 탈레반에게 집단 피랍 　　　태안 기름유출사고 　　　한미 FTA 타결 　　　대운하 논란 2008 국보 1호 숭례문 화재로 전소 　　　이명박 정부 출범 　　　소고기 광우병 파동으로 촛불 집회		2007 미국, 서브 프라임 모기지 사태 　　　애플 사, 아이폰 출시 2008 미국, 버락 오바마 대통령 당선
				2009 노무현 대통령 사망 　　　한국 최초의 위성 나로호 발사 2010 해군 초계함 천안함 침몰 　　　김연아, 밴쿠버 동계 올림픽 피겨 스케이트 여 　　　자 싱글 금메달 수상 　　　한-EU, FTA 조인, 한-미 FTA 협정 체결	2010	2010 튀니지 재스민 혁명, 아랍 국가 민주화 촉발 　　　칠레, 광부 33명 매몰 66일 만에 생환 구조

주요국 역사 변천				한국사	연표	세계사
서양	중국	일본	한국			
현대	중화인민공화국	헤이세이	대한민국	2011 구제역 파동 5·18 기록물 유네스코 세계 기록유산 등재 2012 한-미 FTA 발효 　　　여수 엑스포 개최 　　　제주해군기지 건설 반대 여론 격화 　　　가수 싸이, 〈강남 스타일〉 세계적 흥행 2013 박근혜 정부 출범 　　　숭례문 재개장 　　　국정원 불법 대선개입 논란 2014 세월호 침몰 사고 　　　통합진보당 해산 　　　대한항공 항공기 리턴 논란 　　　청와대 문건 유출 사건	2010	2011 일본, 동북부 대지진으로 후쿠시마 원전 참사 　　　북한, 김정일 사망 　　　이집트 무바라크 대통령 축출 시민혁명 성공. 　　　오사마 빈 라덴 사망 2012 북한, 김정은 국방위원장 취임 　　　러시아, 푸틴 대통령 재선 2013 중국, 시진핑 국가 주석 취임 　　　베네수엘라, 우고 차베스 대통령 사망 2014 스코틀랜드 독립 무산 　　　홍콩 민주화 시위 　　　우크라이나와 러시아의 영토 분쟁

찾아보기

각 장별 아이콘 설명

뿌리 깊은 *한국사*
샘이 깊은 *이야기* ❶ 고조선 · 삼국

초판 1쇄 펴낸 날   2015.10.16

지은이   서의식
발행인   홍정우
책임편집   신미순
편집진행   김현대
디자인   나선유, 이지민
마케팅   한대혁, 정다운
발행처   도서출판 가람기획
등 록   1999년 10월 22일(제1999-000148호)
주 소   (121-894) 서울시 마포구 서교동 381-36 1층
전 화   (02)3275-2915~7
팩 스   (02)3275-2918
이메일   garam815@chol.com

© 서의식, 2015
ISBN 978-89-8435-326-8 (04900)
      978-89-8435-325-1 (세트)

이 도서의 국립중앙도서관 출판시도서목록(CIP)은 서지정보유통지원시스템 홈페이지(http://seoji.nl.go.
kr)와 국가자료공동목록시스템(http://www.nl.go.kr/kolisnet)에서 이용하실 수 있습니다.(CIP제어번호:
CIP2015025885)